U0145139

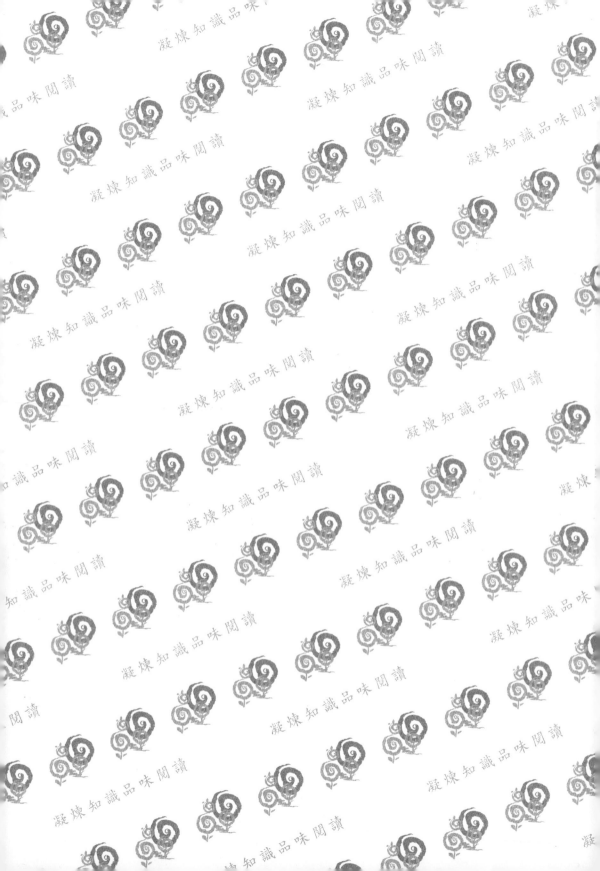

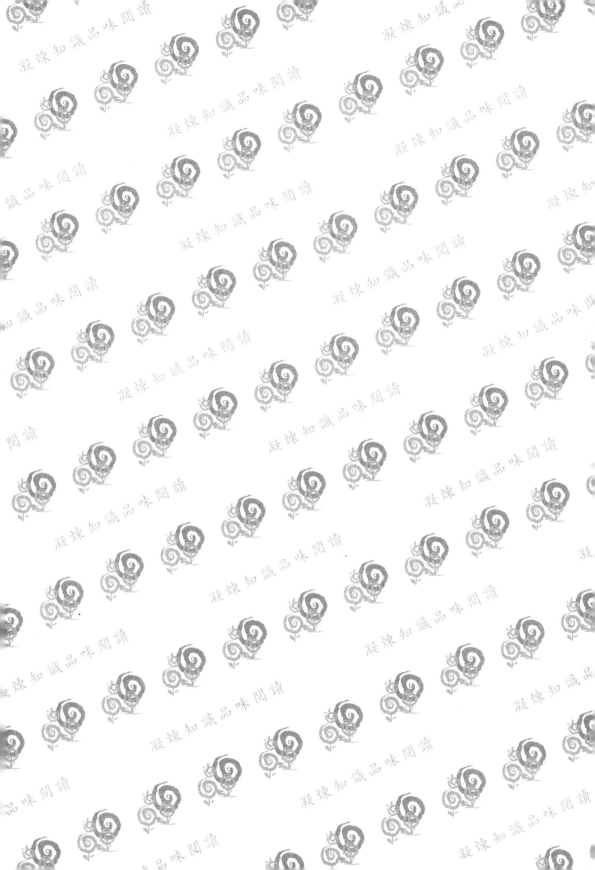

社會福利

林萬億 著

五南圖書出版公司 印行

再版序

歲月匆匆，一轉眼又過了10年，《社會福利》第一版付梓時，正是2008年全球金融危機後不久。全球資本主義正從1990年代以來的新自由主義全球化風潮下的鬆綁、向下競逐、社會傾銷、財政緊縮、私有化、自由貿易、撙節支出等氛圍中，再折返凱因斯經濟學的年代，以擴張公共支出的方式，提高民間需求、喚起民間信心，增加民間投資意願。

其實，稍早之前，2001年比利時社會事務與年金部長范登布魯克（Frank Vandenbroucke）決定要依據里斯本議程（the Lisbon Agenda）規劃一個新的社會藍圖，邀請葉斯平—安德森（Gøsta Esping-Andersen）擔任召集人，組成一個為21世紀歐洲建設新福利藍圖的規劃小組。該小組報告集結成《為何我們需要新福利國家》（*Why We Need a New Welfare State*）（Esping-Andersen et al., 2002）一書出版。范登布魯克希望在迎向以知識為基礎的社會時，引領歐洲社會民主黨走向積極福利國家運動，稱之為開創新局（path-breaking）的社會政策。該計畫還來不及全面展開，就發生2008年全球金融海嘯。

在全球金融海嘯後的福利國家重新校準，歐洲聯盟於2013年要求各會員國採行社會投資套案（Social Investment Package, SIP），促使現代化福利國家將社會投資觀點正式列入政治議程（Hemerijck, 2017）。

一波未平一波又起，2019年底出現的新冠肺炎（COVID-19）疫情帶給福利國家新的啟示，重新思考走向。新自由主義全球化以來的私有化、預算緊縮，導致健康照護體系嚴重脆弱化，根本無力因應新冠肺炎疫情的衝擊，不只醫療體系崩壞，長期照顧體系也岌岌可危；此外，在疫情擴散下也暴露了脆弱人口群的所得維持嚴重不足，包括：單親、低薪、不穩定就業、低技術、短期工、臨時工家庭等。舊有福利體系既存的不正義、不一致、不具工作誘因等根本問題也一一

浮現。

　　同時，工業先進國家正面對人口老化、少子女化、家庭與工作失衡、家庭不穩定、工作去標準化、不穩定就業等後工業社會的新社會風險，苦思解決方案中；再加上，高科技的發明與運用來勢洶洶，可預見的未來技術變遷、委外生產、服務需求帶來勞動市場的兩極化。自動化潛力高的三類：可預測的體力勞動、運算、資料蒐集，將大量被科技取代。不難想像，工作貧窮不會消失，所得分配不均也會持續惡化。社會福利仍是不可或缺的制度，關鍵在於如何調整腳步，因應變局。

　　正好，從2016年起，我又應聘回到行政院擔任政務委員，負責年金改革、長期照顧2.0計畫、少子女化對策計畫、強化社會安全網、高齡社會白皮書修正、高教深耕、青年就業、產學鏈結等重大政策或方案的規劃、協調與推動。每一個政策或方案幾乎都與前述的社會福利新走向相關。

　　於是，利用公餘與教課空檔，除了修正《當代社會工作：理論與方法》一書外，也著手修正本書。除了更新10餘年來社會福利新資料，例如聯合國兒童權利宣言、聯合國身心障礙者權利宣言、人口老化趨勢、各國長期照顧發展、活化勞動市場政策、就業與社會服務的整合、貧窮研究、普及的基本所得方案、美國健康照護改革、新冠肺炎危機對福利國家的影響等之外，還新增第十三章社會投資，引介歐盟的社會投資概念與作法，呼應我國正在大力推動的兒童學前教育與照顧、兒童及少年未來教育與發展帳戶、青年就業政策等。

　　在寫書之始，即有一個念頭盤旋於腦際，我在為自己讀書，也在為讀者讀書，為讀者寫書，更要為臺灣的社會福利與社會工作發展寫書與教書。要為讀者讀書就必須讀很多書、有系統地讀書、讀值得讀的書，且要把書讀對。因為現代人很忙碌，不只學生忙、教師忙、社會工作者忙，社會行政人員也很忙。趁寫書之際多讀書，書到用時才不會恨少，否則如何能規劃年金改革、長期照顧2.0、少子女化對策計畫、社會安全網、高齡社會白皮書、臺灣前進2030年等以知識為基

礎，且具前瞻性的政策。為讀者寫書要讓讀者喜歡讀、讀得懂、讀到好書。但是，讀者千百種，很難全滿足。我選擇願意被啟發、喜歡思考的對象。未來的社會福利界需要多一點這樣的人。

寫書要很專注，因為有太多需要思考的環節，歷史先後要呼應，制度間的差異要比對，稍微疏忽就會讓結構鬆散，螺絲脫落；此外，脈絡思路要清晰。讀者會發現，本書有關社會救助、福利服務的章節，美國的經驗是主要的參考來源；反之，社會保險、健康照護、長期照顧、就業促進、社會住宅、福利國家發展等議題，就是歐洲人的天下。這就是社會福利制度的根本差異。在缺乏完善的社會安全制度之下，美國社會就高度仰賴微視的福利服務與專業的社會工作來因應廣大的社會需求。

新版修正的過程中，感謝臺大社會工作研究所博士班課程學生的對話，讓我不斷精進如何把社會福利體系爬梳得更清晰易懂；也謝謝五南圖書出版公司陳念祖副總編的進度追蹤管理、李敏華小姐的費心編輯，才能使本書順利修正出版。當然，也期盼讀者看到書中任何疏誤時不吝指正。

林萬億

2021年中秋

目　錄

第三章　社會保險　*141*

第六章　身心障礙者福利　*311*

第十三章　社會投資　　　　　　　　　　　　　*641*

圖目錄

表目錄

第一章
社會福利的基本概念

前言

每個人一生中幾乎都逃不了面對生老病死；每個社會在不同的發展階段都存在缺損、貧窮、不幸、災難等事故或風險（risks）。有人出生即罹患罕見疾病，或是身體功能與結構缺損；有人落地時就在貧困家庭；有人長大時或因失業、事業經營失敗而貧困；有人被家庭暴力或虐待；有人失能卻乏人照顧；有人被販運為奴工或娼妓；有人被歧視、被壓迫而失去公平的生存機會；有人因意外事故或天災致家破人亡。這些人在工業革命與現代民主政治發達之前靠家族、宗教、鄰里、貴族、封建地主、員外、仕紳的慈善施捨過活；在現代社會則靠社會福利體系維持基本生活。

這些事件有可能發生在妳我的身上，或者落在我們的周遭，它影響到每個家庭的生活，關係到每個人的福祉。作為一位現代公民，我們該怎麼辦？這就是本書的重點，關切每個人生活得好不好。

 第一節　什麼是社會福利

壹 定義社會福利

在社會福利（social welfare）概念出現之前，通常都使用福祉（well-being）來描述人民的生活好不好。福祉指涉人們過得有多好（how well people are）（Dean, 2006）。民不聊生就是沒有福祉，安居樂業就是有福祉。英文的welfare分解開來是fare well，類似於德文的wohlfahrt，挪威文的welferd，西班牙文的bienestar，法文的bien-être，都是指日子過得很好（well to be）。這些字眼都是正向的，如同英文中來自拉丁文的利益（benefit）一般（Van Wormer, 2006）。因此，福利通常與給付（benefits）相關聯。但是，在某些國家，特別是偏向自由放任的資本主

義國家，例如美國，社會福利常被汙名化，其受益者往往被說成是福利依賴者（welfare dependency）。這與美國把社會福利窄化為公共救助有關。

英文社會工作辭典將社會福利界定為「一種國家的方案、給付，以及服務體系，用來協助人民滿足其社會、經濟、教育與健康需求，此乃社會維持的基礎。」（Barker, 2003）。從這個定義中可以看出社會福利是關係到每個人的福祉。福利指社會做了些什麼，使人們得以過得更好。因此，社會福利的定義包括兩個重要的面向：人們從社會得到什麼（方案、給付、服務）？他們的需求（社會、經濟、教育與健康）被滿足到何種程度？（Kirst-Ashman, 2007）

生活過得多好，其實是一個頗難計量的經驗。好生活通常包含幾個重要的內涵：快樂（happiness）、安全（security）、喜好（preference）的實現、需求（need）的滿足，以及相對比較（relative comparison）之下生活沒有比別人差。這些指標呈現的滿意度越高，表示福利越好；相反的即是不福利（dis-welfare）。即便如此，它還涉及幾個相對的概念：主觀的（subjective）感覺滿足或客觀（objective）測量出來的滿意；普遍（universal）需求的滿足或相對（relative）需求的滿足；個人的（individual）喜好被實現或集體的（collective）滿意。這是福利理論要探討的課題（Fitzpatrick, 2001）。

然而，福利並非不計代價的，也就是福利是要成本的。雖然，福利不能以「天下沒有白吃的午餐」（There is no such thing as a free lunch）[1] 這種放任資本主義觀念來理解。但是，有些福利，或者說大部分的福利是需要付出成本的。英國福利史學者葛連諾斯特（Glennerster, 2017）定

---

[1] 天下沒有白吃的午餐是指在資源稀少性之下，不可能有不付出成本而能獲益的東西存在，表面上看似免費的東西，其實是透過其他方式付出代價，例如隱藏性成本，或將成本外部化，由他人承擔。1976年諾貝爾經濟學獎得主傅利曼（Milton Friedman）將這句話發揚光大，幾乎成為真理。他用這句話來攻擊福利國家、大政府，提倡小而美的政府、減稅、鬆綁、市場至上。他的經濟哲學是「沒有人會在乎浪費別人的錢。」他用這句話來批評政府浪費、福利依賴。他沒說的是富人從減稅中獲利，也不會在乎他人的死活。因此，要選擇把錢交給政府提供公共服務，同時強力監督它，還是眼睜睜地看著富人因減稅而累積財富，但是人們什麼也管不到？

義福利是：「維持好的健康（good health）與充足（sufficiency）。」大部分人是靠個人付出成本來獲得福利，其在工作或健康期間所繳交的保險費，讓他可以在失業、疾病、老年時，領取給付，以維持健康與充足。而另有些福利不是靠社會保險給付，例如社會救助、社會津貼、社會住宅、長期照顧等，是靠每個人在工作期間所繳的各種稅金來支持。只是，個人支出的福利成本比所得到的福利給付或服務低，這就是去商品化（de-commodification），意思是福利不是純商品交易，內含一定比例之白吃的午餐性質，由誰提供這部分免費或廉價午餐呢？政府、雇主，或被集體共同風險分攤掉了。

有些人透過投保私人保險或自費來維持更好的生活滿足，也就是將個人生活滿足商品化（commodification）。爲何不能將所有個人生活滿足都靠商品化來滿足呢？因爲有些人沒有經濟能力，例如窮人；有些時候沒有經濟能力，例如疾病、失業、老年、失能（或失智）；有些時候經濟負擔沉重，例如育兒、受教育。爲何福利的最佳提供方式是集體，而非個人？提默思（Titmus, 1958）認爲，集體提供福利有助於讓社會成爲一個有機體，同時，讓社會中的人們相互幫助。這是從社會團結（social solidarity）、政治、道德或美德的角度出發來看待社會福利。若從經濟的角度出發，集體提供社會福利較有效率。若從社會投資（social investment）的角度出發，集體的社會福利投資藉由人力資本投資（教育、職業訓練）、健康照顧服務、兒童照顧等，不只有助於提升個人福祉、性別公平，更能提升整體勞動生產力（Morel, Palier & Palme, 2012; Hemerijck, 2017; Midgley, Dahl, & Wright, 2017）。

國家需要建立社會福利制度，以協助個人無法透過市場滿足其基本生活所需。基於此，國家福利（state welfare）或公共福利（public welfare）通常都只是在滿足個人的基本需求（basic needs），而不是滿足所有個人偏愛的生活方式。高所得家戶往往認爲他們付得起較高的代價以獲得更好的生活滿足，例如自費醫療、私人看護等，而反對國家福利太多。付費買服務（pays for services）就不是國家福利要處理的範圍，它就像在百貨公司買衣服一樣，打扮品味、財力不同，各自採購不同價碼的衣服。

每個國家對人民基本需求、國家責任、社會團結、社會公平等價

值、意識形態的差異而有不同的社會福利政策、福利國家發展。例如嬰幼兒照顧在歐洲福利國家是可以接受家庭化（familization），也就是由家長自行照顧，但輔以較長的有薪親職假（育嬰假）（parental leave）來支持就業家長請假在家照顧2歲以下嬰幼兒。但是，2-5歲幼兒照顧就不贊成家庭化或是私有化（privatization），而是主張幼兒照顧去家庭化（defamilization），甚至公共化。而美國不主張將兒童照顧公共化，除了低收入家庭外，兒童照顧、老人照顧、健康照顧等都被認為是依市場法則付費取得福利（paying for welfare）（Glennerster, 1985）。其實，這些完全靠付費取得的不是福利，而是服務，與買票去看演唱會、花錢去醫美、出國去旅遊沒什麼兩樣。

2018年8月1日行政院推動「我國少子女化對策計畫，107-111年」，幼教業者歡迎政府直接補助育有0-2歲未滿幼兒家長每月6,000元的準公共化托育補助；或將家庭育有2-5歲未滿幼兒進入私立幼兒園的費用負擔降到每月不超過4,500元。其所持理由是政府用稅收來直接補貼家長，讓家長有感，且不只是低收入家庭才可獲得補助，家長會將這些補助款支付給業者換取托育服務。但他們反對附帶價格管制條件，理由則是「私幼收多少等同業者付出多少的用心與實質的成本」。這就是弔詭的地方，過去的經驗是家長拿到多少補助，在沒有價格管制下，政府補助多少業者就會漲多少，家長根本沒得到好處。雖然，品質較好的業者會說至少幼兒照顧的品質已提升。然而，爭議點在於：第一，托育除了幼兒基本學前教育與照顧（early childhood education and care, ECEC）需求之外，需要加上哪些所謂好的照顧品質？豐富的點心、雙語教學、才藝課程或腦力開發？這就回到前述的國家福利該有的範圍是什麼？第二，業者真的會讓品質與價格對等嗎？還是有可能價格高於提供的品質？第三，幼兒學前教育與照顧是一種商品，還是基本權利？第四，服務使用者（幼兒及其父母）有足夠的資訊與能力評價品質與價格的關係嗎？第五，幼兒學前教育與照顧市場是完全競爭嗎？還是不完全競爭市場，甚至只是一個準市場（quasi-market）而已？消費者可以很便利地在居家附近找到質量均夠的托育機構嗎？（嬰幼兒可以忍受的娃娃車合理行駛時間不能超過40分鐘。）如果沒有足夠托育園所，就是賣方市場，買方不可能帶著嬰幼兒到處逛托育機構（Crèche shopping）。最後，這有可能達成所得重分配（income redistribution）嗎？如果業者繼續漲價，窮人得到的補助趕不上業者的漲價，他們還是會選擇收費較低的托育機構，或者選擇在家自行照顧，達不到政府期望透過補助與價格管制來讓窮人孩子也可以獲得托育費用的減輕與（或）照顧品質的提升。

以上討論其實是一個市場導向的社會政策（market-oriented social policy）課題，認為任何社會福利、醫療、教育、老幼照顧都可透過市場滿足供需。以美國為主的市場導向的社會政策被嚴厲批判，認為是一種美國的市場迷思（the American Myth of Markets），根本是一種假市場解藥（pseudo-market solution），不但無助於達成社會目標，而且讓社會更不公平、貧富差距更大（Hevenstone, 2017）。

不過，即使強調公共化，也可能採準公共化（quasi-public）服務提供，亦即由政府出資，私部門提供服務，常見的購買式服務（purchase of services contract, POSC），是政府出資向私部門購買服務給人民。例如「我國少子女化對策計畫：107-111年」的0-5歲全面照顧，包括公共化與準公共化兩種策略。此外，公共化服務也可能出現公部門服務、私人付費的情形，例如全民健康保險特約醫院，有部分自費病床。這是福利的混合經濟（the mixed economy of welfare）之多樣面貌。

貳 社會福利政策

有了上述的定義，就不難理解什麼是社會福利政策（social welfare policy）了。有時它與社會政策（social policy）被交互使用。其實，這是兩個可以區辨的概念（Popple & Leighninger, 2008）。美國學者吉爾（Gil, 1992）定義社會福利政策為「社會對特定的社會需求或問題，例如貧窮、兒童不當對待（child maltreatment）、低品質住宅等的回應。」而社會政策則是指「形塑整體社會的生活品質、人民的生活條件，以及人際關係與社會關係的努力。」另一位美國學者芮恩（Rein, 1970）指出社會政策「不只是社會服務，還包括農業、經濟、人力、財政、環境發展，以及社會福利政策等產生的社會目的與後果，均屬社會政策的主題。」顯然，社

會政策比社會福利政策寬廣，且層次更高。

　　社會政策不只是一種公共政策（public policy），雖然它與公共政策界線並不明確；它還是一門學科訓練（discipline）、研究領域（field of study）（Rein, 1970; Alcock, 2003）。學科訓練是指本身具有理論傳統與嚴謹的研究焦點，如同社會學或經濟學。歐洲許多社會政策研究所或研究中心就是將社會政策視爲一門學科來進行研究。研究領域則是指各種不同學科訓練背景的人選擇社會政策作爲特定的研究旨趣，例如社會學者、經濟學者常以社會住宅、社會安全、社會保險作爲研究領域。此時的社會政策比較像是被其他學科研究的公共政策。

　　至於，社會政策的範圍，英國學者馬歇爾（Marshall, 1965）指社會政策爲「政府用以直接影響人民福利的政策，其行動是提供服務或所得給人民；其核心包括社會保險、公共救助、保健、福利服務、住宅政策等。」這個定義到現在還被廣泛地引用。同是英國學者希爾（Hill, 2006）在比較各國社會政策時，界定社會政策爲「由國家發動以促進人民福利的特定行動。」其範圍包括：社會安全、就業、健康照顧、社會照顧、教育等。歐洲聯盟所追求的社會歐洲（Social Europe）理想，已將環境政策、家庭政策納入社會政策中。有些學者遂將社會政策包括：所得維持、就業、住宅、社會服務、保健服務、教育、家庭政策、環境政策等（Hill, 1996; Dean, 2006）。

　　美國學者比較不常用社會政策，而較偏好用社會福利政策一詞。卡爾格與史托斯（Karger & Stoesz, 2006）定義社會福利政策是「關於提供給人民滿足其基本生活需求的給付，例如就業、所得、食物、住宅、健康照顧，以及其相關服務的一組社會政策。」顯然，歐洲國家所界定的社會政策範圍較美國的社會福利政策寬廣。

　　美國的社會工作專業訓練將社會福利政策納爲專業課程的特定領域之一，其內容包括：社會工作史、社會福利服務歷史與結構、社會工作實務、個人與社會福祉等。課程目標是：提供學生了解主要社會福利政策的形成；分析組織與各級政府的社會福利政策與服務輸送；關於社會服務輸送的政策研究結果的運用；與經濟、政治與組織體系相關的政策實務技巧的了解與示範；符合社會工作價值的政策影響、形成與倡導；以及關於

社會服務輸送的財務、組織、行政與計畫過程等的知識與技巧（CSWE, 2002）。在我國，社會工作與社會福利是分開的兩門課。社會工作談專業方法與實施領域；社會福利談福利制度與服務方案。但是兩門課必須關聯在一起，否則專業方法與實施領域無法落實到人民的現實生活中。

社會福利政策被區分為三個層次來訓練（Popple & Leighninger, 2008）：

一、宏觀層次政策（macrolevel policy）

指提供服務與給付的基本架構，含立法、管制與準則建立，通常發生在公私部門的上層。例如美國的《社會安全法案》；臺灣的社會福利政策綱領、長期照顧十年計畫、《國民年金法》、《身心障礙者權益保障法》、《聯合國兒童權利公約》、《聯合國身心障礙者權利公約》等。實務上是屬社會政策與立法的層次。

二、中觀層次政策（mezzolevel policy）

指行政層次的政策，以利組織產生直接與規律的運作。例如社會局（處）或社會福利機構的組織分工、督導體系、人事招募、新進員工訓練、員工工作規則建立、財務政策、方案設計與評鑑等。實務上是屬社會福利行政，或社會工作管理的層次。

三、微觀層次政策（microlevel policy）

指社會工作者轉譯其組織的宏觀層次與中觀層次的政策到服務使用者身上。包括社會工作者作為一個基層科層人員（street-level bureaucrats）（Lipsky, 1980）或第一線（front-line）服務人員，所進行的自由裁量與採取符合機構行為規範的個別行動。亦即，每位社會工作者依其專業自主評估案主需求、核定案主資格、規劃服務方案、執行既定政策的過程。但是，社會工作者執行社會福利政策時，並非依樣畫葫蘆，也必須發現執行障礙、自我評鑑執行效果、回饋人民意見到決策層，甚至建議新的行政管理、倡導新的政策與立法。實務上是屬社會工作實務的層次。

到這裡我們可以發現，為何社會工作會被稱為是「政策為基礎的

專業」（policy-based profession），而較不是「市場爲基礎的專業」
（market-based profession）的原因了（Popple & Leighninger, 2008）。前者
是社會工作專業體系不只必須回應服務使用者體系的需求、提供需求評估
與服務，同時也要達成政策體系的目標、依政策提供給付與服務，並回饋
政策制訂。基本上這是一個專業體系、服務使用者體系與政策體系間三角
關係（triadic）的工作場域，社會工作者是一位代表服務使用者利益的專
業服務提供者。後者是社會工作專業體系只要回應服務使用者的問題、評
估需求、提供服務，並從服務使用者身上獲得支付即可。基本上這是一個
專業體系與服務使用者體系間對體關係（dyadic）的工作場域，社會工作
者像一位販售其專業技術給服務使用者的小生意人。

參 社會福利的分工

任何社會都會透過其基本社會制度安排來扮演某些社會維持的功能，
包括社會福利的提供。季爾伯特與特瑞爾（Gilbert & Terrell, 2009）指出
六種社會制度：親族、宗教、職場、市場、互助組織、政府分別提供不同
的社會福利功能。親族提供依賴者照顧、財政支持。宗教提供信仰爲基礎
的健康、教育與社會服務。職場提供員工給付。市場提供商業模式的社會
福利產品與服務。互助組織提供自助、志願及非營利的社會服務。政府提
供反貧窮、經濟安全、健康、教育與社會服務。本書重新整理出以下四種
社會制度的社會福利提供分工（Hill, 1996; Gilbert & Terrell, 2009）

一、家族主義模式（familistic model）

這是親族的社會福利功能。家族成員分享服務、養兒防老、世代互
惠、性別分工。家族提供的服務不只經濟安全，還包括照顧、情感支持
等。家族照顧的規範是文化、血緣。隨著家庭功能的式微，單靠這種模型
的社會照顧體系也很難存在於工業社會。早期英國《濟貧法》時代的親屬
責任、傳統中國的「慈善起於家」的觀念即是如此，先要齊家才能布施於
天下。

二、社區主義模式（communitarian model）

這包括宗教與互助組織的社會福利功能。社區居民依鄰里互助原則相互照顧，包括歐洲、美國19世紀中葉發源於城市的慈善組織會社（COS）、中國傳統的仕紳慈善行為，其服務提供的出發點是慈善（charity）與利他（altruistic）的行為。提供的項目也包括物資、現金、收容照顧、情感支持等。相互照顧的原則是依宗教、文化、民俗與規範。這種模式的社會服務提供隨著工業化腳步，由教義與道德為主的宗教或民間互助團體（mutual assistance groups）的社會服務提供，轉型為非營利（non-profit making）或志願（voluntary）組織型態的社會服務提供，實踐利他主義（altruism）與志願主義（voluntarism）的慈善精神。當代福利國家的大部分民間社會福利組織都是這種精神下轉型的產物。

三、個人主義模式（individualistic model）

這是由市場提供的社會福利功能。個人靠工作獲取薪資，再利用所賺取的薪資向市場購買社會服務，例如托兒、養老、健康照顧、心理諮商等。因此，社會服務的取得完全依靠市場法則的對價交易。照顧服務也是一種商品，由市場提供，競價購得，滿足自己需求。這樣的社會每個人都是經濟人（economic man），自然不需要政府介入個人的生活保障。因此，談不上福利國家，這是一種典型的放任資本主義社會。

四、國家主義模式（statist model）

國家扮演照顧人民的角色，人民取得福利給付是一種權利，而非他人的施捨。國家提供人民的服務包括經濟安全、社會服務、健康照顧、住宅、教育、就業等。早期西方民主國家的國家角色從夜警國家（night-watchman state）演進到福利國家（welfare state），代表國家在福利供給角色的轉變。國家提供人民福利是依法律為之，人民依法取得法定福利（statutory welfare）。在工業社會裡也有一些福利經由國家認可由雇主提供，即是以下將提到的職業福利。

隨著1980年代福利國家的危機、1990年代以來新自由主義全球化的影響，當代社會福利的提供已經走向混合經濟的福利（the mixed economy of welfare）（Kamerman, 1983; Kramer, 1985; Pinker, 1992; Johnson, 1999），或是福利多元主義（welfare pluralism）（Johnson, 1987），志願部門、政府、企業、家庭共同扮演社會福利的提供責任。然而，志願部門是否有能力接手政府釋出的福利提供者角色；企業是否能在營利之餘承擔消除貧窮、解決社會問題的功能；以及人民是否真能放心政府卸掉社會福利的主要提供者角色（Karger & Stoesz, 2006），不無疑問。

早年在研究英國福利國家發展後的社會服務，為了避免大眾誤解社會福利只包括公共的現金給付或各種服務，提默思（Titmuss, 1958, 1968）就提醒社會福利其實包括三種類屬：社會服務（social services）、財稅福利（fiscal welfare）、職業福利（occupational welfare），分別敘述如下：

一、社會服務或社會福利

指針對那些依賴者（states of dependency），不論是自然依賴者（natural dependencies），例如兒童、老人、障礙者，或文化上被判定為依賴者；或是人為依賴者（man-made dependencies），例如失業者、低度就業者、家庭暴力受害者、強迫退休的勞工、延遲進入勞動市場的青年、戰爭受害者，或各種文化因素致被排除在工會保護之外的勞工等所提供的各種福利，包括由政府或民間直接提供的各項社會福利給付。這是傳統所稱的社會福利。

二、財稅福利（fiscal welfare）

社會服務或社會福利是直接給付現金或提供服務給人民，而財稅福利則是減少人民繳稅，其實也是增加人民可支配所得。辛費爾德（Sinfield, 2016）指出，財稅福利包括四種：(1)扣除額（tax allowance）指因特定理由而從毛所得中減免一定的繳稅額度，例如照顧兒童、身心障礙、薪資所得等；(2)免稅額（tax exemptions）指從稅基中被排除納入課稅的計算基礎，例如房屋貸款利息、退休金、年滿70歲以上老人等；(3)優惠稅率（preferential tax rate）是指針對特定的目的而有的低稅率，例如儲蓄；

(4)稅收抵免（tax credits）指從應繳稅款中減少一定額度的稅款，例如針對所得偏低的工作貧窮家庭的稅收減降。

社會福利中的津貼或救助都是從稅收中移轉支付（transfer payment）給窮人或老人，是一種現金交流。而財稅福利則是直接讓有配偶、子女、老人、身心障礙者等需要照顧的家庭獲得免稅額，以及各種支出的特別扣除額，例如教育學費、醫療與生育、身心障礙等。透過減少支出（減稅），同樣達到增加家戶可支配所得的社會目的，其手段是會計帳移轉。由於各國的稅制都採累進稅，因此，財稅福利也可達到所得重分配（income redistribution）的效果。但是，並非所有財稅福利都有利於社會福利受益者，例如減稅、退稅、免稅對低所得者往往沒有好處，原因是這些人本來就不必繳稅，也就不會有退稅、減稅、免稅之利。進一步而言，並非所有減稅、免稅都屬財稅福利，有些減免稅優惠純粹是為了促進產業發展，例如產業創新條例中對企業主的租稅抵減或免徵等優惠，不但不是財稅福利，也不能達到所得重分配，甚至會擴大貧富差距。

三、職業福利（occupational welfare）

提默思（Titmuss, 1958, 1968）認為職業福利是因職業身分、成就與工作紀錄，而由雇主以社會安全形式提供的現金或實物給付，例如年金、遺屬年金、兒童津貼、喪葬給付、健康與福利服務、差旅補助、治裝費、伙食費、油料補助、住宅維修補助、學童學費補助、疾病補助、教育訓練津貼、失業給付、旅遊補助、職工幼兒園、員工諮商等各種名目的福利。因此，職業福利是市場驅動的（market-driven）的社會給付（Greve, 2007）。

職業福利也可以達到所得重分配的效果，由雇主從自己的企業利潤中提撥一定額度給付給勞工，可增加受僱者家戶的可支配所得。但是其對象是局部的，必須進入就業市場者才能獲得這項福利。

提默思（Titmuss, 1958, 1968）這樣分析社會福利是要表達滿足需求的方式可以有很多種，社會福利不盡然只有由政府直接提供對依賴者的服務才算，稅收的重分配也是重要的一環，而雇主也應是社會福利的提供者之一。不過，提默思也挑戰這種因階層化所造成的分工體系，職業成就不

同，其所得到的福利就有差異。

　　總之，就社會福利分工言，不管是如何分類，福利提供者的三大，或四大支柱間的分工必須是互補且相互增強的，才是重點（Figueira-McDonough, 2007）。

肆 社會福利的功能

　　社會福利雖常被認為是敗家子，只消費不生產，人們只是看到有社會福利的結果，卻沒看到沒有社會福利的後果；只擔憂社會服務的支出在成長，卻沒發現其他社會福利對社會、經濟、政治的貢獻。然而，我們如果僅以人道、慈善的角度宣揚社會福利的重要性、必要性，以為人們一定會支持社會福利的理所當然思維，不可能建立一套完善的社會福利體系，必須從以下各種角度看見社會福利的功能：

一、保障人民尊嚴

　　透過社會福利方案與服務，使每個國民都能維持過得去的（decent）生活，使人們不需要沿門、沿街托缽（begging bowl），而能獲得社會薪資（social wage）（Dean, 1991）。亦即，窮人不需要接受他人的禮物（gift）施捨，而可以得到給付權利（right）（Titmuss, 1968）。雖然在當代社會福利體系裡仍然有部分給付帶有烙印（stigma）成分，例如社會救助。但是，大部分社會福利是一種社會權（social right）。例如以老年年金保障老人晚年的經濟安全；以職業災害保險預防與補救工人的工作不安全；以社會救助維持貧窮家戶的基本生活所需；以社會住宅讓無住宅者有安身之處；以家庭暴力防治機制保護受害者免於恐懼等。據此，社會福利方案與服務可保障人民的最低生活標準，獲得最起碼的尊嚴生活。

二、促進社會團結

　　社會團結（social solidarity）是指個人經由文化與歷史橋接成為社會的一分子。社會成員間不分種族、性別、身心條件等差異而有互惠與義務，相互容忍與慈悲（Milner, 1989）。亦即，團結的社會是互惠多於競

爭的，公益多於私利的，公平多於差序的，協商多於威權的。透過社會福利的所得重分配，縮短貧富差距；經由集體風險分攤機制，例如兒童津貼、公共托兒、公共長期照顧等，讓家庭照顧負擔減輕；又藉著全民健康保險，讓所有國民享有基本的健康照顧；在失業保險之下，受僱者與雇主共同分攤個人失業風險，維持社會和諧。讓風險社會化，而不是個人化。簡言之，社會福利如同「桶箍」一樣將人民緊緊結合在一起，互相幫助，不要讓社會因財富分配不均而相互嫉妒、仇視；讓社會成員緊密地結合在社會安全網之下，而非鬆散地各自在叢林中奮鬥求生存。

三、發展經濟

社會福利的發展在公平與效率的困境（quandary equity-efficiency）中顛簸前進。公共經濟學最典型的例子是：甲有8顆橘子，乙只有2顆，這是不公平。為了要達到公平，政府出現了，將甲的橘子拿走3顆給乙，結果甲乙理應都會有5顆。其實不然，乙只會得到2顆，因為其間會有歐昆（Okun, 1974）所說的漏桶（leaky bucket）現象。有一棵橘子會在資源移轉的過程中不見了，即國家失靈（state failures），例如行政成本、貪汙、詐欺、管理不當等。這就是為了公平必須犧牲效率，公共經濟學者稱之為公平與效率的交換（trade-off between equity and efficiency）（Pestieau, 2007）。然而，首先論者會質疑，為何一定會損失一顆橘子？例如以累進稅來達到財富分配的公平，一定會降低人們的工作意願嗎？會降低多少？其次，憑什麼甲一定要給乙3顆橘子？給2顆不行嗎？亦即，什麼是公平？給多少橘子（稅）才是公平（社會價值）？主張公平優先的人認為甲給乙3顆橘子才算公平；主張效率至上的人會說甲乙兩人加起來享有10顆橘子（國家生產總值）是效率的極大化。這就牽涉到以市場失靈（market failures）作為福利國家的前提，其正當性並不足夠，因為也會有國家失靈。市場失靈是指市場本身並不可能達到真正的效率。價格系統（亞當・史密斯〔A. Smith〕所說的一隻看不見的手）不可能反映外部性（externality）。例如投資在教育上不只有利於個人，也有利於社會整體。但是，個人的市場抉擇通常不會考慮社會整體利益，而是以有利於自己為出發。因此，以效率之名的公共介入不可能真正有效率。據此，福利

國家必須在追求公平的同時考慮效率的犧牲最小。

　　不過，自由經濟學者多以為社會福利（公平分配）會造成經濟發展（效率）的極小化。但是，沒看到缺乏社會福利的所得重分配效果（公平），是有害經濟成長（效率）的。許多研究已證實，所得分配平均有助於經濟成長。經濟學者波森與提伯里尼（Persson & Tabellini, 1994）研究跨國經濟發展發現「所得分配不均會傷害經濟成長」。邊納布（Benabou, 1996）對菲律賓與南韓的研究亦發現較高的所得或財富不均會導致緩慢的經濟成長率，而且較沒有效率。這與阿雷西那與樓醉克（Alesina & Rodrik, 1994）的跨國研究結論「財富和所得分配的不均度越高，經濟成長率越低。」相符。林向愷（1998）的研究指出「當最低維生的消費水準亦隨所得增加而增加，造成部分個人或家戶的儲蓄能力未能隨經濟發展而增加，將讓這部分個人或家戶對社會產生負面的感受，甚至對社會產生疏離感。」這種疏離感不利於經濟持續成長。蔡吉源（1997）研究臺灣的社會福利對總體經濟的影響也指出「社會福利制度有利於勞動邊際生產力的提升。但是，社會福利支出應該不是以大幅度增加的方式。」顯見，社會福利與經濟成長不相牴觸，而是有利於經濟發展。

　　如果從福利國家的政治經濟學角度來看，被英國學者克萊恩（Klein, 1993）諷刺為「歐高費謊言」（O'Goffe's tale）之首的歐康諾（O'Connor, 1973）在其《國家的財政危機》一書中提及當代國家的兩個功能：資本累積（capital accumulation）與國家合法化（state legitimization），亦即，國家必須維持或創造讓追求利益的資本家得以累積資本的條件；同時又必須維持或創造社會和諧（social harmony）。而這兩者本質上是相互矛盾的（mutually contradictory）。歐費（Offe, 1984）點出其矛盾在於「資本主義不能與福利國家共存，但也不能沒有福利國家而能生存。」高夫（Gough, 1979）也是持同樣的主張。顯示，國家必須投資龐大的預算在國防與福利上，成為戰爭—福利國（warfare-welfare state）（O'Connor, 1973）。福利預算具有既能促進經濟發展，又能維持社會和諧的矛盾功能。

四、社會控制

社會福利也有社會控制的功能。類似的案例不勝枚舉，例如透過家族治療來修正失功能的家庭，以符合美滿家庭的主流思維；透過習藝所（work house）來矯正有工作能力的窮人；透過精神療養機構將精神病人隔離於社區之外；透過工作福利（workfare）來維持資本主義社會的工作倫理。用傅科（Foucault, 1961, 1977）的話就是掌權者透過權力（power）來規訓（discipline）那些與他們價值不相符的人們，遂行監控（surveillance）與常態化（normalisation）的目的。亦即，掌權者透過規訓技術（例如監獄、精神療養院、習藝所等）將其意識形態強加在這些人身上，以達到淨化社會的目的。東雷奧（Donzelot, 1980）進一步指出，19世紀的歐洲工業國家統治階級常利用法律、醫療、精神醫學與社會政策等介入，執行家庭管制（policing of family）的功能，以達到道德化（moralization）、常態化、監護（tutelage或wardship）的目的（Dingwall & Eekelaar, 1988）。如今，資本主義國家透過社會福利進行紅蘿蔔（carrots）與棍棒（sticks）的兩手策略的例子仍然很普遍。一方面提供社會福利滿足人民需求，另一方面要求人民配合政府的作為，達到政治目的，或社會秩序的維持。在此氛圍下，社會工作者往往就成為壓迫窮人或異議分子的爪牙或打手而不自知。

從社會控制的角度來看，社會福利政策的確會被用來作為安撫窮人的手段，而達成規制窮人的目的（Regulating the poor）（Piven & Cloward, 1971, 1977）。亦即，社會福利演變成為社會抗爭的消音器（Øyen, 1986）。反之，當一個社會抗爭越多，社會政策發展越快（Vaisanen, 1992）。

此外，在中南美洲、南歐、東亞、南亞常見的例子是福利侍從主義（welfare clientelism）的操作。具有資源配置權力的政黨／政客，利用公共資源，例如減稅、提供額外服務、優惠等手段，以換取選民的支持。通常這些福利的「案主」（侍從）是資源相對弱勢的一方，例如勞工、農民、退伍軍人、移民等。亦即，政黨／政客利用社會福利將弱勢的國民納為「案主」，形成依附關係，接受其控制，從中攫取政治利益。一旦這些

政黨／政客下臺，這些福利就會因政黨輪替而被取消。這常常造成社會福利體制建構的障礙，以及資源配置的錯亂。

五、政權合法化

如前所述，當代國家的功能除了資本累積之外，也具有維持國家政權合法化（state legitimization）的功能。歐康納（O'Connor, 1973）認為當代資本主義國家的國家支出具有兩方面的功能：社會資本（social capital）、社會支出（social expense）。社會資本是為了私部門的獲利累積，用馬克斯主義者（Marxist）的話是間接地創造剩餘價值（surplus value），其又可分為兩次類：社會投資（social investment）與社會消費（social consumption）。社會投資指在既定的勞動力數量下增加生產力與獲利率的各種服務，例如工業園區的設立。社會消費則是指降低勞動成本與提高獲利率的各種服務，例如社會保險。而社會支出則是直接地促成社會和諧，亦即滿足國家合法性（或譯為正當性）的必要，例如福利體系對失業工人的協助。亦即，國家透過社會福利的提供（給人民），換取人民的（選票）支持，政權得以正當化。

由於福利國家具有雙重與矛盾性質，幾乎每一個國家都涉入資本累積與合法化的功能。且幾乎每一種國家經費都涉及兩種目的，例如社會保險具有移轉性目的，以支持勞工再生產（社會資本），但是又具有安撫、控制剩餘人口的功能（社會支出）。這種具有模糊性與矛盾性的國家支出，必然導致兩種結局：國家壟斷部門的擴大，以及經濟、社會與政治的危機。前者指壟斷資本主義越擴張，國家就必須擴大其支出與方案以因應之，而創造出龐大的壟斷福利事業。後者指國家為了繼續累積資本，必須同時擴大社會支出，國家只好將成本社會化。如此一來，私人獲利與成本社會化間出現結構落差（structural gap）或國家財政危機（O'Connor, 1973）。

🅕 福利國家

什麼是福利國家（welfare state）？「福利國」（wohlfahrsstaat）最早

出現在德文裡。此種源自1880年代俾斯麥（Otto van Bismarck）推動社會保險制度以來的社會民主體制，到了1920年代的「威瑪共和」（Weimer Republic）時期，因被右翼人士批判爲「一個軟性的社會，過度關切社會給付，而不是關切德國的驕傲與強權。」（Flora & Heidenheimer, 1981）如此誤解，使得這種人類社會的創新制度旋即在德國消失。也就是對1930年代迫切期待從第一次世界大戰失敗後復興的德國人來說，關切日耳曼民族的光榮顯然優先於對勞工的保障。此時，德國人把「福利國」賦予輕蔑的意義，指涉一個父權依賴、破壞個人自由與創造力的制度。因爲，福利國針對國民提供了最起碼水準的保障（Bryson, 1992）。

雖然，論者都將德國俾斯麥的社會保險體制視爲是現代福利國家的源頭，因爲它影響歐洲的社會保險發展。但是，俾斯麥的國家主張基本上是延續普魯士的保守主義（conservatism），強調國家科層制的維持，其社會政治（soziapolitik）的主張比較不是當代福利國家廣泛被接受的以追求平等（equality）爲目標，而是避免階級戰爭（class war）（Briggs, 1961）。

第二個使用福利國家概念的國家應是瑞典。1928年社會民主黨社會部長穆樂（Gustav Möller）在當年瑞典國會議員選舉宣言說道：「國家不應只是個夜警國家，而也應是個福利國家。」接著他界定福利國家爲「不只是責任，而是有義務建立一個保障全體國民福祉的國家。」穆樂提出的具體方案是更好的意外保險，統一且普及的健康保險、普及的國民年金、失業保險，以及消除貧窮救濟（Esping-Andersen, 1988: 45）。由於1932年以來瑞典社會民主黨長期執政，其所推動的「人民之家」（Folkhemmet/People's Home）的福利國家，就被稱爲「社會民主福利國家」（Social Democratic Welfare State），是爲當今世界上最完整、普及、公平的制度式社會福利體制。無怪乎勾德（Gould, 1993）在比較日本、英國、瑞典等三國資本主義福利體系時，認爲福利國家是指「國家承諾充分就業與有義務維持提供完善的服務給其人民，特別像北歐的國家。」

英文的福利國家最早應是由軒尼詩（P. Hennessy）將德文的福利國翻譯給牛津大學的金莫（Zimmern）教授與經濟學家沙斯特（Sir George Schuster）。他說：「福利國家是根除權力國家的獨裁影響力的最佳方

式，藉此來彰顯國家生產福利給他的人民。」（Glennerster, 2007: 1）此後，1941年坎特伯里大主教（Archbishop of Canterbury）天普（W. Temple）在其大作《公民與教徒》（*Citizen and Churchman*）一書中大力宣揚。以當時的時空背景來看，有爲了凸顯蘇聯共產主義與希特勒德國法西斯主義的不適當之意味。也因此奠立1942年貝佛里奇報告，建立英國成爲現代福利國家的基礎。

福利國家最簡單的界定是威連斯基（Wilensky & Leabuex, 1958/1965）所言：「政府保障每一個國民的最低所得、營養、健康、住宅、教育之水平。對國民來說，這是政治權利，而非慈善。」英國史學者布里格斯（Briggs, 1961）爲福利國家所下的定義，可能是最被流傳的。他說：「福利國家是一個國家有計畫地運用組織力量（透過政治與行政），努力去修正市場的力量，其至少表現在以下三方面」：

1. 不管個人與家庭所擁有的工作與資產在市場的價值如何，其最低所得應予保障。
2. 藉著減少不安全的範圍，使個人與家庭有能力去面對因社會事故，例如疾病、老年、失業等所導致的危機。
3. 確保所有國民不分地位與階級，都能在某種被同意的社會服務範圍內，得到最佳的水平。

從以上的說明，我們很清楚地了解現代福利國家建基於民主政治、資本主義市場經濟與社會公平這三個核心觀念上。也就是在資本主義國家裡，透過民主程序產生的政府介入市場，其目的爲的是保障國民的生存條件。至於，上述三個老牌福利國家的形成，將在下一章詳述。

陸 社會福利體制

由於社會福利是國家提供來滿足人民生存需求的方案，因此，社會福利是政治、經濟與社會的產物，不同的意識形態與價值，就會有不同的社會福利界定。美國學者威連斯基與李彪克斯（Wilensky & Lebeaux, 1958/1965），將社會福利界定爲殘餘（補）式（residual）與制度式（institutional）兩種模型。英國的提默思（Titmuss, 1958, 1968, 1974）

以歐洲福利國家的發展為基礎，兼顧美國的經驗，將社會福利擴大為以下三組模式，這三組概念也成為後來葉斯平—安德森（Esping-Andersen, 1990; 1996; 1999）發展出福利體制（welfare regimes）論，所歸納出的福利資本主義的三個世界的基礎架構。而晚近米吉利（Midgley, 1995; Hall & Midgley, 2004）發展出來的發展觀點（developmental perspective）的社會福利，也被納入用來討論發展中國家的社會福利。

一、殘餘（補）式的社會福利

殘餘（補）的福利是指無法在自由經濟市場中賺取薪資過活，且得不到家庭照顧與支持的人，如同算術除法中除不盡的餘數般，需要市場與家庭以外的力量介入補救。亦即，社會福利扮演家庭與市場常態供給結構破損後的補救角色，除非家庭失功能或市場失靈（market failure），或者個人無法經由家庭與市場獲得生活的滿足，才由社會福利體系來發揮殘補的、暫時的，以及替代的功能。由於其帶有施捨、慈善的意味，福利受益者有被汙名化、烙印化的傾向，而迭遭批評。最常見的是將女性與兒童看作是福利依賴者。

承上，社會福利的焦點是有問題的個人，而非全民，其功能是彌補缺漏（Kirst-Ashman, 2007）。社會福利的對象包括自然的弱者，例如老、幼、病、殘，以及人為的弱者，例如戰爭犧牲者、關廠失業者、性侵害與家庭暴力的受害者、族群歧視的受害者等。其提供的是經資產調查的社會救助，也就是過去慣稱的貧民救濟。更精確地說是提供給承襲自《濟貧法》時代的「值得救濟的貧民」（the deserved poor）的救濟。提供福利給這些值得救濟的貧民一方面可凸顯提供者的道德高尚，另方面也彰顯其社經地位的優越。

殘餘（補）的社會福利的主張者認為未經資產調查而提供社會福利給求助者，從道德的角度言是說不過去的。因為，社會福利會影響人們的儲蓄與工作意願，形成道德危險（moral hazard）（葉肅科譯，2002）。例如人們預期有老人年金可領取，而不儲蓄防老；人們因有失業給付可領，而不怕沒工作。這也是工作福利（workfare）或以福利促使工作（welfare-to-work）政策主張人們要福利就要工作的根源，例如美國的「貧窮家庭

的短期救助」（Temporary Assistance to Needy Families, TANF）（Karger & Stoesz, 2006）。

而就社會福利的提供單位，認為社會福利不應替代家庭、市場，即使有提供福利的必要，也應該優先考慮由志願部門去提供。基於此，主張政府規模越小越好，讓人們憑理性與良知在市場中自由地運作其生產與消費，不需要讓「不知什麼是最好的」大小官僚來干擾家庭與市場的運作（Titmuss, 1974）。所提供的福利也僅止於社會救助與社會服務，而且認為民間（非營利組織）、市場（營利組織）能做的，政府不做，導致社會福利提供呈現較高程度慈善化、民營化與商品化。

這是葉斯平—安德森（Esping-Andersen, 1990）所說的自由主義的福利國家（liberal welfare state）的社會福利，其代表是美國、英國、加拿大、紐西蘭、澳洲等。但這並不表示上述國家沒有工業成就模式的社會保險，例如美國的老年、障礙、遺屬保險也是屬於工業成就模式的福利。英國的國民健康服務（National Health Service, NHS）屬於普及式的社會福利，年金保險則兼具普及式與工業成就模式的福利。加拿大的國民健康保險也屬普及式的福利。

二、工業成就模式（industrial achievement performance）的社會福利

顧名思義，社會福利被看作是經濟的附屬品，其給付應該論功行賞，依每個人的功績（merit）多寡來決定可獲得多少福利。功績表現於生產力的高低，其道理衍生自激勵、勤奮、報償、階級與群體歸屬的形成等心理學與經濟學基礎，因此又被稱為侍女模式（handmaiden model）（Titmuss, 1974），或功績特殊模式（meritocratic-particularistic model）（Flora & Heidenheimer, 1981）。

工業成就模式的社會福利最典型的例子是歐洲大陸國家，例如德國、法國、荷蘭、奧地利等以職業別的社會保險體系，例如附加年金、職業年金等。在臺灣則是勞工保險、公務人員保險、軍人保險、勞工退休金等。以社會保險為主的歐洲大陸國家被葉斯平—安德森（Esping-Andersen, 1990）稱為歷史組合國家主義的福利國家（historical corporatist-statist welfare state），強調其組合主義的社會夥伴特質及國家介入的歷史傳統。

以社會保險作為社會福利的主要內涵，非就業人口，特別是婦女常被排除在社會保險保障之外，或只能以眷屬身分成為社會保險的給付對象，而不是依個人的社會公民權身分取得權利賦予（entitlement）。因此，婦女的福利主要依賴為保護母性、家庭與勞動力再生產而有的相關給付，例如家庭津貼，或兒童津貼。為了鼓勵母親留在家庭扮演照顧者角色，而使國家介入兒童日間照顧、家庭服務的需求相對降低。但是，為了維持勞動力的供給，兒童津貼扮演很重要的角色。至於，其他非就業人口的經濟生活保障大量依賴社會救助，形成社會福利的一國兩制，「有工作者有保險，沒工作者只能靠救助。」其中沒工作者大部分是女性，因此也形成社會福利的性別化（男性化），或者是性別化福利國（gendering welfare state）（Sainsbury, 1994）。簡單地說即是「男性福利國」。

三、制度式的社會福利

社會福利本身被認為是現代社會制度的一環，扮演工業社會常態的第一線功能。意即，社會福利不只是解決老弱婦孺的社會問題，而是預防與降低個人與家庭遭遇社會事故（social contingencies），例如生育、疾病、傷殘、失業、老年、死亡時，所可能帶來的生活危機。社會事故的概念深受19世紀工業化的影響，認為工業化帶來新的社會問題，例如職業災害、失業、退休、人口老化、工作與家庭照顧的失衡、疾病帶來的勞動成本的增加，以及勞動力的再生產等問題。而以20世紀末後工業社會的概念來說，資本全球化、工作彈性化、工作非典型化、工會組織的鬆動、管制鬆綁、貧富差距擴大、跨國人口流動頻繁等現象，已超出社會事故所能描繪的，用風險社會（risk society）的風險來形容這種現象更為貼切（Beck, 1992）。據此，制度式的福利就包括社會保險、家庭津貼、社會住宅、就業服務、健康照顧、社會照顧、國民教育、人力資本、社會投資等。推行制度式社會福利的國家通常是在社會民主黨執政時期所發動，且社會民主黨相對地較強大，因此，葉斯平—安德森（Esping-Andersen, 1990）稱之為社會民主福利國家（social democratic welfare state）。

制度式社會福利典型的代表國家是瑞典、芬蘭、丹麥、挪威等北歐國家。這些國家的人民擁有英國學者馬歇爾（Marshall, 1950）所說的普

及的社會公民權（universalist social citizenship），亦即每個國民不分男女老幼、職業身分均享有基本普及的社會福利，不因所得高低、職業有無而區別福利享有的資格與身分。例如缺乏就業經驗的老人亦可享有基本保障的年金給付，不因過去就業經驗的有無，或所得高低而被排除在國民年金（national pension）制度之外。兒童亦不因家庭所得高低而有家庭津貼領取權的差異。同樣的，國民健康照顧亦不以職業別、所得高低，決定給付的多寡與品質的良窳。同時為了性別平等，不但支持女性就業，也設計符合性別平等的教育、親職假、兒童照顧與教育服務、老人社會照顧等，以體現友善女性、兒童、身心障礙者、老人的社會政策。

社會公民權在制度式的福利國家裡是人權的一部分，而非因工作成就賺來的。這是制度式福利與工業成就式福利的差異。所以，制度式的福利具有去商品化（de-commodification）與對抗社會階層化（social stratification）的意涵。去商品化係指人們因權利（社會公民權）而獲得服務，而非依賴市場以維持生計。而對抗社會階層化係指一個人的公民地位與階級地位產生競爭，或甚至取而代之。福利國家本身是一個階層化的體系，例如俾斯麥模式的社會保險國家（Bismarck social insurance state）以薪資賺取者（wage-earners）為主要受益對象，非勞動人口就被排除在保障之外，新的社會階層化因而出現。而北歐式的普及福利制度，公民地位取代階級地位，舊有社會階層化被打破。

四、發展取向的社會福利

上述的這三種社會福利體制都以工業先進國家為背景來討論社會福利，社會福利的功能被視為是為了解決經濟發展後的新興社會問題，如此說法無法涵蓋南方發展中國家的社會福利。米吉利（Midgeley, 1995）的發展觀點補足了福利國家的討論排除發展中國家的缺失。第三世界的社會福利不只是一種福利服務與安全網，而且是攸關民生（livelihoods）與人權。米吉利等人（Midgley, 1995; Midgley & Livermore, 1997; Hall & Midgley, 2004）指出社會介入對經濟發展有正向的作用，尤其是二次戰後的第三世界國家，透過社會福利方案的提供，除了消滅貧窮與提升人民生活水準之外，也有利於經濟發展。其表現在以下三方面：

1. 投資在公共服務，例如教育、營養與健康照顧，能讓人民提高所得。例如普及教育可以培育出更多的技術工人，有助於經濟發展。
2. 投資在與經濟和社會基層建設有關的物理環境改善，例如道路、橋梁、灌溉、飲水系統、學校、醫院等，有助於經濟與社會發展。例如有良好的交通設施，有利於勞動力流通，對經濟生產有助益。
3. 發展對需要幫助的人們就業或自僱有關的方案，有助其找到生產性的工作。這遠比長期給予窮人社會救助更有利於經濟發展。

第二節　社會配置

前述所得維持、就業、住宅、社會服務、保健服務、教育、家庭政策、環境等都屬於社會政策的內涵。而布里格斯（Briggs, 1961）所稱的福利國家所提供的保障範圍包括：所得維持、社會保險、社會服務。這就涉及社會給付（social benefits）的議題，到底誰可以得到何種社會福利給付。本節要討論的即是判斷誰可以得到社會配置（social allocation）（Gilbert & Terrell, 2009）。所謂社會配置是指一個社會願意提供多少量、多好品質的社會福利給有需求的個人或團體？

壹 選擇式vs.普及式的福利

首先要處理的是選擇式的（selective）或普及式的（universal）服務的抉擇。提默思（Titmuss, 1968）指出選擇式的服務是以個人資產（means）多寡作為提供服務的資格要件，社會福利給付只提供給經資產調查（means-testing）之後，被認定有需求的人們。資產調查依提默思的看法至少有以下四個功能：

1. 認定非就業人口的所得水準，以決定其是否吻合所得維持方案所定的最低生活水準。
2. 認定誰需要負擔固定的費用或租金，以取得服務。

3. 決定誰可以取得免費的公共服務或給付的資格,其他人則必須自費在私人市場購買服務或給付,或付費購買公共服務或給付。

4. 決定普及式的服務之折扣優惠,例如退稅。

　　至於普及式的服務則是以需求的類屬、群體、地區作為提供服務的基礎,只要同一類屬,例如經濟安全、就業;同一群體,例如兒童、老人、身心障礙者;相同的地區,例如教育優先區,就可以取得相同的服務。

　　據此,選擇式的服務提供的對象是透過資產調查後決定的個人需求的滿足,例如社會救助。普及式的服務之對象則假設所有國民都可能面對各種風險(at risk),接受服務是一種基本權利(Gilbert & Terrell, 2009)。

　　主張普及式福利的人認為其有以下優點(Titmuss, 1968; Blakemore, 1998; Gilbert & Terrell, 2009):

1. **較能適當地回應不同人口群的基本社會需求**:例如兒童與少年普遍需要教育與照顧,老人普遍需要健康照顧、經濟安全、公共教育等,就不需要再進行資產調查,才確認其個人需求。

2. **較能關照到人的尊嚴與社會凝聚**:因為每個人均能公平地得到福利,就不會有人被標籤、羞辱或汙名化。

3. **較能回應人們立即的需求**:因為資產調查常是定期辦理,因此,有些急迫需求,例如失業、單親、疾病、未成年懷孕、家庭暴力等事件隨時會發生,這些需求無法等待資產調查後才認定。

4. **政治上的有利**:福利對象基於包容原則照顧到全體國民,自然較容易獲得人民的支持。

5. **行政成本較低**:減少耗費時間與人力在資產調查行政上,也減少因人民通過資格與否的紛爭。

6. **達到所得重分配效果**:特別是由稅收作為普及的福利財源,所得較高的中、上階層繳較多的稅,用來移轉給所得較低的家戶,自然有高的所得重分配效果。

　　這正好對照出選擇式福利的缺點:不能回應人民的基本需求、烙印(stigma)低收入人民或低下階級(underclass)、無法回應環境變遷所創造出的立即需求、政治上難以永續、行政成本高、不具所得重分配效果、缺少鼓勵工作的誘因。

然而，主張選擇式福利的人們認為選擇式福利也有以下優點（Gilbert & Terrell, 2009）：

1. **效果較好**：服務提供聚焦在有需求的人身上，較不會浪費資源。
2. **成本較低**：能將每一分錢均用在刀口上。不需要服務的人均被排除在服務之外，在財政限制下，較能符合節省成本的原則。

貳 需求評估的光譜

　　一般來說，社會福利的受益者或使用者之所以能夠得到服務，是基於下列四個需求或指標（Gates, 1980: 29; Gilbert & Terrell, 2009）：

1. **資產調查需求**（means-tested need）：資產調查決定一個人或一個家庭合不合得到社會福利的資格，主要目的是判定其是否為窮人。任何社會都會有個判準來界定誰是窮人，誰不是。不論是依絕對或相對的判準，資產調查作為一個工具，用來判定被調查的個人或家庭資產、所得，是否低於這個標準，而區分出窮人與非窮人。這是基於經濟指標判定需求的個人配置（individual allocation），例如社會救助。
2. **診斷的差異**（diagnostic differentiation）：藉由專業診斷而判定其有特別需求，例如精神病患、身心障礙者。這一類對象因個人差異而得到個別的社會福利給付。這是基於技術診斷需求的個人配置，例如特殊教育、心理衛生服務、身心障礙福利等。
3. **補償**（compensation）：社會中有一些人因下列兩種狀況應得社會福利：(1)曾經對社會與經濟有貢獻，例如退伍軍人、社會保險的被保險人等；(2)處於不利地位下的社會受害者，例如原住民、失業者、偏遠地區住民、制度化的被歧視者、女性及身心障礙者等。這是基於為了追求恢復公平的規範性指標的群體取向的配置（group oriented allocations），例如原住民福利、榮民福利、勞工職業災害補償、失業給付等。
4. **屬性需求**（attributed need）：某些人因身分地位的特性而不須經過資產調查即可得到福利，例如兒童可以得到兒童津貼（child

allowance），老人得到老人年金，身心障礙者可領取身心障礙年金等。因為這一類人口被認定有特定需求，隨著年齡或身體條件的改變，需求也將跟著改變，當其條件消失時，服務的提供也將自動消失。而地位屬性的福利則包括職業身分，例如勞工、公務員、軍人、農民等，因不同職業地位而有不同的福利。這是基於規範性需求指標的群體取向的配置，例如勞工保險、軍人保險、公務人員保險、農民保險、國民年金等。

從以上四個資格要件來看，有些人獲得社會福利是依單一指標，例如失業者；另些人口群獲得社會福利則是基於多重指標，例如低收入身心障礙者。低收入身心障礙者可以經由資產調查取得福利身分，而有低收入戶相關補助；同時，也可能因為被診斷出身體功能的差異，而有如輔具、專用停車格的特別服務需求；或因社會對弱勢者的補償而有定額僱用、身心障礙者就業促進基金的提撥，以補救其就業的不利；當然，也可能因為人口特質屬性而有身心障礙者年金。

如上述，社會福利的受益對象，有多重指標可以獲得福利配置，就會出現福利部門分工的議題。例如一位低收入的失能原住民女性老人，到底應該由社會局（處）的哪一科室或團體來提供服務？社會救助科？老人福利科？身心障礙福利科？婦女福利科？或是原住民族行政局？該由哪一個團體來關心其權益？老人福利聯盟？婦女團體？還是障礙者福利聯盟？原住民團體？這是一個經常遇到的社會福利實務問題。

在社會資源有限性的前提下，社會福利的提供應以保障生存權為優先，這也是一般社會工作的倫理原則，就是保障生命安全與生計維持為第一要務，其次是維持健康，再來才是照顧需求的滿足，最後才是成長與發展。亦即，社會福利機關（構）不可能放著窮人不救助，而大力提供老人文康活動或老人社區大學；同理，也不應放著兒童身心健康與人身安全不管，而全力推動兒童育樂營。

據此，社會福利身分的取得依序是經濟條件、身體條件、年齡、性別、族群。亦即，只要是經資產調查合乎低收入戶資格的國民，不論其身體條件、年齡、性別、種族，都應該先獲得社會救助。接著，因其身體健康條件被鑑定為身心障礙，其是身心障礙者權益保障法規範的對象，就應

該獲得身心障礙者的權益保障。不因為他是低收入戶，而被歸類到社會救助科的服務對象而缺少身心障礙者權益保障。第三，因其年齡屬老人，也可以獲得老人福利法的保障。但是，老人福利與身心障礙福利的重疊部分，應以身心障礙福利為優先。第四，由於該老人為女性，於服務提供時應考慮性別敏感的議題。最後，該老人是原住民，族群敏感、多元文化主義，或反壓迫實務的觀點就必須被導入，才可能提供真正吻合案主最佳利益的服務。

如果服務對象改為需要早期療育的低收入兒童，其服務分工也是相同順序。據此，身心障礙科就不宜自我設限只服務身心障礙的成人，而置兒童、少年、老年的身心障礙者於不顧。同理，老人福利科也不能只服務非低收入的健康老人。同樣地，原住民族的社會福利也不宜全歸原住民事務主管機關掌理，而是在普及的服務輸送下，由原住民事務主管機關提供族群敏感、多元文化主義，或反壓迫實務的角度檢視社會福利輸送，並提供補償性的與符合族群利益的特殊服務。婦女議題亦同。

如果我們將社會配置依普及與選擇、制度與殘補，以及下一節將敘述的社會福利意識形態的連續體來分析，可得知社會配置的原則如下圖1-1（修改自Gilbert & Terrell, 2009）：

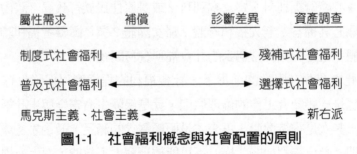

圖1-1　社會福利概念與社會配置的原則

通常，社會配置會受到成本效益考量與國家社會福利意識形態的左右。成本效益考量包括（Gilbert & Terrell, 2009）：

1. 工作誘因（work incentive）：指社會福利提供是否會影響勞動意願，例如薪資所得稅抵免（Earned Income Tax Credit, EITC）。
2. 生育誘因：指社會福利提供是否會帶來更高的結婚率、生育率等，例如兒童津貼、新婚家庭的住宅津貼等即是。

3. **家庭穩定的效果**：有人會擔心社會福利是否會取代家庭照顧功能，造成家庭的瓦解。相反地，另有人則主張透過社會福利可以支持家庭，例如針對低收入家庭的經濟補助。
4. **烙印（stigma）vs.社會整合效果**：通常採取資產調查式的資格要件，較容易將申請社會福利使用者刻印上「窮人」、「懶惰者」的汙名；反之，若所有人們都不經資產調查而有屬性需求的社會福利，則被認為較具有社會整合的效果。例如將低收入老人納入國民年金保險，而不是依賴低收入老人生活津貼。

至於社會福利意識形態，則將於第四節詳述。

第三節　社會福利提供的形式

　　傳統上，社會福利提供的形式有現金給付（in cash）與實物給付（in kind）兩大類。這兩種形式的給付各有利弊，本節先加以探討。

壹 現金給付vs.實物給付

　　現金給付是指直接提供現金給社會福利的對象，例如兒童津貼、低收入戶生活補助、照顧津貼、托育補助、房租津貼、老農津貼等。實物給付則是直接提供受補助對象所需的食物、被服、油料、輔具、住宅、教育、托兒照顧、健康照顧、居家服務、家事服務、諮商服務等。

一、現金給付的利弊

現金給付的優點如下（Gilbert & Terrell, 2009）：

1. **簡便**：直接提供現金給福利受益人，不論是撥入銀行、郵局戶頭，或是領取現款，手續相對簡便。尤其直接入帳方式，更是方便，可省去福利受益人奔波於途，更不必擔心被偷被搶。
2. **行政成本低**：政府不須自行設置社會服務機構、中央餐廚、被服工廠、農場、倉庫等設施來生產實物或服務，省去許多固定成本。

3. **使用者選擇性**（choice）**高**：現金給付讓服務使用者可以依照自己的偏好，選擇滿足需求的方式，而極大化補助的效用（utility）。

然而，現金給付也有以下缺點（Gilbert & Terrell, 2009）：

1. **有限理性**：人們的理性是有限度的，不可能每個人在每件消費上都能理性地選擇自己的最佳利益。福利使用者面對各種促銷、廣告、壓力等誘因，往往無法依自己的理性獨立判斷，而產生依賴效應（dependence effect）（Galbraith, 1958），致被服務生產者影響而誤用現金補助；甚至產生供給創造需求效果，過度使用不需要的服務，而浪費有限的福利資源。

2. **管理能力不足**：福利使用者大多數是社會、經濟、文化上相對弱勢者，其選擇能力與理財能力是有限的，很難避免案主不會濫用現金補助。福利使用者可能因家政管理能力不足、個人喜好，或道德瑕疵，而將現金挪用。例如龍垂（Seebohm Rowntree）於1901年研究英國約克郡（York）的貧窮問題，即已區分貧窮為兩類：初級貧窮（primary poverty）指所得低於維持生計所需以下；次級貧窮（secondary poverty）指所得高於維持生計所需，但因浪費而陷入貧窮（Fraser, 1984）。

3. **資訊不對等**：理性選擇（rational choice）需要充分的資訊。社會服務市場為降低成本，或囿於商業行銷的限制，無法提供足夠的資訊；或因服務使用者的知識與經驗限制，再加上社會服務的專業性，例如心理諮商、家族治療、長期照顧等，服務使用者及其家屬很難輕易理解服務的質量與內涵，致供需雙方的資訊嚴重落差，服務使用者無法進行高效率與高效用的選擇。

4. **市場供給不足**：社會服務市場基本上只是個準市場（quasi-markets），它與一般市場有很大的差異。供給面上，一般市場是產品與生產者間的相互競爭，而社會服務市場是由獨立的公私立機構競爭消費者，且不以極大化利潤為目標；需要面上，一般市場消費者以現金購買產品與服務，社會服務市場的消費者則多以預算或兌換券（voucher）交易。且服務使用者與購買者常非同一人，而是由第三者（社會局、照顧管理專員、家庭醫師等）代理

選擇服務項目與質量。因此，其非營利化成分高、非現金交易比例重、他人代理決策機會多（Le Grand & Bartlett, 1993）。既然社會服務市場的營利性不強，營利的社會服務機構會選擇容易生產、獲利高的服務項目提供，低消費能力、多重問題的案主便無法買到其所需的服務。於是，產生錦上添花效果，而非社會福利所強調的雪中送炭、劫富濟貧效果。無利可圖的方案，很少會成為營利的社會服務提供者的首選，致福利使用者的選擇受限。

二、實物給付的利弊

瑞典經濟學者默達爾（Myrdal, 1968）在討論兒童福利時，主張國家應直接提供實物給付給家庭，因為實物給付的優點如下：

1. **大量生產降低成本**：政府直接生產，或大量採購，可達到經濟規模而降低成本。例如由政府設中央餐廚生產營養午餐，直接分配給學生，必然會因大量採購米、油、果菜、肉品而降低單位成本。如果是現金補助學生自家準備午餐，或向餐廳購買便當，其單位價格一定較高。

2. **社會控制**：可從生產面來控制使用者的消費行為，避免服務使用者濫用、誤用社會服務。不但可以回應社會大眾對資源使用效率的責信要求，同時由於服務使用者均享有相同的服務，容易達到社會團結的效果。

3. **保證滿足案主的需求效果**：實物提供可針對案主的需求，直接提供實物，例如營養品、衣被、交通接送、輔具、房屋維修等，達到立即直接的需求滿足效果。

但是，實物給付也有以下缺失（Gilbert & Terrell, 2009）：

1. **公部門效率不足**：公部門供給較有效率的說法必須是在清廉、執行力強、專業度夠、資訊透明的前提下，才可能達成。在政府部門壟斷下，服務提供缺乏競爭，不見得能提供物美價廉的服務。更甚者，公部門最常被詬病的是重視媒體觀感、數字管理。例如為了降低失業率，投資龐大預算在短期就業方案上，雖然官方失業率好看，但是投資的金錢與真正達到的就業促進效果有限，失

業者也不一定獲得好處。

2. **行政官僚不了解人民需求**：公部門官僚不一定具備社會工作專業知能，尤其社會服務既是勞力密集（labor intensive），也是密集技術（intensive technology）工作，諸多新的社會服務需求並非公務員的專長所及，例如慢性精神疾病的會所模式（club house）的復原、支持型就業、社區家園、團體之家（group home）、支持型社會住宅等。即使公務員能力所及，也因長期待在冷氣房中，無法真正了解人民需求，致常有「何不食肉糜」的謬誤。例如千篇一律地提供美髮、西點、文書處理等職訓課程給未升學未就業的少年，一旦少年不領情，就責怪這些少年沒有工作意願。

3. **公共服務無法迅速回應社會需求**：政府的公務預算必須於前一年春即提出概算，年中前完成預算編列送立法機關審查，年度結束始能通過立法程序，一旦碰到立法杯葛，可能拖到第一季結束都還不能動用本年度預算。再加上依採購法規定公開招標程序，又要拖一段時日；且預算執行須依預算法規定，不能任意變動。如此，在時效與彈性上均難以回應快速變遷的社會需求。

從以上的分析看來，現金給付與實物給付看似相剋，其實不然，個人選擇與社會控制是可以調和的，其折衷點是在政府提供社會福利責任下考量人民最大的選擇自由（Gilbert & Terrell, 2009）。因此，有一些新的選項被提出，成為社會福利提供的新作法。

貳 社會控制vs.使用者選擇

當代社會福利的提供形式已擺脫現金給付與實物給付兩種基本形式。有許多新的作法，已突破現金給付與實物給付的二元對立思考，增加社會配置的效果，分述如下（Gilbert & Terrell, 2009）：

一、機會（opportunities）

過去的實物給付並不包括機會的開創，例如許可、鼓勵、保證及誘因等。雖然這些也是由政府提供，但是機會更能滿足公民權利的保障，或

外加機會（extra chance）。例如退伍軍人轉任公職考試，使退伍軍人增加就業機會；原住民特考、身心障礙特考也是外加機會，且考試及格標準相對降低，使這些弱勢考生可以在一般公職考試之外，多一些機會擔任公務人員，增加其就業機會。又例如在《政府採購法》中明訂公務機關保證優先採購原住民、身心障礙者所生產的貨品與勞務，也讓這些弱者增加就業機會。

機會均等（equality of opportunity）是左右兩派均可接受的概念。但是，左派更強調均等，亦即積極行動對待弱勢者，創造平等的結果；右派則強調機會，亦即保障公平對待、公平競爭，結果可以不均，但力求公正（fair）（Blakemore, 1998）。

二、兌換券（vouchers）與信用（credits，點數、帳戶餘額）

兌換券是發給服務使用者一種經官方保證給付的證明。憑此證明，服務使用者就可換取所享有的實物與服務。此時，服務使用者的身分就從案主或公民轉變為消費者（customer）。最出名的是美國的食物券（Food Stamp），這是自1964年起推行的方案，補助低收入戶憑票到超級市場購買食物，之前採紙本的點券，目前已改用電子憑證，像信用卡般，由使用者刷卡購買食物。另一項與食物有關的方案是低收入孕婦、嬰兒、兒童的營養補給品的兌換券（Special Supplemental Food Program for Women, Infants, and Children, WIC），憑券可向指定的超商換取指定品牌的牛奶、麥片、蛋、乳酪、鮪魚、果汁、花生醬等。食物券補助一般糧食、盆栽與種子，WIC則是針對孕婦、嬰兒、兒童的指定營養補給品。

其實，更早以前，經濟學家傅利曼（Friedman, 1962）就倡導政府應該發放教育券（educational voucher）給家長，讓家長可以自由為其子女選擇學校就讀，而不必然要進入指定學區的公立學校就讀。這是一種放任主義（laissez-faire）的作法，認為政府管得越少越好，讓公立學校進入市場競爭。

此外，還有房租補助券（housing vouchers）也是，補助低收入家庭憑券向指定的房東租用住宅。這些都是試圖同時處理實物給付與現金給付的缺失，既滿足使用者的選擇自由，又達到社會控制。

目前美國推行的工作所得稅退稅是一種結合就業、兒童照顧的社會福利方案。由國稅局退稅給低所得工人，作爲補償其兒童照顧的支出，也是一種既不直接給現金，也不直接提供兒童照顧的社會給付，同時又可鼓勵就業。

三、權力

權力是指重分配實物與服務提供的控制過程。例如增加身心障礙者參與就業促進基金的決策過程。又如引進低收入戶參與社區行動方案，讓服務使用者極大化參與可能，有助於提升需求評估與社會介入的效果。這也符合充權（empowerment）的理念，讓弱勢者的權力感增強、能力提升。

四、工具儲備（Instrumental Provision）

這是一種間接的社會介入方式，發展給付方案執行的工具，具體作法是政府補助、鼓勵民間社會福利機構發展新方案，以利提供更多創新方案給需要幫助的對象。例如上述的會所模式、支持型就業、社區家園、團體之家、支持型社會住宅等。

 ## 第四節　社會福利意識形態

如前所述，國家要提供何種福利給誰，受到該國社會福利意識形態的影響很深。什麼是福利意識形態（welfare ideology）？是一種關於社會福利的價值體系與信念，社會中的個人依此來理解、描繪、判斷、發展社會福利。但並非該社會只有一種福利價值體系與信念，而是指該價值體系與信念被視爲比其他的更正確與優越而被接受（George & Wilding, 1994; Fitzpatrick, 2001; Alcock, 2003）。

從福利政治的角度來看，影響社會福利的提供其實也是受福利的政治哲學的影響。福利的政治哲學在處理福利提供的政治責任，亦即問爲何與何時國家應提供社會福利？應提供何種與如何提供社會福利？據此，福利政治哲學的基本關懷是：什麼是福利？什麼是提供福利的好理由？福利仍

然是現代社會必要的方案嗎？（Fives, 2008）

　　各國存在多少福利意識形態呢？不同的學者有不同的看法，有主張新右派（New Right）、中間路線（the Middle Way）、民主社會主義（Democratic Socialism）、馬克斯主義（Marxism）、女性主義（Feminism）與綠色主義（Greenism）等六種（George & Wilding, 1994）。有主張基變右派（Radical Right）、保守主義（Conservatism）、社會民主主義（Social Democracy）、馬克斯主義等四種（Fitzpatrick, 2001）。有主張新右派、中間路線、社會民主主義、馬克斯主義、新基變主義（New Radical）等五種（Alcock, 2003）。有區分為功利主義、自由主義、保守主義、社會主義、政治自由主義、社區主義、基變主義等七種（Fives, 2008）。更簡化的只是將之區分為三：保守主義、自由主義（Liberalism）、基變主義（Radicalism）（Kirst-Ashman, 2007）。本書先採大分類下再採次分類方式將幾種常見的福利意識形態加以介紹。

🈩 保守主義

　　保守主義的基本主張是個人要為自己負責，政府介入人民生活越少越好，改變並非必要的。保守主義有以下幾個特徵（George & Wilding, 1994; Fitzpatrick, 2001; Alcock, 2003; Kirst-Ashman, 2007）：

1. **抗拒變遷**：認為變遷帶來的好處比其帶來的麻煩少，如果沒有打破，何須修補。
2. **對人性的悲觀假設**：認為貪婪、自私、懶惰、假慈悲是人性的本質，如果有福利，人人都想要，提供福利的就是笨蛋。
3. **人人應自我依賴**：認為人們應該認真工作以養活自己，根本不需要別人幫助。
4. **尊重傳統**：認為傳統帶給社會繁榮穩定，歷史與文化的智慧才是值得學習的。據此而推崇權威與父權。
5. **國家介入家庭維護與教養**：尊崇家庭價值，因此主張國家應該介入家庭維繫與教養，讓家庭支持其成員。

保守主義流行於1930-1940年代的英國，保守黨是其主要的代言人。

保守主義在1950年代以後，基於很強的國家主義傳統，逐漸接受社會保守主義（social conservatism）的修正，支持公平、有限度的福利、經濟成長與政治穩定、適度干預個人行為、家庭與宗教的維護、尊重階層與服從權威、追求有紀律的社會。這就是所謂新保守主義（neo-conservatism），他們反對社會主義所主張的社會正義，也反對自由主義主張的自由。

打從工業革命、民主政治發展以來，霍布斯（Thomas Hobbes）、洛克（John Lock）、亞當·史密斯（Adam Smith）等人所主張的自由主義（liberalism）：支持個人信仰自由、社會改革、言論自由、普及參政權、自由競爭、人道主義、小政府、反歧視與剝削、個人選擇及反君主與教會專制的思潮，也在第二次世界大戰後出現變化，不但支持市場經濟，且更加放任、主張極端自由主義、自由選擇、政府失靈、市場至上、反對干預，海耶克（Friedrich Hayek）與佛利曼（Milton Friedman）是其旗手，是為新自由主義（neo-liberalism）。

而在1970年代之後，新自由主義與新保守主義結合，成為所謂的新右派（New Right）或基變右派（Radical Right），其主要支持者是英國保守黨總理佘契爾夫人（Margaret H. Thatcher）與美國共和黨的總統雷根（Ronald Reagan）。新右派擷取新自由主義的經濟自由主義與新保守主義的道德保守主義，大力批判二次戰後以來的凱因斯福利國家（Keynesian Welfare State）。其批判重點如下（George & Wilding, 1994; Pierson, 2006）：

1. **福利國家是反經濟的**（uneconomic）：因為它傷害了資本主義市場經濟的投資誘因與工作誘因。

2. **福利國家是不具生產性的**（unproductive）：因它鼓勵龐大的公共官僚體系的出現，迫使資本與人力資源遠離具生產性的私部門經濟。國家壟斷僱用工人於（不具生產性的）公共部門，導致薪資上漲。

3. **福利國家是無效率的**（inefficient）：公共部門壟斷福利提供，創造與贊助一個特殊利益的部門（指社會服務），引導出一個無效率的服務輸送體系，違反市場是以生產者利益為優先的法則。政府越擴大介入人民的生活範疇，失敗機會越大。

4. **福利國家是無效果的（ineffective）**：即使已經投入龐大的資源，福利國家的方案仍然無法消除貧窮與剝削。對赤貧者來說，其境況甚至比傳統的以社區為基礎與家庭為基礎的支持系統還來得糟，陷入依賴循環的剝奪陷阱中。

5. **福利國家是專制的（despotic）**：藉由建構一個弱化人民的官僚體系，將個別公民，有時甚至將整個社區納入自大的國家社會控制之下。經常以聲稱福利國家是為了保護人民而存在，而遂行剝奪公民自由的國家控制與操弄。

6. **福利國家是反自由的（denial of freedom）**：福利部門強制地提供服務，拒絕人民選擇的自由。沉重與累進的稅制幾近充公人民的財產。

貳 社會民主主義

　　社會民主主義是結合了社會自由主義（social liberalism）與民主社會主義（democratic socialism）的產物，在左右光譜上是屬於中間偏左的（Fitzpatrick, 2001）。在英國是費邊社（Fabian Society）的傳統，在瑞典則是社會民主黨的主張。社會民主主義主張在資本主義經濟體制下追求社會正義。然而，必須立基於工人階級權力的務實政治（practical politics）的實踐。亦即透過勞工參與民主選舉中取得政治權力的均衡，推動一系列有利於勞工的社會重分配政策。

　　社會自由主義認為政府應該涉入社會、政治、經濟結構，才能以社會正義之名保障人民的權利（rights）與特權（privileges）。社會自由主義反對保守主義可以從以下三點看出（Popple & Leighninger, 2002）：

1. 社會自由主義偏愛變遷，認為社會總是會找到最好的方式前進，歷史是一個持續變遷與不斷進步的過程。

2. 對人性的樂觀，認為人生而追求更好的可能，若非腐敗，人的本質還是社會、好奇與充滿愛的。只要足夠的資源以滿足人類的需求，人們將表現得很好。

3. 相信人的行為受到環境的影響，並非人們缺乏意志，往往是因為

環境限制其自由意志的表達，例如種族歧視、貧窮與性別歧視。政府的職責即是保護人民免受障礙限制，提供一個滋養的環境讓人們能旺盛。

民主社會主義是修正了市場資本主義與共產主義。他們同意自由民主的憲法秩序與選舉制度是值得保存的，但是也主張長期的社會轉型是可欲求的。亦即，他們反對市場資本主義漠視社會正義，也反對共產主義式的不民主與缺乏自由，所以是一種烏托邦的務實主義（utopian pragmatism）（Fitzpatrick, 2001）。

1930年代以降，民主社會主義在歐洲得利於社會民主政黨與勞工黨的執政實現其理想。因此，以社會民主主義流傳於歐洲，影響到歐洲的政局，例如英國的勞工黨、瑞典的社會民主黨、德國的社會民主黨、法國的社會黨等。民主社會主義的基本主張如下（Fitzpatrick, 2001）：

1. 社會不均是資本主義的產物。基於市場經濟的追求利潤與私人財產擁有，使貧窮與剝奪大量產生。

2. 關切社會正義與社會福利。實現普及需求的滿足與弱勢者特殊需求的滿足。在社會主義社會裡，不同形式的社會福利體系是不可或缺的。

3. 增進與代表勞工的利益。反對階級社會與對無產階級的剝削，一個無階級的平等社會是民主社會主義追求的終極目標。

4. 合作重於競爭是社會與經濟組織的工具。資本主義式的競爭並非文明社會的必要，人與人間的合作、人與環境的合作是可以被再創造出來的。

5. 資本主義是無效率與浪費的。其因失業的浪費與過度生產物質的浪費遠比其所批評的社會主義的無效率來得更嚴重。社會主義計畫可以更有效地與在較少無政府狀態的經濟活動下達成較高的成長。

在資本主義與社會主義兩邊向中間修正的過程中，其實有不同的想像。最接近保守主義的是早期的中間路線（middle way），之後又出現新中間路線，或第三條路。亦即同是資本主義社會也可以有兩種，一種是美式的自由資本主義，另一則是萊茵模式的資本主義（武英譯，1995）。以

下分別加以介紹：

一、中間路線

中間路線一詞最早由恰茲（Childs, 1936；引自Tilton, 1990）提出用來描述瑞典的社會民主黨的社會政策，他認為社會民主模式的社會政策不具有顯著社會主義的意識形態與方略，也擺脫資本主義的自由市場經濟掛帥。因此，是一種改革的、務實的、後意識形態的政策。恰茲稱此種政策路線為中間路線，這種政策取向也被瑞典人稱為第三條路（the third way），即使到了1980年代末仍然如此（Feldt, 1988）。

另一種中間路線是社會保守主義。保守主義最早出現修正是1938年英國保守黨成員麥克米連（Harold Macmillan），他認為資本主義的私有企業原則如果全面實施，未來國家必然陷入內戰。1957-1963年他擔任英國首相，大力推動充分就業、混合經濟與普及的基本社會需求方案。基本上他們屬保守黨的中間派，是一種社會保守主義（social conservatism）（Fitzpatrick, 2001），或是牽強的集體主義（reluctant collectivism）（George & Wilding, 1994），其之所以稱為中間路線是介於自由的市場自由主義與集中的社會主義之間。

另外一組被歸類為中間路線的是貝佛里奇（Beveridge）與凱因斯（Keynes）。他們不屬保守陣營，而是自由主義的傳統，被稱為自由的集體主義（Liberal Collectivism）（Alcock, 2003）。

中間路線強調為了社會穩定與秩序必須發展國家福利。穩定與秩序是社會生活的基礎，國家有責任保護它。據此說中間路線是務實的，並不為過。中間路線的社會福利大致有以下幾點（George & Wilding, 1994）：

1. 認為市場體系並非總是最完美的經濟與社會生活方式。人類社會應該在不被管制的資本主義與無限的集體主義之間找到一種新的可能。
2. 政府行動可以修正某些資本主義的社會後果。例如組織社區以達成公共目的和促進社會與經濟正義，以及保護個人。
3. 平衡經濟與社會政策。社會政策不應臣服於經濟政策之下，必須有自己的主張。

4. 支持機會均等式的社會均等。

5. 主張一個國家，而非一國兩制，避免階級戰爭出現。

6. 但社會進步不可能從市場競爭的不福利中獲得。國家有責任促進社會進步。

二、第三條路（the Third Way）

中間路線會隨著時空遷移而改變其所指涉的狀態。恰茲當年所稱的中間路線，對二次戰後的德國社會國來說，中間路線所描述的狀態卻是走在北歐社會民主福利資本主義（早期的中間路線）與右翼或中間偏右的政治經濟之間（Lawson, 1996）。

隨著1990年代全球化的態勢越來越明朗，立基於福特主義（Fordism）工業社會的傳統凱因斯福利國家被認為無力解決全球化下的新風險社會的問題，例如失業、貧富差距擴大、彈性工作、部分工時、工會密集度下降、社會夥伴關係鬆解、移民（工）大量移入工業先進國家、國家徵稅能力下降、金融資本快速流通、跨國企業主宰生產與行銷、競爭國家導致的社會傾銷等現象。在新自由主義的強力倡導下，歐洲福利國家有被拋棄的疑慮，英國社會學者紀登斯（Giddens, 1994）在討論《超越左派右派》時即已點出找尋第三條路的可能性與必要性。

在《第三條路》一書中，紀登斯（Giddens, 1998）顯然試圖要如德國的中間路線一般，超越老式的社會民主主義（左）與新自由主義（右），找到第三條路。但是，紀登斯心中的第三條路仍然植根在社會民主的基礎上，試圖要再發現社會民主政策。依紀登斯（Giddens, 1998）的說法，第三條路的社會政策內涵是：包容的平等、有限度的功績主義（meritocracy）、市民社會的更新、積極的福利（positive welfare）、社會投資（social investment）的國家。

平等不只是社會的均等，而是更積極地包容社會所有的成員，例如不同的種族、性別、年齡、地區、職業、階級等。這是歐洲流行的社會包容（social inclusion）概念以對抗社會排除（social exclusion）。功績主義是「能者多拿」，更流行的話是「贏者全拿」，結果，資源分配將更趨於不均。「付出越多，報償越多」固然符合經濟市場原則，但不應是判斷社

會生活的唯一標準。有些社會貢獻是難以用利潤衡量的，例如女性的家庭照顧、文化與教育工作者的文化傳承、社會工作者的社會問題預防與處置等。因此，功績主義只應有限度地被採用來處理社會政策議題。

市民社會的更新是強化政府與民間的夥伴關係，鼓勵社區參與公共事務，以及分權化，讓公共事務不再只是政府的事，也不再依賴中央政府來指示。積極的福利是指不要一方面把社會福利壓縮在社會救助的範疇裡，另方面又指責社會福利造成財政負擔、人民懶惰、福利依賴；而是將社會福利的投資與就業促進、族群融合、性別平權、區域正義、社會團結等扣緊，將個人責任、家庭自助、社會互助、國家照顧相結合。積極的福利最具體的展現是社會投資的國家。國家應盡可能以人力資本的投資來取代直接的金錢補助。換句話說，社會福利與就業、教育應密切配合。不要把社會福利制度的設計只用來保障最低生活標準（經濟安全），而是同時要考量勞動力市場的穩定與品質（積極就業）。

雖然，英國前首相布萊爾（Blair, 1998）的第三條路比紀登斯的主張在道德、家庭與社區責任上，更趨近於社會保守主義。但是，紀登斯的第三條路仍然被英國新工黨奉為圭臬。站在傳統社會民主主義的立場來評價，英國新工黨的政策得到負面的評價多於正面（Powell, 2002），也就是過度向保守主義、自由主義靠攏。

參 馬克斯主義

雖然馬克斯主義影響西方國家的社會福利很有限，但是，它卻提供了很犀利的批判視角（Fitzpatrick, 2001）。馬克斯（Karl Marx）將社會分為兩種結構：基礎（base）與超結構（superstructure）。基礎結構指涉社會的經濟基礎，包括生產力量（productive forces）（例如工具、機器、知識等）與生產關係（productive relations）（即所有權體系），這是社會秩序的最重要元素。超結構依賴基礎結構與法律、政治與文化體系的內涵，據此，超結構反映了基礎結構的本質（Fitzpatrick , 2001）。

資本主義的生產模式具有剝削與衝突支配（conflict-ridden）的本質。剝削關係是因生產工具被少數資本家所擁有，藉由生產體系來極大化其

利益，沒有生產工具的工人就成為被剝削者。衝突是因工人要求提高工資與工作條件，這違背資本家的利益，階級衝突於為產生。這種階級衝突與剝削在資本主義社會裡是本質的與不可以避免的（George & Wilding, 1994）。

在馬克斯主義者的眼中國家是統治階級的有組織機器，為資本家效命，是沒有自主性（autonomy）的。阿圖舍（Althusser, 1969）進一步區分國家機器（state apparatus）為二：鎮壓的國家機器（repressive state apparatus）：指警察、軍隊、監獄體系等；意識形態的國家機器（ideological state apparatus）：指教會、家庭、教育體系等。前者藉由威嚇暴力，也就是體制暴力來維護資本主義，後者透過給貧窮與被剝削者安全保障來維護資本主義。社會福利被歸類為後者。

馬克斯主義者認為福利國家的發展是一種社會形成的矛盾。如前述，歐康諾（O'Connor, 1973）認為福利國家面對兩個基本且相互矛盾的功能：累積（accumulation）與合法性（legitimation）。國家必須一方面提供服務與利益俾利私人資本獲利，但又必須增進資本主義的社會接受度。他認為這兩者是不可能同時達成的，順了嫂心，逆了姑意。忽略了資本累積功能必然使資本家的獲利率降低，苦了經濟成長率；少了合法性功能必然傷害到國家的公眾形象，降低國家統治的正當性。社會服務據此被整合入資本主義體系裡，扮演拯救經濟與政治的生存。但是，為了擴大社會服務的結果必然造成國家財政的危機。

歐費（Offe, 1984）觀察資本主義是由三個次體系組成：經濟體系、政治／行政體系、社會文化體系。資本家提供國家財政來源（稅收），國家必須回報以成長與累積的維持。然後國家使用這些財源來支撐社會福利，以贏取公民的效忠。據此，社會福利被整合進入有組織的資本主義體系運作裡。但是，由於高的社會支出與稅率，使資本主義總是處在累積的風險裡。然而，沒有社會福利，人民是會推翻國家的，資本主義就無法取得合法性。因此，其矛盾在於「資本主義無法與福利國家共存，但也不能沒有福利國家。」

就馬克斯的主張來看，經濟落後或發展中國家不可能發展出社會主義社會，物質匱乏的社會只會發展出極權體系。而資本主義社會將因階級

鬥爭而過渡到社會主義理想社會，進而成爲共產社會（George & Wilding, 1994）。高夫（Gough, 1979）研究英國福利國家的政治經濟學，發現福利國家的確被整合入資本主義經濟中，但是其出現部分是階級鬥爭的結果。

歐康諾（O'Connor, 1998）進一步指出資本主義的二次矛盾（second contradiction），因於資本主義無止盡的經濟擴張，而環境其實無法供應足夠的資源，且導致汙染。生態改革的聲浪四起，計畫、永續、限制、與平等使用資源的概念普及。資本主義就不只是處在資本累積與合法性的矛盾中，也必須處理資本累積與自然環境的矛盾，例如地球暖化的問題。

參考書目

- 林向愷（1998）。社會福利政策與國家經濟發展之關係。論文發表於第二次全國社會福利會議，臺北。
- 武英譯（1995）。兩種資本主義之戰（原著Albert, M.,1991）。臺北：聯經。
- 蔡吉源（1997）。社會福利支出對臺灣總體經濟的影響。臺北：中研院人文社會科學研究所。
- 葉肅科譯（2002）。福利（原著Barry, N., 1999）。臺北：概念書房。
- Alcock, P. (2003). *Social Policy in Britain: themes & issues*. NY: St. Martin's Press, Inc.
- Alesina, A. & Rodrik, D. (1994). Distribution Politics and Economic Growth. *Quarterly Journal of Economics*, 465-490.
- Althusser, L. (1969). *For Marx*. London: Allen Lane.
- Barker, R. L. (2003). *The Social Work Dictionary* (5th ed.). NASW.
- Beck, U. (1992). *Risk Society*. London: Sage.
- Benabou, R. (1996). *Inequality and Growth*. NYU, NEBR, Working Paper.
- Blair, T. (1998). *The Third Way*. London: Fabian Society.
- Blakemore, K. (1998). *Social Policy: an introduction*. London: Open University Press.
- Briggs, A. (1961). The Welfare State in Historical Perspective. *European Journal of Sociology*, 2: 221-58.
- Bryson, L. (1992). *Welfare and the State: who benefits?* NY: St. Martin's Press.
- CSWE. (2002). *Educational Policy and Accreditation Standards*. Alexandria, Va: Council on Social Work Education.
- Dean, H. (1991). *Social Security and Social Control*. London: Routledge.
- Dean, H. (2006). *Social Policy*. Cambridge: Polity Press.
- Dingwall, R. & Eekelaar, J. M. (1988). Families and the State: a historical perspective on the public regulation of private conduct. *Law & Policy*, 10(4): 441-361.
- Donzelot, J. (1980). *The Policing of Families*. London: Hutchinson.
- Esping-Andersen, G. (1988). The Making of a Social Democratic Welfare State. In Misgeld, K., Molin, K., & Mark, K. (eds.), *Creating Social Democracy: a century of social democratic labour party in Sweden*. University Park, PA: the Pennsylvania State University Press.

· Esping-Andersen, G. (1990). *The Three Worlds of Welfare Capitalism*. Cambridge: Polity Press.

· Esping-Andersen, G. (1996). *Welfare State in Transition, National Adaptations in Global Economies*. London: Sage.

· Esping-Andersen, G. (1999). *Social Foundations of Postindustrial Economies*. Oxford: Oxford University Press.

· Feldt, K.-O. (1988). Sweden's Third Way in Economic Policy. *Scandinavian Review*, 76: 1. (抽印本)

· Figueira-McDonough, J. (2007). *The Welfare State and Social Work: pursuing social justice*. Thousand Oaks, Ca: Sage.

· Fitzpatrick, T. (2001). *Welfare Theory: an introduction*. NY: Palgrave.

· Fives, A. (2008). *Political and Philosophical Debates in Welfare*. NY: Palgrave.

· Flora, P. & Heidenheimer, A. (eds.) (1981). *The Development of Welfare State in Europe and America*. New Brunswick: Transaction Books.

· Foucault, M. (1961). *Madness and Civilization: a history of insanity in the age of reason*. NY: Vintage/Random House.

· Foucault, M. (1977). *Discipline and Punish*. Harmondsworth: Penguin.

· Fraser, D. (1984). *The Evolution of the British Welfare State* (2nd ed.). London: Macmillan.

· Freidman, M. (1962). *Capitalism and Freedom*. Chicago: University of Chicago Press.

· Galbraith, J. (1958). *The Affluent Society*. NY: Mentor Books.

· Gates, B. (1980). *Social Program Administration: the implementation of social policy*. NJ: Prentice-Hall.

· George, V. & Wilding, P. (1994). *Welfare and Ideology*. London: Harvester Wheatsheaf.

· Giddens, A. (1994). *Beyond Left and Right*. Cambridge: Polity Press.

· Giddens, A. (1998). *The Third Way*. Cambridge: Polity Press.

· Gil, D. (1992). *Unraveling Social Policy* (5th ed.). Rochester, VT: Schenkman Books.

· Gilbert, N. & Terrell, P. (2009). *Dimensions of Social Welfare Policy* (7th ed.). Boston: Allyn & Bacon.

· Glennerster, H. (1985). *Paying for Welfare*. Oxford: Blackwell.

· Glennerster, H. (2007). *British Social Policy since 1945* (3rd ed.). Oxford: Blackwell.

· Glennerster, H. (2017). *Understanding the Cost of Welfare* (3rd ed.). Bristol: Policy Press.

· Gould, A. (1993). *Capitalist Welfare Systems: a comparison of Japan, Britain, and*

Sweden. NY: Longman.

· Gough, I. (1979). *The Political Economy of Welfare State*. London: Macmillan.

· Greve, B. (2007). *Occupational Welfare: winners and losers*. Cheltenham: Edward Elgar Publishing, Inc.

· Hall, A. & Midgley, J. (2004). *Social Policy for Development*. Thousand Oaks, Ca: Sage.

· Hemerijck, A. (2017). *The Uses of Social Investment*. Oxford: Oxford University Press.

· Hevenstone, D. (2017). *The American Myth of Markets in Social Policy: ideology roots of inequality*. NY: Palgrave.

· Hill, M. (1996). *Social Policy: a comparative analysis*. NY: Prentice Hall.

· Hill, M. (2006). *Social Policy in the Modern World: a comparative text*. Malden, Ma: Blackwell Publishing.

· Johnson, N. (1987). *Welfare State in Transition: the theory and practice of welfare pluralism*. Brighton: Wheatsheaf.

· Johnson, N. (1999). *Mixed Economies of Welfare: a comparative perspective*. London: Prentice Hall Europe.

· Kamerman, S. B. (1983). The Mixed Economy of Welfare: public and private. *Social Work*, 28(1): 5-10.

· Karger, H. J. & Stoesz, D. (2006). *American Social Welfare Policy: a pluralist approach* (5th ed.). Boston: Pearson Education, Inc.

· Kirst-Ashman, K. K. (2007). *Introduction to Social Work & Social Welfare: critical thinking perspectives* (2nd ed.). Belmont, Ca: Thomson Higher Education.

· Kramer, R. (1985). The Future of the Voluntary Agency in the Mixed Economy. *The Journal of Applied Science*, 21(4): 377-391.

· Klein, R. (1993). O'Goffe's Tale or What can We Learn from the Success of the Capitalist Welfare States? In C. Jones (ed.), *New Perspective on the Welfare State in Europe* (pp. 7-17). London: Routledge.

· Lawson, R. (1996). German: Maintaining the Middle Way. In V. George and P. Taylor-Gooby (eds.), *European Welfare Policy*. London: Macmillan Press.

· Le Grand, J. & Bartlett, W. (1993). *Quasi-Markets and Social Policy*. London: Macmillan.

· Lipsky, M. (1980). *Street-Level Bureaucracy: Dilemmas of the Individual in Public Services*. NY: Russell Sage Foundation.

· Marshall, T. H. (1950). *Citizenship and Social Class and Other Essays*. Cambridge:

Cambridge University Press.

· Marshall, T. H. (1965). *Social Policy*. London: Hutchinson.

· Midgley, J. (1995). *Social Development: the developmental perspective in social welfare*. Thousand Oaks, Ca: Sage.

· Midgley, J. & Livermore, M. (1997). The Developmental Perspective in Social Work: educational implications for a new century. *Social Work*, 33(3): 573-585.

· Midgley, J., Dahl, E., & Wright, A. C. (2017). *Social Investment and Social Welfare: international and critical perspectives*. Cheltenham: Edward Elgar Publishing, Inc.

· Milner, H. (1989). *Sweden: social democracy in practice*. Oxford: Oxford University Press.

· Morel, N., B., Palier, B., & Palme, J. (2012). *Towards a Social Investment Welfare? ideas, policies and challenges*. Bristol: The Policy Press.

· Myrdal, A. (1968). *Nation and Family*. Cambridge, Ma: MIT Press.

· O'Connor, J. (1973). *The Fiscal Crisis of the State*. NY: St. Martin's Press.

· O'Connor, J. (1998). *Natural Cause*. NY: Guilford Press.

· Offe, C. (1984). *Contradictions of the Welfare State*. Cambridge, Ma: The MIT Press.

· Okun, A. M. (1974). *Equality and Efficiency*. Washington: The Brookings Institution.

· Øyen, E. (1986). The Muffling Effects of Social Policy: a comparison of social security systems and their conflict potential in Australia, The United States, and Norway. *International Sociology*, 1: 3, 271-281.

· Persson, T. & Tabellini, G. (1994). Is Inequality Harmful Growth? Theory and evidence. *American Economic Review*, 84, 600-621.

· Pestieau, P. (2007). *The Welfare State in the European Union: economic and social perspectives*. Oxford: Oxford University Press.

· Pierson, C. (2006). *Beyond the Welfare State: the new political economy of welfare state*. Cambridge: Polity Press.

· Pinker, R. (1992). Making Sense of the Mixed Economy of Welfare. *Social Policy and Administration*, 26(4): 273-85.

· Piven, F. & Cloward, R. (1977). *Poor People Movement: why they succeed, how they fail*. NY: Pantheon.

· Piven, F. & Cloward, R. (1971). *Regulating the Poor: functions of public welfare*. NY: Pantheon.

· Popple, P. & Leighninger, L. (2002). *Social Work, Social Welfare, and American Society*. Boston: Allyn & Bacon.

· Popple, P. & Leighninger, L. (2008). *The Policy-Based Profession: an introduction to social welfare policy analysis for social workers* (4th ed.). Boston: Pearson.

· Powell, M. (ed.) (2002). *Evaluating New Labour's Welfare Reforms*. Bristol: Policy Press.

· Rein, M. (1970). *Social Policy: issue of choice and change*. NY: Random House.

· Sainsbury, D. (1994). *Gendering Welfare States*. Thousand Oaks, Ca: Sage.

· Shifield, A. (2016). Fiscal Welfare. In B. Greve (ed.), *The Routledge Handbook of the Welfare State*. NY: Routledge.

· Tilton, T. (1990). *The Political Theory of Swedish Social Democracy: through the welfare state to socialism*. Oxford: Claredon Press.

· Titmuss, R. (1958). *Essays on the Welfare State*. London: Allen and Unwin.

· Titmuss, R. (1968). *Commitment to Welfare*. NY: Pantheon Books.

· Titmuss, R. (1974). *Social Policy*. London: Allen and Unwin.

· Vaisanen, I. (1992). Conflict and Classness in Social Policy Development: a comparative study of social insurance in 18 OECD countries 1930-1985. *European Journal of Political Research*, 22, 307-327.

· Van Wormer, K. (2006). *Introduction to Social Welfare and Social Work: the U.S. in global perspective*. Belmont, Ca: Thomson Brooks/Cole.

· Wilensky, H. & Leabuex, C. (1958/1965). *Industrial Society and Social Welfare*. NY: The Free Press.

第二章
社會福利發展史

當代社會福利的發展源於19世紀歐洲濟貧制度的改革，其背景則是工業革命。而最早對工業革命以來勞工人權有前瞻性的論述者，應屬潘恩（Thomas Paine）在1791-1792年間出版的《人的權利》（*Rights of Man*），他說：「當一個我們稱之為文明的國家，卻讓老人進入習藝所（workhouse），青年上了絞刑臺，一定是這個政府的系統出了什麼錯。」他質疑當時的工人賺的薪水繳稅之後，根本無法養家活口，尤其是生病的時候。因此，他提出一套有別於傳統慈善的權利觀點給英格蘭政府作為消滅貧窮的救濟或所得分配制度，包括濟貧、住宅、教育、鼓勵生育與婚姻、喪葬、交通補助、就業等（引自Pierson & Castles, 2006）。然而，這些理想在一百年後才陸續被實現。

回顧歷史，社會福利政策的發展是為了回應社會問題（Karger & Stoesz, 2006）。但是，並非所有社會問題都一定會發展出社會福利制度。如果沒有民主政治，許多社會的問題不必然會被定義為社會問題，例如飢饉、奴隸、賣淫、人口買賣等，可能會被歸因為天災、不幸、命運、失德。即使社會因痛苦不滿而引發暴動，如果是在獨裁統治下，不是被鎮壓，就是被粉飾，能換來慈善規制就已是難能可貴了。

19世紀由歐洲向美洲、亞洲擴散的工業革命所衍生的社會問題，是前所未有的，例如新的貧窮已不完全是因老弱病殘所引起，而是失業或低薪造成。新的社會問題發生，若沒有同情勞工的政黨，例如自由黨、社會民主黨、社會黨的支持，或勞工運動的推波助瀾，濟貧可能還只是停留在慈善階段，不必然會出現當代的社會福利。因此，一個國家的社會福利制度的出現與發展必然回應了某種社會、文化、政治與經濟環境，且被該環境所形塑（Leiby, 1978）。

本章從前工業社會的濟貧制度開始談起，進而敘述工業革命帶來的新社會問題與濟貧制度的變革，再到德國社會保險制度的建立，以

及兩次大戰期間福利國家的擴張，接著二次大戰後福利國家的黃金歲月，最後討論福利國家的危機與轉型。

 第一節　前工業社會的濟貧制度

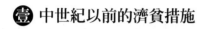

壹 中世紀以前的濟貧措施

一、西方基督教會的濟貧

濟貧是人類社會最古老的慈善活動。在中世紀以前的西方基督教社會裡，救濟貧民的工作主要由教會承擔，修道院附設的庇護所（asylum）、醫院（hôtel-dieu）成為收容孤兒、老人、障礙者、病患、無家可歸者的地方。統治者不但不參與濟貧工作，而且命令禁止行乞。西元800年，法蘭克人（the Franks）查理曼（Charlemagne/Charles the Great）征服現今義大利、匈牙利、德國及低地地區，建立查理曼王朝，繼承早已滅亡的西羅馬帝國，受封為「神聖羅馬帝國」皇帝，下令禁止行乞，並對給予有工作能力的乞丐救濟的市民懲罰，目的是要迫使奴隸與農村勞工留在莊園中，以保護農民與旅客免於被流浪乞丐搶劫。這種宗教與政府對濟貧態度的不一致，一直存在到中世紀（Friedlander, 1955）。

1226年，為了淨化病人與安定社會，法國國王路易十八訂頒《痲瘋病院法》，痲瘋病人被送上愚人船（the Ship of Fools）流放或禁閉於痲瘋病院，法國有2千所痲瘋病院，巴黎一地就有43所。英國也有類似的作法，開設了220所痲瘋病院。直到1627年，痲瘋病院才被關閉（劉北成、楊遠嬰譯，1992）。1349年，因於1348年的歐洲黑死病猖獗，兩年內英格蘭人口死亡將近三分之二，引發勞動力的短缺，莊園勞工工資上漲，英皇愛德華三世（Edward III）頒布《勞工法令》（Statue of Laborers），規定有工作能力而沒有資產的勞工，必須接受任何雇主的僱用，人民不得提供救濟給「有工作能力的乞丐」（able-bodied beggars），以免勞工離開

教區，導致農村勞工短缺。這些都是近代國家由世俗權力替代教會權威的開始，國家比教會擁有更高權威的萬能國家（Erastian State）主張的萌芽（Friedlander, 1955）。然而如同法蘭克國王查理曼（Charlemagne, 742-814）的命令，愛德華三世的《勞工法令》著眼於因應勞工短缺，而非濟貧，因此這個法令被稱為《流浪取締法》。這是將工作能力列入濟貧考量的開始。

二、中國的官府濟貧

中國官方的濟貧制度最早可追溯到南北朝（439-588）的六疾館與孤獨園（梁其姿，1986：52）。而較為後人熟知的是唐朝的悲田養病坊，其前身為唐代佛寺所主持的悲田院。悲田原為佛經福田之一。《華嚴探玄記》曰：福田有五種：恩田、敬田、德田、悲田、苦田。福田者猶如農夫播種於田，有秋收之利。亦即多行善事於前，將受諸報於後。初唐官方對於這種佛教所從事的貧民救濟採合作態度，由官府補助僧侶為之。到了717年（唐玄宗開元5年）宋璟反佛，他舉孔子禁止子路在衛國出私財濟民為例，指出「人臣私惠，猶且不可，國家小慈，殊乖善政。」（宋璟〈請罷悲田奏〉）亦即，政府應負起照顧人民福利的責任，才是仁政，而不是靠佛寺提供的小慈（Scogin, 1978）。然而，佛寺的濟貧工作仍然持續，特別是在京城，由國家出資，佛教僧侶出力（林萬億，1994）。

到了西元845年，唐武宗廢天下佛寺，悲田養病坊才由國家出資，而由當地有名望的父老管理。自此，在中國濟貧工作由宗教團體移轉到政府手上（梁其姿，1986：52）。宋朝承襲唐制，推行悲田養病坊，易名為福田院，仍襲佛教用語。宋英宗（1064-1068）擴大辦理，京師一地至少有300人受惠（林萬億，1994）。

宋代另有居養院設置。此種收容貧病老人的機構始於蔡京為相時。蔡京於1103年得勢後，改革濟貧措施，依《居養法》設居養院。至1106年居養院已普設各地。居養院的功能與福田院相似，都是以貧病老人為救濟對象；同時，另有安濟坊的設置。早在1089年蘇軾即在杭州以私人捐款設置義診名曰「安樂坊」（Leung, 1987: 136）。安濟坊取意於安樂坊，且普及全國。宋代醫療救助方面另有「惠民藥局」提供義診處方，此處方始於宋

神宗元豐年間（1078-1085）的太醫局。1107年此處方修正爲「太平惠民和濟局方」，供應城市中的官方藥局施醫所需（Leung, 1987: 136-37）。

　　早在1020年宋代即設有義塚。爲了埋葬貧病路倒無依者，宋代又有漏澤園之設置，始於1104年。《宋史》曰：「若有丐者育之於居養院，其病也療於安濟坊，其死也葬於漏澤園，習以爲常。」亦即對於乞丐的養老送終均已齊備。於居養院中亦設有嬰兒照顧，《宋會要》亦記載聘有奶媽以哺育嬰兒；地方居養院中亦設有學校以教育貧童。至此，宋代朝廷的慈善事業大抵完備（林萬億，1994）。爲何宋朝的官方慈善事業會如此興盛？主因在於：人口增加、天災頻仍、都市興起、新儒學興起（Scogin, 1978: 35-38；林萬億，1994）。顯然，國家介入濟貧工作在中國早於西方國家，與中國的宗教（主要是佛教、道教）沒有像西方基督教會有如此強大的濟貧事工傳統有關。

　　而中國民間慈善的興起必須等到明末清初，例如同善會、廣仁會等的組成。加入這些組織者大抵是地方仕紳、地方官、科考中試者、官府僚員（Handlin Smith, 1987）。這些民間慈善組織並非單純以慈善救濟爲目的，也執行移風易俗的功能。這可以從陳龍正（1585-1645）的同善會看出，其以茶敘、道德講經、捐款濟貧爲主要活動。但協助對象以孝子、節婦爲優先；其次爲養濟院不收者，但又不願淪爲乞丐的貧病老人。有幾種人不在協助範圍之內：不孝不弟、賭博健訟、酗酒無賴及年少強壯、遊手遊食以致赤貧者；此外，衙門中人、僧道、屠戶與敗家子亦宜助而不助（梁其姿，1986）。可見，明清的民間慈善組織是補官方救濟之不足，其分工是官方救助赤貧者，民間協助次貧者（Lin, 1991；林萬億，1994）。梁其姿（1986：58）認爲中國明清民間慈善組織之興起，與明末士人愛好結社的風氣有關。Handlin Smith（1987: 314）則認爲當時經濟不穩定，盜賊四起，使同善會有存在的社經條件。不過朝廷的救濟措施不足、士人對社會道德秩序的憂心也是重要原因（林萬億，1994）。而同善會對救助對象的分類比1814年英國查墨斯（Thomas Chalmers）的濟貧原則還早。然而，中國仕紳所推動的民間慈善事業過於強調道德教化，區別受助者的道德條件爲救濟的前提，使慈善工作侷限於狹隘的範圍，甚至儼然是另一種社會控制的手段，不易普及（Lin, 1991；林萬億，1994）。

貳 英國濟貧法的頒布（1601年）

1495-1525年間由於海上貿易的擴張，刺激了資本主義形式的工業生產與營利，荷蘭在這方面領先於歐洲其他國家；同時，也出現了大量的普羅階級與貧民。基督人道主義者也開始注意到道德的、知識的，以及宗教的社會改革。然而，就如同傅科（劉北成、楊遠嬰譯，1992）在《瘋癲與文明》（*Madness and Civilization: A History of Insanity in the Age of Reason*）一書中所提到的「愚人船」載著瘋瘋病人漂流於大河，從一個城鎮到另一城鎮，為的是淨化社會（purify society）。這些基督人道主義者也自詡其淨化社會的功能。

移居荷蘭的西班牙天主教人道主義學者韋弗斯（Joan Luís Vives）（1493-1540），倡導世俗的救助觀念取代宗教的救贖。1525年荷蘭城市布魯日（Bruges）請其提供濟貧的方法，他認為國家有責任救濟貧民，並提供技能訓練；救助窮人應屬社會救援，而非捐助人的精神救贖；是一種世俗的工作，而非教會中央當局的救濟事業；應由獨立機構來執行，而非由中央制度來管理；應籌組共同基金（common chest）來救濟，而非臨時捐款來支應；禁止乞討，也不應讓窮人基督化；給予乞丐教育與訓練，而不應是慈善。這是16、17世紀以後社會所採行的治安（policing）觀念，國家直接介入貧民救濟（Michielse & van Krieken, 1990）。

一、亨利八世的濟貧法案

英國是歐洲國家中較早將濟貧工作法制化的國家。首先是1531年亨利八世的《濟貧法案》，該法案顯然受到韋弗斯的宗教改革影響，其曾在1522年受邀到英格蘭擔任瑪麗公主的導師。雖然，他曾因反對亨利八世與阿拉岡的凱薩琳（Catherine of Aragon）的婚姻而被摘除榮耀，並禁閉在牛津居所6週，後返回佛蘭德斯（Flanders）的布魯日繼續講學著述。亨利八世的濟貧法令，授權市長與治安官調查教區中沒有工作能力的老人與窮人，這些人被登錄且准予行乞，但僅限於本教區有效。這個法案開啟了濟貧的公眾責任。但是對於沒有行乞執照的流浪者與乞丐，仍然施以粗暴的刑罰。法國也在1532年授權地方官搜捕乞丐，送進救濟院。

1536年，亨利八世再頒布一套由英格蘭政府執行的公共救濟法令，規定窮人住在同一教區3年以上者，可以向教區登記，教區用募來的資金施捨給「無工作能力的貧民」（impotent poor），有工作能力的乞丐仍被迫去工作，遊手好閒的兒童（5-14歲）將被帶離其父母被收養爲奴婢，並蓋章註記。這是當今社會救助制度中設籍規定的開始。

然而，志願捐款實不足以應付教區濟貧所需資金。於是，1563年英國國會通過強制性財源，以應教區濟貧所需。1572年，伊莉莎白女王（Queen Elizabeth I, 1558-1603）簽署法令，通過以一般稅（general tax）作爲濟貧的基金；同時設濟貧監察官（overseers of the poor）負責執行濟貧工作。這是當代社會救助以稅收支應的起源。

1575年頒布《懲治流浪漢與救濟窮人法令》，對值得幫助的窮人採取教養院收容。1576年，伊莉莎白女王再頒《濟貧法令》，設定安排窮人工作的原則，規定每一郡建一感化院（Bridewell），有工作能力的貧民必須進入矯正之家（house of correction）或感化院接受紡織羊毛、大麻、亞麻等強制性勞動，稱院內救濟（indoor relief）。此外，1579年，濟貧院（poor houses）或救濟院（almshouses）普設於各大城市，以收容無工作能力的窮人、老人、盲人、瘸子，以及依賴者，確立了依工作能力有無區分救濟機構的濟貧制度（Frascr, 1984）。同時，救濟院的專職工作人員也出現，這也是爲何早期醫院與救濟院的社會工作者被稱爲救濟員（almoner）的由來。

二、伊莉莎白濟貧法

1601年，伊莉莎白女王在位第43年，將其父王亨利八世以來的《濟貧法令》集結成爲《濟貧法》（The Poor Law of 1601），或稱《伊莉莎白43號法》，是爲英國第一部有系統的濟貧法令。伊莉莎白《濟貧法》放棄早先對貧民的鎮壓傳統，改以較合理的行政管理來救濟貧民（Fraser, 1984），確立了往後300多年英國濟貧制度的基調，也成爲各國社會救助的範本。這位終身未婚的女王之偉大情操，可以從這段1601年的國會演說中表露無遺：「雖然上帝使我的地位崇高，但是我以你們的愛來統治這個國家，那才是我所珍視的榮耀……，除非我的生命、我的統治能帶給你們

福祉，否則我絕不眷念生命及王位。你們也許有過更強大、更明智的王子坐過這個王位，卻從未，也永遠不會有比我更愛你們的君主。」多麼有自信與氣魄的統治者。

這個法令也採分類救助，將窮人分為三類（Friedlander, 1955; Fraser, 1984）：

1. 有工作能力的窮人。也就是健壯的乞丐，將被送到「矯正之家」或感化院去工作，市民禁止施捨給這些人，因為他們是「不值得幫助的人」（undeserved people）。窮人來自哪裡，就會被送回那裡。如果健壯的貧民不接受強制勞動，將被當眾鞭打或下獄。

2. 沒有工作能力的貧民。屬於「值得幫助」（deserved people）的窮人，例如病、老、盲、聾、跛、精神錯亂者，以及帶著幼兒的母親等，將被送進濟貧院內救濟。如果這些人住在院外，救濟成本較濟貧院低，濟貧監察官也可以採用「院外救濟」（outdoor relief）的方式來救濟他們，通常是實物補助，例如衣服、油料、食物等。

3. 失依兒童、孤兒、棄童、貧童將被安置在寄養家庭中，如果沒有「免費家庭」（free home）願意收留，兒童將被拍賣。8歲以上的兒童能做些家事就被畫押給城裡的人。男童給主人買走之後，一直要到24歲才可以恢復自由身；女童則到21歲，或結婚為止。這與東方社會的貧童被賣為長工、奴婢，情況相同。

濟貧監察官主管教區的濟貧行政，他們由當地的法官任命，負責貧民申請救濟的接案、調查及決策。同時，也可以徵收濟貧稅（poor tax），稅額依土地、住宅大小，以及居民的什一稅。

伊莉莎白《濟貧法》開創了幾項重要的救濟原則（Friedlander & Apte, 1980: 14-16；孫健忠，2002：21）：

1. **將貧民分類**：將貧民分為有工作能力（不值得救濟）、無工作能力（值得救濟）、失依兒童等三類。

2. **差別救濟**：不同類別的貧民，提供不同方式的強制勞動或救濟。

3. **地方教區責任**：值得救濟的貧民由地方教區負責救濟，但是必須住滿3年以上，始得接受救濟。濟貧監察官負責教區濟貧行政工作

包括接案、調查與決策；並賦予課濟貧稅之責，稅額依土地、住宅大小，以及居民的什一稅。這是遷徙權的限制，當今許多國家的社會救助都還沿襲這種戶籍限制，只是期間長短不同而已，臺灣也不例外。

4. **親屬責任**：除了父母與子女間互負扶養義務外，更擴及祖父母對孫子女的扶養義務。當親屬沒有能力時，才有必要由社會大眾伸出援手。這是當今社會救助中計算家庭人口與家庭總收入概念的源頭。

由於教區負有濟貧責任，當然不希望有新的貧民出現。地方仕紳也希望農村有足夠的勞動力，在這雙重壓力下，1662年英王查理二世（Charles II）頒布《遷徙法》（the Law of Settlement）禁止人民自由遷徙。任何人移入一個新的教區除非他能負擔一年10英鎊的房租，或能預付房租總額，否則將在到達一個新的地址40天內被驅離。這是一項嚴苛的教區制度，也凸顯後封建主義（after feudalism）強迫農村勞工留在原地受僱的企圖，不顧城市有較多的工作機會等著。同時，有些濟貧監察官也收購赤貧者，偷偷販運往外地謀取私利，導致教區制度出現漏洞。為了使勞工能流動，在都市貴族與商人的壓力下，英國只好改以「發執照」作為控制新移民的手段，也就是准許新移民的移入，但必須申請執照許可。這樣的作法一直到1795年的史賓漢蘭制實施後才改變（Friedlander, 1955）。

17世紀後半，英國面對荷蘭的商業競爭，英國經濟學者發現荷蘭沒有讓乞丐在街頭乞討，而將之收容於濟貧院中從事生產工作，以供外銷。因此英國也於1696年通過《習藝所法》（the Workhouse Act），第一家習藝所設立於英格蘭西南部的布里斯托（Bristol）之後，18世紀全英國設有126家之多，讓貧窮夫妻、成人、兒童住進習藝所中工作。然而，這項措施並不成功，因為失業的貧民沒有受過特別訓練，不能與一般工人相比。於是1722年，濟貧監察官被授權與私人企業訂定契約，僱用貧民，將之訓練成為工人，如果貧民拒絕被僱用，就得不到救濟（Friedlander, 1955）。

三、大禁閉時代

17世紀，對於歐洲的窮人來說，進入傅科（劉北成、楊遠嬰譯，

1992）所說的大禁閉（great confinement）時期。日耳曼在1620年前後首設教養院（Zuchthäusern）於漢堡市監禁乞丐。法國也在1656年建立類似英國救濟院的總醫院（Hôpital Général），作爲監禁、收容、懲戒病人、精神病人、窮人的準司法行政機構。總醫院其實與醫療無關，它是此一時期法國君主王權與資產階級聯合的秩序產物，其間夾雜著道德的訓誡、治安與經濟的目的。1657年後禁止乞丐行乞於街頭。1676年6月16日法國國王敕令要求在王國的每一個城市都建立一家總醫院（劉北成、楊遠嬰譯，1992）。

大禁閉的作法一方面吸收失業者，至少達到消除社會治安的後果；另方面當成本可能變得太高時，被用於控制成本。亦即，它對勞動市場和生產成本交替產生作用（劉北成、楊遠嬰譯，1992）。將乞丐訓練成爲工人，既可使統治者與資本家獲利，又是一種工作倫理的道德規制（moral regulation）；另藉由監禁乞丐，可使社會淨化，基本上是一種社會秩序的訓誡（discipline）。行乞與遊手好閒被認爲是一切的亂源，貧民被看作是紀律鬆弛和道德敗壞之人，而非物質匱乏與失業的問題。因此，要使之成爲社會上有用之人就必須禁欲苦行，接受禁閉（confinement）（劉北成、楊遠嬰譯，1992）。透過醫院、感化院、習藝所來禁閉窮人，基本上是前述治安手段的實踐，其濫權情形可想而知。

參 濟貧法修正（1782年）

貧民被強迫離家進住習藝所成爲「犯人」，而且夫妻、子女被隔離。企業爲了謀利，不顧家庭親情，也不管工作環境惡劣，只管賺錢。因而，習藝所內空氣不流通、擁擠、不衛生，這種不道德的作法終於引發了社會改革者的反彈。1782年，通過的《濟貧法修正案》（the Poor Law Amendment of 1782），又稱《季爾伯特法案》（Gilbert Act），是由當時的社會改革者兼地方官季爾伯特（Thomas Gilbert）所提出。該法案規定取消惡行惡狀的「外包制度」，將榮譽職的濟貧監察官改爲有給薪的「貧民監護官」（guardians of poor），並恢復在家救濟的方式（Friedlander, 1955; Fraser, 1984）。

法國也在1794年解放比塞爾特（Bicêtre）收容院的帶鐐囚禁者，預告了大禁閉時代的終結。約莫同時，歐洲已進入工業革命的年代，新的社會問題也伴隨而生。

第二節　工業革命與濟貧法改革

壹　工業革命與新社會問題

「工業革命」一詞雖然到19世紀初才出現，但它所描述的現象早已存在超過半個世紀以上，其指涉一種複雜的經濟變化，從傳統手工業型態的經濟轉變到現代工業化的經濟型態。其中包括了三項主要的改變（張彬村、林灑華譯，1991）：

1. 經濟組織的改變。從家庭為基礎的自我維持生產單位，轉變為以僱工來從事生產的資本主義企業形式；除了原料供給、產品生產外，中介的經濟活動組織也陸續出現，例如銀行、企業、工會、商會等。
2. 工業技術改良。使用非動物力所推動的機器替代牛、馬、人力等的動能；新原料的採用，例如煤、鐵替代木材，棉花取代亞麻，橡膠替代皮革等。
3. 工業結構改變。從初級產業的農、林、漁、牧、礦業升級到二級產業的製造業，進而有三級產業之稱的服務業也出現；從小規模生產到大規模生產。

正當英國如火如荼地進行工業化時，歐洲大陸的國家相繼到英國取經。法國在1760到1790年間也開始工業化；德國商人與官吏也在18、19世紀之交到英國觀察工業創新的成就。1871年德意志帝國統一後，工業的發展更全面。南歐的義大利則在1860年後進入初步工業化，北歐也在19世紀中葉以後逐漸進入工業化。

工業化的結果，國家的財富累積，人口也成長。19世紀中葉，英國正值維多利亞女王的鼎盛時期，倫敦成為世界財政金融中心，毫不誇大。然

而，工業化也伴隨著一些新的社會問題，例如低薪資、長工時、工作環境惡劣、童工與女工等，主要問題源自勞動與資本的專門化。工業化產生了兩股勢力，一是掌控資本的企業家，他們擁有國家大多數的資產；另一是勞工，他們受僱於資本家出賣勞力，換取薪資。資本家獲得的利潤，由價格、產量與生產成本所決定。勞工得到的薪資，則來自利用與雇主的討價還價過程所決定的工資（張彬村、林灑華譯，1991）。

在資本主義法則裡，資本家要獲得更多的利潤，可以從提高價格、降低生產成本下手，而工資就是生產成本中的一項，壓低工資並限制其成長是降低成本的手段之一。

事實上，低廉的工資也促成工業化迅速擴張。為何勞工爭取不到較高的工資呢？一是因為當時的勞工缺乏集體意識；二是勞動力供給過剩。即使到了1840年代，英國的男性工人大多仍是公路、鐵路、建築工地、碼頭搬運的臨時工人，或小型工廠中的工匠或技師，不利於勞動者的集結。而大型工廠像紡織廠中操作機器的工人仍然比在家打零工的人少，且大多數又是社會上居弱勢的女人與兒童，不易組織起來對抗資本家（張彬村、林灑華譯，1991）。

另外，由於人口的成長，使勞動力的供給不虞匱乏，也導致勞動價格的下跌。過剩的農村勞動力湧向城市尋找生活機會，成為都市中的無產階級，在謀生不易的情況之下，甘願成為任由雇主剝削、按時工作的工人。1840年代又碰上愛爾蘭馬鈴薯災荒，逃難到英格蘭的農夫，成為最好的勞工預備隊。他們對於低工資與惡劣的工作環境，容忍度幾乎沒有下限（張彬村、林灑華譯，1991）。

貳 英國濟貧制度的修正

一、史賓漢蘭制的濟貧改革（1795年）

如前所述，18世紀中葉以來的工業化，使得家庭手工藝快速被工廠生產替代，勞工人數增加，農村也開始工業化，失業農民淪為貧民；再加上法國大革命之後，1793年到1815年間的英法戰爭，在戰爭中受傷障礙的

戰士不願到習藝所。地方行政官與貧民救濟官發現此一現象，必須以提高薪資或保障最低工資來解決工人的艱苦。於是1795年5月，伯克謝爾郡（Berkeshire County）的濟貧監護官集會於史賓漢蘭（Speenhamland），通過史賓漢蘭制（Speenhamland System），決定實施普及的食物量表（a table of universal practice），以家庭維持基本生計（subsistence）所需的麵包價格為基準來救濟貧民，這就是所謂的麵包量度（bread scale）。也就是依家庭規模大小，計算應得多少救濟金。這是將救濟給付客觀地界定的開始，也揭示了保證最低工資的必要性。姑且不論其經濟後果，史賓漢蘭制是較人道與慈善的；同時，窮人也較不會被貶抑（Fraser, 1984: 37）。

　　史賓漢蘭制改變了英國自1601年以來的傳統濟貧制度，使濟貧較符合人道。然而，由於該制度具有補充工作貧窮（working poor）所得低於生計所需麵包價格的性質，因此，有不少工人也被納入成為「部分救濟」（partial relief）的對象。救濟範圍擴大，必然導致濟貧稅的提高，雇主也必須付出最低工資；也有富者認為麵包量度的濟貧原則折損了工人的工作意願，因而引來眾多的批判（Fraser, 1984）。

　　首先，這個制度與發展中的放任資本主義不合，被認為是延宕資本主義發展的最大障礙。當時主流經濟學是史密斯（Adam Smith）的《國富論》（*The Wealth of Nations*, 1776），主張依自由放任資本主義的理論，國家應減少干預私人經濟，才可能讓私人企業獲得利潤，自由經濟市場在一隻「看不見的手」的主宰下，將會運作得最好。支持這種看法的還包括效用主義者（Utilitarianism）邊沁（Jeremy Bentham）、社會改革者湯生德（Joseph Townsend），以及創出工資鐵律（iron law of wages）的經濟學者李嘉圖（David Ricardo）等，均認為政府應減少公共救濟。

　　其次，反對聲浪來自發表《人口論》（*Essay on the Principle of Population*, 1798）的馬爾薩斯（Thomas R. Malthus）。該書主張人口增加會成幾何級數成長，而糧食生產只能依算數級數成長，因此，農業生產必然跟不上人口成長的速度，人類將面臨戰爭、飢荒、流行疾病的危險。據此，他也反對貧民救濟，因為貧民為了獲得救濟必然選擇多生育，而導致糧食不足，造成食物價格上漲，反而危及整個勞動階級的生機。

　　第三，反對聲浪也來自人道考量，例如彌爾（John S. Mill）和被認為

是社會個案工作始祖的查墨斯（Thomas Chalmers）。他們認爲普遍實施的公共救濟是浪費的、不道德的，摧毀窮人自助的動機，也損及貧民的親戚、朋友、鄰里接濟的意願。

查墨斯先任職於英格蘭小鎮基爾美麗（Kilmany）的教區，執行一項鄰里互助原則的私人慈善計畫。1814年，他被調升到較大的格拉斯哥（Glasgow），發現了濟貧的負擔沉重。於是，主張採取教區濟貧的方式取代史賓漢蘭制。基於他在基爾美麗小鎮的經驗，逐戶訪問每個受助家庭，他將格拉斯哥聖約翰（St. John）教區的居民分爲25區，每400個教友爲一區，每一區由一位教會執事負責調查申請貧民救濟的居民。令人驚訝的是8,000位居民中只有20位新貧民申請救濟。

查墨斯以此經驗作爲基礎，主張（Woodroofe, 1962）：

1. 應仔細調查每位貧苦家庭貧困的原因，以及自我維持生活的可能性。

2. 如果窮人不能自我維持，應鼓勵其親友照料窮苦人家的孤兒、老人、病人與障礙者。

3. 如果貧苦家庭的需求還是無法被滿足，就請有錢人來協助。

4. 萬一以上方式都不成功，教區執事才被准許去幫助這些窮人。

查墨斯這種以個人爲基礎的救濟原則，解決個別的窮苦問題，依然是把貧窮視爲個人的失敗，而不是社會、經濟結構因素帶來的後果，是爲貧窮的個人歸因。

此外，史賓漢蘭制遭到質疑的缺失，還有引發薪資下滑、導致失業率升高、貧民的救濟依賴，以及貧窮率升高導致政府賦稅負擔增加。始料未及地，史賓漢蘭制成爲責難窮人的根據（Garvin & Tropman, 1998）。這與英國資本主義發展下的意識形態變遷有關。史賓漢蘭制實施的時期也是英國工業革命發展最活絡的階段，它的出現本是要解決工業革命帶來的新貧問題。但是矛盾地，也正與當時積極鼓吹的自由市場資本主義教條相違背。而在工業革命的熱頭上，只要有礙資本主義經濟發展的措施，被排除掉似乎是天經地義的事。就這樣，英國的社會福利發展延宕了一個世紀。

史賓漢蘭制阻礙了資本家所期待的勞動市場自由化，當然會被自由主義經濟學者與資本家所推翻。然而，史賓漢蘭制保護工人像個人，有生存

權利（right to live），不是一個生產的商品。該制一廢，窮人又回到從家庭、親屬、社會脫離的險境，成爲社會中的無家可歸者，失去了生存的根基與意義。工業革命使人類社會進入市場社會（market society）的大轉型（Great Transformation）過程（Polanyi, 1944）。雖然阻礙資本主義發展的障礙被排除，英國資本主義得以快速擴張。但是，在市場經濟之下，正式制度必須被建立以管制市場對人際關係的影響。否則，新的社會問題必然引發社會動盪。

從1832年皇家委員會的《濟貧法》調查報告由自由放任經濟學者西尼爾（Nassau Senior），以及邊沁的前任祕書恰維克（Edwin Chadwick）主持，便已是一葉知秋了。西尼爾認爲「津貼制度減除了人們飢餓的恐懼，然而飢餓使人們保持勤勉。」其說法就像後人質疑「福利國家使我們軟弱」一般（Fraser, 1984）。

工業革命如火如荼的展開，當時的低薪或失業工人如果依照英國1795年通過的史賓漢蘭制，是可以暫時獲得維持家庭生計所需的麵包價格的救濟。但是，這個法案在1834年被取消，改以《新濟貧法》（the New Poor Law）來取代，英國的市場資本主義迅速形成，貧民的生計卻更艱難。

二、新濟貧法與社會改革的浪潮（1832年）

史賓漢蘭制面對嚴厲的批判，於是，1832年英王威廉四世任命一個「濟貧法運作的行政與實施的皇家調查委員會」來檢討，2年後委員會提出六點結論（Friedlander, 1955; Fraser, 1984; Rose, 1986；林萬億，1994，2002，2003）：

1. 取消史賓漢蘭制中的部分救濟。
2. 有工作能力的窮人安置在習藝所，強調所謂的習藝所試煉（workhouse test）與工作原則。
3. 只有病人、老人、障礙者與寡婦始能獲得院外救濟。
4. 幾個教區協調合爲一個《濟貧法》聯合單位。
5. 低於最低工資的濟貧原則，也就是較少合格原則（less eligibility）。
6. 設置一個國王任命的中央委員會。

這也促成1834年通過《新濟貧法》。這些修正使英國的濟貧工作又回到1601年舊《濟貧法》時代較嚴苛的濟貧原則。令人驚訝的是，《新濟貧法》無視英國已經工業化，貧民因失業或景氣不佳所造成的多於早年因個人因素造成的。為強化《新濟貧法》的精神，1852年英國又通過《院外救濟規制令》來執行「較少合格原則」。較少合格原則依恰維克的邏輯，如果貧民階級的生活高於勞工階級，勞工就會想盡辦法擠進貧民階級；反之，貧民的處境越嚴峻，貧民就會成為勤勉的勞工（Fraser, 1984）。亦即貧民救濟金必須低於最窮的工人能賺到的薪資。就是窮人必須生活在工作窮人的生活水準之下（Kirst-Ashman, 2007）。因此，習藝所簡直就像法國的巴士底監獄（Fraser, 1984）。

《新濟貧法》的實施似乎使窮人減少，1834年英國有126萬個窮人（8.8%），1890年只剩下80萬（2.5%），事實如此嗎？其實貧窮現象是社會建構的，只要合格標準越低，窮人就越少（Rose, 1986）。

（一）工廠法立法

紡織工業發達後，廉價的貧童便被大量用來從事生產，監工們見到工作不力的童工即加以鞭打。童工從清晨4、5點起床，年紀小的撿棉屑，6、7歲的就得上機紡紗，每天只有半小時的早餐和1小時的午休，吃的是省得不能再省的寒酸餐點，工作時站著，除非上廁所，否則不能任意離開工作崗位，不然又是一頓毒打，下工時間通常要到黃昏5、6點，總計一天工作長達16到18小時。長期過度勞動，加上營養不良，缺乏休息，兒童不是孱弱，就是未成年即已過勞死（Fraser, 1984）。

到了1802年，才有人注意到這種慘無人道、虐待童工的問題，促使《健康與道德法》（the Health and Morals Act）[1]的問世，限制童工一天只能工作12小時，而且不得在夜間工作。不過，這項法案並不適用於非來自

---

[1] 1802年的《健康與道德法》又被稱為《工廠法》（the factor act 1802），立法目的是規範棉紡織廠（cotton mills）的學徒（apprentice）的工作條件，種因於1784年棉紡織廠爆發的惡性疾病。英國工業革命之後，勞動力短缺，水力推動的棉紡織廠需求大量勞工，遂轉向習藝所或教區貧窮家庭尋求免費或廉價童工，擔任學徒，直到21歲。1800年估計約有2萬學徒在棉紡織廠工作，勞動條件非常惡劣。

習藝所的兒童，棉紡織廠雇主乾脆直接向父母價購兒童，根本迴避工時限制（Fraser, 1984）。

社會改革者對這種現象頗不以為然，努力試圖解決童工、女工的問題。經過30年的努力終於在1833年通過《工廠法》（the Factory Act），禁止9歲以下的兒童受僱於紡織廠工作，也規定童工不得超工時。1847年，《工廠法》修正，女性與18歲以下兒童的工時限制在每天10小時以內（Fraser, 1984）。這是現代《勞動基準法》的起源。

童工、女工的工時問題解決了，但是失業與貧窮問題仍然存在。只要生意興隆，雇主就會讓工人夜以繼日地工作，生意清淡時，他們毫不遲疑地拋棄工人。如此，工廠門口永遠有一群失業的工人在等著找工作，即使對有工作的工人來說，低廉的薪資不足以餬口。廉價的勞力支撐了英國19世紀空前的經濟繁榮，但也引發了社會改革的浪潮（Rose, 1986）。有了工作不等於脫離貧窮，工作貧窮充斥19世紀的英國勞動市場。

因此，工人憤怒了，文學家也看不下去。1838年狄更斯（Charles Dickens）出版了《孤雛淚》（Oliver Twist），藉由小說主人翁崔斯特（Oliver Twist）這位小男孩的遭遇來控訴1837到1838年間習藝所收容的窮人的生活，其悲慘情況令人鼻酸（Fraser, 1984）。

（二）公共衛生法通過

1847年，「濟貧法運作的行政與實施的皇家調查委員會」祕書恰維克擔任新組成的「濟貧法委員會」委員。他對貧民的疾病問題非常關心，認為不健康的住宅和生活環境，以及營養不良是造成貧民疾病的主要原因。他看到都市中的貧民窟窮人擁擠的生活，兒童、成人不分性別共用一張床，根本就是性關係混亂、爭吵、少年犯罪、不道德、傳染疾病的亂源。於是，恰維克大力推動《公共衛生法案》（the Public Health Act），以改善貧民窟的衛生下水道、預防注射，以及營養。1848年英國終於通過《公共衛生法案》，成為世界上推動公共衛生的先驅（Friedlander, 1955）。

（三）貧窮研究

除了狄更斯的作品外，1851年，梅休（Henry Mayhew）在《紀事晨報》（Morning Chronicle）大肆報導倫敦貧民生活的文章彙整出版成《倫敦的勞工與貧民》（London Labour and The London Poor）一書。梅休

在書中形容貧民是「一群地球上最不被了解的族群」。其實，在此之前的1845年恩格斯（Frederick Engels）已經出版德文的《英國工人階級的狀況》（*Die Lage der arbeitenden Klasse in England / The Condition of the Working Class in England*），揭露了工業城市中工人生活的貧困面。英國人自己對此種貧富差距也深不以為然，1869年一篇匿名作品〈慈善與貧民〉刊登於《週末評論》（*The Saturday Review*），更道出了貧民痛苦的面貌（Fraser, 1984; Rose, 1986）。

1873年英國遭逢不景氣，失業工人更多，光靠《新濟貧法》微薄的救濟顯然無以維生。一些著名的貧民生活調查紛紛出籠，1881年喬治（Henry George）的《進步與貧窮》（*Progress and Poverty*）、1883年勉思（Andrew Mearns）出版《被逐出倫敦的哀號》（*The Bitter Cry of Outcast London*）、1889年辛史（G. R. Sims）出版《貧民生活與可怕的倫敦》（*How the Poor Live and Horrible London*）、1890年布斯（William Booth）出版《在最黑暗的倫敦與迷途》（*In Darkest England and the Way Out*）、1892年布斯（Charles Booth）出版了17卷的《倫敦人民的生活與勞動》（*The Life and Labour of the People in London*）。這些作品道盡倫敦勞工生活的悲慘，是工業化下對貧窮的反思（Fraser, 1984；Rose, 1986）。

（四）費邊社會主義興起

1867年馬克斯（Karl Marx）的德文版《資本論》（*Das Kapital*）出版，預言資本主義必然解體，深深地影響到社會主義與共產主義的發展。馬克斯的觀察大部分來自英國工業革命後的社會困境。然而，馬克斯主義在英國並未獲得普遍支持，反而是1884年成立的費邊社（the Fabian Society）影響英國20世紀的社會政策較深遠（Marsh, 1980）。

費邊社由一群信奉改革的社會主義者組成，他們不同意馬克斯的無產階級革命，而主張漸進的社會改革。其創社成員中有出名的社會改革者，例如蕭伯納（George Bernard Shaw）、韋布夫婦（Sidney and Beatrice Webb）等。費邊社的改革策略是演講、出版，最早一本出版品《費邊社會主義論文集》，是將1888年的演講稿編輯而成。此後一年內，費邊社又舉行了700場以上的演講，積極影響當時英國政府的社會政策，甚至影響

了1900年英國工黨的成立（Marsh, 1980）。20世紀初，英國工黨對社會政策的影響不及先前成立的自由黨，但在自由黨於1920年代沒落後，工黨遂取而代之。費邊社的影響力直到今天仍未消失，尤其是其所倡設的倫敦政經學院（LSE）成為往後英國社會政策的搖籃，包括影響英國社會政策發展的學者馬歇爾（T. H. Marshall）、貝佛里奇（W. Beveridge）、提默思（R. Titmuss）、紀登斯（A. Giddens）都出自該學院。

19世紀末的英國，即使有了上述社會主義言論的支持，並沒有立即發展出當代福利國家的雛形。但是，由於《新濟貧法》的缺失，1869年慈善組織會社（Charity Organization Society, COS）與1884年睦鄰運動（settlement movement）應運而生。接著，這兩種不同取向的濟貧作法傳至美國，成為當代社會工作發展的源頭（林萬億，2002，2003），反而把創建當代福利國家原型的機會留給1871年才出現於歐洲地圖上的德國。

 ## 第三節　福利國家的浮現

 ### 德國社會保險國家的建制

一、德國工業化與普魯士的開明專制

德國工業化的起步，當以1830年代以後較可信，其深受英國的影響，也得利於法國、比利時、瑞士。不但新的生產技術被引進，新的「社會發明」也被模仿，例如商業、管理，以及經濟政策等。不過，德國的工業發展在19世紀中葉之前仍然緩慢，其原因一來是受制於英國優勢的競爭，二來是分散的政治統治。

19世紀中業以後的德國工業迅速趕上英國，主要得利於幾個重要因素。第一，工業起步慢反而使人力與資本沒被舊工業束縛，而得以轉移到採礦、工程、化學、電器等工業，使德國不久後即靠這些新科技領先歐洲。其次，天然資源豐富，例如煤、鐵礦足以供應工業起飛所需原料。第三，關稅同盟成立後到普魯士統一德國的1871年間，經濟與政治的整合有

利於其工業發展（張彬村、林灑華譯，1991）。

　　德國和其他歐洲國家一樣，因工業革命帶來了新的社會問題。1830到1840年間，鐵路開始舖設、關稅障礙排除、人口增加、城市化現象也出現，德國陶醉在第一波經濟成長的喜悅裡。如同英國的經驗，人口從鄉村移向工業城市，貧民窟中的住宅、流行疾病等成為首要的社會問題，童工與女工的問題也開始受到重視。然而，工人賺的錢不足以維持生計，失業工人更是貧困，貧窮化問題越來越普遍，有人認為這是人口過剩的結果。不論如何，管理這些貧窮人口的經濟問題與衰退的道德標準交雜在一起。1835年，人類社會首度出現社會主義的概念，德國人對社會革命的恐懼溢於言表，為圍堵共產主義出現的空間，新的社會主義與和諧方案被提出來討論。工人也開始組織工會，並採取行動來對抗雇主。

　　在分散的舊城邦帝國統治之下，救濟貧窮和英國、法國一樣是由教區（也可說成自治城市）負責，貧民被邊緣化與偏差化，救濟的方式是給予社會訓練，送到感化院或習藝所去工作，也就是救濟是私人的慈善；同時擔心貧民會增加造成地方的負擔，戶籍限制就成為最簡便的手段。

　　北德最強大的普魯士的作法是減少地方教區的權力，擴大公共干預，組成一個民間的中央組織來救濟生理與心理疾病的工匠與勞工，這是典型的由中產階級組成志願性貧民救濟活動。中產階級的目的既是救濟貧民，也為了宣揚自助的美德。一些新的機制如雨後春筍般出現，例如學校、醫院、孤兒院、濟貧院（Zuchthäusern）等，用來幫助、教育與訓練窮人，主其事者有婦女組成的慈善組織、世俗的團體，以及與教會有關的會社。1852年，德國的愛伯福（Elberfeld）仿照英國查墨斯的濟貧作法，發展出「愛伯福制」，將該市分為若干區，每區聘市民若干人為志願的濟貧委員，通常是在地的有錢人，他們不只提供衣服、食物、金錢給窮人，也直接教導窮人要有好道德。這樣的作法也流行於新興的萊茵河沿岸工業城市（Clasen & Freeman, 1994）。

　　基本上，19世紀末以前的普魯士濟貧作法採最少干預原則，在為保護公共秩序，避免痛苦擴散的前提下才由公共介入。但是，對於勞工工作條件的管制則恰恰相反，直接介入以保護受薪工人，最出名的例子是1839年的童工立法，規定9歲以下的兒童禁止在普魯士的工廠工作。

普魯士的國家干預政策較明顯，必須追溯到其早年的統治，從斐特烈威廉大帝（Great Elector Friedrich Wilhelm, 1640-1688）到其曾孫斐特烈二世（Friedrich the Great, 1740-1786），四代統治普魯士，創造一種常備兵與專業官僚的統治模式，好的官僚就必須能提供好的政策。所謂好的政策是指政府透過理性與可預測的管制原則來統治，而不完全靠專斷的權勢，這也就是專制國家（absolutist state）的一種形式。藉由政策與制度來管制人民的社會生活，例如為了維護人民的健康，必須進行食物檢查、建設下水道、管制度量衡、醫師要有執照等。此外，為了提高人民素質，於1717年開辦基礎國民教育，到了1833年，普魯士的兒童8成都上過學校（Clasen & Freeman, 1994）。這是現代國民義務教育的前身。

普魯士這種開明專制的政策，目的是預防性的，在於保護公共秩序免於受到衝突或痛苦的威脅。雖然稍早1848年中產階級所發動的革命沒有讓德國實現自由憲法，但是隨著1860年代工業化加速卻帶動了工人的動員，第一個全國性工會出現，且要求政治參與。工人的普羅自由教條，夾雜著社會主義的聲音。1868年，工人首先要求解除工會結社的法律限制。1875年，兩個地區性的社會民主政黨結合，組成世界上第一個全國性的社會主義工人黨（Sozialistische Arbeiterpartei, SAP）是為德國社會民主黨的前身。這個新政黨一成立即有25,000位黨員（Katzenstein, 1987; Clasen & Freeman, 1994）。

二、社會民主運動的興起

社會主義勞工運動的興起，對剛統一後的德國是一大挑戰。為了回應民意的需求，男性投票權釋出，選出符合民意的議會（Reichstag），但絲毫沒有減損王室的權力，因為議會並無實權。對於真正具有實權的官僚掌舵者首相俾斯麥（Otto E. L. von Bismarck）來說，如何有計謀地周旋於保守的王室與議會間，是一大要務。

因於1878年5、6月兩次德皇遇刺事件，為了遏阻快速蔓延的社會主義勢力，俾斯麥於1878年10月下令禁止社會主義工人黨的所有組織活動與出版，凡論及社會主義或共產主義的言論一律禁止。然而，這種思想箝制並未如俾斯麥所願，社會民主運動轉入地下，得到的支持更多，迫使俾斯麥

於1890年宣布解除禁令。解禁後的社會民主運動得到的支持更加高漲，到了1912年的選舉，社會民主黨已是全國第一大黨了（Thane, 1982）。

俾斯麥一方面鎮壓社會民主運動，另一方面企圖以國家支持的社會保險來籠絡勞工，目的是希望勞工遠離馬克斯主義的革命路線，藉由保險給付讓勞工轉而依賴國家，鞏固國家的統一。俾斯麥的企圖心不只承襲了普魯士專制國家的傳統，實有過之而無不及，他甚至希望引進更多的國家干預（Thane, 1982）。

其實，在德國統一的1871年以前的工會已為其會員辦理互助會，以免因生活起落而陷入困境。同時，主要的工業，例如重工業的克魯伯（Krupp），以及第二代工業革命產生的新工業如西門子（Siemens），都已為其員工提供以公司為基礎的社會政策，亦即企業年金；此外，還有住宅、休閒與教育等員工福利。這對俾斯麥政府來說，也是重要的競爭來源。當時之所以會有這些企業年金政策有三個原因：一是穩定勞動力，降低勞工流動率；二是壓制社會主義與工會的煽動；三是領先國家的干預作為。約莫同時，布爾喬亞（bourgeois）的社會改革者也漸漸將眼光放在政府處理工業社會病態的作為上，最典型的例子是1872年組成的社會政策研究會，藉由社會問題的科學研究來促成公共政策的制定（Thane, 1982; Clasen & Freeman, 1994）。

三、俾斯麥的社會政治策略

在鎮壓勞工運動無效後，德皇威廉一世（Wilhelm Friedrich Ludwig von Preußen）於1881年在柏林的帝國議會上宣示：「要解決工人階級的社會狀況，必須找到鎮壓以外的方法，在上帝的協助下，希望能夠創造一種對勞工有價值的東西，而且對其雇主也有利，就是經由社會保險來對抗職業災害、障礙、疾病與老年的風險，以達到社會公平。」

雖然，俾斯麥不是創造社會保險方案的第一人，因為在1881年以前的德國、奧地利、法國、比利時都已先後有小規模社會保險方案的存在。但是，大規模地將之實施於全國者，非俾斯麥莫屬。然而，俾斯麥的企圖並非暢行無阻，1881年第一個國家社會保險法案——《工業災害保險法》送到議會就被打回票。俾斯麥的原始設計是皇家政府提供行政機制與補助保

險費，但是國會認為這破壞了邦聯國家的權力。直到1884年這項保險方案才通過執行。帝國負有保險責任，規定給付金額，以及扮演仲裁紛爭的角色，但是保險費負擔完全來自雇主，行政管理則由雇主所組成的協會負責（Clasen & Freeman, 1994）。

此項保險費全由雇主負擔是可以理解的，因為員工是雇主聘的，工作環境不良導致的意外事故，應該由雇主負全責，這樣一來，才能督促雇主負起改良工作環境的責任。但是，行政不是由帝國來承擔，而是由雇主組織來管理，就凸顯出德國地方分權與民間部門的強勢。

剛成立不久的德國社會民主黨並不支持俾斯麥的方案，他們懷疑俾斯麥不懷好心，聲稱社會改革不應只是改進勞工的物質生活條件，更應該保障勞工的組織與鬥爭權利，如此勞工才不會受到物質與政治的鎮壓。工人不需要國家給予福利，而是需要完全就業、高工資、分享國家生產總值。工人要的是制度的改造，不是國家的逢迎，一旦造成貧窮的諸多原因的結構被改造，例如低工資、長工時、工作環境不良等消失了，工人自然會有資金儲蓄與自助。

話雖如此，剛成立不久的社會民主黨也沒有實力阻止俾斯麥的社會保險方案。除了流動性的工人外，大部分受僱的勞工均被納入社會保險中。1883年疾病保險也被提出，保險費由工人與雇主分攤，營運機制則由原先已存在的醫療保險計畫（Krankenkassen）負責，如果當地沒有既存的醫療保險計畫，法律規定要新創一個地區的醫療保險單位（Ortskrankenkassn）或大工廠的醫療保險單位（Betriebskrankenkassn）；國家則提供一套強制性的法律與行政組織架構作為醫療保險計畫的參考（Clasen & Freeman, 1994）。

第三個社會保險是在1889年推出，保障障礙者與老年的經濟安全，這就是當今老年年金保險的肇始，國家提供部分固定的保費，其餘由雇主與員工分攤。

以政治結果論，俾斯麥的企圖並不成功。他要將工人拉回德國帝國的保護傘下，卻未得到工人們的感激，原因在於（Clasen & Freeman, 1994）：

1. 其所設計的保險給付，例如老年、障礙年金只達到免於落入貧窮

的最低生活標準而已。

2. 老年年金沒有假設勞工可能在未達可領取年金的年齡即失去工作。

3. 障礙、老年年金保險讓勞工直覺只是在降低他們每月可領回家的薪水而已。意即，為了未來的生活保障，必須犧牲當前的可支配所得。

不過，俾斯麥的社會保險對勞工生活品質的提高確實有幫助，尤其是疾病保險，保證免費醫療，使勞工及其家屬免於擔心疾病的醫療費用支出會影響到家庭生活，但是真正受到影響最大的是勞動階級的整合。將勞工納入風險分攤的集體意識中，且保障其基本生存，並將他們納入現代科層體制的社會裡（例如擔任保險審議委員或監理委員），使德國勞工更像集體性質的地位團體（stand），也成為一個足以跟雇主、國家抗衡的利益團體。工會力量的擴大且形成集中化的議價系統後，團體協商機制於焉成立，組合主義（Corporatism）的政治體制也更加確立。

俾斯麥的陽謀沒有成功地收買勞工的心，卻歪打正著地造就了當代福利國家的起源（Pierson, 2006）。從1890年代俾斯麥被新上任的德皇威廉二世（Wilhelm II）解職，到第一次世界大戰爆發的20年間，德國的社會保險持續擴大到其他勞工團體。但是，隨著德國政治的多元化發展，政治光譜越來越分散，新的政黨組成，從左到右都有，俾斯麥式的政治平衡失效。過去，以勞工為社會政策主要對象的社會政治（Sozialpolitik）概念也逐漸轉型，凡是農民、商人、自營業者、白領勞工所反對的社會立法，在國會中都很難推動。

貳 德國社會保險制度的擴散

隨著社會保險的日趨完備，德國的社會政策論述開始注意到都市犯罪、貧窮住宅、疾病、汙染、娼妓、道德敗壞等，女性團體也質疑女性身兼工人與母親，以及性工業與道德的雙重標準，青年問題也搬上檯面。貧窮問題雖然在社會保險制度下獲得部分解決，但是失業工人、無業遊民仍然得靠地方政府與教會提供救濟。為了解決失業問題，普魯士、巴伐利亞、烏騰堡等地的城市於1894年設立了勞工交換所，工會也在1913年辦

理失業保險，但直到1927年才由社會民主黨政府全面擴大實施（Clasen & Freeman, 1994）。

　　繼德國的社會保險方案之後，鄰近國家也開始仿效，有學者認為這是新科技的擴散效果，正如同英國的工業革命透過法國、比利時傳遞到德國一樣。鄰近德國的瑞士、奧地利、丹麥、義大利、法國都在1880年代即陸續開辦社會保險，而英國的社會保險制度則到了1908年自由黨的喬治（Lloyd George）訪問德國後，才被英國社會採納。這被認為是「空間的擴散」（spatial diffusion），意即，相鄰國家容易互相模仿（Collier & Messick, 1975）。然而，各國的社會保險制度設計並不盡然相同，也就是擴散開來的新科技會和該國的政治、經濟、社會、文化等條件相調和（Kuhnle, 1981）。

　　表2-1的資料列出相鄰國家社會保險方案擴散時間；同時，也呈現社會保險方案的出現是在男性擁有投票權之後。據此，有些學者認為社會保險與代議民主制度都是人類偉大的創作，而社會保險制度是在代議民主之後，這也指出沒有民主政治為基礎，福利國家難以形成（Pierson, 2006）。

表2-1　社會保險制度的創新時期與國家

社會保險	第一個國家	第二個國家	第三個國家
工業災害保險	德國（1884）	奧地利（1887）	挪威（1894）
健康保險	德國（1883）	義大利（1886）	奧地利（1888）
老年障礙年金保險	德國（1889）	丹麥（1891）	法國（1895）
失業補償	法國（1905）	挪威（1906）	丹麥（1907）
家庭津貼	奧地利（1921）	紐西蘭（1926）	比利時（1930）
男性投票權	法國（1848）	瑞士（1848）	丹麥（1849）
普及投票權	紐西蘭（1893）	澳洲（1902）	芬蘭（1907）

資料來源：Flora & Heidenheimer (1981); Pierson (2006). p.111.

　　皮爾生（Pierson, 2006）指出當代福利國家的起源從三個指標中可以確立：

1. 第一個社會保險方案的引進

社會保險被認為是當代福利國家的主要機制。從上表2-1中可看出德國三種社會保險方案都是在1880年代完成立法。而這些社會保險方案都是回應工業革命後的新興社會問題，且以勞工作為保障對象，國家以集體的力量介入保障勞工免於因老年、疾病、障礙、失業等社會事故發生而所得終止或降低所造成的家庭生活危機。即使1900年代初的法國失業保險也是為了保障勞工生存而設計。

2. 公民權的擴大與公共福利的去濟貧化（depauperization）

社會保險的出現改變了國家與公民間在公共福利提供上的關係。首先，公共福利不再以傳統救濟貧民為主，而是擴大到公共秩序的維護。其次，社會保險擴大了公民身分的權利，也賦予國家對公民的更大責任。第三，公共福利的受益不再是政治參與的障礙，而是完整公民身分的給付。從上表2-1中又可發現，男性普及投票權的擁有在社會保險出現之前。而世界上第一個讓成年婦女擁有投票權的國家是1893年的紐西蘭，也在社會保險制度擴散後出現。

3. 社會支出的成長

福利國家的出現必然帶動社會福利支出的成長。若以社會支出占GDP的3%作為福利國家出現的指標，皮爾生（Pierson, 2006）指出1900年代初的德國（1900）、瑞士（1900）、英國（1905）、愛爾蘭（1905）、瑞典（1905）、丹麥（1908）均已進入福利國家的階段。如果以社會支出占GDP的5%以上作為指標，則1920年代已有以下國家進入福利國家的行列：德國（1915）、丹麥（1918）、瑞士（1920）、英國（1920）、愛爾蘭（1920）、紐西蘭（1920）、瑞典（1921）、挪威（1926）等。

以上從德國的經驗中更清楚地說明工業化帶來新的社會問題（貧窮、失業、工業意外事故、退休等），促成勞工動員要求資本主義結構的改良，且得到中產階級的支持，而迫使國家讓步，推出安撫勞工的社會保險方案。同時，帝國統治者為了回應廣大的勞工與新興中產階級的需求，先釋出男性投票權，以確保正在發展中的資本主義經濟。普及的投票權創造了現代的民主議會政治，也使勞工組織或其所支持的政黨得以擁有議會席次，深化了福利國家擴張的基礎。

第四節　兩次大戰期間福利國家的擴張

壹 德國現代福利國家的成形

　　德國的現代福利國家發展嚴格說來是從第一次世界大戰之後起算（Clasen & Freeman, 1994）。俾斯麥下臺後到1910年間，德國的社會政策進展有限，原因是政治掌握在小農、商人、雇主、白領階級手上，他們反對加稅以圖利勞工階級。俾斯麥模式的社會保險增加雇主的保險費負擔，雇主當然不願看到社會保險擴大實施（Thane, 1982）。然而，1911年德國的社會保險立法擴大到涵蓋更多勞工；同時，為白領受僱者（Angestellte）開辦另一個分立的年金、障礙保險，這代表不同經濟地位的受僱者間的差異化被強調（Katzenstein, 1987）。

　　第一次世界大戰讓德國人民面對食物短缺、汽油不足的痛苦。戰爭期間，既要協調國內生產所需的勞動力，也要有效補充前線的兵力，因此，很自然地發展出向工會讓步的妥協。1916年的《輔助服務法》（Auxiliary Service Law）通過，地方仲裁委員會除了資方、軍方代表之外，加入勞工為當然代表；同時在每個工廠設立工作委員會以監督其勞動條件。於是，私人工業的代表進入行政體制，以協調戰時物資供應，這代表德國組合主義更形堅實（Clasen & Freeman, 1994）。

　　國家不只發動戰爭，同時也要保障國民的基本生活供應，例如食糧供應與分配。戰爭需要大量婦女進入勞動生產、兒童照顧、醫療救援工作，婦女與嬰兒的健康也成為國家關切的重點，過去這些都只是地方政府的責任。戰爭也使從軍家庭、遺屬、傷兵、退伍軍人等的年金責任落在國家身上，所謂負起照顧國家英雄的責任。因此，國民婦女服務（Nationaler Frauendienst）也組成，由各黨各派的婦女組織起來，提供社會服務、護理、保護女工的責任（Clasen & Freeman, 1994）。於是，地方政府與志願組織結合，政府補助民間組織提供社會服務，有別於過去政府主導貧民救濟的經驗。

一、威瑪福利國家

第一次世界大戰後，對德國人來說是一個國民休養生息（Burgfrieden）的時機，社會民主黨與工會均默認有此必要。俟德國第二帝國垮臺，進入威瑪共和（the Weimar Republic）時期（1918-1933年成立於德國東部威瑪市的民主議會時期），社會民主黨主導戰後的德國社會政策發展。工會與雇主組織間夥伴關係的組合體制列入1918年的威瑪《憲法》中，授權國家強制介入勞資間的集體同意仲裁，並明訂保障工作的權利與義務。威瑪《憲法》中有關社會政策所代表的意義有別於戰前的體制，亦即，國家有責任照顧每個人的經濟福利。這個責任意味著威瑪福利國家將被繼續擴充（Rimlinger, 1987），許多戰時停用的勞動規範均重新檢討，例如每日8小時工時制。1927年開辦失業保險，替代了原先由地方政府，或由工會辦理的小規模失業救濟。基本上，威瑪福利國家的整套方案設計是將勞工視為一個參與新民主完整的社會與政治公民，並透過此套裝方案來避免階級衝突，當時稱之為社會政治（策）（Sozialpolitik）（Clasen & Freeman, 1994）。

此外，福利（Wohlfahrt）這個概念也成為公共行政用語的一部分。而福利國家（Wohlfahrtsstaat）則是一個被貶抑的概念。即使如此，新政府仍然通過一系列包括住宅、公共救助方案，並立法確定公私部門的夥伴關係，以確保地方層級的社會服務提供；並創設地方政府層級的福利局（Wohlfahrtsamter），以協調地方社會福利提供。這種將志願或民間福利組織納入，並賦予執行社會政策的功能，在德國稱之為複合的福利產業（welfare industrial complex），或新組合主義的協商體系（neo-corporatist system of negotiation）（Clasen & Freeman, 1994）。

從性別的角度來評論，威瑪共和帶出了德國性別分離的福利國家（split welfare state）的制度化鞏固（Hernes, 1984）。社會政治（策）意指繳保費，與工作相關，結合制度化的集中化協商體系的社會保險制度，獲益者是生產工人、家戶長，當然是男性為主。而福利在威瑪德國意指與需求相關的給付，而非繳保費的福利，是一種以家庭為焦點的服務，重點在照顧、規訓式的介入，受益者的權利是被倡導出來的，而非因其法定代

表而有。威瑪共和的結束，也可看作是德國福利國家的首度失利，大量失業所帶來的財政負擔，再加上社會缺乏共識，對社會政治與福利的敵視與爭執，在希特勒（Adolf Hitler）掌權後，威瑪福利國家體制作了部分修正（Clasen & Freeman, 1994）。德國的社會政治充分顯示出一連串國家、商人、勞工間權力均衡的結果（Kattzenstein, 1987）。

二、納粹國家社會主義

　　1933年希特勒掌權，以國家社會主義（Nationalist Socialism）的原則來治理威瑪福利國家。該原則是：工人階級國家化、人種理性化，亦即要建立一個國族或種族社區（Volksgemeinschaft）的國家。納粹主義（Nazism）基本上延續威瑪時代的社會政治價值與制度，只是將民主的組合主義制度瓦解。因此，社會福利仍然保留為國家重要的功能。只是為了徹底執行種族淨化、人口優生政策，包括生育與家庭政策被強力執行。公共衛生政策以基因定義來推動，成人犯罪、少年犯罪、娼妓、流浪者、慢性失業者、同性戀都被列為是難以矯正的對象，必須立法加以懲處。社會衛生概念被種族衛生（Rassenhygiene）取代，生物與勞動概念結合，從積極面來看，透過結婚貸款，讓健康的婦女離開職場回家生育；提供健康諮詢，以利協助懷孕婦女、母親與嬰兒。從消極面來看，將酗酒、癲癇、失德、低智能的人強迫絕育。1939年以後，更將無法治癒的病患、遺傳病人、身心障礙者安置在機構中，就如同對猶太人的仇視行動般，最後加以謀殺（Clasen & Freeman, 1994）。

　　納粹對勞動賦予絕對的價值，針對失業者提供公共就業或勞動服務。納粹政策將勞工階級納入國家社區中，以免社會衝突。工會與勞工運動組織被一個全國性勞工與雇主組織——德意志勞工陣線（Deutsche Arbeitsfront）所取代。工廠被重新定義為工廠社區（Betriebsgemein-schaft），雇主是其領導。為了彌補工人失去獨立的損失，工作外的休閒由愉悅增強（Kraft durch Freude）組織提供團體旅遊；同時有機會擁有自用車，國民車（Volkswagen）就是此一時期的產物；工人並有權利得到分紅與有薪假。納粹社會政治的目的是國家團結，即使付出工作條件與生活水準下滑的成本，也在所不惜（Rimlinger, 1987; Clasen & Freeman, 1994）。

貳 英國福利國家的發展

英國是不缺社會主義思想的國家，馬克斯在英國研究資本主義的缺失，創出共產主義的思想，早在1847年11月，共產主義聯盟起草共產黨宣言於倫敦。1880年代的英國是費邊社會主義思潮澎湃的年代，無疑地是受馬克斯思想的影響。同時，也有一些新的組織出來力挺馬克斯主義，例如社會民主聯盟（Social Democratic Federation）。1884年，馬克斯的女兒艾琳娜（Eleanor Marx）自組社會主義聯盟（Socialist League）於倫敦，加上同年組成的費邊社，可說是熱鬧滾滾（Fraser, 1984）。

一、英國的自由主義社會改革

當德國如火如荼地進行社會民主運動與社會保險創新的19世紀後半，英國也於1867年賦予都市勞工有投票權，1874年頭一次有代表勞工階級的議員進入下議院，雖然仍寄籍於自由黨名下。1884年鄉村勞工也獲得同樣的權利。到了1890年代，許多原屬自由黨的勞工代表議員已有獨立組成政黨的構想，終於在1893年獨立勞工黨（Independent Labor Party）成立於布雷德福（Bradford）。1900年，在社會主義聯盟、費邊社以及工會的支持下，工黨（the Labor Party）正式成立，且在1920年代取代自由黨，成為抗衡保守黨的另一大黨。

（一）工黨與自由黨的結盟

雖然英國工黨剛成立之初，國會就有53席該黨的議員，其中有29席是勞工代表所支持的，但是一些工會主義者仍然認為自由黨與工黨的結盟組成非英國國教左派（the Nonconformist Left）就夠了，所以主導20世紀初社會改革的仍以自由黨為首。但是自由黨已明瞭工黨的壯大，對1868年以來老式格拉斯東自由主義（the Gladstonian Liberalism）的挑戰日益明顯，如果自由黨不長進，工黨將很快可取而代之，於是新的自由主義派（New Liberalist）開始蠢蠢欲動，向左轉成為必需的生存之道（Fraser, 1984）。

自由黨衰退前的1905到1914年間，可說是英國自由主義社會政策發展最寶貴的10年。英國不像德國，一旦遭到社會主義勞工運動的挑戰，即推出社會政策來因應。雖然早在1895年，英國保守黨首相也發現俾斯麥

式的社會保險的確可以消弭社會主義風潮，但是不爲所動。直到1897年才通過第一個社會保險方案——《工人補償法》（Workman's Compensation Act）。1908年通過《兒童法》（Children Act）防止兒童被虐待。即使已知道該是開辦老年年金的時候了，因爲德國1889年就通過老年年金保險，英國的前殖民地紐西蘭也已經在1898年就跟進了，英國還是遲至1908年才通過《年金法》（Pension Act），這應歸功於自由黨所推動的一系列社會改革（Ashford, 1981; Fraser, 1984）。其中有三個主要的人物扮演重要的推手：喬治（Lloyd George）、邱吉爾（Winston Churchill）及貝佛里奇（William Beveridge）。

（二）喬治的老年年金制度

喬治可能是英國邁向福利國家的過程中，建樹最多的一位。個人特質上，他既不是經濟學者，也不是政治家，比較像是務實的政客，因爲他缺乏英國人所重視的品味，也沒時間進行抽象思考（洪惠芬、簡守邦譯，1999）。他出身北威爾斯的卑微家庭，艱苦而簡樸，但也非眞正貧困。他說過：「所有的改革都有一個奇怪的現象，就是都不是由社會問題的受害者發起，並完成它。」他在說他自己，雖非眞正的貧困出身，但他憎恨那些繼承財產而富有的人，他想改革英國的貧窮與失業問題，而且某種程度做到了。1906年，他在貿易部長（Board of Trade）任內曾說過：「這裡平均每人的財富比起世界上的任何地方都要多，這富裕的英國應該感到羞恥，她竟然能忍受她的子民中有如此多的窮人。」（洪惠芬、簡守邦譯，1999）他27歲進入國會，擔任15年的後排議員（資淺或退休、非影子內閣的普通議員），1905年成爲坎貝爾－班納門（Sir Henry Campbell-Bannerman）內閣的貿易部長，1908年繼阿斯奎斯（H. H. Asquith）擔任財政大臣，準備接班擔任自由黨政府首相。1916年他終於繼阿斯奎斯當上首相，到1922年自由黨沒落爲止。

喬治所推動的老年年金並非模仿德國制度，而是採紐西蘭模式，也就是不必繳保險費，而是用一般稅收來支應財務。每週給70歲以上老人5先令年金給付，夫妻則爲每週7先令6便士。但是，領取年金者必須是低所得者（每週收入低於26英鎊，夫妻則是39英鎊）。不只排富條款，也有道德條款，罪犯、精神病、遊手好閒者均不得領取年金。這其實比較像「低收

入好老人生活津貼」。

不只是喬治對德國的社會保險制有所保留，即使是1942年負責撰寫貝佛里奇報告（the Beveridge Report），影響英國二次大戰後福利國家發展的貝佛里奇，在1907年時也反對強制性社會保險制。他曾說過：「對個人採取一大堆的管制和齊一化不是英國的風格。」然而，去了一趟德國之後，貝佛里奇成為社會保險的終身提倡者。1942年他曾說道：「有繳保險費才領給付，而非國家免費發放津貼，才是英國人民所要的。」（洪惠芬、簡守邦譯，1999；Fraser, 1984）。

（三）邱吉爾的工會改革

喬治去德國取經受到邱吉爾的影響。1908年1月，邱吉爾從埃及開羅寫了一封信給英國貿易部，提到「德國早已有統一與對稱的保險體系，以保障勞工意外事故、疾病與老人的經濟安全。」因而主張為了保障英國勞工的安全，應成立「社會安全機制」。同年12月，邱吉爾再次建議當時的首相應採取俾斯麥的國家保險來保障英國的工人。他贊同俾斯麥式的懷柔而非鎮壓來瓦解社會主義的蔓延，認為英國應該創造出有別於德國的「英國進步觀」（Parrott, 1992）。

1908年邱吉爾繼喬治擔任貿易部長。隔年邱吉爾引進《貿易部法案》（Trade Boards Act），這是首次建立雇主與勞工間的委員會，讓廣大的非工會化的體力工人能有代表來協商最低工資。其實，早在1890年代即有一個苦力系統（the Sweated System）的選任委員強力推銷擴大工廠立法，以保障那些低薪、女性勞工為主的非商業性質的、小型工廠的勞工權益。女性勞工組織（Women's Labour Organization）也一直在爭取這方面的權益；1905年婦女費邊社（Women's Fabian Group）更在《每日新聞》（Daily News）的支持下，積極展開活動，以促成苦力勞工的權益。1907年苦力勞工的選任委員會組成，促成1909年通過的《貿易部法案》（Thane, 1982）。

（四）貝佛里奇的失業保險

貝佛里奇於1903到1905年間曾在倫敦東區的湯恩比館擔任助理主任，在那裡讓他接觸到失業與貧窮問題，對於透過慈善救濟來協助失業者的作法不抱任何希望，反而相信需要靠政府採取行動。1908年貝佛里奇經

由費邊社的韋布夫婦（The Webbs）引薦認識了邱吉爾，並承蒙邱吉爾提拔進入貿易部（the Board of Trade）工作，在他手下協助推動《勞動交換法》。該法於1910年通過，成為隔年《國民保險法》（National Insurance Act）的前奏。

解決失業和貧窮問題是20世紀初英國兩大社會工程。1905年，英國已先通過《失業工人法》，企圖解決大量失業工人救濟的問題，但似乎成效有限。1909年，貝佛里奇寫了一本《失業：一個工業的問題》（*Unemployment: a problem of industry*），期以建立勞動交換服務來提升勞動市場的效率。他的目標是「雇主到這裡可以找到他要的工人，工人想要工作也可以到這裡來找。」這也就是就業服務站的構想。《勞動交換法》通過後，全國成立423個勞動交換中心，往後的5年內，進行平均每年200萬個勞工登記交換的成果。1910年貝佛里奇擔任第一任勞動交換服務的主管，這些歷練對其30年後主導英國福利國家的建構，非常有助益（Marsh, 1980），哪怕其中有18年（1919-1937）被明升暗降到倫敦政經學院擔任院長。然而，勞動交換只解決勞動供需問題，並無法解決結構性失業的問題，找不到工作的失業工人還是須靠領失業救濟金度日。

於是，從改革《失業工人法》邁向失業保險就成為貝佛里奇下一個工作重點。1907年貝佛里奇建議採取失業保險來解決失業勞工的生活問題。當時與貝佛里奇一起主張的還有貿易部常務祕書列維林—史密斯爵士（Sir Hubert Llewellyn-Smith）。他們提出一套強制性保險方案，涵蓋造船、機械與建築工人。這套方案不被老自由派所接受，他們反對強制性保險；同時，工會也意見紛歧；社會主義派也認為這樣會分裂工會運動。工會運動者韋布夫婦也不支持，因為這方案沒有區分值得與不值得的工人，也沒有預防失業的措施（Thane, 1982）。

當英國通過《年金法》之後，喬治決定將國民保險引進英國。首先他引進一個每週現金給付給某些醫療照顧的制度，使收入低於所得稅標準的工人能享有；同時，希望透過生育給付（maternity benefits）來降低嬰兒死亡率。進一步，設計寡婦與孤兒年金（widow & orphans' pension），以及失能年金（invalidity pension）來保障由於長期疾病或障礙致不能工作的人（Thane, 1982）。

（五）國民保險法（1911年）

1911年的《國民保險法》包括健康保險與失業保險。這是喬治政府推動自由黨社會政策的另一項大工程。喬治結合邱吉爾、貝佛里奇，將16歲以上有穩定就業，但所得卻低於繳稅水準以下的受僱工人，以及所有手工業勞工均納入健康保險，保費是9便士，雇主負擔3便士，勞工負擔4便士，國家負擔2便士，這就是出名的「4便士換9便士」口號。然而，英國的勞工跟德國工人一樣，還是不習慣將薪水的一部分交給國家辦保險，而等待一個不切實際的9便士給付（洪惠芬、簡守邦譯，1999）。

失業保險則是強制那些有循環性失業風險的行業，例如造船、機械、營造等工人加入，保費由雇主、勞工與政府三方分攤，國家再提撥300萬英鎊作為基金，每次給付每週7先令，最長領取期限為15週。由於財政負荷沉重，在一次大戰後，這個保險原則就被取消了，恢復到早期的資產調查原則，也就是透過調查失業工人的所得，必須低於一定水準以下才可以領取失業救濟金。直到二次大戰後，貝佛里奇的報告書中才又恢復社會保險原則。

英國1911年的《國民保險法》是完全準備制（fully-funded），亦即每人給付的成本由基金利息支付。這個方案雖得到工黨的支持，但是卻受到保守黨嚴厲的批判，認為這樣會帶來國家與雇主龐大的財政負擔。不論如何，這項法案還是輕易過關，且於1913年1月15日開始給付（Fraser, 1984）。

1906到1914年間的英國自由主義社會政策改革始於支解《新濟貧法》的原則。但是，這些改革只是針對有工作能力或有儲蓄能力的人，給付水準很低，以免損及勞工的工作意願與儲蓄。那些沒有工作能力，或沒有儲蓄能力的人，例如低薪工人、臨時工、女性，幾乎很少得到改革的好處。這種保險原則與《濟貧法》中值得幫助的窮人原則沒什麼差別（Thane, 1982），似乎只有有工作能力的人才值得被保障，沒有工作能力的人就成為不值得納入社會保險的人。

為何20世紀初自由黨執政的時期會出現如此多的社會政策改革？首先，是來自工黨的挑戰。許多支持社會公平的選民已經被成立不久的工黨所吸引，自由黨人相信推行積極的社會政策，打擊社會不公平，才能繼續

爭取到勞工的支持。第二，是意識形態的調整。英國自由黨從19世紀傳承下來的葛拉史東派自由主義主張機會均等、低政府預算，已不符時代所需。有別於葛拉史東派自由主義的新的自由主義派主張進步的財政、最大的政府介入。中產階級變節的警訊，提醒政治有走向兩極化的趨勢，自由黨內新的自由主義派認為若不轉向中間偏左，必然會被保守黨與工黨夾殺。事實證明，新的自由主義派在某些選區爭取工人選票取代中產階級變節者，是成功的。然而，老自由黨人的容忍仍然是有限度的。第三，是國家效能的質疑。英國被質疑環境惡化、人口品質下滑、國際競爭低落。因此，自由黨思考透過社會政策立法來改變英國政府被譏為無效能的處境。這三個原因讓新自由黨政府找到既合乎人道關懷、科層創新、人民需要的綜合方案（Fraser, 1984: 173-74）。

其實，喬治心中所想要的是由國家承擔疾病、障礙與失業的保障責任。他認為社會保險只是暫時的，英國終究會走向以稅收為基礎的全面性福利體系，這樣勞工才不會產生低自尊、恥辱與不名譽。尤其在那個時代，《濟貧法》仍然是主導英國社會福利的設計基礎。1945年以後的英國福利國家才真正實現喬治當年的理想，那年他正好辭世（洪惠芬、簡守邦譯，1999）。

二、英國保守與基變改革的拉鋸

如前所述，英國1834年的《新濟貧法》取代1795年的史賓漢蘭制，又回到較嚴苛的濟貧制度。1905到1909年間的「濟貧法皇家委員會」對1834年《新濟貧法》的討論就是最佳寫照。為了解決貧窮的問題，英國又出現兩種不同論調。其中一方的代表人物是碧翠絲・韋布（Beatrice Webb, 1858-1943）這位在1884年即參與費邊社的組成，且曾是1870到1890年代英國自由黨重整的大將與基變社會改革（radical social reform）設計者張伯倫（Joseph Chamberlain）的女友，後來嫁給當時最具影響力的工會主義者、費邊社會主義者韋布（Sidney Webb）的女性社會改革者。她發現在皇家委員會裡大部分委員不是公務員，就是慈善組織會社的代表，不能完全表達勞工的心聲。於是，傾全力為貧民發聲（Fraser, 1984）。

（一）少數報告

　　該委員會成員包括3位濟貧監護官或地方政府官員、4位宗教領袖、2位勞工代表、2位經濟學者、2位社會調查專家、代表慈善組織會社的洛克（C. S. Loch）、博山葵（Helen Bosanquet）與希爾（Octavis Hill）（住宅改革者），以及布斯（貧窮研究者）和碧翠絲·韋布。長達4年的會期，由於立場差異極大，因而出現兩份報告，其中由14位委員共同簽署的稱為「多數報告」（the Majority Report）；另外由碧翠絲·韋布、2位勞工代表（George Lansbury與Francis Chandler），以及後來擔任伯明罕主教的韋克飛牧師（Rev. Russell Wakefield）等4人簽署的稱為「少數報告」（the Minority Report）（由希尼·韋布起草）。兩份報告都同意1834年《新濟貧法》已澈底瓦解了，但雙方的歧見在於用何種方法取代之。「多數報告」主張補破洞即可，由一個單一委員會來處理貧民的健康、就業、住宅等議題即可；「少數報告」卻認為應比照1902年的《教育法案》規定，由中央設專責部門、地方設委員會來全面處理貧窮問題。

　　其次，由誰來執行這項新的濟貧工作也有爭議，「多數報告」主張應由慈善志工繼續扮演濟貧的主要角色；而「少數報告」卻主張應僱用訓練有素的社會行政與專業社會工作者來執行這項工作。他們深信英國社會需要一套普及的社會服務。

　　最後，雙方對失業問題的看法也不同，「多數報告」主張應採取自願式勞動交換，並暫時引進國家辦理的失業保險即可；「少數報告」則認為貧窮是因經濟而導致的社會問題，主張採強制勞動交換，並由國家管制任何與就業有關的事務。這份代表勞工的少數報告被後人尊稱為英國福利國家的大憲章（Magna Carta）（Fraser, 1984；洪惠芬、簡守邦譯，1999）。

　　從以上的歷史鋪陳可以發現，英國雖然是第一個工業革命的國家，卻比德國晚發展當代福利國家的基礎制度——社會保險，原因是德國的勞工運動所產生的壓力極大，且獲得來自開明專制的普魯士統治機器的積極回應，時機正好躬逢德國剛統一，急於穩定新統一國家的德皇威廉要求俾斯麥以籠絡替代鎮壓，才有超越英國的社會改革出現。反觀英國的左翼勞工運動雖然也起於1850年代，但是回應勞工貧窮與失業問題的卻是由中產階級組成的慈善組織會社與溫和改革的費邊社會主義。

同時，英國的資本主義自由市場經濟思想也是世界上最早發達的，1776年亞當・史密斯的《國富論》出版對後人影響極大，包括年輕時期的凱因斯（John Maynard Keynes, 1883-1946）都深受影響。此外，李嘉圖（David Ricardo）的《政治經濟與賦稅原理》（1817），以及彌爾（James Mill）的《政治經濟學的要素》（1821）都是支持自由貿易，反對政府介入的論點，這些論點使得保護主義與國家介入社會保障躊躇不前（Fraser, 1984）。

德國在1870年代即有社會民主黨作為勞工的代言人，英國卻要等到1900年工黨組成，而之前真正為勞工仗義執言的自由黨本身並非社會主義者，也不完全有左派社會主義的思想，甚至如喬治這樣的社會改革者都被英國學者冠上「政客」字眼，認為他們並沒有一套有系統的、有理想的治國藍圖（洪惠芬、簡守邦譯，1999）。

（二）工黨的崛起（1929年）

英國自由黨之所以積極推動社會改革，原因有下列三點：(1)社會政策可以吸引勞工的選票；(2)受到新自由主義的影響；(3)為了提升國家的治理效能。其實早在1906年自由黨人就知道工黨是自由主義最大威脅。果不出所料，1922年喬治的聯合政府就被失業問題拖垮。1929年，喬治以「我們能克服失業」再次競選，企圖為自由黨執政延續命脈，但大勢已去，該年工黨取而代之成為保守黨的最主要對手（Fraser, 1984），一直到今天。

1919年英國衛生部成立，解決了健康保險實施後剩下來的貧民醫療服務問題。接著，1920年《失業保險法》擴大保障範圍，1927年再提高給付。1925年的保守黨內閣通過《年金保險法》，一改1909年的普及式年金制。1929年工黨內閣通過《地方政府法》（Local Government Act），《新濟貧法》以來實施了將近一個世紀的濟貧監察官就此走入歷史，取而代之的是地方政府的公共救助委員會（Public Assistance Committees）。這是1909年「少數報告」所主張的，1918年的麥克連行政報告（the Maclean Report on Administration）也支持這種看法（Fraser, 1984: 188）。從此，實行將近400年的英國《濟貧法》被現代公共救助制度所取代。1942年的貝佛里奇報告將國民救助納入社會安全的一環，稱為資產調查的給付。1948

年《國民救助法》（National Assistance Act）通過施行，社會救助在社會安全體系中的地位就此確立。

參 北歐社會民主福利國的出現

丹麥是北歐四國中較早工業化的國家，約在1860年前後加速進行。瑞典的工業化始於1870年代，但進入工業取代農業為主的生產形式則要到1910年左右。挪威於1905年脫離瑞典獨立，其工業也是在1890年代才有較大發展。芬蘭的情況也類似，在1890年代後幾年才真正進入全面發展階段。1910年代以前，除了丹麥外，北歐國家大量移民到美國，每年約外移總人口的百分之一（Samuelsson, 1968; Einhorn & Logue, 1989）。

丹麥是北歐四國中最早開辦不必繳保費的老年年金，這與德國首創的老年年金保險不同。1885年，學自德國的意外事故保險未被議會接受，直到1898年才通過學自英國的工人補償保險，但改採雇主責任制的強制工業傷害保險則是1916年的事了。1892年丹麥開辦疾病保險，比瑞典晚了1年（Kuhnle, 1981）。

一、社會民主黨成立

瑞典工業化以後，在社會民主勞工黨（Social Democratic Workers' Party of Sweden / Sveriges socialdemokratiska arbetareparti, SAP/S，簡稱社會民主黨）成立的1889年以前，執政的獨立自由主義者冉普坦德（Robert Themptander）於1884年指派一個委員會到德國研究社會保險體系。當年自由黨下議院議員黑丁（Adolf Hedin）提案要求政府組成一個調查與研究委員會，草擬對抗勞工職業災害的方案，建立工人職業補償體系，以及提供工人老年年金。這個由黑丁所草擬的議案被認為是瑞典社會權的大憲章（Samuelsson, 1968）。但是，當時保守派大將佛色爾（Hans Forssell, 1843-1901）大力抨擊這種德國式的國家強力介入勞資關係的作法（Olsson, 1993）。直到1890年代，國會仍拒絕所有關於老年與障礙保險的提議，反而於1891年通過健康保險（Olsson, 1993）。之後，於1901年通過《工人意外補償法》，強制雇主提供有限的補償給受害的勞工，數額

有如救濟院的補助金。直到1918年才有另一個工作傷害保險出現，強制雇主責任。1913年，瑞典的自由黨政府推出普及的年金方案，但是失能給付仍須透過資產調查來決定請領資格。這項年金計畫受到社會民主黨的黨魁布蘭亭（Hjalmar Branting）的影響很大，布蘭亭期望瑞典的年金計畫普及所有國民而非針對特定階級（Tilton, 1990）。

　　瑞典社會民主黨在1920年代曾短暫執政，但從1932年上臺執政後即執政到1976年首度下臺，1982年再執政，1991年短暫下臺一屆，復於1994年執政到2006年在野，於2014年繼續聯合執政的社會主義政黨，締造了瑞典社會民主模式福利國家。回顧其歷史，1889年，由工人、政治人物、健康與殯葬基金的成員們所組成的新政黨，取名為「社會民主勞工黨」，從德國、英國引進社會主義思想，師法德國的社會民主黨。創黨的先鋒們聲稱有信心終結剝削與貧窮。成立之初，瑞典的勞工根本還沒有投票權。1860年代瑞典議會民主出現時，國會分兩院，選舉權依人民的所得和財富來區分，上院由高官、大地主、豪商組成；下院由農民掌控。兩院制到了1969年的議會改革才改為一院制。

　　到了1908年還是有65%的男性公民沒有投票權。藉助自由黨的支持，代表社會民主勞工黨的布蘭亭於1897年以記者的身分被選入下院，成為該黨第一個國會議員。1909年，雖然保守黨執政，但是，瑞典國會在自由黨的推動下，通過所有男性公民擁有投票權，1911年的選舉並沒有大幅改變政黨的得票比例，自由黨是第一大黨，保守黨（地主、農民、大企業組成）為第二大黨，社會民主勞工黨仍然居第三。1917年社會民主勞工黨首度躍居第一大黨，短暫聯合執政3年。如同英國自由黨與工黨的經驗，瑞典的自由黨也和社會民主黨結盟。而上述的老年年金、工人意外補償、健康保險，以及1912年通過的《工人保護法案》都是這一時期的社會改革產物。但是，距離現代福利國家仍有一段很長的路程。

　　種因於蘇聯革命的影響，1917年，瑞典社會民主黨分裂為二，左翼基變的（Radical Leftist）社會民主主義支持者另組瑞典共產黨。不巧的是保守黨也迸裂出由農民組成的農民聯盟（Farmers' League/Bondeförbundet，1957年改名中間黨，Centre Party/Centerpartiet）。1921-1923年、1924-1926年，社會民主勞工黨少數執政。較完整的福利國家建構，要到1932年以後

才確立。一般來說，1930年代以前，瑞典的社會安全立法仍然落後於德國、英國、法國、奧地利等歐洲國家（Samuelsson, 1968; Tilton, 1990）。

二、人民之家模式

1928年是歷史的轉折點，該年選舉，布蘭亭的接班人韓森（Per Albin Hansson）開始實現1895年布蘭亭所主張的「人民的黨」（People's Party）模式的新政黨，指涉社會民主黨應該像個「升斗小民的結合」。韓森提出的「人民之家」（folkhemmet）模式的政黨主張是指：「社會民主黨要像個家庭，在自然與互助的本能下團結在一起。」這個人民之家是跨階級的和全國性的團結。彼時，社會民主黨的領導者已知道不能死守著工人階級，否則永遠無法取得國家的主導權（Esping-Andersen, 1992）。該次大選，社會民主黨的社會部長穆樂（Gustav Möller）在競選宣言提到：「這個國家不應只是個夜警國家，而應該是個『福利國家』。所謂的福利國家是指國家不只是有責任，還要有義務建立一個能讓全體國民在各方面均能享有福祉的保證。」依穆樂的計畫，人民之家的實踐應包括更好的工業意外保險、統一普及的健康保險、普及的國民年金、失業保險以及消除貧民救濟。但是那一年的選舉，並沒有讓社會民主黨大勝。

到了1932年的選舉，面對高失業率、世界經濟不景氣、農業市場危機，社會民主黨提出擴大失業救濟及合理的失業保險，使得該黨贏得大選。本來社會民主黨可以單獨少數執政（41.7%），但是他們決定和農民聯盟合作，組成堅強的聯合政府，以化解農民聯盟長期以來對工會運動的反對。瑞典出名的「紅綠聯盟」（red-green coalition）於焉形成，農民聯盟支持社會民主黨的社會改革，以對抗經濟危機，社會民主黨則保證農民的生活條件（Pierson, 2006）。

三、中間路線

「紅綠聯盟」主導瑞典政治20多年，直到1958年提出薪資所得相關的年金時，「紅綠聯盟」才鬧翻。這20年間，瑞典的社會民主模式的福利國家建制完成。其中包括1934年的失業保險、1935年的國民年金擴大實施、1937年的母親給付及預防健康與社會服務、1938年的每年2週有薪

休假、1941年的房租補助，以及1947年的家庭津貼。此外，出名的鹽堡（Saltsjöbaden）協定，於1938年達成，勞資雙方的全國性代表集會於鹽堡（位於斯德哥爾摩近郊的海邊小鎮）協商規範勞動市場準則，使瑞典勞資關係改善（Milner, 1989; De Geer, 1992; Olsson, 1993）。

後世稱頌的「中間路線」（the middle way）也形成於此時。瑞典的社會民主福利國家體系有別於蘇聯的共產主義，以及美國的資本主義，是一種中間路線（Childs, 1936）。因此，瑞典被稱爲是「西方世界的社會實驗室」，這個社會實驗室的特色是（Milner, 1989）：

1. 提供普及的社會服務與社會保險、社會津貼等項移轉性支付。
2. 管理資本主義市場經濟，以減少失業，維持最適當的經濟成長，以滋養其福利方案。
3. 藉由對個人、團體、企業的行爲管制，以節制福利需求與福利方案成本。
4. 縮小社經、性別間的所得差距，卻又不影響市場經濟動力。

從此，瑞典模式（Swedish Model）或斯堪地那維亞模式（Scandinavian Model）或社會民主模式（Social Democratic Model）就成爲福利國家的第二個模式，廣爲各國所討論。

肆 美國殘補式社會福利的確立

美國被認爲是所有工業先進國家中最資本主義的，其社會福利發展相對落後於歐洲國家。甚至，歐洲人不認爲美國是一個福利國家，若是，也只是個「落後的」、「邊陲的」、「殘補的」、半福利國家（Semi-Welfare State）（Skocpol, 1987），或福利的例外主義（welfare exceptionalism）（Amenta & Skocpol, 1989）。

美國曾經有過最早的年金討論是獨立戰爭後的退伍軍人障礙年金給付，先提供給軍官；1818年，年金擴大到所有退伍軍人，但須資產調查。1832年，年金發給所有退伍軍人；1836年，服務於獨立戰爭的基層軍人的寡婦也可領取年金。基本上，因獨立戰爭而有的退伍軍人年金是相對小規模的。直到美國內戰，退伍軍人年金才擴大。1862年通過參與內戰的軍

人障礙者依職階領取障礙年金，寡婦、孤兒或其他依賴者均可獲得年金給付。內戰退伍軍人年金顯然已經比獨立戰爭年金要來得慷慨了。不過，在開辦之初，領取障礙年金的退伍軍人只占所有退伍軍人的1%，後來才陸續放寬給付條件而增加覆蓋率，到了1915年，覆蓋率已經達到93.48%了，當然也是因為退伍軍人逐漸凋零的關係。那時，內戰退伍軍人存活者只剩不到四分之一（Skocpol, 1995）。

一、專業社會工作發展

美國於1870年代開始工業化，當然工業化的擴散經驗來自其母國——英國為主。隨著工業化的發展，大量移民湧入美國。工業化與移民帶來的問題，也跟英國一樣，擁擠的城市住宅區、失業、貧窮、童工、女工、工作條件、衛生條件等問題叢生。如同英國一樣，美國在工業化初期依賴民間組織來解決工業社會所帶來的新興社會問題，例如由英國傳來的慈善組織會社、睦鄰之家、教會，以及大城市中的富人所提供的協助。但是與英國不同的是，1898年紐約慈善組織會社開創了正式的社會工作教育課程給那些慈善組織會社的「友善訪問者」，建立了現代社會工作專業的第一步。從此，美國就領先國際成為社會工作專業化的搖籃（Lubove, 1965; Leiby, 1978）。

可是，單靠專業社會工作並無法解決複雜的工業社會問題。1900到1919年間史稱「進步的年代」（the Progressive Years），當時美國不像現在只有共和黨與民主黨兩大黨競爭，還有傾向社會改革的進步黨（the Progressive Party），以及社會黨（the Socialist Party）。以1912年選舉為例，這兩個政黨合起來拿到三分之一的選票，比共和黨還多，他們所推出的政策，例如最起碼的生活標準，均順利獲得通過。在進步黨羅斯福總統（Theodore Roosevelt）領導下，獲得許多社會改革者的支持，例如後來獲得諾貝爾和平獎的社會工作者亞當斯女士（Jane Addams）等。在這期間，美國也感受到歐洲推動勞工保險的壓力。1898年聯邦勞工部長韋洛夫比（William Willoughby）就曾出版一本有關歐洲工人保險的小冊子，介紹歐洲的勞工保險制度。1911年勞工部再次出版兩冊《歐洲工人保險與補償體系》，1906年更有一批勞工學者與經濟學者組成「美國勞工立法聯

盟」，試圖推動勞工立法。但是，聯邦政府並沒有因此而通過勞工補償的相關立法，1910到1920年間，雖有43個州通過《工人補償法案》，但只涵蓋工業勞工，且由私人保險公司承保（Leiby, 1978）。

1909年召開的第一屆白宮兒童福利會議，關切失依兒童的照顧問題；1912年全國慈善會議也提出寡婦年金，避免那些扶養兒童的寡婦將子女送到機構去安置。當時只有加拿大、紐西蘭、丹麥等三國實施，雖然反對聲浪也很大，還是在部分州推動，到了1921年已有40州實施，只是給付水準很低（Skocpol, 1995）。1912年聯邦政府在沒有社會福利主管部門的情況下，先成立兒童局。亦即，美國州政府與聯邦政府在20世紀初已開始擺脫單靠民間解決社會問題的想法，距離由政府大規模地介入社會福利的目標越來越近（DiNitto, 2000）。

二、社會安全法案

1929年10月美國發生經濟大蕭條，紐約股市狂跌、工廠倒閉、失業率攀升，史上最嚴重的經濟大蕭條延續了6年之久。大量的失業人潮使得社會救濟金的支領倍數增加。以1932年為例，每4人就有一人失業，每6人就有一人依賴社會救濟，美國人從來沒有這麼絕望過。然而執政的胡佛總統（President Herbert C. Hoover）認為這種現象是短期的，聯邦沒有必要宣布國家進入緊急狀態，因此拒絕改變公共福利結構來配合貧窮與失業的需求。民間機構仍被相信有能力滿足救濟需求，可是事實卻比想像糟糕，飢餓與營養不良的兒童充斥礦區，離家求職的人遍布各州，申請救濟金的貧民與失業者大排長龍，終於引發失業工人示威與救濟金運動，並蔓延各大都市。胡佛的競選口號「繁榮就在眼前」，如同1929年英國的喬治競選名言「我們能克服失業」一樣，時不我與。

錯估形勢迫使共和黨讓出政權。1932年羅斯福總統（President Frank Roosevelt）上臺，促成1935年《社會安全法案》通過。美國正式追隨歐洲國家的腳步，邁向福利國家之路。羅斯福總統一上臺，即推出「新政」（New Deal）作為美國對抗經濟大蕭條的新策略。「新政」本質上不是有系統的計畫，而是片段的改革策略，往往是想到什麼就增加什麼，甚至前後矛盾。不過，其精神是聯邦政府應投入更多心思在公共福利，以取代過

去堅持的個人主義。羅斯福總統相信政府應該更人道，更有同情心來對待那些大蕭條的受害者。美國人似乎接受了整個社會有責任來提供福利給有需要者的想法（Skocpol, 1995）。

「新政」的第一個措施就是成立「聯邦緊急救濟總署」，統籌撥款5億美金給州政府來救濟貧民。接著成立「公共工程局」以刺激企業投資。之後，又成立「國民工作局」負責推動補助就業方案，但成本太高，遂改為「緊急工作救濟方案」。而「新政」最大的成就莫過於1935年《社會安全法案》（Social Security Act）的通過。當時的《社會安全法案》包括：老年救助（Old Age Assistance）、盲人救助（Aid to the Blind）、失依兒童救助（Aid to Dependent Children）、老人保險（Old Age Insurance），以及州辦理的失業保險。1939年修正加入遺屬保險（Survivors Insurance）。

即使發生了經濟大蕭條，美國也不像其歐洲盟邦以建立完善的社會保險體系來因應，而是採取片段式的改革，只針對某些特殊人口群，例如老人、障礙者、遺屬、兒童、失業工人、窮人提供生活保障，連大多數國家都已實施的國民健康保險，竟然也在美國醫療協會（American Medical Association, AMA）的強力反對下作罷，美國是少數工業先進國家中沒有全民健康保險的國家，其原因何在？(1)美國個人主義的自由價值深植人心；(2)缺乏強有力的勞工政黨作為勞工的支撐；(3)聯邦主義的分權制度，不像歐洲的德國、瑞典都有高效能的中央行政體系；(4)分散的種族、宗教，缺乏一致的利益追求；(5)資本主義自由市場經濟擁護者的強力反遊說（Amenta & Skocpol, 1989; Skocpol, 1995）。

當然，對美國是福利例外主義的說法也有雜音。首先，美國有較多的私部門與志願組織提供的福利，因此，倒不如說美國是福利的多元主義（welfare pluralists）；其次，美國也是世界上較早發展公共教育與環境保護的國家。雖然，從歐洲的觀點，這些不一定是社會福利的主要範疇，但與人民的福祉有關；此外，美國也是世界上首先引進母親年金（mother's pension）的國家。據此，也可說美國是母親福利國（maternal welfare state）的創始者，而不是父親福利國（paternal welfare state）（Skocpol, 1992; Karger & Stoesz, 2006）。

美國自由市場的失靈，粉碎了某些原先支持自由市場資本主義者的信

心，例如凱因斯（John M. Keynes）。1920年代以後的凱因斯雖然仍支持自由貿易，但對關稅的設置、國家自給自足、政府投資公共建設以刺激景氣、挽救失業等都表示支持。1930年，凱因斯甚至認為公共投資是資本主義救亡圖存的唯一辦法，這樣的觀點成為福利國家的經濟理論基礎，也宣告「凱因斯主義福利國家」（Keynesian Welfare State）的成形。批判福利國家最力的海耶克（Friedrich A. von Hayek），從此與凱因斯分道揚鑣，並展開一段尖銳的經濟思想對立。

 ## 第五節　戰後福利國家的黃金歲月

壹 德國的社會國體制

第二次世界大戰戰敗的德國一分為二，且面臨飢餓、失業與工業設施被拆遷的困境。1949年，西德成立德意志聯邦共和國，依據《基本法》德國應走向「社會國」（Sozialstaat）體制，指國家承諾提供所得與就業安全保障，而同時強調私人組織與團體、家庭、個人的自我維持。依社會國的原則，以團體為基礎的強制性、職業別，以及所得相關的保險是社會安全的基石；此外，雇主與工會有獨占權來決定工資，政府無明確的工資政策，也無最低工資立法。

一、社會市場經濟

社會國的經濟基礎是「社會市場經濟」（Die Soziale Marktwirtschaft）。社會市場經濟理論來自1940年代末的佛來堡學派的傲倚肯（Walter Eucken）、波姆（Franz Bm）、亨舍（K. Paul Hensel）等人，他們的經濟中心思想是「設計一個可以運行的競爭體制，分散決策權力，個人、社會團體與利益團體應該以競爭方式來追求他們的目標與利益，而國家的任務則是制定規則與標準，並且管制參與者嚴格遵守競爭的遊戲規則。」（吳妙善譯，1992：49）這是有別於亞當·史密斯的古典自由主義經濟學，也不同於凱因斯主義的經濟理論。也就是國家只介入極少數由於種種原因，

市場體制不能，或不完全能運作的領域（文光，1992：67）。這種強調個人自由、經濟效率，以及社會公平的社會市場經濟制度，明顯地是對希特勒威權國家社會主義的反彈，也承襲威瑪共和以來的社會公平價值。

戰後，西德的政治由基督民主黨（Christian Democrates, CDU/CSU）結合自由民主黨（Free Democrats, FDP）組成些微多數的聯合政府，主導西德的新社會政策直到1960年代中。1949年基督民主黨的杜森道夫原則（Dusseldorf Principles）主張以工作權與社會保險爲基礎的社會安全制度，再輔以福利提供給社會保險所不能照顧到人民的需求。基本上，社會市場經濟意識形態並非一帖政策藥方，寧可說是一種限制政客活動的藉口（Ginsburg, 1992）。戰後西德的社會政策除了依循威瑪共和的社會政治主張之外，無疑地是具反納粹、反共產的企圖。比起威瑪福利國家，基督民主黨所主導的社會國並無擴張之意。社會市場經濟本質上是新自由主義的（Neo-liberalismus）或是體制自由主義的（Ordoliberalismus）（吳妙善譯，1992），藉由繳保費的社會保險，達到集體自助、世代互助，產生工作誘因，進而促進經濟成長，再回饋到社會給付。公民被視爲在自由市場機制中的集體，而國家的介入只在保障自由市場的競爭運作。

戰後初期，波昂的西德政府忙於處理戰爭的受害者，例如難民、傷兵、障礙者、寡婦、孤兒、猶太人等，幾乎無力進行其他社會政策改革。因此，先將既有的社會保險恢復。1954年，兒童津貼（Kindergeld）通過立法，其實，在戰後就有此項提案，但遭到執政黨以國家社會主義遺跡爲由加以否決。兒童津貼的給付對象是家中第三個孩子，且只給付給就業家庭，基金來自保費。1961年擴大到第二個子女也有給付權，經費來自稅收。1974年所有子女均享有津貼。

社會政策結構改革隨著1957年的經濟奇蹟與政黨競爭而展開。該年的年金改革將老年年金給付視爲是一種所得的替代，而非補充。以40年工作年資計，所得替代率爲60%，期使年金足以維持個人的生活標準。老年年金被認爲是一種賺得的權利（earned entitlement），而較不屬於人權（human right）。

1957年婦女平等（Gleichstellung）入法，保障性別平等對待。到1976年，總算讓結婚婦女也可參與勞動市場。1961年，新的社會福利法

（Sozialhilfegesetz）通過，除繼承威瑪共和的給付體系外，將公共救助視為是國民的權利，必須足以維持生活水準。所謂生活水準是包括物質、社會與文化的參與。

二、大聯合政府的社會政策

兒童津貼的擴大，反映了德國政黨的輪替經驗。1960年代中，社會民主黨進入基督民主黨的大聯盟（Grand Coalition）政府，新的社會論述出現。1969年的選舉，社會民主黨與自由民主黨聯合執政，社會政策的擴張包括政府介入經濟活動、擴充社會安全網，以及重啟組合主義制度，《共同決定法》（Mitbestimmung）通過。這項德國已行之久遠的制度，在1950年代末曾終止一段期間。隨著瑞典採行積極的勞動市場政策（active labour market policy, ALMP），以達到充分就業，再造勞動力。德國也看到經濟奇蹟不再，必須採行勞資合作的模式，以克服社會生產分配不均的衝突問題。不只是共同決定，失業保險與積極勞動政策也是社會民主黨執政到1982年其間所推動的重要政策。

德國積極的勞動政策也與其年金保險相扣連。年金保險採取的基本原則是「團結協定」（solidarity pact），亦即現在的工作人口支持現在的老人，以換取未來的工作人口支持現在的青壯人口（未來即將老化），這也就是社會保險中「隨收隨付制」（pay as you go）的道理，也是一種世代互助的契約，要維持下去必須靠充分就業，如此才沒有誰欠誰的問題。

德國戰後的社會政策即使有政黨輪替，卻不像英國所發生制度的反挫，德國的社會安全體制較穩定而鞏固，即使有變遷，也是隨著經濟條件的變化而進行調適。兩個不同的主要政黨的社會政策差異在於給付的多寡，例如老年年金，以及福利涵蓋範圍，例如兒童津貼（Alber, 1986）。

貳 貝佛里奇報告與英國福利國家的擴張

第二次世界大戰後，社會安全更受重視。1941年「大西洋憲章」已將社會安全納入條文。1944年「費城宣言」、1948年「聯合國人權宣言」也一再提及，並將之界定為社會安全權利。1952年國際勞工組織提出

「社會安全最低標準」，要求各國逐步實現社會安全的目標。而1942年英國的貝佛里奇報告《社會保險與相關服務》（Social Insurance and Allied Services），則是將英國帶向一個完整的福利國家的境界，也成為世界各國除了德國、瑞典之外另一個福利國家典範。

在英語系國家及受其影響較深的國家，常以為福利國家是英國創造出來的一種政治經濟體制，或說英國是福利國家的始祖，其實不然。「福利國家」最早是出現在德文中。德文的Wohlfahrsstaat翻成英文就是welfare state，雖然兩國的政治制度不完全一樣（Briggs, 1961）。1918年到二次大戰前的德國威瑪共和時期，右派分子批判當時的德國社會民主黨人所支持的德國社會是軟綿綿的，過度關心社會給付，而忽視德國人的驕傲與軍事強權。因此，德文的福利國家是隱含著負面價值的字眼。但是1930年代的瑞典已將福利國家正面對待了。

1941年，英國肯特郡的大主教天普（Archbishop Temple）在撰寫其《公民與教徒》（*Citizen and Churchman*）一書中，將福利國家的觀念納入成為該書的核心思想。以當時的時空背景來看，英國正處於第二次世界大戰的慘烈抗戰中，要對抗的不只是希特勒的德國法西斯主義，也包括蘇聯的共產主義。當時共產主義不只吸引了年輕大學生的注意，也影響到某些資深的社會改革家，例如費邊社的韋布夫婦，以及那些倫敦政經學院的教授們（Glennerster, 2007）。

戰後的英國如何抉擇未來該走的路？提默思（Richard Titmuss）認為第二次世界大戰的特殊經驗，創造了執行更團結與國家主義福利政策的良機。英國人經歷了共同的風險經驗——炸彈是不長眼睛的，不論階級與財富在戰爭中都一樣危險。雖然，階級態度沒有完全消除，但準備接受制度式改造卻是一致的（Titmuss, 1958）。

一、馬歇爾的公民身分

1944到1948年間，有3位重要人物影響英國福利國家的創建：馬歇爾（T. H. Marshall）、提默思以及貝佛里奇，他們都是倫敦政經學院出身的教授。馬歇爾寫了很多有關於社會政策與公民權利的文章與書籍，影響後人最深的是其有關社會權的概念（Marshall, 1949; Klausen, 1995）。

他認為完整的公民身分（Citizenship）可以區分為三部分：公民權（civil right）、政治權（political right）、社會權（social right）。公民權是指個人擁有言論、遷徙、思想、信仰、財產、訂約等自由。到19世紀初英國國民已普遍擁有這些權利。政治權指參與立法的權利，從1832年起受到重視。當工人擁有投票權，選出代表其利益的議員，才有可能保障其公民權。到了1918年所有國民均擁有普及的投票權之後，政治權宣告確立。社會權指國民成為地方社區與功能社群的成員，分享社區的文明與遺業。《濟貧法》是社會權的開始，但只是初步的勝利；《工廠法》的施行也是一部分；社會服務國家（social service state）的出現也還不夠完整。直到當代福利國家的出現，社會正義與所得分配均等化被視為是政府責任，社會權即告擁有。而社會權正是保障與肯定前兩種權利的基礎（Marshall, 1949）。簡單地說，沒有參政權根本無法保證立法是有利於每個國民的，尤其是弱勢者；沒有社會權，公民權是空中樓閣，政治權也是很容易被迫放棄的。

提默思更是英國戰後最主要的福利國家理論大師，當代關於福利國家的類型學，提默思將社會政策分為三種模型：模型A──殘餘福利模式、模型B──工業成就─績效模式、模型C──制度重分配模式；又提出福利的社會分工：財稅政策、職業給付、社會服務，這些分析架構均是往後各國討論社會政策的重要依據（Titmuss, 1958, 1968, 1974）。提默思在沒有高等教育學歷下而能成為倫敦政經學院的教授，算是英國學術界的異數（洪惠芬、簡守邦譯，1999；Glennerster, 2007）。

二、貝佛里奇報告

貝佛里奇爵士更是大名鼎鼎。他經常被說成是英國福利國家之父，其實這是溢美之詞。首先，英國福利國家在第二次世界大戰前就已具雛形；其次，英國福利國家最具特色的制度──國民健康服務（the National Health Service）並未包括在其所推動的社會安全制度中；第三，其所推動的均一費率與最低給付的年金制度並沒有得到英國廣大中產階級的支持，因而不久就被修正；最後，戰後的英國已經累積了變遷的足夠能量，改革的氛圍至為濃厚（Abel-Smith, 1992; Gleenerster, 2007）。不過，貝佛里

奇主持1941到1942年的「跨部會社會保險與相關服務的委員會」，的確具有主導該委員會報告的作用（Hill, Ditch, & Glennerster, 1994; Glennerster, 2007）。

1942年由他彙整的《社會保險與相關服務》報告書中（通稱貝佛里奇報告書）提及：「有繳保險費才能領給付，而非國家免費發給津貼，才是英國人民所欲。」（洪惠芬、簡守邦譯，1999）該報告包括三部分：(1)社會保險（除健康保險外），給付從搖籃到墳墓；(2)建立一個安全網的社會救助；(3)發放家庭津貼給第二個以上的孩子（洪惠芬、簡守邦譯，1999；Perrin, 1992; Gleenerster, 2007）。

貝佛里奇報告的基本主張如下：

1. **整合**：將各種社會保險整合，同時將社會保險與社會救助緊密扣連。

2. **風險分攤**：除了健康保險外，所有國民的風險（工業災害、失業、老年、障礙）均整合在一起，共同來分攤。

3. **國家最低標準**：不論社會保險給付或社會救助金均以維持國民最低生活標準為前提。

4. **均一給付**（flat-rate）：每一國民不論所得高低獲得同樣的給付，不像德國或美國的社會保險都是與被保險人的薪資所得相關（income-related），也就是薪資高的人繳較多的保險費，也領取較高的保險給付。

貝佛里奇報告雖然洛陽紙貴，一下子賣了63萬5千本，美國人也買去了5萬本，但是並沒有馬上被執行，直到二次大戰結束的1945年工黨上臺，首相艾德禮（Clement Attlee）希望有比邱吉爾的戰時聯合政府更進步的政策。於是，1945年通過《家庭津貼法》，1946年通過《國民保險法》、《國民健康服務法》、《職業災害法》，加上1944年已通過的《教育法》，以及1948年通過的《國民救助法》。至此，奠定了英國福利國家的基本架構（Glennerster, 2007）。

值得一提的是英國的《國民健康服務法》（National Health Services, NHS），也就是我國《憲法》過去曾用「公醫制度」來描述的醫療服務體系，有別於德國的疾病保險，也不同於我國的全民健康保險，是一種不必

繳保險費，而以一般稅收來支應的醫療服務體系，如此才能讓全民都被涵蓋，不會有因貧窮繳不起保險費的問題。瑞典的制度，以及1978年的義大利國民健康服務也是相同。

此外，英國當時的年金保險屬均一給付制，因此，給付金額非常低。這種年金制度比較像瑞典的基本年金，而不像德國與所得相關的年金保險。不過，英國也在1978年引進了國家所得相關的年金方案（the State Earnings Related Pension Scheme, SERPS），構成雙層式年金系統。2002年國家第二年金（State Second Pension, S2P）取代國家所得相關的年金。2014年起，國家第二年金由所得相關改為單一的均一費率給付型的新的國家年金，且取消委外投保職業年金取代國家所得相關年金的權利。

簡言之，1940年代英國福利國家設計的基本原則是（Glennerster, 2007）：

1. **充分就業**：這是接受了1936年凱因斯的《就業、利益、金錢的一般理論》的主張，認為只要能保證國民的充分就業，就能維持國家的總體經濟目標，亦即大家都有工作，就能繳稅來進行基本建設，維持社會保險體系。
2. **保證國民最低生活標準**：國家提供一個共同的安全網（社會保險與社會救助）來保障所有國民，預防國民因生活事故（疾病、障礙、老年、失業、死亡）造成所得降低而影響生計。
3. **平等、自由接受健康與教育**：健康與教育是每個國民的權利，因此健康照護與國民教育應完全免費。
4. **政府扮演關鍵推動角色**：推動社會政策是政府不可推卸的責任。
5. **國家提供**：政府不只推動社會政策，同時也扮演主要提供者的角色。
6. **永續性**：所有制度設計都建立在過去曾有的堅實基礎上，而且原則清楚。

三、英國福利國家擴張的一波三折

英國人對二次大戰時基於國家復興的焦慮下的福利國家共識，在戰後幾年逐漸鬆動。1951年保守黨奪回政權，開始攻擊貝佛里奇報告書的財

政負荷與未能針對真正的窮人提供福利。保守黨主張，在住宅方面，應減少地方政府對社會住宅的提供，而改由住宅市場自由運作；在社會安全方面，反對貝佛里奇報告書的普及且均一給付的年金保險，認為應加上排富條款；在教育方面，主張維持菁英式的文法學校教育，以維持高水準且獨立的文法學院教育傳統，而不是普及式綜合學校教育；在健康服務方面，反對公立醫院及稅收式的健康服務，而主張自願式與私人醫院及繳保費的醫療保險。

基於此，在1951到1964年間英國福利國家面對首波新保守主義（new conservatism）的挑戰。雖然企圖放棄普及的均一給付年金原則；國民健康服務預算被控制也不再增加；分級保險費的原則也引進，以減輕國民保險的財政壓力，看似貝佛里奇的理念已被拋諸腦後，但是英國福利國家的支出不減反增，從表2-2（頁111）中可以看出。保守黨的企圖顯然沒有完成實現，戰後的英國人，一方面希望降低稅賦，另一方面卻不希望減少社會福利。

1964年英國工黨再次上臺，均一給付的年金給付額度被再次調高（保守黨之前也調高過），所得相關的老年、疾病與失業的保險給付被引進，這是繼瑞典之後，英國向德國的社會保險體制靠攏，國家設立了「社會安全部」取代原先的「年金與國民保險部」，國民救濟委員會也因公共救助帶來的恥辱化而代之以「補充給付委員會」。英國的福利國家繼續擴充中。

1970年保守黨又贏得政權，年金改革依然是重頭戲，貝佛里奇的均一給付在1960年代已逐漸被捨棄，而引進所得相關的年金。保守黨的年金策略是雇主負擔7.25%、勞工負擔5.75%的所得相關年金，法令雖於1973年通過，但接下來的工黨政府卻沒有執行，另提出一個更好的年金制度，也就是於1978年通過的「國家所得相關年金」（SERPS）。然而，真正對社會政策展開全面攻擊者應該是1979年上臺的佘契爾夫人（Glennerster, 2007）。

參 瑞典的社會民主天堂

影響二次大戰後瑞典社會民主福利國的擴張，最主要的知識來源非默達爾夫婦（Gunnar and Alva Mydal）與雷恩（Gösta Rehn）莫屬。默達爾夫婦在1934年出版《人口問題的危機》一書，主張生產主義的社會政策（productivist social policy），投資在人口上，特別是有兒童的家庭，以因應瑞典人口下滑的危機。雷恩則在1939年提出社會政策與薪資政策的關係。

一、雷恩－梅德諾模型

1951年雷恩與同時受僱於瑞典總工會的梅德諾（Rudolf Meidner）發表〈工會與充分就業〉一文，在勞動市場中，結合積極的勞動政策與團結的工資議價。這也就是1960年代社會民主黨推動積極的勞動市場與團結薪資政策模型的根據，即所謂「雷恩－梅德諾模型」（Rehn-Meidner Model）（Milner, 1989; Tilton, 1990; Korpi, 1980; Olsson, 1993）。

所謂的團結薪資政策（solidaritic wage policy）是指公平化薪資結構。依雷恩與梅德諾的看法，在自由經濟市場裡，勞工薪資的高低往往取決於勞動市場對勞工相對需求量的多寡，而不是因工作技術的差異，這種因需求而有的勞動力流動是無效率的。市場本身是不完美的，無法快速反映薪資的差異，特別是當缺乏一群失業勞工可供調節時。為了能在合理的時間內吸引足夠的勞工，快速成長的行業必須以提高薪資作為手段。如此一來，在高度就業與強大工會壓力的環境下，特定的行業加薪的結果必然從他處尋求補償，那就是物價上漲，通貨膨脹升高（Milner, 1989）。

據此，經濟成長將帶來高利潤與勞工短缺，跟隨著就是薪資提高。事實上，薪資提高只會引發物價與成本的上升，而提高的生產力卻是有限的。然而，工會卻不可能以降低薪資作為阻止通貨膨脹的策略。因此，穩定就業的策略是企業的利潤不能太高，以免帶來通貨膨脹與成本提高。利潤低時，較不具競爭力的行業必須自謀對策，而被淘汰的勞工透過積極的勞動市場政策協助其轉入較高效率的行業。如此，充分就業才可能達成。為了讓無通貨膨脹的擴張可以順利實現，高效率的行業不能自行提高薪

資，代之而起的是聯合決定薪資與利潤的分配。這也就是工會支持的團結薪資政策，一方面全面提升薪資水準以提高工人生活水準，另方面提高低薪工人薪資，以縮小薪資差距，達成既團結勞工，又解決了經濟效率與所得公平的交換問題（Milner, 1989）。

積極的勞動市場政策（active labour market policy, ALMP）是經由再訓練、勞工流動、轉移勞工到動態部門等策略，淘汰不具生產性的工作。如此一來，既可降低失業率，也可減輕社會福利負擔。積極的勞動政策提升了經濟生產的合理化與現代化，讓夕陽工業轉為朝陽工業（Esping-Andersen, 1985），且讓人民工作生產，創造工作給人民（Milner, 1989）。為了解決失業問題，1940年代末新的國家勞動市場部成立，以協調地方就業機關，督導國家補助而由工會管控的失業基金。

二、附加年金改革

瑞典於1948年調高均一給付的老年年金，1951年時年金隨物價指數調整。據此，Baldwin（1988, 1989）認為瑞典的年金改革走向普及式的均一給付，與英國貝佛里奇報告書的普及均一原則一樣，都是弱勢團體與勞工階級倡導的功勞，且把貝佛里奇計畫當成是歐洲社會政策發展的標竿。但是，Olsson（1993）不同意這種說法，他認為穆樂（Möller）早在1935-1937年已有年金給付配合兒童津貼、疾病給付調高水準，出現統一、均一給付、稅收負擔的構思。事實上瑞典的老年年金在1933-1939年間已經從75%的涵蓋率提升到90%。因此，瑞典老年年金走向普及化是一個漸進的過程，與貝佛里奇的主張相似純屬偶然，並非所有普及、平等、團結的社會政策都與貝佛里奇計畫有關，各國的歷史發展脈絡不同。其實，早在1891年丹麥就有普及的年金計畫。

1950年代中期，社會民主黨籍政治學教授汀格斯坦（Herbert Tingsten）發表意識形態的終結論文，預測社會民主黨將向中產階級靠攏，因社會民主黨在1950年代的選舉中得票率有下滑跡象，且農民聯盟也在都市化中萎縮，異質化的受薪階級人數越來越多，人民之家模式的福利國勢必要向中產階級招手（Esping-Andersen, 1992）。

1950年代瑞典公務員與白領勞工享有較慷慨的職業年金，而其他家戶

均只有基本年金，即使年金額度已提高。其實，早在1938年，金屬工人工會就開始要求同樣的年金權。1944年，瑞典總工會（LO）開始推動所得相關年金立法，並取得社會民主黨的支持。

（一）社會組合主義協商

於是，社會民主黨提出強制性保險性質的所得相關年金（income-related pension），規定所有公、私部門的受僱者均應加入，保險費由雇主負擔，保證受僱者在退休後可以維持退休前的個人所得（所得替代率）的三分之二左右。而年金給付水準依工人所得最高的15年之平均薪資計算。這也就是國民附加年金（national supplementary pension, ATP），而先前的普及式均一給付年金是為國民基本年金（national basic pension）。

可以預見的，由雇主聯盟（SAF）所支持的保守黨必然反對，他們主張附加年金應該交由私人保險公司承辦，且由勞工自願加入，無須政府另立強制社會保險制度。改名的農黨則代表農民利益主張採取國家補貼型式的保險（state-subsidized insurance）。代表中產階級的自由黨並未提出對應方案，理由是社會民主黨的方案有利於支持自由黨的中產階級，例如瑞典專業受僱者聯盟（TCO）與瑞典專業組織聯盟（SACO）。

典型的瑞典式問題解決模式——採社會組合主義（societal corporatism）（Schmiter & Lehmbruch, 1980）或社會議價制（social bargaining）（Korpi, 1980），由國會指派全國性勞工、專業團體、農民、雇主組織代表各利益團體，組成委員會研議。1944年該委員會提出一套強制的薪資所得相關年金，採隨收隨付制的社會保險模式。草案一提出就被各方批判，無功而返。1951年第二個委員會再度組成，納入了更多代表性團體與政治人物。但是，還是無法取得共識。非社會主義政黨均反對第二個委員會所提出的與第一次委員會相似的強制性所得相關年金計畫。1956年的選舉幾乎各黨均以年金改革為選戰主軸。

（二）附加年金公投

社會民主黨與農黨的聯合政府只好三度組成一個排除共產黨，納入所有利益團體（包括全國總工會、全國雇主聯盟，以及在1937年組成的全國受僱者聯盟）的委員會來研議新的年金制度。自由黨與保守黨希望訴諸公民投票來否決社會民主黨與工會的方案，社會民主黨與農黨則對公投表現

遲疑，因為剛選舉過，他們是聯合執政者，何苦自找麻煩。事實上，年金制度改革充斥著政黨與利益團體的意識形態成分。不論如何，聯合政府最後還是同意以公投（瑞典史上第三次）來決定附加年金制度。

1957年的公投有三個選項（Hadenius, 1990）：

1. 由社會民主黨與工會支持的方案，強制所有受僱者加入一個由雇主繳保險費的附加年金制度，其年金給付與薪資相關，ATP的基金投資由政府、企業與受僱者共同派代表來管理。

2. 由農黨與農民組織所支持，提高基礎年金給付，並建立一個自願的個人附加年金保險。

3. 由保守黨、自由黨、全國雇主聯盟（SAF）、瑞典雇員與技術員工聯盟（SIF），以及全國受僱者聯盟（TCO）所支持的自願性附加年金，且由雇主與受僱主組成管理委員會來管理基金，其保險費依保險統計原則計算。

該次公投投票率高達72%，是過去兩次公投所沒有的高度參與，可見各團體動員之澈底。投票結果方案一得到45.8%的支持；方案二得到15.0%的選票；方案三得到35.3%的肯定；3.9%投下廢票，原因可能是「瑞典專業者組織聯盟」（SACO）動員其會員投下空白票，以示抗議這三個選項都沒有考慮到專業受僱者的需求。

公投結果沒有一個方案獲過半數同意，使聯合執政的農黨閣員辭職，社會民主黨閣員跟進。就此，因於1933年全球經濟大恐慌促成受害的農民與勞工結盟共同對抗經濟危機的「危機協議」（crisis agreement），或稱「母牛協議」（Cow Trade）而組成的社會民主黨與農黨的「紅綠聯盟」政府瓦解。瑞典國王邀請三個非社會主義政黨組閣，但是，1957年剛改名的中間黨（Centerpartiet）沒興趣從一個聯合政府轉向另一個。於是，瑞典國王又轉向請社會民主黨再度組閣。

（三）附加年金險勝

社會民主黨政府積極尋求各方妥協以便通過《附加年金法案》。其在國會上院151席中，擁有絕對多數的79席，要通過方案一不成問題。但是，提案仍須經過下議院通過。1958年大選附加年金再次引起爭議。自由黨企圖以一個新的替代方案來吸引選民支持，反而弄巧成拙，流失不少選

票。下院國會議員選舉結果，保守黨、中間黨、社會民主黨小有斬獲，自由黨慘敗，共產黨也萎縮。總計，社會民主黨獲得111席，與共產黨合得116席，非社會主義政黨合得115席。但是，議長是社會民主黨籍，不能投票，附加年金案形成115對115的平手局面（Esping-Andersen, 1985; Helco & Madsen, 1987; Hadenius, 1990; Anderson & Immergut, 2007）。

1959年1月，幾乎注定和局的附加年金提案因一位自由黨的議員，來自哥登堡（Gothenburg）的造船廠工人，孔尼格生（Ture Konigson）棄權，社會民主黨的提案以1票之差險勝。孔尼格生之所以倒戈的理由是認為社會民主黨的方案有利於大多數勞工（Hadenius, 1990）。

於是，瑞典又增加了所得相關的年金，即為國民附加年金（ATP），附加於先前的普及式均一給付年金的國民基本年金之上。國民附加年金於1963年開辦，1979年首次可領到全額年金。老年年金給付的所得替代率約為60%。瑞典的國民基本年金與國民附加年金的雙層制年金系統，到了1999年的年金改革之後才合併為單一的年金體系，涵蓋所得相關的年金與保證年金。

附加年金議題的爭論，不只代表瑞典政治版圖的重整，也代表對公平與效率的再評估。社會民主黨向中產階級招手的策略成功，中產階級有支持社會民主黨的跡象，新的「中產階級福利國家」（middle-class welfare state）的確縮小瑞典不同階級間生活的差異（Esping-Andersen, 1985）。農黨因在附加年金中失利，為了向中產階級拉票，也改名中間黨，宣告從1932年以來的升斗小民紅綠聯盟就此破裂。

三、社會服務體系的建構

戰後的社會服務亦順利開展，1946年的學童免費午餐，1947年的普及式兒童津貼。同年也推出資產調查式的房租補助給老人與家庭。至於健康保險方面，起先偏好強制性均一給付的受僱者健康保險，輔以自願性與重大疾病保險，但是由於韓戰爆發引發的通貨膨脹，以及政黨、工會、瑞典醫學會等的意見不一，普及式的健康保險延後到1953年才開辦。將近一世紀以來自願性的疾病保險宣告終止。職業災害保險也整合入健康保險。健康保險涵蓋門診、住院、生育等給付（Korpi, 1980; Olsson, 1993）。1960

年代瑞典社會政策在健康與教育兩方面持續擴張，原是地方政府主管的門診與精神病治療轉由中央政府主管，以保證醫療品質全國一致；地方政府亦同時加強老人與兒童照顧服務。

國民義務教育也從1940年代的6年，於1950年起試辦9年國民義務教育10年計畫，1962年通過9年國民義務教育立法，提高國民教育到16歲。1980年代，國民教育又延長到18歲（Korpi, 1980; Olsson, 1993）。

所得相關與均一給付的親職保險（parental insurance）於1974年通過施行，兩性均可享有6個月的親職假（perental leave）。同時，大量增加公共托兒設施。成人牙科納入健康保險給付，自付半價。老年與障礙年金放寬給付年齡。為了促進就業而擴大教育津貼範圍。同時也擴大住宅津貼發放給所有低所得家庭，並給房屋所有者稅制優惠（Korpi, 1980; Olsson, 1993）。

1982年《社會服務法》通過，1983年新的《醫療照護法》也通過，強化全民社會服務與健康照護。同時，親職保險亦擴大實施，到了1990年，父母親已經可以享有總數450天的親職假。失業給付的所得替代率也在1989年提高到90%（Korpi, 1980）。因為1990年代初社會民主黨第二度下臺，以及失業率攀升、金融危機，親職假與失業給付的所得替代率才又下降到80%。

此外，1960年代為因應城市急速發展，瑞典地方政府建築超過百萬戶以上的新公寓，提供給中所得以下勞工、受僱者、老人、弱勢者承租，是為「百萬住宅方案」（Million Dwellings Program），使瑞典住宅政策被稱為是成功的故事，住宅市場從「狐狸與狼的天堂」（a paradise for wolves and jackals）變成是人民之家。住宅供給到1990年代已成為私有住宅僅占20%，房東擁有住宅占40%，而社會住宅（social housing）占40%（含公有1%、公共住宅組織21%、住宅合作社18%）的高住宅社會化的國家（Strömberg, 1992）。

瑞典這個人口千萬、土地大半埋於冰雪中的國家，不只有全民健康服務、失業保險、職業災害保險、老年年金保險、家庭津貼等，還有令人羨慕的有薪親職假、普及的公共托兒、老人長期照顧、身心障礙者照顧、免費教育、社會住宅等。而這些福利並沒有減損其工業成就，富豪汽車

（Volvo）、紳寶汽車（Saab）、斯堪尼亞遊覽車（Scania）、易利信電子（Ericsson）、宜家家居（Ikea）、伊萊克斯家電（Electrolux）等品牌享譽國際，且其醫學、生物、資訊、環保等科技均領先世界，被譽為世界上最懂得利用高科技以提升人民生活水準與國家競爭力的國家。

瑞典戰後到1970年代末的福利國家擴張，得利於三個條件：(1)相對有利的經濟條件，例如快速的科技（工業與農業）成長與運用，較少的工業衝突，制度化的薪資議價系統，以及勞動力量與質的穩定成長；(2)公共資源的動員，例如稅制改革，行政體制的改造，允許公共資源投資在非軍事的和平用途上；(3)左翼與中間偏左政黨的支持，提供社會政策擴張的可能性（Olsson, 1993）。

肆 美國的對抗貧窮作戰

戰後和平與平靜的1950年代，美國進入公民權利運動（Civil Rights Movement）的前奏。1954年布朗控告教育委員會（Brown vs. Board of Education）勝訴，美國高等法院判定「分離但均等」（separate but equal）的教育教條違憲。種族隔離本身就是歧視，沒有均等不均等的議題，這是假的機會均等。而同時，心理衛生運動進入第三階段——去機構化運動（the deinstitutionalization movement），或稱社區心理衛生運動（the community mental health movement），主張讓精神病人回到自己的社區接受服務與照顧，而不是關在機構中。這主要受到門診心理治療效果與藥物治療的信心，以及精神病人人權的思考影響（Kirst-Ashman, 2007）。

1960年代則是美國福利國家發展較特別的10年。經歷過富裕的歲月，公民權利受到重視，貧窮問題也浮出檯面。受到經濟學者蓋伯瑞思（John K. Galbraith）所著《富裕社會》（*Affluent Society*）的啟發，該書指出在富裕的美國社會中仍存在著貧窮。甘乃迪總統（President John. F. Kennedy）開始嘗試發放食物券（Food Stamp）給窮人，並對阿帕拉契（Appalachia）印地安區與其他經濟艱困地區的居民提供協助。

一、詹森總統的大社會

　　1963年甘乃迪遇刺身亡，詹森總統（President Lyndon B. Johnson）繼任，延續甘乃迪總統的政策，發動對貧窮作戰（war on poverty），推動《經濟機會法案》（the Economic Opportunity Act of 1964），允許貧民窟與貧民社區發展適合的脫貧方案。其中包括示範城鎮（model cities program）社區行動計畫、迎頭趕上（不輸在起跑點，Head Start）學前計畫等。之後，食物券從《經濟機會法案》中獨立出來，1965年又在《社會安全法案》中增加老人醫療照顧（medicare）、貧民醫療救助（medicaid）。這就是詹森總統的「大社會」（Great Society）計畫（Kirst-Ashman, 2007）。

　　1960年代美國的社會福利擴張，種因於戰後經濟復甦的財富累積，富裕社會的貧窮問題凸顯，以及公民權利運動、福利權運動（welfare rights movement）的升高。福利權運動主要在於攻擊有限的福利國家方案，特別是對有依賴兒童的家庭補助（AFDC），這個運動的結果造成往後救濟方案的擴張與福利圈（welfare rolls）的擴大（Piven & Cloward, 1977）。

　　1965年詹森決定升高越戰，這項決定並沒有獲得大多數美國國民的支持，在資本主義繁榮發展之後，年輕世代所關心的是和平、限武、精神滿足、公民權等。因此，反戰、反種族偏見、解放壓迫、反物質主義就成為1960年代後半的學生、青年運動主軸。保守主義伺機而動，注定了詹森與尼克森競選總統的結果。

二、尼克森總統的福利改革

　　1968年詹森總統陷入越戰的泥沼中，決定不競選連任。民主黨總統初選候選人之一，剛贏得加州初選的羅伯·甘迺迪（Robert Kennedy）在洛杉磯國賓飯店（Ambassador Hotel）被暗殺。韓福瑞（Hubert Humphrey）成為民主黨總統候選人，與共和黨的尼克森（Richard Nixon）對陣，改變了美國過去20年來的福利擴張。尼克森訴求中產與勞工階級白人的所謂「沉默的大多數」（silent majority），批判「大社會」圖利非裔美人、造成大政府、侵蝕美國價值、曲解事實。尼克森的政見是減稅、小政府、法

律與秩序、道德。尼克森險勝，雖然國會仍掌握在民主黨手中。但是，美國的社會福利已面對所謂福利改革（welfare reform）的遲滯發展時期。

首先是1971年試圖以家庭救助計畫（Family Assistance Plan）取代有依賴兒童的家庭補助（AFDC），並引進聯邦補充安全給付（Supplemental Security Income, SSI）；1973年又推出薪資所得稅抵免（Earned Income Tax Credit, EITC）。這些福利改革目的都是在保證所得下，試圖降低福利依賴、促進福利受益者的就業（Figueira-McDonough, 2007）。

至此，歐洲的社會福利已包括：社會保險（老年年金、障礙年金、遺屬年金、職業災害、失業補償、疾病與生育）、社會救助、社會津貼（家庭或兒童），這些又稱社會安全，或所得維持；再加上社會服務（英國稱個人的社會服務），以及就業、社會住宅、健康照護、教育等。而美國的社會福利似乎環繞在社會救助與社會服務上，不把社會安全當社會福利看待。社會福利在美國主流社會往往被認為是負面的道德風險、社會依賴與資本主義的負擔。國人受美國的影響較深，才會有「保險歸保險，福利歸福利」的說法。其實，社會保險也是社會福利體系的一環。

伍 福利資本主義的三個世界

工業國家中，美國與加拿大是少數例外，沒有在19世紀末、20世紀初歐洲發展社會保險風潮中開始模仿，而是到了1930年代經濟大恐慌時才跟進。二次大戰後，歐美各工業先進國家都已邁向福利國家，不論是制度式的，例如北歐，或是工業成就式的，例如德、法，或是殘補式的，例如美、加。福利國家除了要看是否有社會保險體制的建立外，另一個指標就是是否有針對不同的人口提供社會服務；接著就是社會福利經費是否同步增加。表2-2提供了一個重要的參考數據，可以看出各國社會福利支出占國內生產毛額（GDP）的比率由3%升高到5%，都發生在一、二次世界大戰之間為多（Pierson, 2006）。

1990年，葉斯平—安德森（Esping-Andersen, 1990）承襲提默思（Titmuss, 1958, 1974）的福利類型學，將當代福利資本主義分為三個體制（regimes）：自由主義福利國家（the liberal welfare state）、歷史組合

國家主義的福利國家（the historical corporatist-statist welfare state），以及社會民主福利國家（the social democratic welfare state）。這是基於歐洲古典政治經濟發展的基礎來歸類。當然，這樣的歸類引發不同的見解，而有新福利國家體制出現的討論，例如東歐模式、東亞模式、拉丁美洲模式（Esping-Andersen, 1996: 20），或者所謂第四模式的出現，例如地中海模式（the Mediterranean regime）、東亞模式、澳紐模式等（the Antipodes）（Esping-Andersen, 1999: 88; Castles, 1993; Lebfried, 1993; Ferrera, 1996；林萬億，1998）。不論如何，以德國、瑞典、英國為主的福利資本主義的三個世界，仍然是當代福利國家發展的原型。

　　表2-2資料的呈現方式，是依福利體制論來編排。第一類是以德國為主的歐洲大陸國家，也就是歷史組合國家主義的福利國家體制。這一類福利國家有保守的歷史傳統與強烈的組合主義色彩，其福利是基於職業與地位別，國家介入市場，且成為福利主要的提供者。由於重視傳統家庭價值，因此，女性被鼓勵留在家中扮演母職角色。據此，國家並不重視所得重分配與性別公平，而強調地位差別與國家團結。

　　第二類是北歐國家，被稱為社會民主福利國家，或是北歐模式，其代表是瑞典。這類國家採取普及主義與去商品化（decommodification）的社會權，也就是社會福利不但及於勞工，且擴大到全民，福利給付也不只是維持生計的最低標準，而是積極追求高的生活水平與階級、性別公平。去商品化是福利不被當成是商品來交易，缺乏購買力的低下階級或購買力較差的勞工階級都能透過社會福利的所得重分配效果，提高生活品質，目的就是為了社會團結，即使女性或無法工作的人也可以享有社會保障，即所謂的福利是一種社會權。這類國家體制是由社會民主黨執政所創出來的，因此也被稱為社會民主體制的福利國。

　　第三類是以英國為主的英語系國家，稱為自由主義福利國家。這些國家福利發展較慢，且以窮人為主要福利提供對象，強調工作倫理、家庭責任、個人道德。因此，資產調查式的社會救助仍然是社會福利的主要支柱，國家較少介入福利的提供，而鼓勵由經濟市場來提供照顧、健康、住宅等服務，國民的福利水準取決於收入的高低。因此，福利的商品化程度較高，國民的所得分配也較不均，社會產生階級政治的二元性，有資源的

掌控政治經濟，沒資源的接受恥辱式的救濟或較低品質的生活。

　　表2-2數據呈現兩種意義，一是福利國家發展的時序，二是不同國家的福利發展程度差異。我們可看出社會福利支出從占GDP的5%攀升到10%左右，是發生在二次大戰後到1960年代間，而到了1980年，社會福利支出又從占GDP的10%左右攀升到20%，甚至30%以上。二次大戰後到1970年代末，也就是史稱福利國家的「黃金歲月」（Golden Age）的30年間。

表2-2　歐美各國社會支出占GDP的比率變化

國別	社會支出占3%的年代	社會支出占5%的年代	1960年的社會支出比率	1980年的社會支出比率
德國	1900	1915	17.1	26.6
瑞士	1900	1920	8.2	19.1
義大利	1923	1940	13.7	23.7
奧地利	1926	1932	17.4	26.0
法國	1921	1931	14.4	30.9
比利時	1923	1933	-	33.9
荷蘭	1920	1934	14.9	31.8
丹麥	1908	1918	9.0	35.1
挪威	1917	1926	11.0	24.2
瑞典	1905	1921	15.6	33.2
芬蘭	1926	1932	14.9	22.9
英國	1905	1920	12.4	20.0
愛爾蘭	1905	1920	11.3	23.8
澳洲	1922	1932	9.5	17.3
紐西蘭	1911	1920	12.7	22.4
美國	1920	1931	9.9	18.0
加拿大	1921	1931	11.2	19.5

資料來源：OECD (1988). *The Future of Social Protection*. pp.10-11.
註：1.瑞典、瑞士為1984年資料。
　　2.OECD平均不含西班牙與葡萄牙。
　　3.社會支出包括衛生、教育、福利服務、社會保險、社會救助等項目。

第六節　福利國家的危機與轉型

　　早在戰後福利國家擴張的初期，就有自由主義經濟學者與政客對福利國家展開猛烈的攻擊，其中批判最凶的是那位從希特勒的集權國家逃出，客居於倫敦政經學院研究的奧地利難民教授海耶克（Friedrich A. Hayek），他在1944年出版了《到奴役之路》（*The Road to Serfdom*），預測英國在戰時所推動的社會政策，必成爲平時的災難。事實上，反對共產主義與集權主義的海耶克對1930年代以後的凱因斯在經濟學界的影響力，一直不以爲然，他嘗言凱因斯對經濟學的影響力是「奇蹟般，但卻悲劇性的。」因爲凱因斯的經濟學支持福利國家的建制。

　　無助的海耶克不只是以出書來批判福利國家，而且在凱因斯死後積極組織動員期望扳回一城，他召集了拿英國獎學金的外國留學生，組成蒙特佩倫學社（Mont Pelerin Society），包括後來成爲同事的芝加哥大學自由市場經濟學者傅利曼（Milton Friedman），他們彼此相扶持。也因此，1950年，海耶克失望地離開英國前往美國芝加哥大學任教，雖然教的不是經濟學，而是政治學與社會學。他所組成的這個學社就成爲批判福利國家的重鎮。那時候正在牛津大學唸書的年輕佘契爾（後來成爲1979年英國首相的佘契爾夫人）就深受影響。海耶克的主張也順理成章地成爲英國保守黨攻擊工黨福利國家的利器。

壹 新右派對福利國家的批判

　　1973年的石油危機點燃了福利國家危機的引信。石油危機強化了世界性的經濟不景氣，工業先進國家面對高失業率與低成長率，二次大戰後以來的「黃金歲月」甜蜜不再，攻擊福利國家的炮火逐漸猛烈。瑞典的社會民主黨在執政44年後的1976年首次被非社會主義聯盟取代。雖然6年後社會民主黨再次執政，1991年政權又被非社會主義政黨聯盟拿走，1994年後才又政黨輪替，政權重回社會民主黨之手，2006年又再度失去政權。到2014年才又與綠黨組成少數聯盟執政迄今。儘管非社會主義政黨在瑞典無法長期執政，但瑞典人民已給社會民主黨一再的警告，做不好就下臺。

一、佘契爾主義

對福利國家造成最大傷害的是英國前總理佘契爾夫人（Margaret Thatcher）與美國前總統雷根（President Ronald Reagan）。1975年，英國新保守主義（neo-conservatism）形成，結合稍早即已存在的新自由主義（neo-liberalism），共構了所謂的「新右派」（the New Right）。新自由主義不同於前述1910年代英國新的自由主義（New liberalism）。新自由主義傳承的是海耶克等放任自由主義的精神，主張「市場好、政府壞」（market good, government bad），而新保守主義則主張強勢政府、威權主義、家庭價值、層級順從、有教養的社會。其中，新自由主義攻擊福利國家的猛烈程度遠甚於新保守主義。

佘契爾夫人於1979-1988年執政，她嚴厲地批評英國的福利制度，她說：「福利給付的分配根本沒有，或很少考慮到它們對行為的影響，它鼓勵非法，造成家庭破碎，替代了努力工作與自賴的誘因，以及全面鼓勵懶惰與詐欺。最後的幻覺則是以為國家介入將可促進社會和諧與團結，或者用保皇黨（Tory）的用語即一個國家（One Nation），也在不滿的冬天崩解，因為死者無葬身之地，緊急的病人被警衛從醫院中趕出，遍地充斥著憤怒的敵意與缺乏動機的仇恨。」（Thatcher, 1993: 8）佘契爾夫人在1979年的公開演講中就曾針對社會不均說到：「讓它升高吧！」充分反映她的自由市場經濟觀。在1988年快要結束任期前對內閣發出豪語道：「此時我們無所不能做！」（引自Glennerster, 2007: 175）。的確，在她任內，做出了英國前所未有的大動作支解福利國家。

佘契爾夫人在執政的1980年代，做了重大的福利改革（Ruggles & O'Higgins, 1987; Glennerster, 2007）：

1. **引進工作誘因**：改革所得相關的疾病與失業給付，於1982年將所得相關的失業與疾病給付廢止，並將發放給失業工人的失業給付與補充給付課稅，將給付與薪資劃清界限。1983年通過《社會安全與住宅給付法》（the Social Security and Housing Benefits Act），將工人生病前8週的法定疾病給付（Statutory Sick Pay）改由雇主承擔，雇主則可經由國民保險的保費中扣抵負擔。之後又將8週的疾

病給付延長爲28週。

2. **降低基本年金**：從1982年起國民基本年金只隨物價指數上漲，造成基本年金的水準越來越低，例如1981年基本年金是男性工資的23%，到了1993年已經下滑到15%，幾乎低到可有可無的地步。刪減預算的結果，其他的福利也幾乎都縮水。

3. **企圖停辦國家所得相關年金**（SERPS）：1985年綠皮書主張消滅SERPS，因爲這個方案太花錢。企圖將年金的責任轉由個人與雇主承擔，但是擔心雇主反對，而遲遲不敢強制工人加入私人年金，然而年金私有化的意圖至爲明顯。

4. **社會基金**（Social Fund）：是一個有限額度的基金，以因應補充給付（Supplementary Benefits）的資金需求，作爲地方政府提供補充給付的案主生育、喪葬補助，以及危機貸款、預算貸款的基金。貸款必須分期償還。

5. **資產調查給付改變**：1986年的《社會安全法案》亦通過引進家庭信用（Family Credit）取代原先家庭所得補充（Family Income Supplement），給付水準比之前的方案稍慷慨些，合格的低收入戶工作時數從24小時降到16小時。同時，也將原先的補充給付改爲所得支持（Income Support）。補充給付的對象是需求，所得支持的對象是群體，例如兒童、障礙者、單親家庭等。

6. **住宅改革**：1980年的《住宅法》給社會住宅的房客有3年的時間優先獲得優惠折扣購買原住屋。政府住宅的租金也提高，以接近市場或住屋組合的租金價格。1988年的《住宅法》進一步取消房租管制，鼓勵個人購買房屋，政府將社會住宅釋出，也就是出售社會住宅的政策。

7. **健康服務改革**：1989年的「爲病人著想」（Working for Patients）白皮書，促成1990年的《國民健康服務與社區照顧法》（The National Health Service and Community Care Act），醫院鬆綁設立基金會，醫院自主經營，家庭醫師可自行選擇簽約醫院，逐漸達成醫院自負盈虧，以及採購者與服務提供者分離的制度設計（purchaser-provider split）。試圖要使英國自從1945年來的國民健

康服務逐漸走向私有化。

繼佘契爾夫人出任英國首相的梅傑（John Major）基本上是蕭規曹隨，繼續推動佘契爾主義（Thatcherism）的福利國家私有化政策。

二、雷根經濟學

大西洋的彼岸，美國雷根總統主政的1980年代執行的政策被稱為雷根經濟學（Reagonomics）。其社會福利主張是：(1)公共支出應該被限縮到最少；(2)政府，特別是聯邦政府在公共救助的角色極小化；(3)人民只有在極端的情況下，亦即有真正的需求才能得到公共救助；(4)大多數公共救助應該只是短期性質（DiNitto, 2000）。

雷根經濟學認為從1940年代以來流行的凱因斯經濟學，透過公共支出來增加就業機會、降低通貨膨脹的需要面（demand side）策略已不可行，應代之以供給面（supply side）策略：(1)限縮聯邦政府支出的成長率；(2)降低個人所得稅與企業投資稅率；(3)解除聯邦政府對工業的管制，因為這些管制耗費大量的企業成本，卻帶來有限的安全；(4)國家貨幣供給成長減緩。

雷根的供給面經濟學試圖回到古老、信用不佳的雨露均霑途徑（trickle-down approach）的經濟論述：假設減稅、鬆綁將使美國企業與富人獲利，而願意將其利潤轉投資於擴大就業機會的生產事業上。如此一來，窮人與勞工階級就可得到就業機會，直接從富人那邊獲得流出的點滴利益，而不需要政府提供社會福利。如果這種一廂情願的看法可以成立，社會上就不會有貧窮、貧富差距擴大、失業、關廠、工作條件惡劣等社會經濟問題。當然，從雷根經濟學的角度來看，社會上會出現上述問題是因窮人懶惰、敗德、貪得無厭，或是政府鬆綁得不夠澈底的結果，而非資本家的錯誤。如果這種假設能成立，意味著人是自利的自由經濟學假設就要被推翻。事實上，大多數企業家只會將其利潤轉投資到獲利率高的行業，或是消費在滿足其生活奢侈上，他們才不在乎是否能創造就業機會（Figueira-McDonough, 2007）。

雷根政府偏好總額補助（block grants）的方式來取代原先的分類補助（categorical grants），以達成新聯邦主義（new federalism）。總額補助

是聯邦政府針對州政府、地方政府健康、福利、教育、治安、社區發展等申請補助項目，整筆撥款，讓地方政府可以彈性運用，不必受限於原先的方案分項，例如有依賴兒童的家庭補助（AFDC）。雷根也把尼克森時代的一般稅收分配（general revenue sharing）取消，以減輕聯邦對地方政府歲入不足補貼的負擔（Figueira-McDonough, 2007）。

布希總統（President George Bush）繼任，同樣鼓勵州政府要負起公共救助的責任。但是，手段上較溫和與高雅。他希望各州進行實驗，將美國當成一個實驗室。例如威斯康辛州就曾提出學習福利（Learnfare），領取有依賴兒童的家庭補助的兒童如果一個月有3天以上無故缺課，就視同中輟，給付會被降低。如同工作福利（Workfare）的資格要件一般，有工作能力的有依賴兒童的家庭補助案主，如果不工作將會被取消資格（Figueira-McDonough, 2007）。

雷根與布希政府在社會福利政策上除了減稅、緊縮福利預算、地方分權之外，另一個重點是福利私有化（privatization of welfare）。他們深信這是美國式的資本主義的特色。讓美國的社會福利真正實現福利的混和經濟（mixed economy of welfare），其策略是公共福利組織委託外包（contracting-out）成為準公共（quasi-public）組織；補助私人組織成為半民營（semiprivate）組織（Karger & Stoesz, 2006）。

三、柯林頓總統「終結我們所熟悉的福利」

1992年，民主黨柯林頓（Bill Clinton）取回執政權。美國到1980年代末國家花掉國民生產淨額（GNP）的15%在醫療照顧上，卻仍然有4,000萬人沒有加入任何醫療保險計畫，其中有1,000萬是兒童。他試圖改革從1973年以來即運作的健康維護組織（health maintenance organization, HMOs）和私人健康保險體制成為全民健康保險。HMOs是一種由聯邦政府補助的醫療照顧會員組織，與醫師簽約，稱個人開業協會（individual practice association, IPA HMOs），或以診所型態（稱團體HMOs）的健康照護，提供包人制的醫療服務。1993年9月1,300頁厚的計畫書送到國會，可惜，不被共和黨占優勢的國會所贊同，改革計畫失敗（Figueira-McDonough, 2007）。

柯林頓執政期間另一項重大改革是1996年通過「終結我們所熟悉的福利」（welfare as we know it）的「有依賴兒童的家庭補助」（AFDC），變成針對有需求的貧窮家庭提供就業取向、時間限制救助，稱為「有需求的家庭的暫時補助」（Temporary Assistance for Needy Families, TANF），理由是為了健全國家經濟，降低政府財政赤字。雖然TANF的通過是從1980年代以來的工作福利方案的延伸，但是在柯林頓總統任內通過實施，其負評在所難免（Patriquin, 2001; O'Coonor, 2002; Figueira-McDonough, 2007）。

貳 福利國家的危機

1981年，「經濟合作暨發展組織」（OECD）舉辦了一場研討會，名曰「80年代的社會政策」，並將論文集成一冊《福利國家的危機》（*The Welfare State in Crisis*），正式開啟批判福利國家的戰端。大會中，由「經濟合作暨發展組織」祕書長所做的開幕演說，即已道出1980年代福利國家的新趨勢：第一，維護福利國家的最佳方式是嚴格規定福利國家的主要目標與界限；第二，重新設計社會政策體系，以有效地因應新的社會需求與社會偏好。同時，福利社會（welfare society）的趨勢也被勾勒出來（梁向陽等譯，1990）。之後，加拿大學者密須拉（Mishra, 1984）也出版一本同名著作，更精確地把福利國家的危機點出。

不過，並非OECD或密須拉先看到福利國家有危機，如前述，早在1944年，海耶克的《到奴役之路》已大力鼓吹回歸到市場經濟。同樣的聲浪並未中斷，1960年代芝加哥學派的弗利曼更是攻擊福利國家不遺餘力，其重要著作包括《資本主義與自由》（*Capitalism and Freedom*）（1962）、《選擇的自由》（*Free to Choose*）（1979）等。

不讓右派的批判專美於前，左派學者也在1970年代大力抨擊擴張中的福利國家。最出名的莫過於被英國學者克萊恩（Klein, 1993）批評為「歐高費謊言」（O'Goffe's Tale）的左派三大健將：歐康諾（James O'Connor）的《國家的財政危機》（*Fiscal Crisis of the State*, 1973）、高夫（Ian Gough）的《福利國家的政治經濟》（*The Political Economy of*

the Welfare State, 1979），以及歐費（Claus Offe）的《福利國家的矛盾》
（*The Contradictions of the Welfare State, 1984*）。三位作者都指出，福利
國家的問題在於其處在既要合法化，又要抑制資本主義經濟的矛盾上（詳
見第一章）。

福利國家到底發生了什麼問題呢？英弘與樓吉（Einhorn & Logue,
1989）認為有四：(1)道德危機；(2)無效率；(3)不公平；(4)只治資本主義
的標，而沒有治本。密須拉（Mishra, 1984）指出：(1)失去合法性；(2)政
府的失敗；(3)政府過度負荷；(4)經濟危機。姜生（Johnson, 1987, 1999）
將密須拉的觀點加以整理出現代福利國家的四個問題：(1)經濟；(2)政
府；(3)財政；(4)合法性危機。本文依林萬億（1994）的觀點，將福利國
家面對的問題整理如下：

一、經濟問題

1973年的石油危機惡化了世界經濟不景氣，工業先進國家面對高的失
業率與低的成長率。這種經濟不景氣的痛苦絕非戰後到1960年代所謂「黃
金時代」所能比擬。從表2-3的資料可以看出其間的差別。

表2-3　1960-1990年歐美日各國GNP成長率

	美國	日本	瑞典	歐洲經濟共同體
1960-1968	4.5	10.2	4.4	4.7
1968-1973	3.2	8.6	3.7	4.9
1973-1979	2.4	3.6	1.8	2.5
1979-1990	2.6	4.1	1.9	2.2
1968-1990	3.2	6.3	2.8	3.4

資料來源：Edling (1993). *The Future of the European Welfare State*. p.13.

1973-1979年間，所有工業先進國家的經濟成長率大降，而1980年代
也未見好轉。其爭論的焦點在於誰造成工業先進國家經濟成長遲滯？新右
派認為福利國家的支出成長，必然需要高的稅率，而高的稅率阻礙生產
性投資。由於，邊際稅率（marginal rate of taxation）越高，富人繳的稅越
多，對富人的投資意願不利。因為，富人賺的錢與其真正能得到的稅後純

益不成比例。因此，富人會選擇消費而不生產（Gilder, 1981）。

低的投資率將創造一個惡性循環。首先，投資不足導致低成長率；其次，低成長率加上國家的福利支出不斷擴充，深化了通貨膨脹。接著，通貨膨脹將增加生產性投資的稅課，如此，富人將轉移其投資到不具生產性的黃金買賣、房地產投資等，以這種長期投資來對抗通貨膨脹；進而，減少生產性投資將惡化生產問題，增加通貨膨脹壓力（Gilder, 1981）。

二、政府的問題

羅斯（Rose, 1986）批判福利擴張所導致的「大政府」必然會走向破產。他認為政府的破產有三個階段：(1)由於擴大公共支出與帶回家的津貼太多，超出了經濟的負荷之外，導致政治經濟的超荷；(2)政府的過度負荷將減少國民可以帶回家的津貼；(3)當國民發現他們的政府不再保護他們的利益時，國民通常不會群起以武力革命，而是以選票將這個政府趕下臺。

對於新右派來說，大政府是一個災難。政府干預市場活動，破壞了市場的功能。而且政府的效率因缺乏競爭而遠低於自由市場的效率。而政府為了增加社會福利方案，必然擴大其編制與聘用更多公務員，而且也必須以提高稅收來支應日益成長的社會支出，結果將導致人事成本升高、預算赤字也升高。而更為新右派所抨擊的是大量的社會支出，並未相對地帶來效益。

而政府擴張基本上也是一種民主政治的結果，也就是「政治市場」（political market）運作整個政府的擴張。企業家希望增加利潤，政客希望增加選票，官僚希望極大化其部門。政府提供越多，人民的需求越多。有力量的壓力團體與選民不斷地催促政府提供更多的服務（Brittan, 1977）。同時，反對黨也會以增加社會福利方案為政見，誘使選民支持；而執政黨為了繼續執政，就不得不做適度的回應。如此惡性競爭之下，社會支出會不斷地膨脹。也就是，競爭的政黨會以短期的效益來看選舉，而導致缺乏長期的計畫。政府的擴張就無止盡了。

此外，任何社會方案一經提出就很難收回。選民不同意，官僚本身也不會同意。官僚從社會福利方案中獲得利益，通常會優先開辦有利於自己

的方案，例如公務員保險、公教人員住宅優惠貸款等。政客們爲了贏得美名，也會改變前一任政府的施政，因而政策會搖擺不定、疊床架屋。

　　政府越大，依新右派的看法，效率就越低。因此，新右派莫不主張限制政府的活動，也就是之前曾提及的「市場好、政府壞」的理念。而相對於新右派對大政府的批判，左派認爲資本主義國家不可能不與福利國家並存。理由是沒有福利國家的社會控制方案，例如勞工福利，資本主義自由市場經濟不可能運作下去，勞工必然會因被剝削而群起反抗資本家，結果造成資本累積的下降。而資本家爲了累積資本，一定要有好的投資環境與勞動力。爲了要有好的投資環境，包括社會治安與工業關係，資本家會支持政府採取一些創造有利投資環境的方案。結果是資本家與政客合作來共同創造自己的利益。

　　爲了管理資本主義國家的危機，政府的不斷擴張，反而成了「不可管理」（ungovernability），也就成了「危機管理的危機」（crises of crisis management）（Offe, 1984）。資本主義市場經濟體系有賴政治體系提供規制性服務，而政治體系需要資本主義市場經濟體系提供財力（租稅）投入；另一方面，政治體系要靠福利國家來服務大眾，以換取大眾的效忠（選票）。如此一來，資本主義經濟體系與大眾規範（合法性）體系之間的積極平衡有賴於政治體系本身的自主性，以及階級力量的均衡。然而，政治體系所提供的規範性服務（國家干預以消除資本主義市場失功能）和來自資本主義經濟體系的財政供輸間的平衡，是否穩定？政治體系對規範體系（大眾）所提供的福利國家服務，是否能真正滿足大眾需求，而獲取大眾對政治體系的效忠？同時，資本主義體系是否可源源不斷地擁有來自大眾的高品質勞動力？對政治體系而言，是左手與右手之爭。經濟體系爲了創造利潤，必然會期待少提供財力供輸給政治體系（少繳稅），多獲取規制性服務（維護治安、降低基本工資、限制罷工）；相對來說，規範體系（合法性體系）也期待從國家（政治行政體系）身上獲取更多的社會保障（福利國家服務），才願把選票（效忠）投給政治行政體系，使這個政府取得合法性。如此周而復始，政治行政體系的問題永遠存在結構緊張與矛盾。歐費（Offe, 1984: 52）的政治行政體系（政府）組織分裂，可以從圖2-1中看出。

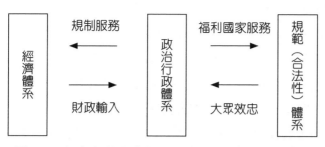

圖2-1　資本主義國家的三個次體系及其相互關係

三、財政問題

　　新右派攻擊福利國家的財政負擔過重。由於公共支出增長，而歲收不足以支應，則會採取下列措施：(1)政府刪減公共服務支出；(2)借貸與赤字預算；(3)同時進行預算刪減與赤字預算。而由於刪減預算的可能性與速度有限，因此，為了繼續支應公共支出，只好開源，其方式不外乎增稅，增稅結果將使家庭與企業負擔加重，影響家庭儲蓄與消費，也阻礙企業的競爭，特別是國際競爭力。

　　工業先進國家普遍受苦於財政赤字，以1993年為例，各國政府赤字占GDP的比值分別是英國8.5%、法國6%、美國4%、德國4.8%左右。降低赤字成為各工業先進國家自1980年代以來的首要財政政策，而通常福利支出被列為最優先要刪減的。在新右派的觀念裡，社會福利支出是最不能創造國民生產總值的項目。新右派認為福利國家是奢侈的，其產生了兩種最大的赤字：政府赤字與平衡貿易赤字。福利國家被認為是無效率地使用資源。在某些部門無效率可能會被諒解，但在社會福利部門，無效率就是一個天大的罪惡。

　　福利國家的擴張也被指責為導致工資上漲、稅率提高、雇主保險費分攤增加，而這些成本增加將轉嫁到產品的價格，而使物價上漲，降低國際市場的競爭力，進而產生貿易赤字。同時，政府舉債增加，必然引發利率上漲的壓力，高的利率會排擠私人投資，而降低經濟生產力。高的利率也會推壓貨幣升值，進而惡化國際貿易失衡。既然刪減其他部門（特別是國

防）支出，有政治上的顧忌，增稅又非富人所願，吃柿子挑軟的，砍社會福利支出就成爲新右派的共識。

相對於新右派的批評，左派對於國家財政問題的看法，秉持一貫的矛盾論，認爲資本主義社會中，國家有兩組功能：資本積累與合法化，而兩組功能經常相互衝突。國家擴大社會服務以取得公共支持，並合法化自己在資本積累過程的活動與資本主義體系的存在。國家支持資本積累的方法有二：(1)透過經濟下層結構中的公共支出，例如交通、汙水處理、水資源供輸等；(2)經由教育、住宅、保健服務等的提供來達到勞力的再生產。國家負擔這兩方面的成本，但是，創造出來的利益卻歸爲私有。因而，財政的漏洞越來越大，政府的公共支出越來越多，財政的負荷也就越大。每個社會階級與團體要求國家花更多錢、做更多事。但是，沒有一個人要繳比以前更多的稅。事實上，每個人都希望低稅，且很多團體成功地遊說而獲得減稅。社會期待於地方與國家預算看來是無止境的，但是人民付稅的能力與意願卻有時盡（O'Connor, 1973: 1）。

四、合法性問題

合法性危機主要來自左派的批判，且結合了上述的三個危機。如果一個國家出現了經濟的危機、政府的無效能，以及財政負荷過重，必不能繼續執行人民交付的任務，也無法滿足人民的期待，人民必然起而推翻它。而在民主國家裡，人民顛覆政府的手段是選舉。不被人民支持的政府，自然失去合法性。

哈伯馬斯（Habermas, 1975）在這個論點上著墨最多。他採取系統理論的架構，將先進資本主義社會分爲三個次體系：經濟、政治行政與社會文化。每一個體系都伴隨著危機傾向：經濟體系會因生產量與利潤下降而面臨危機；政治體系會有輸入（忠誠）與產出（決策）的危機。產出的危機來自理性的危機，也就是行政系統不能提供導引經濟系統的決策。這存在著執行經濟計畫與私人擁有生產工具間的矛盾。而如果來自忠誠的不足，就產生政治的危機。

在先進資本主義社會裡，國家變得很活躍，一方面必須介入經濟市場，例如提供全球性經濟計畫、穩定經濟市場的下層結構，如此，市場變

得政治化。國家涉入越多，越需要合法性。

　　而社會文化的危機來自動機的危機，也就是國家角色干預到傳統規範，例如國民與家庭職業的私人性。這些傳統規範植根於前工業社會，每個人或家庭希望有自己的消費型態、職業生涯，以及休閒興趣，這些傳統規範被工業社會所逐漸消除。雖然，哈伯馬斯（Habermas, 1975）並未指明這會有危機，但是，他指出危機的傾向。換句話說，這些問題沒有解決，資本主義社會就會有合法性的危機。左派學者認為這些危機很不容易處理，唯有邁向社會主義社會，才可能真正解除這些危機。

五、道德問題

　　1959年，美國頗具影響力的中產階級週刊《週末晚報》（*Saturday Evening Post*）刊登一篇討論瑞典福利方案與自殺、酗酒、犯罪有關的文章。這篇文章隨即被《讀者文摘》（*Reader's Digest*）所轉載。這篇文章中的例子接著又被當時美國總統艾森豪（President Eisenhower）所引用。艾森豪於1960年7月在芝加哥的總統候選人早餐會上討論到政治極端的危險性，他提到一個友善的歐洲國家，苦於比美國高2倍的酗酒，以及各方面都缺乏可茲辨識的中庸之道，卻自稱走在中道上（瑞典被稱為中間路線國家）。這明顯地在諷刺瑞典。不論艾森豪是否指名道姓，挪威最大報《世界歷程》（*Verdens Gang, VG*）將之披露。結果，瑞典官方隨即批評艾森豪根本不了解瑞典，批評之聲不絕於耳，艾森豪終於道歉了事（Einhorn & Logue, 1989）。

　　批評北歐福利國家道德敗壞的不僅於此，還包括自殺率高、性開放、同居率高、離婚率高等。其實，並非所有北歐國家自殺率都很高，挪威就是例外。至於未成年的性活動，美國不亞於北歐，而且未婚懷孕的比例也是美國高。北歐性表演也很節制，國民對性的看法較開放，但是卻很少看到像美國、日本、法國、荷蘭等的性產業發展。性產業發達與福利國家無因果關係。

　　另外，新右派也指責福利國家不鼓勵儲蓄。北歐福利國家的儲蓄率確實較低，但是，美國的儲蓄率更低。例如依1989年的資料，美國淨國民儲蓄率只占GDP的3.2%，瑞典7.3%、挪威8.9%、丹麥8.3%、芬蘭10.8%、英

國4.5%、德國14.1%、日本20.2%、瑞士23.3%，而臺灣高達29.7%。同樣是歐美福利國家，儲蓄率卻有很大差異。北歐的個人儲蓄較少，但是集體儲蓄較高。公部門的集體儲蓄如年金基金，是用來保障未來的經濟安全。在瑞典，更有工資基金（wage-earner funds）。在北歐人看來，儲蓄不一定是個人儲蓄才是唯一途徑，只要能拿來再投資的儲蓄都是有用的。

接著，新右派又指責福利國家破壞家庭傳統倫理，亦即，政府的角色介入托兒、養老、濟貧，這些本來都是家庭應做的事。如果政府負起這些責任後，不但政府財政負荷過重，而且個人也會變得不照顧家庭，家庭就會瓦解；同時，家庭的責任被國家取代後，家庭的重要性降低，離婚、不婚的人增多，使得傳統家庭價值遭到破壞。然而，到底是先因工業化而使現代家庭解組，才由福利國家來替代家庭所不能盡到的照顧與支持責任呢？還是福利國家造成家庭的萎縮？恐怕答案是前者，現代福利國家是後於工業化的。不過，可以相信的是，福利國家的確取代了部分家庭的功能。

最後，新右派指出福利國家不鼓勵工作，也就是造就了「懶人國」。傅利曼夫婦認為「那些依賴救濟的人很少被鼓勵去工作。」（呂志翔、謝中平、蘇拾平譯，1981）。看在新右派自由經濟學者眼中，當人們有其他別於就業而能養活自己的生活方式時，勞力市場的有效運作就被破壞了。理論上，人與工作的最佳配合就是工資隨著生產力高低而升降。但是，福利國家方案允許工會組成與最低工資立法，而使工資僵化，已改變市場機能，結果會造成低生產力與高通貨膨脹率。換句話說，將那些本來應該進入勞力市場工作而現在卻靠社會福利過活的人丟進市場，必然會使勞工工資因工作競爭而下降，通貨膨脹也會隨之下降。更甚者，由於有失業保險，使得失業工人有了選擇，不會因恐懼飢餓而努力尋找工作。如此，也會形成低薪工作找不到人做，結果也是不鼓勵工作。

季爾德（Gilder, 1981: 87-8）進一步以工作倫理（work ethic）的淪喪來批判福利國家的不是。他說：「為了出頭天，窮人不只是要工作，而且要比有錢人更努力工作。上一代的窮人都是如此努力工作的。但是，現在的窮人，白人甚至比黑人更不努力工作。」

從上述左右兩面的夾攻，福利國家頓時成了千瘡百孔的廢物有待資源

回收。果真如此嗎？當然不是。正如葉斯平—安德森（Esping-Andersen, 1999: 2）所言，福利國家並不是到了1980年代才有危機，而是一出生就註定存在危機。他指出從1950到1990年代，每一個階段的福利國家都面對不同的危機，如下表2-4所示。

表2-4　福利國家面對不同的危機

1950年代	1960年代	1970-1980年代	1990年代
通貨膨脹 影響成長	未能達到公平 過度官僚化	成長停滯 失業 後物質主義 政府負荷過重	全球化 失業 僵化 不均與社會排除 家庭不穩定

資料來源：Esping-Andersen (1999: 2).

　　然而，福利國家並沒有因為危機而垮臺。主要原因有二：一是前述的批判流於意識形態之爭者多，不盡然有客觀的事實根據，例如石油危機並非是福利國家一手造成，公共經濟介入也非影響資本累積投資、成長、創造就業的決定性因素（Cameron, 1985）；又例如政府不必然就是無效率的代稱，政客以福利來拉攏選民並非福利國家的問題，而是民主政治的問題；同時，大政府也非福利國家的必然產物。最後，福利國家道德敗壞也是莫須有的罪名，福利國家的鼓勵就業、社會團結、集體互助是確證的。

　　原因之二是福利國家的調適能力。正如克萊恩（Klein, 1993）批評「歐高費謊言」一般，福利國家有能力自我調適。克萊恩說：「歐高費三人錯估福利國家的生命力與資源。」的確，克萊恩從西方福利國家的發展過程來否定「歐高費」的福利國家與資本主義的矛盾現象，有其事實根據。但是，福利國家的確面對葉斯平—安德森所揭櫫的那些危機，而不斷地調整。只是，支解福利國家的企圖並未成功，似乎也很難成功（Pierson, 1994）。應該說，福利國家在轉型或調整中。

參　福利國家的轉型

　　回顧過去150年來，福利國家之所以形成有幾個重要原因：

一、工業資本主義發展的必要條件

工業革命衍生出新的社會問題，例如貧窮、失業、勞資對立、職業災害、退休、所得不均、都市擁擠等，這些問題靠統治者的流血鎮壓無法消弭，靠慈善救濟也只能解決一部分，因此才有社會安全體制建立的必要。如果沒有福利國家的形成調和了工業資本主義與社會主義，工業資本主義恐怕難以維繫。犯罪、貧窮、消費不足、人力資本孱弱、技術無法改良、家庭不穩定、社會衝突不斷等，足以把工業資本主義拖垮。所以說，社會福利的功能在於維持資本主義社會的穩定成長。

二、勞工集體對抗剝削者的鬥爭

工業資本主義所衍生的問題不必然一定會激出福利國家。如果當時德國的社會民主黨沒有組成，瑞典的勞工也沒有組成社會民主勞工黨，零散的勞工抗爭是無法撼動資本階級的。英國在1850年代也有不少令人震驚的勞工悲慘故事，但是英國的工黨卻遲至1900年才組成，英國福利國家形成的腳步，也直到工黨執政後才大幅進展。美國沒有強有力的勞工政黨，直到1930年代的經濟大蕭條，出現失業工人與貧民的抗爭才助長了有限社會政策的推動，也才逐步邁向福利國家。可見，勞工抗爭及其所組成的政黨，扮演著福利國家形成的推手。

三、中產階級認識到政治穩定的重要性

1850年代以後，新興的中產階級出現，成為工業資本主義重要的擁護力量，資產階級靠中產階級來協助管理工業生產，而中產階級認識到民主政治的穩定有助於資本主義的發展，因此主張工人應有投票權，與其讓工人被排除在政治參與之外而抗爭，不如讓工人進入民主政治的常軌中。於是，工人有了投票權，促成了社會民主黨取得足以抗衡保守政黨的席次。而中產階級所組成的政黨——自由黨的支持社會改革，也給勞工階級一線希望。因此在19世紀末、20世紀初，才出現自由黨與勞工政黨結盟推動福利國家的合作經驗。

二次大戰後的凱因斯福利國家提供了正向解決公平與效率的交換問

題，在不犧牲效率的情況下，福利國家透過社會福利來進行所得重分配，使所得分配達某種程度的公平化，縮小貧富的差距。然而，那是在「福特主義」（Fordism）的經濟環境下達成的，也就是在一個大量生產、大量消費、經濟管制、社會組織與凝聚的條件下達成的。到了20世紀末的後工業社會，時序已進入「後福特主義」（post-Fordism）時代（Jessop, 1994），勞動過程彈性化、科技不斷創新、經濟管制鬆弛、資本全球化，舊式的福利國家就顯得有些適應不良了。

既然「後福特主義時代」已經來臨，「凱因斯福利國家」或「福特主義福利國家」這頭葉斯平一安德森（Esping- Andersen, 1994, 1999）筆下勇敢的特洛伊戰馬（the Trojan horse）也就無法應戰「後福特主義」政經體制所產生之新的社會關係。那怎麼辦呢？傑索普（Jessop, 1994）開出的處方是「熊彼得式福利國家」（The Schumpeterian Welfare State），也就是以促進生產、過程、組織與市場創新來面對開放經濟的競爭，盡可能地強化國內經濟結構競爭力，其手段是供給面干預，並透過社會政策的調整以吻合彈性化勞動市場所需與面對國際競爭的壓力。

在1990年代新自由主義全球化的衝擊下，各國政府一方面要考量選民的政治要求，另方面要兼顧國外投資者的利益期待；一方面要增加誘因以吸引投資者的興趣，但又得照顧到國內勞工的生活條件；一方面要淘汰低產能勞動以增加國際競爭力，但又不能忽略低技術工人的失業問題；一方面要減稅以降低生產成本與刺激消費，另方面又要降低財政赤字；一方面要抑制政府的財政赤字，另方面又面對社會保障的需求增加。可見，福利國家面對多麼艱辛的兩難抉擇。

1980年代明顯的經濟成長遲滯，以歐洲聯盟的GNP成長率遲緩為例，1960-1973年間平均成長4.8%，1973至1979年平均成長率只有2.5%，1979至1990年再下滑到2.2%。當然，經濟發展到成熟階段，成長率會趨緩本是自然法則，也就是成長會有極限。但是，經濟成長由繁榮轉向遲緩，對資本家與執政者來說，是難以釋懷的，例如政客與資本家常存在著「臺灣錢淹腳目」的懷舊。於是，責難矛頭指向日益攀高的社會支出，以及被認為有礙全球化競爭的凱因斯福利國家。前述「危機中的福利國家」研討會，吹起調整福利國家的號角。

伴隨著1980年代末已浮現的新公共管理（new public management, NPM），特別是英國與澳洲的公共服務幾乎被新公共管理主義淹沒。新公共管理受到經濟理性主義教條的影響，主張公共服務也應該像生產工程（production engineering）一樣被管理（Hood, 1989）。新公共管理的內涵包括：

1. **商業式的管理**（businesslike management）：不只是將企業管理引進公部門，而且將公部門民營化，打破公部門的科層制框架，採取積極介入方法（hands-on methods），充分尊重部門主管自由裁量。

2. **管制治理**（regulatory governance）：指政府不再是划槳的人，而是掌舵者，將業務極大化外包給民間部門（包括營利部門），政府扮演契約外包的管制者（regulator），多於直接的服務提供者（service provider）角色。據此，管理私部門委託契約也納入政府的職責，而成為政府治理的一部分。

3. **績效標準**（performance standards）：傳統公部門的績效評量重視的不只是量的達成，也考量質的要求，甚至程序正義。但是在新公共管理下，勞動力的單位績效被要求明確定義，達成目標的進度、程度、項目也都要明訂。

4. **產出控管**（output controls）：由投入指標、質性成果，轉變為重視產出數量。因此，指標被要求可測量、明確化、系統化。

5. **分權化**（decentralization）：目的是降低以公部門為中心、由上而下的政策制訂及服務提供，授權下放（devolution）更多地方政府因地制宜的決策、服務與自由裁量空間；同時，進行民營化、公私混合經濟的福利服務提供，引進營利部門加入社會福利提供陣容，將社會福利帶向商業化、可營利化、市場化或準市場化。如此一來，社會市場與經濟市場交疊（Gilbert, 1983; Gilbert & Gilbert, 1989）。

6. **競爭**（competition）：不論內部市場競爭，或完全自由市場競爭都成為可能。程序上，委託外包契約管理成為新公共管理的重要任務之一，亦即前述的管制治理。

7. **降低成本**（cost reduction）：競爭被期待可以降低成本、提升品質、減少政府支出；也回應降低社會支出的目標。

然而，新公共管理也不是暢行無阻，批判聲浪來自委外契約招標過程潛存著政治化風險、資訊不對等、服務使用者選擇的能力不足、資源分布不均造成選擇受限、因成本考量而篩選服務對象、公共服務從滿足人民需求與公共責信轉變為計較成本與數量績效指標、公部門契約管理者也要面對人民需求滿足與服務提供者的成本考量間的爭議、政府必須承擔服務不滿意的風險、人民對政府的信任也被挑戰（Denhardt & Denhardt, 2011）。

新公共管理也夾雜著1980年代以來對小政府的推崇，認為政府小而美。其實，小政府與降低公共支出、鬆綁、私有化、市場化、競爭、預算緊縮等息息相關。回過來說，前述的從對福利國家危機的論爭，到支解福利國家，其實是以新自由主義意識形態為基礎，從放任自由經濟，再擴展到公共行政領域。這是從海耶克（Friedrich Hayek）、傅利曼（Milton Friedman）到布肯南（James Buchanan）等新自由主義經濟學者的倡議，再透過美國總統雷根、英國首相佘契爾夫人執政，以及美國聯邦聯準理事會主席葛林斯潘（Alan Greenspan）等的推波助瀾。皮爾生（Pierson, 1994）從福利國家的新政治觀點所探討的英國、美國支解福利國家，就是在探討下圖2-2的複雜關係。

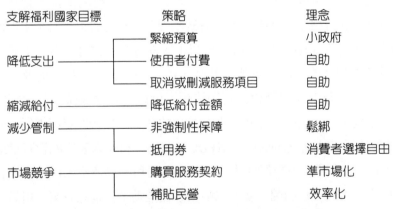

圖2-2 支解福利國家的目標、策略與理念

資料來源：林萬億（2012）。臺灣的社會福利：歷史與制度的分析。頁145。

上述福利國家的危機在不同的福利體制有不同的因應對策選項：

1. 抑制社會支出的成長

期望讓社會支出零成長，甚至負成長，然而刪減的卻都是對貧窮者的補助，例如美國對有依賴兒童的家庭補助。總體來說，1990年代刪減社會福利支出的策略並不成功，由於人口老化及貧富差距拉大，反而造成社會福利支出需求升高。這有別於工業資本主義發展初期效率與公平的兩難，而是需求升高卻又要減少福利供給的兩難。

2. 降低給付

這是最直接的刪減社會福利給付的方法，例如延長疾病保險、失業保險的給付等待期，亦即事故發生一段期間才可領取給付，使給付壓力稍微減緩；又如降低年金保險與親職保險的所得替代率，即抑制給付的成長，甚或降低給付額度，使社會保險的財務狀況趨穩。

3. 私有化

引進民間資源進入教育、長期照顧、兒童照顧、醫療、年金保險方案中，不但滿足多元需求，降低政府財政負荷，同時讓企業界得以介入社會福利的提供範疇。然而，缺點是造成社會福利的商業化，成本反而升高，雪中送炭的服務沒人提供，錦上添花的生意有人做。

4. 工作福利

鼓勵工作本是福利國家的目標，瑞典、丹麥、德國都以推動充分就業為目標，採行積極的勞動市場政策鼓勵就業。在瑞典很少有不工作而坐享福利的，男性勞動參與率高達9成以上，女性也有83%左右。不過，隨著知識經濟時代的來臨，失業率升高，加強職業訓練、就業促進，以降低失業率，以及減少對社會福利的依賴，就成為各國改善社會福利制度缺失的手段之一。美國甚至將之用在社會救助上，在1996年將推行了50年的「有依賴兒童的家庭補助」（AFDC）改為「有需求家庭的暫時補助」（TANF），強調補助的暫時性、以工作換福利，以及不工作就沒福利的斷然措施。英國、紐西蘭、澳洲也都積極在推動工作福利方案。但是，弱勢者為了工作，只好不拘薪資、工作環境，與個人尊嚴。

5. 鬆綁（deregulation）

將過去不同程度的經濟管制開放使之自由化、彈性化，例如不再強制

勞工加入工會、取消基本工資規定，不再強制加入政府的社會保險，允許部分工時的就業形式等，企圖藉由解禁來活絡經濟活動。使得工會薄弱，集體協商地位不保，工人生活條件下滑。

6. 社會投資（social investment）

將社會福利與經濟活動結合，強化人力資本投資，提高就業訓練與職業輔導的效能，以提升人力品質，增加就業機會，減少失業率。

結語

不論是福利國家私有化，或是多元化、混合化，人民的福利需求並沒有減少，或許推行儉樸的綠色主張（Greenism）才是一條積極的出路。面對21世紀全球化、知識經濟時代來臨、人口老化、貧富差距擴大、高科技化，以及家庭不穩定，使個人與家庭承擔自我維持的責任與能力相對有限。工業民主國家並不可能從拋棄福利國家體制而獲益，其實把福利國家解體的結果只是把責任從國家或集體，轉移到個人或家庭而已。

以1990年代為例，瑞典的社會支出占GDP的35.5%，美國則只有14.6%。但是，美國人民自己還得花費GDP的2.5%在私人教育上（瑞典教育免費）、8.2%在醫療上（瑞典由稅收支應健康保險），以及3.0%在私人年金保險上，連同租稅，美國的社會支出（含個人負擔）也高達GDP的29.6%，與瑞典差距不大。然而，美國人付出的代價卻是所得與服務的分配不均，社會中有12% 的窮人，以及3-4千萬人沒有健康保險。也就是說，瑞典人把社會支出用在全民身上，美國人卻把它用在有錢人身上。

所以，福利國家只不過是把社會風險集體分攤掉了，稅繳多一點，就不必再個別去購買社會服務；反之，稅繳少了，個人就必須再以自己的所得去購買教育、兒童照顧、長期照顧、年金保險等，最後的結果是一樣的，只是先付費後買單的差別而已。真正的關鍵在服務的效率與品質，如果福利國家能將福利提供品質與效率提升，其價格一定比私人提供的服務便宜，因為教育或社會服務商品化後，其價格一定比非營利化高，而所得較低的家庭一定購買不起。

那麼是否可以經由市場競爭將社會福利價格壓低呢？答案是很難。

本質上，社會福利為非營利品，企業主不會主動進場提供，除非有利可圖。若是有利可圖，成本就會升高。試問誰會在無利可圖的情形下開一家醫院或學校？除非是政府、教會、善心人士。如果將醫院改為可營利化，投資經營者一定增多，競爭的結果有可能使價格平穩，但企業不可能做賠本生意，醫院為了賺錢，會透過增加供給來創造需求，一定會使消費者浪費更多錢在非必要的支出上，例如不必要的檢查與手術、昂貴的藥物、豪華的設備。尤其醫療、教育都是賣方優勢，結果就是消費者不斷地花錢買服務。

美國是最好的例子，是世界上最富有的國家之一，也是少數沒有全民健康保險的國家，美國人花掉GDP的15%在醫療支出上，為英國的2倍，瑞典的1.8倍，德國的1.75倍，但其健康醫療品質卻落後於英國、瑞典、德國，為什麼？因為美國私人健康保險比較昂貴，財團辦醫療照顧不可能不加上企業利潤；且有4千萬人沒健康保險。這也是為何柯林頓、歐巴馬兩位民主黨的總統積極要推動健康保險改革的原因。

福利國家所創造出來的社會團結、穩定與相對的公平，使資本主義經濟體制得以延續命脈，但它終究不是共產主義，無法將社會調整到完全平等，也沒必要且不可能。歷史不能重演，今人無法模擬沒有福利國家的資本主義社會，會是什麼局面。福利國家會不會因為完成了階段性歷史任務而被丟進資源回收桶？本書最後一章會再詳細討論。至少，百年來的制度辯證，人類還沒想到足以替代的設計。以美國為首的全球資本主義，解體福利國家的企圖至為明顯。可是，福利國家的防護牆頗為堅固，那就是來自人類對尊嚴、公平、正義的追求與許諾。

參考書目

- 文光（1992）。德國市場社會經濟的發展。臺北：遠流。
- 呂志翔、謝中平、蘇拾平譯（1981）。選擇的自由（原著Friedman, M. & Friedman, R., 1980）。臺北：長河。
- 林萬億（1994）。福利國家——歷史比較分析。臺北：巨流。
- 林萬億（1998）。歐洲聯盟與歐洲福利國家發展——邁向一個超國家的歐洲福利國嗎？臺大社會學刊，26，151-210。
- 林萬億（2002）。當代社會工作：理論與方法。臺北：五南。
- 林萬億（2003）。福利國家的形成與社會公平。臺北：臺灣大學。
- 林萬億（2012）。臺灣的社會福利：歷史與制度的分析。臺北：五南。
- 吳妙善譯（1992）。社會福利市場經濟解讀（原著Thieme, J., 1991）。臺北：月旦。
- 洪惠芬、簡守邦譯（1999）。福利國家的創建者——十六個英國社會改革先驅的故事（原著Barker, P., 1984）。臺北：唐山。
- 孫健忠（2002）。臺灣社會救助制度實施與建構之研究。臺北：時英。
- 梁向陽譯（1990）。危機中的福利國家（OECD出版，1981）。北京：華夏。
- 梁其姿（1986）。明末清初民間慈善活動的興起——以江浙地區為例。食貨，15：7/8，52-79。
- 張彬村、林灑華譯（1991）。歐洲經濟史：工業社會的興起（I、II）（原著Cipolla, C. , 1973）。臺北：遠流。
- 劉北成、楊遠嬰譯（1992）。瘋癲與文明（原著Foucault, M., 1961）。臺北：桂冠。
- Abel-Smith, B. (1992). The Beveridge Report: its orgins and outcomes. *International Social Security Review*, 45, 5-16.
- Alber, J. (1986). German. In P. Flroa (ed.), *Growth to Limits: the West European Welfare States*. Berlin: de Gruyter.
- Amenta, E. & Skocpol, T. (1989). Taking Exception: explaining the distinctive of American public policies during the last century. In F. C. Castles (ed.), *The Comparative History of Public Policy* (pp.292-333). NY: Oxford University Press.
- Anderson, K. M. & Immergut, E. (2007). Sweden: After Social Democratic Hegemony.

In K. Immergut, K. M. Anderson and I. Schulze (eds.), *The Handbook of West European Pension Politics* (pp.349-395). Oxford: Oxford University Press.

· Ashford, D. (1981). *Policy and Politics in Britain: the limits of consensus.* Philadelphia, Pa: Temple University Press.

· Baldwin, P. (1988). The Scandinavian Origins of the Social Interpretation of the Welfare State. *Comparative Studies in Society and History*, 31: 1, 3-24.

· Baldwin, P. (1989). How Socialist is Solidaristic Social Policy? Swedish Interpretation of the Welfare State. *International Review of Social History,* XXXIII: 2, 121-147.

· Briggs, A. (1961). The Welfare State in Historical Perspective. *European Journal of Sociology*, 2: 221-58.

· Brittan, S. (1977). *The Economic Consequences of Democracy*. London: Temple Smith.

· Cameron, D. R. (1985). Public Expenditure and Economic Performance in International Perspective. In R. Klein and M. O'Higgins (eds.), *The Future of Welfare*. Oxford: Blackwell.

· Castles, F. (1993). *Family of Nations, Patterns of Public Policy in Western Democracies.* Aldershot: Hants.

· Childs, M. (1936). *Sweden: the Middle Way.* New Haven, Conn.: Yale University Press.

· Clasen, J. & Freeman, R. (1994). *Social Policy in Germany.* NY: Harvester/Wheatsheaf.

· Collier, D. & Messick, R. (1975). Prerequisites vs. Diffusion: testing alternatives explanations of social security adoption. *American Political Science Review,* 69, 1299-1315.

· De Geer, H. (1992). *The Rise and Fall of the Swedish Model*. Chichester, WS: Carden Publications.

· Denhardt, R. B. & Denhardt, J. V. (2011). The New Public Service: serving, not steering. Armonk, New York: M.E. Sharp.

· DiNitto, D. M. (2000). *Social Welfare: politics and public policy* (5th ed.). Boston: Allyn and Bacon.

· Edling, J. (1993). *The Future of the European Welfare State*. Stockhom: Swedish Trade Union Confederation.

· Einhorn, E. & Logue, J. (1989). *Modern Welfare States: politics and policies in Social Demodratic Scandinavia.* NY: Praeger.

· Esping-Andersen, G. (1985). *Politics against Markets*. Princeton, NJ: Princeton

University Press.

- Esping-Andersen, G. (1990). *The Three Worlds of Welfare Capitalism.* Cambridge: Polity Press.
- Esping-Andersen, G. (1992). The Making of a Social Democratic Welfare State. In K. Misgeld, K. Molin and K. Åmark (eds.), *Creating Social Democracy: a century of the Social Democratic Labor Party in Sweden* (pp.35-66). University Park, Pa: The Pennsylvania State University Press.
- Esping-Andersen, G. (1996). *Welfare States in Transition National Adaptations in Global Economies.* Sage.
- Esping-Andersen, G. (1999). *Social Foundations of Postindustrial Economies.* Oxford: Oxford University Press.
- Ferrera, M. (1996). The Southern Model of Welfare in Social Europe. *Joural of European Social Policy,* 6: 1, 17-37.
- Figueira-McDonough, J. (2007). *The Welfare State and Social Work: pursuing social justice.* Thousand Oaks, Ca: Sage.
- Flora, P. & Heidenheimer, A. (eds.) (1981). *The Development of Welfare States in Europe and America.* New Brunswick: Transaction Books.
- Fraser, D. (1984). *The Evolution of the British Welfare State* (2nd ed.). Basingstoke: Macmillan Press.
- Friedlander, W. (1955). *Introduction to Social Welfar.* NY: Prentice-Hall.
- Friedlander, W. & Apte, R. Z. (1980). *Introduction to Social Welfare.* Englewood Cliffs, NJ: Prentice-Hall.
- Gawin, C. D. & Tropman, J. (1998). *Social Work in Contemporary Society.* Prentice-Hall.
- Gilbert, N. (1983). *Capitalism and the Welfare State.* Yale University Press. New York Times Notable Book.
- Gilbert, N. & Gilbert, B. (1989). *The Enabling State: modern welfare capitalism in America.* Oxford University Press.
- Gilder, G. (1981). *Wealth and Poverty.* NY: Basic Books.
- Ginsburg, N. (1992). *Divisions of Welfare: a critical introduction to comparative social policy.* London: Sage.
- Glennerster, H. (2007). *British Social Policy since 1945* (3rd ed.). Oxford: Blackwell.
- Habermas, J. (1975). *Legitimation Crisis.* London: Heinemann.

· Hadenius, S. (1990). *Swedish Politics during the 20th Century* (3rd ed.). The Swedish Institute.

· Handline Smith, J. (1987). Benevolent Societies: the reshaping of charity during the late Ming and early Ching. *The Journal of Asian Studies*, 46: 2, 309-336.

· Helco, H. & Madsen, H. (1987). *Policy and Politics in Sweden: principled pragmatism*. Philadelphia: Temple Univeristy Press.

· Hernes, H. M. (1984). Women and the Welfare State: the transition from private to public dependence. In H. Holter (ed.), *Patriarchy in a Welfare State*. Oslo: Norwegian University Press.

· Hill, J., Ditch, J., & Glennerster, H. (1994). *Berveridge and Social Security: an international retrospective*. Oxford: Oxford University Press.

· Hood, C. (1989). Public Administration and Public Policy: intellectual challenges for the 1990s. *Australian Journal of Public Administration*, 48: 346-58.

· Jessop, B. (1994). The Transition to post-Fordism and the Schumpeterian Workfare State. In R. Burrows and B. Loader (eds.), *Towards a post-Fordist Welfare State*. London: Routledge

· Johnson. N. (1987). *The Welfare State in Transition*. Wheatsheaf.

· Johnson. N. (1999). *Mixed Economies Welfare*, Routledge.

· Karger, H. J. & Stoesz, D. (2006). *American Social Welfare Policy: a pluralist approach* (5th ed.). Boston: Pearson Education, Inc.

· Katzenstein, P. J. (1987). *Policy and Politics in West German: the growth of semisovereign state*. Philadelphia, Pa: Temple University Press.

· Kirst-Ashman, K. (2007). *Introduction to Social Work & Social Welfare: critical thinking perspectives* (2nd ed.). Belmont, Ca: Thomson Brooks/Cole.

· Klausen, J. (1995). Social Rights Advocacy and State Building: T. H. Marshall in the hands of social reformers. *World Politics*, Jan. 244-67.

· Klein, R. (1993). O'Goffe's tale. In C. Jones (ed.), *New Perspectives on the Welfare State in Europe*. London: Routledge

· Korpi, W. (1980). Social Policy and Distributional Conflicts in the Capitalist Democracies. *West European Politics*, 3(3): 296-316.

· Kuhnle, S. (1981). The Growth of Social Insurance Programs in Scandinavia: outside influences and internal forces. In P. Flora and A. Heidenheimer (eds.), *The Development* of *Welfare States in Europe and America.* New Brunswick: Transaction Books.

· Lebfried, S. (1993). Towards a European Welfare State? In C. Jones (eds.), New Perspectives on the Welfare State in Europe. London: Routledge.

· Leiby, J. (1978). *A History of Social Welfare and Social Work in the United States.* NY: Columbia University Press.

· Leung, A. K. (1987). Organized Medicine in the Lower Yangzi Region. *Late Imperial China*, 8: 1, 134-165.

· Lin, W-I. (1991). The Chinese Gentry and Social Philanthropy. *National Taiwan University Journal of Sociology*, 20, 143-186.

· Lubove, R. (1965). *The Professional Altruist: the emergence of social work as a career, 1880- 1930.* Cambridge, Ma: Harvard University Press.

· Marsh, D. (1980). *The Welfare State: concept and development.* London: Longman.

· Marshall, T. H. (1949). *Citizenship and Social Class.* Cambridge: Cambridge University Press.

· Michielse, H. C. & van Krieken, R. (1990). Policing the Poor: J. L. Vives and the Sixteenth-century Origins of Modern Social Administration. *Social Service Review*, March, 1-21.

· Milner, H. (1989). *Sweden: social democracy in practice.* Oxford: Oxford University Press.

· Mishra, R. (1984). *The Welfare State in Crisis: social though and social change.* Brighton, Sussex: Wheatsheaf Books.

· O'Coonor, B. (2002). Policies, Principles, and Poll: Bill Clinton's Third Way Welfare Politics 1992-1996. *Australian Journal of Politics and History*, 48: 3, 396-411.

· O'Connor, J. (1973). *The Fiscal Crisis of the State.* NY: St. Martin's Press.

· OECD (1981). *The Welfare State in Crisis.* Paris: OECD.

· OECD (1988). *The Future of Social Protection.* Paris: OECD.

· Offe, C. (1984). *Contradictions of the Welfare State.* Cambridge, Ma: The MIT Press.

· Olsson, A. S. E. (1993). *Social Policy and Welfare State in Sweden.* Lund: Arkiv.

· Parrott, A. (1992). Social Security: Does the wartime dream have to become a peacetime nightmare? *International Labour Review*, 131: 3, 367-386.

· Patriquin, L. (2001). The Historical Uniqueness of the Clinton Welfare Reforms: a new level of social misery. *Journal of Sociology and Social Welfare*, XXVII: 3, 71-94.

· Perrin, G. (1992). The Beveridge Plan: the main principles. *International Social Security*

Review, 45, 39-52.

· Pierson, P. (1994). *Dismantling the Welfare State? Reagan, Thatcher and the Politics of Retrenchment.* Cambridge University Press.

· Pierson, C. (2006). *Beyond the Welfare State: the new political economy of welfare* (3rd ed.). Polity Press.

· Pierson, C. & Castles, F. (2006). *The Welfare State Reader* (2nd ed.). Cambridge: Polity.

· Piven, F. F. & Cloward, R. A. (1977). *Poor peoples Movement: why they succeed, how they fail.* New York: Pantheon Books.

· Polanyi, K. (1944). *The Great Transformation.* London: Holt, Rinehart and Winston.

· Rimlinger, G. (1987). Social Policy under German Fascism. In M. Rein, G. Esping-Andersen and L. Rainwater (eds.), *Stagnation and Renewal in Social Policy: the rise and fall of policy regimes.* Armonk, NY: M. E. Sharpe, Inc.

· Rose, M. (1986). *The Relief of Poverty 1834-1914* (2nd ed.). Macmillan.

· Ruggles, P. & O'Higgins, M. (1987). Retrenchment and the New Right: a comparative analysis of the impacts of the Thatcher and Reagan administrations. In M. Rein, G. Esping-Andersen, and L. Rainwater (eds.), *Stagnation and Renewal in Social Policy.* New York: M. E. Sharp.

· Samuelsson, K. (1968). *From Great Power to Welfare State: 300 years Swedish social development.* London: George Allen and Unwin Ltd.

· Schmitter, P. & Lehmbruck, G. (1980). *Trends Toward Corporatist Intermediation.* Sage.

· Scogin, H. (1978). Poor Relief in Northern Sung China. *Oriens Extremus,* 25: 1, 30-46.

· Skocpol, T. (1987). America's Incomplete Welfare State: the limits of New Deal reforms and the origins of the present crisis. In M. Rein, G. Esping-Andersen and L. Rainwater (eds.), *Stagnation and Renewal in Social Policy.* Armonk, NY: M. E. Sharpe, Inc.

· Skocpol, T. (1992). *Protecting the Soldiers and Mother: the political origins of social policy in the United States.* Cambridge, Ma: Harvard University Press.

· Skocpol, T. (1995). *Social Policy in the United States: future possibilities in historical perspective.* Princeton, NJ: Princeton University Press.

· Strömberg, T. (1992). The Politicization of the Housing Market: the Social Democrats and the Housing Question. In K. Misgeld, K. Molin and K. Åmark (eds.), *Creating Social Democracy: A century of the Social Democratic Labor Party in Sweden* (pp.237-270). University Park, Pa: The Pennsylvania State University Press.

· Thane, P. (1982). *The Foundations of the Welfare State.* London: Edward Arnald.

· Tilton, T. (1990). *The Political Theory of Swedish Social Democracy: through the welfare state of socialism.* Oxford: Clarendon Press.

· Titmuss, R. (1958). *Essays on the Welfare State.* London: Unwin.

· Titmuss, R. (1968). *Commitment to Welfare.* NY: Pantheon Books.

· Titmuss, R. (1974). *Social Policy: an introduction.* London: Allen & Unwin.

· Woodroofe, K. (1962). *From Charity to Social Work: in England and the United States.* RKP.

第三章
社會保險

社會保險（social insurance）是工業先進國家的社會福利體系中，除了社會救助之外歷史最悠久的制度。德國俾斯麥政府於1881年開始推動疾病保險，於1883年6月15日經國會（Reichstag）通過，建立國家強制的疾病保險（sickness insurance）方案，將所有工業工人納入保障，為世界上第一個社會保險。接著，1884年再通過意外保險（accident insurance），1889年又通過老年與障礙保險（old age and invalidity pensions insurance）（Kuhnle, 1982），開展了人類社會以風險分攤的方式來保障工人的健康、職業災害與老年經濟安全的制度。

社會保險是社會安全（social security）體系的一環。因此，在討論社會保險之前，必須先了解社會安全。社會安全是社會以集體的行動來保障個人對抗所得的不足。據此，狹義的社會安全政策是指所得維持（income maintenance）政策（McKay, 2005）。而維持個人與家戶所得的機制通常以社會保險與社會救助兩項為主（Pieters, 2006），社會津貼（social allowance）為輔。在國際比較上，社會安全與社會保障（social protection）常被交互使用（Hill, 2006）。

本章先簡介社會安全體系及其性質，再逐一討論各種社會保險方案。又由於健康照顧在本書中獨立一章；復因長期照顧保險實施國家較少，故與長期照顧制度一併在老人福利專章討論。因此，本章的社會保險不討論健康保險，而以職業災害保險、年金保險、失業保險、生育保險為範圍。

第一節　社會安全體系

　　社會安全是社會福利體系的一環。英國社會福利學者提默思（Titmuss, 1958）在《福利的社會分工》一書中指出社會福利可以用三種形式來呈現：財稅政策、職業給付、社會服務。據此，廣義的社會福利包括：狹義的社會福利、財稅福利，以及職業福利三種。而狹義的社會福利，也就是一般社會大眾熟悉的社會福利包括本書第一章所述及的社會保險、社會救助、社會津貼、社會（福利）服務、就業、社會住宅、健康照顧等。其中與經濟安全或所得維持相關的方案統稱為所得維持。因此，所得維持方案就不只來自社會安全給付，還包括獲自財稅體系與職業體系的減免、優惠與給付（詳見頁144，表3-1）。

壹　定義社會安全

　　雖然，最早的社會保險立法出現於1880年代的德國。但是，首先使用「社會安全」來涵蓋社會保險體系者應屬美國1935年的《社會安全法案》（Social Security Act）。而將《社會安全法案》更完整地建置者，非1938年的紐西蘭莫屬（Rys, 2010）。從美國1934年羅斯福總統（President Franklin Roosevelt）為了通過《社會安全法案》而給國會的諮文中即可清楚地理解什麼是社會安全。他說：「在諸多我們的目的中，我認為最優先的是我國男人、女人與兒童的安全……，人們期待一些保護以對抗在人類世界中無法全然預測到的不幸。」（Millar, 2003: 34）。羅斯福總統所說的人類無法全然預測的不幸，包括：生育、老年、職業災害、疾病、失能、失業、死亡等。

　　而推動社會安全最力的國際勞工組織（The International Labour Organization, ILO）在其出版《進入21世紀：社會安全的發展》（*Into the 21st Century: the Development of Social Security*）指出，社會安全在於回應人們廣泛的安全渴望。亦即保護人們對抗工業社會及其發展所引發的不安全的社會風險（social risks），或者說社會安全在於對抗資源的喪失。據

此，社會安全是一種完整保護人類損害（human damage）的機制，包括短期或長期所得喪失（因疾病、職業災害、失業、老年等）、養育子女與失能者造成所得不足以維持家計、疾病支出增加所造成的所得降低、缺乏資產以維持過得去的（decent）生存（Pieters, 2006）。這些社會風險看似個別的，其實幾乎所有人們一生中都不可避免地會遭遇到。依國際勞工組織（ILO）第102號公約規定最低社會安全標準包括：醫療照護、疾病給付、失業給付、老年給付、職業災害給付、家庭給付、生育給付、失能給付、遺屬給付等，就是在於因應上述社會風險。簡言之，社會安全是一種促成人民以社會團結（social solidarity）的形式因應所得不足、減少、喪失的風險的一種集體機制。

社會安全雖然以現金給付為主要手段，但並非一成不變。首先，並不排除實物給付（in kind benefits），例如某些國家的健康照顧提供現金給付，有些則提供醫療服務，有些兩者兼具。其次，現金給付並不只是消極的補足，而必須輔以活化（activation）方案，例如失業保險提供現金給付，同時必須輔以就業服務，讓失業勞工儘早返回勞動市場。第三，社會安全並非以保險費為唯一基金來源，也包括稅收支應，例如國家針對家庭養育兒童的成本分攤，有些國家採稅收制或保險給付的普及兒童津貼，有些採資產調查的兒童津貼，有些國家以減稅、免稅來彌補家庭養育兒童的成本增加（Pieters, 2006）。

二次大戰後，英國的貝佛里奇爵士（Sir William Beveridge）為了促銷其主導的貝佛里奇報告（the Beveridge Report），提到：「英國的計畫是立基在繳保費原則上，而不是由國家發給所有國民津貼。但是，享有給付是被保險人繳了保費之後的權利。」（Millar, 2003: 34）據此可知社會安全並不單指社會保險而已，也包括社會津貼，或存在久遠的社會救助。

而社會風險也會隨著社會發展而改變，在工業社會時代，社會風險是因疾病、老年、障礙而失去工作，導致貧窮。隨著各國進入後工業社會（post-industrial society）而出現新的社會風險（new social risks），個人經驗社會經濟轉型的結果而導致的福利喪失（welfare losses）的情境（Esping-Andersen, 1999; Esping-Andersen, Gallie, Hemerijck, & Myles, 2002; Bonoli, 2006）。其具體的經驗包括：工作與家庭間的失衡問題、單

親家庭的增加、脆弱的人際關係、低或老式的技術無法因應勞動市場的需求，以及不足的社會安全網（特別是針對非典型就業、派遣勞動、部分工時就業等）。這些現象肇因於去工業化（deindustrialization）、就業三級化（tertiarisation of employment）、女性勞動參與率提高，以及就業去標準化（destandarisation of employment）等（Bonoli, 2006: 5-6）。或者如皮爾生（Pierson, 2001）所說的福利國家的後工業壓力（post-industrial pressure），包括：從製造業轉向服務業的生產力下降引發的經濟成長遲緩、福利國家擴張與成熟及政府承諾的成長極限、人口老化、家庭結構的轉型。據此，為因應舊社會風險（工業社會的貧窮與失業風險）所建立的凱因斯福利國家（Keynesian Welfare State）下的社會安全制度，就必須調整以因應新社會風險的產生（Pierson, 2006）：人口老化導致隨收隨付制（pay-as-you-go, PAYG）年金保險的財政赤字攀升；傳統職業別社會保險無法涵蓋彈性的就業；失業保險無法保障不穩定就業的青年等。

不論社會安全的哪一類屬，其存在的目的不外乎以下諸多理由中的一部分或全部：(1)人道與慈善；(2)貧窮救濟；(3)滿足需求；(4)風險分攤；(5)社會保障；(6)所得移轉；(7)損失補償；(8)所得重分配；(9)社會包容；(10)行為改變；(11)經濟管理；(12)社會團結；(13)贊助特定活動（McKay, 2005; Spicker, 2017）。而給付的對象或事故，不外乎：(1)老年（老年年金、老年津貼）；(2)身心障礙（職業災害給付、個人自立生活支付、戰爭年金）；(3)喪失工作能力（職業重建、職務再設計）；(4)失業（求職津貼、失業給付）；(5)養育小孩（兒童津貼、學前兒童教育與照顧、兒童給付、兒童照顧課稅減免、親職假）；(6)住宅成本高（房租津貼、社會住宅）；(7)照顧家人負擔（照顧者津貼）；(8)低收入（社會救助）；(9)死亡（死亡給付、喪葬津貼、遺屬給付、寡婦津貼）（Spicker, 2017）。

貳 社會安全體系

從以上討論可知，社會安全體系可大分為三個類屬（Hill, 1993; Dean, 2002）：

1. **繳保費的給付**（contributory benefits）

這就是一般慣稱的社會保險。由被保險人、雇主，或政府先分攤繳交保險費，一定期限後，俟保險事故發生，例如老年、疾病、生育、死亡、傷殘、職災、失業、失能等，被保險人就可請領相關給付。

2. **資產調查的給付**（means-tested benefits）

這就是我們熟悉的社會救助（social assistance），或公共救助（public assistance）。請領給付者必須先經過資產調查，或所得調查，其資產或所得低於規定水準（貧窮線）以下者，不足部分才由社會救助給付補足（詳見第四章）。

3. **普及的非繳保費與非資產調查的事故或分類給付**（universal/contingent or categorical benefits, non-contributory, non-means-tested）

這是指國民因某種法定社會事故，例如生育、身心障礙、失能、老年等，由國家發給津貼，補償其損失。例如因生育造成家庭教養兒童的負擔，而有兒童津貼（child allowance）或家庭津貼（family allowance）；因家庭成員嚴重身心障礙而造成家庭照顧負擔沉重而有失能者照顧津貼等。通常社會津貼是社會保險未涵蓋的項目，才以津貼形式發給。例如有老年年金保險的國家，就不再有老年津貼之發放；有失業保險的國家，也不再有失業津貼，而只保留失業救助（詳見第四章）。

從表3-1可以看出所得安全體系是多柱（multiple pillars）、多層（multi tiers）的保障。

表3-1　所得維持方案的類型

社會安全體系					財稅體系	職業體系		
普及／事故或分類給付（免繳保費／非資產調查的）	社會保險給付（繳保費的）	社會救助給付（選擇式的／資產調查的）			財政給付	職業相關給付		
		常態方案	行政裁量方案	免稅額、扣除額		法定的	非法定的	私人的

社會安全體系				財稅體系		職業體系		
兒童給付（津貼）	退休年金與國家第二層年金	所得支持/身心障礙與老人最低所得保證/年金信用		薪資所得稅扣除額	個人津貼	法定疾病給付	職業疾病給付/生育或陪產假給付/健康保險給付	個人年金給付
身心障礙生活津貼/陪伴照顧者津貼	尋職者津貼				年金保險費扣抵	法定生育/陪產假給付	職業年金	個人儲蓄年金
失能照顧者津貼	失能給付	社會基金		兒童照顧免稅額、扣除額				
工業災害與戰爭年金計畫	死亡給付	住宅給付	行政裁量的住宅給付					

資料來源：作者修改自Dean（2002），表5-1。

第二節　社會保險體系

　　社會保險是社會安全體系中涵蓋對象最廣的一支，其經費支出也是最龐大的。由於各國政治、經濟、社會、文化條件差異，社會保險體系的架構差異也很大。現行各國的社會保險依保障的風險可分為：健康、職業災害、老年年金、失業等四種，少數國家另有長期照顧保險。但若以給付來分，則有疾病、職業災害、老年年金、生育、傷病、失能、遺屬、死亡、長期照顧等多種給付。而依其保障對象，可區分為全民、勞工、軍人、公務人員、教育人員、農民等保險。但並不是每一對象都有上述多種風險需要被保障。例如全體國民都有健康、老年風險，因此，健康保險、年金保險的規劃大都以全體國民為對象。

以美國爲例，1935年以來的社會安全體系包括老人、遺屬、障礙保險（Old-Age, Survivors and Disability Insurance, OASDI），1960年代加入部分健康照顧，分爲老人醫療照護（medicare）與醫療救助（medicaid）兩種，前者屬社會保險，後者屬社會救助。美國是工業先進國家中唯一沒有全民健康保險的國家。即使是全民健康保險制的國家，也各有不同形式的全民健康照顧或保險制度，例如英國、瑞典、義大利都是以稅收爲財源的全民健康服務（National Health Services, NHS）；德國、日本、韓國、臺灣則是以保險費爲財源的全民健康保險。

　　而只有勞工才會有失業與職業災害風險。軍公教人員通常不會有失業風險，或失業風險很低，故無失業給付，但可能有職業災害風險。依《公教人員保險法》規定，「被保險人發生傷害事故或罹患疾病，經醫治終止後，身體仍遺留無法改善之障礙而符合失能標準，並經中央衛生主管機關評鑑合格之醫院鑑定爲永久失能者，按其確定永久失能日當月往前推算6個月保險俸（薪）額之平均數，依規定核給失能給付。」此外，如果在職期間死亡，另依《公教人員退休撫卹資遣法》規定的撫卹給付，包括：病故或意外死亡、因執行公務以致死亡兩種，不以職業災害來看待，本質上是一種遺屬保障。因此，失業與職業災害保險的對象通常只納入勞工。而失業保險的制度差異也很大，美國的失業保險由各州辦理；瑞典的失業保險是工會辦理；而臺灣的失業保險則是國家辦理，且採如同美國1935年的《社會安全法案》（其實是保障經濟安全）命名的政治語言學，而取名就業保險（其目的是保障失業者的經濟安全，非創造就業機會）。

　　而老年年金保險常被分爲兩類，一是保障全民的國民年金保險（National Old Age Pension Insurance），或是國民基本年金（national basic pension）保險；另一是與薪資所得相關的老年年金（earning related pension benefit），則是因職業身分別（軍、公、教、勞、農）有所不同。前者大都是繳交均等保費（flat rate），也領取相同額度年金給付，不受薪資所得與財富的影響；後者則是在相同保險費率下依薪資等級，繳交不同金額的保費，也領取不同額度的年金給付，其保險費、年金給付受到薪資所得的影響，故稱薪資所得相關年金。諸如此類的差異在本章中會盡可能加以指出。

一般女性雖都有生育的可能，但是會因生育而喪失工作所得的也只有受僱者。因此，生育給付通常不是全民皆有，而是包含在職業別的社會保險裡。有些國家爲了提升生育率，或分攤兒童照顧責任，而提供生育補助、兒童津貼，或家庭津貼，那就不是社會保險了，而是社會津貼。

壹 定義社會保險

社會保險是一種由被保險人先繳交保險費，不論是自願或是依法強制的，一旦風險事故發生就取得給付資格（entitlement）的社會安全制度。既然稱社會保險，就表示由政府支持辦理，讓風險分攤社會化，而不是個人化或家庭化。通常社會保險的財源來自保險費，但並不排除部分或全部財源來自稅收，這無損於社會保險的本質。因爲對人民來說，繳保險費與繳稅都是一樣的支出。原則上各國社會保險都是強制加入的，如同汽車第三責任險一般，只要有行車執照就必須納保，所以必須由公法（public law）加以規範（Pieters, 2006）。若有非強制性的社會保險往往是因爲部分不屬於強制被保險人選擇加入，而出現自願性加入社會保險。例如僱用人數少於法定強制爲被保險人（臺灣的《勞工保險條例》規定僱用5人以上）的事業單位員工可準用而自願加入勞工保險，即是一例。

至於保險費的分攤，由於社會保險的始創原意是員工互助保險（mutual insurance），故大部分是受僱者繳交保險費，雇主配合分攤部分保險費，受僱者的給付金額與所繳交的保險費受到家庭關係、需求等的差異影響而不一。社會保險給付屬部分替代過去的工作所得與保費繳交，而較不屬於滿足「當下確證的需求」（immediate demonstrated need）的方案（Titmuss, 1968）。所謂當下確證的需求是指經法律界定，不論是書面或實地查證後，被認定爲有需求，依法應得的給付。社會救助就是典型的屬於滿足當下確證的需求方案（Bernstein & Bernstein, 1988）。

社會保險的最基本目的是保障經濟安全。美國羅斯福總統（President Franklin D. Roosevelt）於1934年6月8日宣稱：「經由社會保險，來承擔進一步保障公民及其家庭的安全。」而所謂的安全是：「一個家庭、工作，以及保障人民免於因失業、老年所帶來的風險。」羅斯福總統的宣示中

也隱含著每個家庭期望有工作，暗示有工作的人才能符合社會保險給付的條件；同時他提到美國《憲法》中明文所示，聯邦政府被建制是爲了促進人民的一般福利，保障福利依賴者的安全是國家的明確責任（Nash, Pugach, & Tomasson, 1988）。這也就是他在新政（the New Deal）中所揭示的三個R：救濟（relief）、改革（reform）、重建（reconstruction）之外的另三個R：風險（risks）、權利（rights）、責任（responsibility）（Achenbaum, 1988: 113-114）。亦即，社會保險是一種人民的權利，政府有責任保障人民免於因風險造成的經濟不安全。

貳 社會保險的性質

社會保險雖然與商業保險一樣都具有風險分攤、依保險統計邏輯精算保費與給付、給付財源主要靠保險費支應、給付項目特定、給付不須經資產調查，以及提供所得安全保障等原則。但是，社會保險有一些制度特性與商業保險不同，如下：

一、強制納保原則

只要符合社會保險保障的標的人口群，均應強制納入。其目的是基於國家保障人民基本生存的責任，亦是現代民主國家的政府與人民的契約關係的一環，人民有權利要求國家保障其生存之必需，否則國家無權強制人民納稅、服兵役等義務。且依大數法則，納保人數越多，風險分攤越少（不是風險消失，而是大家共同分攤事故發生後的成本負擔），行政費用分攤也越少。強制納保固然會影響國民的自由選擇，特別是經濟富裕的國民。但是，在任何民主國家，一定是經國會民主程序多數決通過，才可能實現強制納保的規定。亦即，強制納保也是國民多數同意下的產物。例如美國到2010年3月的健康照顧改革還是無法取得共和黨的支持，然而由於民主黨主導國會多數，而通過歐巴馬總統（President Barack Obama）的健康保險改革案，稱《病人保護與可負擔照護法》（the Patient Protection and Affordable Care Act, PPACA）。2017年川普總統想要撤銷這個美國人暱稱爲歐巴馬照顧（Obamacare）的健康保險改革，而推出《美國健康照

護法》（the American Health Care Act, AHCA），雖獲眾議院通過，但未獲參議院青睞。該法案一旦通過實施，將部分取代《病人保護與可負擔照顧法》，讓美國健康照顧又回到市場模式的自由選擇與競爭，1,800萬美國人仍然無法參加任何健康保險。

實務上，職業災害保險、薪資所得相關的老年年金保險、失業保險都是將所有受僱者納入。而實施全民健康保險的國家名為全民強制納保，但是部分窮人還是無錢繳交保險費而成為全民健康保險的醫療孤兒，例如臺灣仍有少數人無力繳交保險費而自外於全民健康保險。雖然政府可依法強制執行，但是非低收入戶的近貧與新貧戶無錢可繳保險費，政府總不能要其借貸來繳保險費，這就失去社會保險的意義，政府必陷入懲罰窮人與繳費公平的兩難中。德國則以職業別作為社會保險分類保障的國家，其健康保險是強制所有受僱者納入，但並非在同一個健康保險體制內，而是加入不同的疾病保險基金。英國、瑞典、義大利的國民健康服務（National Health Service, NHS）是典型的全民健康保險，所有國民均強制納入保障。之所以能全民納入保障（含入境的外國人）是因其不依人頭收保險費，而直接由稅收撥款，就沒有強制納保但有人繳不起保費的問題。

二、假定需求原則

假定需求（presumed need），或未來假定需求（future presumptive needs）是確定人們會因某種事故或風險發生而有被補償的需求（Titmuss, 1968）。例如工人發生職業災害，將面臨身心障礙、工作中斷、所得損失，甚至永遠被迫退出勞動市場等風險。疾病纏身時除了請假治療之外，也可能因此而增加支出，減少收入。老年時除了身心功能衰退之外，會因強迫退休制度而離開職場、喪失所得、增加醫療照護支出，而導致生活水準低落。萬一失業，不只非自願性離開職場，所得亦將中止，個人與家庭經濟安全將受到威脅。這些都是依理論與實務經驗累積的，假定事故發生後人們會有所得安全與醫療照護需求。社會保險即在於透過風險分攤，將個人的假定需求經由法律規範轉變為給付的法定權利。個人雖擁有社會保險的給付權利，但必須在假定需求發生的條件下，才可能依法擁有給付權。例如未達強制退休年齡，除非合乎提早退休的年齡規定，否則不會有

假定需求，因爲這些人被假定仍然會在勞動市場工作，就不可能發生所得終止而有被補償的需求，自然不會有領取老年年金的需求。

而假定需求通常建立在生命歷程（life course）中的某些容易產生風險的階段或轉型期，例如懷孕、生育、學齡前、少年、中年、老年等。但是生命歷程是社會建構的產物，會隨著政治、經濟、社會、健康條件、文化、人口流動等變遷而產生新的生命歷程風險（Giddens, 1991; Beck, 1992; Priestley, 2000）。例如因就業市場結構轉型與高等教育發展而使就業新鮮人的學歷提高，就業年齡延後。且有部分人可能成爲尼特族（Not currently engaged in Employment, Education or Training, NEET），指一些不升學、不就業、不進修或不參加就業輔導，而終日無所事事的人口群。這個概念最早由英國人提出，之後漸漸地流傳到其他國家。在英國，是指16-18歲年輕族群（臺灣稱未升學未就業少年）；在日本，則指15-34歲年輕族群。在中國則形容爲：「一直無業，二老啃光，三餐飽食，四肢無力，五官端正，六親不認，七分任性，八方逍遙，九（久）坐不動，十分無用。」因此，尼特族又被稱啃老族。2021年4月中國百度貼吧出現一則貼文──〈躺平即是正義〉，道出1995後出生的年輕人「不買房、不買車、不結婚、不生娃、不消費」的心聲，自詡「站不起來，又不願跪著，那就索性躺平。」「躺平族」就成爲一個與主流社會疏離、與社會期望脫勾、被官媒狠批的新世代的代稱。躺平反映了對社會流動阻塞、中產階級萎縮、工作貧窮、低薪資、勞資關係失調，以及不合理的社會經濟政治結構的無奈（Zhang & Liu, 2021）。

此外，隨著結婚年齡延後，生育年齡也延後，甚至不結婚，而出現頂客族（Double Income No Kid, DINK），生育給付、兒童津貼、親職假都沒這些人的份。一旦過了適婚年齡而不結婚，則成爲單身貴族、獨男／獨女（日本）、敗犬女王（日本）、剩女（中國）。而隨著婦女勞動參與率的提升與性別工作等的提倡，女性的工作與家庭生涯也隨著調整成爲較具彈性的生命歷程（Moen & Sweet, 2004），不必依照傳統的工作、結婚、懷孕、生育、兒童照顧、老人照顧等生命歷程。假定需求因此也跟著改變。

三、給付社會適足原則

社會保險既然是為了對抗社會風險，其保障就必須使人民有過得去的社區生活水準，但也不可能為了明日的保障犧牲當前的生活水準。且如上述社會保險是假定需求的風險分攤，當然也就不可能像投保私人商業保險一樣，可依自己的經濟能力任意投保合乎自己偏好的保險菜單。社會保險的給付通常以滿足社會可接受的保障與服務需求為原則，至於個人未因社會保險而滿足的需求，則須仰賴個人的家庭支持系統、儲蓄、其他收入來滿足。然而，每個社會對社會適足（social adequacy）的定義不同。美國的個人主義價值與市場經濟體制並不主張國家介入太多個人的家庭生活保障，因此，美國在2010年之前才會長期任由私人健康保險市場主宰人民的健康照顧，而只有老人醫療照護保險與貧民醫療救助。美國社會安全體系中的老年遺屬障礙年金給付也不高，屬老年遺屬障礙年金（OASDI）的社會安全薪資稅率是12.4%，屬健康照顧（Medicare）的稅率是2.9%，雇主與受僱者各負擔一半（葉家興譯，2005），留給私人年金、健康保險市場很大的發展空間。瑞典的普及主義、性別公平原則是社會保險保障最慷慨的國家，不只有全民健康服務，年金保險的保費高達薪資的18.5%，且有保證年金給所得較低或無所得者。亦即，瑞典政府、企業、工會三方面不希望瑞典勞動者除了公共年金保險外還必須投保私人商業保險。

給付社會適足性原則也說明為何社會保險給付會隨著物價指數或購買力指數而調整，就是避免給付偏低而造成生計困難。因為社會保險基本上是一種確定給付（defined benefits, DB），而非確定提撥（defined contribution, DC）。給付要能隨生活水準而調整，保證被保險人的給付是社會適足的。

退休後領取的給付與退休前所得的比值，即所謂的所得替代率（income replacement rate）。在未進行2017年金改革前，臺灣的軍公教人員的所得替代率超過8成以上者比比皆是，甚至高達百分百以上的大有人在。例如一位服務滿31年的小學教師，22歲開始任教，53歲時退休，薪資的年功俸金額是625俸點，其可領取的月退休金是56,185元，加上公保養老給付得辦理18%優惠存款，每月利息24,659元，總計可領取每月80,844

元的退休年金，比同級未退休的小學教師月薪71,235元，加上年終獎金合計80,139元，還高出705元，也就是所得替代率高達100.88%。亦即，年資超過31年以上退休的小學教師，所得替代率都高於百分百。至於，年資相同、薪水不比小學教師差的軍公教人員都有同樣的情形，超出社會可接受的水準，造成提早退休者眾，因為退休之後比退休前的所得還高。這即是違反社會保險的給付社會適足原則，且造成退撫基金的沉重負擔，尤其再加上政府負最終支付保證責任的規定，使得退撫基金的財政赤字轉嫁成為政府財政的潛藏債務。

四、給付與所得不必然相關原則

社會保險具有所得重分配的效果，保險費率隨所得高低而有差異。但是，給付卻不一定隨保險費的多寡而呈現統計上的正相關。例如全民健康保險的保險費率相同，因此，高所得者繳較多的保險費，低所得者繳較少的保險費。然而，醫療給付卻完全相同，不會因繳交較多的保險費而可以要求較多的醫療服務，除非自行額外付費。這聽起來有些不公平，然而，所得重分配（income redistribution）就是這個道理，將富人的所得透過社會保險分配一部分給窮人享用健康照顧。

但是，並非所有社會保險都像全民健康保險一樣給付相同，薪資所得相關的年金保險是由高所得者繳較多的保險費，而領取較高的年金給付。反之亦然。

為何年金給付會有薪資所得相關給付？第一，因為年金保險給付是一種退休後的生活保障，工作期間努力獲取較高薪資，繳較多的保險費，退休後領取較多年金給付，被視為是一種有激勵生產的作用，吻合資本主義社會的價值。因此，高所得者領取較高的年金給付就被視為是合理的。但是，並非所有老年年金給付都是薪資所得相關，瑞典的老年年金給付就包含一小部分的保證年金，保證給付給所得較低者，或無所得者。第二，有人認為年金給付也是一種展期（遞延）工資（deferred wage），受僱者所領到的退休年金是在職工資的延期（展期）支付，受僱者將其工資提撥一部分為保費，俟退休後逐月領回，其中當然包括風險分攤與投資利得部分。其實，遞延工資是勞僱雙方同意將受僱者一部分薪資暫存不領延期至

未來使用；同時獲得課稅優惠及投資報酬。通常是遞延到退休後使用，所以才會將老年或退休給付比擬遞延工資。遞延工資常被用來描述美國401K計畫（NGO組織員工）、403B計畫（公立學校教職員）、501C計畫（非營利組織）、457B計畫（州與地方公務員）等，當下少領薪資，少繳所得稅，累積到未來多領退休金。基於此，展期（遞延）工資是一種確定提撥（DC）制或個人儲蓄帳的概念，而非社會保險制的精神。據此，將所有老年給付或退休金均視爲是遞延工資就不正確了。

五、給付權利原則

社會保險給付不須經過資產調查，只要事故發生即擁有給付權。這個給付權屬於賺得的權利（earned right）。因爲繳交保險費在先，支領給付在後，給付是被保險人賺來的權利。此外，由於社會保險是強制性保險，受僱者依法加入保險，如果不納保將會受罰。據此，加入社會保險是義務，領取給付就成爲是一種法定的權利（statutory right），不受任何行政作爲的改變，除非社會保險法律修正或取消此項權利。

六、自給自足原則

德國早期創辦社會保險的經驗是受僱者與雇主各出保險費的一半（工業災害保險除外），社會保險的支出就靠此基金運作，即所謂基金自給自足原則。但是，不同國家的保險基金財源不同。臺灣的勞工保險的保費分攤是受僱者、雇主、政府三方共同分攤。其中普通事故保險費由被保險人負擔20%，投保單位負擔70%，其餘10%，在省，由中央政府全額補助；在直轄市，由中央政府補助5%，直轄市政府補助5%。職業災害保險費則全部由投保單位負擔。無一定雇主或自營作業而參加職業工會者，其普通事故保險費及職業災害保險費，由被保險人負擔60%，其餘40%，在省，由中央政府補助；在直轄市，由直轄市政府補助。不論保險費如何分攤，社會保險的保費收入與基金投資獲利應敷預期給付所需。如果要有高的給付水準，就必須繳交較高的保險費或提撥費率，否則只能期待不可預期的基金投資報酬率。

如果精算結果，給付高於保險費收入，除非保險基金投資報酬率上

升，否則將導致保險基金入不敷出而破產。因此，當給付高於保險費收入時，必須採取降低給付、調高保費，或是延後給付領取年齡作為因應。通俗地說就是少領、多繳、延後領。其實，沒有不必付出代價的年金改革，靠政府撥補，或債留子孫，都不是社會保險的精神。

七、基金提存非完全準備原則

社會保險以不完全提存基金準備為原則。老年年金保險通常採取隨收隨付（PAYG）的原則，這一代的勞動人口支付上一代的勞動人口（即將在這一代退休）的老年給付，形成世代移轉（intergenerational transfer）。如此，代代相傳，永續發展。因此，上一代的勞動人口所繳交的保險費就不必完全準備給自己退休時領取。但是，當世代間的人口成長失衡時，如這一代的生育率大幅下滑，將使下一代的勞動人口急遽下降，再加上人類壽命不斷延長，加速人口老化，結果是這一代的勞動人口到了下一代面臨退休時，其所需的年金給付額度將造成下一代的勞動人口保險費的龐大負擔，這也就是年金保險的世代風暴（generational storm）。下一世代的勞動人口若拒絕為下一個世代的老人（即這一世代的勞動人口）支付老年給付，下一世代的老人恐領不到足額的老年給付。因此，才有鼓吹以個人風險管理的個人安全體系（personal security system, PSS）來解決世代風暴（葉家興譯，2005）。亦即取消社會安全稅改採強制雇主與受僱者相對提撥的個人儲蓄帳（personal saving account, PSA），避免社會安全制度破產。

如果保險基金採取完全基金準備（fully funded），保險費率將非常高，保險費的負擔將非常重，基金的累積額度也將非常龐大，甚至到無法管理的地步。而全民健康保險通常採部分準備制（partially funded），以短期足以支應給付所需金錢為原則，避免積壓基金，造成資金流通與管理的困難。

第三節　職業災害保險

當今工業先進國家常見的社會保險依歷史發展順序如下：職業災害保險（德國1871年）、疾病保險（德國1883年）、老年年金保險（德國1889年）、失業保險（法國1905年）、長期照護保險（德國1995年）（Pierson, 2006）。可見職業災害是人類歷史上最早受到關注的社會風險。

不安全的工作條件之主要受害者是受僱者。職業災害保險乃是透過社會保險的原理、原則，於被保險人因執行職務而致傷害、疾病、障礙或死亡時，給予職災醫療及現金給付的補償，以減低被保險人因職業災害所遭受的損失，並提供其本人或遺屬適度的生活安全保障。對雇主而言，職業災害保險具有集體連帶的社會保險性質，職災事故發生後，可由職災保險基金承擔絕大部分的補償責任，雇主僅須再補足一小部分的責任，使事業經營得以不受影響。

通常職業災害補償制度採「無過失主義」的雇主責任制，亦即受僱者若發生職業災害，無論雇主本人是否有過失，雇主都負補償責任。但是補償範圍則採「業務災害主義」，即與執行業務有關的意外事故、職業病始得補償。補償的給付內容應包括薪資所得損失與醫療支出，一旦傷害嚴重還必須包括傷病、失能、死亡、遺屬等給付（林依瑩、鄭雅文、王榮德，2009）。以下就保障對象、保險費率、保險給付逐項討論。

壹　保障對象

員工可能遭遇到的生命與健康傷害的風險不只是意外事故（incident），還包括長期暴露在有害工作條件下的傷害，例如有毒物質、光線、電磁波等造成的職業疾病（occupational disease）。而這種職業疾病可能在一段期間後才發作，或被檢驗出，例如鉛中毒、塵肺症、潛水伕症，有時甚至到了退休或老年才發病。因此，職業災害風險包括兩部分：工業災害（industrial injury）與職業疾病。其造成的影響包括疾病與喪失工作能力。

由於職業疾病的範圍很難定義，它會隨著化學物質使用、新科技運用、生產製程的改變而出現新的職業疾病。因此，各國在界定職業疾病時採兩種途徑：一是開放定義法（open definition approach），即隨時因應新的疾病出現而調整；二是表列法（list approach），列出一系列已經被證實的職業疾病清單。前者如何證實員工的疾病與工作有關，是一大考驗。通常是透過醫療與公共衛生專家的診斷。比較常見的是兩者並用，以表列法為主，輔以開放定義法的混合指標（Pieters, 2006）。

職業災害保險通常是強制全體受僱勞工納保。有些國家還為公務員另辦職業災害保險，也有將保障對象擴及自僱者。

至於何時何地所發生的意外事故算是職業災害？一般而言，職業災害乃指勞工在執行職務過程中或因工作上的原因所發生的意外災害。亦即，職業災害之認定，須有「職務執行性」與「職務起因性」作判斷。有些國家僅認定執行職務時的意外事故方屬職業災害，有些則範圍擴大到來往執行職務的途中所發生者亦屬職業災害。

貳 保險費率

職業災害保險費通常全額由雇主負擔。部分國家政府有補助，例如日本。如此才能促使雇主改良其工作環境與有效管理職場工作安全與衛生條件。當事業單位職業災害發生頻率越高、傷害越大，應負擔較多的保險費，以達到懲罰雇主的效果，目的是保障員工的生命與健康安全。如果依事業單位所屬產業過去發生職災的整體經驗來計算費率，稱為經驗費率制（experience rate system）。職災發生機率高的產業或行業，費率較高。如果依個別事業單位過去職災給付總額與保費總額比率作為保費計算依據者，稱為實績費率制（merit rate system）。採實績費率對個別事業單位較有警惕作用，但是一旦發生職業災害，其生產成本負擔將很沉重。如果不考慮風險機率與事故經驗，可採均一費率制（flat rate system）。有些國家採前三者的混合制（mixed rate system），大部分國家採經驗費率制，因其較公平，且負擔得起。我國採經驗費率與實績費率混合制。

通常為了風險分攤，雇主會再透過其組織與私人保險來分攤風險。

但無一定雇主或自僱者的保險費，則部分由政府負擔，以保障勞工。以臺灣的勞工保險職業災害給付為例，無一定雇主或自營作業勞工則由其自付60%，政府補助40%。

參 保險給付

職業災害保險給付通常包括醫療給付、傷病給付、失能給付、死亡給付、失蹤給付。有時給付的申請會有等待期（waiting days），即從風險事故發生到給付生效的期間。在此期間通常被保險人要自行承擔薪資所得的損失。等待期是為了確定風險事故的傷害程度與補償額度，當然也是一種降低社會保險給付的手段。

一、醫療給付

通常職業災害的受害者可以得到全額免費的醫療照護，原因是員工是事業單位獲利的主要貢獻者，雇主除了應支付薪資之外，也應負保障員工生命與健康安全的責任。而受僱者受到職業災害所應得到的給付也應該高於普通事故，因為其不只薪資所得喪失，而且健康受損。

二、傷病給付（sickness benefits）

依我國《勞工職業災害保險及保護法》規定，被保險人遭遇職業傷病不能工作，致未能取得原有薪資，正在治療中者，自不能工作之日起算第四日起，得請領傷病給付。亦即，勞工遇職業傷病，治療給醫療給付，薪資損失給傷病給付。

三、失能給付（invalidity benefits）

並非所有健康受損的勞工都會喪失工作能力，且喪失工作能力也有程度與期間的差異。因此，就出現喪失工作能力程度的議題。大部分國家以比率來區分喪失工作能力的等級，常見的是分三級：第一級是完全失能、第二級是嚴重失能，第三級是部分失能。有些國家再將第二、三級區分為喪失若干比率。不同的等級可以獲得不同的給付。

喪失工作能力的程度鑑定不容易。通常有一定的程序：醫療行為對喪失工作能力的部位是否仍有效果？若無，喪失工作能力的部位可以完成何種合適的勞動？這樣的勞動值多少薪資所得？鑑定者通常包括：專科醫師、職業評量與工業管理專家。前述第一級完全失能者獲得的補償可以超出投保薪資的百分之百，因為其不只完全喪失工作能力，也同時喪失生活自主能力。

喪失工作能力的期間也因職業傷害程度與傷害部位有所不同。通常分短期（暫時）喪失工作能力與長期喪失工作能力。短期喪失工作能力者除可獲得醫療照護之外，亦可獲得傷病給付，以作為喪失工作能力期間的所得損失補償。其計算方式大抵是以天或月計算，期待能返回工作崗位。

失能給付額度與喪失工作能力程度有關。通常失能給付會以年金形式發給，通常是失能年金，之後銜接老年年金。失能給付額度通常低於傷病給付。甚至，有些國家失能給付要經過資產調查。失能給付的領取期間通常延續到完全喪失工作能力、退休或死亡。可能因疾病、意外事故，或生命歷程而導致喪失工作能力的狀況改變，即使是在領取失能給付期間。因此，再評估是必要的。被保險人得申請重新評估其喪失工作能力的程度與部位，有可能程度減輕或加重，一旦狀況改變，給付要重新調整。

完全失能的人必須從勞動市場退出，不只失去薪資所得，也損及其老年給付的所得替代率額度。因此，必須有失能年金作為銜接，否則一次給付的職業災害補償必無法滿足職業災害受害人的經濟安全所需。同時，必須有提早退休的規定，否則依賴職業災害補償與失能年金恐無法支應長期生活所需。

四、死亡給付

被保險人在保險有效期間死亡時，其遺屬（配偶、子女、父母、祖父母、受其扶養之孫子女或受其扶養之兄弟姊妹者）可請領遺屬年金給付，作為替代其扶養義務。此外，有時還會發給喪葬津貼，補助其家屬辦理喪葬所需。

五、失蹤給付

被保險人於作業中遭遇意外事故致失蹤時，自失蹤之日起，發給失蹤給付。通常給付至生還之前一日，或受死亡宣告裁判確定死亡時之前一日止。確定死亡時，其遺屬得請領死亡給付。

第四節　年金保險

年金保險的主要對象是老人、失能者與遺屬。老人有社會風險是因其在工業社會中被要求從勞動市場撤離（強迫退休制）而不再有薪資所得。隨著家庭規模縮小、照顧功能萎縮，以及預期壽命延長，從退休到死亡的期間拉長，老人維持生活所需的預算增加。除非於工作期間有足夠的儲蓄，或者子女有意願與能力奉養，否則老人的晚年生活堪慮。有些人雖未達法定老人的年齡就已經退休，或是因失能而被迫離開職場，他們面對的生計維持期間比老人更長。有部分受僱者因未達法定退休年齡而死亡，其遺屬的生計依靠因此而中斷。為保障這些人的經濟安全，就有年金保險的設計，範圍包括老年給付、退休給付、失能給付、遺屬給付等。

1994年世界銀行（World Bank）發布《避開老年危機》（*Averting the Old-Age Crisis*）報告中提醒各國應該建立一個三柱型（Three pillars models）的老年年金體系。2005年再提出《21世紀的老年所得支持：年金體系與改革的國際觀點》（*Old Age Income Support in the 21st Century: An International Perspective on Pension Systems and Reform*），建議各國建構「五柱型」（Five pillars models）老年經濟安全保障（Holzmann, Hinz, & Dorfman, 2008）：

1. 第零柱是非繳保費的（non-contributory）給付，通常指資產調查式的社會救助，亦即最後的手段（the last resort）。
2. 第一柱是強制性繳保費的所得相關年金。通常採隨收隨付制（PAYG）的確定給付（defined-benefit）之所得相關年金。但是，也有一些國家同時存在均一給付（flat-rate）的最低保證年金給

所得偏低，或提供給未加入勞動市場的女性家庭照顧者的國民年金，這就是一般所說公共年金（public pension）。第一柱的強制性著眼於保障個人對風險的短視、低所得、基於不確定的生活期待衍生的不適當財務規劃，以及缺乏財務市場的風險管理。

3. 第二柱是強制性確定提撥（defined-contribution, DC）的退休金。通常是交由私人管理的個人儲蓄帳（individual savings accounts, ISA）；也有可能是雇主協助其員工辦理團體退休保險的職業年金（occupational pensions）。

4. 第三柱是自願的私人年金（private pension），由個人在保險市場中選購合乎自己經濟條件與財務規劃的私人年金保險（Immergut, Anderson, & Schulze, 2007）。

5. 第四柱的非財務支持，指家庭支持和其他正式的社會方案，例如健康保險、長照服務、住宅等。

在此必須提醒由於各國年金制度不同，分柱的概念也不可能一致，就我國的年金制度來說，勞工的老年經濟安全體系，第一柱是勞工保險的老年給付（薪資所得相關、確定提撥、隨收隨付），第二柱則是勞工退休金（確定提撥、個人儲蓄帳），體系定位相對清楚。

而軍公教人員的老年經濟安全體系的分工就很模糊。軍人保險、公教人員保險屬於第一柱殆無疑義。但是，依《陸海空軍軍官士官服役條例》規定的軍人退伍金、月退俸，依《公立學校教職員退休資遣條例》規定的公立學校教職人員退休金，依《公務人員退休資遣撫卹法》規定的公務人員退休金，不盡然屬於第二柱。軍公教人員退休金同時具有確定提撥與確定給付的性質，雖然看似確定提撥，但確定給付公式明訂於法中，且國家負最終給付責任；且又不似個人儲蓄帳，可選擇投資標的。其實，已混淆了第一柱與第二柱的概念架構。

反而是依《學校法人及其所屬私立學校教職員退休撫卹離職資遣條例》規定的退休金，比較清楚屬第二柱（個人儲金制，且個人可選擇投資組合，不同收益，並自負盈虧）。

至於，沒有加入各種職業別社會保險者，例如家庭主婦、自營作業者、自僱者等，則可加入國民年金保險，屬於第一柱，但無第二柱。我國

的國民年金保險與其他國家（例如日本）的國民基礎年金保險不同，並非全民納保，故非普及性。

　　日本的第一柱是國民年金，第二柱為所得相關年金包括：厚生年金是指在私營企業、工廠、商店、事務所等工作的職工所加入的年金制度；共濟年金是指公務員（國家公務員、地方公務員、私立學校教職工）等所加入的制度。

　　聯合國進一步建議以下六點原則來評鑑年金制度的建立（Holzmann, Hinz, & Dorfman, 2008）：

1. **適足性**（adequacy）：提供足以保證老年免於貧窮的給付；同時，維持人民終身平穩的消費。

2. **可負擔性**（affordability）：考量個人與整體社會的負擔能力，不至於不適當地取代其他的社會與經濟的急迫性，或造成難以維持的財政後果。

3. **永續性**（sustainability）：基於廣泛的合理假設下，財政健全到足以維持一個可預測的水平。

4. **公平性**（equity）：提供個人生命週期的所得重分配，從生命中較富裕的階段（工作期）分攤給較貧窮的時期（退休期），不造成外部系統的稅收負擔，且繳同樣的保費（提撥）應領同樣的給付。

5. **可預測性**（predictability）：(1)給付公式入法，而非依決策者或行政人員的主觀自由裁量；(2)個人確定給付公式的設計應避免受退休後的通貨膨脹和薪資調整的影響；(3)確定提撥制的投資政策應避免退休後資產價格調整對給付可能產生的影響；(4)給付自動指數調整以避免退休金受到物價調整的影響。

6. **穩健性**（robustness）：有能力因應各種重大的衝擊，例如經濟、人口、政治波動的影響。

　　針對年金改革，世界銀行建議各國採取三段式的分析架構：初始條件（initial conditions）、能量（capacities），以及設定核心目標（setting out core objectives）。在多柱型（multi-pillar model）的架構下評估各國的既有年金制度樣式（modalities），再來設計改革的目標。

以下就年金保險的保障對象、制度設計、老年給付、失能給付、遺屬給付等加以討論。

壹 保障對象

老年年金制度的保障對象先是勞工，逐漸擴及全民。以勞工為保障對象的年金制度，目的在於維持其適當的生活水準，並常依不同的職業團體分別建制。財源通常來自於雇主與勞工分攤的保險費，給付水準與薪資高低有關，此種模式以德國、日本與美國為代表。而以全民為保障對象的制度模式，則旨在保障國民的基本生活，政府並負擔部分之財務責任，且通常採定額給付水準，此類型以早期的瑞典、英國的基本年金為代表。

由表3-2（頁165）中可看出主要國家如德國、英國、瑞典、美國、日本的年金制度保障對象可分為二類：

一、以受僱者為對象的薪資所得相關年金

以受僱者（勞工）為主的年金，起源於德國1889年的老年年金保險。德國於1883年通過疾病保險之後，後續的老年年金保險也以勞工為主要對象，並按不同職業別設立單獨的社會保險基金。

美國於1920年開始模仿歐洲國家建立聯邦受僱者退休方案，到了1931年，有17個州推動老年救助方案。真正的老人年金保險列入1935年通過的《社會安全法案》中。老年年金部分包括老年與遺屬保險（Old-Age and Survivors Insurance, OASI），與身障保險（Disability Insurance, DI）合稱OASDI，是美國《社會安全法案》的主要成分。涵蓋近9成的勞工，所得替代率約50%（Karger & Stoesz, 2006）。

日本也是被列入俾斯麥模式的社會保險國家之一，從1953年起陸續發展各種年金制度，到了1962年，大部分國民均納入公共年金的保障傘中，其系統比其他俾斯麥模式國家複雜，屬雙層制的公共年金制度。但是，其屬性又是職業別為主，比較難歸入普及的國民年金模式國家。日本包括至少有七種年金制度。其中民間部門有：

1. 國民基本年金（National Basic Pension）（1959年）：除少數例

外，自僱者與受僱於5人以下小企業的勞工適用。

2. 厚生年金（Employees' Pension）（1954年）：受僱於5人以上的民間企業員工。但不含私立學校員工。

3. 私立學校共濟組合年金（Private School Mutual Aid Pension）（1953年）：受僱於私立學校的員工。

4. 確定給付年金（Defined Benefits Pension）（2003年）：經勞工、雇主、工會協商同意，政府許可下的附加年金。

5. 確定提撥年金（Defined Contribution Pension）（2003年）：即可攜式年金，員工自願加入。

公共部門有兩種：

1. 國家公務員共濟組合年金（National Employees Mutual Aid Pension）（1958年）：適用中央機關公務員。

2. 地方公務員共濟年金（Local Employees Mutual Aid Pension）（1962年）：適用地方政府公務員（Kuwahara, 2005）。

日本第一層的國民基本年金又包括三類：(1)農民、自僱者、學生與失業者；(2)受僱於5人以下的民間企業員工；(3)第二類被保險之配偶年收入低於130萬日圓。這三種被保險人保險費額度與繳費方式均不同。第一類屬地域型，自行登記繳納，但低收入者免繳或繳部分（約占20%）；第二類由薪資扣繳；第三類免繳保費。屬於隨收隨付制與稅收制混合的社會保險年金，但是仍有至少60萬人未加入國民基本年金。第二層勞工厚生年金與公教人員共濟年金屬於所得相關年金，採隨收隨付制年金保險。第三層屬於企業年金，屬非強制性年金（Shinkawa, 2005）。

二、普及的國民年金

當德國於1883年通過疾病保險後，瑞典是北歐國家中第一個有反應的國家，於1884年由下議院提案要求國王組成一個調查委會來研究德國的制度。1888年7月提出意外事故保險、1889年5月提出老年年金保險、10月提出疾病保險。其中前二項採德國的強制保險制，疾病保險則仿丹麥的自願保險制。但是，沒有任何一項被國會通過。1891年瑞典參加在德國伯恩（Bern）召開的國際意外事故保險大會，促使政府再度提出意外事

故保險與老年年金保險。於是，1901年通過仿英國1897年《工人補償法》（Workmen's Compensation Act）與1898年丹麥《意外事故保險法》的版本（Kuhnle, 1982）。

至於老年年金部分，在下議院擁有多數席次的農民反對採俾斯麥模式單獨為勞工辦理老年年金。於是，妥協出以稅收為財源的基本年金（Basic Pension），但是被貴族掌控的上議院否決。1912年自由黨史達夫（Karl Staaff）執政，以解散上議院為條件，換取保守黨支持普及的老年與失能年金計畫（Old-Age and Invalidity Pension Scheme），於是1913年在社會民主黨與保守黨共同支持下，通過世界上第一個真正普及的社會保險方案。國民不計所得高低只要到了67歲，均可領到低額的老年年金（Avgiftspension），財源來自保險費（contribution）與基金投資獲益。失能給付則須資產調查。在1948年社會民主黨的收割時期（Harvest Period），以及戰後福利國家擴張，基本年金額度提高到足以支撐基本生活，約達工人平均薪資3成（Anderson & Immergut, 2007）。

英國最早的年金制度是1908年自由黨政府執政時期所建立的。70歲以上老人可以領到低額的老年年金，是一種非繳保費的年金制，財源來自稅收，但必須資產調查，看起來比較像排富的老年津貼。由於給付很低，1925年保守黨執政時通過《寡婦、孤兒與老人保險年金法案》（Widows', Orphans', and Old Age Contributory Pension Act）提供年金給65-70歲的受僱者。到了70歲以後，領取全額的非資產調查、且非保險的年金。1940年的《老人與寡婦年金法案》（Old Age and Widows' Pension Act）將女性退休年齡降為60歲才領得到年金。依貝佛里奇報告書建議，1946年英國通過《國民保險法案》（National Insurance Act），提供均一保費、均一給付的老年年金。但是，給付額度仍然很低，無法解決老年貧窮問題。

表3-2　不同年金制度模式比較

制度模式 比較項目	薪資所得相關年金模式	普及的國民年金模式
保障對象	受僱者	全體國民
主要目的	維持適足生活水準	保障國民基本生活水準

比較項目 ＼ 制度模式	薪資所得相關年金模式	普及的國民年金模式
制度型態	多元化，依不同職業別建制	一元化，全民適用單一制度
財務來源	保險費由雇主與受僱者分攤為主	收取部分保險費，另由政府補助；或全由稅收支應
行政與決策	受僱者與雇主	受僱者與政府
給付水準	採薪資所得相關給付	採定額給付
模式特性	工業成就式	制度式
代表國家	德國、美國、日本	瑞典、英國

貳 制度設計

一、單層制公共年金

採薪資所得相關年金制度的國家，非就業者的老年經濟安全保障，就被劃入社會救助範疇，其公共年金體系就只有一層，例如德國、美國。如果將全民納入保障，就會出現雙層制的公共年金制度，例如早期的瑞典、英國、日本。

二、雙層制公共年金

1959年瑞典通過全體勞工強制納保的國民附加年金（ATP），使瑞典的年金體系發展成為雙層制的年金。也就是瑞典把德國式的薪資所得相關年金納入成為第二層年金（second tier pension），取名附加年金，亦即附加於基本年金之上。

1991年瑞典以保守黨為首的聯合政府執政，年金制度再度進行改革。試圖取消基本年金，且欲以確定提撥（Defined Contribution, DC）的勞工退休金取代確定給付（Defined Benefits, DB）的隨收隨付制（PAYG）附加年金。經過五個政黨與工會、工業組織的不斷討論與妥協，1999年起執行新制度。新的年金制度改為以終身薪資所得作為基礎的「名義上的確定提撥制」（Notional Defined Contribution, NDC）（舊制附加年金是計算工作年資30年中最高的15年平均），亦即新制沒有保險基金，而是採年金保險

費累積的獲利作為給付，並取消基本年金，代之以勞工所得偏低者可領取財源來自稅收的保證年金（guarantee pension），給付隨物價指數調整。此外，在18.5%的保費提撥（premium reserve）中，有2.5%以確定提撥原則作為個人投資基金（individual investment fund），基金仍由政府集中管理，但個人可選擇投資方式，或由工會與基金投資顧問公司建立夥伴關係供勞工選擇投資。新制亦調整彈性退休年齡，61歲起即可申請退休，依比例領取年金（Anderson, 2005; Anderson & Immergut, 2007）。

保費提撥由雇主負擔60%、受僱者負擔40%。新制仍然以隨收隨付（PAYG）形式運作，而非完全準備基金。服兵役、受教育、兒童照顧期間的年資亦計入，由政府補足保費。新制在資源限制條件下提供給付，以確保財政收支平衡。遺屬年金與失能年金從新制中分離，失能年金移到健康保險。此外，由於混合了隨收隨付（PAYG）與個人儲蓄帳，因此，在新制中明定資訊透明化（Anderson, 2005）。據此看來，瑞典原先堆疊式的雙層年金已演變成為一層分為二塊的架構。取消基本年金，而是加入小額的改良式個人儲蓄帳，但附掛一塊保證年金。

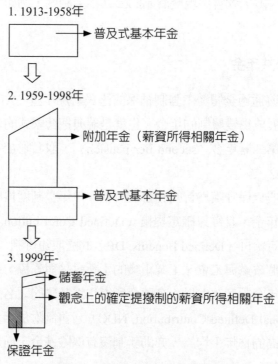

1. 1913-1958年

普及式基本年金

2. 1959-1998年

附加年金（薪資所得相關年金）

普及式基本年金

3. 1999年-

儲蓄年金

觀念上的確定提撥制的薪資所得相關年金

保證年金

圖3-1　瑞典年金制度的沿革

新制被接受主要是因為利用保險統計邏輯原則計算給付，可以自動平衡因人口老化、壽命延長造成的財務危機，避免社會與政治干預給付指標的界定，增加財務資訊透明性，彈性選擇退休年齡，年金給付可攜帶等（Fornero & Sestito, 2005; Palmer, 2006; Börsch-Supan, 2006）。

英國於1975年工黨執政時，也通過《社會安全年金法案》（Social Security Pension Act），建立一個「國家薪資所得相關的年金制」（State Earning-Related Pension Scheme, SERPS），成為繼瑞典之後，由普及年金加上附加年金的雙層式年金制國家（Heclo, 1974; Schulze & Moren, 2007）。

1986年英國保守黨政府通過《社會安全法案》（Social Security Act），引進私人年金取代國家薪資所得相關年金制的可能性，將給付參考期間從20年改為終身，所得替代率由25%降為20%；寡婦年金從100%降為一半。

1995年再通過《年金法案》（Pension Act）將職業年金納入管理，以防基金舞弊。取消職業年金的最低保證年金，提高女性退休年齡為65歲。1999年工黨執政推出《福利改革與年金法案》（Welfare Reform and Pension Act），導入資產調查的失能年金，也引進「利害關係人年金」（Stakeholder Pension）。亦即以私人年金逐漸取代國家薪資所得相關的年金。2004年的《年金法案》（Pension Act）建立一個年金保障基金（Pension Protection Fund）以防止確定給付制的職業年金制破產（Schulze & Moren, 2007）。至此，英國的雙層制年金的第二層越來越瘦身，被第二柱（職業年金）、第三柱（私人年金）所取代。2002年工黨政府推出國家第二年金（State Second Pension, S2P）或外加年金（Additional State Pension）取代國家薪資所得相關的年金。2014年的《年金法案》修正，國家第二年金由所得相關改為單層的均一費率的給付（年資給付額〔2012年規劃一週144英鎊〕×年資〔至少35年〕=每年年金金額），且取消委外投保職業年金取代國家所得相關年金的權利。

三、三層制年金

三層制年金通常是雙層年金再加上非強制提撥的職業年金或私人年金。與瑞典年金保險制度類似的丹麥，仍保留1956年即普及的基本年金

（1964年改爲均一給付），視爲第一層年金，第二層是1964年開辦的附加年金（national supplementary contributory pension, ATP），類似瑞典的制度。1998年再引進特別年金儲蓄（special pension saving, SP），提撥薪資的1%，類似瑞典的個人儲蓄帳。2003年在以反移民爲訴求的丹麥人民黨（Danish People's Party）的施壓下，又引進低額度的資產調查式年金給付給貧窮的年金領取者，類似瑞典的保證年金，最高額度每年1,000歐元。到了2007年丹麥的第一柱年金其實是三層（基本年金、附加年金、特別年金儲蓄），外加一個少額的資產調查式年金給付（Andersen, 2008）。

如上所述，以普及式年金起家的國家，亦逐漸發展薪資所得相關給付的制度，用以提供就業者額外的年金給付，形成雙層制年金。相對地，以保障就業者的國家，則也逐步擴大其保障對象，或提供自願性加保管道，使保障對象幾已及於全民，例如日本與德國。因此，兩種年金制度模式實有聚合的趨勢，亦即提供保障人民基本生活的基本年金（國民年金或保證年金、最低年金），另針對有酬工作者提供與薪資相關的給付，以維持其適當之生活水準。

參 財務規劃

瑞典的「名義上的確定提撥制」（NDC）最早由經濟學者布肯南（Buchanan, 1968）提出，成爲1990年代歐洲年金改革的主要方向。德國、法國、瑞典均以此模式作爲改革的參考。

一、確定給付制

在討論名義上的確定提撥制（NDC）之前，必須先討論兩種年金的財務規劃：確定給付（DB）、確定提撥（DC）。確定給付是一種預期確定年金給付（prespecified annuity），被保險人與贊助者（通常是雇主，或政府）貢獻保險費一段期間（投保年資），俟被保險人因老年、退休，或失能離開職場後，即可定期領取工作期間薪資一定比率（所得替代率）的年金。被保險人可能不知道繳多少保險費可以換取多少年金給付，但是精算專家會依預算限制（budget constraint）原則計算出保費與給付的關聯。

其公式是：工作期間所繳保費×預期獲益的複利（固定投資報酬率）＝未來退休時的預期財富＝退休時期望年金的預期現值（所得替代率）（Modigliani & Muralidhar, 2005）。

在投資報酬率穩定下，如果未來想領取高所得替代率的年金，現在必然要繳較高的保險費。如果現在繳較高的保險費就表示現在的可支配所得將減少，生活品質會受影響。如果現在繳的保險費太少（費率低、投保薪資低），則所得替代率低，意味著未來老年的生活保障差。因此，各國所得替代率都盡可能維持到50%左右。OECD（2015）統計各國年金毛所得替代率平均是52.9%。

因為現在的工作人口繳的保險費是給現在即將或已退休的人領，未來要退休的人（即現在繳保險費的人）領到的錢其實是未來（下個世代）的工作人口所繳的保費。這叫隨收隨付（PAYG），現在收到的錢，現在就付掉，沒有累積基金準備（funded）的問題。

二、確定提撥制

確定提撥（DC）是確定基金提撥額度但不確定給付，其給付額度取決於提撥金累計與投資報酬率高低。受僱者與其贊助者（通常是雇主與受僱者分攤）每月提撥固定比率的基金（確定提撥），到了退休時定期（或一次）領回自己與雇主共同提撥的薪資×確定獲益的複利。由於自己領取自己所提撥的基金總額加獲利分配，因此，就有基金準備的議題。不論是完全準備或是部分準備，準備的基金可用來投資於金融市場或其他資產。確定提撥的基金最後會被自己領走，看起來是完全準備基金。但是，事實上確定提撥的基金有可能不完全準備，端視投資結果如何。如果投資不利導致資產縮水，所領取的年金會少於所提撥的基金。於是，基金準備率（funded ratio）＝資產／年金給付，其比值有可能小於一（Modigliani & Muralidhar, 2005）。

確定提撥制是今天的自己存錢給以後的自己領，沒有與他人風險分攤的性質，而是強迫儲蓄，故不屬社會保險。因此，又叫個人儲蓄帳制（individual accounts）。又因為確定提撥制的給付決定於投資報酬率，所以，如何投資就變得很重要。既然是個人儲蓄帳，個人就可以決定如何投

資，以提高投資報酬率。據此，爲了區分方便，又被稱爲「財務的確定提撥制」（financial defined contribution, FDC）。在此種制度下，個人投資理財的能力要比較強，否則血本無歸（Modigliani & Muralidhar, 2005）。

智利模式（Chilean DC Model）是曾被自由主義經濟學者推崇的確定提撥制的實驗。智利於1981年將隨收隨付制年金保險改爲個人儲蓄帳制。勞工可自行選擇政府認可的投資顧問公司清單中的任何一家投資，個人自行承擔投資風險。不過，純粹個人儲蓄帳風險太大，於是智利模式做了些微修正。例如仍然維持低額的社會救助制度，不受個人儲蓄帳制度影響；國家保障最低年金爲20年平均薪資的25%；每一投資基金必須保證最低獲利率；如果投資失敗，啟動國家保證年金（Modigliani & Muralidhar, 2005）。墨西哥的年金制度與智利相似，都是從隨收隨付制轉到確定提撥制。2008年智利年金私有化模式因覆蓋率太低、投資行政成本太高，違反所得重分配原則，而被要求改革。取消年金領取者的社會救助，改爲稅收制團結年金（tax-funded solidary pension system, SPS）、年金投資擴大範圍、自僱者也納入年金系統。

美國的401K計畫與個人退休帳（Individual Retirement Accounts, IRAs）也屬於這類的基金。401K計畫是受僱者與雇主共同提撥基金，提撥額度自行決定，但有最低限制。受僱者在一組私人投資經營者名單中自由選擇投資管理人來管理基金。受僱者被允許可以從其個人儲蓄帳中借款，但額度受限，且必須償還（Modigliani & Muralidhar, 2005）。

此外，另有一種確定提撥制的變形制度稱公積金（Provident Fund, PF）。這是流行於大英國協的發展中國家與已開發國家，例如印度、馬來西亞、新加坡等國。個人提撥的儲蓄集中投資，個人從基金投資獲利分配到信用保證年金。有些國家，例如馬來西亞公積金有最低2.5%的保證。參與者如個人儲蓄帳制度有個人帳戶，但不能選擇投資人。參與者也可以從個人儲蓄帳中借款購屋或投資。因爲每個世代的經濟環境與獲利情形不一，故在這種制度下，也有一點點世代風險分攤的效果。但是，當投資不當，或通貨膨脹，給付承諾又高於基金資產獲利時，就會出現財務危機。這是強制將個人財富集中投資，卻要個人承擔市場風險。不過，就總體投資環境來看，集體投資的風險往往比個人投資小。據此，個人儲蓄帳的風

險比公積金制大些（Modigliani & Muralidhar, 2005）。

三、名義上的確定提撥制

名義上的確定提撥制是試圖擷取確定提撥（DC）與隨收隨付（PAYG）制年金的優點，降低兩者的缺失而設計。被保險人的保險費提撥依薪資固定比例繳交，納入個人名下帳戶，但不像「財務的確定提撥制」（FDC）的保險費提撥是進入個人儲蓄帳，而是進入年金保險基金。名義上的確定提撥制的個人帳戶不能作為個人投資於金融市場的工具，以避免個人風險，例如公積金制。而財務的確定提撥制的個人儲蓄帳可以用來投資於金融與資產市場。所以說隨收隨付制的個人帳戶僅是名義上的確定提撥而已，故又稱非財務的確定提撥制（non-financial defined contribution, NDC）。因此，一般個人儲蓄帳指涉的是財務上的確定提撥制（FDC）（Palmer, 2006），而名義上的確定提撥制則是在隨收隨付制下的一種個人資源的生命週期分配。

表3-3　三種年金給付制度的差異

制度模式 比較項目	確定給付制	個人儲蓄帳	非財務上的 確定提撥制
給付額度	給付穩定	允許隨個人需求調整	允許隨個人需求調整
風險分攤	由全體被保險人世代風險分攤	個人承擔理財風險	部分風險世代分攤
投資風險	基金集中投資風險承擔	個人選擇投資風險	基金集中投資風險承擔
給付目的	提供終身因應長壽	個人儲蓄，允許財務繼承移轉	提供終身因應長壽
投資選擇	保險基金管理人	個人	保險基金管理人
給付水準	薪資所得相關給付	受投資報酬率影響	資源限制下提供給付
基金資訊透明	低	高	高
行政成本	低	高	低
人口老化影響	人口老化造成財政失衡	不受人口老化影響	較能確保財政收支平衡
所得重分配	高	無	低

資料來源：作者參考Modigliani & Muralidhar（2005）、Anderson & Immergut（2007）整理。

有些國家並沒有以確定提撥制取代確定給付制，而是在原有的確定給付制外加強制性的確定提撥制作爲第二柱，以及自願的確定提撥制作爲第三柱，例如匈牙利。

肆 費率與保險費分攤

各國社會保險年金制度，通常有三種主要的財務來源，一是被保險人繳納定額或一定比例的保險費，二是雇主按受僱者薪資總額繳納一定比例的保險費，三是政府所分擔之部分保險費。

費率越高表示保險費繳越多、給付的所得替代率越高，以後領到的年金越多。大多數年金保險制度的財源，係以受僱者與雇主所繳納的保險費爲主，按照被保險人薪資的一定比例來計收。至於分擔比例，有些由勞資各半負擔，例如德國（勞雇各9.75%）、日本（勞雇各8.675%），以及美國（勞雇各6.2%，加上醫療保險合計各7.65%）；亦有部分國家雇主之分擔比例較受僱者爲高，例如瑞典18.5%（雇主60%、員工40%），臺灣一般勞工普通事故保險費率，爲被保險人當月投保薪資的7.5%到13%（雇主70%，員工20%，政府10%）。臺灣的勞工保險（薪資所得相關的年金）費率相對低於上述工業先進國家。但是，加上勞工退休金新制提撥6%（全額由雇主負擔），臺灣勞工的年金給付所得替代率已不亞於上述各國的水準。

若有政府負擔部分，其經費來自一般稅收，用以支付行政事務費、彌補經費赤字，或補助制度中某一方案的全部經費，大約爲給付支出之2成左右，例如日本國民年金政府補助各項年金給付支出總額之三分之一，以及針對過渡時期那些無法符合領取老年年金給付者，改領老年福利年金的費用。而英國政府每年也提撥最高17%的福利支出以負擔經費赤字，並負擔資產調查式津貼與其他非繳費式給付的所有費用。德國政府則補助不足的給付支出，以及個人無法繳費惟仍得列計加保年資期間的保險費，以及行政費用，約負擔年金總支出的20%。瑞典政府負擔保證年金的經費。臺灣的勞工保險政府分攤保費的一部分，一般勞工是10%，無一定雇主之職業工人40%。

伍 老年年金給付資格

　　一般而言，老年年金制度有關領取年金給付之資格規定，主要包括給付年齡、保險年資（或繳費年資）等要件。各國給付年齡通常介於60至65歲之間，而男女退休年齡差異也逐漸被取消。近年來各國因年金保險財務吃緊，已開始調高領取老年年金的最低年齡，例如美國之OASDI以每年延長二個月之方式，逐步將正常給付年齡自65歲延至67歲；日本的厚生年金保險亦以每3年調高1歲之方式，將給付年齡由60歲延至65歲。雖然各國有退休年齡規定，但是也都會有彈性退休的規定，其彈性期間通常是5歲。以瑞典為例，規定61歲起即可領取老年年金。以男性為例，OECD國家有19國基本年金的請領年齡為65歲；9個國家超過65歲，最高為67歲；未滿65歲即可請領的國家有6個。第二層年金的請領年齡有13國是65歲；11國低於65歲；有5國已超過65歲。早退年金以5年居多，最短為1年。OECD的34國平均領取年金年齡為65.5歲，歐盟國家平均為65.2歲。未來年金請領年齡16國維持65歲；有12國已延長到65歲以上，最高為68歲；只有6國仍維持在65歲以下（OECD, 2015）。

　　年金給付依比例遞減，稱減額年金；延後退休則保留年金權，保留期間的所得亦納入年金給付計算。有些國家延後退休是以增額年金，或展延年金核給。

　　有關繳費年資，或居住期間，大多數國家規定界於35-50年間。不足年資則依比例遞減年金給付。日本國民年金之全額年金須繳費40年，瑞典的保證年金也是必須居住於瑞典40年，時間相當長，考量社會貢獻。瑞典名義上的確定提撥制的薪資所得相關年金計入終身所得，工作期間越長給付越多。大部分國家以最低年資規定來限制請領資格，達到請領資格者再依年資領取定額給付或薪資比例的給付。

　　有些國家考量職業差異而有不同的領取年金年資規定。例如高危險、粗重、有年齡限制的行業，例如礦工、芭蕾舞者、警員、消防員、飛行員、職業運動員、安全警衛等都可享有較短的年資限制。年資的計算通常會納入服兵役的時間。

陸 老年年金給付水準

　　基本年金給付額度的計算，通常以一定額爲基準，未達該全額年金標準者，依投保年資或居住年資比例減額發給。例如日本國民年金的全額老年年金須繳費40年（480個月），未達40年者依繳納月數比例減少；而英國基本年金之合格年資則視個人工作生涯長短而異，未達合格年資者，亦依比例減領，瑞典亦有類似的規定。

　　薪資所得相關年金的給付水準除了前述的所得替代率之外，還必須計算何時的薪資。有些國家以最後一年，或近3年薪資爲計算基準，這對某些薪資曲線呈拋物線的員工不利，他們的給付水準會被低估。有些國家以最後若干年，例如早期瑞典的附加年金是以工作年資30年中最高的15年平均爲基準，而2009年年金改革之後，採取終身薪資爲計算基準。採取最高薪資的若干年平均，年限越短對勞工越有利。例如採最高薪資那一年計算給付水準，給付額度一定高於投保薪資平均；如果勞工有5年薪資一樣高，其平均還是等於最高的那一年薪資；倘計入15年平均，則其平均薪資一定低於最高的那一年，或是最高的那5年。不過，因爲不同行業的薪資曲線不同，很難確定薪資高峰期有幾年。往往對某一行業有利，就會不利於其他行業；同一行業也會因職級不同而有差異。何況，對勞工的給付有利，不一定對社會保險的財務平衡有利。採取終身薪資平均是比較公平的作法，所有被保險人的薪資變動全部納入考量，誰也沒有占誰的便宜，有利於財務平衡及權利義務對等。

　　此外，也必須考慮投保薪資的內涵。薪資所得相關年金理論上應該以經常性薪資所得爲投保薪資。薪資的結構包含很多名目：本薪、加班費、交通津貼、伙食津貼、職務加給、專業加給、績效獎金、年終獎金等。如果單以本薪（俸）作爲投保薪資，一定不利於員工。雇主會爲了減少保險費分攤或提撥，而將本薪（俸）壓得很低，其餘所得以獎金名目發給。固然員工因爲投保薪資低而保險費或提撥也較少，占了當下的一點便宜。但是，相對地雇主也因此而減少保險費負擔。一旦事故發生時，所領到的給付也較少，對老年經濟安全保障不利。我國《勞動基準法》第2條第3款規定工資指「勞工因工作而獲得之報酬，包括工資、薪金及按計時、計日、

計月、計件、以現金或實物等方式給付之獎金、津貼及其他任何名義之經常性給與均屬之。」這是比較公平的作法。但是，還是有雇主以多報少。

進一步就是薪資該不該設定上限。薪資所得相關的年金理論上不會有上下限的問題，因為給付隨薪資變動。但如果不定一個最低年金（minimum pension），某些薪資偏低的受僱者的給付很低，保障不足（under protection），恐難以維持退休後的生活。因此，不論任何職業身分的低薪員工，只要合乎領取全額年金資格，就可領取最低年金。反之，薪資高的人，如果不定一個最高年金（maximum pension）上限，其保費或提撥會很高，給付也相對很高，甚至超出其所需的生活開銷，形成過度保障（over protection），不符社會保險年金適足給付的精神。因此，就會有投保薪資上下限的規定，以薪資分級表呈現。超過薪資分級表上限的員工薪資，也只須繳交上限投保薪資。而薪資偏低的員工不是以最低年金發給，就是以保證年金補充。如此，就會有所得重分配的效果。亦即，雇主或政府不會為高薪員工分攤太多保費或提撥，避免所得逆分配。反之，政府或雇主幫低所得者分攤保險費或提撥。

柒 失能年金給付

不論是因職業災害或是一般事故而喪失工作能力，致生活陷入不安全，其經濟安全保障需求類似老年或退休。前一節已述及職業災害的失能給付，本節不再重複。通常失能年金的主要給付條件有二：一是該國法律所訂的喪失工作能力條件，二為必須符合最低投保年資。目前多數國家對喪失工作能力的定義，通常依據被保險人喪失工作能力或所得能力達一定比例為認定標準。領取失能年金所需的繳費期間資格條件，通常比老年年金的規定要短，常見的是被保險人曾有3至5年的保險費繳費期間即具有給付的資格；而可領取年齡則通常以該社會保險年金制度最低參加年齡或家庭（兒童）津貼的最高領取年齡為起始，最高以老年年金之開始給付年齡為上限。而失能年金之給付水準，則通常比照老年年金的計算公式，並視失能程度計算其年金給付金額。

依我國《勞工保險條例》規定，被保險人遭遇傷害或罹患疾病，經

治療後，症狀固定，再行治療仍不能期待其治療效果，經全民健康保險特約醫院診斷爲永久失能，並符合失能給付標準或爲《身心障礙者權益保障法》所定之身心障礙，且經評估爲終身無工作能力者，得請領失能年金給付。

捌 遺屬年金給付

遺屬年金的資格條件，通常以被保險人死亡時已是合格的年金領取者，或已繳納一定期間的保險費或已達一定就業年資，此期間限制通常和失能年金的規定期限相同。而被保險人的遺屬通常也必須符合某些資格條件，方得領取遺屬年金，例如對寡婦年金請領人之條件爲高齡（就業不利）、未再婚（無經濟來源）、扶養未成年之子女（家庭照顧負荷），或身心障礙（家庭照顧負荷、就業不利）等。而對子女年金請領人要求其在某一年齡以下、就學、身心障礙等無謀生能力者始可領取，例如日本、美國、德國等均規定爲未滿18歲，但對在學或身心障礙等尚未就業或無謀生能力者，則另訂有較高年齡限制或無年齡限制。遺屬年金的給付水準通常以被保險人死亡時可領取年金之一定比例核發。

玖 年金給付之指數調整

爲避免給付水準因薪資、物價或其他經濟因素之變動，而使其實質購買力或生活保障功能降低，各國社會保險年金制度通常設有彈性的給付調整機制，以保障年金給付的實質購買力。給付調整之參考指標通常係以薪資成長率、消費者物價指數或生活費指數等爲主要考量。

通常基本年金隨物價指數調整，因爲薪資成長對其不具意義。而薪資所得相關年金則採薪資成長率與物價指數成長率之較高者調整，對被保險人較有利。

第五節　失業保險

　　受僱者有工作能力與工作意願，卻失去工作機會，不只是個人的挫敗，也是個人與家庭經濟不安全的主要原因。因此，各工業先進國家都會針對失業勞工提供再就業與經濟安全的協助。關於就業服務部分在本書第十一章敘述。各國大多提供失業者失業保險或失業救助，暫時替代勞工的薪資所得，以維持基本生活品質。人類進入工業社會之後，失業風險即存在，原因是大部分的勞工失去其生產工具，而必須以僅存的體力與技術謀生。一旦總體經濟環境改變或僱主因利之所趨而改變投資策略，都可能帶來某些勞工的失業危機。所以失業保險才繼職業災害、疾病、老年之後，成為第四個社會保險體系。失業保險傳統上被視為是一種勞工個人的儲蓄，失業給付就成為勞工個人的展延工資（deferred salary）。因此，在北歐國家失業保險是自願性的，由工會與僱主雙方自主管理的社會夥伴關係。即使在歐陸國家失業保險屬於強制性保險，也是有高度的組合主義傳統，勞僱雙方有相當的主導權。失業保險的保費收繳與給付分配有別於國家稅收的資源重分配機制（Clegg, 2008）。

壹　保障對象

　　大部分國家的失業保險只涵蓋私部門受僱者，不包括公務人員，理由是公務人員的工作保障較穩定。而自僱者原則上也不被涵蓋在內，原因是自僱者有較多自由決定變換工作，其自主轉換工作本身就是一個冒險，而不像受僱勞工的失業風險是自己無法控制的；且自僱者的失業很難界定是自願或非自願的，因為失業保險保障的對象是非自願性的失業。但是，也有些國家將自僱者納入，例如丹麥《失業保險法》規定過去18個月有薪工作、自僱、職業訓練，或參與職訓課程者均可加入（Daguerre, 2007）。此外，有些國家將初入職場而求職不順的年輕待業者也納入失業保障範圍，例如比利時。大部分國家都將青年失業納入失業救助或津貼範圍。

貳 制度設計

最早的失業保險是自願性的保險基金，由工人繳費，一旦工人失業時，提供部分補助，流行於丹麥、芬蘭、冰島、瑞典等國。1901年比利時的根特市是最早提供補助給此類自願基金的城市，故稱根特制度（Ghent System）。此後，法國、挪威、比利時等國相繼提出全國性的補助方案。當時加入自願基金的是技術工人組成的工會成員提撥。

20世紀初，英國失業嚴重，1905年自由黨政府通過《失業工人法》（Unemployment Workmen Act）企圖處理失業問題。1908年貝佛里奇透過韋布夫婦（The Webbs）介紹認識邱吉爾（Winston Churchill），並進入邱吉爾主持的貿易委員會（The Board of Trade）任職。1909年邱吉爾出版《失業：一個工業的問題》一書，並促成1909年通過《勞動交換法》（Labour Exchange Act），以利勞工流動，減少失業。1910年貝佛里奇出掌首任勞動交換服務的主管，之後全國設立423個勞動交換中心，亦即今日的就業服務站。早在1907年貝佛里奇即建議通過強制性失業保險來解決失業勞工的生活困境，但未被老自由黨人接受，他們不主張採強制性保險；工會派也意見紛歧；社會主義派也不支持，認為這會分裂工會運動。連韋布夫婦也不支持，認為這無法區分值得協助與不值得協助的工人，也缺乏預防失業的措施。不過在自由主義社會改革的號召下，1911年英國通過《國民保險法案》（The National Insurance Act），包含喬治（Lloyd George）力推的疾病保險（Sick Insurance），以及邱吉爾在意的失業保險（Thane, 1982; Fraser, 1984；林萬億，1994）。

至此，失業保險分為兩種制度：一是由工會辦理的自願式失業保險，代表國家是比利時、丹麥、瑞典、芬蘭、挪威、荷蘭等；二是強制性的社會保險，代表國家是英國、德國、義大利、美國、加拿大、日本、法國、瑞士等。臺灣稱《就業保險法》。

參 給付資格

通常規定領取失業給付者必須加入失業保險一段期間，即所謂的基

本期（basic period）。各國大多以1年爲基本期。請領給付前一段期間內必須至少繳保險費1年。例如德國在過去3年內必須至少繳交保險費1年以上，才可請領失業保險給付（Sinn et al., 2006）。

請領者通常只限非自願性失業者，且有工作能力與準備接受合適的就業（suitable employment）。但是，合適的就業、工作意願是一個模糊的概念，受到薪資、工作時間、工作地點、家庭因素、宗教理由、工作技術、就業經驗與體力等因素的影響。如果這些因素不合，很難說是無工作意願（Pieters, 2006）。

此外，也必須向公共就業服務機構登記，並定期向其報告，以獲知可能的工作機會。登記之後，還有一段期間始能獲得給付，稱爲等待期。早年有些國家不設等待期，例如比利時、丹麥等。失業給付等待期的規定除了降低行政、給付成本之外，也假設短期失業對受僱者經濟影響不大。等待期大多數是3天到1週。加拿大、臺灣有較長的等待期爲14天。

有些國家會將非自願減少工時納入失業給付，因爲勞工的薪資已實質下降，其生計受到負面影響。有些國家領取失業給付時必須接受職業訓練課程或是參加技能檢定課程，以利提升就業力。參加職業訓練者可獲得額外的生活津貼，以茲鼓勵。目前大多數國家均將職業訓練納入失業給付領取的條件，以促進就業。

從1960年代末美國的工作福利（workfare）到1980年代英國的福利條件（welfare conditionality）或以福利促成工作（welfare-to-work），到2002年德國的哈茲改革（Hartz reform）失業給付與失業救助，甚至北歐的積極勞動政策（active labour market policy, ALMP）改革，或多或少都翻轉了福利國家創建以來的社會公民身分（social citizenship）概念，失業者或未就業者被當成是福利依賴者（welfare dependants）。2010年英國保守黨的工作與年金部長（the Department of Work and Pension）史密斯（Iain D. Smith）的說法最爲直白：「國家的責任是保證納稅義務人辛苦賺來的錢，不能浪費在那些能工作而不工作的人身上。」（Patrick, 2017: 26）因此，失業者必須接受較嚴苛的條件與罰則（sanctions），才能領取失業給付（out-of-work benefits）（詳見本書第十一章）。

肆 給付額度

給付的所得替代率各國差異很大。多者如瑞典、丹麥的80%，少者如希臘的40%。大多數國家介於50-80%間，例如美國、法國介於57.4-75%間（Daguerre, 2007）、德國是60-67%間（Sinn et al., 2006）。英國2007年的失業保險給付已從50%下降到16%（Clegg, 2008）。

一般給付的期限短者6個月，像臺灣、匈牙利、紐西蘭；通常1年者較多；長者如丹麥的4年（Daguerre, 2007）。不過給付期間長者，會將給付金額隨時間延長而遞減。有些國家給付時間長短會與其他方案互動，例如英國於1996年起將原先1年的給付期縮短爲半年，但輔以求職津貼（Jobseeker Allowance, JSA），須經過資產調查。

第六節　生育保險

生育（maternity）與其他社會風險不太一樣，可以自成一類。婦女因生育而有的法定假期稱產假（maternity leave）。女性因生育而暫時失去工作，導致所得損失，且又增加健康照顧支出，這是雙重損失。爲了彌補女性的損失，通常懷孕期間的健康檢查與生產期間的醫療與健康照顧，均應免費，且生育保險應該補償女性在生育期間因不能工作（產假）的所得損失。一般說來，生育給付要比一般傷病的所得補償額度要高（Pieters, 2006）。同時，爲了促進性別平等，陪產假（paternity leave）也因產假而衍生出來（詳見本書第九章）。

有些國家會另提供生育補助（birth benefits）給家庭，補償其因生育帶來的家庭成本增加。當然，也可能附帶有鼓勵生育的目的。生育補助通常一次給付。

至於，因爲照顧幼兒或因兒童生病所衍生出來的親職假（parental leave），或稱育嬰假，通常會納入職業別的社會保險中提供給付。因爲只有就業母親（working mother）才會有工作與家庭平衡的需求，故納入職業別的保險給付是合理的。而扮演父職者於陪產假結束之後，因性別平

等帶動母職的分享，而各國有不同的規定，本書將之放在家庭政策討論
（詳見第九章）。關於因生育造成的家庭負擔，各國提供不同的兒童給付
（child benefits），例如兒童津貼（child allowance）或家庭津貼（family
allowance），在第五章中討論，本章不再贅述。

第七節　邁向基本所得制？——代結論

　　社會安全制度實施以來已超過百年，面對以下幾個困境，其中部分
是誤解。首先是擔心社會安全支出失控。其次，造成福利依賴。第三，造
成人民懶惰不工作。第四，移民造成福利排擠。第五，福利詐欺與濫用
（Spicker, 2017）。這些質疑在本書第二章的福利國家危機與轉型，以及
最後一章福利國家的未來，多所討論，在此不再贅述。

　　然而，不只這些困境或誤解，社會安全體系經歷了數十年的擴張、
修正、緊縮、調整之後，名之為因應政治、經濟、社會變遷而有必要的調
整。但是，卻被質疑體系複雜到不可思議，卻不見得有效地解決現代社會
的問題（Mckay, 2005）。史匹克（Spicker, 2017）以英國社會安全給付體
系為例，指出以下難題：

1. 運作的規模越來越龐大，英國有600萬人領取資產調查給付，500
   萬人得到住宅給付，600萬人獲得各項地方政府減稅，1,300萬人
   領取國家年金。系統越龐大不只是財政議題，還包括身分轉變產
   生的新申請案眾多、行政繁複，必須靠菜單管理（manual basis
   managing），也就是人民必須上網點閱龐雜的給付說明、核對申
   領資格、試算給付額度等，才能了解自己的權益。

2. 理性選擇的假設並不符合實際。許多給付有自付額、選擇權、分
   攤比例等設計，現實生活中人們並未如制度設計者一般對制度瞭
   若指掌與懂得理性抉擇，致其制度設計原意未必能實現。

3. 制度設計越複雜、評估量表越細瑣、資格改變越頻繁、必備的證
   明文件越多，行政裁量權越大，政策設計原意也越不容易達成。

4. 制度越龐雜、給付越多、額度越高，道德壓力就越大。一旦道德

壓力大，反過來就設計越多限制資格條件（conditionality），例如申請福利先要有工作；要福利先評估家庭自我照顧能力；如果資格不合或違反規定就停權懲罰。

5. 機制設計複雜化。給付項目舊的不敢取消，新的堆疊上去，老背少情形嚴重，使得社會安全給付複雜難懂。有的須資產調查，有的不必；即使排富，所得門檻也不同；領取資格例如職業身分、年齡、國民身分、戶（國）籍、婚姻條件、家庭組成、居住期間等也很複雜；再加上工作條件、薪資、繳稅經驗更是複雜。

6. 錯誤修正頻繁。由於體系複雜，給付行政難免出現爭議，包括資訊未介接、身分變更、申請人對給付項目與額度有異議、重複請領等，申訴、甚至行政訴訟在所難免。除錯是隨時要進行的行政管理，資訊的完整、轉譯、介接、權限閱讀則是管理龐大資訊必要的工程。

7. 多重選擇繁瑣。並非資產調查才有選擇性的議題，選擇第一關是決定誰有資格得到給付？最常見的選擇工具是資產調查、診斷或評估、補償需求、人口屬性。通常篩選指標是申請人的個人條件、收入、家庭成員、不動產、照顧責任、事故發生等。選擇指標設計的目的是協助區辨出誰有權利獲得給付，或有需求得到給付？前者是依法獲得給付，後者是將錢用在刀口上，各有不同立論基礎。此外，除不同給付門檻設定不同外，往往又為了防弊，又會增加很多關卡，這些選擇指標鉅細靡遺臚列出來，絕對是好幾頁到幾十頁之譜。

8. 最後，資產調查門檻設定的兩難。資產調查是給付給窮人的篩選指標，被認為最有效配置資源的工具是把錢花在刀口上，讓最需要的人獲得協助，花最少資源獲得最大效益。然而，資產調查除了被質疑資產移轉、地下經濟造成調查不精確的公平性問題外，更根本的問題是門檻設定，只要門檻設定越嚴格，有資格領取救助的窮人就越少，這不代表社會上窮人真的少了，只是被排除在合格門檻之外的人多了。

於是，改革福利給付的聲浪此起彼落，其中聲量最大且簡單易懂

的，就是打掉重練，建立一套美國式的基本所得保證（Basic Income Guarantee, BIG），或是英國式的公民基本所得（Citizens' Basic Income, CBI）／普及的基本所得（Universal Basic Income, UBI）（Mckay, 2005; Spicker, 2017）。2008年以來部分國家或地區做了實驗，例如非洲那密比亞（Namibia）、巴西聖保羅（São Paulo）、印度幾個鄉村、肯亞奈洛比（Nairobi）、荷蘭烏特列（Utrecht）、加拿大安大略（Ontario）、芬蘭、烏干達波塔堡（Fort Portal）。實驗期間短，大多是1-3年，成效有待進一步驗證。雖然，有些國家的公民發起連署或請願，例如德國、西班牙、美國、歐盟，但都未獲得正面肯定的回覆。2016年瑞士舉行世界上第一個普及的基本所得公投案，投票結果遭76.9%多數否決。

普及的基本所得是什麼？依基本所得全球網（Basic Income Earth Network, BIEN）公布的五大特質：

1. 定期（periodic）：通常每月定期給付，非一次性補助。
2. 現金：發給現金以利人民自行決定如何使用這筆錢，而非實物給付或指定用途的抵用券（voucher）。
3. 個人：發給個人而非家戶。
4. 普及：人人有份，不必經過資產調查。
5. 無條件：無須以工作為前提或表明工作意願，就可領取。

從以上五個性質看來，普及的基本所得方案期待達到的效果有以下幾點：

首先，因應自動化（automation）時代來臨，人工智慧（AI）、智慧生產、機器人、無人駕駛、無人商店等將取代無數的勞動力，必然造成大量就業機會的消失，高失業率將不可免。當代以就業為基礎的社會安全體系，顯然無法因應。

其次，實現自由（freedom）。個人從國家領到基本所得，無須以受僱工作為前提，保障個人有權拒絕不喜歡的工作；同時，個人得以自行決定使用這筆款項。

第三，後資本主義經濟體系（post-capitalistic economic system）的形成。過去以就業為前提的社會安全體系，透過工作期間繳交保險費或提撥金，換取未來領取年金，或是以促進就業為前提的工作福利，都讓工作與

所得綁在一起，助長資本主義社會中的企業私有化、勞動商品化。企業透過繳稅給國家，由國家統一分配收入給人民，意味著讓大部分的企業不再與其員工所得安全對應，勞工因而有更大的議價權充權自己，資本主義體制走向公共化多於私有化（Standing, 2017）。

第四，消除貧窮。人人從國家定期獲得一定額度的給付，這個額度如果高於現有貧窮線，就表示該社會不再有貧民。

第五，性別平等。現有社會安全體系大都建立在職業別或所得相關的給付，對於女性較不利。因為女性勞動參與率低於男性、薪資也相對較低、又承擔較多照顧工作導致年資較短。普及的基本所得讓不同性別的國民得到相同的給付，不再有性別區隔（Mckay, 2005）。

最後，行政成本低。所有給付體系整合，不再有複雜的制度，也就不需要有龐大的科層人力來管理繁瑣的評估、篩選、資格審查、榮單選擇等，節省時間與人力、減少行政裁量紛爭等。

以上說明，彰顯了普及的基本所得方案的優勢，涵蓋道德的（公民權、團結、個人尊嚴）、經濟的（自由選擇、風險管理）、實務的（行政簡便）、社會正義的（公平）等面向（Spicker, 2017）。

然而，普及的基本所得方案必須面對三個根本的問題。

首先，如何處理既有複雜的社會安全給付方案？其中非繳保費的社會津貼、社會救助相對容易處理，只要社會同意歸零即可，停掉所有稅收支應的給付，預算全部納入普及的基本所得方案。但是，社會保險屬繳保費的給付，很難說結清就結清。保費來源有受僱者、雇主、政府依不同比率分攤，受僱者自己繳交的部分結清領回較簡單；但雇主與政府分攤部分要結清還給雇主與政府嗎？還是轉入普及的基本所得方案預算，這就涉及公平性的議題。雇主與政府所分攤的保費（提撥金）是依保障對象的投保薪資等級依比率分攤。那些累積的保費提撥（信用積點）應該屬於各該保障對象的預期給付收益，現在要把這些保費分攤收回轉而挹注到每人等額的普及的基本所得預算內，對那些年資較久，累積較多預期給付收益（信用積點）的受僱者來說，會有相對剝奪感。亦即，會出現本來是我該得的，卻挪去給別人用的爭議。此涉及違反信賴保護利益之原則，除非能證明那些預期給付收益是過當的、不符比例原則等，否則，只以為了建立新制度

的情事變更或公共利益來剝奪其應得的預期給付，必然會有違憲之虞。

　　倘無法處理既有的社會保險給付，普及的基本所得方案的財源將受限於原有的社會津貼與社會救助預算；且倘若原來的社會保險有過度給付，或給付不均，不加以終結，反而堆疊一個新的人人均享的基本所得，不就形成富者越富、貧者越貧的雙重不均現象嗎？違反普及的基本所得方案倡議的基本精神。

　　其次，普及的基本所得方案無法回答為何不同的社會人口群的經濟需求是一樣的？例如重大傷病有醫療需求、失能老人有長照需求、退休老人有維持生活需求、身心障礙者有教育就業醫療需求、單親家長有經濟與兒童照顧的壓力。如果以最大經濟需求人口群的額度作為門檻，恐怕預算規模會大到政府無法負擔，且對需求較少者來說是錦上添花。

　　最後，普及的基本所得方案也難以回應分配公平的質疑。雖然財源來自稅收，依累進稅的原理，資產與收入越多繳稅越多，貢獻（繳保費）越多給付也應該越多，是所得分配的公平原則。現制是工作人口繳稅多，獲得給付也多，包括年金、失業、職災、有薪親職假等。一旦改為普及的基本所得方案，不論貢獻、繳稅多寡，人人給付一樣多，反而違反所得分配的公平原則。為了讓所得低的人多一些福利，而造成繳稅多、貢獻多的人的不福利，恐怕很難取得社會廣泛的支持。顯示，普及的基本所得方案仍需要進行更多的社會對話。

參考書目

· 林依瑩、鄭雅文、王榮德（2009）。職災補償制度之國際比較及臺灣制度之改革方向。臺灣衛誌，28(6): 459-473。

· 林萬億（1994）。福利國家——歷史比較分析。臺北：巨流。

· 葉家興譯（2005）。世代風暴：人口老化即將引爆新經濟危機？（原著Kotlikoff, Laurence J. and Burns, Scott, 2005）。臺北：左岸。

· Achenbaum, W. A. (1988). Social Security's Three Rs. In G. Nash, N. Pugach and R. Tomasson (eds.), *Social Security: the first half-century* (pp.113-144). Albuquerque: University of New Mexico Press.

· Andersen, J. G. (2008). What State Transformations in an Affluent Scandinavian State: the case of Denmark. In M. Seeleib-Kaiser (ed.), *Welfare State Transformations: comparative perspectives* (pp.33-55). Hampshire: Palgrave.

· Anderson, K. M. (2005). Pension Reform in Sweden: radical reform in a mature pension system. In G. Bonoli and T. Shinkawa (eds.), *Ageing and Pension Reform around the World: evidence from eleven countries* (pp.94-115). Cheltenham, UK: Edward Elgar.

· Anderson, K. M. & Immergut, E. (2007). Sweden: After Social Democratic Hegemony. In K. Immergut, K. M. Anderson and I. Schulze (eds.), *The Handbook of West European Pension Politics* (pp.349-95). Oxford: Oxford University Press.

· Beck, U. (1992). *Risk Society: towards a new modernity*. London: Sage.

· Bernstein, M. & Bernstein, J. B. (1988). *Social Security: the system that works*. NY: Basic Books, Inc., Publishers.

· Bonoli, G. (2006). New Social Risks and the Politics of Post-Industrial Social Policies. In Klaus Armingeon and Giuliano Bonoli (ed.), *The Politics of Post-Industrial Welfare States: adapting post-war social policies to new social risk*s. London: Routledge.

· Börsch-Supan, A. H. (2006). What are NDC Systems? What do they bring to reform strategies? In R. Holzmann & E. Palmer (eds.) (2006), *Pension Reform: issue and prospects for non-financial defined contribution (NDC) schemes* (pp.35-55). Washington, D. C.: The World Bank.

· Buchanan, J. (1968). Social Insurance in a Growing Economy: a proposal for radical reform. *National Tax Journal*, December, 21: 386-397.

‧Clegg, D. (2008). From Liberal Statism to Statist Liberalism: the transformation of unemployment policies in Europe. In M. Seeleib-Kaiser (ed.), *Welfare State Transformations: comparative perspectives* (pp.147-163). Hampshire: Palgrave.

‧Daguerre, A. (2007). *Active Labour Market Policies and Welfare Reform: Europe and the US in comparative perspective*. NY: Palgrave.

‧Dean, H. (2002). *Welfare Rights and Social Policy*. London: Pearson Education.

‧Esping-Andersen, G. (1999). S*ocial Foundations of Postindustrial Economies*. Oxford: Oxford University Press.

‧Esping-Andersen, G., Gallie, D., Hemerijck, A., & Myles, J. (2002). *Why We Need a New Welfare State*. Oxford: Oxford University Press.

‧Giddens, A. (1991). *Modernity and Self Identity: self and society in the late modern age*. Cambridge: Polity Press.

‧Fornero, E. & Sestito, P. (2005). *Pension Systems: beyond mandatory retirement*. Cheltenham: Edward Elgar Publishing.

‧Fraser, D. (1984). *The Evolution of the British Welfare State* (2nd ed.). Macmillan Press.

‧Heclo, H. (1974). *Modern Social Politics in Britain and Sweden*. New Haven: Yale University Press.

‧Hill, M. (1993). *Understanding Social Policy* (4th ed.). Oxford: Blackwell.

‧Hill, M. (2006). *Social Policy in the Modern World: a comparative text*. Oxford: Blackwell Publishing.

‧Holzmann, R., Hinz, R. P., & Dorfman, M. (2008). *Pension Systems and Reform Conceptual Framework*. Social Protection & Labor, the World Bank. Washington, DC.

‧Immergut, K., Anderson, M., & Schulze, I. (2007). *The Handbook of West European Pension Politics*. Oxford: Oxford University Press.

‧Karger, H. J. & Stoesz, D. (2006). *American Social Welfare Policy: a pluralist approach* (5th ed.). Boston: Pearson Education, Inc.

‧Kawahara, M. K. (2005). Japanese Workers' Retirement Public Pension and Corporate Pension System and 2004 Reform，編入《勞工退休保障制度國際比較》。臺北：財團法人臺灣國際勞雇組織基金會出版。頁161-207。

‧Kuhnle, S. (1982). The Growth of Social Insurance Programs in Scandinavia: outside influences and internal forces. In P. Flora and A. Heidenheimer (ed.), *The Development of Welfare States in Europe and America* (pp.125-150). New Bruswick: Transaction Books.

· McKay, A. (2005). *The Future of Social Security Policy: women, work and a citizens' basic income.* London: Routledge.

· Millar, J. (2003). *Understanding Social Security: issues for policy and practice.* Bristol: The Policy Press.

· Modigliani, F. & Muralidhar, A. (2005). *Rethinking Pension Reform.* Cambridge: Cambridge University.

· Moen, P. & Sweet, S. (2004). From Work-Family to Flexible Careers: a life course reframing. *Community, Work & Family*, 7: 2, 209-226.

· Nash, G., Pugach, N., & Tomasson, R. (1988). *Social Security: the first half-century.* Albuquerque: University of New Mexico Press.

· OECD (2015). *Pensions at a Glance 2015, OECD and G20 indicators.*

· Palmer, E. (2006). What is NDC? In R. Holzmann & E. Palmer (eds.) (2006), *Pension Reform: issue and prospects for non-financial defined contribution (NDC) schemes* (pp.17-33). Washington, D. C.: The World Bank.

· Patrick, R. (2017). *For Whose Benefits? the everyday realities of welfare reform.* Bristol: Policy Press.

· Pierson, C. (2006). *Beyond the Welfare State: the new political economy of welfare* (3rd ed.). Cambridge: Polity Press.

· Pierson, P. (ed.) (2001). *The New Politics of Welfare State.* Oxford: Oxford University Press.

· Pieters, D. (2006). *Social Security: an introduction to the basic principles.* The Netherland: Kluwer Law International BV.

· Priestley, M. (2000). Adult Only: Disability, Social Policy and Life Course. *Journal of Social Policy*, 29: 3, 421-439.

· Rys, V. (2010). *Reinventing Social Security Worldwide: back to essentials.* Bristol: the Policy Press.

· Schulze, I. & Moren, M. (2007). United Kingdom: pension politics in and adversarial system. In E. M. Immergut, K. M. Anderson and I. Schulze (eds.), *The Handbook of West European Pension Politics* (pp.49-96). Oxford: Oxford University Press.

· Shinkawa, T. (2005). The Politics of Pension Reform in Japan. In G. Bonoli and T. Shinkawa (eds.), *Ageing and Pension Reform around the World: evidence from eleven countries* (pp.157-181). Cheltenham, UK: Edward Elgar.

· Sinn, H-W., Holzner, C., Meister, W., Ochel, W., & Werding, M. (2006). *Redesigning the Welfare State: Germany's current agenda for an activating social assistance*. Munich: Institute of Economic Research at the University of Munich.

· Spicker, P. (2017). *What's Wrong with Social Security Benefits?* Bristol: Policy Press.

· Standing, G. (2017). *Basic Income: and how we can make it happen*. London: Pelican Books.

· Thane, P. (1982). *The Foundations of the Welfare State*. London: Edward Arnald.

· Titmuss, R. (1958). The Social Division of Welfare. In *Essays on the Welfare State*. London: Unwin.

· Titmuss, R. (1968). *Commitment to Welfare*. NY: Pantheon Books.

· Zhang, W. & Liu, M. (2021). Tired of Running in Place, Young Chinese 'Lie Down'. *Sixth Tone*, 2021-05-27.

第四章
社會津貼與救助

貧窮對家庭成員負面影響的研究百年來堆積如山，包括高的死亡率、罹病率；低的預期壽命；從事危險工作；居住條件差；暴露在有毒物質邊緣；經濟不安使男性較不具婚姻吸引力；婚姻不穩定；婚姻滿意度低等。對貧窮兒童來說，高意外事故發生率、流行疾病感染率、社會情緒與行為問題、家庭暴力風險；營養不良或失調；較多慢性疾病問題；低學習準備；親子關係不良等。造成貧富差距擴大的原因不外乎因對富人減稅、工資差距拉大、女性戶長單親家庭所得偏低，以及兩性工資不平等（Zimmerman, 2000; Seccombe, 2002）。

1909年，當碧翠絲・韋布女士（Beatrice Webb）與其他三位主張大幅改革英國濟貧制度的「濟貧法皇家委員會」委員撰寫完成英國「少數報告」（Minority Report）時說道：「此時可能消滅貧困了！（It is now possible to abolish destitution!）」然而，貧困換成另一種形式的貧窮持續存在。早年以施粥（soup kitchen）、施棺、救濟幫助窮人，現在換成食物（實物）銀行、社會救助罷了（Knight, 2017）。

社會津貼與社會救助都屬社會安全的一環，但是社會津貼的社會福利屬因診斷、補償、人口屬性而有的給付權利；社會救助則是經資產調查後，家戶資產總額低於貧窮線以下的低收入家庭始可獲得各種相關福利。雖然，我國長期以來是社會保險、社會津貼、社會救助並行。但是，過去我國社會津貼大多以軍公教人員為對象，並非以診斷或人口屬性作為津貼的對象，導致國人誤以為我國沒有社會津貼，直到1990年代普及的老年年金的倡議，才讓國人注意到有社會津貼的存在。本章先闡述社會津貼，再討論貧窮、社會救助及其發展。

第一節　社會津貼的屬性

如前章所述，社會津貼是一種非繳保費、非資產調查的事故或類目給付。在工業先進國家較常見的有兒童津貼（Child Allowance），或家庭津貼（Family Allowance）、障礙者生活津貼或照顧津貼（Disability Living Allowance/Attendance Allowance）、失能者照顧津貼（Invalid Care Allowance）、行動津貼（Mobility Allowance）、住宅津貼（Housing Allowance）等，以下舉幾種討論。

壹　兒童津貼或家庭津貼

政府支持有子女的家庭，最早可追溯到1916年法國東南部城市格諾布勒爾（Grenoble）地區，其產業雇主決定給付給有兒童教養負擔的勞工特別的補助。但是，深怕有些雇主因而不再僱用子女眾多的勞工，於是人們立即想到創設一種所謂「補償基金」的制度，由會員平均分攤（賴金男譯，1992）。接著，1918年，巴黎近郊冶金工廠的雇主也補助其員工家庭教養子女費用。這些方案與出生率的下滑與第一次世界大戰後勞動力的流失等人口問題有關（Rodgers, 1975）。由於這是雇主自願提供經費在薪資中加上固定的金額，給付予有子女的家庭津貼，因此家庭津貼被認為是一種社會薪資（social wage）。而法國真正實施強制性家庭津貼是到1932年才立法規定所有工商業雇主均須比照辦理。到了1939年，法國所有國民才在《家庭法》（Code de la Famille）規範下獲得家庭津貼的給付權利。

在法國通過強制性家庭津貼之前，1921年奧地利先開辦兒童津貼。紐西蘭（1926年）、比利時（1930年）也先後制定普及的兒童津貼立法。到了二次世界大戰前後，荷蘭（1940年）、澳洲（1941年）、愛爾蘭（1944年）、加拿大（1944年）、義大利（1944年）、英國（1945年）、挪威（1946年）、匈牙利（1946年）、瑞典（1948年）、芬蘭（1948年）、丹麥（1952年）、瑞士（1952年）、德國（1954年）均已開辦（Pierson, 2006）。稍後，以色列（1959年）、日本（1970年代初）也都跟進。除了

美國之外，幾乎所有工業先進國家都已開辦普及的兒童津貼（Pressman, 1992）。

臺灣與韓國是兩個超低生育率的國家，也相繼發放兒童津貼，鼓勵生育。韓國兒童津貼1歲未滿每人每月20萬韓元（換算新臺幣約4,935元），1至2歲每月15萬韓元（新臺幣約3,700元）；3至7歲每月10萬韓元（新臺幣約2,467元）。2022年起，新生嬰兒育兒津貼每人每月提高到30萬韓元（新臺幣約7,400元），外加200萬韓元（新臺幣約5萬元）生育獎勵金。新生嬰兒育兒津貼規劃逐年調高到2025年達50萬韓元（折合新臺幣約12,333元）。

我國兒童津貼乃針對學齡前兒童故稱育兒津貼，2012年開辦針對父母自行在家照顧2歲以下兒童而未就業者，且家戶綜合所得稅率未達20%者，可領取育兒津貼每人每月2,500元。2018年起，擴大為0-4歲幼兒，家戶綜合所得稅率未達20%、未接受公共化、準公共化托育服務的家庭，每人每月可領取2,500元、第三名以上子女3,500元；2021年8月起每人每月調高為3,500元、第二名子女4,000元、第三名以上子女4,500元；2022年8月起每人每月再提高到5,000元、第二名子女6,000元、第三名子女以上7,000元。藉調高多名子女家庭的育兒津貼以利減輕家庭育兒負擔，提高生育多胎意願。

不同國家的兒童津貼或家庭津貼名目不同。到了1990年代中期，只有奧地利與拉丁語系國家，例如法語比利時、法國、盧森堡、義大利、葡萄牙、西班牙、希臘等國繼續使用家庭津貼的概念，凸顯這種給付是補助家庭教養子女的負擔。其他國家如佛蘭德語（Flemish）比利時、丹麥、瑞典、芬蘭、荷蘭、德國、愛爾蘭等國使用兒童津貼，英國於1975年改使用兒童給付（child benefit）取代家庭津貼。這些國家均強調兒童津貼是兒童的權利，而不是家庭收入的補充（Hantrais & Letablier, 1996）。

歐洲各國在1940年代出現家庭津貼立法，受到1934年瑞典經濟學者默達爾夫婦（Gunnar and Alva Myrdal）發表的《人口問題的危機》（*Kris i befolkningsfrågan*）一書影響甚深，引發家庭政策與人口問題關聯的思考，兒童津貼被認為具鼓勵生育的目的。歐洲國家人口政策的普遍受到重視，無疑地又與1940年代納粹德國的人口政策有關，納粹德國主張女性應

退出勞動市場，提高生育率，鼓勵每家生育4-6名子女。

　　不同國家的兒童津貼給付對象不同。一開始北歐的兒童津貼與1975年改名的英國兒童給付都是給付給母親（Glennerster, 2007），目的是補償母親照顧子女的負擔。歐陸國家與英國早期的家庭津貼則給付給父親，認為父親才是家庭主要經濟來源。進一步，到了1970年代，瑞典的兒童津貼已擴大為親職保險（parental insurance）的一環，不再只是母職津貼的意涵（Ohlander, 1992），將兒童津貼與性別政策扣緊。

　　雖然家庭津貼或兒童津貼是一種非資產調查式的給付。但是，並不是所有開辦兒童津貼的國家都是以社會津貼的形式出現，有些國家是屬於社會保險給付。例如比利時、法國、義大利、盧森堡等國受僱者不必繳納保險費，而由雇主全額負擔保險費。某些國家是由雇主與受僱者共同分攤保險費，例如希臘、西班牙、葡萄牙等國。奧地利是三分之二給付來自保險費，三分之一來自稅收。丹麥、德國、愛爾蘭、荷蘭、瑞典、英國都是稅收支應（Hantrais & Letablier, 1996）。以英國為例，貝佛里奇報告書中的家庭津貼概念來自1920年芮思芃（Eleanor Rathbone）所著的《廢嫡的家庭》（*The Disinherited Family*）一書中所提到的「沒有理由因為勞工有了孩子就要雇主多付錢。」因此，芮思芃建議英國仿照法國、波蘭、比利時開辦由國家稅收支持的家庭津貼，以解決兒童貧窮問題、提升生育率，以及保持勞動市場自由（Glennerster, 2007）。

　　如果以薪資所得相關的保險費作為財源，不論雇主或政府分攤多少保費比率，都是社會保險給付。而由政府稅收支應，則是典型的社會津貼。雖然財源不同，兩者的給付形式相近。除了社會保險、社會津貼之外，有些國家，例如西班牙、臺灣，兒童津貼雖然不需要資產調查，但是設有排富條款，家庭所得超過一定額度者，不可請領。總之，並非所有國家都實施均一給付的普及式兒童津貼。

　　就因為各國推行家庭津貼的目的不一，因此，給付的兒童年齡、家庭規模不同。到1990年代中期，只有葡萄牙、西班牙兩國給付給每一個兒童領取均等額度的津貼。英國、韓國則提供給頭胎較高的兒童給付，因為他們認為第一胎所需要的教養費用較高。法國家庭頭胎領不到兒童津貼，第三胎（含）以後的給付額度提高，理由是大家庭的教養負擔較沉重，尤其

是第三胎以後婦女通常無法繼續投入就業市場，其所得損失較重。當然，法國的兒童津貼設計也有鼓勵生育的目的。奧地利、希臘、愛爾蘭、盧森堡、瑞典、臺灣等國，也是子女越多，兒童津貼給付額度越高，這多少含有減輕大家庭經濟負擔與鼓勵生育的雙重目的。

1930年比利時的兒童津貼立法目的就是為了鼓勵生育。法國於1939年通過的《家庭法》，也是回應人口危機，透過家庭津貼達到創造友善家庭環境、鼓勵生育的目的（Hantrais & Letablier, 1996）。瑞典在1930年代初創家庭政策時，也是為了因應人口危機（Ohlander, 1992）。

至於兒童津貼的給付年齡，葡萄牙最嚴格，只給付到15歲，德國、愛爾蘭、英國、澳洲規定到16歲，芬蘭、荷蘭、加拿大的兒童津貼給付到17歲，其他歐洲國家都可領到18歲，除了奧地利到19歲。但是，只要就學或職業訓練中，比利時、葡萄牙兒童津貼可以一直領到25歲，奧地利可以領到27歲。亞洲國家實施兒童津貼時間較晚，給付年齡還相對嚴格，日本2010年延長到15歲。韓國、臺灣都以學齡前幼兒為給付對象，倘若生育率持續低迷，極可能像日本一樣逐步提高給付年齡。

如果是以家庭給付（family benefits）名目呈現，則往往還包括其他相關給付項目，例如病童照顧、侍親等，受照顧者有權申請給付，其給付領取資格則是實際執行照顧的親屬（Pieters, 2006）。

如前所述，兒童津貼或家庭津貼是一種普及式的社會津貼。但是，有越來越多的國家，引進資產調查式的兒童生活補助，僅發放給低所得家庭。例如1990年代初以來，德國、希臘、義大利、葡萄牙、西班牙等國都已引進所得相關的機制，其目的不只是衡量家庭資源的可負擔能力與兒童需求，也重新思考國家與家庭成員的兒童教養責任。親屬責任（liability to maintain relatives）並非新觀念，而是早在1601年的英國《濟貧法》中就已存在的概念，所謂責任親屬（liable relative）規定是指丈夫有責任扶養妻子；父母有責任扶養子女，子女也有扶養父母的責任；祖父母亦有扶養孫子女的責任，但孫子女並無扶養祖父母的責任。南歐天主教國家如義大利、葡萄牙家庭成員具有互負扶養義務，國家介入家庭通常在家庭資源枯竭的情形下為之；反之，在奧地利、法國、荷蘭親屬間的扶養義務相對少，國家介入家庭成員扶養責任相對多。愛爾蘭、英國的法律並未明確課以家

庭成員的相互照顧責任，國家的義務也未明訂。德國則是有資產的個人有責任扶養父母、失業的未婚子女，以及單親家庭的孫子女。北歐國家則規定國家有照顧國民的義務（Hantrais & Letablier, 1996）。

貳 失能者照顧津貼

為減輕照顧身心障礙者與老人的負擔，有些國家以長期照顧保險（long term care insurance）形式來減輕家庭與國家的財政負擔，例如德國、日本（一半保險、一半稅收）、荷蘭、韓國等。但大部分國家還是以家庭照顧津貼的形式來減輕家庭照顧者的負擔。芬蘭、法國、瑞典、英國提供給身心障礙者、老人及其照顧者津貼。奧地利、德國、荷蘭、葡萄牙只支持被照顧的老人與身心障礙者。比利時、丹麥、愛爾蘭、義大利則只提供照顧者津貼給家庭照顧者（詳見本書第七章）。

參 住宅津貼

住宅津貼或住宅給付（housing benefit）是指針對租屋者的房租負擔提供補助，可以是一種社會救助性質的房租補助，也可以是一種普及的房租津貼，各國的作法不同。在1980年代「福利國家危機」議論之前，住宅公共化程度較高的國家如丹麥、荷蘭、瑞典、英國等，除了提供社會住宅（social housing）（詳見本書第十二章）給勞工、青年、低收入戶、單親、移民、老人、身心障礙者家庭、遊民等之外，對承租社會住宅或是承租私人住宅的房客，都提供普及的房租津貼。

1982-1983年英國的房租補助方案開始引進所得相關的住宅補助，1988年進行大規模的改革。從1989年起，每年將近有400萬英國房客獲得房租補助，約占所有租屋者的一半。最多的一年是1996年的477萬6,000人。以1999年為例，英國的房租補助經費總計花掉184億4,500萬歐元。補助對象包括十分之六住在社會住宅的房客，以及四分之一私人租屋的房客，其中主要是老人、慢性病患、身心障礙者、單親家庭，以及失業者（Priemus & Kemp, 2004）。如果住在社會住宅的房客，地方政府的房租

補助是直接從原來的房租中抵扣，也就是房租補助直接付給社會住宅管理單位；如果房客是向私人房東或非營利組織租屋，則房租補助是直接支付給房東，或是支付給房客，依各地方政府規定。房租補助的額度依申請人的所得、家戶組成、合格租屋等條件考量，起點計算以社會救助給付金額爲基礎，也就是考量所得支持（Income Support）或是求職津貼（Jobseeker Allowance）方案的給付金額。如果家庭所得低於福利給付額度，房租補助額度是全額補助；如果所得高於福利給付額度，則房租補助依所得與福利給付差距調整比例補助。由此可見，英國的房租補助不全然是社會救助的一種，但也不屬於普及式的社會津貼。

荷蘭是世界上社會住宅占有率最高的國家，1970年代就已開辦住宅津貼。1997年荷蘭國會通過《住宅津貼法》（Housing Allowance Act），依申請人的所得、家庭人口數、租屋條件給予不同額度的住宅津貼。以1999年爲例，獲得住宅津貼的對象4%是屬於18-22歲青年，59%是屬於23-64歲人口群，37%是老人，總計津貼對象104萬7,000件，占所有房客的三分之一，平均年津貼額度1,459歐元，總預算15億3,060萬歐元（Priemus & Kemp, 2004）。如果以荷蘭的租屋率48%（含社會住宅36%與私人租屋12%）來算，住宅津貼的範圍也非全體租屋者，但亦非只是低收入戶。因此，這是一種所得相關的住宅津貼。

至於那些社會住宅占有率較低的自由福利體制國家（Liberal Welfare Regimes），例如美國、加拿大、澳洲、紐西蘭等國社會住宅（或公共住宅、補助住宅）比率只占所有住宅的4-6%左右，住宅市場高度商品化，自有住宅比率相對高（約占三分之二）。政府假設低收入家庭買不起自有房屋，不是因爲住宅市場失靈，而是所得不足。因此，政府不以住宅提供方式來解決低所得者買不起房屋的問題，而是以房租補助提供給低所得的租屋者。例如澳洲的房租補助（rent assistance）；紐西蘭的房租特別給付、居住補助等；加拿大的庇護津貼（shelter allowances）；美國的住宅抵用券（housing choice vouchers）等（Hulse, 2003）。這些方案主要以低收入戶爲對象，因此，屬於社會救助的範圍。

根據以上舉例說明，加上前一章社會保險的資料，本書以下表4-1來區辨社會保險、社會津貼、社會救助三種社會安全方案的差別。

表4-1　資產調查給付與非資產調查給付的差異比較

比較項目	資產調查給付	非資產調查給付	
	社會救助	社會保險	普及式社會津貼
給付資格	貧民或低收入戶	被保險人（受僱者，或全體國民）	老人、兒童、身心障礙者、租屋者、單親家庭等
給付水平	吝嗇	慷慨	社會可接受水準
合格要件	合乎低所得標準（貧窮線）	強制納保	普及性涵蓋特定社會人口群
行政層次	地方主導	中央統籌	中央統籌
工作誘因	工作倫理的懲罰、烙印，不利工作誘因	工作成就或功績	社會權
生活保障	社會最低標準	所得替代	基本生活保障
私生活介入	有	無	無
財源	一般稅收	保險費	一般稅收
國民支持度	負向質疑	廣泛被支持	廣泛被支持
政治合法性	慈善仁政	社會公民權（賺得的權利）	社會公民權（普及的權利）

資料來源：修改自Williams, Turbull & Cheit（1982）；Sainsbury（1993）；林萬億（1994）；林萬億、李淑容、王永慈（1994：16）。

第二節　現代社會救助制度的出現

　　社會救濟是人類社會最古老的慈善活動。在現代社會救助制度未形成前，人們對窮人、乞丐的施捨，稱為貧民救濟。社會救助是維持生計最後的手段（the last resort），如果能有其他更進步的制度，社會救助就會被取代，例如歐洲1881年以後發展出的社會保險與社會津貼，其中老年年金保險、失業保險、家庭津貼，以及國民健康服務等，逐步取代了當年《濟貧法》的地位。

　　現代貧窮研究的先驅，英國人布斯（Charles Booth）於1886年進行倫敦的貧窮研究，1892年出版《倫敦人民的生活與勞動》（*Life and Labour* of the People in London），發現勞工聚集的東倫敦有35.2%，全倫敦有30.7%的人民生活支持不適足（inadequate）。而1889年英格蘭與威爾斯的地方政府委員會的報告是貧窮率2.8%，1899年是2.6%，相差近10倍。

　　布斯將倫敦居民的所得分為8等，其中低所得的4個等第家戶，幾乎全掉入貧窮標準以下，也就是低於5口之家每週18-20先令的所得。布斯再將貧窮分為三種等級：(1)赤貧（very poor）：長期處於需要狀態，為生活必需而奮鬥；(2)貧困（in distress）：營養不良、衣不蔽體；(3)貧（poor）：既非營養不良，亦非衣不蔽體，但生活不適足、缺乏滿足感。亦即，布斯是以營養與衣被來界定最低需求（minimum needs），這也是後人稱此標準為貧窮線（poverty line），據以區分貧窮與非貧窮的差別（Rose, 1986; Spicker, 1990）。

　　英國人龍垂（Benjamin Seebohm Rowntree）是約克郡（York）的可可粉製造商之子，繼承其父的事業，同時也關心地方貧民的生活。他不只利用週日在約克城成人學校教書，也利用家庭訪視機會，親自了解貧民家庭生活，於1899年進行約克郡的貧民調查，1901年發表《貧窮：一個城市生活的調查》（Poverty: A Study of Town Life），該調查報告比之前的幾個類似的調查，在方法上更嚴謹，在分析上也更深入，研究發現約克郡貧窮率也高達28%。他將貧窮分為兩類：(1)初級貧窮（primary poverty）：家庭總收入不足以支應最低生活必需品，以維持生理效能；(2)次級貧窮（secondary poverty）：家庭總收入夠用，但是被挪用或浪費。龍垂的研究凸顯了資本主義社會的失敗，發現政府必須有新的策略以對抗失業、老年與疾病問題。

　　布斯與龍垂的貧窮定義成為往後絕對貧窮（absolute poverty）測量的基礎。貧窮門檻（poverty threshold）的雛形於焉產生，亦即家戶所得足以購買維持生理效能所需。這是貧窮測量的預算標準法（Budget Standards Method）的前身（Atkinson, 1970; Atkinson et al., 1981; Rose, 1986; Veit-Wilson, 1987; Bradshaw, Mitchell & Morgan, 1987; Renwick & Bergmann, 1993; Saunders et al., 2002）。

　　龍垂係自由黨的堅定支持者，他希望其貧窮研究可以被自由黨所採納。1907年自由黨的貿易部長喬治（D. L. George）約見龍垂，聽取他

的建議。之後，喬治升任英國財相，大力推動《老年年金法案》（1908年）、《國民保險法案》（1911年），顯係受龍垂的影響很深。後來，喬治請龍垂研究英國的鄉村，於1913年發表《土地》（*The Land*）報告，主張增加鄉村的小農，有助提高土地使用效率。同年，龍垂又發表《勞工如何生活？》（*How the Labourer Lives*），研究52個農家生活。同時，龍垂也關心自己企業的勞工，他認為健康與營養好的勞工才是有效能的勞工，因此提高員工薪資。他批評那些不能付給勞工過得去的工資（decent wage）的雇主，是不利國家經濟與人性的。1918年他發表《勞工的人類需求》（*The Human Needs of Labour*）建議政府引進最低工資與家庭津貼。

1941年龍垂進行第二次約克郡調查發表《進步與貧窮》（*Progress and Poverty*），發現約克郡的貧窮率下降50%，1890年代因低薪而致貧的情況已逐漸消失，而1930年代的貧窮問題起因於失業。他的研究結論影響到戰後工黨政府推動的福利國家，因此有人稱龍垂為福利國家的愛因斯坦（Einstein of the Welfare State）毫不為過。1951年，年近80的龍垂第三度調查約克郡，發表《貧窮與福利國家》（*Poverty and the Welfare State*），其發現影響到英國福利國家的發展。不過，龍垂第三度的調查被經濟學家艾金森（Atkinson, 1970）證實低估了貧窮的標準，導致在後愛德禮（post-Attlee）（1951-1964年）的保守黨執政時期，誤信貧窮已經被福利國家消滅了。然而，卻出現貧窮「再發現」的譏諷（Townsend, 1970）。

至於為何貧窮？梅休（Henry Mayhew）1848年的調查發現，英格蘭當時失業率是14%，失業人口高達225萬人，是致貧的主因。布斯與龍垂的研究發現，所得不足、疾病與老年是致貧的主因，布斯發現非固定工作與老年貧窮的嚴重性；龍垂亦發現52%的初級貧窮家戶是低薪工人（Rose, 1986）。顯示失業、低薪與老年是致貧的主因。解決失業和貧窮問題就成為20世紀初英國兩大社會工程。

為了濟貧的資源整合，慈善組織會社（COS）成立於1869年，反對國家介入濟貧，支持個人主義與自助，將窮人分為值得救助與不值得救助。而巴涅特教士（Canon Samuel Barnett）卻於1870年代與之分道揚鑣，發起社會睦鄰運動（Social Settlement Movement），並批評慈善組織會社是

「用骯髒的罩袍把自己的正義感給遮住。」（Rose, 1986）

　　關於老年貧窮問題，早在1878年布拉克雷教士（Canon William Blackley）就主張開辦一種強制納保的年金基金，以供作為疾病與老年年金使用。社會睦鄰運動的巴涅特教士也於1883年主張發放老年年金給院外救濟的老人，並提供技術訓練給院內救濟的有工作能力的窮人，是為英國首次有老年年金的提議。老年年金的概念也得到布斯的支持，1899年發表26頁的《老年年金與老年貧窮建議書》（Old Age Pensions and the Aged Poor: a proposal），支持稅收制的老年年金。而當時帶領自由黨統一派（Liberal Unionists）加入保守黨政府擔任殖民地部長的張伯倫（Joseph Chamberlain）則支持社會保險制的老年年金。慈善組織會社則一貫反對國家年金，若非要不可也只勉強接受自願式的社會保險年金。但是，費邊社、工會，以及剛成立的工黨均主張普及的以稅收支應的老年年金。1908年喬治（D. L. George）接任首相，在推動自由社會政策的企圖下通過了普及的以稅收支應的《老年年金法案》，隔年正月施行（Fraser, 1984; Rose, 1986）。

　　至於失業問題，1905年，英國已先通過《失業工人法》，企圖解決大量失業工人救濟的問題，但成效有限。1909年，剛進入貿易部與邱吉爾（Winston Churchill）同事的貝佛里奇（William Beveridge）寫了一本《失業：一個工業的問題》（Unemployment: A Problem of Industry），期以建立勞動交換來提升勞動市場的效率。他的目標是「雇主到那裡可以找到他要的工人，工人想要工作也可以到那裡去找。」這也就是就業服務站的構想。當然，勞動交換只解決勞動供需問題，並無法解決結構性失業的問題，找不到工作的失業工人還是得靠領失業救濟金度日（Fraser, 1984）。

　　於是，從改革《失業工人法》邁向失業保險就成為喬治下一個工作重點。1911年的《國民保險法》（the National Insurance Act）包括兩部分，一是健康保險，二是失業保險。這是喬治政府展現自由黨社會政策的另一項大工程，喬治結合邱吉爾，加上貝佛里奇，他們將16歲以上有穩定就業，但所得低於繳稅水準以下的受僱工人，以及所有手工業勞工均納入健康保險，保費是9便士，雇主負擔三分之一，勞工負擔4便士，國家負擔2便士，這就是出名的「4便士換9便士」口號。然而，英國的勞工跟德國工

人一樣，還是不習慣將薪水的一部分交給國家辦保險，而等待一個不切實際的9便士給付（Fraser, 1984）。

失業保險則是強制那些有循環性失業風險的行業，例如造船、機械、營造等加入，保費由雇主、勞工與政府三方分攤，國家再提撥300萬英鎊作為基金，每次給付每週7先令，最長領取期限為15週。由於財政負荷沉重，在一次大戰後，這個保險原則就被取消了，恢復到早期的資產調查原則，也就是透過調查失業工人的所得，必須低於一定水準以下才可領取失業救濟金。直到二次戰後，貝佛里奇報告書才又恢復社會保險原則（Fraser, 1984；洪惠芬、簡守邦譯，1999）。

其實，喬治心中想要的是由國家承擔疾病、身心障礙與失業的保障責任。他認為社會保險只是暫時的，英國終究會走向以稅收為基礎的全面性福利體系，這樣勞工才不會產生低自尊、恥辱與不名譽。尤其在那個時代，《濟貧法》仍然是主導英國社會福利的設計基礎。1945年以後的英國福利國家才真正實現喬治當年的理想，而那年他辭世了。

1919年衛生部成立，解決了健康保險實施後剩下來的貧民醫療服務問題。接著，1920年《失業保險法》擴大了1911年的保障範圍，1927年再提高給付。1925年的保守黨內閣通過《年金保險法》，一改1909年的普及式年金制。1929年工黨內閣通過《地方政府法》（Local Government Act），《新濟貧法》以來實施了將近一世紀的濟貧監護官就此走入歷史，取而代之的是地方政府的公共救助委員會（Public Assistance Committees）。這是1909年「少數報告」所主張的，1918年的麥克連行政報告（the Maclean Report on Administration）也支持這種看法（Fraser, 1984: 188）。從此，實行將近400年的英國《濟貧法》被現代公共救助制度所取代。1942年的貝佛里奇報告將國民救助納入社會安全的一環，稱為資產調查的給付。1948年《國民救助法》（National Assistance Act）通過施行。社會救助在社會安全體系中的地位就此確立。

第三節　貧窮與社會救助的性質

壹　了解貧窮

　　1995年聯合國哥本哈根宣言指出：「貧窮（poverty）以各種面貌呈現，包括：缺乏收入與生產資源以確保維持生活、飢餓與營養不良、不健康、限制或缺乏接近教育與其他基本服務的機會、高的發病率與死亡率、無家可歸與不適當的住宅、不安全的環境，以及社會歧視與排除。」可見，貧窮是一種多面向的人類社會問題。用人類福祉（human well-being）的概念來衡量，三面向（three dimensional, 3D）指標包括：物質（material）、關係（relational）、主觀（subjective），應可大致涵蓋（Gough & McGregor, 2007; McGregor & Sumner, 2010; Jones & Sumner, 2011）。或者說經濟福祉（economic well-being）、社會排除（social exclusion）、能力（capability）三個面向（Wagle, 2002）。物質福祉是指客觀可測量人們能夠滿足需求的實物；關係福祉是指人們為了滿足特定需求與目的，以及為了參與而能與他人建立關係；主觀福祉是指人們設定目標和從事達成目標的過程。

一、定義貧窮

　　傳統上貧窮的定義有兩種取向：

　　（一）絕對貧窮（absolute poverty）

　　是指以固定的概念所定義的低實質所得（或支出）水準（Sen, 1976, 1983; Bradbury, Jenkins, & Micklewright, 2001），例如以維持生計（subsistence）所需來界定貧窮，低於維持生計所需的最低標準即是貧窮。因此，絕對貧窮界定也是在定義生計（Alcock, 2006）。如前所述1795年英國史賓漢蘭制、1889年布斯的《倫敦人民的生活與勞動》、1899年起龍垂三度調查約克郡的貧窮，都是以絕對貧窮的概念來界定貧窮。布斯從營養、衣著的充足與否來定義貧窮（Kakwani & Silber, 2007）；龍垂的貧窮概念是維持生理效能的最低需求，亦即「低成本食物計畫」

（low cost food plan）。1909年英國的「少數報告」，主張可接受的水準（acceptable standards），亦即文明生活的最低限度，也是絕對貧窮概念，只是對生計的定義隨經濟、社會條件改變。

1964年美國社會安全總署的歐珊斯基（M. Orshansky）發展出預算標準法。1970年代經濟學家仙恩（Sen, 1976）認為研究貧窮有兩個步驟：首先認定貧窮，其次，以特定測量貧窮工具蒐集集體資料。這些都是絕對貧窮的概念。

（二）相對貧窮（relative poverty）

指在特定期間或國家比較上，實質所得水準會因低所得（或支出）的切割點而變化。例如歐盟以國民可支配所得中位數的60%，作為貧窮線（Bradbury, Jenkins, & Micklewright, 2001）。據此，貧窮人口的實質所得水準是隨著國民可支配所得中位數而變動。最貼近相對貧窮的概念是湯生德（Townsend, 1971, 1985, 1987, 1993）的相對剝奪（relative deprivation）、貧窮測量的共識法（Consensual Approaches）（Walker, 1987; Viet-Wilson, 1987）與歐洲流行的社會排除（social exclusion）。

相對剝奪是指個人、家庭、社區在飲食、住宅、衣被、醫療照顧、社會參與或其他維持過得去的生活標準（decent standard of living）所必備的要項上，相較於他人感受到明顯不足，即有相對的被剝奪感。對於非洲人來說，剝奪不只是物質的，也包括心理的（Chimakonam, 2020）。肯亞哲學家歐魯卡（Oruka, 1989/1997）稱之為滿足人類最低（human minimum）保證的生計、健康與安全。

共識法是讓人民決定貧窮的定義。社會排除是指特定鄰里、團體或社群，不只在所得上被界定為貧窮，也包括在社會、經濟、政治、教育、就業、文化、溝通、環境等生活面向上長期地處於不利處境的過程，致其生活機會（life chance）長期受到侷限（Room, 1995）。

二、測量貧窮

貧民不是用來被研究的，貧窮是必須提出解決對策的。因此，不管哪一種貧窮的定義，都不可避免地需要提出一套測量貧窮的方法，才知道哪些人需要被協助，要幫助哪些人解決生活問題。

以下是迄今常被用來測量貧窮的方法（Alcock, 2006）：

（一）預算標準法（Budget Standards）

預算標準是依據一張生活必需清單來決定誰是窮人。這個標準就是貧窮線（poverty line），生活在低於貧窮線的人們即是窮人。以下幾種都是屬於這一類。

1. 菜籃子法（basket-of-good approach）

依家庭每週營養所需最低的一菜籃的食物作爲貧窮線。最早是1922年貝文（Ernest Bevin）對碼頭工人的研究，由專家訂出每一個人最低需求攝取營養食物量。然而，專家難免主觀、獨斷，無法眞正訂出吻合人民的最低需求清單。

2. 經費基礎預算法（expenditure-based budget）

依家庭每週經費支出模式來決定貧窮線。由專家仔細地計算不同家庭每週實際開銷的模式，找到一個適足的、常態的、低成本但可接受的預算。英國學者皮阿巧（Piachaud, 1981）以此來研究養育兒童成本。英國約克大學的布雷德蕭（Bradshaw et al., 1987）則是這方面的領先研究者，並藉此建立家庭預算單位（Family Budget Unit, FBU），有如美國勞工統計局的資料庫。

3. 所得委任法（income proxy approach）

涵蓋非必需支出在內的一般人民可接受的預算支出模式。1964年美國歐珊斯基（M. Orshansky）發展出的預算標準法測量貧窮，首先依美國農業部所發展出來的經濟飲食攝取（economy diet）爲依據，計算出不同性別與年齡的個人每週所需飲食預算，再核算不同家庭組成（包括性別與年齡）與家庭大小所需飲食預算，依據飲食消費占家庭支出的比例還原算出美國家庭最低維生水準所得。以1964年爲例，她依1961年的美國勞工統計局所報告的都市家庭花費在飲食支出的比例爲22%到28%之間；再根據德國經濟學者恩格爾（Ernest Engel）研究不同家庭的消費型態，低所得家庭生活必需品的消費比例占很高，當家庭所得增加，生活必需品的消費比率下降，這也就是恩格爾曲線（Engel curve）。她相信貧窮家庭的飲食支出必然高於一般家庭，因此，認爲貧窮的平均飲食支出爲全家所得的三分之一。據此，她將平均每年飲食預算乘以3倍，即爲美國政府規定的貧窮

線；再依家庭規模大小、成員年齡等進行等量尺度（equivalence scale）[1]
的調整。其調整根據是家戶人口越多，因共享資源而減低支出，兒童的支
出低於成人。然而，OECD所建議的等量尺度並非強制性，也不是所有國
家或專家都同意採納。

　　所得委任法基本上是一種行為主義途徑（behaviourist approach），
依據家戶消費行為累積的經驗來建構消費模型，非常類似湯生德的剝
奪指數計算方法（Bradshaw et al., 1987）。但是，這些資料還是需要透
過專家判斷。據此，另一種補救方法出現，即是共識定義（consensual
definition），由社會調查分析來確定多少預算額度才夠維持生計。荷蘭
萊登（Leyden）大學最早提出這方面的研究，稱為萊登貧窮線（Leyden
poverty line）（Van Praag et al., 1982）。

（二）剝奪指數

　　英國社會政策學者湯生德於1960年代起研究貧窮問題，發展出相對
貧窮的概念，稱貧窮不是需求（need）的議題，是剝奪（deprivation）的
問題。於是，於1979年發展出11項（飲食、衣著、住宅、設備、環境、空
間、工作環境、社區整合、家庭活動、教育、就業機會等）、60個剝奪指
數（deprivation index），他訪問2,000個家戶，選擇最重要的12個指標，
其中冰箱、假期、早餐等與低收入家戶關係最密切，計算出不同家戶的
剝奪分數。1985-1986年再擴大為13項（增加社會參與、休閒2項）、77個
指標。

　　類似方法包括1983年起倫敦週末電視（London Weekend Television,
LWT）的英國生計線（Breadline Britain）調查。此外，1999年貧窮與社會
排除（Poverty and Social Exclusion, PSE）調查也類似湯生德的剝奪指標。

---

[1] OECD的等量尺度於1982年推出，稱牛津尺度（Oxford scale），第一個家戶成員計1，
　每增加一位成人成員加計0.7、兒童計0.5。2成人2兒童的4口之家，計2.7。1996年修正
　為第一個家戶成員計1，每增加一位成人成員加計0.5、兒童計0.3。2成人2兒童的4口
　之家，計2.1。2008年再修正為家戶規模平方根尺度（square root scale），第一個家戶
　成員計1，4口之家計2。

（三）多面向途徑（multi-dimensional approaches）

晚近多面向途徑已經獲得廣泛的支持，包括從社會學、制度經濟學、心理學、人類學觀點的貧窮界定（Kakwani & Siber, 2007）。仙恩（Sen, 1992, 1999）以能力與功能（functionings）架構來測量貧窮，被認為是發展多面向途徑的起步。能力是指個人能依其所選擇自由而活；功能是指那些達成能力的資源、能力與實質機會，例如擁有好的健康、好的教育、適當的營養、快樂等（Deaton, 2006）。

綜上，擴德羅（Kwadzo, 2015）彙整測量貧窮的途徑有四：貨幣貧窮（monetary poverty）、能力貧窮、社會排除貧窮、參與貧窮（participatory poverty）。貨幣貧窮是商品或用品為基礎的貧窮測量，指分配與使用多少財貨與個人擁有多少此類財貨。社會排除貧窮指被剝奪的狀況，苦於無法取得社會中他人可得的商品或服務。能力貧窮是指個人無法發展達成某種水平的功能之能力。參與貧窮是指窮人能否以自身經驗參與貧窮測量。

三、致貧的原因

要找出貧窮的終極原因是困難的。不論是個人、家庭、族群、地區、國家貧窮，都是諸多原因的互動或盤根錯節的結果。有將貧窮成因歸為二類者：個人與結構（Alcock, 2006; Banerjee, Bénabou, & Mookherjee, 2006）；布雷迪（Brady, 2019）進一步將之分為以下三類：

（一）病理歸因（pathological causes）

或稱行為歸因，是將致貧的原因歸咎於個人與家庭，是一種責難受害者的觀點。最早將貧窮分類為值得幫助的窮人（worthy poor）與不值得幫助的窮人（underserving poor），前者是指那些值得社會給予支持協助的脆弱者，例如老、弱、婦、孺；後者是指那些必須為自己的貧窮負責的人們，不值得社會提供集體性的支持。這樣的分類可追溯到1601年英國的《濟貧法》。對於不值得幫助的窮人，從西方基督教的道德教誨（moral teaching），勸人不能怠惰（idleness）和新教倫理（Protestant ethic）的「勞動即是生活的目的」（labour per se the end of life），均表達了對於人們怠惰的道德警惕，任何人沒有不工作的藉口。於是，有工作能力而不工作，落入貧窮是自身不道德，社會自無幫助的義務。幫助不值得幫助

的窮人反而破壞了社會的良善習俗。一旦因不努力工作而成為窮人，就會被批評為流浪漢（vagabond）。流浪漢被認為是偏差者，應該被驅趕、鎮壓、懲罰、監禁。這是道德化貧窮（moralising poverty）（Romano, 2018）。在《濟貧法》時期，會被標誌為V，將被送進不同形式的監禁機構隔離管訓（disciplining），例如貧民施醫所（Hospitalia）、濟貧院（diaconiae）、安養院（xenodochia）等。

貧窮醫療化（medicalization of poverty）是自古以來常見的汙名化貧窮。其邏輯是：(1)窮人有實質的醫療需求；(2)健康是成功之鑰；(3)錢才是藥方；(4)吾等聰明的好人能幫助窮人，如同行醫。以精神衛生為例，其框架概念如下：(1)因於日常社會與經濟弱勢導致的痛苦，可以經由醫療與治療介入後被矯正；(2)藉此掩飾造成弱勢人口群心理痛苦的根源：生活條件差、失業、社會孤立；(3)刻板地假設與負面敘述處在經濟弱勢環境者的行為，進而須自行負起責任（self-responsibility）解決持續的經濟、社會與健康不均的議題（Friedli & Stearn, 2015）。

其實，比較好的說法應該是風險因子的醫療化，而不是貧窮的醫療化。亦即，發現致貧的完整成因，始能找到脫貧的有效方法（Webb & Matthew, 2018）。其實，以美國來說，貧窮犯罪化（criminalization of poverty）更嚴重，其內涵包括：(1)福利與刑法關聯；(2)破窗理論的治安觀點與執法策略，將低所得社區與失序關聯；(3)以現金交保來拘留貧窮犯罪被告；(4)以罰鍰與繳費之犯罪裁定，以及無能力償還民事債務的犯罪化。犯罪化貧窮的假設是隔離窮人，如同隔離病人，因其缺乏能力、失序、依賴，且充滿種族與性別偏誤。倘若要解構貧窮犯罪化，就要先去除貧窮醫療化（Sage & Laurin, 2018）。

以法國社會學者布迪厄（Bourdieu, 2000）的符號暴力（symbolic violence）來解讀，社會文化機制與權力不對等關係，讓顯現於日常生活的既存人際互動與關係，透過語言、符號和常態例行行動，使壓迫正當化，且將責任歸咎弱勢者。本質上，這是一種日常生活的微政治（micro-politics），或制度排除的微政治。

病理歸因又可分為以下幾個次觀點：

1. **基因觀點**：認為人的社會地位是繼承來的，祖先的血統決定後代

的性格與智慧。窮人的基因較差,所以無法翻身。這些壞的基因包括:愚昧、孱弱、笨拙、不善理財、疾病、身心障礙、犯罪等。

2. **心理學觀點**:認為個人的成就與人格特質有關,懶惰、不負責任的人格,較不容易有成就。常見的說法是「窮人因懶惰而致貧,富人因努力而致富。」

3. **剝奪循環**(cycle of deprivation):家庭或社區的文化導致子女內化了父母的行為,例如不當的親職教養、低抱負、低成就動機、不利的環境等。子女在這種家庭環境下,很容易耳濡目染而學習到低能力、低技術、低期待的價值與行為。依此觀點,貧窮、失依、單親家戶較容易世代貧窮。路易斯(Lewis, 1965)的貧窮文化(culture of poverty)屬於這種觀點。

4. **鄰里效應**(neighborhood effects):或貧窮的成員理論(memberships theory of poverty)(Bowles, Durlauf, & Hoff, 2006),指鄰里的社會、經濟會直接或間接影響居民的行為。威爾森(Wilson, 1987)描述的《真正的弱勢》(*The Truly Disadvantaged*)指低下階級(the Underclass)居住在經濟無法自足、暴力、物質濫用、低出生體重、低認知能力的鄰里,居民行為受到很嚴重的影響。

病理歸因忽略貧窮的動態關係,簡化致貧原因為單一因素;也無法說明為何有些在同樣環境下長大的孩子卻有不一樣的成功經驗,例如某些出生美國底層社區的黑人籃球、棒球、美式足球明星可日進斗金。

(二)結構歸因(structural causes)

貧窮是環境與社會力交互影響的動態結果。包括以下幾個因素:

1. **經濟結構因素**:失業、低薪(工作貧窮)、經濟蕭條等。例如部分工時就業、派遣勞動等所謂不穩定就業(precarious employment),或非典型就業(atypical employment),是勞工陷入工作貧窮(working poor)的原因。當然,經濟不景氣勞工也會受害,例如雇主實施無薪假。

2. **地理因素**:包括氣候不利農工業發展、土地貧瘠、人口過剩、城

鄉發展不均等造成某些地區經濟發展落後。

3. 人口結構：依賴人口過多、低教育水平人口過剩、國民健康條件差。

資本主義市場經濟基本上是一種所得決定的成就模式（achievement model of income determination），認為在完美的經濟競爭市場裡，個人在經濟機會的大海裡搜尋機會，只要努力生產獲得報償與儲蓄，就不可能陷自己於貧窮中，除非不努力。然而，現實社會裡還是有人持續貧窮（persistent poverty），一定是社會存在著貧窮陷阱（poverty traps）（Bowles, Durlauf, & Hoff, 2006）。其陷阱有三：

1. **關鍵門檻**（critical threshold）：是指在某種生存環境下，人們無法超脫環境的限制，導致陷入無止境的貧窮。例如工人生活在一個低教育人口供給過剩的國家，很難儲蓄足夠的收入，逃離貧窮；反之，如果換到一個教育程度較高的國家，低技術工人就可能賺到較好的薪資，避免貧窮。

2. **制度失功能**（dysfunctional institutions）：是指由於國家缺乏保障財產權、不足的公立學校、匱乏的公共財與公共服務，導致人民教育水準低落、投資意願不足、所得偏低。

3. **鄰里效應**：如前述的貧窮的成員理論，是指受到鄰里、學校的影響，出現同儕效應、角色示範，或其他團體影響，使得團體成員習得生活在貧窮中並不以為忤的思想與行為，因而陷入持續的貧窮中。

（三）政治歸因（political causes）

1. **意識形態**：政府奉行新自由主義經濟理論，相信雨露均霑（trickle down）的原則，認為只要經濟發展，富裕成果就會像雨露一樣降臨給每個人。然而，現實生活不是這樣，失業型經濟復甦就是一例。

2. **制度環境**：不民主、教育不普及、資源分配掌控在少數利益團體或家族手中、政治貪汙腐敗、內戰頻繁、族群衝突、殖民剝削等都不利於經濟發展與資源公平分配。

3. **政策失敗／制度失功能／貧窮政治**（politics of poverty）：國家

不以縮短貧富差距為優先來思考政策發展，任由貧窮問題持續惡化。此外，經濟發展之後，如果繼續減稅，窮人也得不到好處。

政治經濟結構改變，貧民的組成也會隨著政治經濟結構而轉變，從前述龍垂的研究即可知。農業社會的貧窮問題出在土地的有無、個人與家庭的缺損，前者如佃農；後者如失依、老弱婦孺、身心障礙、精神疾病，都是容易陷入貧窮的高風險群。到了工業社會，大部分人都成為靠薪資生活的經濟（wage-based economy）活動下的個體。擁有資本或生產工具者，陷入貧窮的機會少，除非經營不善或敗家。工人階級，特別是那些缺乏技術與社會網絡的勞工，因失業而致貧的風險高。故貧窮風險與社會地位有關，在薪資為唯一的經濟來源下，失業即貧窮。至於那些因疾病、身心障礙而無法參與勞動市場的人們，也是貧窮的高風險成員。

因缺乏就業機會或低薪的貧窮已經超越傳統上定義貧窮的物質匱乏與低所得概念，而是更廣泛地被社會所排除。同時，這些被排除的人們成了新階級──低下階級。有學者認為低下階級是新式的不值得幫助的窮人（Katz, 1989）。Wilson（1987）發現這些人缺乏就業機會（低技術、空間距離、低經濟成長）、離婚率高、有選擇的移居（selective out-migration）（例如致富的黑人移出貧民區之後，新移入一些貧窮黑人取而代之）、鄰里效應（Mincy, 1994）。在美國低下階級指涉的幾乎就是黑人與移民工人。但是，其他國家的經驗不完全一樣。總之，低下階級有別於過去以勞動市場分工的傳統階級劃分，是指生存在社會最底層的人們，這些人無法參與社會活動，感覺被套牢在剝奪的位置上，包括長期失業者、貧窮的老人、身心障礙者、慢性病患、單親家庭等（Alcock, 2006）。

布雷迪（Brady, 2019）總結認為，致貧原因經常是交織的，誘因與文化產生個人內在與代間貧窮行為，累積而致貧。而加入結構因素之後，行為仍然可能扮演致貧的中介角色，經濟與人口脈絡導致貧窮風險行為，或直接導致貧窮。若從貧窮政治的角度看，制度、權力結構形成政策，當政策不利於某些人口群時，直接造成其貧窮後果，或是因貧窮風險行為而致貧。

四、貧窮與社會排除

社會排除（exclusion sociale）概念是1974年由法國學者連諾（Richard Lenoir）提出，描述某些社會邊緣的群體無法接近正常的就業資源與福利國家的所得安全網，例如無業青年、失業者、無家可歸者。這是衍生自涂爾幹的哲學（Durkheimian philosophy），認為社會排除是一種「社會被視為一個整體的集體價值的失落與社會結構的瓦解。」到了1980年代，法國的社會排除概念已經擴大到適用被國家遺棄者（les éclus, the pariahs of the nation），亦即被限制部分權利的新移民。1990年代，又擴大到描述市郊的被剝奪者（les banlieues），亦即城市排除（urban exclusion）（Taket et al., 2009: 6）。基本上，社會排除是被市場經濟制度多面向的排除與不利；是被社區所邊緣化（marginalization）、無關係與疏離的；是一種多重剝奪（multiple deprivation）、累積悲慘（cumulative misery）（Brady, 2009）。

早年，影響美國甘迺迪總統（President Kennedy）與詹森總統（President Johnson）對抗貧窮作戰計畫很深的美國經濟學者蓋伯瑞斯（Galbraith, 1958），其經典著作《富裕社會》（*Affluent Society*）書中即已強調「貧窮不只涉及物質條件的生存，且應從缺乏社區認為過得去的最低生活必需來了解。」另一學者哈靈頓（Harrington, 1962）在其《另一個美國》（*The Other America: Poverty in the United States*）一書中也提及「窮人喪失與廣大世界的連結」。前述湯生德的相對剝奪概念也是朝多面向的貧窮定義，亦即貧窮不只是生計的問題，而是生活水準的問題，包括住宅、健康、休閒、文化、治安、社會資本累積、政治參與等。仙恩的能力與功能架構也有多面向貧窮的意涵，亦即能力剝奪（capability deprivation）。且社會排除與能力剝奪已被看成是一體兩面，被社會排除者必然很少有能力參與社會活動（Atkinson, 1998; Brady, 2009）。

1990年代初，社會排除概念被歐洲聯盟採用來描述失業與貧窮的現象（Room, 1995）。1997年英國工黨執政以後，社會排除被廣泛地接受成為描述新貧窮的現象。政府部門設置社會排除單位（social exclusion unit）作為檢視各領域社會排除的狀況（Rouse & Smith, 2002）。

社會排除與社會團結有關，指涉個人權利、國家責任與拒絕剝奪，這是針對英國新工黨第三條路的道德論述。社會排除也關係到社會整合，亦即社會包容（Social Inclusion）就是一種社會整合（Social Integration）。

　　社會排除是一個長期的過程，個人、家庭、團體，或鄰里參與社會、經濟、政治活動所需的資源被剝奪。這個過程基本上是因於貧窮與低所得，但也夾雜著因歧視、低教育成就、惡劣的環境因素。經由這個過程，人們在人生中的某個階段，會被阻斷享有所有社會成員所應該擁有的制度、服務、社會網絡與發展機會（Pierson, 2010: 12）。

　　簡言之，社會排除的過程包括：因貧窮與低所得，而缺乏接近就業市場的機會，導致社會支持網絡薄弱或不存在，再加上低所得的地方或鄰里缺乏或不具資源投入的吸引力（鄰里效應），因此住在這裡的人們就從應得的服務中被排除（Pierson, 2010: 13）。

　　社會排除通常存在於社會區隔（Social Differentiation）與社會兩極化（Social Polarisation）的社會中（Barry, 2002）。社會區隔是指在一個社會裡，不同的群體生存在不同的經驗與環境中，例如種族隔離、階級對立，使得該社會無法整合。社會兩極化是指貧富不均拉大。

　　基本上，貧窮也是一個所得分配不均的議題。測量所得分配不均常用家戶所得五分位差，其公式是：最高20%的家戶可支配所得÷最低20%的家戶可支配所得。其倍數越大，所得分配越不均。

　　另一種所得分配不均的指標是吉尼係數（Gini coefficient），是測量羅倫茲曲線（Lorez Curve），即以戶數累積百分比為橫軸，所得累積百分比為縱軸的所得分配曲線，其與完全均等直線（對角線）間所包含的面積對完全均等直線以下整個三角形面積之比率。係數越大，所得分配不均等的程度越高；反之，係數越小，表示不均等的程度越低。吉尼係數大於0.4時就表示所得分配不均非常嚴重，小於0.3則表示所得分配較平均。我國2018年的吉尼係數是0.338，6年來變動不大，屬於聯合國開發計畫總署所定義的中等所得分配平均國家。OECD國家的吉尼係數落在0.24到0.36之間。較平均的國家是丹麥的0.24、瑞典0.25、挪威0.258、奧地利0.26、芬蘭0.269、德國0.283、澳洲0.305、韓國0.313、加拿大0.326、法國0.327、比利時0.33。我國的情形比英國0.34、希臘0.343、西班牙0.347、

義大利0.36、日本0.381稍好。美國0.45、中國0.47，是所得分配較不平均的國家。

日本學者大前研一（江裕真譯，2006）認為全球化下，M型社會出現，中產階級消失。他認為代表富裕與安定的中產階級，目前正快速消失中，其中大部分向下沉淪為中、下階級，導致各國人口的生活方式，從倒U型轉變為M型社會。也就是富裕與貧窮的兩端人口擴增，而中間的中產階級人口下陷。原因是1985年開始的「新經濟」浪潮，是造成M型社會的最大原因。再加上1990年代，經濟的長期衰退，也就是從工業社會轉型到服務業社會的陣痛。事實上，中產階級不可能消失，只是減少，就不會出現M型化社會，而是向貧窮一端傾斜。

至此，社會排除可以從幾個向度來理解。首先，社會排除的形式包括：參與排除（缺乏參與社會與社區活動）、服務排除（缺乏適當機會接近需求之服務）、經濟排除（限制接近經濟資源與低經濟能量）。其次，參與的層次可分：生存層次（接近食物、住宅、衣被）、社會關係層次（促進個人與家庭的再生產）、安全層次（增強生存與再生產的工具）、生產層次（國家與地方的生產自主）、政治層次（生產與再生產的基層組織）、進步層次（參與生產力的發展）。第三，排除關係的面向：水平排除（例如被團體或網絡的參與所排除）vs.垂直排除（例如被社會階梯的晉升所排除）、意圖排除（例如歧視）vs.非意圖排除（例如非自覺的貶抑）、正式排除（例如制度與立法）vs.非正式排除（例如社會傳統行為、文化模式的敵意等）、多因素排除（例如同時具備少數族群、婦女、身心障礙、貧窮等原因）、正增強排除（例如因為失業造成貧窮，貧窮造成世代貧窮等，亦即發生骨牌效應〔domino effect〕）（Taket, 2009: 9）。

基於此，社會福利工作者的消滅社會排除策略也必須針對其形成過程採取以下措施（Pierson, 2010: 48）：

1. 極大化貧民及其家庭的所得與基本資源。
2. 增強社會支持與網絡。
3. 與地方機構與組織建立夥伴關係。
4. 創造使用者、居民及其組織有效參與的管道。
5. 聚焦於鄰里與社區層次的實務。

五、兒童貧窮

兒童比成人更容易陷入貧窮，因為兒童需求照顧，且滿足自身需求的能力較低。因此，兒童貧窮率通常高於其所占人口比例（Jones & Sumner, 2011）。特別在經濟危機時期，由於失業率高與撙節預算，兒童貧窮率也不成比例地升高。以OECD國家為例，2008年兒童貧窮率在13-18%的有比利時、德國、愛爾蘭、瑞典等，最高的達27-30%的有西班牙、美國，大部分落在20-25%間。到了2014年的後全球金融危機時期，三分之二的國家兒童貧窮率升高。增加達10%以上的有賽普勒斯（Cyprus）、冰島、希臘。升高7-9%的有匈牙利、義大利、愛爾蘭、西班牙。升高1-2%的有德國、英國。瑞士、波蘭、斯洛伐克、瑞典、比利時、挪威、丹麥、奧地利不增反降。兒童貧窮率升高的原因是經濟成長率下滑、社會支出撙節、失業率升高（Cantillon, Chzhen, Handa, & Nolan, 2017）。

法馨（Farthing, 2016）從年輕人自身處在貧窮社區的經驗，參與研究英國居住在低所得鄰里的10-21歲青少年，發現他們最關切的三個共通問題是住宅、教育與犯罪，也認為要從這三個議題下手，才能真正解決貧窮問題。

兒童貧窮的後果包括被放棄、發展遲緩、延後教育、低學習成就、兒童虐待與疏忽等（Jones & Sumner, 2011）。就健康面言，常因營養不良而發育遲緩，或營養不均而虛胖或瘦弱。同時，也比較容易感染流行病，例如感冒。嬰兒死亡率也較高。反之，經濟發展會使嬰兒死亡率大幅下降（Ferrarini & Norström, 2010）。貧窮家庭經歷教育、社會、社區與種族的不利，導致兒童不當對待風險相對高（Landers, Carrese, & Spath, 2019）。

貧童的教育準備嚴重不足（Park, 2002）。低教育成就導致低技能、低薪，甚或是失業的高危險群，成為貧窮的惡性經濟循環。

兒童貧窮顯著影響兒童問題行為，不論是內化（internalizing）或是外化（externalizing）的兒童問題行為都是低學業表現、心理疾病、少年犯罪、物質濫用、健康問題的風險因子。而問題行為的成因較不是兒童個人造成，而是家庭貧窮與鄰里貧窮（neighborhood poverty）交織的結果。有問題行為的貧窮兒童常經歷家庭貧窮與鄰里貧窮的雙重弱勢（double disadvantage）（Kim, Lee, Jung, Jaime, & Cubbin, 2018）

貧窮也導致道德淪喪，此情形持續發生在許多亞洲、非洲、中東軍事衝突的國家，婦女與女童被迫結婚、性剝削、性販運、性奴隸（McAlpine, Hossain, & Zimmerman, 2016）。

馬克拉夫林與蠻克（McLaughlin & Rank, 2018）從增加健康支出、減少所得、增加街頭犯罪、犯罪矯正與嚇阻成本、監禁的社會成本、兒童無家可歸、兒童不當對待等支出，估計美國兒童貧窮一年造成1兆298億美元的損失，約占2015年GDP的5.4%。比2008年的估計高兩倍。顯示解決兒童貧窮問題的重要性。

六、貧窮女性化

如同兒童比成人容易陷入貧窮一般，女性也比男性容易陷入貧窮。相對於男性，女性有不成比例的高貧窮率，即是貧窮女性化（feminization of poverty）。皮爾絲（Pearce, 1978）研究單親女性家長發現，婦女支持自身及其家庭，導致其陷入貧窮。以美國為例，1960年有28%女性家長陷入貧窮，到了1987年，升高到60%。到了2012年，情形並沒改變，18-64歲工作人口中，15%女性陷入貧窮，高於男性的11.6%；64歲以上人口，女性有11.6%陷入貧窮，男性僅6.8%；16.4%女性為戶長的單親家庭陷入貧窮，高於男性為戶長的6.3%；而所得僅有貧窮線一半的極貧家戶，女性也有6.9%，高於男性的5.7%（O'Leary & Frew, 2017）。這種貧窮女性化的現象也發生在加拿大、日本（Goldberg, 2010）、拉丁美洲（Bradshaw, Chant, & Linneker, 2019），通常與家戶長女性化（feminization of household headship）有關（Chant, 2007）。歐盟的經驗是從個人財政依賴率（individualized financial dependency rate, FDR）測量，貧窮的性別落差比以家戶為基礎的貧窮風險率（household-based at-risk-of-poverty rate, ARPR）高，原因在於家戶統計把性別落差平均掉了（Corsi, Botti, & D'Ippoliti, 2016）。

瑞典是少數例外的國家，接受公共救助的成年人中女性占48.2%而已，略低於男性。瑞典因為貧窮率低，再加上社會政策的去性別化（degenderization），所以不容易出現貧窮女性化的現象，倒是由於移民

大量湧入，而出現貧窮種族化（ethnicization of poverty）的憂慮，亦即移民人口有較高的貧窮率。但移民男性比移民女性更容易陷入貧窮，因此貧窮種族化並未帶來新的貧窮女性化問題（Sainsbury & Morissens, 2010）。

從生命歷程的角度來檢視貧窮女性化，發現女性單身老人也比男性更容易陷入貧窮。因此，貧窮女性化必須被廣義地解讀爲包括女性單身老人，而不只女性單親戶長不成比例的高貧窮率（Goldberg, 2010）。

女性接受社會保險給付的機會常以其丈夫之名得到，卻非靠自己的權利賦予，而社會救助受益人口中又以女性爲多，充分證明了二元福利體系下的性別區隔（Sainsbury, 1993）。除非採行普及社會保險或普及的社會津貼，否則社會保險國家經常只是「男人的福利國」（men's welfare state）。

從1995年的第四屆聯合國婦女高峰會議開始，女性貧窮問題被重視。貧窮女性化被認爲有以下性質（Chant, 2007: 1）：

1. 女人比男人有更高的機會淪爲貧民。
2. 女人比男人更痛苦於嚴重的貧窮。
3. 女人比男人陷入貧窮的時間較長。
4. 女人比男人承擔不成比例的高貧窮負荷。
5. 女人比男人有較多脫離貧窮的障礙。
6. 貧窮女性化與家戶長女性化相關聯。
7. 女性戶長家庭是貧窮中的貧窮。
8. 女性戶長家庭的貧窮問題傳遞給下一代，以及弱勢的代間傳遞（inter-generational transmission of disadvantage）。

女性單親家長因爲財務、住宅、就業、交通等壓力，影響其親職的履行（Lange, Dáu, Goldblum, Alfano, & Smith, 2017）。主要的問題出在就業市場的性別區隔、婦女勞動參與率低、女性爲戶長的單親家庭比率過高、公共社會照顧體系不足、二元體系的社會福利，以及社會文化加諸女性家庭照顧角色的性別刻板印象。

貧窮女性化的議題雖然凸顯家戶長女性化的現象，但政策不宜聚焦在少了男人的家戶（male-deficit household），而責難女性不結婚或不該離婚的議題上。南美洲某些國家的例子，採指定現金移轉（conditional cash transfers, CCTs）方案，提供資源於兒童教育（制服與課本），保證貧窮家庭子女受教育與接受健康照護，儲備其未來就業力與生產力，達到去除女性貧窮化（de-feminization of poverty），而不是發給現金讓婦女增加短期收入，反而造成長期依賴（Bradshaw, Chant, & Linneker, 2019）。這也是本書第十三章討論的社會投資的作法之一。

七、工作貧窮

隨著全球化與後工業化的影響，資金全球流動，工業先進國家產業外移到發展中國家，導致工業先進國家失業率提高。再加上發展中國家的低薪競爭，也拉低了工業先進國家的薪資，即所謂向下競逐（race to the bottom）效果。同時，全球化也增加雇主以投資海外作爲討價還價的籌碼而壓低工資。再加上，服務業的勞動彈性化需求，增加勞動的不穩定與低薪化。於是，低薪工人成爲工作貧窮（working poor or in-work poverty, WP/IWP）（Andreß & Lohmann, 2008）或新貧（new poor）（Room, 1995）。工作貧窮已成爲歐洲理事會「2020歐洲策略」（Europe 2020 Strategy）的政策目標。2010年里斯本策略（Lisbon Strategy）修正，將2010-2020年歐洲策略轉變爲成長與就業策略，依循彈性安全（flexicurity）路徑，重點是對抗工作貧窮。

國際勞工組織（ILO）定義每週至少工作1小時以上，稱爲有工作。至於工作貧窮的定義，涉及個人或家戶爲單位，以及對工作的定義。歐洲聯盟定義工作貧窮「指個人在過去1年中至少工作7個月（不論受僱或自僱），而其家戶每年平均可支配所得低於貧窮線者。」該定義被歐洲就業策略（Europe Employment Strategy, EES）、開放協調法（Open Method of Coordination, OMC）對抗社會排除所採用（Fraser, Gutiérrez, & Peña-Casas, 2011）。歐盟國家，工作貧窮人口占總人口的7%，約占所有貧窮人口的40-60%間（Lohmann & Marx, 2008）。其中，北歐社會民主福利國家工作貧窮人口比率最低，丹麥4.2%、芬蘭5.0%、瑞典6.6%。南歐國家較高，希臘14.1%、西班牙10.6%、義大利9.9%、葡萄牙9.3%。歐陸保守主義福利國家居中，波蘭11.8%、盧森堡9.3%、德國7.3%、法國6.4%、奧地利6.1%、匈牙利5.8%、荷蘭4.5%、比利時4.2%、捷克3.3%。自由主義福利

國家與歐陸保守主義福利國家類似，英國7.8%、愛爾蘭5.7%。工作貧窮的高風險群體是低薪與單親家長（Goerne, 2011）。

解決工作貧窮問題，最簡單的作法是提高薪資。然而，薪資高低取決於勞動生產率（productivity），某些低技術、入門門檻低的工作，雇主很難付出較高的薪資。因此，同時提升資本生產力（productiveness of capital）的雙元經濟（binary economics），或是包容資本主義（inclusive capitalism），讓受僱者參與企業持股，擁有部分經營權，受僱者的所得就不會只依賴薪資賺取能力，而有部分來自資本所得（Ashford, 2015）。此外，低薪往往也摻雜著雇主的剝削與疏忽。剝削源於雇主貶抑勞動的邊際貢獻（marginal contribution）或勞動身分認同，形塑支付低薪有理的論述。疏忽是指雇主只顧著企業的利潤極大化，而忽視勞僱的特殊關係，勞工幫雇主賺取最大利潤，雇主有責任照顧勞工生計。因此，提升勞工薪資表達權（expressive power）是必要的（Dobos, 2019）。

貳 社會救助的性質

不論哪一類的社會救助方案都具有以下幾個重要的特質（林萬億，1994；林萬億、李淑容、王永慈，1994: 12-16）：

1. 低收入水準

理論上，社會救助的受益對象是所得或資產低於「最低維生水準所得」以下的人口群（Stiglitz, 1986），或是所得低於「貧窮線」、貧窮門檻、貧窮水準（poverty level），或貧窮指數（poverty index）以下的國民。至於什麼標準稱為「最低維生水準所得」，各國的界定不一。如前所述，通常有兩組概念：一是絕對貧窮線，二是相對貧窮線。

然而，貧窮線並不等於是符合公共救助的資格要件。各種公共救助仍然有其申請資格的規定，通常這些符合社會救助的資格要件比貧窮線還嚴苛。因此，社會救助給付常無法完全補足貧窮缺口（poverty gap）或平均所得赤字（average income deficit），亦即貧窮家戶平均所得與貧窮線間仍存在著所得差距。

2. 資產調查

社會救助的申請者必須接受所得與財產的檢查，決定其所得或資產是否合於低收入標準。也就是說，個人或其家庭的收入與資產高於低收入標準者，即表示個人或家庭有能力維生，不符社會救助的資格要件。資產調查不僅在於界定合格與否，而且計算個人或家庭所得與資產不足維生所得的差額，以作為社會救助補助多寡的依據。而所得或資產調查是侵入性的（intrusive），亦即調查人員要求受調查者出示其資產、所得、家戶成員資料。為了取得低收入戶資格，受調查者不得不將私領域的資料攤開，衍生出保護隱私或放棄低收入戶資格的兩難；而且行政人員必須耗費很高的行政成本於逐案審核、複查上，其間爭議也大，申訴案件亦多，衝突在所難免；甚至，申請人為了取得資格，不惜假造資料、遮掩事實、關說、犧牲人格尊嚴等，造成承辦人員的困擾或道德的淪喪。

3. 個別差異資格要件與給付水準

雖然，各國政府均有社會救助的資格要件規定，例如上述的貧窮線。但是，社會救助承辦人員還是可以透過自由裁量權（discretion）來決定申請者是否合於社會救助的資格，也就是說收入、資產、工作能力的計算，以及需求評估，都留下許多給承辦人主觀判斷的空間，即使是再精細的指導原則也很難涵蓋所有細節。我國《社會救助法》第5條第3項第9款規定「因其他情形特殊，未履行扶養義務，致申請人生活陷於困境，經直轄市、縣（市）主管機關訪視評估以申請人最佳利益考量，認定以不列入應計算人口為宜。」具有自由裁量權的性質。倘若承辦人員缺乏專業知能與工作倫理，將導致申請人的權益受損，或是不公平。

4. 較少合格原則（less eligibility）

也就是窮人所獲得的給付不能比最低工資的勞動者之所得高，這是早在1834年即有的英國《濟貧法》原則之一。當時，濟貧的救濟金不得高於最窮的勞工之所得（Fraser, 1984; Rose, 1986）。倘若如史賓漢蘭制的規定一般，有工作的窮人也列入社會救助的對象，而社會救助給付等於最低工資，將被視為有害工作意願。至於，社會救助金高於最低工資，更是不被贊同。亦即，過高的社會救助給付將影響工作意願。因此，各國政府都會儘量使貧窮率（poverty rate）下降，社會救助合格對象極小化。

5. 工作倫理（work ethic）

這是延伸自較少合格原則，低收入者只被允許享有低於低薪勞工的工作所得以下的生活水準。這理念背後暗藏著只要人們選擇工作，就不需要救助。人們從事生產性的工作是個人的職責，如果個人或家庭不能透過工作來自我維持，已經牴觸了工作倫理。因此，不應該享有與勞工相等的生活水準。立基於每個人都有責任透過工作以維持個人或家庭的生計，領取社會救助給付的窮人中有工作能力者就應參與勞動以賺取工資，始能免於造成福利依賴（welfare dependency），或陷入貧窮陷阱。如果有工作能力的窮人不參加職業訓練或就業輔導，將被取消社會救助資格。這就是早期將窮人劃分為「值得幫助的」與「不值得幫助的」兩類的延伸。不值得幫助的窮人就是那些有工作能力的人，被假定應該投入勞力市場，1696年英國才會出現習藝所這種兼具工作倫理與生產競爭的貧民收容機構。工作倫理到目前仍然是右派批評社會福利依賴的重要切入點之一（林萬億，1994）。晚近美國推動的工作福利（workfare）、英國的以福利促成工作（welfare to work）、就業優先（employment first）方案均具有明顯工作倫理的意涵。

6. 烙印化（stigmatization）

不能經由工作以維持個人或家庭生計者，被認為是道德的偏差者。在早期《濟貧法》時代，這些人將被鞭打、劃記、示眾、下獄、賣身為奴等刑罰。現代社會已不再有如此殘酷的懲罰，但是烙印化仍然加諸在窮人身上。窮人被認為是道德的低賤者，其所獲得的給付不是一種法律上的權利賦予，而是一種富人的慈善或施捨。他們被排除在正常生活之外，成為邊緣人，經濟能力不足以供給他們納入社區生活。他們每申請一種服務，必須面對質疑的眼光，以及繁瑣的行政程序。其任何一項獲得，都是立基於「貧民」的身分（即使改名為低收入戶也無法改變其身分的恥辱性），這種貧窮經驗，使其產生一種「壞名分」（spoiled identity），自尊降低、自主性也受損。誠如提默思（Titmuss, 1968）所言：「如果人們被當成負擔來對待，他將表現得像他人的負擔。」不管我們如何為社會救助方案取個好名字，如果這些方案只有貧民才能申請，此種烙印化的方案將繼續烙印窮人。提默思認為這種烙印化的方案最大的危險在弱化社會團結，因

爲人們被區分爲「有價值的」（worthy）與「無價值的」（unworthy），社會的分裂就越深。也就是資產調查式的社會救助方案深化了社會的階層化，使得即使同是老人，因曾經擁有薪資所得與否，被切割成爲兩個國度的人（Andrews & Jacobs, 1990）。

7. 親屬責任

在伊莉莎白《濟貧法》中強調親屬（親戚、夫妻、父母、子女）負有基本照顧與支持自家窮人的責任，當家庭無力自我維持時，社會大眾才有必要提供協助。這項規定一直延續到近代的社會救助方案，例如英國1966年實施到1986年的「補充給付」（Supplementary Benefit）規定領取短期給付（short-term benefit）的金額應低於長期給付的金額。理由是個人陷於貧窮的初期（1年內），均可從其親人或地方獲得部分支持（Alcock, 2006）。美國1996年以前的「有依賴兒童的家庭補助」（Aid to Family with Dependent Children, AFDC）也是立基於家庭可計量所得（total countable income）與需求。家庭總基本需求（total basic need）大於家庭總可計量所得時，才符合有依賴兒童的家庭補助。有依賴兒童的家庭補助曾經發生過最醜陋的歷史是1960年代的「男人在家」（man-in-the-house）的規定。只要任何單親媽媽申領有依賴兒童的家庭補助，被發現家裡有「身強力壯的男人」（able-bodied man）就會被取消資格，不論這個男人是孩童的父親或「叔叔」，都被假定有責任扶養該家庭的成員，因爲女人陪這個男人睡覺的代價也包括獲得經濟來源。這個政策規定社會工作者可「夜間突擊」（midnight raids），挨家挨戶檢查是否男人在失依兒童的家庭中，這個規定到1968年被宣告違憲（Karger & Stoesz, 2006）。

8. 政府稅收支應

從1572年開始，英國即使用「一般稅」作爲濟貧基金。1601年的《濟貧法》也規定濟貧監察官得徵「濟貧稅」，稅額依土地、住宅及居民的什一稅。當代社會救助的財源通常由中央與地方稅收來支應；且非指定用途稅，也就是從政府歲入中編列預算來支應。倘由中央全額負擔財源，或高負擔比率，地方政府往往會放寬資格認定，而使低收入戶增多，因爲花中央政府的錢不覺得痛；反之，全額由地方負擔，或地方負擔多，地方政府會因財政考量而嚴苛資產審查，導致合乎低收入戶資格者減少。

如前述，社會救助是維持生計的最後手段，果能有其他更進步的制度，社會救助就會被取代。當社會保險（特別是年金保險）發展之初，不論是採薪資相關的年金保險，或是採普及的年金制的國家，一開始的保障範圍都是有限的，德國如此，英國也不例外。因此，社會救助仍然扮演主要的濟貧角色。到了二次大戰後，全民普及的年金制度建立，社會救助在所得維持（income maintenance）體系中的角色逐漸褪色。不過，這不表示社會救助體系的消失，反而是二元福利體系（dual welfare system）的成形（Sainsbury, 1993）。

　　上個世紀，北歐諸國除了接受薪資相關的社會保險體系，例如瑞典、丹麥的附加年金（ATP）之外，也開辦普及的年金給付制度，例如國民基本年金（National Basic Pension）。即使2000年的瑞典年金改革強化了所得相關的年金保險，但仍保留稅收支應的保證年金（guarantee pension）以保障所得不足，或無所得的老人。據此，在整個社會安全體系中社會救助的地位較不凸顯，才會被高夫等人（Gough, Bradshaw, Ditch, Eardly, & Whiteford, 1997）列為殘補的社會救助國家，亦即社會救助只是扮演殘補的福利角色。德國、英國、美國、荷蘭等國，社會安全制度中則以所得相關的社會保險為主。是以，社會救助仍然扮演一定重要的角色，而形成以社會保險與社會救助為主的二元福利系統。

　　二元福利體系採用二元原則（binary principle）來區分受益人，將給付分為兩個類屬（categories）。第一類是依繳保險費來認定受益者身分，即繳保費的給付（社會保險）；第二類是依所得與需求來認定受益身分，即資產調查給付（社會救助）（Esam, Good, & Middleton, 1985）。

　　二元福利系統看似合理周延，其實內在隱含著若干困境如下（林萬億，1994）：

1. 社會救助補充社會保險關係過於顯著時，社會保險意義盡失

　　如果社會救助是用來挹注社會保險給付的不足，那麼，收取保險費變得無意義。既然繳交的保險費不能保證社會事故發生後的生活安全保障，保險費就有白繳的感覺。因此，補充關係應建立在貝佛里奇（W. Beveridge）所期待的最後的手段，而非一種經常性的挹注。為了避免補充關係過於顯著，就不宜讓社會保險給付偏低（洪惠芬、簡守邦譯，1990）。

2. 互補關係造成一個社會兩個國家（a society of two nations）

早期丹麥就是一個活生生的例子。1891年丹麥改革原先的《濟貧法》為新的資產調查式的社會救助，但是並未提升到普及的年金制。1940年代，丹麥再將社會救助式的年金改為普及的國民年金，許多中產階級的年金受益者拒絕接受這個年金權，理由是因為傳統的恥辱與依賴的觀念，讓中產階級很不舒服（林萬億 1994）。二元福利體系創造一個窮人接受的社會恥辱（social stigma），有所得者參加社會保險，而其中高所得者更可參加私人保險來達到多重保障的階層化社會。而且，收入高者並不需要單獨靠社會保險來保障自己的生活安全，他們有足夠的個人儲蓄預防社會事故發生後的生活困境。而窮人長期靠社會救助的「福利依賴」，造成永久的「貧窮身分」（pauperism）。

3. 非低收入家庭仍然有可能成為二元福利體系中的失落者

有一群非社會福利受益者存在於非普及式社會保險的社會，例如美國沒有普及的健康保險，除了老人醫療照護（medicare）、低收入戶醫療補助（medicaid）與私人健康保險之外，仍然有3,700多萬人沒有參加醫療保險（Reilly & Broyles, 1992），以近貧戶為主。又例如日本、臺灣仍然有一些人沒有加入國民年金保險，無法獲得老年年金保障。此外，即使是全民健康保險的國家，只要須收取保險費，就會有一些人沒有錢繳費而未加入，成為健康保險孤兒，例如臺灣，這些人並非低收入戶，而是近貧或新貧戶，他們既不能獲得社會救助，也不是社會保險的受益人。除非不鎖卡的特赦條款真正落實，否則對這些人來說，這種互補的二元福利體系仍有福利空隙（welfare gap）。

4. 二元福利體系的性別區隔

由於有工作所得的人才能加入社會保險，通常男性的勞動參與率高於女性，因此形成了男人靠社會保險，女人靠男人，或靠社會救助來維持經濟安全的性別區隔現象。對於單身或單親女性，除非進入勞動市場（還要選擇能加入社會保險的），否則只好靠社會救助過活。女性接受的是微薄的、恥辱的、缺乏社會權概念的給付，甚至暴露在私生活被介入的風險下，二元的福利體系對女性來說是社會控制，也是使女人「案主化」（clientization）（Sainsbury, 1993）。

第四節　社會救助的發展趨勢

壹 工業民主國家社會救助的發展

　　自從19世紀末，歐美、日本各主要工業民主國家才大力介入貧民救助，其中最普遍的是針對貧窮老人的協助。其間有兩個主要潮流，一是以德國為主的社會保險方式，二是以丹麥為先的資產調查方式的老年年金。德國是世界上最早建立障礙與老年年金保險的國家，1889年德國首創障礙與老年年金保險，涵蓋大部分產業（含農業）工人。

　　丹麥的非保險式老年年金創於1891年，給付的對象為65歲以上的貧窮老人。之後，1898年紐西蘭、1900年澳洲相繼開辦此種資產調查式的老年年金給付，英國於1908年也跟進。瑞典則是在1913年通過世界上第一個真正普及的社會保險方案，國民不計所得高低只要到了67歲，均可領到低額的老年年金（Avgiftspension），財源來自保險費（contribution）與基金投資獲益，但失能給付則仍須資產調查。1938年，紐西蘭首先在其19世紀末開辦的資產調查式老年年金之外，加上普及式老年年金給付，這是世界上較為綜合式社會安全制度的開始。紐西蘭的普及老年年金是提供給65歲以上老人的年金給付，其對象不包括資產調查式的老年年金給付對象。直到1977年，紐西蘭普及式老年年金與資產調查式老年年金才合為「普及的老年年金給付」（universal superannuation benefits），對象為60歲以上老人；2001年4月起，年齡調高為65歲，必須在20歲以後居住在紐西蘭10年，且50歲以後至少居住5年，才可領取紐西蘭普及年金（New Zealand Superannuation）。日本於1874年制定《恤救規則》作為救貧的依據，直到1929年的《救護法》才算是政府濟貧的具體表現。

　　二次大戰後，歐洲工業民主國家普遍有一種期待，試圖擴大社會保險或普及式年金給付制度，而將社會救助逐漸萎縮。從英國「貝佛里奇報告」（the Beveridge Report）中最能嗅出這種企圖。貝佛里奇報告的三大支柱是：(1)國民健康服務（National Health Services）保障低所得家庭免於遭受嚴重疾病後的貧困；(2)退休保險計畫保障老年的經濟安全；(3)家庭

津貼減輕家庭教養子女的成本。而社會救助只用來保障那些未就業、低所得的基本生活。當保險給付與非資產調查的普及給付越來越完整後，資產調查給付當然就被社會安全體系邊緣化。

這種將保險給付與社會津貼視為社會安全的制度主體，而將社會救助看作是殘補部分的構思，並沒有完全實現。其主要原因有三：(1)並非所有國民都納入社會保險體系中；(2)社會保險給付或普及式的非保險給付額度偏低；(3)1970年代以後，各工業國家面對高失業率，因而仍然有大量人口依賴社會救助（Gordon, 1988）。

以英國為例，1948年通過《國民救助法》（the National Assistance Act），任何人如果有「全職工作」（full-time work）或「罷工工人」均不得向「國民救助委員會」（the National Assistance Board）申請公共救助。1966年「補充給付」（supplementary benefits）取代「國民救助」，有工作的窮人也可以領取補充給付，因而，超過30萬的年金受益者可請領補充給付。1976年全職工人家庭才又被排除在補充給付之外，由於1971年的「家庭所得補充」（Family Income Supplements）方案實施之後，全職工人不可請領補充給付的影響變得較不顯著。

然而，由於定額給付的失業保險給付與老年年金給付金額偏低，補充給付金額竟然高過這兩種給付，且補充給付的請領者仍然可以申請房租津貼，這是社會保險給付對象所不能享有的權利。再加上，大量失業人口出現，依賴補充給付的國民越來越多。並非補充給付的金額給得太慷慨，而是因補充給付超過偏低的保險給付之後，造成「不鼓勵工人」（discourage workers）的關係，形成許多長期失業而停止求職的勞工家庭依賴補充給付（Gordon, 1988）。

經歷了幾次改革無效後，英國保守政府遂將補充給付廢除，於1988年起改以「所得支持」（the Income Support）來取代。補充給付所標榜的「需求相關的給付」（need-related benefits）被新的「案主團體補貼金」（client group premium）所取代。資產調查給付不再是一種權利賦予，而是一種對不同人口群（例如單親家庭、身心障礙者）的協助。貝佛里奇當年所設計的國民救助只是一個最後的手段，卻成為許多人的主要倚靠。透過定額給付的年金來保障國民的最低生活水準，而以國民救助來補充低年

金給付者的理想，在英國從未實現過（Ashford, 1981）。所得支持方案排除了全職工人家庭，這與1948年的國民救助相似，此項資產調查給付與非資產調查給付間存在著較不具補充關係，而是互補關係爲主。不過，英國的資產調查給付也有一部分是在於補充保險給付與非保險的普及性給付，例如家庭所得稅抵免（family credit）是間接地補充全職工人的收入；住宅給付（housing benefits）與地方稅減免（council tax benefits）都不管申請者是否爲全職工人。所以，比較精確的說法是英國的資產調查給付與非資產調查給付存在既補充又互補的關係，但以互補關係較顯著。

這種同時具有補充關係與互補關係的現象也發生於美國與加拿大、德國等國家。美國的「補充安全所得」（supplementary security income, SSI）在1972年的《社會安全法案》修正之後，取代原來由各州辦理的「盲人救助」、「身心障礙救助」與「老人救助」。補充安全所得有補充社會保險給付不足的意圖，而其他的公共救助方案，例如「有依賴兒童的家庭補助」（AFDC）、「一般救助」（General Assistance）則是與保險給付的互補，甚至存在州政府的社會救助與聯邦政府社會救助間的互補關係。例如「一般救助」是補聯邦社會救助方案之不足。

加拿大救助計畫（the Canada Assistance Plan）比美國人更早將散落在各省政府的類別救助方案（categorical assistance programs），整合爲綜合性社會救助方案。1966年，加拿大聯邦政府將對單親家庭、身心障礙、老人、兒童、失業者、低所得工人，以及受虐婦女等人口群的社會救助集中爲一，由聯邦政府與省縣（市）各分攤一半的經費。這些公共救助的對象中有一些是加拿大保險給付或普及式非保險給付方案的對象。因此，資產調查給付與非資產調查給付兼有補充與互補的關係。

德國的公共救助也是整合了早期的類別救助，於1961年推出，後於1983年修正。德國福利給付是以保證最低所得水準爲目的，社會救助被視爲基本安全網，也不排除全職工人，也就是非保險給付對象與保險給付對象均可領到社會救助，只要是低所得即可。例如在2004年以前，德國失業保險請領資格是失業前3年至少繳交失業保險費1年，失業保險給付爲1年，所得替代率60-67%。如果是45歲以上中高齡失業者，給付期間最長可延長到32個月（57歲以上）。失業救助（unemployment assistance）的

對象為過去1年內至少繳交失業保險費5個月以上的失業者，經由資產調查合格後，可領取所得替代率53-57%的失業救助金。如果領了失業救助金之後，全家總收入還是低於貧窮線，仍然可申請社會救助。所以，德國的社會救助與社會保險制度的關係也是兼具補充與互補的。但是，隨著失業率的升高，失業救助人數增加，2005年以後，失業救助與社會救助合併，稱為第二失業給付（第一給付為失業保險）。但是，由於德國的第二失業給付有最低薪資水平（minimum wage level）的意涵，避免勞動市場薪資下降，導致勞動市場薪資與就業間失去彈性，低生產力的工作也必須付出高於其生產力的薪資成本，致使雇主不願意創造就業機會，低技術工人的失業嚴重。於是，再導入類似美國的薪資所得稅抵免（Earned Income Tax Credit, EITC）、英國的工作家庭退稅（Family Credit, FC），以及法國的就業給付（Prime pour l'Emploi, PPE）的工作給付（in-work benefits），以薪資退稅的手段來提高低薪工人的就業意願，避免社會救助創造失業（Sinn et al., 2006）。

　　資產調查給付與非資產調查給付間的補充關係，也可從北歐國家的經驗中看到。以瑞典為例，其普及式的非保險給付金額幾乎足以保障國民基本生活水準。而特殊情況下，例如身心障礙者、妻子、兒童等均可再申請特別補充給付。因此，社會救助成為補充社會保險與普及式年金給付的一部分，尤其是北歐國家的社會保險是以全民性為主，且又有非保險的普及性給付，因而較不存在保險與救助的二元性，社會救助變得很不重要，幾近萎縮。

　　日本現代的公共救助制度也始建於二次大戰後。1949年日本政府接受盟軍的建議，仿照英、美先例，擬定「社會安全制度」，將社會救助列為四大項目之一，輔助社會保險之不足。

　　綜觀歐美、日本等工業民主國家的社會救助發展，可以歸納出幾點方向：

1. 社會救助由社會福利的核心轉變成邊緣，社會保險給付與普及式非保險給付取代大部分資產調查給付的功能。
2. 類別救助散落在各地方政府的情況，在1960年代以後，逐漸被整合為中央政府與地方政府共同分攤的全國一致的社會救助方案。

3. 以社會保險（特別是職業別保險）為主的國家，社會救助與社會保險的關係傾向互補關係。社會保險與社會救助的二元化情況較明顯。

4. 以普及式非保險給付或全民保險為主的國家，其社會救助與非資產調查給付間的關係，較具有補充關係，且社會救助方案幾近萎縮。

5. 社會救助方案並未因社會保險的普遍而消失，因為失業人口增加，保險給付偏低，以及被薪資相關的保險排除的人口仍然不少（例如婦女、部分工時就業者）。因此，社會救助仍然是許多工業民主國家中必要的社會安全方案。

6. 社會救助與就業、教育結合，發展出「以工作換取福利」或「以福利促成工作」，避免社會救助成為反工作誘因，或福利依賴。

社會救助仍然是許多國家社會安全最後的求助對象。英國學者高夫等人（Gough, Bradshaw, Ditch, Eardly, & Whiteford, 1997; Saraceno, 2002）仿葉斯平—安德森（Esping-Andersen, 1990）的福利國家體制分類，將世界主要工業國家的社會救助體制分為以下八類：

1. 選擇式福利國家（Selective Welfare States）

這類國家包括澳洲、紐西蘭，其社會福利給付均須經資產調查，社會方案大多屬類別的（categorical）、全國性的、包容性的（inclusive），以及以權利為基礎的（rights-based）。資產調查被謹慎地建立與監控，並一致地執行，但財產與所得調查不是那麼重要，給付水準也相對地慷慨。

2. 公共救助國家（Public Assistance State）

以美國為代表，雖然美國各州的經驗不一，有些州的給付額度超過美國平均值。但是，美國仍然擁有最龐大的資產調查給付體系。就烙印化與接受性來說，美國的社會救助是高度層級組織化的。各州給付不一，除了紐約、明尼蘇達、威斯康辛、加利福尼亞、華盛頓、夏威夷、阿拉斯加，以及新英格蘭地區大部分州外，給付都屬偏低，且具有很強的工作誘因與程序權利的保證。

3. 整合的安全網的福利國家（Welfare States with Integrated Safety Nets）

這一組國家包括英國、愛爾蘭、加拿大等。英國的所得支持體系是

龐大的、全國性的，以及一般性的方案，提供有如社會保險般的擴大安全網，給付水準比大部分經濟合作暨發展組織國家（OECD）來得高；給付權利相對地被保證，資產調查重要性不高，某些工作誘因也摻雜在支持兒童的家庭信用（Family Credits）方案中。愛爾蘭混合了英國與紐澳模式的特色，有大量須經資產調查的類別救助方案，涵蓋高比例的國民，但如同英國一樣，朝向整合的體系。加拿大屬聯邦國家，各省差異很大，但加拿大救助計畫與英國的社會救助均朝向整合。只是，1996年以後，新的基金安排稱加拿大健康與社會移轉（Canada Health and Social Transfer），2004年後再分爲健康移轉、社會移轉兩部分。

4. **雙元社會救助國家**（Dual Social Assistance States）

這組國家包括德國、法國、比利時、盧森堡。這些國家提供類別的救助給特殊群體，以補充社會保險爲主的一般安全網之不足。在全國一致規定的架構下，地區性差異仍然存在。資產調查相對地有彈性，部分所得不計入，但是給付偏低。德國的社會救助（soziahife）不像邦聯與邦的架構，反而很像早期英國的模式，屬地理公平的、法定的、權利爲基礎的，以及範圍寬廣的。

5. **公民身分爲基礎的殘補救助國家**（Citizenship-based but Residual Assistance）

這組國家包括瑞典、丹麥、芬蘭、荷蘭等國。擁有高給付、單一的一般方案，雖然國家有規定架構，但是地方政府扮演重要的角色，連結社會工作與社會照顧服務。嚴格的資產調查，結合個別權利賦予與公民身分爲基礎的申訴系統，再加上傳統以充分就業與普及的福利國家提供的給付，社會救助到1980年代末仍然是社會方案中較邊陲的。

6. **發展不全的救助國家**（Rudimentary Assistance）

本組包括南歐各國與土耳其。這些國家的全國性的類別救助涵蓋特定的群體如老人與身心障礙者。然而，這又屬鄉鎮市、教會慈善團體的地方性、自由裁量權式的服務提供。資產調查不是特別嚴格，除了土耳其之外，家屬責任擴大到核心家庭以外。現金給付與社會工作及其他服務結合，給付水準很低，某些群體如身體健全的窮人與某些地理區並不涵蓋在救助的範圍內。

7. 分散、自由裁量的救濟國家（Decentralized, Discretionary Relief）

這組國家包括挪威、奧地利、瑞士。這些國家混雜著北歐與南歐模式的特質，救助屬地方性的、自由裁量的、連結社會工作，以及廣泛的親屬責任。給付水準高，但是申請救助的人數少。不只是因為男性的充分就業，以及低的接受率，而且也與烙印化與社會福利工作人員的介入有關。

8. 集中、自由裁量的救助國家（Centralized, Discretionary Assistance）

日本是較難歸類的國家，其具有英國與阿爾卑斯國家的類別成分的救助，也有歷史久遠的國家規定的救助系統，依地方生活水準調整給付，但差異不大。又具有與阿爾卑斯國家相似的廣泛性親屬責任，以及普遍認為救助具有烙印的概念。

臺灣到底應該歸類在哪一類國家？像日本一樣，臺灣具有許多類別救助，也有全國一致的社會救助規定，以及依地方生活水準差異而有的差異給付。但是，差異給付又受到地方政府的財政能力高低而影響。同時，親屬責任也是很廣泛，不亞於日本、阿爾卑斯國家與南歐國家。可是，社會救助人數與範圍在臺灣又不是那麼龐大，主要因於資產調查較為嚴格，像阿爾卑斯國家與美國，社會救助也是高度烙印化。看來，臺灣的社會救助體制應該比較像第八類型。

貳 從「以工作換取福利」到「以福利促成工作」

「窮人因懶惰致貧，富人因勤奮致富。」這是一句耳熟能詳的勵志警言。然而，卻成為道德右派與新右派自由經濟學者對社會救助看法的基調——強制窮人工作。其中，最具代表性的說法是弗利曼夫婦（呂志翔、謝中平、蘇拾平譯，1981）所說的：「那些依賴社會救助的人很少被鼓勵去工作。」也就是把接受社會救助的人看成是懶人，把靠社會救助生活的人說成是「福利依賴者」。才會有季爾德（Gilder, 1981）對窮人的評語：「為了出頭天，窮人不只是要工作，而且要比富人更努力工作。」其實，這個說法對窮人不公道。

致貧的原因很多，懶惰只是其中之一，而且只是少數人如此。其他如年老、身心障礙、疾病、被遺棄、失業、負擔家計者傷病或死亡、負擔家

計者失蹤或服刑、災害、意外事故、事業經營或投資失敗等，才是使個人或家庭陷入貧窮的主因。這些致貧原因，實不可單獨歸咎於個人。

雖然如此，一如英國「工作與年金部」所強調的：「工作乃是最佳的福利形式。」（DWP, 2002: 2；引自Millar, 2003）意思是說：「從工作中賺取薪資，比領取福利要好。」此外，研究工作意義的學者也都證實，工作不只是養家活口，也是一種創造生命意義的方式。佛洛依德強調有愛與工作能力的人，心理比較健康。一位被診斷出得了癌症的工人曾說道：「當我被診斷出得了癌症時，我有被判兩次死刑的感覺，一次是癌症很難治好；另一次是因得了癌症將會失去工作。」（Chestang, 1982）可見工作對人的意義有多深刻。

然而，也不是所有人都可以從工作中獲利。撫養幼童的單親媽媽，如果沒有完善的托兒照顧支持，為了工作，有可能犧牲兒童的教養。同樣的，如果沒有完善的社會照顧體系支持，家庭照顧者為了兼顧工作與照顧，往往犧牲自己的健康與受照顧者的福祉。成長中的少年，如果為了及早進入職場賺錢養家，有可能中途輟學，甚至出賣靈肉與健康，造成人力資本累積的遲緩或中斷。因此，工作與教育、家庭照顧的平衡，是推動充分就業所必須考量的配套措施。

基於資本主義自由市場經濟、工作倫理，以及個人主義思潮，美國是最早，也最積極把將工作與福利緊密結合的國家。1962年，社會安全法案修正，將處理個人與社會的問題，視為消除貧窮的方法之一。包括：諮商、職業訓練、兒童管理訓練、家庭計畫，以及法律服務。而真正將就業條件引進社會救助的是1967年的「工作誘因方案」（Work Incentive Now Program, WIN），採取以「工作誘因方案」作為紅蘿蔔；再以要求失業父母、少年強制就業，才能領取「有依賴兒童的家庭補助」（AFDC）作為棍棒的「紅蘿蔔與棍棒」策略。但是，由於配套措施不足，只靠短期的職業訓練，窮人能賺取的只是低得不能再低的薪資，根本無法增加低收入家戶的收入，反而造成「工作少、福利也少」的窘境，甚至犧牲了單親媽媽的尊嚴與子女的教育（Handler & Hasenfeld, 2007）。

接著，尼克森總統為了清除「杯盤狼藉的福利」（welfare mess）開始進行所謂的「福利改革」。他說：「現代的福利系統變得像一頭對

社區、納稅義務人、需要協助的兒童粗暴地吞食的怪獸。」（Handler & Hasenfeld, 2007）1969年芝加哥自由派經濟學者弗利曼（M. Friedman）提出「負所得稅制」（negative income tax），或稱「保證年收入」（guaranteed annual income），鼓勵窮人工作，獲得退稅優惠及保證年收入，以維持最低生活水準。然而，民主黨主導的國會並不支持。最後，尼克森總統修改內容爲「家庭救助計畫」（Family Assistance Plan），才於1972年被國會通過，成爲尼克森豐功偉業的一部分（Burke & Burke, 1974）。

這是將傳統的社會福利改變爲「以工作換取福利」形式的開始。1975年國會通過薪資所得稅抵免（EITC）方案，有工作的貧窮父母可以獲得薪資所得稅退稅。其退稅額度隨工作所得增加而減少，到達金額上限之後就不再退稅。這是一種鼓勵窮人工作的誘因，沒有工作的窮人就得不到這項福利。以1990年代爲例，此項方案取代了將近40%的「有依賴兒童的家庭補助」（AFDC）（Burtless, 1994）。到了2000年代初「對有需求家庭的暫時補助」（Temporary Assistance for Needy Families, TANF）下降了2%，但薪資所得稅抵免增加了232%（Handler & Hasenfeld, 2007）。薪資所得稅抵免就被視爲是「讓人有事做」（make work pay），而不是白領福利給付。

1977年卡特總統（President Carter）也持相同的論調，認爲「窮人的福利是反工作、反家庭、不公平，浪費納稅義務人的錢。」1980年代初，美國有些州，例如麻省將「就業與訓練」（Employment and Training Program）與「有依賴兒童的家庭補助」（AFDC）結合，是將「工作福利」嵌進社會福利的正式化階段。1988年，雷根總統（President Reagan）時代，通過《家庭支持法》（the Family Support Act），其中包括「就業機會與基本技巧」（the Job Opportunities and Basic Skills, JOBs），正式將就業與社會救助結合。社會學家出身的參議員莫尼漢（D. Moynihan）認爲這是「翻轉社會福利從長期，甚至擴大的情況，轉型到就業的新共識。」（Handler & Hasenfeld, 2007）1991-1992年間，「有依賴兒童的家庭補助」（AFDC）的給付不是被砍就是被凍結。

1996年，柯林頓總統雖然同意共和黨所批判的「福利不是一種生活

方式」。但是，他也不贊成將「有依賴兒童的家庭補助」（AFDC）變成只見工作，不見福利的方案。最後，共和黨主導的國會通過《個人責任與工作機會調和法》（the Personal Responsibility and Work Opportunity Reconciliation Act, PRWORA），完成了所謂「終結我們所熟悉的福利」。「有依賴兒童的家庭補助」（AFDC）被改為「對有需求家庭的暫時補助」（TANF）。從此，社會救助就業化，社會工作者角色擴及就業服務。

這些新自由主義的福利改革被批評為假改革（false reform）真規制窮人（true regulating the poor），其實是政客的政治謀略（statecraft），目的是規訓窮人。利用社會政策與刑事體系對窮人進行雙重規制（double regulation），名為工作福利，一旦窮人不配合工作就取消福利；一旦窮苦潦倒就以牢獄伺候（prisonfare），出現貧窮犯罪化（criminalization of poverty）現象，從規制窮人演變成懲處窮人（punishing the poor）。試圖以刑事國家（penal state）掩蓋新自由主義國家的社會不安全（social insecurity）（Wacquant, 2009, 2010）。

打從1982年起，美國各州就出現一系列「工作福利」的試辦方案。例如1985年起，加州的「獲得計畫」（Greater Avenues for Independence, GAIN），後來改稱「加州工作方案」（Cal Works），該方案的基本信念是「不只是強制長期職業訓練與教育，而必須結合生涯規劃，才能真正使窮人脫貧。」加州政府認為長期投資在人力資本（human capital）累積才是上策。加州的「獲得計畫」就成為上述1988年「就業機會與基本技巧」的藍本（Jewell, 2007）。「人力資本」指涉個人的知識與技術獲取，是一種具生產性的投資（Coleman, 1988）。

接著加州的實驗，威斯康辛州也於1986年起實施福利改革，1997年將方案定名為「威斯康辛工作」（Wisconsin Works, W-2）。「威斯康辛工作」的立論基礎是「給足夠的協助，而非給足夠的白拿現金。」據此，早期的威斯康辛福利改革即已加入申請救助者必須先有求職動作，政府提供托兒照顧支持、醫療補助、交通補助，以及薪資所得稅抵免（EITC），並提供單一窗口的短期客服訓練。「威斯康辛工作」也將「工作福利」方案轉由「勞動力發展部」承辦，強化「就業解決」。將就業協助依申請對象之就業能力高低區分為四種：(1)非輔助就業；(2)輔助就業；(3)社區服

務就業；(4)「威斯康辛工作」轉銜等。「威斯康辛工作」計畫被認爲是執行消滅貧窮最澈底，成效也最顯著的州。

另一個較大型的計畫是紐約市的「工作經驗方案」（Work Experience Program, WEP），強制社會救助申請人接受6週的職訓，再經過4到6週的求職經驗，仍未就業，則被安置到公部門與非營利機構工作，不接受者會被取消公共救助、食物券與醫療救助等福利。

美國的工作福利觀念在自由主義福利國家受到歡迎。加拿大的作法不像美國那樣具強制工作取向，紐布朗斯維克省（New Brunswick）提出「提升學力」（learnfare）協助單親家長（通常是女性）讀到高中或社區學院畢業，以利求職。這個方案的理論基礎是協助窮人發展職業生涯，重於賺取低薪工作，這是典型的人力資本投資方案。亞伯塔省（Alberta）採取自願式的就業技巧訓練、社區就業，以及工作隊的方式來協助窮人脫貧。安大略省（Ontario）的工作方案則強調兼顧社區參與、就業安置，以及就業支持的脫貧計畫。

英國沒完全接受美式的「不工作就沒有福利」的觀念。新工黨的新中間路線，試圖將福利與工作的關係巧妙地結合。1997年新工黨一上臺，即提出「單親家庭新政」（New Deal for Lone Parents），引入自願式的就業、給付、訓練與兒童照顧建議計畫，標的人口群爲扶養學齡兒童的單親家長。接著，1998年，新工黨的「福利改革綠皮書」提出：「國民與國家的福利新契約是權利與責任對等。」亦即，重建一個基於工作倫理的福利國家，國家有責任提供積極的協助，保障每一個有工作能力的人均能找到工作，同時保障不安全的人能獲得安全，而國民也有承擔責任的義務。該年又提出「青年新政」（New Deal for Young People）、「長期失業者新政」（New Deal for Long-term Unemployed）、「身心障礙者新政」（New Deal for Disabled）、「青年就業訓練」（Work-Based Training for Young People）、「國家兒童照顧策略」（National Childcare Strategy）。1999年再提出「國家最低工資」（National Minimum Wage）。2002年才引進針對所得支持（Income Support）方案申請者的強制性工作爲焦點的面談，以及以「25歲以上新政」（New Deal 25+）取代原先的「青年新政」。2003年再引進「兒童照顧租稅減免」（Child Tax Credit）與「工作租稅減

免」（Working Tax Credit）等，英國雅稱這些方案為「以福利促成工作」（welfare-to-work）（Millar, 2003）。避免掉入美國的「以工作換取福利」的「不福利」中（詳見第十一章）。

當「工作福利」方案如火如荼地在推動的時候，財產為基礎（Assets-based）的福利政策（Sherraden, 1991）也被倡議。財產包括有形財產，例如土地、房屋、現金、儲蓄、債券、股票、珠寶、設備等，以及無形財產如信用、人力資本、社會網絡、文化資本、政治資本等。許拉登（Sherraden, 1991）認為光靠所得補足或增加，無助於貧民生活條件的永續改善，唯有增加貧窮家庭的財產累積，才可能提升其家戶的穩定性、創造未來性、刺激其他財產的成長、強化就業技能、增進個人效能、提高社會影響力、提升政治參與，以及增進世代福利。財產累積的原則包括：自願參與、擴大適用對象、開立長期個人發展帳戶（IDAs）、直接提供相對津貼補助、責任分攤、目的特定化、漸次累積、投資選擇、資訊提供與訓練、個人發展、去除福利依賴等（王篤強，2001；鄭麗珍，2001）。

至此，教育與訓練（人力資本累積）及工作是大家所共同強調的。只是，「工作福利」方案強調求職、職訓經驗與就業優先，而「財產累積方案」較不在乎是否受僱，而只要能累積財產的就業方式均可，例如微型創業。此外，「財產累積」也強調下一代的人力資本培育。總之，「財產累積」將政府的協助焦點從貧窮家庭擴大到脆弱的家庭，例如單親、失業、身心障礙、原住民、近貧等，強調提供相對誘因，協助這些家庭累積財產，而不只是以福利作為要脅，逼家庭成員去工作。

不管哪一種「工作福利」方案，即使立意良善，也可能下場很糟。奎德（Quaid, 2002）提出五個「工作福利」的險境：

1. **政客的機會主義**：政客總是在尋找一帖萬靈丹，既要有效果，又要新鮮，且可滿足大多數人的胃口。這樣的方案根本不存在，他們對需要花時間與力氣去推動的方案缺乏興趣，就會把整套計畫切割得七零八落，選擇他們要的推出，結果是四不像。

2. **行政部門期待戲劇般的效果**：社會行政單位習慣於發現金以求省事，立竿見影，換成要協助窮人職業訓練、就業服務、升學、托兒照顧、增進財務管理知能，原本已夠麻煩的了，何況人的改變本

來就不容易，還得協調勞工、教育、經濟、財政、金融等單位，更是麻煩，效果自然不易彰顯，行政部門推動意願自是不高。

3. **標的群體勉強配合**：礙於政府或善心人士的促銷下，部分家庭勉強答應，然而意願不高的申請人勉強配合，也只會虛應故事，難以完成整套計畫，中途退出的必大有人在。

4. **考評單位的績效指標至上論**：考評者認為所有方案都應該可測量，問題是正在職訓、進修，或是求職階段如何成效測量？為了績效測量，把社工人員與服務對象搞得人仰馬翻，一事無成。

5. **社會大眾已經厭煩了**：民眾總覺得政府老是在推動脫貧，難道沒有更重要的事要做嗎？沒有更新的點子推出嗎？很快的，脫貧計畫就沒人搭理，群眾沒興趣，官員也跟著沒興趣，計畫悄悄落幕，沒人在乎。

批判新自由主義意識形態下的工作福利最深刻的，莫過於美國加州（柏克萊）大學社會學教授瓦昆特（Loïc Wacquant），他修正自匹文與克勞渥（Piven & Cloward, 1971）的《規制窮人》（*Regulating the Poor*）一書，寫成《懲罰窮人》（*Punishing the Poor*）（Wacquant, 2009, 2010）。作者借用布迪厄（Pierre Bourdieu）的科層場域（bureaucratic field）、傅科（Michel Foucault）的規訓社會（disciplinary society）、嘉蘭（David Garland）的控制文化（culture of control），以及哈維（David Harvey）對新自由主義政治的解析，將新自由主義力推的工作福利及其衍生的概念，描述為利用懲處機制（punitive containment）讓不配合或無力配合工作福利規定（訓）的窮人陷入犯罪的不安全中，最後以牢獄侍候。

德國學者雷色玲與雷伯佛雷得（Leisering & Leibfried, 2000）承襲自美國哈佛大學的貧窮研究（Jo Bane & Ellwood, 1986），發現生命歷程（life course）中有許多階段很容易陷入貧窮，例如兒童期、扶養兒童期（成年中期）、老年期。因此，教育、老年年金、社會風險管理就成為預防貧窮的制度性策略。他們研究兩個德國城市的社會救助方案，發現有6組人最常出現在社會救助名單中：新貧、近貧、長期被剝奪、長期社會排除、不穩定的居住條件、新移民。如果只是針對貧窮線以下的人口提供社會救助方案，貧窮人口將持續存在，社會救助方案將被動地因應不完。尤

其是貧窮導致的多面向社會排除經驗，例如勞動市場排除、社會參與排除、人際關係排除、居住與活動空間排除、教育機會排除、文化排除、政治參與排除、制度排除等（王永慈，2001）。反過來，既存的某些社會排除現象，也會持續地累積而生產出更多的貧民。因此，社會包容（social inclusion）就成為歐洲許多國家消除社會排除的中心價值。其內涵包括：教育、就業、住宅、社會照顧、縮短數位落差、多元文化、反歧視等方案。社會排除與生命歷程觀念就成為歐洲模式社會救助的基調（Saraceno, 2002）。

我國的社會救助一直都將工作能力視為資格要件之一，有工作能力就被視為有所得，有所得就納入全家總收入計算，影響到低收入戶資格的取得（孫健忠，2002）。這是基於工作倫理的考量，認為有工作能力的人就應該去工作。然而，個人的工作能力不應該被無限上綱，例如受教育、育兒、照顧老人、身心障礙者，都應從有工作能力而不工作的名單中排除，才吻合人力資本累積的觀念。尤其是失業者更不應全被列為懶惰之人。基於單純工作倫理的考量，就會出現如前述的美國經驗工作誘因方案般，強制低收入家庭中有工作能力之人，必須接受低薪資、低技術、低工作安全的勞力工作，例如掃街、垃圾清除、守衛、工友、公廁清潔等，而忽略了這些人的技能訓練、家庭照顧、家庭生活、健康與教育等人力資本與社會資本的累積。結果是低收入戶短期內脫貧，但長期生活在瀕臨貧窮的近貧下。這也是過去我國採取「以工代賑」作法常見的弊病。

1999年起，我國也引進新的脫貧方案，例如臺北市的低收入戶財產形成方案（陳皎眉、王玉珊、謝宜容，2001）；2000年高雄市推行低收入戶第二代希望工程脫貧方案（蘇麗瓊，2001）；2002年高雄縣低收入戶新生代希望工程等。雖然只是一小步，但是，對長期採取傳統社會救助的臺灣來說，已是一大步。這一大步是彰顯社會救助不再只是提供金錢補助，而是從傳統金錢與物資救濟，擴大到對有工作能力者的學力提升、職業訓練、就業輔導、職業生涯規劃、微（小）型企業創業輔導、小額貸款、儲蓄互助、合作經營、理財知能、兒童照顧、失能者照顧家庭、醫療保健等支持就業的服務，以及子女的教育投資，例如補救教學、課後照顧與輔導、生涯規劃、升學輔導、職業訓練、技能培育、社會技巧訓練等，以增

加資產累積及提升人力資本，強化永續就業競爭力。而且，社會救助的對象不侷限在已經陷入貧窮的低收入戶人口群，而是增加對新貧、近貧、社會排除人口、新移民，以及各類社會經濟文化弱勢人口群的服務，希望達到預防貧窮，以及積極脫離貧窮的效果（內政部，2005）。

我國2004年修訂的「社會福利政策綱領」即已明訂包容弱勢國民、投資積極福利為九大原則之二，不但將社會排除觀念納入，也具體將人力資本投資與資產形成列為協助低收入戶脫貧的方案。2018年推動的社會安全網已將社會服務與就業結合，協助低收入戶、脆弱家庭、長期失業者、精神障礙者、更生人等就業條件相對不利的人口群，及早脫離貧窮困境。

結論

很清楚地，越是制度化的福利國家，貧窮率越低，例如北歐社會民主福利國家；其次是歐陸的俾斯麥模式福利國家；貧窮率最高的國家是自由主義福利國家。顯然，貧窮與個人因素關係較小，與政治經濟結構關係較大。但是，不論如何，貧窮並沒有隨福利國家發展而消失。富裕的民主國家仍存在嚴重的貧窮問題，美國是最典型的例子，尤其是工作貧窮問題的惡化。

對於發展國家來說，雖然在進入工業化的初期，會將國內資源投入在消滅絕對貧窮現象上，使得貧富不均縮小。但是，溫和的經濟成長資源仍不足以因應消滅絕對貧窮所需。而且，可以預測的是這些原來的貧窮者還是很難逃離貧窮，因為在持續的發展過程中，貧富不均現象會隨工業化的全球分工與缺乏效率的政治經濟治理而擴大，這是發展中國家追求趕上資本主義的貧窮矛盾（poverty paradox）（Sumner, 2016）。

而性別、年齡在貧窮的現象中扮演重要角色。貧窮女性化現象仍然嚴重。單親母親容易陷入貧窮的原因很多，不外乎：失業、部分工時、低薪、薪資差距、職業區隔、高危險工作、兒童照顧負荷、無年金給付資格等。而貧窮女性化又夾雜著兒童貧窮，因為大部分的單親家長是女性，都至少養育一位未滿18歲兒童。社會民主福利國家因其社會福利的去家庭化（de-familialization）、去商品化（de-commodification），使得單親母親

較容易逃離貧窮陷阱（Goldberg, 2010）。

雖然，各工業先進國家都有多層次的年金保險。但是，老人貧窮仍然是個嚴重的社會問題。貧窮高齡化（Elderization of Poverty）（Van Wormer, 2006）情形嚴重，即相對於其他年齡層人口，老人有不成比例的高貧窮率。單身老女人（lone elderly women）則更是貧窮的高危險群（Goldberg, 2010），顯示祖母貧窮現象是值得關切的。

最後，貧窮族群化（Ethnicization of Poverty）也是一個值得注意的課題。在富裕的工業民主國家，有色人種、移民都是易陷入貧窮的脆弱人群。以美國爲例，黑人、西班牙裔的單親母親貧窮率高於白人單親母親（Goldberg, 2010）。英國情形類似，有色人種婦女有較高的貧窮率（Millar, 2010）。美國與加拿大的原住民也有較高的貧窮率（Evans, 2010）。移民陷入貧窮的機會也高於本地人，因爲就業機會、福利身分、家庭支持、社會網絡等因素均不利於移民逃離貧窮。即使是社會民主福利國家的瑞典（Sainsbury & Morissens, 2010），或是俾斯麥福利國家的德國（Klammer, 2010; Kesler, 2015），也不例外。

但是，一系列的研究都指出新自由主義的福利改革是失敗的。他們以爲工作優先、讓工作付錢，就可解決單親母親的貧窮問題。其實這是建立在錯誤的診斷前提下，認爲窮人懶惰不工作、未婚懷孕、依賴福利金過活，只要把她們推向勞動市場，就可以達到自足（self-sufficiency），而忽略經濟、社會與政治因素造成的貧窮風險。事實上，這些家庭即使找到工作，仍然無法賺到足以滿足家庭基本需求的薪資，他們不是成爲近貧戶，就是繼續成爲窮人（Handler & Hasenfeld, 2007; Brady, 2009; Wacquant, 2009, 2010；Goldberg, 2010; Morgen, Acker, & Weigt, 2010）。福利改革成功的假象是將一部分窮人擠出貧窮線外成爲近貧戶，對他們的家庭生活、子女教育、健康助益不大。因此，較佳的處方應該是醫療照顧、生活薪資保障、普及的兒童津貼、普及教育（Morgen, Acker & Weigt, 2010）。

總之，工作貧窮、女性貧窮、老年貧窮、少數民族貧窮都是社會福利的新課題。而處理這些議題既不是傳統社會救助體系可以應付得來，也不是工作福利可以解決，更不宜只針對低收入戶提供脫貧方案，而忽略更多近貧與脆弱家庭的貧窮風險。就業、教育、健康照顧、社會服務、社會安

全體系必須總動員，始能奏效。

　　批評全球貧富差距擴大的研究堆積如山，謙博斯（Chambers, 1983）稱之為消極的學者（negative academics），只會從批判和深究為何促進人類生活條件的努力會失敗而獲益；不如改為積極的實踐者（positive practitioners），努力幫助窮人脫離困境。然而，修姆（Hulme, 2010）認為學者批評還是有其價值，不能只是靠埋頭實務就能正確地幫助窮人脫困。2019年諾貝爾經濟學獎頒給了研究開發中國家的經濟問題，專注於教育、健康等慈善領域的克雷姆（Michael Kremer），與研究《窮人經濟學：如何終結貧窮？》（*Poor Economics: A Radical Rethinking of the Way to Fight Global Poverty*）的班納吉（Abhijit Banerjee）與杜芙若（Esther Duflo）。三位得主都專注於全球貧窮問題的艱難研究，他們擅長將問題拆解成較小的面向，因而能夠藉由實證研究得出答案。例如研究兒童健康時，他們會從教育方式、公衛制度，甚至農業體系等面向著手，再設計細膩實驗分析出可信的答案，就像克雷姆在肯亞研究，班納吉與杜芙若在印尼、印度研究，而他們三位也都實際參與幫助窮人脫困的非營利組織。

參考書目

· 內政部（2005）。自立脫貧操作手冊。

· 王永慈（1999）。臺灣兩項全國性老人津貼的評估。輔仁學誌──法／管理學院之部，29期，頁43-60。

· 王永慈（2001）。「社會排除」：貧窮概念的再詮釋。社區發展季刊，95期，頁72-84。

· 王篤強（2001）。「強制工作」與「財產累聚」：兩種貧窮對策觀點。社區發展季刊，95期，頁85-95。

· 江裕真譯（2006）。M型社會：中產階級消失的危機與商機（原著Ohmae, Kenichi, 2006）。臺北：商周。

· 呂志翔、謝中平、蘇拾平譯（1981）。選擇的自由（原著Friedman, Milton and Friedman, Rose, 1980）。臺北：長河。

· 林萬億（1991）。社會救助法修正之研究。內政部社會司委託研究。

· 林萬億（1994）。福利國家──歷史比較的分析。臺北：巨流。

· 林萬億（2006）。當代社會工作：理論與方法。臺北：五南。

· 林萬億、李淑蓉、王永慈（1994）。我國社會救助政策之研究。內政部委託研究。

· 洪惠芬、簡守邦譯（1999）。福利國家的創建者──十六個英國社會改革先驅的故事（原著Baker, P., 1984）。臺北：唐山。

· 孫健忠（2002）。臺灣社會救助制度實施與建構之研究。臺北：時英。

· 孫健忠（2000）。社會津貼實施的反省：以敬老津貼為例。社會政策與社會工作學刊，1：1，頁73-98。

· 孫健忠（1997）。臺灣社會津貼實施的初步分析。社會政策與社會工作學刊，4：2，頁5-41。

· 陳皎眉、王玉珊、謝宜容（2001）。臺北市社會救助之新思考方向。社區發展季刊，95期，頁26-33。

· 賴金男譯（1992）。社會安全制度（原著Georges Dorion et André Guionnet, 1989）。臺北：遠流。

· 鄭麗珍（2001）。財產形成與社會救助對話。社區發展季刊，95期，頁122-132。

· 蘇麗瓊（2001）。社會救助新模式：高雄市政府社會局推動低收入戶第二代希望工

程脫貧方案之介紹。社區發展季刊，95期，頁34-40。

· 劉宴齊（2005）。從救恤到社會事業——臺灣近代社會福利制度之建立。臺灣大學法律學研究所碩士論文。

· 劉北成、楊遠嬰譯（1992）。瘋癲與文明（原著Foucault, M., 1961）。臺北：桂冠。

· Alcock, P. & Shepherd, J. (1987). Take-up Campaigns: fighting poverty through the post. *Critical Social Policy,* 19, Summer.

· Alcock, P. (2006). *Understanding Poverty* (3rd ed.). Hampshire: Palgrave.

· Andreβ, H-J & Lohmann, H. (2008). *Working Poor in Europe: employment, poverty and globalization.* Cheltenham: Edward Elgar.

· Ashford, R. (2015). Why Working but Poor? The Need for Inclusive Capitalism. *Akron Law Review,* 49(2): 507-536.

· Atkinson, A. B. (1970). On the Measurement of Inequality. *Journal of Economic Theory,* 2, 244-263.

· Atkinson, A. B., J. Corlyon, Maynard, A. K., Sutherland, H., & Trinder, C. G. (1981). Poverty in York: a re-analysis of Rowntree's 1950 Survey. *Bulletin of Economic Research* 33: 2, 59-71.

· Atkinson, A. B (1998). *Poverty in Europe.* Malden, Ma: Blackwell.

· Andrews, K. & Jacobs, J. (1990). *Punishing the Poor: poverty under Thatcher.* London: Macmillan.

· Banerjee, A. V., Bénabou, R., & Mookherjee, D. (2006). *Understanding Poverty.* Oxford: Oxford University Press.

· Barry, B. (2002). Social Exclusion, Social Isolation, and the Distribution of Income. In J. Hills, J. Le Grand and D. Piachaud (eds), *Understanding Social Exclusion.* Oxford: Oxford University Press.

· Bowles, S., Durlauf, S., & Hoff, K. (eds.) (2006). *Poverty Traps.* NY: Russell Sage Foundation.

· Bradbury, B., Jenkins, S. P., & Micklewright, J. (eds.) (2001). *The Dynamics of Child Poverty in Industrialised Countries.* Cambridge: Cambridge University Press.

· Bradshaw, J., Michell, D., & Morgan, J. (1987). Evaluating Adequacy: the potential of budget standards. *Journal of Social Policy,* 16: 2, 165-181.

· Bradshaw, S., Chant, S., & Linneker, B. (2019). Challenges and Changes in Gendered

Poverty: the Feminization, De-Feminization, and Re-Feminization of Poverty in Latin America. *Feminist Economics*, 25(1): 119-144.

· Brady, D. (2009). *Rich Democracies, Poor People: how politics explain poverty*. Oxford: Oxford University Press.

· Brady, D. (2019). Theories of the Causes of Poverty. *Annu. Rev. Sociol.*, 45: 155-75.

· Bourdieu, P. (2000). *Pascalian and Symbolic Power*. Cambridge: Polity Press.

· Burke, V. & Burke, V. (1974). *Nixon's Good Deed: welfare reform*. NY: Columbia University Press.

· Burtless, G. (1994). Public Spending on the Poor. In S. H. Danziger, G. D. Sandefur and D. H. Weinberg (eds.), *Confronting Poverty: prescriptions for change* (pp.51-84). Cambridge: Harvard University Press.

· Cantillon, B., Chzhen, Y., Handa, S., & Nolan, B. (2017). Children of Austerity: impact of the great recession on child poverty in rich countries. *United Nations: UNICEF*, Ch. 2, 4, 11, 13.

· Chambers, D. (1982). The US. Poverty Line: a time for change. *Social Work*, July, 354-358.

· Chambers, R. (1983). *Rural Development: putting the last first*. London: Longman.

· Chant, S. (2007). *Gender, Generation and Poverty: exploring the 'Feminisation of Poverty' in Africa, Asia and Latin America*. Cheltenham: Edward Elgar.

· Chestang, L. (1982). Work, Personal Change, and Human Development. In S. Akabas and P. Kurzman (ed.), *Work, Workers and Work Organizations: a view from social work* (Ch.4. pp.61-89). Englewood Cliffs, New Jersey: Prentice-Hall Inc.

· Chimakonam, J. O. (2020). Where Are We in the Global Poverty Measurement? The Human Minimum Model as a Veritable Option. *Journal of Asian and African Studies*, 55(4): 509-521.

· Coleman, J. (1988). Social Capital in the Creation of Human Capital. *American Journal of Sociology*, 94, 94-120.

· Corsi, M., Botti, F., & D'Ippoliti, C. (2016). The Gendered Nature of Poverty in The EU: individualized vs. collective poverty measures. *Feminist Economics*, 22(4): 82-100.

· Dean, H (2002). *Welfare Rights and Social Policy*. London: Pearson Education.

· Deaton, A. (2006). Measuring Poverty. In A. V. Banerjee, R. Béabou and D. Mookherjee (eds.), *Understanding Poverty*. Oxford: Oxford University Press.

· DiNitto, D. M. (2000). *Social Welfare: politics and public policy* (5th ed.). Boston: Allyn and Bacon.

· Dobos, N. (2019). Exploitation, Working Poverty, and the Expressive Power of Wages. *Journal of Applied Philosophy*, 36(2): 333-347.

· Esam, P., Good, R., & Middleton, R. (1985). *Who's To Benefit? a radical review of the social security system.* London: Verso.

· Esping-Andersen, G. (1990). *The Three Worlds of Welfare Capitalism.* Cambridge: Polity Press.

· Evans, P. (2010). Women's Poverty in Canada: cross-currents in an ebbing tide. In G. S. Goldberg (ed.), *Poor Women in Rich Countries: the feminization of poverty over the life course* (pp.151-173). Oxford: Oxford University Press.

· Farthing, R. (2016). What's Wrong with Being Poor? The Problems of Poverty, as Young People Describe Them. *Children & Society*, 30, 107-119.

· Ferrarini, T. & Norström, T. (2010). Family Policy, Economic Development and Infant Mortality: a longitudinal comparative analysis. *Int. J. Soc. Welfare,* 19, 89-102.

· Foucault, M. (1971). *Madness and Civilization.* NY: Vintage/Random House.

· Foucault, M. (1977). *Discipline and Punish.* NY: Vintage/Random House.

· Friedlander, W. (1955). *Introduction to Social Welfare.* NY: Prentice-Hall.

· Friedlander, W. & Apte, R. Z. (1980). *Introduction to Social Welfare.* Englewood Cliffs, NJ: Prentice-Hall.

· Friedli, L. & Stearn, R. (2015). Positive Affect as Coercive Strategy: conditionality, activation and the role of psychology in UK government workfare programmes. *Medical Humanities,* 41, 40-7.

· Fraser, D. (1984). *The Evolution of The British Welfare State* (2nd ed.). London: Macmillan.

· Fraser, N., Gutiérrez, R., & Peña-Casas, R. (2011). *Working Poor in Europe: a comparative approach.* NY: Palgrave Macmillan.

· Glennerster, H. (2002). United States Poverty Studies and Poverty Measurement: the past twenty-five years. *Social Service Review*, 76: 1, 83-107.

· Glennerster, H. (2007). *British Social Policy: 1945 to the present* (3rd ed.). Oxford: Blackwell Publishing.

· Gilder, G. (1981). *Wealth and Poverty.* NY: Basic Books.

· Goerne, A. (2011). A Comparative Analysis of In-Work Poverty in the European Union. In N. Fraser, R. Gutiérrez and R. Peña-Casas (eds.) (2011), *Working Poor in Europe: a comparative approach* (pp.15-45). NY: Palgrave Macmillan.

· Goldberg, G. S. (ed.) (2010). *Poor Women in Rich Countries: the feminization of poverty over the life course.* Oxford: Oxford University Press.

· Gordon, M. S. (1988). *Social Security Policies in Industrial Countries.* Cambridge: Cambridge University Press.

· Gough, I. & McGregor, J. (2007). *Well-being in Developing Countries: from theory to research.* Cambridge University Press.

· Gough, I., Bradshaw, J., Ditch, J., Eardly, T., & Whiteford, P. (1997). Social Assistance in OECD Countries. *Journal of European Social Policy*, 7: 1, 17-43.

· Handler, J. & Hasenfeld, Y. (2007). *Blame Welfare, Ignore Poverty and Inequality.* Cambridge: Cambridge University Press.

· Hantrais, L. & Letablier, M.-T. (1996). *Families and Families Policy in Europe.* London: Longman.

· Hulme, D. (2010). *Global Poverty: how global governance is failing the poor.* London: Routledge.

· Hulse, K. (2003). Housing Allowances and Private Renting in Liberal Welfare Regimes. *Housing, Theory and Society*, 20: 1, 28-42.

· Jewell, C. J. (2007). *Agents of the Welfare State: how caseworkers respond to need in the United States, Germany, and Sweden.* NY: Palgrave.

· Jones, N. & Sumner, A. (2011). *Child Poverty, Evidence and Policy: mainstreaming children in international development.* Bristol: The Policy Press.

· Kakwani, N. & Silber, J. (2007). *The Many Dimensions of Poverty.* Hampshire: Palgrave.

· Karger, H. J. & Stoesz, D. (2006). *American Social Welfare State Policy: a pluralist approach* (5th ed). Boston: Pearson Education, Inc.

· Katz, M. (1989). *The Underserving Poor: from the war on Poverty to the War on Welfare.* NY: Pantheon Books.

· Kesler. C. (2015). Welfare states and Immigrant Poverty: Germany, Sweden, and the United Kingdom in comparative perspective. *Acta Sociologica*, 58(1): 39-61.

· Kim, Y., Lee, S., Jung, H., Jaime, J., & Cubbin, C. (2018). Is Neighborhood Poverty Harmful to Every Child? neighborhood poverty, family poverty, and behavioral problems among young children. *J. Community Psychol.*, 47: 594-610.

· Klammer, U. (2010). Germany: poverty as a risk for women deviating from the male breadwinner norm. In G. S. Goldberg (ed.), *Poor Women in Rich Countries: the feminization of poverty over the life course* (pp.94-120). Oxford: Oxford University Press.

· Knight, B. (2017). *Rethinking Poverty: what makes a good society*. Bristol: Policy Press.

· Kwadzo, M. (2015). Choosing Concepts and Measurement of Poverty: comparison of major three poverty approaches. *Journal of Poverty*, 19(4): 1-15.

· Landers, A. L., Carrese, D. H., & Spath, R. (2019). A Decade in Review of Trends in Social Work Literature: the link between poverty and child maltreatment in the United States. *Child Welfare*, 97(4), 65-96.

· Lange, B. C. L., Dáu, A. L. B. T., Goldblum, J., Alfano, J., & Smith, M. V. (2017). A Mixed Methods Investigation of the Experience of Poverty Among a Population of Low-Income Parenting Women. *Community Mental Health J.*, 53: 832-841.

· Leisering, L. & Leibfried, S. (2000). *Time and Poverty in Western Welfare State: United Germany in perspective*. Cambridge: University of Cambridge Press.

· Lewis, O. (1965). *The Children of Sanchez*. NY: Penguin.

· Lohmann, H. & Marx, I. (2008). The Different Faces of In-working Poverty across Welfare State Regimes. In H-J. Andreß and H. Lohmann (eds), *The Working Poor in Europe: employment, poverty and globalization* (pp.17-46). Cheltenham: Edward Elgar.

· Maltby, T. & Deuchars, G. (2005). Ageing and Social Policy in the European Union: a contextual overview. In J. Doling, C. J. Finer and T. Maltby (eds.), *Ageing Matters: European policy lessons from the East*. Ashgate.

· McAlpine, A., Hossain, M., & Zimmerman, C. (2016). Sex Trafficking and Sexual Exploitation in Settings Affected by Armed Conflicts in Africa, Asia and the Middle East: systematic review. *BMC International Health and Human Rights*, 16: 34, doi: 10.1186/s12914-016-0107-x.

· McGregor, J. & Sumner, A. (2010). Beyond Business as Usual. What might 3-D Well-being Contribute to MDC Momentum? *IDS Bulletin*, 41(1): 104-12.

· McLaughlin, M. & Rank, M. R. (2018). Estimating the Economic Cost of Childhood Poverty in the United States. *Social Work Research*, 42(2): 72-83.

· Michielse, H. C. M. & van Krieken, R. (1990). Policing the Poor: J. L. Vives and the Sixteenth-Century Origins of Modern Social Administration. *Social Service Review,* 64: 1,

1-21.

· Millar, J. (ed.) (2003). *Understanding Social Security: issues for policy and practice*. Bristol: The Policy Press.

· Millar, J. (2010). The United Kingdom: the feminization of poverty. In G. S. Goldberg (ed.), *Poor Women in Rich Countries: the feminization of poverty over the life course* (pp.121-150). Oxford: Oxford University Press.

· Mincy, R. B. (1994). The Underclass. In S. H. Danziger, G. D. Sandefur and D. H. Weinberg (eds.), *Confronting Poverty: prescriptions for change* (pp.109-146). Cambridge: Harvard University Press.

· Morris, M. & Williamson, J. (1987). Workfare: The Poverty/Dependence Trade Off. *Social Policy,* Summer, 13-16.

· Morgen, S., Acker, J., & Weigt, J. (2010). *Stretched Thin: poor families, welfares work, and welfare reform*. Ithaca: Cornell University Press.

· Newman, K. & O'brien, R. (2011). *Taxing the Poor: doing damage to the truly disadvantaged*. Berkeley: University of California Press.

· Ohlander, A.-S. (1992). The Invisible Child? The Struggle over Social Democratic Family Policy. In K. Misgeld, K. Molin and K. Åmark (eds.), *Creating Social Democracy: a century of the Social Democratic Labor Party in Sweden*. University Park: Pennsylvania State University Press.

· O'Leary, A. & Frew, P. M. (2017). *Poverty in the United States: women's voices*. NY: Springer.

· Orshansky, M. (1969). How Poverty is Measured? *Monthly Labor Review,* 92: 2, 37-41.

· Oruka, O. H. (1989/1997). The Philosophy of Foreign Aid: a question of the right to a human minimum. In Oruka O. (ed.), *Practical Philosophy: in search of an ethical minimum* (1997) (pp.81-93). Nairobi: East African Educational Publishers.

· Ozawa, M. (1982). *Income Maintenance and Work Incentive*. NY: Praeger Scientific.

· Park, K. (2002). *The World Almanac and Book of Facts 2002*. World Almanac.

· Pearce, D. (1978). The Feminization of Porevty: women, work, and welfare. *Urban and Social Change Review*, 11(1-2): 28-36.

· Piachaud, D. (1981). *Child and Poverty*. London: CPAG.

· Piachaud, D. (1987). Problems in the Definition and Measurement of Poverty. *Journal of Social Policy*, 16: 2, 147-164.

· Pierson, C. (2006). *Beyond the Welfare State: the new political economy of welfare state.* Cambridge: Polity Press.

· Pierson, J. (2010). Tackling Social Exclusion (2nd ed.). Oxon: Routledge.

· Pieters, D. (2006). *Social Security: an introduction to the basic principles.* The Netherland: Kluwer Law International BV.

· Piven, F. F. & Cloward, R. A. (1971). *Regulating the Poor: the functions of public welfare.* New York: Vintage

· Polanyi, K. (1944). *The Great Transformation.* NY: Rinehart.

· Pressman, S. (1992). Child Exemptions or Child Allowances: what sort of antipoverty program for the United States? *The American Journal of Economics and Sociology,* 51(3): 258-272.

· Priemus, H. & Kemp, P. A. (2004). The Present and Future of Income-related Housing Support: debates in Britain and the Netherlands. *Housing Studies,* 19: 4, 653-668.

· Quaid, M. (2002). *Workfare: why good social policy ideas go bad.* Toronto: University of Toronto Press.

· Reilly, B. J. & Broyles, R. W. (1992). The Priorities of the Health Care System vs. Its Financing: political realities vs. financial realities. *Journal of Health Social Policy,* 4(1): 13-25.

· Renwick, T. & Bergmann, B. (1993). A Budget-Based of Definition of Poverty: with an application to single-parent families. *Journal of Human Resources,* 28: 1, 1-24.

· Rodgers, B. N. (1975). Family Policy in France. *Journal of Social Policy,* 4: 2, 113-128.

· Romano, S. (2018). *Moralising Poverty: the underserving poor in the public gaze.* London: Routledge.

· Room, G. (1995). *Beyond the Threshold: the measurement and analysis of social exclusion.* Bristol: The Policy Press.

· Rose, M. (1986). *The Relief of Poor 1834-1914.* London: Macmillan.

· Rouse, J. & Smith, G. (2002). Evaluating New Labour's Accountability Reforms. In M. Powell (ed.), *Evaluating New Labour's Welfare Reforms* (pp.39-60). Bristol: The Policy Press.

· Sainsbury, D. (1993). Dual Welfare and Sex Segregation of Access to Social Benefits: income maintenance policies in the US, the Netherlands and Sweden. *Journal of Social Policy,* 22: 1, 69-98.

· Sainsbury, D. & Morissens, A. (2010). Sweden: the feminization of poverty. In G. S. Goldberg (ed.), *Poor Women in Rich Countries: the feminization of poverty over the life course* (pp.28-60). Oxford: Oxford University Press.

· Sage, W. M. & Laurin, J. E. (2018). If You Would Not Criminalize Poverty, Do Not Medicalize It. *The Journal of Law, Medicine & Ethics*, 46: 573-581.

· Saraceno, C. (2002). *Social Assistance Dynamics in Europe: national and local poverty regimes*. Bristol: The Policy Press.

· Saunders, P., Bradshaw, J. & Hirst, M. (2002). Using Household Expenditure to Develop and Income Poverty Line. *Social Policy & Administration*, 36: 3, 217-234.

· Seccombe, K. (2002). Beating the Odds Versus Changing the Odds: poverty, resilience, and family policy. *Journal of Marriage and the Family*, 64: 2, 384-395.

· Sen, A. (1976). Poverty: an ordinal approach to measurement. *Econometrica*, 44-2, 219-29.

· Sen, A. (1983). Poor, Relatively Speaking. *Oxford Economic Papers*, 35, 153-169.

· Sen, A. K. (1999). *Development as Freedom*. Oxford: Clarendon Press.

· Sen, A. K. (1992). *Inequality Re-examined*. Oxford: Oxford University Press.

· Sherraden, M. (1991). *Assets and the Poor: a New American Welfare Policy*. Armonk, NY: M. E. Sharpe.

· Sinn, H-W. et al., (2006). *Redesigning the Welfare State: Germany's current agenda for an activating social assistance*. Munich: Institute of Economy Research at the University of Munich.

· Spicker, P. (1990). Charles Booth: the examination of poverty. *Social Policy & Administration,* 24: 1, 21-38.

· Stiglitz, J. E. (1986). *Economics of the Puhlic Sector* (2nd ed). Norton.

· Sumner, A. (2016). *Global Poverty: deprivation, distribution, and development since the cold war*. Oxford: Oxford University Press.

· Taket, A. et al., (2009). *Theorising Social Exclusion*. Oxon: Routledge.

· Thomas, F., Wyatt, K., & Hansford, L. (2020). The Violence of Narrative: embodying responsibility for poverty-related stress. *Sociology of Health & Illness*, 42(5): 1123-1138.

· Titmuss, R. (1968). *Commitment to Welfare*. NY: Pantheon Books.

· Townsend, P. (1971). *The Concept of Poverty.* London: Heinemann.

· Townsend, P. (1985). A Sociological Approach to the Measurement of Poverty- a rejoinder to Professor Amartya Sen. *Oxford Economic Paper*, 37, 659-68.

· Townsend, P. (1987). Deprivation. *Journal of Social Policy*, 16: 2, 125-145.

· Townsend, P. (1993). *The International Analysis of Poverty*. NY: Harvester Wheatsheaf.

· Van Praag, B. Hagenaars, A., & Van Weeren, H. (1982). Poverty in Europe. *Review of Income and Wealth*, vol. 28.

· Van Wormer, K. (2006). *Introduction to Social Welfare and Social Work: the U. S. in global perspective*. Belmont, Ca: Thomas Brooks / Cole.

· Veit-Wilson, J. H. (1987). Consensual Approaches to Poverty Lines and Social Security. *Journal of Social Policy*, 16: 2, 183-211.

· Wacquant, L. (2009). *Punishing the Poor: The Neoliberal Government of Social Insecurity*. Durham: Duck University Press.

· Wacquant, L. (2010). Crafting the Neoliberal State: workfare, prisonfare, and social insecurity. *Sociological Forum,* 25: 2, 197-223.

· Walker, R. (1987). Consensual Approaches to the Definition of Poverty: towards an alternative methodology. *Journal of Social Policy*, 16: 2, 213-226.

· Wagle, U. (2002). Rethinking Poverty: definition and measurement. *International Social Science Journal*, 54: 155-165.

· Webb, B. C. & Matthew, D. B. (2018). Housing: a case for The Medicalization of Poverty. *The Journal of Law, Medicine & Ethics*, 46: 588-594.

· Williams, C. A., Turnbull, J. G., & Cheit, E. F. (1982). *Economic and Social Security: social insurance and other approaches*. NY: John Wiley.

· Wilson, W. J. (1987). *The Truly Disadvantaged: the inner city, the underclass, and public policy*. Chicago: University of Chicago Press.

· Zimmerman, S. (2000). A Family Policy Agenda to Enhance Families' Transactional Interdependencies over the Life Span. *Families in Society: The Journal of Contemporary Human Services,* 81: 6, 557-566.

第五章
兒童與少年福利

前言

兒童需要資源與愛，這是從人道精神、兒童發展、人力資本等角度均一致主張的說法。不幸的是，世界上仍然有成千上萬的兒童缺乏基本的食物、衣服、住宅等資源，更不用說求一點來自父母、家庭、社區的愛也不可得。這些住在破落的住宅、貧窮的陋巷、戰亂地區的兒童，其父母大多連溫飽都有困難，天天為生活奔波，最後可能淪落為疏忽、虐待、遺棄，或販售其子女以養活家人等困境。

即使不是貧困潦倒，兒童生活在當代社會，也面對諸多風險，例如單親、隔代教養、未成年懷孕等資源與能力不足。因此，國家介入保障兒童的人權乃是普世的共識。

依聯合國的定義，兒童是指未滿18歲之人。我國法律則將此年齡層再區分為二：兒童指未滿12歲之人；少年指12歲以上未滿18歲之人。據此，依國際慣例在討論兒童福利時是涵蓋少年的。然而，為配合國情，本章仍採兒童與少年福利為名。

 第一節　兒童與少年福利的發展

傳統上兒童福利服務的目標是救助被遺棄、疏忽、虐待的兒童，後來才逐漸擴大到關注貧窮兒童、健康、教養。如今，已進步到重視兒童的身心發展、人身安全、社區參與、文化傳承等。

壹 工業革命前的貧童救濟

如第二章所述，1536年，英王亨利八世規定窮人住在同一教區3年以上者，可以向教區登記，教區用募來的資金施捨給「無工作能力的貧民」（impotent poor），有工作能力的乞丐仍被迫去工作，遊手好閒的兒童

（5-14歲）將被帶離其父母，被收養為奴婢，並蓋章作記。這是早期英國國家介入貧童救濟的開始。

1576年，伊莉莎白女王再頒《濟貧法令》，規定每一郡建一感化院（bridewell），有工作能力的貧民必須進入矯正之家（house of correction）或感化院接受強制勞動，稱為院內救濟（indoor relief）。之後，1579年，濟貧院（poor houses）或救濟院（almshouses）普設於各大城市，收容無工作能力的窮人、老人、盲人、瘸子，以及依賴者。從此確立了依工作能力有無區分救濟機構的濟貧制度（Fraser, 1984），也確立了失依兒童照顧機構化的原則。

1601年，伊莉莎白女王後期的《濟貧法》（The Poor Law of 1601），除了延續教區救助外，也強調「親屬責任」或「家庭責任」，當親屬沒有能力時，才由社會救濟。此外，這個法令也採分類救助，將窮人分為三類，其中失依兒童、孤兒、棄童、貧童將被安置在寄養家庭（foster home）中，如果沒有「免費家庭」緊急收留，兒童將被拍賣。8歲以上的兒童能做家事者就被畫押給城裡的人。男童被主人買走之後，一直要到24歲才可以恢復自由身，女童則到21歲，或結婚為止。這是當代寄養家庭制度的肇始。

美國也承襲英國的作法，除了將部分兒童送至設備簡陋、不衛生且混雜老弱婦孺的救濟院，亦即院內救濟，雖然地方政府行政管理不佳，救濟資源短缺；也有少部分貧窮家庭的兒童接受院外救濟（outdoor relief），只是尚未普及，反而將身體健全的兒童競標給出價最低但承諾照顧兒童的人。這就是農場安置（farmed out）（Downs et al., 2004），與上述英國的寄養家庭類似。在那個需求勞工殷切的時代，這種兒童買賣契約方式頗受歡迎。

貳 機構式監護照顧

最早的兒童福利服務應屬孤兒院，這是延續前述的濟貧院傳統。直到19世紀中葉照顧孤兒、棄童最常見的仍是機構式的監護照顧（institutional custodial care）。即使孤兒院被描述為冷漠、缺乏溫暖與愛的地方，19

世紀美國至少有10萬兒童被安置在孤兒院中（Lindsey, 2004）。美國現代的兒童福利運動起於1729年的新奧爾良（New Orleans）地區的烏蘇萊姊妹會（Ursuline Sisters）所創辦的機構，專門收容父母被印地安人殺害遺留下來的孤兒。接著，1790年正式的孤兒院創立於南卡州的查爾斯頓（Charleston, South Carolina）。聾啞學校則創立於1817年的康乃狄克州（Connecticut）（Farley, Smith, & Boyle, 2006）。正式通過立法保護被疏忽的兒童則是始於1735年麻州（Massachusetts）的波士頓（Boston），原因是該市人口越來越稠密，其間難免夾雜著遊手好閒與貧窮者，他們往往疏忽於提供兒童的生計與支持（Costin, 1979）。即使是富裕的美國，到了1920年都還是有75萬孤兒有待機構式照顧，或收養。

參 寄養照顧的興起

1853年一位年輕的耶魯大學神學院畢業生布雷斯（Charles L. Brace），相信有更好的方式來提供給紐約街頭遊蕩的兒童與青年生活，傳統的作法是將孤兒送到孤兒院或救濟院。布雷斯創立兒童救助會（Children Aid Society），發展家外安置系統（placing-out system），也就是今日的寄養照顧（foster care），將孤兒送到俄亥俄州、密西根州、伊利諾州、印第安那州的農場去接受扶養（Lindsey, 2004; McGowan, 2005）。這些兒童成群地被安置到願意接受他們的農場，過著集體生活。從1853到1890年間，總計由兒童救助會從救濟院、孤兒院安置到中西部農莊的兒童高達92,000人（Leiby, 1978）。布雷斯認為這種寄養家庭安置方式對兒童與寄養家庭雙方都有好處。對兒童而言，獲得照顧、脫離貧窮、向上流動的機會；對寄養農場來說，可以得到勞動力。在這種雙贏的利益下，農場寄養的模式就普及於農業社區（Lindsey, 2004）。

然而，批判聲音隨之而起。主張機構照顧的人士認為在孤兒院裡接受照顧的兒童，有專業的工作人員照顧其需求，而寄養家庭並不具專業知識，使兒童缺乏教養；且孤兒院在各地會有監督機關督導其業務，可是寄養家庭卻沒人監督，很容易將兒童變成童工（child labour）、農奴來剝削。但是，從紐約市政府的角度來看，發現從1860年到1876年間因少年犯

罪被逮捕的人數從5,880人降到1,666人，故肯定家庭或農場寄養的效果。

社會慈善工作者也很不以爲然。1879年的全美慈善與矯正會議上，來自俄亥俄州的拜爾斯（Albert G. Byers）認爲布雷斯只從少年犯罪人數的下降來訴求，而不考慮兒童的福利是不對的。來自印第安那州的額理（John Early）支持這種說法，認爲只有少數例外，大部分被安置到農場的孤兒都陷入絕境。1882年北卡州的社會慈善工作代表也聲稱被安置於農場的兒童成爲農奴（Lindsey, 2004）。

1894年明尼蘇達州慈善委員會（State Board of Charity）祕書哈特（Hastings Hart）調查來自紐約市的340位農場安置兒童，發現58%生活變得更差，或無法找到地址，且有少數嚴重偏差行爲的兒童被再安置，但未告知兒童救助會。此外，許多兒童被敵意安置，而缺乏督導，致未獲得保護。據此，他主張不宜安置具危險性的兒童，且對安置兒童要有適當的保護（Lindsey, 2004）。其實這種對街頭少年的仇視，進而謀殺被農場安置的兒童，再加上警方跋扈自大包庇的現象，一直到1920年代還殘留著。2008年由克林·伊斯威特（Clint Eastwood）導演、安吉莉娜·裘莉（Angelina Jolie）主演，描述1928年一名勞工階級的單親媽媽柯林絲（Christine Collins）爲了尋找失蹤的兒子，被警方誣陷，將其以精神錯亂之名送進精神療養院之後，仍然鍥而不捨地與洛城警方周旋的眞實故事改編的電影《陌生的孩子》（Changeling）[1]。影片重現南加州懷恩威爾雞舍凶殺案（Wineville Chicken Coop Murders）的安置農場、綁架兒童、失蹤兒童協尋、虐殺與性侵少年、警方查緝不力等19世紀遺留下來，未完善處理的失蹤兒童事件。

爲了回應來自各方的批評，兒童救助會開始於安置流程加上對易地安置的農場兒童由個案工作員執行家庭調查（home study），確保寄養家庭是否提供適切的照顧。此外，定期地對寄養家庭進行評估，以促進其進步。一旦兒童被剝削，就改安置其他家庭（Lindsey, 2004）。這是當代寄養家庭服務改革的背景。

---

[1] 本片讓安吉莉娜·裘莉獲頒2009年奧斯卡金像獎與金球獎最佳女主角。

20世紀之後，雖然孤兒大量減少，但是貧窮家庭仍然很多，尤其是女性為戶長的單親家庭。因此，家庭寄養的對象擴大到有父母的貧窮兒童。不過這個時期的兒童福利仍然是殘補式的（residual approach），只針對缺乏家庭資源、孤兒、棄兒等社會飄零（social leftovers）的兒童提供服務（Lindsey, 2004）。

肆 國家的兒童觀念浮現

　　19世紀末，英國進入對《濟貧法》時期所殘留的兒童救濟方式的改革，兒童被認為是國家的兒童（children of the nation）。這種觀念首先出現在1868年希爾（Florence D. Hill）出版的《國家的兒童》（*Children of the State*）一書，討論習藝所學校（workhouse school）、國家援助與個人自助、移民、家外安置、院外救助等兒童議題，凸顯國家如何對待需要協助的兒童。之後，塔克威爾（Gertrude Tuckwell）於1894年出版《國家與其兒童》（*The State and its Children*），將議題擴大到少年感化院、技藝學校、中輟、志願學校、醫院與精神病療養院、流浪兒童、身心障礙兒童之家、馬戲班兒童、預防殘暴、打工兒童等議題。到了1906年，葛斯特爵士（Sir John Gorst）出版《國家的兒童：國家如何促進其健康與活力》（*Children of the Nation: how their health and vigor should be promoted by the state*），已將國家親權介入範圍擴大到嬰兒死亡率、學校健康檢查、營養不良、童工、兒童慢性病、醫療補助、托嬰中心、學校衛生、體育、兒童照顧、遺傳疾病、住家等。國家親權已經超出早年關心的機構照顧的兒童，也包括家庭、學校中的兒童健康與教育問題（Hendrick, 2003）。

　　國家的兒童觀念發展，其實與國家對新工業競爭的焦慮有關，英國面對工業革命以來的國際競爭與國內勞工運動的興起，必須妥善處理工業關係管理。同時，也與社會健康（social health）運動有關，認為兒童是國家未開發的寶庫、國家的資產。1870年英國的《教育法案》（the Education Act）通過即是一例。兒童研究運動也於1890年代展開，包括對兒童心智、健康、社會、教育、心理各面向的研究。兒童研究的科學化就此開啟（Hendrick, 2003）。

同時，保護兒童免於受虐待的組織也出現，國家保護受虐兒童的責任確定。保護兒童最早始於1874年的紐約市法官。但是，當時不以保護兒童視之，而是保護動物。1864年出生的愛憐（Mary Ellen），其父親威爾生（Thomas Wilson）未及見到孩子出生即戰死於美國內戰沙場，母親康諾（Francis 'Fanny' Connor）靠國家撫卹金仍然無以為生，於是將愛憐託給史過爾（Mary Score）扶養。不久，康諾就不再出現，於是，拿不到保母費的史過爾就將愛憐交給紐約慈善與矯正局（Department of Charity and Correction）（社會局的前身）處理。1866年，18個月大的愛憐被依契約給麥克孔美客（McCormack）夫婦收養。7個月後養父死於瘧疾，養母改嫁給康納利（Francis Connolly）。

　　直到1873年，美以美教會傳教士惠樂（Etta Wheeler）女士訪問紐約的貧民，從一位瀕死的婦人口中得知，同一租屋大樓有一位小女生經常被鞭打而尖叫哀嚎。這位生病的婦人請求惠樂女士救救這個可憐的小女孩。惠樂女士求助警方與慈善組織會社均不得要領，只好求助美國預防動物受暴協會（the American Society for the Prevention of Cruelty to Animals, ASPCA）的主席伯福（Henry Bergh）。伯福派一位男性工作人員前去調查該案，該員親自接觸到愛憐，證實惠樂所言不假。於是，隔天就動用其影響力請警方將愛憐救出。

　　當8歲的愛憐裹著毛毯被帶到法庭，勞倫斯（Lawrence）法官看到她被摧殘折騰的身軀，聽取惠樂女士、鄰居、調查員的證詞後，判決其脫離其監護人送進美國預防動物受暴協會接受監護。此案例激發紐約市民籌組「紐約預防兒童受暴協會」（the New York Society for Prevention of Cruelty to Children）。後來愛憐被惠樂的母親及其親人收養。早年受虐的經驗，使愛憐成長得非常辛苦，於24歲嫁給鰥夫舒特（Lewis Schutt），育有2女，享年92歲，成為今天兒童保護的首例。此後，兒童身體虐待事件持續擄獲民眾的注意力，也得到各地兒童救助協會的注意。1900年總計超過161個社團加入關心兒童虐待（McCoy & Keen, 2009）。

　　英國則在1881年《利物浦水星報》（Liverpool Mercury）出現一則投書，建議組成一個兒童保護團體來保護該市兒童免於受虐。國家預防兒童受暴協會（National Society for the Prevention Cruelty to Child, NSPCC）於

焉成立於1883年的利物浦。此後，布里斯托、伯明罕、倫敦先後也成立類似組織。這些行動無意要分開家庭與兒童，而是救援那些被粗暴對待的兒童。經由這些團體的努力，英國於1885年的《刑法》修正案中將嫖、販運、奴隸、僱用雛妓納入懲處，認為未成年是無知的，不適合發生性關係。不過當時的立法意旨在於控制女童的性交權，多於預防其受傷害。接著於1889年通過《預防兒童受暴法》（Prevention Cruelty to Children Act）。1908年更通過《近親姦懲罰法案》（Punishment of Incest Act），禁止近親性交（Hendrick, 2003）。

此外，對身心障礙兒童的教育也於英國1890年的《國民教育法》中，規定地方政府必須保證視障與聽障兒童得到足夠與穩定的教育。接著，心智不全（defective child）的兒童教育也受到關注。1913年終於通過《智能不足法案》（Mental Deficiency Act），隔年也修正《國民教育法》將智障兒童納入特殊教育。

進一步，受到嬰兒福利運動的影響，英國政府也開始介入嬰兒的福利。關切孕婦與胎兒的健康、嬰兒死亡率、新生嬰兒的保健，早在1862年曼徹斯特地區即有民間社團推行孕婦的家庭訪視，稱健康訪視員（health visitors），是為嬰兒福利的基石。19世紀末的嬰兒福利運動到了1907年國會通過《出生登記法》（Notification of Birth Act）、1908年嬰兒福利被納入社會服務的一環，才算是告一段落。

接下來，為了學童營養，是否該由學校提供免費餐點（School Meals），成為另一個議題。前一章提到的布斯（Charles Booth）的貧窮研究，發現有10%的兒童養不良，因此，勞工與社會主義政黨均主張為了學習效果，學校應該提供免費的營養午餐。反對聲音來自慈善組織會社，認為家長有義務提供其子女餐飲，而不是學校，因此只要協助貧窮家庭即可。直到1906年《教育（餐點供應）法》（Education [Provision of Meals] Act）通過，才告塵埃落定。約莫同時，學校健康檢查與治療也開辦，成為今日學校學童保健的肇始。

伍 兒童服務系統的雛形

隨著醫學、公共衛生、社會工作的進步，現代兒童福利系統逐漸被建構。從以下幾點可知。

一、降低嬰兒死亡率

1900年大約有五分之一的新生嬰兒活不到一歲，其中有許多甚至一出生即夭折，而且連同孕婦一起死亡，特別是那些貧窮、難產的母親。究其原因仍在於衛生條件差、胎兒照顧不足、缺乏產前檢查，以及營養不良。這成為美國新的兒童福利運動的議題之一。1912年美國兒童局（the Children's Bureau）成立，其目的即有調查嬰兒死亡率、出生率、孤兒、少年法庭、遺棄、危險職業、兒童意外事故與疾病、就業，以及兒童相關立法等。

二、保護童工

美國兒童局成立之後，開始注意童工的問題。渾身沾滿煤渣的男童在礦坑撿拾煤塊；年紀幼小的兒童在成衣廠、人造花廠工作直到深夜；一群群小孩被送到洋蔥田剝洋蔥、棉花田撿棉絮、切甜菜根、剝蝦殼、在罐頭工廠工作；稍大一點的兒童受僱於工廠如同生產機器。這種場景猶如1833年《工廠法》通過前的英國。

三、家庭維繫運動

早年兒童福利以機構式監護照顧、農場家庭寄養作為孤兒、棄童的照顧方式，受到20世紀初美國進步主義年代（Progressive Era）的挑戰。1909年白宮兒童會議（White House Conference on Children）的共識是「兒童不應以貧窮的理由從其家長身邊被帶離」。社會個案工作的先驅芮奇孟（Marry Richmond）曾說道：「救援兒童的呼籲應該被救援家庭所取代。」的確，沒有救援家庭，只安置兒童是無法終止孤兒、棄童的（Lindsey, 2004）。

於是，家庭維繫運動（family preservation movement）出現於19世

紀末。1899年美國慈善與矯正會議（National Conference on Charities and Correction）的疏忽與失依兒童委員會（the Committee on Neglected and Dependent Children）即提出：「不要急著將兒童送到機構去安置，除非你已經確定維繫家庭是無望的。記住，當一個家庭被拆散之後，哪怕只是暫時的，都不容易重聚；靠著私人慈善的一點點小錢、友善的訪問、幾句好心的問候、一雙扶助的手，將鼓舞這些值得幫助的窮人撐下去；這是成功的一半，因為不鼓勵將演變成不照顧。」（Lindsey, 2004: 22）

保護兒童雖然是目的，但是不能成為唯一的。倘若沒有保護家庭，一切是空談。1911年美國伊利諾州首先提出母親年金（mothers' pensions）的方案，幫助那些有兒童需照顧的母親，將兒童留在家裡。1914年美國兒童局研究丹麥、紐西蘭等國的母親年金政策，決定力推母親年金，協助有依賴兒童的家庭。1920年代，約有40個州推出母親年金，約有4萬5千個家庭、12萬個兒童獲得協助，這成為1935年失依兒童補助（Aid to Dependent Children, ADC）的前身。

四、失依兒童的家庭補助

1935年《社會安全法案》（Social Security Act）通過後，不只是針對老人救助（Old Age Assistance, OAA）、身心障礙補助（Aid to the Permanently and Totally Disabled, APTD），也包括對失依兒童補助（Aid to Dependent Children, ADC），之後改名為對有依賴兒童的家庭補助（Aid to the Families with Dependent Children, AFDC）。《社會安全法案》也提供貧窮家庭兒童的寄養照顧服務。

陸 現代兒童福利體系的發展

到1950年代，兒童福利體系成為公共制度的一環，兒童福利機構成為國家重要的專業提供兒童照顧的機構，包括寄養照顧與各種兒童福利服務。以1956年為例，聯邦兒童局報告各州聘用兒童福利工作人員有5,628人，其中有6個州聘用超過200人以上，只有8個州少於25人。到了1977年，全美國已有3萬位專業的兒童福利工作人員。

然而，1967年卡都辛（Alfred Kadushin）出版《兒童福利服務》（*Child Welfare Services*）一書中仍然批評美國的兒童福利是架構在殘補福利模式下的「缺損模式」（deficit model），亦即兒童服務只聚焦在家庭破碎的前提下，當兒童的傷害發生後才被保護。在美國的殘補福利模式下，養育兒童是家長的責任，包括：所得（例如食、衣、住等）、情緒安全與愛、管教、安全保護、教育、社會化。一旦家長不能履行責任時，例如家長角色喪失（死亡）、家長失能（重大疾病、藥與酒癮）、家長拒絕履行角色（遺棄、疏忽）、角色內在衝突（不履行管教與照顧責任）、兒童無能（自閉症、癲癇、腦傷）、社區資源不足（失業、經濟不景氣），國家才介入兒童照顧。據此，卡都辛認為當時美國的兒童福利服務包括以下三者：支持性服務（supportive services）、補充性服務（supplementary services）與替代性服務（substitutional services）。

柒 從兒童福利轉進到兒童保護服務

如前所述，兒童救助協會的目光還是聚集在成千上萬的孤兒、棄童身上。到了20世紀初，兒童虐待（child abuse）仍得不到大眾的關心，因為認為其只是少數特例。從20世紀初到1950年代，社會大眾對兒童虐待的事件逐漸失去興趣，保護兒童免於受虐的運動也失去動力，社會工作界很少討論兒童虐待的議題。

即使在1935年的《社會安全法案》中明訂兒童福利包括「保護與照顧無家可歸、失依、疏忽、有成為少年犯罪之虞的兒童。」也略過兒童虐待。兒童虐待之所以被忽略乃因他人難以證明兒童受傷是其父母所為，兒童即使面對嚴重的體罰也會因愛與家庭連結而不舉發父母（Lindsey, 2004）。

1946年放射科醫師卡飛（John Caffey），以X光技術來檢查兒童的骨骼、腦部受傷，開啟了關注兒童身體虐待的風潮。1962年醫師坎普（Henry Kempe）與其同僚調查88家醫院，以及醫院所認定的302位受虐兒童，發現受虐兒童症候群（battered child syndrome），亦即兒童或嬰兒未滿3歲，被醫師發現不尋常的傷害、骨折，或裂縫等傷害，卻提不出適當

或一致的說詞。兒童虐待議題於是成為新的兒童福利課題，再次促成受虐兒童保護運動。

美國兒童局回應醫師的關切，開始發展強制通報制度（mandatory reporting law）規定醫師發現受虐兒必須通報。1963年已有13州將強制通報納入法律。1966年全美國均通過立法規制兒童虐待。之後，各州擴大兒童虐待的定義，超越早期的受虐兒童症候群；1986年大部分州將疏忽（neglect）納入強制通報；有41州將情緒與心理虐待（emotional and psychological abuse）納入強制通報。

早年的強制通報只限醫師，但被美國醫學會（American Medical Association）所拒絕，要求加入其他專業。於是，加入教師、護理人員、諮商人員、社會大眾。從此之後，被通報的受虐兒童急遽增加，1962年約1萬人，1976年已達66萬9,000人，1986年超過208萬人，1994年超過306萬人，2000年已突破350萬人（Lindsey, 2004），占美國總人口的11.7%，情況非常嚴重。

1950-1970年間，美國的公共兒童福利體系成長迅速，而兒童虐待仍然被視為是導因於親職關係的「互動事件」，亦即孩子壞，父母才會動手打他。因此，在1967年卡都辛所出版的《兒童福利服務》書中尚未將保護服務納入兒童福利服務的一環。

基於以上兒童保護運動的蓬勃發展，兒童保護遂成為美國兒童福利的重心，早期以寄養服務為重點的兒童福利機構，於1980年代莫不改弦易轍以兒童保護為核心。此時，兒童保護幾乎等同於兒童福利。而增加迅速的兒童保護需求已排擠掉其他兒童福利服務；同時，大部分兒童保護服務的對象是兒童，而不是家庭。社會工作者對被通報的家庭進行調查與風險評估，而較少提出處置辦法，結果是大部分案例沒有針對兒童與家庭進行服務，而是發現家庭成員對待兒童的缺失。兒童福利工作人員擔心怕出錯，特別是怕沒有將處在危險邊緣的兒童帶離家庭，而導致兒童受虐死亡或嚴重虐待與疏忽事件發生，被社會大眾質疑（Lindsey, 2004）。

兒童虐待事件一旦被強制通報，兒童福利機構工作人員就得立刻啟動調查，工作人員訪談家長、鄰里、教師，以及任何與該案例有關的人士。調查不是一天能完成，少者一週，多則上月，才能蒐集到足夠的證據，

做成決策，俾利採取介入行動，其過程是艱難而昂貴的。然而，兒童虐待事件越多，越引發社會大眾的關切；矛盾的是，政府與社會大眾也懷疑社會福利方案有效嗎？為何投入那麼多資源，兒童虐待事件仍頻傳？政府投入社會福利資源的正當性也就跟著受限，特別在1980年代新自由主義的福利緊縮大環境下，兒童保護也就處在案量不斷增多，資源卻不足的困境中。越是資源緊縮，兒童福利的焦點越是限縮在兒童保護工作（Lindsey, 2004）。

在殘補模式的社會福利體制下，資產調查是必備的手段。用在機構照顧、寄養服務、有依賴兒童的家庭補助上是可行的，但是用來判定兒童保護的資格要件，資產調查就無用武之地了。社會工作者要確定兒童受到哪一種虐待？身體、性或心理，還是合併多重？虐待有多嚴重？兒童生命受到威脅嗎？要在成千上萬的疑似個案中防堵兒童虐待事件發生，絕對會把脆弱的兒童福利體系搞垮。因為，這些所謂高風險家庭與之前兒童福利的重點──貧窮家庭，不一定重疊。社會工作者要重啟爐灶，建立另一個兒童保護網，結果是拆東牆補西牆，多了兒童保護支出，就拿有依賴兒童的家庭補助來抵償（Lindsey, 2004）。

爭議的事還不少。首先，是起訴家長帶來的困擾。疑似兒童虐待事件的家庭被調查之後，不論是否成案，其家庭都必須處理被調查後的焦慮，這些往往是兒童保護機構不會介入處理的。其次，家長通常會與社會工作者發生衝突，社會工作者代表公權力行使，目的是發現真相，家長則希望虐待事件不成案，其間的爾虞我詐，必然經常演出。社會工作者與家長的不信任關係已形成，往後要進行家庭服務何其困難。第三，兒童保護對象是兒童，而誰來保護家長呢？一旦兒童虐待事件成立，家長會受到起訴；但是，如果證據不足被駁回，家長又如何自處？其親子關係又如何重建？誰來服務這些無辜的家長？特別是社經地位低落的家庭，常被質疑兒童疏忽或虐待，很少人為其辯護（Lindsey, 2004）。

捌 投資兒童

1990年代以來，由於婦女總生育率下降，兒童未來即將承擔的成

人角色與現在截然不同。國家必須重新思考兒童福利的議題，投資兒童（investing child）成為歐洲聯盟各會員國邁向社會投資國家（social investment state）的一環。

如同本書第二章與第十三章所提及的，社會投資國家是有別於傳統以提供經濟維持為主的福利國家，改變為投資在人力資本（human capital）的國家（Giddens, 1998）。兒童就是最主要的人力資本，投資兒童就等於投資國家的競爭力。經濟合作暨發展組織（OECD）於1997年提出轉型福利國家從社會消費到社會投資，以確保社會凝聚。英國與加拿大是投資兒童最積極的國家。

Jenson（2006）用「樂高典範」（LEGO™ paradigm）來描述這種趨勢。樂高典範有三層意義：第一，既是玩也是終身學習準備工作；第二，未來取向，今日我們如何對待兒童，決定了未來的代間關係；第三，樂高不只是為了讓個別兒童的童年好玩，而是豐富所有兒童的未來。

要如何投資兒童？如同前英國首相布萊爾（Blair, 1998）所言：福利不只是給付，積極的福利也包括服務（Lister, 2006）。現金給付除了普及的兒童給付之外，經由課稅抵免（tax credit）取代針對低所得工作家庭的資產調查給付。包括兩種：一是兒童課稅抵免（child tax credit），是一種針對有兒童的家庭之所得相關的直接給付，支付給照顧兒童的家長的退稅，這在美國稱為依賴者照顧課稅抵免（dependent care tax credit, DCTC），藉以減輕家長的兒童照顧負擔（Lindsey, 2004）。第二種是工作課稅抵免（work tax credit），是針對照顧兒童的家長的工作薪資退稅，在美國稱薪資所得稅抵免（earned income tax credit, EITC），藉以增加單親家長的工作誘因（Lindsey, 2004）。

此外，還引進資產調查式的教育維持津貼（educational maintenance allowances），鼓勵低所得家庭的兒童留在學校。同時也引進兒童信託基金（child trust fund），這是一種資產為基礎的福利（asset-based welfare），讓兒童到18歲均可擁有一份適度的資本總額。這在美國稱為兒童未來儲蓄帳戶（child future saving account, CFS），由政府於兒童出生時提供1,000美元作為母金，由其家長選擇一家經紀公司以兒童之名存入，之後，每年會接到政府撥入的500美元存入，家長也可加碼存入基金，加

上兒童自己的零用錢存入，18年後總帳戶預計會接近4萬美元，作為兒童教育、就業規劃之用（Lindsey, 2004）。

服務則包括促進貧窮家長的就業機會，避免長期陷入貧窮；穩定開始（Sure Start）（英國用詞）、最佳開始（Best Start）、好生活的開始（Good Start in Life）（加拿大用詞）、迎頭趕上（Head Start）（美國用詞）等方案，透過公共支持的學前兒童教育與照顧（early childhood education and care, ECEC）讓每個兒童均不輸在起跑點上；並教導家長參與社區成為好公民，承擔社會責任（Jenson, 2006; Lister, 2006）。

總之，投資兒童不只是一種反兒童貧窮策略，也是活化（activation）勞動市場政策的一環，以及促進負責任的家長（responsible parents）運動。

第二節　兒童福利服務

壹　兒童福利的目標

美國兒童局（Children's Bureau, 2000）整理各州政府兒童與家庭服務團隊訓練的公共兒童福利服務體系的產出目標，列出兒童福利服務的目標如下（Downs et al., 2004: 23; Jenson & Fraser, 2006）：

（一）安全（safety）

1. 首要保護兒童免於被虐待與疏忽。
2. 盡其可能與適當地維護兒童於其家庭中的安全。

（二）永久（permanency）

1. 兒童擁有永久與穩定的生活情境。
2. 維繫兒童擁有持續的家庭關係與連結。

（三）福祉（well-being）

1. 增強家庭能量，俾利提供滿足兒童的需求。
2. 保障兒童獲得適當的服務，俾利其接受教育。
3. 保障兒童獲得適當的服務，俾利滿足其生理與健康需求。

從這些敘述中可以看出，美國兒童局的福利服務提供是以圖5-1服務金字塔中最頂端的服務項目為第一優先；其次才是支持危機中的家庭，以利維繫永久與穩定的家庭關係；最後才是增進一般兒童的福祉，尤其配合教育、健康照護部門提供的兒童權益保障。其餘的兒童權益保障大多依賴民間部門的努力，例如兒童休閒活動、娛樂、文化、戶外安全等。

要達到兒童福利的目標，對兒童與家庭需求的評估就成為重要的關鍵。英國新工黨（New Labour）政府於2000年提出「兒童與家庭評估架構」（the Framework for the Assessment of Children and their Families），作為英國兒童社會工作者的準繩。這是一個正三角型的概念，三邊分別是（Kirton, 2009）：

1. **兒童發展需求**：自我照顧技巧、社會表達、家庭與社會關係、身分認同、情緒與行為發展、教育。
2. **親職能力**：保證安全、情緒溫暖、刺激、引導與界線、穩定。
3. **家庭與環境因素**：家庭歷史與功能、擴大家庭、住宅、就業、所得、家庭的社會整合、社區資源。

這是結合了以兒童為中心生命歷程發展、以家庭為中心、生態模式的評估架構。其最終目的是保護兒童與促進其福利，也隱含了公共衛生的風險為基礎（risk-based）的評估策略。點出了個人、人際與社會、環境三個面向的風險因子（risk factors）、保護因子（protective factors），以及其復元力（resilience）。復元力是指一個人能於風險與逆境中成功地適應的能量。顯然增強這三個面向的促進因子（promotive factors）是其關鍵（Jenson & Fraser, 2006；林萬億，2021）。

貳 兒童福利服務內涵

依卡都辛（Kadushin, 1980）的分類，兒童福利服務可區分為以下四類：

1. **支持性服務**：指家庭結構仍然完整，只是因家庭關係失調、緊張，導致家庭產生壓力，因此，需求親職能力的增強、家庭功能的改善。其服務包括：家庭諮商、親職教育、發展遲緩兒童早期

療育、未婚媽媽及其子女服務、兒童休閒娛樂服務、社區心理衛生服務等。

2. **補充性服務**：是當家庭結構仍然完整，但父母親職角色不當履行或限制，造成兒童受到一定程度傷害，而由家外系統注入資源，補充其不足，例如家庭經濟補助、托育服務、在宅服務、學校社會工作等。

3. **替代性服務**：是指一旦家庭功能或親子關係發生嚴重缺失，導致兒童不適宜在原生家庭生活，必須尋求替代家庭之場所，作為暫時性，或永久性之安置，例如家庭寄養服務、收養服務、機構安置等。

4. **保護性服務**（protective services）：是指兒童被其家庭成員不當對待，例如虐待、疏忽等，而導致身體、心理、社會、教育等權益受損，公權力必須給予保護，例如兒童身體虐待、性虐待、心理虐待、照顧疏忽等的預防與保護。

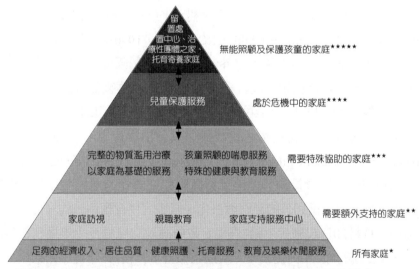

★ 伴隨家庭需求的強度增加，服務強度也應隨之增加，以滿足這些需求。

圖5-1　兒童福利服務金字塔

資料來源：美國兒童防衛基金會，引自Downs, S. W. et al., (2004). pp.21。

從圖5-1服務金字塔來看，服務的密度隨家庭需求而增強。最底層是所有家庭均需要的適足的所得、住宅、健康照護、兒童照顧、教育與休閒服務，提供這些服務的單位是學校、衛生部門、休閒設施與社會福利單位。當家庭需要額外的支持時，例如家庭正值轉型階段如生育、死亡、離婚等，影響親職功能的展現，需要家庭訪視、家庭支持服務與親職教育等。這即是支持性服務。一旦家庭有兒童照顧需求、藥物濫用、身心障礙、健康問題等造成家庭功能嚴重的受損，需要特殊的協助，則需要補充性服務。進一步，如果家庭有兒童虐待、家庭暴力等問題，家庭已陷入危機，需要密集的家庭維繫服務、兒童保護服務，這也就是保護性服務。最上層則是當兒童不適合居住在原生家庭中，有可能是嚴重的家庭暴力、失依等，致使兒童必須被安置在機構、團體之家或寄養，這也就是家庭替代性服務。

參 兒童權利

聯合國於1989年通過《兒童權利公約》（the United Nations Convention on the Rights of Child, CRC）54條，1990年生效，除了美國與索馬利亞（Somalia）沒有簽署之外，世界上191個國家均簽署同意履行。這也是唯一的國際條約讓非政府組織（NGOs）有權來監督其執行（第45條）。此外，聯合國也通過2000年生效的「兒童涉入軍事衝突議定書」與2002年生效的「販賣兒童、童妓與兒童色情議定書」（the Optional Protocol on the Sale of Children, Child Prostitution and Child Pornography）。

我國非聯合國會員國，但為了彰顯對兒童權益的重視，以及參與國際社會，將《兒童權利公約》國內法化，訂定《兒童權利公約施行法》，於2014年11月20日起施行。第7條規定政府應建立兒童及少年權利報告制度，於本法施行後2年內提出第一次國家報告，其後每5年提出國家報告，並邀請相關專家學者及民間團體代表審閱，政府應依審閱意見檢討、研擬後續施政。《聯合國兒童權利公約》專家於2017年11月20-24日，應邀前來審查我國的國家報告。同法第9條，各級政府機關應依公約規定之內容，就其所主管之法規及行政措施於本法施行後1年內提出優先檢視清

單，有不符公約規定者，應於本法施行後3年內完成法規之增修或廢止及行政措施之改進，並應於本法施行後5年內，完成其餘法規之制（訂）定、修正或廢止及行政措施之改進。行政院兒童及少年福利與權益推動小組已依此條規定，進行法規之增修或廢止及行政措施之改進。

聯合國CRC所規範的對象是18歲以下兒童，除非各國另有法律規範兒童年齡。CRC規範內容包括：生存與發展、身分、家庭團聚、表意、思想宗教、結社、隱私、健康、社會安全、教育、遊戲、反歧視、反剝削。第2條即明訂反歧視（non-discrimination）原則，不因兒童之種族、宗教、能力、思想與言論、家世背景、語言、居住地、父母親之職業、性別、身體狀況、文化、貧富等差異而有不公正的對待。

第3條即是大家耳熟能詳的兒童最佳利益（best interests of child）。所有會影響兒童的決策，不論是公私立社會福利機構、法院、行政機關或立法機關，均應以兒童的最佳利益為優先考量。亦即任何成人所做的決策應該考慮其將對兒童有影響，必須對兒童最有利。評估兒童最佳利益是指評鑑與平衡所有決策的必要要素（elements necessary），不論針對特定個別兒童或兒童群體。決策要素特別提醒考量兒童表意權、身分權、家庭維繫、照顧與安全、相對弱勢、健康、受教權等。

此外，其中幾條特別針對兒童的生命、生存、發展權的保障（第6條）、尊重兒童的觀點（第12條）。

依我國《民法》第13條規定未滿7歲之未成年人，無行為能力。滿7歲以上之未成年人，有限制行為能力。但未成年人已結婚者，有行為能力。此外，第16條規定權利能力及行為能力，不得拋棄。亦即，7歲以上之兒童與少年，其具有之部分行為能力，是不得拋棄的，成人必須尊重其非被限制之能力。

《民法》第76條規定，無行為能力人由法定代理人代為意思表示，並代受意思表示。但是，同法第77條規定，限制行為能力人為意思表示及受意思表示，應得法定代理人之允許。但純獲法律上之利益，或依其年齡及身分、日常生活所必需者，不在此限。亦即，未成年人必須接受其法定代理人的意思表示，除非法律上應得的利益。

據此，依《民法》第78條規定，限制行為能力人未得法定代理人之允

許，所爲之單獨行爲，無效。

肆 親權

　　父母有照顧兒童的權利與義務，除非父母無法善盡照顧義務，才由國家介入。這基本上是民主國家兒童福利的基調，我國亦不例外，子女一出生，或依法領養，父母即爲其未成年子女之當然法定代理人。《民法》第1084條規定子女應孝敬父母。父母對於未成年之子女，有保護及教養之權利義務。且依《民法》1116之2條規定父母對於未成年子女之扶養義務，不因結婚經撤銷或離婚而受影響。亦即，生之則必須養之，無關父母本身的婚姻效力。但是，依同法第1065條規定非婚生子女經生父認領者，視爲婚生子女。其經生父撫育者，視爲認領。非婚生子女與其生母之關係，視爲婚生子女，無須認領。亦即，非婚生子女未經其生父認領，只有生母是其法定代理人。

　　至於，父母之親權（parental rights）的範圍有哪些？法律很難規範清楚。依《民法》第21條規定無行爲能力人及限制行爲能力人，以其法定代理人之住所爲住所。顯然表示父母有權要求其未成年子女與其同住；反之，亦表示父母必須提供未成年子女住所。亦即親權是建立在權利與義務對等的基礎上。

　　最被社會關心的是父母的管教權，《民法》第1085條明白規定父母得於必要範圍內懲戒其子女。但是，什麼是必要範圍？如何懲戒？就必須看《兒童及少年福利與權益保障法》如何規定了。父母的管教權不可以違反《兒童及少年福利與權益保障法》規定，造成疏忽與虐待。

　　一般來說，父母有權決定未成年子女的住所、生活方式、宗教、教育、醫療、照顧與管教等。但是，《民法》1086條明確指出父母之行爲與未成年子女之利益相反，依法不得代理時，法院得依父母、未成年子女、主管機關、社會福利機構或其他利害關係人之聲請或依職權，爲子女選任特別代理人。亦即，父母違反兒童最佳利益時，其親權會被法律剝奪。

　　反之，當未成年人失去法定代理人時，沒有人可以執行其親權，父母或國家有義務爲其尋找代理人，以執行親權，稱爲監護（custody）。

《民法》1091條規定未成年人無父母，或父母均不能行使、負擔對於其未成年子女之權利、義務時，應置監護人。但未成年人已結婚者，不在此限。亦即法定代理人無法履行其照顧未成年子女之義務時，另由監護人代理執行其親權。其委託方式，依《民法》第1092條規定，父母對其未成年之子女，得因特定事項，於一定期限內，以書面委託他人行使監護之職務。再依《民法》第1094條規定，父母均不能行使、負擔對於未成年子女之權利義務或父母死亡而無遺囑指定監護人，或遺囑指定之監護人拒絕就職時，依下列順序定其監護人：

1. 與未成年人同居之祖父母。
2. 與未成年人同居之兄姊。
3. 不與未成年人同居之祖父母。

未能依第一項之順序定其監護人時，法院得依未成年子女、四親等內之親屬、檢察官、主管機關或其他利害關係人之聲請，為未成年子女之最佳利益，就其三親等旁系血親尊親屬、主管機關、社會福利機構或其他適當之人選定為監護人，並得指定監護之方法。未成年人無第一項之監護人，於法院依第三項為其選定確定前，由當地社會福利主管機關為其監護人。這也就是為何許多縣市長或直轄市政府的社會局長經常成為他人未成年子女監護人的原因。

監護人之權限，依《民法》第1097條規定，除另有規定外，監護人於保護、增進受監護人利益之範圍內，行使、負擔父母對於未成年子女之權利、義務。但由父母暫時委託者，以所委託之職務為限。監護人有數人，對於受監護人重大事項權利之行使意思不一致時，得聲請法院依受監護人之最佳利益，酌定由其中一監護人行使之。法院為前項裁判前，應聽取受監護人、主管機關或社會福利機構之意見。

復依《民法》第1098條規定，監護人於監護權限內，為受監護人之法定代理人。監護人之行為與受監護人之利益相反或依法不得代理時，法院得因監護人、受監護人、主管機關、社會福利機構或其他利害關係人之聲請或依職權，為受監護人選任特別代理人。亦即，監護人之權限幾乎等同於法定代理人，除非另有約定。但是，同樣地，監護人受託執行親權時亦不得違反兒童之最佳利益與法律規定。

除了父母的親權之外，國家對兒童與家庭也有國家親權（parens patriae）。國家親權介入兒童的照顧與保護，以及支持與限制家長的親權隨著兒童權利觀念的演進、福利國家的發展，以及政治意識變遷而改變。國家親權與父母親權間的拉扯，一直存在。例如1980年代以來新自由主義盛行下的美國，父母的親權是被強化的。當國家不想介入太多家務事時，親權就強化，國家親權相對卸責。然而，國家親權的強勢，也可能會萎縮父母的親權、限制兒童與少年的自由，其間拿捏要非常謹慎。例如西恩‧潘（Sean Penn）在電影《他不笨，他是我爸爸》（I Am Sam: love is all you need）中演出一個智障的中年男子山姆（Sam），因為低智能使他和女兒露西（Lucy）間的生活狀況百出。但是在他們不平常的生活中卻有著滿滿的愛和生活意趣。可是當露西要準備上小學的時候，社會工作者卻開始介入他們的生活，認為以山姆的狀況是無法適當的教育露西，甚至認為這會造成露西的學習障礙。雖然，法院為露西選定新的監護人，但是，露西對山姆的愛似乎沒有絲毫減損。這部電影凸顯了國家親權介入與親情維繫的兩難。

　　類似的，2009年臺灣導演戴立忍所執導的《不能沒有你》（No Puedo Vivir Sin Ti），敘述一位在高雄港碼頭邊，無照的潛水伕父親，與7歲大的女兒相依為命，靜靜地生活著。儘管物質上沒有奢華的享受，作息簡簡單單，兩個人的心裡卻是充實而溫暖的。直到女兒屆齡入學前，父親欲前往戶政事務所報戶口時，發現沒有婚姻關係的生母之配偶欄已另有其人。失去監護權的父親，為了替女兒報戶口而南北來回奔波，警察、社會局介入，眼見衝突一觸即發，父親為了要和女兒共同生活下去，不惜作出大膽行徑，將女兒抱在天橋上作勢要跳下……。這部依2003年的一樁社會新聞改編的電影，影片中社會局與社會工作者也被描述為只顧所謂的兒童最佳利益，卻罔顧親情的冷血官僚。其實，依CRC，兒童最佳利益是要評鑑與平衡所有決策的必要要素。

伍 童工保護

　　童工保護始於1830、1840年代的英國。對大部分西方工業民主國家來

說，隨著經濟發展、教育普及、觀念改變，童工幾近絕跡。但是，我們仍然沒有資格宣稱童工已經在人類社會消失，說童工完全消失於工業先進國家，是一種迷思（Fyfe, 1989）。而隨著全球產業分工、政治權力鬥爭、跨國人口流動、國際觀光旅遊熱絡等因素，童工已大量被發現於發展中國家，從事農村勞動、礦工、雛妓，甚至童子兵。

依國際勞工組織（ILO）的定義，並不是所有工作中的兒童（working child）都稱為童工。如果兒童或少年參與勞動而不影響其健康、學業者，通常會被正面看待。例如家族事業學習、實習課程、建教合作、假日打工等。依國際勞工組織估計，2020年全球參與經濟活動工作中的兒童約占所有兒童的十分之一，亦即全球有1億6,000萬個兒童在工作。其中從事危險工作的兒童有7,900萬人。

被國際勞工組織點名需要保護的童工係指兒童從事剝奪其童年、潛能、尊嚴，傷害其身體、心理發展的工作。包括：

1. 有心理、身體、社會、道德上的危險與傷害兒童，
2. 與干擾其學校學習者，例如
3. 剝奪其就學機會、
4. 使其及早離開學校，或
5. 要求其一面就學，一面從事超時與超重工作。

國際勞工組織規定的最低工作年齡為15歲。亦即15-17歲兒童是可以工作的，即是合法的童工。而13-15歲兒童可從事輕度工作，例如不威脅健康、安全，或影響教育、職業指引與訓練，且每週少於14小時者。但是，發展中國家可以接受各下降1歲。至於，從事危險工作的年齡，各國都規定不得低於18歲，在某些條件下可下降到16歲。

童工有70%從事農業，16%從事服務業，10%從事工業。撒哈拉非洲是童工的大本營，有8,660萬人。亞洲與太平洋區其次，有4,870萬人。再次是拉丁美洲與加勒比海區有820萬人。

由於童工仍然普遍，聯合國通過1979年為國際兒童年（International Year of the Child）以關切兒童福祉，在此之前，童工的議題主要靠國際勞工組織關切。國際勞工組織於2009年6月12日界定為世界對抗童工日（the World Day Against Child Labour），紀念國際勞工組織182號公約通過10週

年。其中更揭櫫給女童一個機會,終止童工。全球有7,800萬女童工,陷入比男童更多重不利的處境,例如家事奴婢、抵押勞工、娼妓、兒童色情行業等。

國際勞工組織要求各國提出政策針對童工產生的原因,特別關注女童工的處境,採取緊急措施先終止最惡劣的童工工作。對少女的教育、訓練需求給予最大的關切,以終止其淪為童工,並如同成人勞工一般提供其一個合宜的工作(decent work)進路。

顯然,除了嚴禁人口販運、雛妓、非法僱用童工之外,最根本的保護童工策略是消滅家庭貧窮、延長國民教育年限,以及提供多元的職業訓練。

陸 貧窮與經濟安全

兒童經濟安全常與家庭貧窮連在一起處理。兒童貧窮問題被關注,由來已久。兒童與家庭貧窮不只是一群人所得低於「最低生活費用標準」或「貧窮線」的數量問題,而是一組複雜的個人、家庭與社會問題(林萬億,2003),在本書第四章已討論,在此不再贅述。

為了兒童與家庭免於陷入貧窮,各國均有因應對策,其中以兒童津貼或家庭津貼最為普及。沒有普及的兒童津貼國家,則靠社會救助來幫助有兒童的貧窮家庭。

一、兒童給付

兒童給付(child benefits)是指支付給所有兒童的現金給付,是一種普及性的非資產調查給付,通常稱兒童津貼或家庭津貼。在本書第四章針對兒童津貼已有完整論述,在此不再贅述。

二、兒童救助

世界各工業先進國家只有美國沒有兒童津貼或兒童給付(Lewis, 2006),這或許是美國貧窮兒童比例超高的原因,其只好靠社會救助來解決兒童貧窮問題。美國1996年的「針對有需求家庭的暫時補助」

（Temporary Assistance for Needy Families, TANF）是最龐大的兒童經濟安全方案。其前身是1911年伊利諾州首先通過的母親年金，回應1909年白宮兒童會議對貧窮兒童問題的關切。扶養兒童的婦女因離婚、遺棄、分居、丈夫無工作能力或身心障礙者，可獲得州政府的公共救助。1935年母親年金被《社會安全法案》中的「失依兒童補助」（ADC）所取代，對象表明是針對兒童，到1950年才納入母親。1962年改名「有依賴兒童的家庭補助」（AFDC），反映強化家庭的目的。起先，方案只針對單親家庭，1961年部分州將補助對象擴大到失業家庭，即AFDC-UP。1988年《家庭支持法》通過，規定全國適用AFDC-UP。由於新自由主義者質疑「有依賴兒童的家庭補助」形成福利依賴（welfare dependency），且造成依賴循環（cycle of dependency）。而《家庭支持法》已強調州政府應協助窮人脫貧，並使其自立，故在法中要求「有依賴兒童的家庭補助」受益者要參與教育、職業訓練與就業方案，亦即以工作福利（workfare）取代社會福利。然而到了1995年有依賴兒童的家庭補助對象高達487萬3,398個家庭，還是未能涵蓋所有貧窮家庭的兒童（Downs et al., 2004）。

1996年美國國會通過《個人責任與工作機會調和法》（the Personal Responsibility and Work Opportunity Reconciliation Act），開創新的方案「針對有需求家庭的暫時救助」取代「有依賴兒童的家庭補助」。

新的救助方案由聯邦政府總額補助（block grants）給州政府，讓州政府自由彈性運用，有別於早年的分類補助（categorical grants），只能將補助款用在特定類目上。亦即「針對有需求家庭的暫時救助」不只取代有依賴兒童的家庭補助，還包括食物券（food stamp）、兒童照顧、兒童保護方案、學校午餐，和低收入家庭孕婦與兒童的營養方案。

「針對有需求家庭的暫時救助」的目標是：

1. 幫助有需求的兒童，俾利其留在自家中被照顧。
2. 藉由促進就業準備、工作與婚姻，減少家長對政府給付的依賴。
3. 預防未婚懷孕。
4. 鼓勵組成與維護雙親家庭。

方案的精神包括（Downs et al., 2004; Kirst-Ashman, 2007）：

1. **強調工作**：「針對有需求家庭的暫時救助」是短期、就業關聯的

救助。在獲得救助2個月之後，就要做社區服務。當受助者完成就業準備或接受救助滿2年，就必須去工作。聯邦政府會依各州救助人口的就業參與率，來分配補助款。

2. **暫時救助**：家庭一生中接受合格補助期間只有60個月。有些州還縮短救助年限；有些州甚至規定接受救助一段時間後必須等待2年才可以再申請。這種期間限制（periodic time limits）的規定，也是為了迫使救助對象減少對政府的福利依賴、提升就業參與率。救助滿5年後，只有少數例外可以繼續接受救助。

3. **兒童照顧配套**：由於單親母親必須至少每週工作30小時、雙親家庭必須工作合起來35-55小時，州政府可以利用總額補助款至多3成來補助兒童照顧。

4. **教育與訓練配套**：州政府可以總額補助款用來提供教育與就業訓練；也可以補助求職、職訓的交通費與支持服務；預防懷孕方案也在補助之列。

柒 兒童學前教育與照顧

　　兒童照顧（childcare）基本上是針對就業父母（working parents）的補充性兒童福利，特別是針對就業母親（working mother）。有時也包括對有特殊需求兒童，例如嚴重情緒困擾兒童、移民勞工家庭兒童或危機家庭的兒童，例如受虐待、疏忽兒童的喘息性照顧。但是，由於婦女勞動參與率的提升，各國兒童照顧的重心都擺在協助就業母親的家庭與工作平衡上。德國的研究顯示，擴大公共化兒童照顧的確改變個人的性別意識形態，亦即讓婦女選擇參與勞動市場（Zoch & Schobor, 2018）。晚近，又因於人口老化、生育率降低、移民、單親家庭的增加等因素，以及面對知識經濟的競爭壓力，如前述1990年代末以來的投資兒童概念出現，兒童照顧已不再只是兒童福利的議題，已擴大到人力資本的培育。於是，兒童照顧與學前教育（early education）整合，成為學前教育與照顧（Early Childhood Education and Care, ECEC），簡稱教保（Educare），亦即臺灣慣稱的幼托整合。

據此，學前教育與照顧就將本來以幼兒園爲主推動公民教育的教育模式（educational model），結合以托兒所爲主的保護兒童與促進父母就業的工作—照顧調和模式（reconciliation model）（Scheiwe & Willekens, 2009）。

經濟合作暨發展組織（OECD）於1998-2000年特別針對兒童照顧與教育進行一項「兒童學前教育與照顧主題回顧」（Thematic Review of Early Childhood Education and Care）的大型計畫，總共有比利時、捷克、丹麥、芬蘭、荷蘭、挪威、葡萄牙、英國、瑞典、美國、澳洲及義大利等12國參加，其目的是提供跨國資料給OECD的會員國，以作爲各國決策的參考。OECD的兩個具體目標是：擴大提供朝向普及接近原則與提升品質。前者是經由在中央與地方層次的協調政策架構下，有系統與整合政策發展與執行，提供兒童從出生到8歲在幼兒教育與照顧政策上清晰的展望，這也就是晚近推動幼托整合最大規模的國際行動。後者是連結跨部門服務、專業，以及家長，促進兒童教育與服務的一致（Baudelot, Rayna, Mayer, & Musatti, 2003）。

各國爲了協助雙薪家庭與單親家庭提供的學前教育與照顧，分爲三種介入模式（de Henau, Meulders, & O'Dorchai, 2007）：

1. **直接供給公共兒童照顧服務與組織**：包括集體兒童照顧體系（例如托嬰中心、幼兒園）與家庭日托（例如保母）。

2. **替代所得與工作保護**：提供有給薪的產假（maternity leave）、陪產假（paternity leave）、親職假（parental leave）。

3. **直接的財政支持**：現金補助或稅制優惠，以利家長直接從市場中價購兒童教育照顧服務。

進一步，將學前教育與照顧方案分類，大致如下（Downs et al., 2004）：

1. **家庭日托**（family day cars）

家庭日托是由家長與兒童照顧者（通常稱保母）間的契約關係，由家長將兒童送至保母的家裡接受照顧。有些國家規定保母需要取得證照才能收托兒童。但是，很多交由親戚、鄰里照顧的兒童，其保母很難證照化。通常單一保母至多能照顧6個兒童。如果是合格的團體日托之家（group day care homes）由2位以上合格保母一起經營，則可至多照顧到12位兒童。

2. 日托中心（day care centers）

日托中心收託對象因年齡分托嬰中心、幼兒園（幼稚園與托兒所合稱）。年齡區隔通常是3歲。每一日托中心通常收託至少12人以上到數百人，分成若干團體或班級照顧與教育。依兒童年齡大小決定團體規模，嬰兒通常7人一組，幼兒則10人一組，學齡前兒童則可14人一組。有些國家實施混齡制度，形塑家庭手足的情境。兒童年齡越大公共教育的成分越多；反之，照顧的成分較多。

3. 課後照顧（after school care）

課後照顧顧名思義是提供6-12歲兒童於正規學校教育後的教育與照顧服務。課後照顧服務除了補救課業之外，還要加強休閒活動，有別於補習班。課後照顧除了協助有工作的家長平衡照顧與就業之外，也負有保護兒童（鑰匙兒童）免於在課後受到社區風險因子的影響，例如車禍、暴力犯罪、濫用藥物、抽菸、性侵害、幫派等。通常由非營利組織、社區團體利用校園、社區活動場所進行服務提供。

4. 社區日托網絡

是指由學校、衛生所、社會局、社區為基礎的組織、幼兒園等單位結合當地家庭日托，組成日托系統，以促進家庭日托品質，同時滿足供需雙方需求。通常包括提供招募、篩選、訓練、支持、技術協助等服務。在低收入社區，社區日托系統也可以促進貧窮婦女就業的機會。

5. 兌換券（voucher）

兌換券的目的是提供家長兒童照顧的選擇權。這是由美國芝加哥大學自由派經濟學者傅利曼（Friedman, 1955）所倡議，由政府提供教育補助，再由家長憑兌換券，到市場上購買合格的教育服務。政府不再是公共教育的提供者，而是管制者。這種作法認為學前教育與照顧是可以商品化、私有化的，市場會提供足夠的服務給家長選擇，同時家長也有足夠的資訊與能力選擇。在歐洲這不是主流，因為歐洲國家大多認為學前教育與照顧是政府的責任（Scheiwe & Willekens, 2009）。

瑞典於2008年起實施照顧津貼（cash-for-care）政策，提供定額現金

給付給未使用0-3歲公共托育服務的家長，讓其選擇在家自行照顧，或在市場購買幼兒照顧。政策推行結果顯示，該政策不利婦女勞動參與，於是於2016年取消該政策（Giuliani & Duvander, 2017）。法國、比利時的經驗也得出相似結果，1980到1990年代末引進的婦女自由選擇（free-choice-for-women）方案，讓婦女有較長的幼兒照顧假及發給定額照顧津貼讓家長在家照顧幼兒，選擇不接受公共幼兒照顧。結果顯示，倘若不實施該方案，兩國的婦女勞動參與率應該會更高（Podestá, 2017）。

在美國、澳洲、荷蘭實施的兒童照顧兌換券的確增加家長托兒照顧的需求，也因此刺激托兒照顧市場供給量增加，讓家長有更多選擇。但是，兒童照顧兌換券並不足以保證獲利較低的照顧市場會提供適足的服務供給與品質保證。可近性與品質好的公共兒童照顧提供，以及政府的管制，始有可能讓兒童照顧兌換券發揮效果。此外，資訊充分揭露、完整多元連續的兒童照顧體系、資源公平分配，實施兒童照顧兌換券才有意義（Warner & Gradus, 2011）。

兒童照顧通常僅止於日間照顧，但是為了配合家長需求，晚上、假日照顧有時也被接受。而又為了配合家長工作時間，早托、延托、假日托也是必要的彈性作法。又為了因應家長工作的彈性化，臨托也越來越需要。

歐盟學前教育與照顧的標竿，是於2010年的巴塞隆納目標（Barcelona Targets）設定3歲以上到學齡前幼兒至少90%進入幼兒園就讀、3歲未滿幼兒至少33%進入正式系統接受教保服務。2020年的目標是4歲以上幼兒95%進入幼兒園就讀。

兒童學前教育與照顧公共化在歐洲是主流。以2003年為例，0-2歲兒童照顧公共化程度最高的國家是丹麥58%、法國39%、瑞典37%、比利時30%、芬蘭23%。3-5歲學前教育與照顧公共化程度是比利時99%、丹麥94%、法國87%、義大利87%、瑞典79%、西班牙78%、德國73%、奧地利70%、荷蘭66%、芬蘭63%、英國60%（de Henau, Meulders, & O'Dorchai, 2007）。美國在學前教育與照顧方面遠遠落後於歐洲國家，公共化程度很低，大量依賴雇主、慈善組織、營利機構、家長來照顧兒童（Melhuish & Petrogiannis, 2006）。

捌 機構式照顧

　　機構式照顧是最古老的兒童家外照顧方式。早在325年位於小亞細亞的尼西亞議會（Council Nicaea）就設立救濟院（xenodocheion）來收容被遺棄的病童與貧童。787年米蘭大主教Datheus也建立一個棄童照顧機構（Schneider & Macey, 2002）。中國的育幼機構較可信的紀錄應該設在宋朝，《宋會要》記載聘有奶媽以哺育嬰兒，而1103年所設收容貧病老人的居養院中亦有嬰兒照顧（林萬億，1994）。1633年法國的聖保羅（St. Vincent de Paul）也設有棄嬰之家（enfants trouvés）。

　　當兒童的家庭不能或不願意履行親職角色時，兒童機構照顧（child-caring institution）是一種提供完全替代家庭的服務設施（Kadushin, 1980）。其形式是指一間或多間建築物作為居住場所，目的是為了集體照顧那些不能與其家庭同住的兒童，英國稱其為住宿型照顧（residential care）。其他類似設施，用來集體照顧需要照顧的人，包括：老人、身心障礙者。但其規模較小（通常少於15人），且位於一般的住宅社區內者，稱為團體之家（group home）。團體之家不被歸類為住宿型機構，而是住宅。

　　兒童住宿型團體照顧（residential child group care）包括（Downs et al., 2004）：

1. 庇護機構。針對失依、受虐待與疏忽兒童的照顧與保護，例如孤兒院、育幼院、短期庇護中心等。
2. 矯正機構。針對少年犯罪與虞犯少年的安置，例如訓練學校、留置之家、診斷接待中心等。
3. 治療機構。針對情緒障礙兒童的治療，例如精神科兒童住院中心、住宿中心、兒童精神科醫院等。
4. 住宿型藥物濫用與酗酒戒治方案。
5. 身心障礙機構。針對發展障礙兒童。
6. 私立的住宿學校（private boarding school）。

　　機構照顧既然是一種集體、全天候、住宿型，且與社區某種程度隔離的照顧方式，有其獨特性（Kadushin, 1980）：

1. 由於小團體照顧，使兒童與照顧家長間的關係被稀釋，讓兒童具有與家長間的安全心理距離。這對某些不希望與家長建立親密關係的兒童來說，是有利的。

2. 提供兒童選擇不同家長樣態的機會。通常一家育幼院或孤兒院有許多小家庭似的團體照顧，兒童通常被允許選擇配合其特質的家長。

3. 機構通常比社區或原生家庭更能寬容某些差異的行為。但若機構為了方便管理而限制嚴格，這個優勢就不存在了。

4. 機構為了維持秩序而建立一套標準的管理規則，有利於兒童增強學習自我控制的行為。

5. 機構使兒童學習維持控制與可接受的行為間的平衡。

6. 同儕團體壓力能控制兒童的行為。

7. 由於住宿的集體照顧方式使機構可以成為一種治療性的環境。

8. 對某些特殊需求的兒童，例如身心障礙者，機構有訓練的專業人員可以滿足其需求。

然而，機構式照顧也出現許多困境（Kadushin, 1980）：

1. **機構化創傷**（institutionalization traumatizes）：亦即因物質剝奪與刺激剝奪而累積的需求壓抑、學習落後、發展遲緩、退怯、疏離、冷漠、偷竊等。雖然這種現象會因機構物資充裕、管理改善、專業提升而減少。但是，對某些機構來說，資源的限制仍然存在；人力不足或專業不足嚴重；復加上機構管理的必要與長期代理親職的壓力，造成兒童照顧品質不容易維持。

2. **同儕壓迫**：集體照顧會因年齡、能力、性格特質差異而出現權力關係，領導者與被領導者、壓迫者與被壓迫者的關係定型，儼然是個社會結構的縮影。被壓迫者會出現壓抑、替罪羔羊、過度順服、低自尊、缺乏自信等行為；也可能因被標籤、汙名化或同儕學習、模仿與壓力而出現的次級偏差行為（secondary deviance），例如偷竊、性偏差、暴力等。

3. **非專業決策**：機構中最接近兒童、長時間與兒童互動的照顧者往往是那些生活輔導員、宿舍管理員等。他們的經驗豐富，但學歷

偏低、專業不足，但對兒童教養與行為管理的決策往往凌駕專業之上，造成機構管教上的衝突。

4. **照顧與教育不足**：機構因資源限制，缺乏適合兒童發展的住宿、營養、教育、休閒、社會技巧、文化參與、自主性發展、私密性的機會。甚至發生兒童虐待、疏忽等情事。Francis（2008）發現50-75%的機構式照顧兒童缺乏離開機構後的教育、工作與訓練規劃。Dixon（2008）進一步指出離開機構的少年缺乏住宅與生活安排。

5. **資源分配不均**：外部資源分配會因機構的知名度、社會關係、募款能力、區域特性而有差異，收容在資源配置較少的機構，兒童會有相對剝奪感。機構內部也會因權力關係、性別、族群、能力、身體條件、年齡差別而有資源分配不公的現象，相對剝奪感更是立即而明顯的。

6. **社區隔離**：居民通常不歡迎孤兒院、養老院、植物人安置機構、身心障礙安置機構、精神醫院、精神療養院等設在社區內，亦即鄰避效應，「不要在我家後院」（Not In My Back Yard, NIMBY）蓋這些機構，導致院童有被社會隔離、排除的感受。

住宿型兒童照顧對缺乏家庭照顧或不適合在原生家庭受照顧，又找不到寄養家庭的兒童來說，可能是必要的，但如何提升品質是兒童福利所關心的。更多的社會支持、照顧人力的專業訓練、社區監督、兒童與少年參與、改良機構管理、獨立生活能力培養，才能減少這些缺失。

玖 寄養服務

兒童寄養家庭是一種暫時的替代家庭服務。早年寄養服務中的兒童被當成長工對待，以工作換取生活維持。晚近，寄養家庭的發展受到前述的紐約兒童救助協會的影響而改善。

通常需要寄養服務的兒童是因貧窮、未成年父母、家庭失功能、兒童虐待、疏忽、精神疾病、藥物濫用、無家可歸、入獄服刑等致兒童無法得到適當的照顧。但是，不會因家長個人的單一理由，例如藥物濫用、賭

博、酗酒、精神疾病，或雙親中的一人入獄服刑，就採取家庭寄養服務。而是，兒童受到虐待、疏忽時才執行家庭寄養。

當代家庭寄養是因回應機構式照顧的缺失，但是又在主張永久家庭照顧計畫（permanency planning）的前提下推動，因此家庭維繫服務（family preservation）是在寄養家庭安置前的努力，或與家庭寄養同步進行。其中，親屬安置（relative placement）被認為是可行的選項，其用意是避免兒童脫離其社區、文化（Downs et al., 2004）。

寄養照顧的形式包括以下三類（Downs et al., 2004）：

1. **正式的親屬照顧**：由親屬接手失依兒童的照顧責任。通常這類寄養家庭是不具有合格證照的寄養家庭，而是基於文化規範與親情的維繫。

2. **家庭寄養照顧**：由兒童福利機關（構）選定合格的寄養家庭，由寄養父母、手足、法院指定的監護人、生父母、親手足、社會工作者組成一個微視照顧體系，來協助寄養兒童。這類寄養家庭受到安置機關、法院、兒童福利機構的督導，與寄養家庭所在的社區、學校、醫療機構等共同組成外部體系來支持兒童。

3. **寄養家長與機構團隊模式**：社會機構扮演照顧與監督責任，由機構的社會工作者與寄養家長組成團隊工作來照顧兒童。

其中，家庭寄養照顧的形式又有以下兩種：

1. **庇護家庭**（shelter homes）：是短期的寄養家庭，基於法院的裁定短期家外安置。有時，機構也會扮演短期庇護的功能。但是，兒童機構大多只在進行評估之後，就進行庇護家庭的安置。

2. **長期寄養家庭**：當兒童需求長期穩定的照顧，而家長又拒絕接受收養安排，或找不到收養家庭時，長期寄養家庭有其必要。

除了上述常見的家庭寄養照顧之外，因應特殊兒童的需求，晚近也發展出治療寄養照顧（treatment foster care），這是結合寄養家庭與住宿型照顧的混合模式，針對有特殊需求的兒童。亦即某些機構為了治療有情緒障礙或發展障礙的兒童，利用家庭生活的環境進行治療；有些則藉此作為少年階段準備獨立生活方案（Downs et al., 2004）。

另外有一種新型的家庭寄養，是由一個寄養家庭同時照顧兒童與其父

母。通常這類的家長屬於未成年懷孕、發展遲緩、物質濫用、遊民、身體與情緒不穩定者，稱為共享家庭照顧（shared family care）。其目的是讓這些家長在家庭寄養環境下學習如何扮演親職角色、管理家庭技巧，同時達到保護兒童、維持親密家庭。

與機構有關的團體照顧有兩種（Downs et al., 2004）：

1. **機構取向的團體之家**（agency group homes）：團體之家本身不屬機構照顧模式，而是在一個社區裡的自有或承租的建築物內，居住若干兒童，由兒童照顧人員負責照顧工作，稱為團體之家家長，而不是寄養家長。團體之家的工作團隊除了兒童照顧人員之外，還有社會工作者、精神科醫師、心理師，或許還會包括營養師、特殊教師、休閒治療專家等。而設置這些團體之家的機構、團體或政府負責監督、督導責任。兒童團體之家的安置對象年齡通常稍大些，可以自理生活。

2. **獨立生活服務**（independent living services）：針對少年可以自理生活，學習獨立，包括失依、懼學、受虐、遊民等少年，提供家庭式的照顧、補救教育、技能學習、職業訓練、生活自理能力學習、團體諮商、個別化獨立生活計畫等服務。獨立生活方案可作為離開寄養家庭或機構團體照顧後的銜接，以免立即經歷雙重喪失（double loss）的痛苦。年齡往往是主要考量，倘若機構安置或寄養家庭限制年齡到18歲，則獨立生活方案可以從18歲延長到21歲。辦理機構必須提供相關的督導、寄養家長，以及配套服務。

兒童寄養的決策標準有下列幾項：

1. **兒童安全考量**：寄養家長不能有兒童虐待與疏忽、殺人、過失殺人、兒童販運，以及各種涉及兒童的重大刑案前科。

2. **短期照顧**：兒童寄養是一個短期的照顧方式，不是兒童長久成長的地方。因此，在寄養一段時間內，必須進行永久安排的申請。

3. **永久生活計畫**：兒童進入寄養家庭後，必須儘速提出永久生活安排計畫，例如家庭團聚、收養、親屬寄養等。

4. **照顧品質監督**：兒童福利機構必須監督寄養家庭的照顧品質，同時提供可提升家長能力的服務。

5. **達成兒童安全、永久、福祉目標的創新活動**：例如確認收養照顧、親屬照顧障礙、家長的問題與需求解決方計畫。

寄養服務不容易安置穩定（placement stability），其原因有兒童對原生家庭的依附（attachment）、心理與行為問題、低教育成就、家長管教方式、準備獨立生活、機構資源不足、原生家庭的干擾、種族與文化差異、性取向等（D'andrade, 2005）。因此，寄養照顧服務必須有以下配套，否則難以達成目的：

1. **團隊工作**：社會工作者是主要負責寄養服務的人力，團隊成員還包括教育、健康照護、心理衛生、諮商等專業人員。這些跨專業人力才能兼顧到兒童照顧、永久生活安排計畫、創傷治療、藥物濫用治療、偏差行為治療、教育等。

2. **人員訓練**：由於寄養兒童通常都是失依、兒童虐待與疏忽，其需求已不只食衣住行育樂，還包括創傷復原與輔導。因此，寄養家長越來越被要求專業性，特別是團體之家的家長。即使一般寄養家長也被期待逐漸成為半專業的兒童照顧者。經驗累積之外，強化訓練是必要的。此外，擔任團體之家的兒童照顧人員也必須接受專業訓練，包括情緒、行為與社會處置、教導技巧、家庭連結、社區資源結合與運用等。至於其他工作人員，例如社會工作人員、行政人員、管理人員也都需要接受寄養服務訓練。

3. **兒童與少年保護**：親屬寄養、寄養家庭、團體之家、獨立生活方案、機構照顧都可能發生兒童虐待與疏忽情事。因此，兒童福利主管機關除了強化訓練之外，必須提供各種對寄養家庭的支持，例如經濟補助、環境改善、督導、自助團體、心理諮商、健康照護、教育、社區支持、家庭為中心的服務等，以避免兒童虐待與疏忽。

拾 收養服務

收養家庭（adoptive home）是一種永久替代家庭的服務。收養（adoption）是一種非因生育關係而產生親子關係的法律與社會過程。而

生父與沒有婚姻關係的情況下所生的孩子建立親子關係則稱認領。

　　人類社會很早就有收養的紀錄。在聖經中或在中國、印度、巴比倫、羅馬與埃及的法典中均有收養的規定。其目的不外乎延續香火、繼承家業、承認非婚生子女的關係。近代的收養關係已超出這些家庭的目的，而部分為了協助需要照顧的兒童（Downs, et al., 2004）。

　　美國2000年的人口普查資料顯示，2.5%的兒童是屬於被收養的，超過200萬人（Groza, Houlihan, & Wood, 2005），為數可觀。兒童收養過程關係到三方：生父母、養父母、被收養的兒童；其間又涉及法律、社會與情緒的面向（Downs, et al., 2004）。

　　收養分機構收養、獨立收養兩種。獨立收養又分下列三種：

1. **直接安置**（direct placement）：由生父母直接將其子女交予他人收養。

2. **非營利仲介安置**：由非以營利為目的第三者介紹養子女給養父母，談妥條件之後，依法完成收養程序。生父母可能認識或不認識養父母。其收養條件除了提供養子女照顧與教育之外，須支付生母談妥的醫療與生活費用。

3. **營利仲介安置**：兒童透過以營利為目的的仲介被販賣至收養家庭。出養家庭大多是貧窮、未婚懷孕、未成年懷孕者。基本上這是一種黑市安置（black placement），對兒童來說是高風險的收養。

　　非營利機構收養安排是經由兒童福利機構所安排的收養安置。依美國社會工作者協會（NASW）所範定的機構收養原則如下：

1. 當兒童缺乏長期住家，或沒有法律上的親子關係，社會有責任採取行動協助其組成一個新的家庭單位，而避免使其流入市場被販賣。

2. 兒童需求情感、安全、持續的關係，以及其他各種照顧與引導，家庭是其中最可行與有效的提供處所。因此，無家可歸的兒童，應被提供新的家庭生活。

3. 當收養被規劃時，社會有責任給予關係的三方：兒童、生父母、養父母保護與服務。兒童必須被保護避免不必要地喪失其生父

母，有權要求保證其收養者必須是能提出願意負完全教養責任的家庭。由於社會及早介入使出養家庭得以有機會利用其優勢，維持滿意的家庭生活；一旦其無法做到時，社會應該協助其因匆促做成出養決定而造成的關鍵生活經驗的改變。收養家庭有權獲得為了強化健康的親子關係而所需要的各種諮商與指導服務。

4. 倘若評估有收養安置之必要者，寧可及早進行收出養，俾利成功的收養安置。

5. 養父母是出養兒童幸福的保證。據此，社會工作者應確實評估收養申請人的能力、意願、準備程度，並加強其養育能力。

6. 不論生父母與養父母的家世背景有多相似、兒童的基本需求有多少共同點，收養終究不同於己出。養父母必須面對與接受兒童的背景，且不宜好奇地打探兒童的出身。

7. 為了健康成長的理由，出養兒童應被告知其為養子女身分，並協助其了解收養的意義。成年養子女有權利尋求與生父母家庭團聚，社會工作者應協助其接近其生父母、手足。

8. 兒童缺乏永久家庭是收養服務的前提，因此，兒童需求家庭必須作為規劃與擴大收養服務的根據。對那些被認為缺乏市場價值的待收養兒童，社會工作者更應該提供協助，以利其獲得永久安置。

9. 收養服務必須與社區中的社會服務連結，且提供反映社區態度與資源的服務。

收養的法律關係如下：

1. 雙方家長在共識下進行收出養。依我國《民法》第1979條規定收養應以書面為之，並向法院聲請認可。

2. 出養者同意終止親權。依我國《民法》第1076-1條規定子女被收養時，應得其父母之同意。但有下列各款情形之一者，不在此限：

   (1) 父母之一方或雙方對子女未盡保護教養義務或有其他顯然不利子女之情事而拒絕同意。

   (2) 父母之一方或雙方事實上不能為意思表示。

   前項同意應作成書面並經公證。但已向法院聲請收養認可者，得以言詞向法院表示並記明筆錄代之。第一項之同意，不得附條件

或期限。

3. 依兒童的最佳利益提供收養安置。我國《民法》第1080條規定法院為未成年人被收養之認可時，應依養子女最佳利益為之。

4. 收出養雙方均有要求隱私權的權利。

5. 永久收養原則。但收養可能因不成功而終止，因素如年齡大、隱藏疾病資訊、情緒障礙、性偏差、偏差行為等。

至於收養者的條件，依我國《民法》第1073條規定收養者之年齡，應長於被收養者20歲以上。但夫妻共同收養時，夫妻之一方長於被收養者20歲以上，而他方僅長於被收養者16歲以上，亦得收養。

關於收養家庭的條件各國規定不一。除了年齡差距外，在乎的是有無違反兒童權益的不良紀錄、收養意願、家庭經濟條件等。有些國家限制收養者必須是已婚、性傾向必須是異性戀。不論如何，在收養媒合上必須注意收養家庭的文化知能（cultural competence）。

為了延續親情與兒童的文化、社區生活相似性，親屬收養（kinship adoption）被鼓勵，認為是最佳的收養方式。而當被收養者有兄弟姊妹時，手足收養（sibling adoption）於同一家庭則是較佳的選擇（Groza, Houlihan, & Wood, 2005）。

由於國內出養兒童來源限制，許多工業先進國家進行跨國收養（inter-country adoptions/international adoption/transnational adoption），被收養者往往是發展落後國家的貧窮、身心障礙、失依、未婚懷孕、未成年懷孕、父母犯下重大刑案者。美國、西班牙、法國、義大利、加拿大、荷蘭、瑞典、挪威、丹麥、澳洲是最主要的收養國。通常收養國會規定家庭僅能就夥伴國家（partner countries）的兒童進行收養，以利進行社會、文化與法律過程。例如澳洲將臺灣列入13個夥伴國家之一。跨國收養必須符合海牙保護兒童與跨國收養合作公約（the Hague Convention on Protection of Children and Co-operation in Respect of Intercountry Adoption）規範。

拾壹 兒童保護

如前所述，1864年美國紐約的愛憐（Mary Ellen）案，促成今日兒童

保護立法的開始；然而真正由專業介入兒童虐待與疏忽的鑑定，始於1962年美國兒童精神科醫師坎普（Henry Kempe）發表的論文《受虐兒童症候群》（*The Battered Child-Syndrome*），明確指出兒童受虐的臨床症狀。在此之前，兒童受虐致傷即使是重複受傷，也常因醫師聽信家長片面說詞而被診斷為意外跌倒或被鄰居欺負受傷。從此以後，受虐兒童（battered child）與非受虐兒童之間的區辨才正式浮出檯面。這個指標也促成各國兒童保護相關立法的修正，課以地方政府義務提供兒童與家庭預防兒童虐待工作。

兒童虐待與疏忽包括以下幾種形式：

一、兒童虐待

兒童保護是指保護兒童免於遭受不當對待（child maltreatment），包括：兒童虐待（child abuse）與兒童疏忽（child neglect），以及性剝削（sexual exploitation）、人口販運（human trafficking）等（McCoy & Keen, 2009）。兒童虐待指父母或照顧者對兒童施以身體、性、語言的攻擊稱之。

（一）身體虐待

身體虐待（physical abuse）是指兒童的父母或照顧者對兒童所施加的行動，導致其身體上出現非意外的傷亡稱之。通常包括：

1. 打傷。用巴掌、拳頭、鞭子、棍棒，或其他工具毆打造成的擦傷、瘀傷、裂傷、鞭痕、瘀血、血腫、瘀斑、綑綁傷痕等。
2. 燒燙傷。用火鉗、炭、蠟燭、香火、熱水、打火機、煙頭、化學物質、電等燒燙造成受害者皮膚紅腫、起泡、潰爛、脫皮、疤痕等。
3. 骨折。因棍棒毆打、拉扯、推倒造成的脫臼、骨骼斷裂、筋骨拉傷等。
4. 頭部與腦傷。因推倒、扭摔、重擊造成的骨裂、骨碎、瘀血、腦出血、腦震盪等。
5. 內傷。因重擊造成的胃出血、腎裂、血管破裂等。

（二）性虐待

性虐待（sexual abuse）是指以強暴、脅迫、恐嚇、催眠術，或其他違反其意願的方法對他人所進行的性侵害與性剝削等，包括：強暴、猥褻、使從事色情表演、使拍攝錄製色情圖刊影片錄影帶、使觀看色情圖刊影片錄影帶等。對兒童的性虐待（child sexual abuse）依程度有以下三種次類型（McCoy & Keen, 2009）：

1. 性侵入（sexual intrusion）或性攻擊（sexual assault）。是指用性器官侵入兒童的口（口交）、肛門（肛交）、陰道，或用手指、異物侵入兒童的肛門與陰道稱之，常歸類為強暴（rape）。
2. 性侵犯（sexual molestation）。是指尚未侵入的性器官接觸。
3. 身體接觸（physical contact）。指暴露、接觸胸部與臀部，或教導兒童不當的性動作。

兒童商業性剝削（Commercial Sexual Exploitation of Children, CSEC）也是性虐待，包括童妓（child prostitution）、兒童色情書刊與表演（child pornography）、兒童色情旅遊（child sex tourism）、兒童網路性愛（child cybersex）等。1996年第一屆世界對抗兒童商業性剝削大會宣言（the Declaration of the First World Congress against Commercial Sexual Exploitation of Children）於瑞典斯德哥爾摩召開，要求各國終止兒童商業性剝削活動。

此外，網路普及使交友聊天室（chat room）蓬勃發展，兒童性誘拐（child grooming）案例增加，成為另一種形式的兒童性虐待。圖謀不軌者先利用各種誘因與兒童產生情感連結，使目標兒童及其家庭降低防備，再誘之成為性侵害的對象，或進行兒童商業性剝削。除利用網路交友外，2010年英國兒童剝削與線上保護中心（The Child Exploitation and Online Protection Centre）也關切街頭性誘拐（on-street grooming）形式的在地性誘拐（localised grooming）。幫派、集團或有意圖之個人利用飲食、禮物、毒品、菸酒、遊玩、看電影、提供住宿等取悅兒童，建立情感關係，最終目的是性剝削（House of Commons, Home Affairs Committee, 2013）。常發生於街頭遊蕩、孤獨、失意、離家、追求虛榮、網路交友少女身上。

（三）心理虐待

兒童心理不當對待（child psychological maltreatment）包括心理虐待與疏忽（McCoy & Keen, 2009）。兒童心理虐待（child psychological abuse）或是情緒虐待（child emotional abuse），是指父母、照顧者，或控制兒童者直接對兒童傷害或允許他人對兒童造成嚴重的情緒危害，經醫師或心理專家診斷有嚴重焦慮、壓抑、撤退、不當的攻擊行為等心理的傷害，包括對智力或心理能力造成的損傷（impairment）。而兒童心理疏忽（child psychological neglect）或兒童情緒疏忽（child emotional neglect），是指父母、照顧者，或控制兒童者失敗或拒絕對兒童提供適當的情緒回應。從專業的角度來看，兒童心理不當對待包括六種次類型：拒斥（spurning）、恐嚇（terrorizing）、孤立（isolating）、剝奪／墮落（exploiting/corrupting）、拒絕情緒回應（denying emotional responsiveness），以及心理健康、醫療與教育疏忽。有時，心理虐待與疏忽只是程度的問題，難以區分。

二、兒童疏忽

兒童疏忽是一個更模糊的概念，通常指涉行為的省略（omission）、失敗於（failure to）照顧行動、不適當（inadequate）的照顧等（Horwath, 2007）。亦即父母或照顧者失敗、拒絕、無能提供兒童適當的照顧或管教，而使其身體、心理受到傷害，或有傷害之虞者。兒童疏忽包括不能滿足兒童身體、情緒、認知、教育、社會與文化等需求（Howe, 2005）。細分其類型包括：

1. 身體疏忽。衣著疏忽，例如不合季節氣候的穿著與衣被；安全疏忽，例如搭乘車船飛機不繫安全帶、騎機車不戴安全帽、搭載兒童不按規定使用安全座椅等；不適當住宅，例如露宿街頭、缺乏遮蔽等。
2. 營養疏忽。營養剝奪、心理社會侏儒症（psychosocial dwarfism, PSD）、發育不良（FTT）。
3. 醫療疏忽。延宕醫療、健康照護剝奪、延宕心理健康照護。
4. 管教疏忽。不當督導與引導，例如監督不周、缺乏保護、留置兒

童於危險環境、將兒童獨自留置車內等。

5. 教育疏忽。阻礙受國民教育、長期輟學、不關心學業。

6. 情緒疏忽。失敗或拒絕配合兒童情緒的需求，例如親情、情緒支持或讓兒童暴露在家暴情境中等。

7. 遺棄。是一種極端的疏忽，使兒童失去應有的照顧。

8. 剝削。利用兒童行乞賺錢、不當使用童工、過度工作負荷。

9. 環境疏忽。使兒童進出賭博、限制級遊樂場、酒家、特種咖啡茶室等場所，或使接近暴力、刀械彈藥、酒精、檳榔、毒品、色情物品等。

在兒童不當對待中較為人疏忽的是胎兒虐待（fetal abuse），是指對胎兒造成傷害的行為，通常是因母親的多重藥物（polydrug）使用、酒癮、藥癮或意外引發的傷害。

三、兒童不當對待的原因與後果

兒童不當對待的原因有五：(1)兒童本身的風險因子（risk factors），包括過度依賴、難照顧、身心障礙、疾病、非預期出生的兒童等，但是歸咎於兒童似乎不是兒童保護的精神；(2)父母因素，包括物質濫用、心理疾病、缺乏擔任親職的準備、代間傳遞（intergenerational transmission）等；(3)家庭因素，包括單親、家庭暴力、大家族等；(4)家外因素，例如缺乏支持、貧窮等；(5)文化因素，例如不打不成器的教養習性（McCoy & Keen, 2009）。

兒童不當對待可能造成兒童身體結構與功能的傷害與非生理的後果，例如智能發展遲緩、智力退步、學習障礙、認知障礙、人際障礙、社會疏離、拒學、逃家、攻擊、物質濫用、壓抑、無助、無力感、創傷後壓力疾患（post-traumatic stress disorder, PTSD）、注意力不全過動症（attention deficit hyperactivity disorder, ADHD）、體化症（somatization）、偏差行為、性行為偏差、強迫行為、恐懼焦慮、人格違常、情緒障礙、失憶、反社會行為、自傷、自殺等（Howe, 2005; McCoy & Keen, 2009）。

兒童保護的作法，通常包括以下幾種：

（一）強制通報

各國都規定醫療人員、教師、日托照顧者、教會人員、諮商人員、社會服務人員、警察及其他法律有規定者有通報責任。何時通報是難題，通常規定有合理的事由（reasonable cause）相信兒童有遭受不當對待或之虞者。但是，誤報情事還是經常發生；反之，不通報也是常有的。至於向誰通報？兒童虐待熱線是最常見的管道，美國是1-800-4-A-CHILD（McCoy & Keen, 2009）；臺灣是113保護服務專線。

我國依兒童及少年保護通報與分級分類處理及調查辦法規定：醫事人員、社會工作人員、教育人員、保育人員、教保服務人員、警察、司法人員、移民業務人員、戶政人員、村（里）幹事及其他執行兒童及少年福利業務人員，於執行業務時知悉兒童及少年有下列情形之一者，應立即填具通報表，以網際網路、電信傳真或其他科技設備傳送等方式，通報直轄市、縣（市）主管機關，至遲不得逾24小時；情況緊急時，得先以言詞、電話通訊方式通報，並於知悉起24小時內填具通報表，送直轄市、縣（市）主管機關。

（二）處理流程

通報之後兒童保護服務機構會進行一系列的處理，包括：接案、調查與初步評估、家庭評估、個案計畫、服務提供、評鑑家庭進展、結案。

（三）服務提供

美國健康與人群服務部將兒童不當對待的家庭區分為三級：

1. **低風險家庭**（low-risk families）：指有高家庭、情緒與經濟壓力，以及出現偶發性風險因子，需要家庭訪視、早期介入、家庭支持、親職教育、住宅協助、社區與鄰里倡導等服務。

2. **中風險家庭**（moderate-risk families）：指發生不當的管教、不當的醫療照顧、監督疏忽等，需要安全計畫、家庭支持、社區支持等服務。

3. **高風險家庭**（high-risk families）：指已發生嚴重身體、性虐待，或嚴重疏忽者，需要進入司法程序、密集家庭維繫、兒童安置、寄養服務、犯罪起訴等過程。

不過，當兒童虐待發生之後才通報處理，傷害已造成。預防是最重要

的，公民自覺、親職教育、兒童虐待預防方案是初級預防方案。進一步針對焦點人口群的預防方案，特別是有疏忽經驗的家庭預防。因此，社區支持系統的建立是必要的（McCoy & Keen, 2009）。

單靠立法不足以保護兒童免於受虐待，提高通報率是第一關，且通報要相對精準，否則會浪費資源於確認眞正的兒童保護案件。即使通報了，要確認何者爲高風險案例，需要靠資訊共享、跨機構合作。

以英國爲例，1974年以前，英國對兒童保護的觀念是處理「問題家庭」（problem families）的問題親職，特別針對物質匱乏造成的兒童疏忽與虐待。直到1973年9歲女孩瑪麗亞（Maria Colwell）被繼父基頗（William Kepple）活活打死。瑪麗亞事件調查報告指出，服務單位、專業工作，以及資訊分享均嚴重不足、脆弱、缺乏合作，尤其是學校、教育、福利、社會服務機構間缺乏溝通，未能辨識出處在風險中的兒童（at risk children），進而提供保護（Thompson, 2016; O'Loughlin & O'Loughlin, 2016）。瑪麗亞之死，刺激英國進行兒童保護改革（林萬億，2019），風險兒童（children at risk）的觀念才出現（Lambert, 2019）。

1974年英國健康與社會安全部發布「兒童非意外傷害（non accidental injury to children）指引」，取代早期的受暴嬰兒指引。該指引的功能是確保第一個接觸兒童的機構能辨識兒童非意外傷害，進而將資訊分享給其他專業，例如公共衛生護士、醫師、警察、社會工作者，促進多機構間的協調（multi-agency coordination）；同時，建立評議委員會（review committees）與兒童保護會議（child protection conference），也就是兒保個案會議（case conference）的前身，藉由個案會議，整合各專業的意見與資訊，以利進行決策。多機構間的協調後來發展成爲2001年的多機構風險評估會議（Multi Agency Risk Assessment Conferences, MARACs），針對高風險家暴、兒虐案例進行跨機構資訊分享（Robbins, Banks, McLaughlin, Bellamy, & Thackray, 2016）。此外，兒童保護登錄（child protection register）（後稱兒童保護計畫或高風險登錄）不只是列管高風險兒童名單，而且要隨時依情況更新（Thompson, 2016）。

即使已經有兒童非意外傷害指引與高風險兒童登錄制度了，1982年璐西（Lucy Gates）、1985年賈思敏（Jasmine Beckford）、1986年金柏莉

（Kimberley Carlile）、1987年泰拉（Tyra Henry）等兒童仍相繼受虐致死。這幾樁兒虐致死案，讓英國社會警覺到兒童保護系統仍然不夠嚴密，健康與社會服務跨部門協力仍不足，促使英國健康與社會安全部於1988年發布「一起工作：跨機構兒童保護合作指引」（Working Together: a guide to arrangements for inter-agency cooperation for the protection of children from abuse），要求各部門一起工作來保護兒童免於受虐待，並將性虐待納入兒童虐待範圍，並再次強調資訊分享的重要性（林萬億，2019）。配合1989年《兒童法》修正，一起工作手冊也修正為「一起工作保護兒童：跨機構兒童保護合作指引」（Working Together to Safeguard Children : a guide to arrangements for interagency cooperation for the protection of children from abuse），擴大範圍，增加篇幅，強調範圍擴大、可測量、有計畫，以及協調的應變；也再次強調機構間、專業間有效的資訊分享（Thompson, 2016）。一起工作指引於1999年第二次修正，同時引進兒童需求及其家庭的評估架構（framework for the assessment of children in need and their families）。一起工作也改變用語為「一起工作保護兒童：跨機構保護與促進兒童福利指引」（Working Together to Safeguard Children: a guide to inter-agency working to safeguard and promote the welfare of children），刪除兒童虐待，代之以兒童保護與福利；同時首次引進整合途徑（integrated approach），取代合作與協調的行政概念，進入以無縫方式（seamless way）工作與輸送服務。

時逢1997年新工黨上臺，加上歐洲聯盟關注社會排除（social exclusion）議題，兒童福利已擴及兒童保護與社會排除、家內暴力、藥酒癮、父母或照顧者的心理健康等因素的關聯，也就是剝奪與弱勢的多面向本質（multi-faceted nature）已引發政府注意要一併解決（joined-up solution）（Thompson, 2016）。從此，兒童保護論述由風險兒童轉變為「遭遇麻煩的家庭」（troubled families）（Lambert, 2019）。不是將家庭界定為有問題的社會單位，需要專業的介入，而是遭遇麻煩而已，且服務必須針對整個家庭、整個問題，而不是依官僚體系分工來服務家庭中的各個成員，真正達到以家庭為中心的整合服務。

然而，2000年時，8歲大的維多利亞（Victoria Climbié）被其姨母

的同居人虐死，又讓英國兒童保護體系蒙上陰影，凸顯解決問題必須務實可行，否則無法解決既存的系統螺絲鬆脫問題。該案揭露之後，英國政府組成一個由南明爵士（Lord William Laming）領導的調查小組深入調查，於2003年公布南明報告（Laming Report），促成2004年的《兒童法》（Child Act）再度修正（Kirton, 2009; Holland, 2011; Thompson, 2016）。南明報告指出該案發生因「系統整體失敗」（gross failure of the system）、「組織普遍萎靡」（widespread organizational malaise），地方政府未澈底執行「一起工作指引」是病灶，專業機構間未落實資訊分享也是問題。據此，2003年新工黨政府發布「每一個孩子都重要」（Every Child Matter, ECM），並納入綠皮書（Green Paper），設定目標為：健康、安全、成就、積極貢獻，成為後來兒童與家庭工作的指導原則。

　　南明報告重申整合服務、跨機構溝通、資訊分享，並建議設置地方政府兒童保護委員會，作為執行層級的決策與訓練單位，藉此推動聯合工作（joint working），以及引進兒童信託安排，發展地方層級的處理程序，增進各單位第一線工作人員間的協力關係。工黨政府於2004年又發布「每一個孩子都重要：下一步」（Every Child Matter: next steps）、「每一個孩子都重要：為兒童改變」（Every Child Matter: change for children）。仔細地描繪整合途徑的作法，以促進兒童及青年福祉。社會服務機構不再是兒童保護的偵探與通報者，而是扮演與家庭建立夥伴關係的樞紐（pivotal）角色，共同來增進兒童與青年福祉（Thompson, 2016）。

　　當南明爵士正在進行維多利亞虐童案調查時，2002年8月4日，兩位劍橋郡索罕鎮（Soham）的10歲小女生潔西卡（Jessica Chapman）、荷莉（Holly Wells）被索罕鄉村學院警衛韓特雷（Ian Huntley）性侵殺害。顯示了資訊分享範圍太窄，必須讓全國警政資料庫也納入兒童保護機構可接近的範圍。基於維多利亞虐童案的調查報告和每一個孩子都重要的精神，2006年「一起工作指引」再次修正，預防才能強化兒童保護。責任與義務取代志願與安排等非強制語詞，任何單位不分享資訊，必須提出足以說服人的清晰與明確的理由（Thompson, 2016）。社會排除辦公室提出「外展：想到家庭」（Reaching Out: think family），提醒協助處在風險中的家庭（family at risk）是保護兒童的關鍵（O'Loughlin & O'Loughlin,

2016）。即使英國政府一再努力補破洞，嚴重的兒童虐待事件仍然繼續發生。

2007年，17個月大的彼得（Peter Connelly）被母親及其同居人虐死。主持調查報告的也是南明爵士（Lord Laming），他沉痛地說：「太多政府部門沒有遵照2000年維多利亞‧柯林貝案調查報告的建議進行改革。」（The Lord Laming, 2009；引自Thompson, 2016）。2008年5月，住在伯明罕的7歲女孩凱拉（Khyra Ishaq）因營養不良而死。據此，2010年「一起工作指引」再度修正，鉅細靡遺地描述各種跨部會、跨專業溝通的可能性。

2010年，教育部請倫敦政經學院教授孟羅（Eileen Munro）領導的團隊檢視兒童保護體系，提出「兒童為中心系統的兒童保護報告」（The Munro Review of Child Protection: Final Report–a child-centred system），該報告要回答「如何協助專業工作者判斷—保護脆弱兒童」。孟羅的研究團隊試圖在過於官僚化的兒童保護體系中，重新建立一套服膺保護兒童為中心的價值與專業。所謂兒童中心體系是指從兒童的需求到接受服務的流程中，服務如何被強化。一反過去強調的「事情做對了」（doing things right（例如照標準程序做完該做的），改為「做對的事情」（doing right things）（確定有需求的兒童及少年是否被幫助了）。避免專業被既有的科層體制綁死，而限縮其專業能力，每個專業不應該只是做完標準化的服務流程，而必須做到提供擺在眼前的案例的有效協助。因此，各專業人員要能更自由地運用其專業評估兒童及其家庭需求，提供必要的協助。那些無助於做對的事情的相關規定或易造成曲解的，都應該被剔除。

孟羅報告也建議以兒童為中心重新檢視所有兒童保護相關單位，包括：健康、教育、社會福利、警察、觀護、司法等體系的有效性。同時，要賦予每個單位在兒童保護及早提供協助的責任，尤其在地方政府層級，及早辨識兒童及其家庭的需求，即時提供適切的服務，特別是那些不符合法令規定的福利指標的兒童與家庭，但卻處在痛苦或傷害中，這些痛苦或傷害的徵兆與警訊仰賴各種專業的判斷。不能讓兒童保護工作成為過度程序化的系統（over proceduralised system），應該去除過去的中央標準化的程序、處方以完成程序要求為導向，而忽略每個地區、案例的差異性

（Welbourne, 2012）。

2012年3月3日，4歲的波蘭移民兒童丹尼爾（Daniel Pelka）被母親與繼父虐死，科芬特里市（Coventry）的「第二人嚴重個案審查報告」指出，轉介過程不確實，其他單位仍然未能依程序規定轉介給社會局；同時，也再次提及資訊分享未強調丹尼爾的福利議題是不周延的。報告總結家庭醫師與其他專業間的溝通過於被動，缺乏主動積極的精神，情形類似彼得嬰孩（Baby Peter）受虐致死案，都相信資訊已提供，行動在他人。因此，建議專業間必須再建構兒童保護的意識；同時，將相關資訊在兒童與家庭脈絡下解釋與轉譯給其他專業（Thompson, 2016）。於是，2014年10月，建立資訊分享流程（Information Sharing Journey: IISAM project），並設置資訊分享卓越中心據以執行。2015年4月，設置多機構保護集線器（multi-agency safeguarding hubs, MASHs），避免任何案例漏接。後續的資料顯示，多機構保護集線器（MASHs）的確發揮促進資訊分享與專業關係的功能，但是對哪些資訊應該分享仍然存在某些誤解，即使2015年版的跨機構一起工作指引已經做了補強。可見資訊分享是一種專業的實踐，不容易被分類（Thompson, 2016）。這些英國兒童保護改革的經驗被納入我國強化社會安全網的重要參考（林萬億，2019）。

拾貳 未成年懷孕

1990年代以來，工業先進國家的未成年懷孕率（15-19歲）已有明顯下降。以美國為例，1991到2015年，減少了64%（Muñoz, Griesse, & Basso, 2016），2017年每千人18.8%，降到歷史新低，但仍是工業先進國家最高（Fasula, Chia, Murray, Brittain, Tevendale, & Koumans, 2019）。檢視美國2000到2015年研究，發現造成未成年懷孕的社會風險因子包括：經歷兒童虐待、從事或重複少年犯罪行為、物質濫用、父母曾未成年懷孕、嚴重的家庭解組、未與父母同住、西班牙裔；也提醒造成未成年女性懷孕的性伴侶年齡並非落在15-19歲最高，而是20-24歲（Fasula, et al., 2019）。這些研究發現點出未成年懷孕預防的方向與對象。同時，研究發現寄養家庭長大的少女，成為未成年懷孕的比例高於一般家庭甚多（Muñoz,

Griesse, & Basso, 2016）。另有研究顯示未成年懷孕的代間傳遞顯著（Liu, Vigod, Farrugia, Urquia, & Ray, 2018），亦即母親有未成年懷孕經驗者，其女兒發生未成年懷孕的風險高。研究結論建議預防未成年懷孕必須從上一代即開始，亦即一旦發現年輕母親未成年懷孕，就必須積極介入，避免未成年懷孕的經驗傳遞給下一代。

諸多研究指出未成年生育本身就有早產、體重不足、發展遲緩、認知與行為缺損，進而學校失敗等風險。同時，因為親職教養知能不足、經濟資源缺乏、家庭支持體系薄弱、社會汙名化、成為父母的心理準備未臻成熟等，導致兒童疏忽與虐待風險高（McHugh, Kvernland, & Palusci, 2017）。未婚懷孕生育後又面對諸如中輟、貧窮、從事低薪工作、經歷長期失業、人力資本累積的不利、成為單親媽媽、在家庭中的地位低下、兒童教養的困難、傳統社會支持結構的瓦解、福利依賴等困境（Bissell, 2000; Collins, Stevens & Lane, 2000; Darroch, Frost, Singh, & The Study Team, 2001）。據此，美國為了解決被封為福利女王（welfare queen）的小媽媽（minor mother）或少女媽媽（teenage mother）的福利依賴問題，於1996年強制執行《預防少女懷孕法案》（Teenage Pregnancy Prevention Act of 1995），將造成少女懷孕的行為視為是法定強暴罪，與少女性交而使之懷孕的年長男子將被起訴，藉此來減少少女懷孕率，使福利女王搖身一變為被剝削的少女（exploited teen）。這種只關心小媽媽導致的貧窮問題，而採取的強制性懲罰規定，不問少女從事性活動的原因，其實是擔心未成年性活動的道德恐慌（moral panic），並無法真正解決少女懷孕及其所帶來的相關問題（Cocca, 2002）。

英國新工黨的教育與社會排除政策是依循紀登斯（Giddens, 1998）的第三條路觀點，認為少女懷孕即面臨教育與被社會排除的高風險，說白了這些少女根本就是穿著小可愛緊身運動服的媽媽（gymslip mums）（Bullen, Kenway, & Hay, 2000）。她們的教育中輟、失業、貧窮、低就業技能、低所得、居住環境不利、高犯罪環境、健康條件差、家庭破碎、性虐待，以及心理健康、嬰兒照顧等問題都應被納入社會排除單位（social exclusion unit）來處理。

這些觀點都還是將少年問題化、犯罪化，認為小媽媽是不負責任

的性行為的產物，將危及其子女的照顧品質、生活機會、未來發展、形成福利依賴，存在濃厚的國家父權主義、防衛性家庭主義（defensive familism）。如果從兒童權利的角度來看，未成年懷孕不見得都是少年本身的問題，也不見得都是少女被性剝削的產物，更不宜一概視為成年人眼中的壞事情、少年問題行為。而應該聽聽少年的聲音、尊重少年的決定、讓少年參與決策，從兒童最佳利益的角度出發來思考處理之道（Smith, 2008）。

然而，年輕的照顧者（young carers）的確需要協助，這些未成年父母（特別是母親）與其子女均是兒童的「雙童家庭」（teen parenting family）更需要家庭支持服務，提供親職責任的確認、承認其家庭有其正向與優勢、調和支持與介入的恐懼、家庭諮詢與親職履行的資訊等（Kirton, 2009）。

降低未成年懷孕風險的實務研究指出，首先，必須解決社會經濟因素的困難，例如教育、就業、家庭與社會支持、社區安全、所得等。其次，培養健康行為，例如減少物質濫用、營養飲食與運動習慣、安全性關係等。第三，健康照護的可近性，讓少年容易接近健康服務體系。第四，啟動各種家庭為基礎、學校為基礎或醫療院所為基礎的服務方案，例如與青年一起工作（youth engagement）、性教育、小媽媽支持團體、新手父母親職訓練、孕婦健康照護、嬰幼兒健康照護、家庭健康訪視、早期療育、托嬰照顧、生活安排、可詢問的成人諮詢、同儕支持等（Muñoz, Griesse, & Basso, 2016; McHugh, Kvernland, & Palusci, 2017）。

對臺灣的少女懷孕來說，並沒有形成福利依賴的問題，但仍然陷在如何減少少女懷孕的道德恐懼中，而形成所謂「九月墮胎潮」的問題。其實，幫助懷孕少女解決當下的問題，例如選擇墮胎與否、完成學業、準備就業、親職的建立、兒童支持、家庭重整等才是社會福利的重點。

參考書目

· 林萬億（1994）。福利國家──歷史比較的分析。臺北：巨流。

· 林萬億（2003）。為窮人請命。編入郭奕伶、黃創夏等著，野地裡的鬼針草：逆境
向上的四個窮孩子。臺北：商業週刊。

· 林萬億（2019）。強化社會安全網：背景與策略。社區發展季刊，165期，頁
6-32。

· 林萬億（2021）。當代社會工作──理論與方法。臺北：五南。

· Baudelot, O., Rayna S., Mayer, S., & Musatti, T. (2003). A Comparative Analysis of the
Function of Coordination of Early Childhood Education and Care in France and Italy.
*International Journal of Early Years Educatio*n, 11: 2, 105-116.

· Bissell, M. (2000). Socio-Economic Outcomes of Teen Pregnancy and Parenthood: a
review of the literature. *The Canadian Journal of Human Sexuality*, 9: 3, 191-204.

· Björnberg, U. (2006). Paying for the Costs of Children in Eight North European
Countries: ambivalent trends. In Lewis, J. (ed.), *Children, Changing Families and Welfare
States* (pp.90-109). Cheltenham, UK: Edward Elgar.

· Blair, T. (1998). *The Third Way*. London: Fabian Society.

· Bradbury B. & Jäntti, M. (2002). Child Poverty across Twenty-five Countries. In
Bradbury, B., Jenkins, S. & Micklewright, J. (eds.), *The Dynamics of Child Poverty in
Industrialised Countries* (pp.62-91). NY: Unicef.

· Bullen, E., Kenway, J., & Hay, V. (2000). New Labour, Social Exclusion and Education
Risk Management: the case of gymslip mums. *British Educational Research Journal*, 26:
4, 441-456.

· Cocca, C. (2002). From Welfare Queen to Exploited Teen: welfare dependency, statutory
rape, and moral panic. *NWSA Journal*, 14: 2, 56-79.

· Collins, M. E., Stevens, J. W., & Lane, T. S. (2000). Teenage Parents and Welfare Reforms
from a Survey of Teenagers Affected by Living Requirements. *Social Work*, 45: 4, 327-
338.

· Costin, L. (1979). *Child Welfare: policies and practices* (2nd ed.). NY: McGraw-Hill Book
Co.

· D'andrade, A. (2005). Placement Stability in Foster Care. In Mallon, G. P. and Hess, P. M.

(eds.), *Child Welfare for the 21ˢᵗ Century: a handbook of practices, policies, and programs* (pp.1608-623). NY: Columbia University Press.

· Darroch, J., Frost, J., Singh, S., & The Study Team (2001). *Teenage Sexual and Reproductive Behavior in Developed Countries: can more progress be made?* Occasional Report No.3. NY: Alan Guttmacher Institute.

· de Henau, J., Meulders, D., & O'Dorchai, S. (2007). Making Time for Working Parents: comparing public childcare provisions. In Del Boca, D. and Wetzels, C. (eds.), *Social Policies, Labour Markets and Motherhood: a comparative analysis of European countries* (pp.28-62). Cambridge: Cambridge University Press.

· Dixon, J. (2008). Young People Leaving Residential Care: experiences and outcomes. In Kendrick, A. (ed.), *Residential Child Care: prospects and challenges* (pp.19-33). London: JKP.

· Downs, S. W. et al. (2004). *Child Welfare and Family Services: policies and practice* (7ᵗʰ ed.). Boston: Pearson Education Inc.

· Farley, O. W, Smith, L. L., & Boyle, S. W. (2006). *Introduction to Social Work* (10ᵗʰ ed.). Boston: Allyn and Bacon.

· Fasula, A. M., Chia, V., Murray, C. C., Brittaina, A., Tevendale, H., & Koumans, E. H. (2019). Socioecological Risk Factors Associated with Teen Pregnancy or Birth for Young Men: as coping review. *Journal of Adolescence*, 74, 130-145.

· Fraser, D. (1984). *The Evolution of the British Welfare State* (2ⁿᵈ ed.). London: Macmillan.

· Friedman, M. (1955). The Role of Government in Education. In R. A. Solo (ed.), *Economics and the Public Interest* (pp. 123-144). Rutgers University Press.

· Francis, J. (2008). Could Do Better! supporting the education of looked-after children. In Kendrick, A. (ed.), *Residential Child Care: prospects and challenges* (pp.19-33). London: JKP.

· Fyfe, A. (1989). *Child Labour*. Cambridge: Polity Press.

· Giddens, A. (1998). *The Third Way. The Renewal of Social Democracy*. Cambridge.

· Giuliani, G. & Duvander, A. Z. (2017). Cash-for-Care Policy in Sweden: an appraisal of its consequences on female employment. *Int. J. Soc. Welfare*, 26: 49-62.

· Groza, V., Houlihan, L., & Wood, B. (2005). Overview of Adoption. In Mallon, G. P. and Hess, P. M. (eds.), *Child Welfare for the 21ˢᵗ Century: a handbook of practices, policies, and programs* (pp.1608-623). NY: Columbia University Press.

· Hagemann, F., Diallo, Y., Etienne, A., & Mehran, F. (2006). *Global Child Labour 2000 to*

*2004 Trend*s. International Labour Office.

· Hendrick, (2003). *Child Welfare: historical dimensions, contemporary debate.* Bristol: Policy Press.

· Holland, S. (2011). Child & Family Assessment in Social Work Practice (2nd ed.). London: Sage.

· Horwath, J. (2007). *Child Neglect: identification & assessment.* NY: Palgrave.

· House of Commons, Home Affairs Committee (2013). Child Sexual Exploitation and the Response to Localised Grooming. *Second Report of Session 2013-14.* London: The Stationery Office Limited.

· Howe, D. (2005). *Child Abuse and Neglect: attachment, development and intervention.* NY: Palgrave.

· Jenson, J. M. & Fraser, M. W. (2006). *Social Policy for Children & Families: a risk and resilience perspective.* Thousand Oaks, Ca: Sage.

· Jenson, J. (2006). The LEGO™ Paradigm and New Social Risks: consequences for children. In Lewis, J. (ed.), *Children, Changing Families and Welfare States* (pp.27-50). Cheltenham, UK: Edward Elgar.

· Kadushin, A. (1980). *Child Welfare Services* (3rd ed.). NY: Macmillan Publishing Co.

· Kirst-Ashman, K. K. (2007). *Introduction to Social Work & Social Welfare: critical thinking perspectives* (2nd ed.). Belmont, Ca: Thomson Higher Education.

· Kirton, D. (2009). *Child Social Work Policy & Practice.* London: Sage.

· Lambert, M. (2019). Between "Families in Trouble" and "Children at Risk": Historicising "Troubled Family" Policy in England since 1945. *Children & Society*, 33, 82-91.

· Leiby, J. (1978). *A History of Social Welfare and Social Work in the United States.* Columbia University Press.

· Lewis, J. (ed.) (2006). *Children, Changing Families and Welfare States.* Cheltenham. UK: Edward Elgar.

· Lindsey, D. (2004). *The Welfare of Children* (2nd ed.). Oxford: Oxford University Press.

· Lister, R. (2006). An Agenda for Children: investing in the future or promoting well-being in the present? In Lewis, J. (ed.), *Children, Changing Families and Welfare States* (pp.51-68). Cheltenham, UK: Edward Elgar.

· Liu, N., Vigod, S. N., Farrugia, M. M., Urquia, M. L., & Ray, J. G. (2018). Intergenerational Teen Pregnancy: a population based cohort study. *International Journal of Obstetricians and Gynaecologists*, 125: 1766-1774.

· McCoy, M. L. & Keen, S. M. (2009). *Child Abuse and Neglect*. NY: Psychology Press.

· McGowan, B. G. (2005). Historical Evolution of Child Welfare Services. In Mallon, G. P. and Hess, P. M. (eds.), *Child Welfare for the 21ˢᵗ Century: a handbook of practices, policies, and programs* (pp.10-46). NY: Columbia University Press.

· McHugh, M. T., Kvernland, A., & Palusci, V. J. (2017). An Adolescent Parents' Programme to Reduce Child Abuse. *Child Abuse Review*, 26: 184-195.

· Melhuish, E. & Petrogiannis, K. (eds.) (2006). *Early Childhood Care and Education: international perspectives*. London: Routledge.

· Muñoz, J., Griesse, R., & Basso, P. (2016). Ongoing Progress in Reducing Teen Pregnancy. *Policy & Practice* (19426828), 74(5), 25-42.

· Munro, E. (2011). *The Munro Review of Child Protection: Final Report–A child-centred system*. Presented to Parliament by the Secretary of State for Education by Command of Her Majesty.

· O'Loughlin, M. & O'Loughlin, S. (2016). *Social Work with Children and Families*. London: Sage.

· Podestá, F. (2017). The Impact of 'free choice': family reforms of France and Belgium, a synthetic control analysis. *Int. J. Soc. Welfare*, 26: 340-352.

· Robbins, R., Banks, C., McLaughlin, H., Bellamy, C., & Thackray, D. (2016). Is Domestic Abuse an Adult Social Work Issue? *Social Work Education*, 35(2): 131-143.

· Scheiwe, K. & Willekens, H. (2009). *Child Care and Preschool Development in Europe: institutional perspectives*. NY: Palgrave.

· Schneider, D. & Macey, S. M. (2002). Foundlings, Asylums, Almshouses, and Orphanages: early roots of child protection. *Middle States Geographer*, 35: 92-100.

· Smith, R. (2008). *Social Work with Young People*. Cambridge: Polity Press.

· Thompson, K. (2016). *Strengthening Child Protection: sharing information in multi-agency settings*. Bristol: Policy Press.

· Townsend, P. (1979). *Poverty in the United Kingdom: a survey of household resources and standards of living*. London: Allen Lane and Penguin Books.

· Warner, M. E. & Gradus, R. H. J. M. (2011). The Consequences of Implementing a Child Care Voucher Scheme: evidence from Australia, the Netherlands and the USA. *Social Policy & Administration*, 45: 5, 569-592.

· Welbourne, P. (2012). *Social Work with Children and Families: developing advanced practice.* London: Routledge.

· Zoch, G. & Schober, P. S. (2018). Public Child-Care Expansion and Changing Gender Ideologies of Parents in Germany. *Journal of Marriage and Family*, 80: 1020-1039.

第六章
身心障礙者福利

前言

身心障礙（以下簡稱障礙）在臺灣早期被稱為殘廢，1980年《殘障福利法》通過之後，改稱殘障。隨後1997年《身心障礙者保護法》修正，改為今名。從命名就可以看出臺灣社會對身心障礙（以下簡稱障礙）觀念的改變。

在1980年《殘障福利法》立法以前，我國障礙福利政策的意識形態主張障礙者的照顧責任屬於家庭與慈善組織，政府只有在「家庭無法照顧」的情況下才介入。因此，我國的障礙福利幾乎是以機構收容養護為主，教育與職訓為輔。顯示當時國人對障礙者的看法是隔離主義，眼不見為淨。而主要針對障礙者的收容養護機構，也大多是國際慈善團體所捐設（林萬億，2012）。

隨著社會團體的倡導、人民社會福利權利觀念的進步、法律的修正，障礙者的福利已從隔離主義轉變為社會責任。政府與民間合作提供各種權益保障與福利服務（林萬億、劉燦宏，2014）。本章從國際障礙觀點談起，進一步討論障礙者的界定演進，最後論述障礙者的服務輸送。

 第一節　看待障礙者的觀點

從障礙觀點的演進，可以看出障礙者作為一個社會福利「案主」的改變。早期是以個人模式（individual model）來看待障礙者；1960年代出現去機構化運動（deinstitutionalization movement），主張障礙者可以獨立生活；1976年之後，社會模式（social model）逐漸成形（Oliver, 1996）；接著，世界衛生組織以生理心理社會模式（biopsychosocial model）界定障礙者，成為各國的依據；中間穿插著關係模式；最近則是權利觀點的推動。

壹 個人模式

　　19世紀末的工業社會以降，以醫療知識為基礎的障礙個人模式廣被接受，其將障礙者所遭遇的問題視為是個人因失能所產生的直接後果。個人模式認定障礙是個人身體的變態（abnormality）、失序（disorder）與缺損（deficiency），導致功能限制與障礙（Barnes & Mercer, 2010）。而判定的基礎是醫學診斷，故以醫療化（medicalization）的要素為主（Oliver, 1996）。據此，專業服務的主要功能就是將個人調整到最佳狀態，與其障礙共存。調整又包括兩個方面：一是透過復健計畫讓個人的身體恢復到最佳狀態；二是心理上的調整，使其能接受身體上的限制（葉琇姍、陳汝君譯，2004）。

　　個人模式一開始的假設就是當身心發生異常狀況時，心有所想，就會付諸行動，許多心理調適的機轉也隨之確定，或者採借死亡或瀕臨死亡的經驗。亦即障礙者遭逢障礙事件，首先是震驚，立即的反應是哭泣；接著是否定，拒絕接受不能完全復原的事實；第三個階段是生氣，會將怒氣發洩在周遭行動自如的人身上；第四階段是沮喪，這是對嚴重與永遠的傷害所表現出來比較實際且適切的反應（Weller & Miller, 1977，引自葉琇姍、陳汝君譯，2004；Barnes & Mercer, 2010）。

　　到了20世紀中葉，各國社會立法仍然以這個觀點來提供障礙者福利。例如英國1948年的《國民救助法》（the National Assistance Act）將障礙者（the disabled）包括盲、聾、啞、肢體障礙。福利給付與社會服務就針對這些變態與身體部分喪失者，其判準是這些器官失能的程度（Barnes & Mercer, 2010）。國家訂定一套鑑定障礙程度的指標，例如1960年代英國的國民保險給付規定喪失手指與膝蓋以下部位就算50%障礙。

　　醫療模式的關鍵要素是：(1)從常態生理功能來定義疾病；(2)基於病因論教條；(3)使用一般化的疾病分類；(4)醫學的科學中立。但這很難被社會科學界廣泛接受，因為何謂常態標準，不符常態就是病態嗎？

　　雖然個人模式受到許多批評，但是此觀點仍受到部分專家的支持。首先，因這套理論與心理想像吻合。論者想像人變成障礙者會如何，並假設那是一個悲劇，必須透過困難的心理機轉才能決定未來的命運。其次，個

人化方便政治上的解釋。障礙者如果未能依照專業人員所定的復健目標內化，或是持續地打擾社會服務部門，那就是他個人的調整有問題。至於復健目標是否正確，社會服務部門是否有問題，都不會有人在意。這意味著既存的社會體系沒得挑剔（葉琇姍、陳汝君譯，2004）。

貳 獨立生活運動（Independent Living Movement, ILM）

越戰以後，大量傷兵返回美國，被鑑定為障礙者，公民權利與機會均等成為這些障礙者的主要訴求。這有別於歐洲大陸與北歐國家的障礙者運動來自政黨的支持。

美國的獨立生活運動與1964年的《公民權利法案》同源。但是，直到1973年的《復健法案》（the Rehabilitation Act）才受到重視。而真正獲得實現是到1990年的《美國障礙者法》（the Americans with Disabilities Act, ADA）通過以後的事了。然而，若沒有1999年最高法院對Olmstead v. L. C.案的判例[1]，美國以個人支持服務（Personal Assistant Services）輸送來取代機構安置，也不可能普遍被推廣（Kirst-Ashman, 2007; Llewellyn, Agu, & Mercer, 2008）。

在英國，1974年障礙者發起生理損傷者對抗隔離聯盟（the Union of the Physically Impaired Against Segregation, UPIAS），反對住宿型機構照顧，倡議障礙者的住宅與個人協助服務，以利參與社會。於是，獨立生活運動就成為英國障礙者追求去機構化的替代方案（Morris, 1993）。獨立生活本身就代表著一種目的：這是一種人們行使人權與公民權的管道。障

---

[1] 1995年，美國喬治亞州的Lois Curtis與Elaine Wilson被診斷為思覺失調症、智能障礙，以及人格違常，而被要求接受喬治亞州的機構式與社區為基礎的處置。兩人被診斷後，在亞特蘭大法律支援協會（Atlanta Legal Aid Society, Inc）的協助下，提出抗告，認為較佳的處置方式應該是以社區為基礎的處置優於機構式照顧，而控告喬治亞州政府對其進行不當的機構安置。1999年最高法院判決認為該州的處置專家已決定社區安置是合宜的，應該就要從機構照顧轉移到較少限制的社區為基礎的照顧，理由是這並未被影響的個人所反對，且將州政府的資源可得性，以及其他心理障礙者的需求納入考量之後，這種安排可以得到合理的調整。最高法院認為機構式照顧是不正義的隔離（unjustified isolation），是一種歧視的對待。

礙者和非障礙者共同享有一樣的人權與公民權，但障礙者的不同在於他們有額外的需求，例如與其損傷及能力阻礙相關聯的社會照顧等。如果這些需求沒有被滿足，將會造成其人權與公民權被剝奪。換言之，若是援助資源只有在居住照護機構裡才能使用，那麼將會抑制個人擁有家庭生活與隱私的權利。此外，被抑制的人權可以把「損傷」創造出更深一層的意義，例如每天被社會排除的經驗會造成心理健康的問題（Morris, 1993; Llewellyn, Agu, & Mercer, 2008）。

獨立生活運動基本上是一種障礙典範（paradigm of disability）的轉換。強調自助、消費者主義、去醫療化、去機構化、主流化與常態化，這吻合美國資本主義社會下的哲學與價值。在美國社會消費者主權（consumer sovereignty）、個人主義、自賴、經濟與政治自由是主流價值。在自由市場經濟下，障礙者也是可以追求作為一個獨立的消費者，成為經濟與政治的獨立人格。障礙者希望成為美國經濟與政治體系下的一員。

獨立生活運動顛覆依賴醫療復健、專家判斷、科層決定的傳統。獨立生活運動受到美國的年輕、高教育水平、中產階級的白人支持，這些人很能接受去管制化的個人照顧助理市場（Barnes & Mercer, 2010）。

參 社會模式

1960年代末英國人口調查局（the Office of Population Censuses and Surveys, OPCS）開始使用三個區分的概念來鑑定障礙者（Barnes & Mercer, 2010）：

1. 損傷（impairment）：缺少四肢的一部分，或不完整的四肢、器官，或身體機制。
2. 障礙（disablement）：功能的喪失或減少。
3. 殘障（handicap）：因障礙引發的活動上的不利與限制。

為了測量殘障程度就得靠一紙冗長的問卷，詢問個人的活動能力，例如吃、喝、如廁、移動等。而這樣的概念隨著障礙範圍的擴大，包括解剖學的、生理學的、心理學的變態與喪失也被包含進來，例如關節炎、癲

癇、思覺失調症等。這三個區分面向中的「殘障」概念，其實已粗具社會的意義。

這種觀點就成為1980年世界衛生組織（WHO）的國際障礙分類系統（International Classification of Impairment, Disability and Handicap, ICIDH）的理論基礎。此外，1990年的《美國障礙者法》（ADA）也定義障礙者是因損傷導致主要生活活動受到完全或部分限制者（Barnes & Mercer, 2010）。

1970到1980年代，美國與歐洲的障礙者運動挑戰個人化、醫療化的障礙觀點。例如英國的障礙者解放網絡（the Liberation Network of Disabled People, LNDP）、生理損傷者對抗隔離聯盟（UPIAS）都是當時的主要團體。在UPIAS（1976）發表的障礙的基本原則（Fundamental Principles of Disability）指出醫療界定的損傷雖可接受，但是障礙必須被重新界定為：起因於現代的社會組織未能或很少考量到生理損傷者，導致這些人被排除在參與社會活動主流外的不利或限制（Barnes & Mercer, 2010）。

如此看來，社會模式無他，不過是將造成損傷者（生理、心理、智能）的經濟、環境、文化障礙納入考量。亦即，認為障礙不只是身體損傷造成，而且是社會障礙造成的（Oliver, 1996）。其無意否定某些疾病或失序造成的損傷，引發障礙，但是更強調社會環境障礙造成的個人障礙。

顯然，社會模式受到反壓迫（anti-oppressive）觀點的啟發，認為社會大眾、專家、官僚都可能是造成障礙的來源。例如歧視、資格限制、不作為等。因為從個人出發的個人策略理論（personal tragedy theory）只能將障礙問題個人化，無法處理政治、經濟、社會、文化、環境的結構問題，所以必須從社會壓迫理論（social oppression theory）出發才能克服社會障礙（Oliver, 1996）。

個人模式與社會模式最大的差別，舉例來說（Oliver, 1996）：

1. 你是否因為聽力有問題而有了解他人的困擾？你是否因為有健康問題／障礙而無法工作？你是否因健康問題／障礙而使居住出現困擾？（個人模式）

2. 你是否因為他人無法與你溝通而有了解他人的困擾？你是否因為物理環境或他人態度導致工作發生問題？你是否因住所的門戶設

計不當導致你居住的需求沒有被滿足？（社會模式）

很清楚地，社會模式將障礙者的障礙置焦於社會與環境阻礙（social and environmental barriers），而非功能限制，亦即強調社會脈絡（social context）的重要性。進一步，社會模式結合政治行動，促進公民權利、機會均等與社會包容（social inclusion），凸顯障礙者集體的社會正義，而非個人的生存策略（詳見表6-1）。

表6-1　身心障礙模式

個人模式	社會模式
個人悲劇論	社會壓迫理論
個人問題	社會問題
個人處置	社會行動
醫療化	自助
專業範疇	個人與集體責任
專家鑑定	經驗
適應	肯定
個人身分	集體身分
偏見	歧視
態度	行為
照顧	權利
控制	選擇
政策	政治
個人調適	社會變遷

資料來源：Oliver (2009). p.45.

至此，可以確定社會模式無意否定障礙者的生理、心理、智能損傷造成的功能限制，而是進一步理解障礙者面對的現實與經驗中的障礙與限制。其非是要解釋何者是障礙？而是理解障礙的本質，造成障礙的原因，以及障礙者經驗到的現實是什麼？（Oliver, 1996）

無庸置疑，社會模式觀點是近年來研究與探究身心障礙的一個主要

典範，對於因環境所引起的障礙重新加以定義和解說，並重新建構其公民權利和建立責任，並且去克服自己的障礙。同時指出障礙者的權利與地位被社會所邊緣化；社會模式將傷殘重新解釋，使其相互作用成為了一種結果。但是，這並非意味著障礙者自行處理所有事務，而是指對障礙者的協助必須提供其選擇與渴望。同時，社會模式這種來自白人中產階級的觀點，也可能忽略種族、階級、性別對身心障礙的差異性。因此，障礙者的差異仍必須被看見（Llewellyn, Agu, & Mercer, 2008）。而且，社會模式也過度強調環境限制與障礙。事實上，生理缺損仍然是排除障礙者參與生活經驗的限制。亦即，眼前的第一步都跨不出去，徒有遙不可及的社會參與。何況，每個人經驗到的社會障礙不同，不能過度期待集體的社會環境改善（Barnes & Mercer, 2010）。

肆 生理心理社會模式

　　基於個人模式被強力批判，加上社會模式的推廣，主流障礙研究者、決策者、障礙組織工作者遊說世界衛生組織（WHO）修正1980年版的ICIDH，從1993年開始討論，修正ICIDH為第二版的ICIDH-2，也就是2001年的「國際健康功能與身心障礙分類系統」（International classification of functioning, disability and health, ICF）。同時，1993年，聯合國也通過障礙者機會均等標準規則（Standard Rules on the Equalization of Opportunities for Persons with Disabilities）。

　　ICF基本上不同意ICIDH的疾病結果取向的概念，亦即從損傷到障礙，再到殘障的因果模式。ICF同意環境影響與社會障礙的重要性。同時，社會模式也被質疑無法操作，也無法實證。因此，為了整合醫療模式與社會模式，就出現生理心理社會模式。ICF修正過去的疾病分類為健康要素（components of health），建立一套生理、個人、社會觀點的健康整合概念，企圖統整健康與健康相關狀態的標準用語。

　　與ICIDH相似的是，ICF定義人的功能為三個層次：身體（body）或身體部位層次、全人（whole person）層次，以及全人在社會脈絡下的層次。再被區分為四個面向：身體功能（body functions）（b碼）、結

構（structures）（s碼）（生理與精神損傷）、活動（activities）與參與（participation）（d碼），以及脈絡因素：環境（environmental）（e碼）與個人的（personal）因素。據此來建立編碼系統，編碼允許正向／激發或負向／阻礙表述。每一碼再分為四層，例如身體功能第一層是b＋1位數，第二層是b＋3位數，第三層是b＋4位數，第四層是b＋5位數。例如b1是心智功能，b114是定向功能，b1142是人物定位，b11420是自我定位。但是，活動與參與（d碼）及環境（e碼）只有到第三層。

活動指任務的執行，是在標準環境下的臨床評估。參與則較有社會的概念，即在現實情境下的能量（capacity）與確實表現（actual performance）。實務上，ICF在個人與社會觀點間的差異會相對小於ICIDH。但是，還是會落入誰是操作者（players）的質疑，亦即評估專家、障礙者本人及其所處環境間會有不一致的解釋。至於能量與表現也會因個人在支持性工具或個人助理有無下，有能力完成某種行動或任務完成的差異（WHO, 2001）。

脈絡因素指個人生存與生活的背景。環境因素包括個人生存與生活的物理、社會與態度的環境。個人則是在生命歷程中從家庭、職場、學校，到社會層次的正式與非正式結構、服務，例如氣候、地理、交通系統、政策與意識形態。但是，這些指標的限制或激發仰賴個人的自我報告；且不同的理論與方法論關係到編碼的選擇，例如支持與關係、影響行為與各層次的社會生活。

此外，ICF中的個人因素包括：性別、種族、年齡、其他健康狀況，身材、生活型態、習性、教養、因應方式、社會背景、教育、專業、過去與現在經驗（過去的生活事件與併發事件）、整體行為模式與性格型態、個人心理資產、其他特質，以及其他可能扮演影響障礙的各方面因素。這些種種留下諸多空間給使用者增刪加減。可見ICF的確試圖將更多的因素納入，成為寬廣的生理心理社會模式。

然而，ICF也有一些缺憾。首先，它仍然有些與ICIDH相似的損傷定義，例如從統計的規範中找出顯著性變異，就會引來相似的批判，到底疾病或損傷的變異內容是什麼？基本上這是一個社會團體與社會長期經驗的社會過程。再者，個人能量與表現是在不相同的健康狀況下被評估。進一

步，ICF的障礙定義包括各種身體（損傷）與社會參與的限制，範圍過於一般性。

雖然ICF已採納社會模式中的健康與疾病的個人－環境互動觀念，但是，針對活動、參與、環境與個人因素的互動關係討論相對不足。總之，ICF缺乏一種與社會行動緊密的理論來理解障礙者。重點似乎僅限於有效地定義與測量障礙者，並提供復健服務的成效，而忽略了寬廣的社會排除（Barnes & Mercer, 2010）。

伍 關係模式

北歐國家領先的關係取向（relational approach）認為障礙政策必須針對障礙者生活的環境加以調整，關注的是障礙者所處情境，而非障礙者的個人本質（Barnes & Mercer, 2010）。

首先，障礙是人與環境的不適配（person-environment mismatch/poor fit），個人被界定為障礙者，乃是因其疾病或喪失引發其經驗日常生活的顯著阻礙與限制。其次，障礙是一種情境或脈絡的。第三，障礙是相對的，是在一個連續體上的概念，從關係的強到弱。人文生態的關係較弱，社會環境的關係較強（Barnes & Mercer, 2010）。

北歐的關係途徑批判個人模式與社會模式都具有本質論：個人模式強調生物醫學的決定論；社會模式強調社會組織的決定論。關係途徑則是將環境帶回來。關係途徑認為ICIDH，甚至ICF是最現實主義（realist）的觀點。其次是相對互動主義（relative interactionist），包括批判現實主義、弱形式的建構主義，例如人文生態學將社會現實區分為不同的層次，每一個層次有其不同的內部互動機制。第三是從現象學的系統理論來理解障礙者與其環境的互動，讓理解脫離天真的現實主義（naïve realism）。最具關係取向的是批判的詮釋途徑，強調從生活世界中人類意義的創造來理解障礙者（Barnes & Mercer, 2010）。

關係途徑分析個人、損傷，以及其影響因素的互動，包括物理環境、鑲嵌的個人、心理、政治、法律、文化與社會因素。這不只是對社會模式，也是對各種理論的挑戰。

陸 權利模式

晚近權利觀點（rights perspective）被英國社會工作界廣泛接納，作為服務適應社會有困難的人們，包容每一個差異的個體（Bigby & Frawley, 2010）。權利觀點採納了社會模式的主張，更強調人人在道德上的價值均等，社會中所有人民不論其是否有身體功能與結構的損傷，都有權利納入社會，且獲得結果的均等。據此，制度與結構必須改變以利這些處在不利地位的人們納入社會。例如智能障礙者有權要求社會補償其處在不利的地位，協助其參與生活與社區的各個面向。亦即，權利觀點更重視結果的均等，而非機會均等。差異對待條件不同的人，而不是計較差異對待產生的不公平。

第二節 界定身心障礙者

如前所述，世界衛生組織（WHO）於1980年公布國際障礙分類系統（ICIDH）中有三個重要概念：

1. **損傷**：指個體在心智、語言、聽力、視力、肢體，或顏面等功能上的缺損。
2. **障礙**：指顯現在行為、溝通、自理、動作、手靈巧度、學科等情形的異常，導致身體受限或缺乏一般人在正常範圍內所能表現出的方式或能力。
3. **殘障**：則指個人在所處的社會生活環境狀況下，因其在行為或能力的異常，而有行動、社會參與、職業、經濟獨立等困難者。

ICIDH的身心障礙定義基本上是依疾病（disease）的結果分類。其邏輯關係是疾病或失序導致損傷，因個人身體損傷而出現行為（動）障礙，進而造成在所處環境中的殘障。疾病或失序是本質的情況，損傷是外在的條件，障礙是客觀的情境，殘障是社會的不利。

ICIDH的障礙定義是依循醫療模式，或是個人模式的觀念，被質疑將障礙者醫療化、個人問題化（Oliver, 1996）。障礙概念化的轉變是在

2001年世界衛生組織（WHO）將身心障礙分類系統的修正由ICIDH改爲ICIDH-2，也就是後來的ICF。基於1946年世界衛生組織（WHO）定義「健康」是一種完整的生理、心理和社會情形的良好，不只是沒有疾病。依著這種健康的定義，僅僅針對死亡率和罹病率的測量，對於評估健康和介入是不充分的。此外，健康的自我察覺和生活的健康相關質量測量是必要的。檢視ICF的產生背景，其目標是要提供一種統一和標準的語言和框架，來描述健康狀況和與健康有關的問題，因此作爲一種分類，ICF把某人所處的健康狀況系統地分組到不同的領域，並且列出了與這些概念有相互作用的環境因素（WHO, 2001）。

由於ICF是一種設計用於不同學科和領域的多目的性的分類：(1)它可以作爲科學研究的基礎；(2)可以建立一種共同的語言，以便改善不同使用者間的交流；(3)可以對不同國家和不同時間點的數據進行比較；(4)也可以用於包括預防和健康促進在內的個人衛生保健；以及(5)減輕社會障礙與鼓勵提供社會支持和改進個體的社會參與等的評估和政策制定。因此儘管ICF原來只是作爲一種健康和與健康有關問題的分類，現在已經被接受作爲聯合國（United Nations）社會分類的一部分了（WHO, 2001）。

正因爲ICF具有寬廣的可利用性，因此我國的《身心障礙者權益保障法》將其作爲身心障礙分類的主要依據，也將其評定的結果作爲後續服務獲得的基礎。惟從ICF的分類範圍分析，當前ICF的分類訊息主要由兩個部分組成，第一部分處理功能和障礙的問題，可以藉由四個相互獨立而又相關的結構加以說明，即身體功能、身體結構、活動和參與。其中身體功能和結構可透過在生理系統或解剖結構上的變化來說明，而活動和參與成分則使用能力和活動表現來說明。第二部分則包括環境和個人在內的背景因素，且其中環境因素與所有的功能和障礙成分交互作用，個人因素如前所述也包羅甚廣，因爲與過多的社會和文化差異相關，因此沒有進行分類（WHO, 2001）（見圖6-1）。

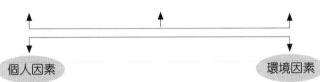

圖6-1 ICF的基本架構圖

資料來源：Bigby & Frawley (2010). p.19.

　　由此可知，ICF顯示出個體在特定領域的功能是健康狀況和背景因素間的交互作用和複雜關聯的結果，這種交互作用是獨特的，常常彼此間不是一種一對一的可預測關係。例如有許多疾病可能降低日常活動表現，但沒有顯著的損傷；在沒有輔具協助的情況下有能力受限的問題，但在現實環境中沒有活動表現的問題。是以，如果要說明整體的健康經歷，所有的構成成分都是有用的（WHO, 2001）。換句話說，當我們預備將ICF作為福利服務獲得的依據時，恐怕難以藉由單一的評估原則來認定是否符合申請服務的條件。

　　依ICF的定義，障礙者可歸為以下八大類：

1. 神經系統構造及精神、心智功能。

2. 眼、耳及相關構造與感官功能及疼痛。

3. 涉及聲音與言語構造及其功能。

4. 循環、造血、免疫與呼吸系統構造及其功能。

5. 消化、新陳代謝與內分泌系統相關構造及其功能。

6. 泌尿與生殖系統相關構造及其功能。

7. 神經、肌肉、骨骼之移動相關構造及其功能。

8. 皮膚與相關構造及其功能。

從此障礙者不再依疾病的結果來被分類，改以健康的成分來分類。假設每個人一生中可能都在某個階段會暫時的或永久的失去一部分或全部的身體功能，例如車禍、工傷、意外、疾病、老化導致身體健康的失去。障礙是隨著環境的包容性而改變的動態觀念，人所處的情境會影響或限制其功能表現。障礙不只是生理的狀態，還包括環境的支持、協助與限制。

 ## 第三節　聯合國身心障礙者權利公約

壹 關於聯合國身心障礙者權利公約

《聯合國身心障礙者權利公約》（The Convention on the Rights of Persons with Disabilities, CRPD）及其任擇議定書（Optional Protocol）於2006年12月3日通過，目前已經有82國簽署，另有44國簽署任擇議定書。這是聯合國有史以來公約簽署國最多的一次。這也是聯合國於21世紀第一個通過且開放簽署的綜合性人權法案，2008年5月3日起生效。

CRPD的通過是經歷幾十年來人們對障礙者的態度改變，從把身心障礙視為慈善、治療和社會保護的對象，到看待障礙者是權利的主體，有權聲稱其權利，立基於自由與知情同意，以及成為社會的積極成員，而進行攸關其自身生活的決策（王國羽，2008；周月清，2008）。

CRPD也明確地表達人權與社會發展面向的企圖，其接納各種不同類屬的障礙者，再次確認其均享有全般人權與基本自由；並明確指出所有各

種人權，障礙者均有資格享有，也界定哪些領域必須調整讓障礙者能有效實踐其權利，以及哪些侵犯障礙者權利的部分應如何被保證消除。

CRPD的八大原則是：

1. 尊重與生俱來的尊嚴、自主，包括尊重他人自己做的決定與獨立。

2. 不歧視。

3. 完全、有效融入社會。

4. 尊重每個人的差異，接受障礙者是人類多樣性與人性的一部分。

5. 機會均等。

6. 無障礙地接近環境。

7. 男女平等。

8. 尊重身心障礙兒童，保障身心障礙兒童的權利。

CRPD第2條特別針對幾個重要的名詞定義，包括：溝通、語言、障礙歧視（Discrimination on the basis of disability）、合理調整（Reasonable accommodation）、通用設計（Universal design）。所謂溝通包括語言、內容的展示、點字、觸覺溝通、放大印刷、近用多媒體，以及書寫、廣播、平易語言、朗讀機和擴音或其他替代模式、工具和溝通版式，包括資訊和通訊科技的近用。

語言包括口說和符號語言，以及其他形式的非口說語言。障礙歧視是指任何以障礙為由的差別、排除或限制，其目的或結果導致傷害或取消承認、享有，或行使障礙者與其他人間的平等，包括所有人權，以及基本政治、經濟、社會、文化、公民或任何其他領域的自由。其包含各種形式的歧視，包括拒絕合理的調整。

合理調整是指必須適當地修正和調適，讓障礙者能在特殊的情形下，保障能享有或行使與其他人平等基礎上的全部人權與基本自由。但非強加不成比例的或不相稱的負擔（undue hardship）於雇主身上。不成比例的負擔是指採取的合理調整行動顯有困難或經費負擔沉重，其考慮因素包括性質、調整的成本規模、資源、性質，或雇主運作結構；不相稱的負擔依個案而定。合理調整的部分是整體環境的一部分，大組織的結構、整體資源、財政與行政關係須一併考慮。通常，較大企業擁有較多資源，被期待比中小企業付出較大努力或經費進行合理調整。如果特定的調整會造成不

成比例的負擔，雇主必須嘗試尋求另一種調整的作法，以降低負擔。同時，如果合理調整造成雇主不成比例的負擔，障礙者得選擇是否願負擔部分成本，以換取該合理調整的執行。

根據1990年《美國障礙者法》（ADA），合理調整是聯邦與州立法，以及縣市政策的必要部分，其提供修正或調適工作或工作環境，以利合乎資格的障礙者申請該職缺，或讓身心障礙員工參與申請該職缺，或實現主要的工作功能，而不至於造成雇主的企業進行此調整時不成比例的負擔。合理調整包括以下兩種：(1)使既有設施讓身心障礙員工能接近或使用；(2)職務重構、部分工時，或修正工作流程、調整到另一個懸缺職位、取得或修正設備或工具、調整或修正考試與訓練素材或政策、提供合格的朗讀或解說員，以及其他類似的爲個別障礙者所做的調整。

通用設計是指產品、環境、方案和服務，必須讓所有人均可用，盡最大可能不需要改造或特別設計。通用設計並非要排除針對特殊身心障礙群體所需的輔助工具。

🈔 我國的身心障礙者權利公約施行法

我國爲實施《聯合國身心障礙者權利公約》，維護障礙者權益，保障其平等參與社會、政治、經濟、文化等之機會，並促進其自立及發展，除於2007年7月11日修正《身心障礙者權益保障法》之外，特制定《身心障礙者權利公約施行法》，使得CRPD保障障礙者人權的規定，具有國內法律效力。該施行法自2014年12月3日起施行。施行法規範行政院成立身心障礙者權利推動小組，以推動CRPD相關工作，並建立身心障礙者權利報告制度及法規檢視與修正期程。

並於2015年6月1日起著手《身心障礙者權利公約初次國家報告》。2016年5月16日召開身心障礙者權利公約初次國家報告國內審查會議。並進行法規及行政措施優先檢視清單，於2016年12月2日公布92部法、277個行政措施，總計待修正671條法規、369項行政措施。2017年2月邀請國際審查委員組成身心障礙者權利公約初次國家報告國際審查委員會。2017年10月30至11月1日召開身心障礙者權利公約初次國家報告國際審查會議。

2019年1月8日公布身心障礙者權利公約初次國家報告國際審查會議結論性意見（Concluding Observations of The ROC's Initial CRPD Report）。2019年1月31日發布「身心障礙者權利公約初次國家報告國際審查會議結論性意見回應表」。2019年11月起開始準備第二次國家報告。

　　1993年聯合國通過「關於促進及保護人權的國家機構地位的原則」（通稱《巴黎原則》），以鼓勵、倡導及協助各國設置國家人權機構。為強化監察權的保障人權功能，我國監察院於2000年3月即依法設置「人權保障委員會」，努力推動我國人權的提升。為設置符合《巴黎原則》之國家人權機構，立法院於2019年12月10日世界人權日三讀通過《監察院國家人權委員會組織法》，以及增訂《監察院組織法》第3條之1第1項第7款關於具備人權專業背景之監察委員資格條件等規定，並經總統於2020年1月8日公布。監察院明定《監察院國家人權委員會組織法》於2020年5月1日施行，「國家人權委員會」並於2020年8月1日第6屆監察委員就任日起正式揭牌運作，使我國在人權促進與保障上邁入全新的里程碑。國家人權委員會成立之後，包括CRPD在內的聯合國人權公約都納入監督、陳情、調查、處理、救濟的範圍。

 第四節　身心障礙者服務輸送

　　美國政治學者史東（Stone, 1985）在《障礙國家》（*The Disabled State*）一書中曾提到：「如何界定身心障礙概念，成為所有西方福利國家最不容易達成的任務之一。也因為如此，身心障礙這個類屬的界線是人為界定過程。」換句話說，身心障礙的概念是如何在一個人類身體連續狀態下，畫出一個切點，這個切點的內外，同時反映出社會對身心障礙人口的價值。因此，無論我們怎樣定義身心障礙的概念，它都是一個人為的定義過程，也是一個反映整體福利資源不足的結構事實，而不是單獨障礙者的問題。本節就讓我們來了解障礙者的服務輸送與障礙。

壹 身心障礙者的服務輸送模式

1980年代以來，在新自由主義與第三條路政策的推波助瀾之下，福利國家傳統上由公部門提供福利服務，逐漸混合了委託第三部門，或由私部門補充的形式。這種混合著追求利潤的私部門、非營利組織的第三部門及家庭親友的非正式部門，共同提供服務的多元途徑，被稱為「福利的混合經濟」（the mixed economy of welfare）（Kamerman, 1983; Kramer, 1985; Pinker, 1992）。類似的概念也有以公私部門合夥（public-private partnerships）、福利多元主義（welfare pluralism）（Johnson, 1987, 1999）、福利社會（welfare society）等，強調以非營利組織的擴展來補充過去的福利體系，並加入市場的元素，例如競爭的機制、自由選擇的機會和資本的累積等。

隨著新的服務輸送形式的發展，服務輸送系統的檢視成為當前重要的議題。英國在新公共管理主義（new public managerialism）和契約主義（contractualism）的影響下，地方政府如何再建構社會服務輸送系統是主要的發展方向（McDonald & Zetlin, 2004）。而美國則是著重「協調」（coordination）問題的討論，以服務輸送系統的整合為發展的重點，並朝向市場和網絡（network）的建立。在澳大利亞則發展服務整合（service integration）、夥伴關係（partnerships）和地方管理（place management）三者相互連結的改革方向。而服務輸送方式的實施受到三個因素交互影響：(1)機構被介紹的方式；(2)服務提供者使用的方式；(3)能提供較廣泛的服務內容（Kaner, Steven, Cassidy, & Vardy, 2003）。

基本上，任何社會服務不外乎是在滿足人們以下四個功能，對障礙者的服務亦不例外：(1)接近（access）其他服務，例如提供轉介資訊、外展服務、交通服務等；(2)保護（protective）服務，例如兒童保護、家庭暴力防制、性交易防制、心智障礙者成人的保護、犯罪預防、藥物濫用預防等；(3)個人成長（personal growth），例如提升生活品質所需的休閒、教育、藝術活動等；(4)維持生存（survival）所需的健康、照顧與住宅等（Azarnoff & Seliger, 1982）。

進一步，社會服務的輸送模式可分下列兩個取向：案主服務模式

（client service model）、社區服務模式（community service model）。前者主要以滿足消費者的需求爲主，服務重點包括：接案、服務與結束的過程。因此，組織的考量重點在於4A's：(1)可得到（available）；(2)可接近（accessible）；(3)可接受（acceptable）；(4)適切的（appropriate）（Azarnoff & Seliger, 1982）。

「可得到」是指倘若機構或方案承諾協助障礙者獲得就業機會，就應該讓有資格者能眞正獲得服務，也就是機構或方案要能提供足夠量的服務。

「可接近」是指可得到的服務不能再有各種限制與障礙，例如地點太遠、交通不便、外加其他程序等，使有資格獲得該項服務的障礙者被阻礙。

「可接受」是指所提供的服務必須是吻合障礙者的社會與心理取向的需求，例如認爲「給他魚吃不如給他釣竿」，而不提供現金給付，一再指望所有障礙者均能就業。但是，社會並非完全接受障礙者就業，且許多障礙者的就業服務配套也不足以支撐永續就業。反之，部分機關（構）、企業因障礙者形貌、能力不如一般人，而反對提供障礙者教育與就業，主張機構收容或現金補助。這些都是不可接受的服務。

「適切」係指服務眞的有效滿足需求。例如提供的障礙者轉銜服務眞的協助障礙者增加教育機會、就業機會，而不是將就業轉銜服務當成是一個服務方案而已。

社區服務模式是機構取向的服務，以建立一個廣泛適用的需求服務系統爲目標，而非專爲特定地域、群體、個人所設計。這樣的服務模式通常由中央層級規劃服務方案，釋出資源由社區中的機構提供服務。因而此類的機構服務決策往往來自於資源取得的便利性，甚於社區需求優先性。值得慶幸的是，中央層級的服務規劃雖無法涵蓋所有社區中的需求，但方案服務項目中的某些部分若適用於社區的特定群體（且具備使用資格），社區機構便會在可運用的範圍內調節資源的使用，創造更多符合社區獨特性的服務（Azarnoff & Seliger, 1982）。

社區服務模式重點在於需求評估、目標設定、服務策略（方案）發展、服務提供，以及評鑑的一系列過程。而消費者與社區的投入增加服務

方案的可行性、可接受性。此外，服務提供機構與組織透過與其他機構的協調、合作，使服務方案的資源可得性更高，服務銜接更好，效果更佳。

直到今日，對於老人、障礙者的長期照顧模式，仍然無法全面走向獨立生活模式。常見的有三個模式仍同時並存著（Batavia, 2002）：

1. **非正式支持模式**（informal support model）：由家屬、親友等非正式人際網絡資源提供照顧。

2. **醫療模式**（medical model）：在醫療專業的督導下，由健康照護系統培訓的工作者提供服務，並給予服務使用者補助。

3. **獨立生活模式**（independent living model）：由服務消費者（consumers）自主僱用、培訓且支付費用給他們的照顧服務人員，並於必要時得解僱之。這是一種消費者導向（consumer oriented）的照顧服務模式，此類的模式廣泛受到較為年輕、勞動年齡人口層的障礙者支持，因他們深信這樣的導向提供障礙者最佳的服務條件。相關研究也指出此種模式產生較佳的服務使用滿意度，並支持障礙者在社區中同時維持健康與經濟上的生產性。

如前所述，獨立生活是晚近障礙者政策的主流價值。據此，選擇權就是障礙者控制其生活的必要條件。這是前述的獨立生活與社會模式，亦即障礙者在家、工作，以及成為社區成員等方面有與一般公民一樣的選擇、控制與自由（Glasby, 2007）。而在相同的概念下，直接支付與個人預算制（direct payments and individual budgets）也應運而生，尤其是針對學習障礙者。主張障礙者能控制、組織、管理其照顧套案，無須他人代勞，這也是熟悉的個人為中心的計畫（person-centred planning）（Llewellyn, Agu, & Mercer, 2008）。

提出障礙者社會模式的英國學者奧立佛（Oliver, 2009）指出障礙服務模式依歷史發展，可區分為以下三種模式：

（一）人道模式（the Humanitarian Model）

1. 針對不幸者提供善心的服務。
2. 服務的提供決定在專家、行政人員的手上。
3. 障礙者被視為有問題的人、次等公民。
4. 服務提供者期待被服務者感恩言謝。

5. 服務使用者的抱怨會被服務提供者批評爲要求太多。

6. 服務提供者與使用者間的關係是衝突的、互不信任的與不滿意的。

（二）依從模式（the Compliance Model）

1. 政府的政策與立法決定服務的提供。

2. 依法提供最低標準的服務。

3. 服務提供不完全依障礙者的支持需求與權利。

4. 服務提供者依法定服務清單（checklist），或任務取向提供項目服務，不完全考慮使用者的需求。

5. 服務提供者考量使用者的公平重於個別化需求的滿足。

6. 服務提供者與使用者間的關係常是衝突的、低期待的、不適足的與低滿意度的。

（三）公民模式（the Citizenship Model）

1. 障礙者被視爲是具有完整權利與責任的平等公民。

2. 在經濟上，障礙者被認爲是社會中有貢獻的成員，包括生產與消費。

3. 政治上，障礙者是被充權的個體、選民與有力量的利益團體。

4. 道德上，障礙者是行使權利與責任的積極公民。

5. 服務使用者有權選擇其服務提供者並直接付費。

6. 服務使用者有權終止服務提供者的服務。

7. 服務提供者界定服務關係非以特定任務項目視之，而是以完整的服務目標爲之。

8. 服務使用者轉換服務提供者時，能立即得到其他的服務承諾。

9. 服務使用者決定其所期待的服務如何被提供。

WHO強調服務使用者應參與健康照護的發展與輸送政策的制定，此建議已影響到歐洲幾個國家健康照護政策的制定（Crawford et al., 2003）。除了觀點的進步外，國際組織對障礙者的政策主張深深地影響各國的社會政策。例如1993年聯合國提出「障礙者機會均等標準規則」影響到各國的身心障礙政策，例如瑞典於1994年指派障礙監察官（Disability Ombudsman）負責障礙者的申訴。同年施行《功能障礙者支持與服務法案》（The Act Concerning Support and Services to Person with Certain

Functional Disabilities, LSS）。2000年瑞典國會通過「障礙者的國家行動計畫」，期建立一個普遍可接近的社會（universally accessible society）。2009年瑞典通過《反歧視法》（the Discrimination Act），立法保障任何個人不被歧視，包括障礙者。

瑞典障礙者權益保障最終目的是讓障礙者如同其他人一樣，擁有最大的機會參與社會（Swedish Institute, 2018），包括在居住、照顧、教育、就業、休閒、經濟安全、社會參與等傳統領域。晚近優先被強調的是司法體系、交通、資訊科技（IT）等三個領域的平等接近機會。

司法體系的平等近用與無歧視對障礙者極為重要，讓警察、檢察官、法官從障礙者的角度來執法，了解障礙者可能涉及違法與受侵害，其法律正義應如何被保障，其中資訊傳遞、溝通與平等近用司法體系成為最優先要被處理的。

瑞典的交通運輸採通用設計，不論兒童、懷孕婦女、障礙者、老人等均能無障礙地使用道路與公共運輸工具。瑞典《障礙與公共運輸法》（The Disability and Public Transportation Act）明訂政府應將道路設施、公共運輸工具設計等建設有利於障礙者使用。

資訊科技的使用也有助於障礙者接收資訊、溝通，以達獨立生活。讓障礙者與其他人無數位落差也是追求尊嚴生活與平等參與社會的必要條件。其實不只瑞典，所有工業先進國家都面對相同的議題，必須及早因應人工智慧、資通訊科技、數位社會的快速來臨。障礙者如果被排除在資訊科技運用的行列之外，例如電腦、手機、金融科技、無人駕駛、無人商店、輔具運用、智慧住宅等，其社會障礙程度將更嚴重，生活品質將更惡化。

貳 身心障礙者服務輸送的障礙

對障礙者來說，資源的投入很重要，但是服務輸送的障礙不比本身的障礙少。其使用服務時常遇到的障礙包括：個人認知、心理與社會障礙、性別與族群障礙與服務輸送體系的障礙。

一、個人認知

包括對需求、問題、福利訊息的認知。個人需求指個人自覺並表達出的需求，個人意識到問題的存在，需要改變現狀，然自身能力無法處理，必須向外求助。在此階段中，許多研究指出個人首先求助的是非正式社會網絡中的成員，例如父母、親戚、朋友、鄰居等，非正式網絡扮演轉介（referral）福利使用的角色。

二、心理與社會障礙

使用服務的心理障礙有：害怕曝露自己的無能、害怕向朋友或陌生人揭露自己的問題、害怕使用服務所附帶的烙印，而設計不當的服務輸送體系甚至可能強化這些心理障礙（Gates, 1980）。

從單親家庭對接受服務的看法中，「福利」被認為是有害的，因為接受福利會帶來社會烙印，造成福利受益者無助（helpless）、失去自我控制（loss of control）的感覺（Garfinkel & McLanahan, 1986）。當社會對社會福利持負面的態度時，即會對接受社會福利的人產生烙印，障礙者自然會受到這些社區態度影響。因此障礙者對接受福利的看法，會影響其福利的使用。

三、性別與族群障礙

婦女與社會服務間存在著緊密關係，其關係是雙重的，一方面女性扮演社會服務的主要人力，不只是專業的社會工作者女性化，而且半專業的照顧服務也是女性占大多數。另一方面，女性也是社會服務的主要案主，因於女性較長壽，成為老人照顧的主要對象；又因於女性與兒童、家庭照顧、家庭暴力高度關聯，使女性的社會服務需求比男性為高（Ungerson, 1985）。

此外，女性陷入貧窮的機會遠較男性為高，才會有女性貧窮化（feminization of poverty）的議題（Pearce, 1978；Kirst-Ashman, 2007）。性別歧視（sexism）使女性容易陷入家庭暴力、貧窮、低薪工作中（Karger & Stoesz, 2006）。而公共移轉方案又是性別不均的。女性勞

動參與率低，致較少女性納入社會安全制度。若加入社會安全制度也會因家庭照顧壓力而減少投保年資，對其退休給付不利。性別職業區隔（occupational segregation）使女性從事的職業薪資偏低，或兼職工作，都不利於其投保薪資，使失業、退休、失能給付等均較男性不利。另外，當今社會同性戀者所處的環境已很不利，可想而知，同性戀傾向的障礙者受到的歧視將比一般人更嚴峻。

同時，少數族群如原住民、新移民也經常處在不福利（diswelfare）的狀態下，例如貧窮、單親家庭比例高、勞動參與率低、犯罪率高、住宅條件差、健康條件差、福利依賴率高等（Karger & Stoesz, 2006）。種族歧視（racism）使少數族群很難在主流社會中爭取到較高的政治、社會、經濟地位。這種經驗也往往滲入社會福利的制度設計與服務輸送裡。少數族群集中的偏遠地區，社會服務設施與方案通常較匱乏，再加上文化與語言的隔閡，少數族群的社會服務障礙至爲明顯。

據此，障礙本身已經很容易被歧視，若再加上性別、族群、性傾向的歧視，將形成接近服務的多重阻礙。

四、服務輸送體系障礙

如前所述，即使障礙者多了選擇機會，服務輸送仍存在一些障礙，概略可分爲健康照護的輸送障礙、社會照顧及教育的輸送障礙、家內與社區中的輸送障礙、資訊障礙、城鄉差距障礙等（Watson, Townsely, & Abbott, 2002; Judd et al., 2002）：

（一）健康照護的輸送障礙

包含銜接不良的新生兒出院安排。社區內健康照護服務常處於尙未準備好的狀態，出院時醫院也通常並未通知社區機構，使身心障礙的新生兒帶著複雜的健康需求返回社區，卻未能獲得適切的照顧；其次則是高科技的醫療設備仍普遍缺乏，家庭得不到足夠的支持以協助他們照料孩童；最後是急性醫療資源與社區健康服務間連結的薄弱，社區健康照護人員經常缺乏經驗來提供服務給此類需求的家庭，更甚於此的是現有的特殊專業團隊仍相當有限，不足以負荷提供協助社區專業人員的需求。

（二）社會照顧與教育的輸送障礙

非父母照顧者的權利義務尚未完整法制化，使得非父母的照顧者缺乏管道獲得即時的訓練資源以增進照顧知能。據此，政策方針的引導與規劃仍然相當缺乏，無論是非父母照顧者的訓練與服務提供資源來源、提供者各方面都尚待規劃。

（三）家內與社區中的輸送障礙

家庭內隨著障礙孩童而來的龐大身心負荷，尤其是「雙老家庭」（double-ageing family）的來臨，他們需要的往往不限於照顧技能或資源的獲得，尚有照顧負荷的紓解等，需要整合式的家庭照顧管理服務（鄭元菜、林萬億、沈志勳，2019）。此外，這些家庭在社區中孤立與隔離的處境，亦是服務可近性的阻礙。第三，則是社會工作者時常無法提供家庭照顧者需要的情緒支持，因專業人員常將情緒支持的義務歸於非正式人際網絡。第四，身心障礙兒童家庭的就業與貧窮的高風險，亦會引致獲得服務的劣勢。最後，相關研究發現身心障礙兒童的家長相信若擁有較佳的居住環境，則可減少對服務的需求，然而多數的身心障礙兒童居住於不適的環境中，同時意味著不利於照顧者撫育的居家條件。

（四）資訊障礙

包含資訊的缺乏與錯誤的資訊等，這些障礙都是障礙服務輸送體系必須努力克服的。此外，服務輸送過程中也有可能產生的理想與實際的差距為：(1)忽略服務資格些許不符但卻有急切需求的使用者；(2)有些服務輸送系統雖有長期問題但卻缺乏完備的評估及階段性監控系統；(3)服務提供者過多的個案量影響服務品質；(4)資源的缺乏及服務提供者無法提供最好的服務給使用者，造成負面的壓力氣氛；(5)專業機構關係缺乏分享合作的視野（Kaner et al., 2003）。同時，服務提供者習慣以書面溝通方式，拉大與障礙者間的溝通距離。

（五）城鄉差距障礙

服務輸送系統常見的另一問題為城鄉差距。以鄉村地區而言，地方缺乏專業人員提供服務，服務據點分布明顯低於市區，嚴重忽略鄉村地區的需求。而鄉村地區的地形限制，更限制了健康照護與資源提供。地域性的限制也影響專業人員倫理的兩難議題，小社區因較難確保服務的保密原則

而對使用者產生較多的傷害，以致未能直接符合提供者對實際服務面的需求（Judd et al., 2002）。

基於服務輸送的公私夥伴關係與權力下放（devolution）的趨勢，著重地方資源與結合社會團體、地方性的社會服務是當前社會服務發展的方向，然而其所產生的合作和協調的問題卻是服務輸送系統被詬病之處。服務系統權力下放是立基於四個假設（Robinson, 2007）：

1. 地方政府應負起社會服務的責任，並且可有擁有相當的自主性決定服務的形式。
2. 中央在這樣的體制中，轉移責任和權力給地方。
3. 財政資源能夠結合中央和地方稅收來支持地方的社會服務。
4. 地方的行政能力足以支援地方的社會服務。

但是我們在檢視服務輸送系統的整合問題時，卻常發現地方層級常是處於政治權力較勁和財源匱乏的狀態。而服務輸送系統的設計、執行，並沒有相對地在治理結構與必要的經濟基礎上做調整，而造成了服務輸送系統的問題。

據此，澳洲提出三種衛生福利服務的輸送，以解決服務輸送問題（Judd et al., 2002）：

1. 衛星式服務。大型機構與小型機構間網絡安排提供定點服務。
2. 移動／訪視服務。
3. 電訪。運用溝通科技提供遠距門診服務。

服務模式的選擇依下列指標訂定：

1. 地理環境。視地域提供所需的服務，社會經濟劣勢狀況會產生服務密度與距離問題。
2. 經濟狀況。財源與工作人力缺乏，僱用及維持有能力的專業人員，給既存的設施予適當支持。
3. 政治因素。因應政府政策、不同的社區需求，以及當地人口組成而定。
4. 暫時性服務。滿足立即性需求。

第五節　身心障礙者服務

　　障礙者的服務包括：健康照護、教育、就業、經濟安全、無障礙環境、交通、住宅、休閒、社會參與、個人與家庭服務、無歧視的對待等。本章著重處理較屬社會福利範圍的機構照顧、住宅、獨立生活、就業及個人與家庭支持服務。

壹 機構式照顧

　　以美國的經驗言，1850年代以前，家內有重度障礙子女的家庭，鮮少有其他的選擇，多半由家庭負擔照顧責任；儘管第一家以心智障礙者為服務對象的機構成立於1766年，但無論是在美國或世界各地，此類服務的發展都相當緩慢。至1880年代，立基於慈善觀點的機構照顧政策逐步發展，障礙者被視為「不幸」、「無辜」的，但若施予妥善的照料與訓練，則可在家庭或社區中扮演正向的角色。但這趨勢隨即被新達爾文主義「物競天擇」（Natural Selection）的主張所逆轉，社會資源轉移至「最適」的社會階層，而非資源缺乏的中低階層，以蓬勃形塑「最適」的社會遠景（Cummins, 2001）。

　　此外，1890年代門戶開放的移民政策，帶進大批來自歐陸的移民，防範移入人口道德或精神上缺陷的恐慌氣氛四起，因而將心智障礙者從社區中隔離轉為安置於收容機構的風氣興起。1890到1910年間，美國機構收容的心智障礙者數量遽增。1950年代，質疑機構化取向的聲音浮現，取而代之的是正常化（normalization）與最小限制環境（the least restrictive environment）的觀念，服務走向另闢一條新途徑，形成1960年代去機構化的風潮（Cummins, 2001）。

　　對大多數人來說獨立生活是一種成長之後的必要抉擇，但是對障礙者來說，機構照顧是不得已，甚至是唯一的選擇，尤其是嚴重的，或缺乏家人照顧的障礙者。然而，即使是居家照顧，獨立生活也成為一種趨勢。

　　機構照顧具有完全機構（total institutions）的性質，封閉性、嚴格的

作息時間、照章行事、一視同仁、標準作業、喪失隱私、沒有生活自由、缺乏發展個人關係的機會。後果容易出現機構精神官能症（Institutional neurosis），其症狀是冷漠、沒有精神、提不起勁、對不公平的事缺乏反應、對未來沒有期待、對事物缺乏興趣、個性被磨損成為例行化、逆來順受、認為事情不可能改變等（Barton, 1959；引自葉琇姍、陳汝君譯，2004）。

《隔離生活》（*A Life Apart*）一書（Miller & Gwynne, 1972）研究22個私人與地方政府設置的住宿機構（residential care homes）與長期留院的慢性病床，發現兩種模式：一是自由的（liberal），另一是人道的（humanitarian）。前者稱園藝模式（horticultural model），後者稱倉庫模式（warehousing model）。園藝模式試圖發展個人未被滿足的與未實現的能量，盡可能地讓住民自主，其目的是極大化生活常態，不管個人的環境，也不促成非現實的期待。倉庫模式則是屬傳統的養護機構，基於人道關懷與醫療價值，認為延長生命是好事，收容目的是極大化社會死亡與生理死亡的差距，個人被視為是依賴的、去人格化的，不鼓勵表達個人需求（葉琇姍、陳汝君譯，2004；Barnes & Mercer, 2010）。然研究發現，園藝模式並未被廣泛地推動。

貳 居住服務

雖然機構照顧有缺失，但是基於某些障礙者又有必須離開家庭受照顧的理由，因此，替代型的居住模式被發展。英國在1970年的《慢性疾病與障礙者法案》（the Chronically Sick and Disabled Persons Act）中規定滿足特殊住宅的需求，於是，將標準家庭住宅以外的其他類型住宅，改為特殊需求住宅（special needs housing）。就老人與障礙者而言，強調行動住宅（mobility housing）與輪椅住宅（wheelchair housing）的重要性。1978年的住宅標準已規定將行動住宅與輪椅住宅納入公私部門住宅建築的規範中。之後，行動概念也修改為可造訪（visitability），亦即供老人、障礙者居住的房子必須有升降梯、門戶寬廣符合最小規格、廁所、浴室均要適合移動不便的人易接近等（Milner, 2005）。以下介紹幾例（葉琇姍、陳

汝君譯，2004；Barnes & Mercer, 2010）

一、身心障礙村（The Disable Village）

例如發展於荷蘭的輔助生活公寓（Het Dorp Assistentiewoningen），重度障礙者集中於一個像殖民地的村落，每位障礙者都有自己的住宅，所有服務與膳食都由在地供應。這種方式使障礙者可以控制自己的生活，但是卻與其他社區隔離，沒有達到社區包容的效果。比利時、英國也有類似的設施。

二、集合住宅

障礙者與一般人以一比三的比例進住，住宅區內設有餐廳與各種服務，目的是去機構化。雖然是一種社區融合的居住形式，但是，因爲障礙者比例很高，自然的分工還是會形成，外界還是會將這個住宅看成是障礙機構。丹麥、英國、荷蘭都有類似的設施，由社會住宅協會提供住宅單位，供障礙者承租。但是，由於數量有限，還是很難滿足障礙者擁有負擔得起（affordability）且合宜的住家（decent homes）。

三、支持型住宅

將重度障礙者融入一般住宅社區中，提供支持性服務，例如瑞典概念的Fokus住宅，是一種典型的獨立生活居住方式。1975年天天辛克萊住宅公司（Ten Ten Sinclair Housing Inc.）將之推廣到加拿大曼尼托巴（Manitoba），讓身障者獨自居住於社區中可造訪的住宅單位，由該社區住宅管理單位連結照顧、管家、餐食等支持服務身障者。荷蘭也引進這類住宅。

進一步，瑞典從1992年以來，將機構式服務與照顧轉型成爲一種結合住宅、照顧與服務於一體的新的服務取向。從此，社會照顧與社會住宅更緊密整合在一起。服務住宅（service housing）結合老人、障礙者集合住宅與日間照護中心的功能而設計，安置對象爲部分失能的老人與障礙者，通常是20到100個獨立單位集合的住宅，規模不大，分散在社區中，老人與障礙者居住在裡面，有獨立的寢室、衛浴設備，共同分享餐廳、圖書

室、休閒室、診療室、美容院、照護設施等，並有24小時安全防護、緊急救援，以及日常生活協助等服務（Wahlgren, 2000；林萬億，2003）。

四、社區住宅計畫

這是一種小型的障礙住宅，通常出現在都市中或近郊，只有一個照顧服務員提供協助，盡可能讓住民獨立生活。在英國、荷蘭有許多類似的小型社區家園計畫，障礙服務組織價購或承租社區中的一棟住宅，供障礙者入住，去除機構化弊病，致力於讓障礙者融入社區。但是，效果不一定能完全達成，還是要看社區接納程度。不過至少提供障礙者較人性、具同理心的社區環境。

五、終身住宅

隨著生命歷程（life course）概念的引入，終身住宅（Lifetime Home, LTH）的概念也被強調。這是一種建築標準，在此標準下，所有住宅都能調整使所有障礙者、老人從出身到死亡居住於此住宅中。亦即建築一種具吸引力、可負擔，以及彈性的住宅。又因於種族、性別、年齡、身體條件、家庭組成等各種不同住宅需求的倡導，住宅的多樣化（diversity）與差異（difference）成為1990年代以來各國追求的目標（Milner, 2005）。這個標準最早由聯合國於1974年提出，歐洲的義大利、英國、荷蘭、西班牙、瑞典、挪威均已採用。

六、個人協助計畫

這是指障礙者可以獲得現金給付，再直接僱人來提供個人協助。早期英國的獨立生活基金（Independent Living Fund, ILF）即是供障礙者申請，社區照顧施行後，這項服務改由地方政府執行。荷蘭也有類似作法。

參 獨立生活

獨立生活仍然是當今工業先進國家對待障礙者的主流價值。獨立生活運動源於反機構收容照顧（asylum care）與醫療模式，認為障礙者不是因

個人的疾病而有障礙，而是因社會、政治、經濟的限制而有障礙。這樣的觀點後來被概念化為障礙的社會模式（Llewellyn, Agu, Mercer, 2008）。

獨立生活運動的哲學基礎是：

1. 所有人類生活都有其價值。
2. 任何人，不論殘缺都有選擇的能力。
3. 各類型的障礙者，不論是肢體、智能、感官或是情緒，都有控制其自身的生活權利。
4. 障礙者有權完整參與社會。

從表6-2即可看出其明顯有別於機構照顧模式。

表6-2　機構式照顧與獨立生活方式比較

機構照顧模式	獨立生活模式
去人格化、幼稚化	自主、互賴
例行僵化、結構生活、稀疏環境	選擇
整批對待、住民被視為同質群體	尊嚴與個別價值
高度員工決定而非住民決定	自決
員工與住民距離很遠	整合
公私生活失衡	隱私
家外低度參與、社區疏離	公民身分

資料來源：Peace, Kellaher, & Willcocks (1997).

獨立生活就成為後來英國發展社區照顧（community care）的重要基礎。但是，獨立生活並非等同於去機構化，也不是非正式照顧化。亦即離開機構，回到家庭、社區的障礙者如果沒有以下像瑞典的完整支持服務，障礙者不必然能成為獨立的人，控制其自身的生活（Morris, 1993）。

雖然英國障礙者運動在爭取獨立生活已取得了重大的成就，然而現今的社區照顧架構對於障礙者獨立生活仍包含許多障礙，例如就業機會、養育、休閒，以及社會服務專業人員對於「危險」與「能力」的失能態度也是主要障礙之一。如前述，除非獨立生活的權利被修法納入立法架構，否則障礙者會持續被剝奪其充分的人權和公民權利。

而所謂平等生活機會指的是障礙者如同其他國民一樣被平等對待。這在瑞典的「障礙者的國家行動計畫」中即揭櫫「從病人到公民」（From Patient to Citizen），亦即障礙者不再是病人，而是與其他公民一樣有權利與義務（Swedish Institute, 2018）。

以瑞典「障礙者的國家行動計畫」為例，包括10項服務（Dychawy-Rosner, 2008）：

1. 諮商與其他對個人支持服務。
2. 額外需求支持者的個人救助。
3. 參與社區生活所需要的個人陪伴。
4. 減少社會隔離的個人接觸。
5. 居家的救援服務。
6. 短期的臨托服務。
7. 短期的少年監督服務。
8. 居家或特殊服務住宅的協助。
9. 住宿機構服務的安排。
10. 工作生活安排。

這些服務的目的在於協助障礙者擴大其獨立生活與平等生活條件的機會。

荷蘭的障礙政策也明示障礙者與慢性病人有平等機會成為公民。據此，其障礙政策的目標是促進障礙者的生活品質，並促成社會是一個整體，其要素如下（Ministry of Health, Welfare & Sport, 2004）：

1. 障礙者能完全參與社會，社會不能造成障礙。
2. 資源與設施應該足以補償人們的限制。
3. 障礙者不必要生活在隔離的設施或生活情境中。
4. 障礙者應有個別的，或集體型態的組織與設施品質，足夠其使用。

肆 就業服務

障礙者的工作權依法應被保障。事實上，障礙者的失業率遠高於非障礙者。為保障障礙者的工作權，通常採定額僱用以及職業重建與安置並行

方式。

一、定額僱用

障礙者定額僱用制（quota system for employment of people with disabilities）是指立法明訂僱用員工若干人數以上之公、私部門須僱用一定比例的障礙者。例如英國1944年的《障礙者（就業）法》（the Disabled Persons [Employment] Act）設定障礙者就業登記制，建立一個全國性的障礙重建服務（Disablement Resettlement Services, DRS）作為評估、復健與訓練單位，且規定僱用20人以上之事業單位須僱用3%的登記求職的障礙者。這個規定到了1995年才被《反障礙歧視法》（The Disability Discrimination Act, DDA）取代。政策轉變從隔離與補助的體系，改為鼓勵在主流勞動市場中的支持性安置（supported placement）（Barnes & Mercer, 2010）。

我國仿效德國、日本，自1990年起，迄今仍實施障礙者就業定額僱用制。依《身心障礙者權益保障法》規定各級政府機關、公立學校及公營事業機構員工總數在34人以上者，進用具有就業能力之障礙者人數，不得低於員工總人數3%。私立學校、團體及民營事業機構員工總數在67人以上者，進用具有就業能力之障礙者人數，不得低於員工總人數的1%，且不得少於一人。

定額僱用保障部分障礙者的就業權，但必須輔以職務再設計、無障礙環境、去除就業歧視、障礙者就業知能提升等配套，否則還是很難真正提升障礙者的就業率。此外，對不同身體功能受限的障礙者，也很難公平保障就業機會，甚至可能出現額滿效應，而不是正向外溢效應（positive spillover effect）。一旦義務進用單位聘到足夠額度的障礙人力，就缺乏動機再多聘身障者，以致某些需求就業的障礙者反而失去就業機會。

二、職業重建與安置

透過有系統的專業輔導與相關資源支持，協助障礙者進入職場或重返職場，並期能藉由就業活動與社會的互動，使其能獨立生活，公平參與社會生活的機會，稱為職業重建。障礙者的職業重建與安置服務包括以下幾

種（沈詩涵，2008）：

（一）自立商店

協助有自立工作能力之障礙者或團體組成工作團隊，經營商店，例如餐飲、鐘錶修理、刻印等。這類就業服務通常需要結合創業協助。

（二）創業協助

結合職業訓練、職業能力評估與創業輔導；同時，提供創業貸款、貸款保證，以及利息補貼等，鼓勵具創業能力之障礙者創業。

（三）居家就業

針對無法久坐或外出，而不易進入一般職場，或無法自行創業，但可在他人協助下於家中工作的障礙者，提供在家就業機會。例如網路行銷、文書處理、網頁管理、圖文設計、零件代工、組裝、個人工作室等。這類就業通常也需要專業團隊的協助。

（四）競爭性就業

指協助有工作意願之障礙者進入一般具競爭性職場就業者。此種就業安置通常仍須就業服務個案管理協助。例如提供就業媒合、工作適應協助等，俾利其穩定就業。

（五）支持型就業（Supported Employment）

指有工作意願，但尚不足以進入競爭性就業環境之障礙者，必須給予一段時間的專業支持，提供個別化就業安置、訓練及其他工作協助等支持性就業服務，使其能在競爭性職場中獨立工作者。支持性就業的工作環境強調在融合的工作環境與一般非障礙者一起工作，藉由就業服務員專業的支持，例如工作技巧訓練、環境適應、職務再設計、交通、社交、健康與財物等，使其能獨立工作，並獲得全職或每週至少平均20小時以上有薪給之工作，另依其產能、工時，比照從事同等職務之非障礙員工給予公平合理的待遇。

（六）過渡型就業（Transitional Employment）

於就業方案過渡期、空窗期，或尚未獲得適合職缺時，提供障礙者暫時的工作，例如以會所模式（Clubhouse）提供精神障礙者在支持性就業職場的真實工作經驗。通常採園藝、文職、商店、餐飲等工作型態，此種就業方式也需要專業團隊協助。會所模式是指由精神障礙者與社會工作

人員於社區中組成俱樂部形式的聚會場所，基於獨立與民主理念，以及充權精神，提供教育、就業、住宿、社交、餐飲、文化、休閒等活動參與機會，讓精神障礙者能獲得任務完成、有意義的關係與環境支持（林奕如，2009）。

（七）庇護性就業（Sheltered Employment）

針對有就業意願，但工作能力不足而無法進入競爭性就業市場之障礙者，經過職業輔導評量，提供庇護商店、庇護農場、庇護工廠等就業安置，並輔以長期就業支持，強化其職業能力，期以進入支持性及競爭性就業。庇護性就業有醫療復健導向、安置導向、職業復健導向，目的是提供有意義的工作經驗，以及社交、娛樂、獨立生活經驗。透過政府補助，庇護性就業者仍應獲得合理之薪資。

（八）日間小型作業所

這是一種介於日間照顧服務與庇護性就業之間的服務模式，讓能力不足以進入庇護性就業，但也不願意接受機構式服務的障礙者，有更多元服務模式的選擇機會。依《障礙者個人照顧服務辦法》第53條規定，社區日間作業設施服務對象如下：(1) 15歲以上障礙者，未安置於社會福利機構、精神復健機構者。但接受夜間型住宿機構服務者，不在此限；(2)有意願且經作業設施服務提供單位評估可參與作業活動之障礙者，作業時間以每日4小時，每週20小時為原則。其目的是藉由作業課程工作陶冶、文康休閒與社區參與等活動安排，讓障礙者能維持基本社會功能並培育其自立生活能力，在未來甚至能有機會進入就業市場工作。小型作業所的型態有多種，例如烘焙、手工香皂、園藝、紙盒、資源回收、洗衣、清潔、簡易代工、包裝等。

（九）就業轉銜

針對國中、高中（職）、五專及大專院校應屆畢業生中屬障礙者，由教育單位提供就業需求名冊，送勞工主管機關提供輔導就業轉銜服務並追蹤輔導一段時間（臺灣規定6個月）。另成年障礙者及安置於養護機構有就業或參加職業訓練意願之障礙者，社政單位亦可造冊送勞政單位提供輔導所需服務，並追蹤6個月。

參考書目

· 王國羽（2008）。聯合國身心障礙者權利公約對我國的啟示。社區發展季刊，123期，頁106-116。

· 沈詩涵（2008）。精神障礙者的就業服務中的復原與復健。臺北：國立臺灣大學社會工作學系碩士論文。

· 周月清（2008）。身心障礙者權利公約。社區發展季刊，123期，頁79-105。

· 林奕如（2009）。探索臺北My House機制與網絡——兼論會員的康復。臺北：國立臺灣大學社會工作學系碩士論文。

· 林萬億（2003）。論我國的社會住宅政策與社會照顧的結合。國家政策季刊，2：4，頁53-82。

· 林萬億（2012）。臺灣的社會福利：歷史經驗與制度分析。臺北：五南。

· 林萬億、劉燦宏（2014）。臺灣的身心障礙者權益與福利。臺北：五南。

· 鄭元葇、林萬億、沈志勳（2019）。從社會支持角度探討臺灣雙重老化智能障礙者家庭照顧者之照顧負荷。臺灣社會工作學刊，22期，頁1-42。

· 葉琇姍、陳汝君譯（2004）。失能、障礙、殘障：身心障礙者社會工作的省思（原著Oliver, M. & Sapey, B., 1999）。臺北：心理。

· Azarnoff, R. S. & Seliger, J. S. (1982). *Delivering Human Services*. NJ: Prentice-Hall.

· Barnes, C. & Mercer, G. (2010). *Exploring Disability* (2nd ed.). Cambridge: Polity.

· Batavia, A. (2002). Consumer Direction, Consumer Choice, and the Future of Long-Term Care. *Journal of Disability Policy Studies*, 13: 2, 67-73.

· Bigby, C. & Frawley, P. (2010). *Social Work Practice and Intellectual Disability*. Basingstoke: Macmillan.

· Crawford, M. J., Aldridge, T., Rutter, K. B. D., Manley, C., Weaver, T., Tyrer, P., & Fulop, N. (2003). User Involvement in the Planning and Delivery of Mental Health Services: a cross-sectional survey of service users and providers. *Acta Psychiatr Scand*, 107, 410-414.

· Cummins, R. A. (2001). The Subject Well-Bing of People Caring for a Family Member with a Severe Disability at Home: a review. *Journal of Intellectual & Developmental*, 26: 1, 83-100.

· Dychawy-Rosner, I. (2008). Swedish Approach to Services for People with Development

Disabilities. *TILTAI*, 3, 39-46.

· Garfinkel, I. & Mclanhan, S. (1986). *Single Mothers and Their Children: a new American dilemma*. Washington, D. C.: The Urban Institute.

· Gates, B. (1980). *Social Program Administration: The Implementation of Social Policy*. NJ: Prentice-Hall.

· Glasby, J. (2007). *Understanding Health and Social Care*. Bristol: the Policy Press.

· Johnson, N. (1987). Welfare State in Transition: the theory and practice of welfare pluralism. Brighton: Wheatsheaf.

· Johnson, N. (1999). Mixed Economies of Welfare: a comparative perspective. London: Prentice Hall Europe.

· Judd, F., Fraser, C., Grigg, M., Scopelliti, J., Hodgins, J., Donoghue, A., & Humphreys, J. (2002). Rural Psychiatry Special Issues and Models of Service Delivery. *Dis Manage Health Outcomes,* 10: 12, 771-781.

· Kamerman, S. B. (1983). The Mixed Economy of Welfare: public and private. *Social Work*, 28(1): 5-10.

· Kaner, E., Steven, A., Cassidy, P., & Vardy, C. (2003). Implementation of a Model for Service Delivery and Organisation in Mental Health Care: a qualitative exploration of service provider Views. *Health and Social Care in the Community,* 11: 6, 519-527.

· Karger, H. J. & Stoesz, D. (2006). American Social Welfare Policy: a pluralist approach (5th ed.). Boston: Pearson Education, Inc.

· Kirst-Ashman, K. (2007). *Introduction to Social Work and Social Welfare: critical thinking perspectives*. Belmont, CA: Thomson Brooks/Cole.

· Kramer, R. (1985). The Future of the Voluntary Agency in the Mixed Economy. *The Journal of Applied Science*, 21(4): 377-391.

· Llewellyn, A., Agu, L., & Mercer, D. (2008). *Sociology for Social Workers*. Cambridge: Polity Press.

· McDonald, C. & Zetlin, D. (2004). The Promotion and Disruption of Community Service Delivery Systems. *Australian Journal of Social Issue,* 39: 3, 267-282.

· Miller, E. J. & Gwynne, G. V. (1972). *A Life Apart: a pilot study of residential institutions for the Physically Handicapped and the Young Chronic Sick*. Tavistock Publications.

· Milner, J. (2005). Disability and Inclusive Housing Design. In P. Somerville and N. Sprigings (eds.), *Housing and Social Policy* (pp.172-196). London: Routledge.

· Ministry of Health, Welfare and Sport. (2004). *People with Disability in the Netherlands— the government's health and welfare policy.*

· Morris, J. (1993). *Independent Lives: community care and disabled people.* London: The Macmillan Press.

· Oliver, M. (1996). *Understanding Disabilites: from theory to practice.* Basingstoke: Macmillan.

· Oliver, M. (2009). *Understanding Disabilites: from theory to practice* (2nd ed.). Basingstoke: Macmillan.

· Peace, S. M., Kellaher, L. & Willcocks, D. (1997). *Reevaluating Residential Care.* Buckingham: Open University Press.

· Pearce, D. (1978). The Feminization of Poverty: Women, Work, and Wefare. *Urban and Social Change*, 11(1-2): 28-36.

· Pinker, R. (1992). Making Sense of the Mixed Economy of Welfare. *Social Policy and Administration*, 26(4): 273-85.

· Robinson, M. (2007). Introduction: decentralizing service delivery/evidence and policy implications. *Institute of Development Studies Bulletin*, 38(1): 1-6.

· Stone, E. (1985). *The Disabled State.* London: Mcmillan.

· Swedish Institute (2018). *Swedish Disability Policy.*

· Ungerson, C. (1985). *Women and Social Policy: a reader.* London: Macmillan.

· Wahlgren, A. (2000). *Good Housing for Older People and People with Disabilities.* Sweden: Socialstyrelsen.

· Watson, D., Townsley, R., & Abbott, D. (2002). Exploring Multi-Agency Working in Services to Disabled Children with Complex Healthcare Needs and Their Families. *Journal of Clinical Nursing,* 11, 367-375.

· World Health Organization (2001). *International Classification of Functioning, Disability and Health: ICF* (No. 11502088). NLM classification: W15.

第七章
老人福利

人口老化是全球性的課題。老化使人的生理與心理疾病增多、獨立生活功能衰退，各式各樣的需求隨之而來，例如生理與心理健康、長期照顧、所得維持、住宅、交通、休閒活動、教育等。但是，人口老化不必然是悲觀、無望，以及負擔的。不可諱言地，有部分老人衰老情形嚴重，必須接受各式密集的照顧服務。但有更多老人居住在自家中，健康條件良好、活力十足、貢獻良多。

就公共制度（public institutions）言，原先以服務年輕人口群為主要設立宗旨的機構，都必須轉型，否則服務對象減少後，勢必面臨關門的命運。例如學童人數急速下滑、電子學習科技發達之後，傳統進入校園學習模式的高等教育機構即將面臨招生不足的窘境，新的轉型機會，顯然是轉向視終身學習為有意義的休閒形式之一的老人身上。又例如監獄收容人口逐漸老化，美國與日本均面臨相同的經驗，中老年受刑人增多，其原因是假釋無望的重刑犯，以及生活無望的老人以進入監獄作為另一種「長者之家」（old folks home）的選擇。如此一來，以矯正青壯犯人為主的監獄專家，必須重新訓練。又例如健康照護機構將湧入更多的需求醫療照護者，特別是慢性疾病治療、復健與長期照顧，因此醫療設施資源的重新分配、老年醫療科技的發展、醫護人力的再訓練均是重要課題。

健康與福祉被聯合國認定為老人的兩大迫切與普及的社會議題（Antonucci, Okorodudu, & Akiyama, 2002: 618）。此外，一些實證研究也指出，一個社會的老年人口比率升高，社會支出也會跟著增加（Pampel & Williamson, 1985, 1988; Pampel, 1994）。亦即，人口老化引發的經濟安全（年金）、醫療保健、社會照顧需求的增加，直接反映在該國社會支出的成長。

服務老人的主要人力之一是社會工作專業。雖然社會工作者的服務對象包括兒童、少年、身心障礙者、家庭、老人等，但是，人口老

化使得社會工作專業訓練必須轉換其注意力到老人身上。具有「基本高齡知能」（basic aging competence）恐怕是未來社會工作訓練的必要指標之一。然而，社會工作學生偏愛服務兒童、少年，至今並未有明顯改變。本章從人口老化趨勢談起，進入高齡研究，再到老人相關的服務。

第一節 人口老化的趨勢

壹 全球人口老化的趨勢

依《世界人口預測：2019年要點》（*World Population Prospects 2019：Highlights*），由於低出生率與壽命延長，全球面臨人口加速老化。2018年，史上首次出現65歲以上人口多於未滿5歲兒童。預測到了2050年，65歲以上人口將達15億人，是未滿5歲人口的2倍；也將超過15-24歲人口（約13億）。雖然男女性別人口數相當，但是由於女性壽命較長，2019年，女性占65歲以上人口的55%，占80歲以上人口的61%。

2019年，全球65歲以上人口占9%左右，到了2030年預估將達12%，2050年達16%，2100年可能接近23%。歐洲與北美洲老年人口比最高，2019年就已經是18%，其次是澳洲、紐西蘭的16%，預估到了2050年，歐洲與北美每4人就有一位是65歲以上老人。2030年，日本將是世界第一個極高齡（ultra-aged）國家，超過28%人口是老人。

80歲以上老老人（oldest-old）的增加速度快於65歲以上人口。1990年，全球只有約5,400萬個80歲以上老老人，到了2019年，已經增加到1億4,300萬人，增加近3倍。到了2050年，又是另一個3倍增加，到4億2,600萬人。到2100年倍增到8億8,100萬人。2019年38%的80歲以上老人住在歐洲與北美。但由於其他地區人口也快速老化，之後比例會下降，2050年約26%，2100年再下降到17%。

過去15年，老年人口增加速度最快的是拉丁美洲與加勒比海國家，達

71%，其次是亞洲國家的66%，第三是非洲國家的64%，接著是大洋洲國家的47%、北美洲國家的41%，歐洲國家（23%）是老年人口成長相對緩慢的地區。

就全世界來說，2010-2015年間，女性比男性多活4.5年，導致2015年女性占全球60歲以上人口的54%、80歲以上人口的61%。在不久的將來，男性預期壽命（life expectancy）也會延長，趕上女性的壽命，老人的性別比例或可漸趨於平均。到了2050年，80歲以上女性占比預期會掉到58%。

全球預期壽命於2019年是72.6歲，比1990年多了8歲。到了2050年全球平均預期壽命將達77.1歲。壽命延長與戰後嬰兒潮世代老化是造成全球老年人口增加的原因。

城市地區的老人成長速度快於鄉村地區。2000到2015年間，60歲以上人口住在城市地區增加了68%，在鄉村僅增加25%。2015年，58%的60歲以上人口居住在城市地區，相較於2000年僅有51%。老老人也傾向移居到城市地區，80歲以上老老人在2000年有56%居住於城市地區，到了2015年成長到63%。

全球人口老化現象前所未有，預告了地球人口銀灰化的快速來臨（Galambos & Rosen, 1999）。人口變遷將影響到人類生活的各個面向，包括：家庭組成、生活安排、社會支持、經濟活動、就業率、社會安全，以及代間關係（Bond, Peace, Dittmann-Kohli, & Westerhof, 2007）。對21世紀的人類社會來說，人口老化被認為是比全球暖化、石油衰竭、國際恐怖主義等議題更難處理的未來挑戰（Callahan, 2006: 12）。因為後者多少還可以找到應付的方法，前者帶來的問題雖可計量，卻幾無轉圜空間。

貳 臺灣人口老化的圖像

臺灣也是貢獻了上述全球人口老化現象的國家之一。1993年跨過老年人口比例7%的高齡化（aging）國家門檻。2018年老年人口比達到14.5%，進入高齡（aged）國家，預估到2026年會升高到20.7%，即將跨過超高齡（super-aged）國家的21%門檻。預估2036年進入極高齡國家的行列。2021年，老年人口接近392萬人（16.54%），人口老化的情形約略

相等於瑞典1980年代末（Korpi, 1995）、日本1990年代末（Usui & Palley, 1997）的程度。到了2051年時將達35%以上。屆時，臺灣將是世界上人口老化程度最高的國家之一（見圖7-1）。

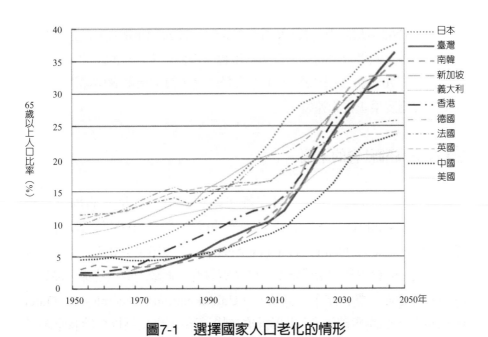

圖7-1　選擇國家人口老化的情形

資料來源：United Nations, *World Population Prospects: The 2006 Revision.*

　　臺灣人口老化速度超快是另一個課題。臺灣與日本一樣是世界上人口老化速度最快的國家。日本老年人口比從1970年的7%爬升到1994年的14%，期間只有24年。相對於法國的130年，瑞典的85年，美國的75年，西德的45年（Usui & Palley, 1997），差異極大。而臺灣的情形也類似，老年人口比從1993年的7%，爬升到2018年的14.5%，期間也只有24年；接著，將於2026年進入超高齡國家，期間只有8年。較日本（11年）、美國（15年）、法國（29年）及英國（51年）為快，與韓國（7年）及新加坡（7年）相近。

　　人口老化帶來人口結構的改變。依國發會（2018）的推估，15-64歲青壯年人口（又稱工作年齡人口）自2015年達到最高峰的1,737萬人後已開始下降，預估2065年將降至862萬人，較2018年人數減少近5成（849萬

人）：0-14歲幼年人口自1984年起即一路下滑，預估2065年將持續減少至159萬人，較2018年減少48.0%（146萬人）；相反地，因壽命延長，65歲以上老年人口數持續攀升，並自2017年超越幼年人口數，且隨著戰後嬰兒潮世代陸續邁入老年階段，預估老年人口將逐年增加至2050年後，始微幅下滑，2065年預估仍有715萬個老年人口，較2018年增加1.1倍（372萬人）；另外，值得留意的是，自2043年起，預估至少23年的時間，老年人口均維持在700萬人以上規模，未來大量的老人醫療與社會照顧需求是政府與各界應及早正視的課題。

參 因應高齡社會的來臨

聯合國於1982年7月26日在維也納召開第一次世界高齡化會議（World Assembly on Ageing），通過「維也納高齡化問題國際行動計畫」（International Plan of Action on Ageing），提出包含健康、住宅、環境、家庭、社會福利、所得安全、就業與教育等領域的62項建議。接著，於1991年通過「聯合國老人綱領」（United Nations Principles for Older Persons），強調應破除老年即衰弱的刻板印象，應提供機會給有意願且有能力的高齡者，讓其有持續參與和貢獻社會的機會。1999年，聯合國宣布該年為「國際老人年」，要求各會員國提出針對老人的全國性與地方性的方案，處理涉及代間議題的「邁向一個全齡共享的社會」（towards a society for all ages），避免將漸增的高齡社會中的老人邊緣化，同時緩和因人口老化帶來的世代間照顧負擔的壓力。聯合國提醒各國政府結合鄰里、家庭、個人、商業部門、學校、大學及媒體，採行因應策略，包括住宅、交通、健康、社會服務、就業、教育等（林昭文，1998）。緊跟著，2002年聯合國在馬德里（Madrid）召開世界高齡化會議（United Nations Assembly on Aging），會中通過「馬德里高齡議題國際行動計畫」（Madrid International Plan of Action on Ageing），再次確認老化不只是一個個人的議題，也是一個社會的議題。會中美國健康與人群服務部長卡芃妮（Josefina G. Carbonell）畫龍點睛地提到：「老化，即使現在尚未成為你的議題，不久的將來，也會是你的議題。」（Antonucci, Okorodudu, &

Akiyama, 2002: 618）。

　　日本在1989年提出「黃金計畫」（Gold Plan），1994年修正爲「新黃金計畫」（New Gold Plan），規劃高齡化社會的健康與照顧體系（Usui & Palley, 1997）。立基於新黃金計畫和財務的考量，日本在2000年4月當其老年人口比超過17%時，繼德國的經驗，推出介護保險（Long-term Care Insurance），以減輕家庭照顧老人的負擔（Asahara, Momose, & Murashima, 2002）。但日本實施的是半保險、半稅收制。日本針對老人服務提供大量的經費，也成爲最具年齡取向社會政策（age-orientation of social policy）的國家，老人的社會支出與非老人的社會支出倍數是42.3，亦即日本花費在老人的社會支出是非老人的42倍多，是OECD國家中最高的（Lynch, 2006）。可見人口老化與老人政治對社會支出的重大影響。

　　2000年的里斯本高峰會（the Lisbon Summit）通過《里斯本策略》（the Lisbon Strategy），確保各國擁有既競爭又凝聚的社會政策，亦即採取所謂的「開放協調法」（Open Method of Coordination），在共識的共同目標下，檢討各自的政策。各成員國必須將人口老化的經濟社會挑戰納入總體政策層次（macro-policy level）的因應（Maltby & Deuchars, 2005: 21）。2004年聯合國在馬德里召開國際高齡行動計畫，再次確定三個政策行動：(1)高齡世界的永續發展；(2)促進老人的健康與福祉；(3)保證提供使能（enabling）與支持老人的環境（Kendig, 2004）。

　　比起歐洲及日本，美國雖然是個相對年輕化的國家，然而2005年65歲以上老人3,600萬，占總人口的13%左右，預估到了2030年，老年人口將達到7,150萬，占總人口的19%。老人醫療照護保險（Medicare）支出將從2005年占GDP的2.4%，爬升到8.3%。而醫療救助（Medicaid）與社會安全（Social Security）支出也都將倍數成長。人口老化帶來的需求，不只是政府醫療與福利支出的成長，還包括個人時間、精力與個人資源的投入。於是，美國前總統布希（President Bush）所任命的總統生物倫理委員會（the President's on Bioethics）也提出新的報告「照顧：我們的高齡社會的合乎倫理的照料」（Taking Care: Ethical Caregiving in Our Aging Society）。雖然，其中不乏科技狂熱主義（technological enthusiasm）的思考，但是至少看出了未來老人照顧的大問題，醫療及長期照顧的成本，以

及家庭照顧者的負擔（Callahan, 2006: 13）。

 第二節　高齡社會研究

壹 近代社會老年學的研究

　　過去幾十年裡，各專家從各自的研究領域探討老年學所關切的三個課題：老人（the aged）、老化（ageing）、年齡（age）。研究老年的學者關心人隨生命延長而成為老年人口群的功能問題，亦即「老」是否影響到這群人的獨立生活障礙。研究「老化」的人將生命週期視為一個過程，探究老年期的生理、心理、社會面的老化過程。研究「年齡」的人，視年齡為一個生物結構與行為的面向，研究旨趣在於社會組織如何創造與變遷，以回應年齡相關的生育、社會化、角色轉銜、退休或死亡（Bengtson, Putney, & Johnson, 2005）。

　　社會老年學研究明顯可以區分為三個世代。第一個世代是1970年代以前的結構功能論為基礎的研究，發展出包括撤離理論（disengagement theory）（Cumming & Henry, 1961）、活動理論（activity theory）（Lemon et al., 1972）、現代化理論（modernization theory）（Cowgill & Holmes, 1974），以及次文化理論（subculture theory）（Rose, 1965）。撤離理論認為人不可避免地隨著年齡增加而與其存在的社會結構相互撤離，直到死亡。然而，不是所有老人都會從其社會連結中撤離，有許多老人仍然很活躍。

　　第二代理論發展從1970到1980年代中期，包括連續理論（continuity theory）（Atchley, 1993）、社會衰敗／能力理論（social breakdown/competence theory）（Kuypers & Bengtson, 1973）、階層化觀點（Riley, et al., 1972），以及政治經濟學觀點（Estes, Swan, & Gerard, 1982）。

　　從1980年代末以來，老年社會學進入第三代研究，重點在於重組舊理論與發展新理論，試圖整合微觀與宏觀觀點（Phillipson & Barrs, 2007）。以下簡介近代的老年社會學理論：

一、生命歷程理論

生命歷程理論（life course theory）是晚近最常被引用的理論，認為了解老人的處境必須將主要影響其生命歷程的社會與心理力量納入考量。研究者從四個角度來解釋：(1)老化的動力、脈絡與程序本質；(2)年齡相關的轉銜與生命軌跡；(3)老人如何與社會脈絡、文化意義、社會結構位置發生關係，以及被其所形塑；(4)時間、期間與世代如何形塑個人屬於一個社會團體的老化過程（Bengtson, Putney, & Johnson, 2005）。

二、年齡階層觀點

年齡階層觀點是重組了傳統宏觀的結構功能理論，認為三個要素可以觀察社會的老化：(1)老年世代跨時的運動的研究可以區辨其相似或相異；(2)檢視個人與結構跨時變遷的非同步性（asynchrony）；(3)檢視老年世代與社會結構的互賴。據此，發展出結構落差（structural lag）（Riley et al., 1994）的概念，解釋社會結構未與人口動態與個人生活同步發展。

三、社會交換理論

社會交換理論屬於微觀的理論，認為不同年齡的人之間的交換行為是伴隨著年齡增加而有的角色、技巧、資源的結果。其中心假設是各種行動者帶著資源與他人互動或交換，且這些行動者會持續地以利多於弊的行為模式與他人進行互動與交換，除非有其他更有利的選項。

四、社會建構觀點

社會建構觀點從符號互動論（symbolic interactionism）、現象學（phenomenology）、民族學方法論（ethnomethodology）的社會科學傳統，來研究個人老化的過程如何被社會定義與社會結構影響。

五、女性主義老年學

女性主義的老年學研究認為性別是跨越生命週期組織社會生活的原則，改變老化的經驗。女性主義者批判當代的老年社會學理論是不足的，

因爲缺乏性別關係的思考，未將女性老化的脈絡、照顧的需要，或種族、階級的議題納入。女性主義老年學發現女性老人有較高的貧窮率，以及與男性老人在接近物質、健康與照顧資源的差異，顯著地影響老化的經驗。

六、政治經濟學

政治經濟學的老化研究從傳統馬克斯主義、衝突理論、批判理論著手，解釋經濟與政治力的互動決定了社會資源的配置，以及老人在公共政策、經濟趨勢、社會結構等因素的處置與地位（Estes, 2001）。據此，老人因失去權力、自主性與影響力而限制其社會經濟與政治地位的維持。

七、批判社會老年學

批判觀點的老化理論立基於法蘭克福學派的批判理論與後結構主義理論，發展出兩股研究流派：人本主義與結構成分。人本主義聚焦在老化的人性面；批判理論聚焦在老年的優勢與多樣性。批判社會老年學（critical social gerontology）認爲老年不是個人生活的分離部分，而是生命歷程的一部分，因此，應該聚焦於全人（whole person）而非老年（Chambers, 2004）。批判社會老年學反對以實證方法來研究老人，而認爲老年是社會、政治、經濟影響下的歷史建構。因此，是一種比社會老年學更具價值承諾的途徑（value committed approach）。不只是了解老年的社會建構，而且試圖改變它。立基於這種變遷的承諾，批判老年社會工作（critical gerontological social work）於焉產生（Ray, Berbard, & Phillips, 2009）。

然而，受到晚近以證據爲基礎的研究潮流影響下，似乎沒有意圖要讓老年學理論更整合，而是朝更微觀的發展方向。社會老年學也朝實證研究發展，減少對因人口老化的結果、老人在社會的地位、代間互賴等現象的批判（Bengtson, Putney, & Johnson, 2005）。

貳 健康老化

世界衛生組織（WHO）定義健康老化（healthy ageing）是一種不只疾病與虛弱不纏身，而且是一種生理、精神與社會福祉的完整狀態。如老

年生理學所述的，生理功能衰退幾不可免，要讓人相信人可以健康老化並不容易（Jagger, 2006）。導致加諸在老人身上的負面概念，例如功能衰退、活動限制、損傷等，某種程度建構了老人自我形象的負面化。

生產力老化（productive aging）強調老化的正面意義，高齡者仍然可以有重要的貢獻於其生命、社區、組織，以及整個社會。從工作的脈絡來看，要讓所有勞動者極大化其工作年齡，就得提供安全與健康的工作環境給每一個人（Butler, 1985）。就寬廣的社會貢獻角度來看，不支薪的社會活動也是社區參與的一環，例如志願工作；以及間接的生產力貢獻，包括提供經驗傳承、青銀共創或共作、諮詢指導年輕世代工作等也都很有價值（Holmerova, Ferreira, & Wija, 2012）。

相關的概念也包括成功老化（successful aging），由麥克阿瑟成功老化研究（MacArthur Studies of Successful Aging）（Berkman et al., 1993）提出。狹義的成功老化是指不需要協助，而能無困難地執行13種活動或移動測量，再加上稍微或沒有另5種活動或移動的困難，這是生理健康為中心的概念。從選擇樂觀與補償理論角度看成功老化，應該包含為了達成渴望的目標，極小化功能的喪失（Baltes & Carstensen, 1996）。據此，老人會為了減少預期會喪失更多的任務或活動範疇，而選擇偏愛其他的，以補償回來。

成功老化可定義為「結合較低的疾病發生可能與較高的功能與生命從事活力生活。」（Rowe & Kahn, 1997, 1998）這與健康老化較接近，指出三個成功老化的指標：遠離病殘、高認知與生理功能，以及生活充滿活力（包括生產性能力與人際關係）。

至於達到什麼指標才算成功老化？必須有物質上的安全、強的家庭與親屬網絡、善於社交、健康、生理功能維持好的老年狀態（Hawkins, 1999；引自Bigby, 2005）。此外，老人有獨立、自主、維持日常生活活動能力、持續從事自我選擇的生產性貢獻，就是成功的老化（Janicki, 1994；引自Bigby, 2005）；或者是沒有障礙、高認知技巧、好的自我健康評價、生活在社區中就是成功的老化（Jorm et al., 1998）。

前述聯合國2002年的馬德里國際高齡行動計畫，世界衛生組織又提出一個新的概念：活力老化的政策架構（Policy Framework on Active

Aging）。活力老化（active aging）是指：「為了促進老人的生活品質，而有一個樂觀的健康、參與和安全機會的過程。」據此，活力老化的三個支柱是：參與、健康與安全。其所依賴的決定因素是：健康與社會照顧、行為、個人、物理環境、社會因素、經濟因素，以及影響這些決定因素的文化與性別環境（Kalache, Barreto, & Keller, 2005: 42）。

　　最後，高齡社會並不是一個同質性的社會，多樣性的高齡社會是可預期的，性別、種族、婚姻地位、經濟條件、身體條件、城鄉地理等的差異，使得政策的介入影響差別很大。但是，大部分政策討論時都是以集合資料作為根據，往往忽略老人的多樣性（Takamura, 2002）。這也是為何會須將性別與文化納入活力老化的外部環境決定因素的原因（Kalache, Barreto, & Keller, 2005: 43）。任何與老人有關的政策規劃與服務提供，都必須謹記高齡社會的多樣性。

　　2015年美國米爾肯研究所（Milken Institute）倡議「目標明確的老化：一個新的生命歷程模型」（Purposeful Aging: a model of new life course），亦即，即使高齡者仍然可以享有「目標明確的生活」（Purposeful Living），其內涵包括：社會參與（social engagement）、消費與工作（善用其能力、經驗、智慧、時間、經濟優勢，發展有意義的角色）、生產與傳承力（generativity）（有能力超越個人利益提供照顧與關懷年輕人與老人）。以李商隱〈登樂遊原〉的意境來說，「向晚意不適，驅車登古原。夕陽無限好，只是近黃昏。」重點在「夕陽無限好」，而不是「只是近黃昏」。

　　健康老化是世界衛生組織2015-2030年的重點工作。取代前述的活力老化政策架構，目的也是強調跨部門行動，使老人可以維持在家庭、社區與經濟活動。2020年2月世界衛生組織提出《聯合國健康老化十年計畫》（The United Nations Decade of Healthy Ageing, 2021-2030），明訂健康老化是發展與維持身心功能能力（functional ability），以促進老年期福祉的過程。功能能力是指有能力成為有價值的人和從事人們認為有價值的活動。

第三節　老人福利

　　老人需求已如前述，其中老人經濟安全已於社會保險、社會津貼與救助章節敘述，本節不再贅述。而老人教育、交通、休閒活動等較不屬社會福利範圍，也不列入。本章僅就健康照護、社會照顧、老人住宅、高齡就業等討論。

壹　健康照護

　　健康與福祉被聯合國認定爲老人的兩大迫切與普及的社會議題（Antonucci, Okorodudu, & Akiyama, 2002: 618），目前世界各工業先進國家大多已開辦普及的健康保險或健康服務。然而，不論全民健康保險或是國民健康服務，都因人口老化而面臨醫療服務與財政負擔沉重。健康照護制度改革遂成爲人口老化程度高的國家因應高齡社會來臨的重要課題之一。以日本爲例，爲因應人口老化帶來的醫療支出增加，1982年通過《老人保健法》，將自1973年《老人福祉法》修正以來，給予70歲以上老人免費醫療的福利，改爲由老人自付10%的部分負擔，餘由各醫療保險負擔58%，中央、縣、市町村負擔42%（中央2/3、縣1/6、市町村1/6），藉此減輕國民健康保險的財務壓力（日本國立人口與社會保障研究所，2005）。

　　低的自付比例導致老人偏長的住院時間及高的門診率，造成老人使用的醫療資源爲年輕世代的5倍，改革的聲浪不絕於耳（Tokita, 2002）。除了於2000年將長期照顧從全民健康保險中分離自成介護保險之外，自2002年10月起於5年內將老人健康保險對象逐年提高到75歲以上，並將門診與住院自負額均提高，保險費負擔比例由原來7成降低至5成，以減低年輕世代的保險費負擔（日本國立人口與社會保障研究所，2005）。

　　在老人醫療支出快速成長的壓力下，預防保健是減緩醫療支出升高的處方之一。日本人從漢醫《皇帝內經》書中學到「微恙」（Mibyou）或未病預防的道理。所謂「聖人不治已病治未病。」亦即打破健康與疾病的

二分法，將疾病壓縮到健康、微恙、疾病三階段的最後，且擠壓到最短。日本推動老人預防醫學的知識，被認爲是解決高齡社會健康問題的處方之一（Fukuo, 2004）。

　　隨著臥床老年人口增加，1983年日本全民醫療保險開始給付居家護理，1992年在宅醫療給付原型誕生，1994年則針對重大傷病和末期患者提供居家醫療。到了1999年，日本全國已有3,863家醫療院所（41.6%）提供居家護理。2000年介護保險上路，開始給付在宅醫療的服務，2006年日本將在宅醫療重心移往社區基層診所，提高對在宅醫療給付，希望建立以家庭責任醫師爲目的之在宅療養支援診療所（余尚儒，2015）。

　　在宅醫療是實現在地老化（aging in place）的基礎，沒有可近性的醫療照護，老人通常不會選擇居住在鄉村，或不選擇住在家裡而依賴醫院治療。住院（hospitalization）在急診治療、進行手術、檢查等，有其必要，但住院產生的無關急診或治療的後遺症，例如心理生理功能（psychophysiologic functioning）壓抑症狀，包括：混淆、失落、食慾不振、失禁等，在高齡者身上發生的機率比年輕病人高出近5倍（40.5%vs. 8.8%）（Gillick, Serrell, & Gillick, 1982）。其他研究也發現類似的負面事件，超過半數（54%）老年住院病人有急性混淆、24%出現壓力潰瘍、三分之一有營養問題（Foreman, Theis, & Anderson, 1993）。如余尚儒醫師強調的「與其說在宅醫療是以人爲中心的醫療，不如說是以家爲中心，以生活方式爲重心的醫療。」（余尚儒，2017: 53）。在宅醫療不但減少住院頻率，甚至減少門診次數，讓老人在家中接受醫療照護，進而連結居家與社區長期照顧服務與在宅臨終照護。尤其，依衛生福利部（2017）的老人調查報告顯示，臺灣65歲以上人口住在無電梯設備的公寓或多樓層住宅高達73.75%。在移動極其不便的居住環境下，醫療的可近性更低。推廣在宅醫療是一條不得不走的道路。

　　進而，健康促進、延緩老化、壓縮疾病，也是前述健康老化的目標。瑞典學者Korpi（1995）舉瑞典1980年代的調查爲例，指出65-74歲的老人被發現有移動障礙（例如行走100公尺、搭公共汽車、散步5分鐘）的比率從1975年的25%，下降到1981年的20%，再下滑到1989年的19%。同樣的調查結果也發現在老老人身上。反之，老人覺得自己是健康的比率也

從1981年的50%，升高到1991年的54%。這樣的結果讓瑞典人覺得疾病壓縮（compression of morbidity）似乎越來越樂觀。老人離開網球場、游泳池、高爾夫球場、慢跑步道不久，即可安然就木，不必待在護理之家或醫院太久。不過，老人不健康的風險是有社經地位差異的，工人與農民的疾病與失能風險高於白領受薪階級。無疑地這是健康照護的功效，提醒人們健康照護越好，治療期間越短。然而，老人健康條件的改善，並沒有改變75歲以上的老人有60%需要短期的全天候治療的需求。

失智症是另一個高齡社會的挑戰。實證資料指出阿茲海默症（Alzheimer）及其他類型的失智症（Dementia）是老人發病率、死亡率的主要原因。對阿茲海默症的介入通常有三組：藥物治療、認知訓練、環境（物理與社會）操控（environmental manipulation）。其中環境操控是長期照顧設施及家庭最能使上力的介入，可以加強或至少維持阿茲海默症老人的獨立生活能力（Calkins, 2004）。至於有效的預防阿茲海默症的策略將有助於提升老年期的生活品質、延長獨立生活期間、減少經濟與社會負擔，而其中運動扮演積極的關聯角色，溫和的運動有助於減緩阿茲海默症或失智症（Larson & associates, 2006）。

貳 住宿式機構照顧

住宿式機構照顧是除了家庭照顧之外，最古老的老人照顧方式。不論是中國宋代的居養院，或西方的濟貧院、救濟院、醫院附屬養護所（infirmary）都屬住宿式老人照顧機構（residential aged care）[1]。今日的住宿式老人照顧機構主要是護理之家照護（nursing home care）與養護機構。大約有5%的老人以機構作為臨終的歸宿，而85歲以上老人更有將近三分之一是以機構為家；無家可歸老人、精神病老人、出獄老人也是機構

---

[1] 住宿式照顧（residential care）包括：兒童住宿式機構照顧（例如孤兒院）、身心障礙者住宿式機構照顧、藥酒癮復健機構、精神病療養機構、住宿式老人照顧機構（長照機構）、臨終照顧（hospice care）、寄宿學校（residential schools）、寄養家庭、寄養農場等。

的主要安置對象（Van Wormer, 2006）。

住宿式機構照顧包括餐飲、健康照護、休閒活動、家屬聯繫、盥洗、衣被清洗等服務。機構照顧是長期醫療照護的一種較佳選擇，目的是節省成本。但是，住宿式機構照顧仍有許多缺失（Van Wormer, 2006）：

1. **員工離職率高**：因為工作單調、負荷重、低薪，很難留住專業人力，以致照顧品質不穩定。

2. **人力不足**：機構為了節省成本而聘用不合格的照顧人員，或是違反照顧人力比規定，以致服務品質低落。

3. **潛藏老人虐待**：由於住在機構的老人都是嚴重衰老、生活自理能力較差者，或是失智者，往往成為上述工作負荷量大的員工的疏忽、虐待對象，包括：提供不合老人胃口的食物、不按時換尿布、衛生條件不佳、冷落、毆打、環境不安全、暴露隱私等。當然，不只是在機構才會發生老人虐待，家庭照顧亦有可能。只是，機構的封閉性、非親屬關係，老人虐待較容易發生，且不易被發現。

4. **疾病感染**：許多機構讓老人在沒有隔間的環境中生活，即使有隔間，也因為必須集體活動，例如進食、看電視、復健，而容易相互傳染疾病。有時，也會因為缺乏專業訓練的照顧人員疏忽而造成感染。

5. **不適當的收容對象**：有時醫院為了清出病床而要求病人及早出院，甚至未對老人進行完善的離（出）院計畫（discharge planning），評估老人的能力與需求以轉銜至社區或適當機構，就直接送進老人照顧機構，致老人的需求未被滿足，機構照顧的醫療負擔也沉重，甚至無法承擔。有時，家庭照顧者為了自身利益將可以居家照顧的老人送到機構，以致老人快速衰老。

基於照顧觀念的改變，以及機構照顧的成本較高，英國、北歐國家首先發展出以居家、社區為主的照顧模式（Blome, Keck, & Alber, 2009）。同時，機構服務也走向小型化、社區化、單元服務化、住宿化（residentialized）的服務形式（Ohara, 2004），以降低機構照顧的負面效果。

參 以家庭為基礎的服務（home-based services, home care）

現代福利國家的公共、市場、公民社會的服務體系已介入個人私生活很深。但是家庭照顧（home care / domiciliary care）仍是非常重要的一環。事實上，大部分老人還是由家庭成員照顧（Doyle & Timonen, 2007）。可是隨著家庭規模縮小、家庭功能萎縮、婦女勞動參與率提升，照顧不足（care deficit）的現象明顯出現，亦即可用資源的限制，照顧的供給不能滿足需要（Fink, 2004）。

居家服務的方式有：

1. 非正式支持網絡（informal support network）：由家庭、親友、鄰里，提供老人情緒、社會、經濟的支持。

2. 正式支持網絡（formal support network）：由公私立機構、服務設施提供到宅服務，例如居家護理、社會服務、家事服務、送餐（meals on wheels）、電話問安、家庭訪視、安全連線、法律服務、交通接送等給老人及其家庭照顧者。

3. 喘息照顧（respite care）：喘息照顧由其他照顧者暫時替代家庭照顧者，照顧老人、身心障礙者、兒童、病人等需要照顧者。通常是因為家庭照顧者勞累、另有其他家事要處理、外出等事由，作為放鬆、暫時紓解壓力、喘一口氣之用。喘息期間可數小時到數日不等。

即使家庭照顧是最常見的老人照顧模式，也是最被老人、國家所期待的模式，但是經濟、社會及心理壓力、體力負荷是家庭照顧者最大的負擔（呂寶靜，2001）。因此，訓練與支持家庭照顧者、喘息服務、社區為基礎的服務、財務的支持，是減緩家庭照顧者的壓力，提高家庭照顧意願的有效辦法。而家庭照顧者通常是以女性為主要照顧者，家庭照顧的性別議題一定要被敏感地處理，否則為了提高失能／失智老人的家庭照顧率，將對女性福祉造成不利的影響。

不論東西方，現實的家庭結構是一種修正的擴大家庭（modified extended family）（Connidis, 2010），是以核心家庭為基礎的多代接觸網絡與交換，例如當子女結婚生子後，於子女年幼時與父母同住，請祖

父母協助照顧其年幼孫子女。西方人想像中的東亞家庭主義的社會與健康照護模式，也因社會經濟變遷而萎縮中，照顧責任歸屬的爭論正在熱烈進行中，不只是臺灣，韓國、馬來西亞亦復如此（Omar, 2005; Choi & Bae, 2005）。歐洲人要向東方學習的蘋果方案（Ageing Populations: Policy Lessons from the East, APPLE）似乎還沒有找到具體的答案（Doling, Finer, & Maltby, 2005）。日本的選擇是在傳統家庭照顧模式的倫理考量上，逐步將老人照顧社會化，同時避開老人照顧機構化與大型化的困境（Higuchi, 2004; Peng, 2003）。

雖然家庭照顧模式仍是較佳的老人照顧模式，但是必須解決以下問題（Bhattarai, 2013）：(1)人口流動造成的老人與年輕世代的疏離，年輕世代是否有意願與能力返鄉照顧留在家鄉的老人；(2)照顧老人的社會規範降低約束，很難期待年輕世代回饋上一代養兒防老的期待；(3)老人被子女照顧的心理動機也在下降，越來越多老人不想依賴子女；(4)財務與繼承議題，子女有照顧老人的財力，同時，老人也必須有遺產交換，否則家庭照顧模式很難持續。

肆 以社區為基礎的服務（community-based services）

老人照顧的社會化打破了傳統老人照顧的家庭照顧與機構照顧二分法，在家庭照顧與機構照顧之間，增加了社區為基礎的服務、老人住宅、社區小型多機能的老人服務中心的福利設施。也就是原先家庭與機構二選一的照顧模式，有了更多新的選擇。這是從傳統醫療模式走向社會照顧模式的結果。

以社區為基礎的服務包括（Kirst-Ashman, 2007）：

1. **成人日間照顧**（adult day care）：家庭照顧者將老人、障礙者於日間送至機構接受照顧，通常是因為家庭照顧者本身有工作。與喘息服務不同的是日間照顧是規律的、長期的；喘息服務是短期的、偶發的、臨時的，且在被照顧者家中提供服務。不過日間照顧也可提供短期的、臨時的服務。

2. **安寧照護**（hospices）：安寧或臨終照護可分機構式與居家式兩

種。前者指家庭照顧者將即將往生的老人、病人送至醫院、機構接受死亡前的照顧，以減輕痛苦為目的。後者是由安寧照顧者至家中來協助家庭照顧者照顧臨終老人、病人。

3. 老人中心（senior centers）：指提供老人社交、休閒、教育的場所。活動方案包括很廣，例如戲劇、音樂、歌唱、美術、棋藝、舞蹈、運動、健身、餐飲、簡易健康檢查、衛生教育、照顧等。臺灣的社區關懷據點、老人活動中心、老人文康中心屬於此類。

4. 老人餐飲服務：在社區中設置老人食堂提供老人集體用餐（共餐）。通常有營養師指導適合老人的飲食，並藉此讓老人有活動與社交機會。社區也可提供送餐到家的服務。

5. 老人住宅維修：指派專人或志工到老人家裡協助老人簡易維修住宅，例如換鎖、修門窗、抓漏、修屋頂、修地板、修水管、通馬桶等。

在此必須特別澄清以社區為基礎的服務與社區照顧（community care）間的差別。今日廣泛被討論的社區照顧出現在1980年代的英國。英國在保守黨政府執政下，受到佘契爾主義（Thatcherism）的影響，極力思考緊縮公共預算。其中針對長期停留在住宿式機構照顧的失能老人，重新評估其社會服務預算，而提出老人被社區照顧（care by the community）的重要性。但是，立即被女性主義者批判，這是將照顧責任推給家庭，特別是女性（McDonald, 2010）。

由於人口老化的定時炸彈警覺，私立住宿式機構大量出現在照顧市場，老人不須經適當的需求評估，即可以從社會安全預算中直接給付進入住宿式機構，形成一種不當的誘因（McDonald, 2010）。於是，1986年英國審計部（Audit Commission）提出《實現社區照顧》（*Making a Reality of Community Care*），大力批判此種支離破碎的照顧服務。接著，1988年保守黨政府接受葛利菲斯爵士（Sir Roy Griffiths）以新右派的照顧哲學為基礎的企業報告——葛利菲斯報告（Griffiths Report），主張使能國家（enable state）的概念，限制國家社會服務部門提供直接的服務責任，而將服務提供委外給獨立的服務提供者，中央政府扮演成本管制的責任（Fink, 2004）。之後，1989年保守黨政府提出《照顧人民：下一

個十年以後》（*Caring for People: Community Care in the Next Decade and Beyond*）的白皮書。其內容為（McDonald, 2010）：

1. 促進居家服務、日間與喘息服務的發展，以使人民盡可能留在自己的住家。
2. 確保服務提供者優先實際支持照顧者。
3. 建立合宜的需求評估與照顧管理，作為高品質照顧的基石。
4. 平行於高品質的公共服務下，促成繁榮的獨立部門發展。
5. 區分機構的責任，以利評量其績效。
6. 保證稅金的較佳使用價值，引進一個新的社會照顧基金結構。

1990年，白皮書被立法成為《國民健康服務與社區照顧法》（The National Health Service and Community Care Act）。雖然，對於照顧方式、組織組成、期程內容爭議不斷。但是，藉不同服務方式使能人民（enabling people）的效果仍被執行如下（McDonald, 2010）：

1. 在社區中得到好的支持。
2. 照顧者得到支持以利持續地提供服務。
3. 經由新的評估方法，有效率地排列服務優先順序。
4. 適當地標示以利健康與社會照顧機構分別或共享責任。
5. 經濟地處理有關產出與收費間金錢價值（value-for-money）的爭議。

據此，老人在社區中（in community）被社區（by community）照顧（caring for）就成為近20餘年來英國老人照顧的主流。但是，其背後隱藏的價值是重視效率、效果的新管理主義（new managerialism）（Fink, 2004）。

於是，照顧管理（care management）就被發展成為管理福利生產與投入的機制，以利套裝照顧（a package of care）的提供。照顧管理師（care manager）成為執行長期照顧管理的專職人員。不同的照顧管理模式被發展，其中社會企業（social entrepreneurship）模式最常見，即是照顧管理師與個人簽約，代表個人取得各項服務，並協助照顧者擬定照顧計畫（care plan）。被服務者已不再是案主（clients），而是服務使用者（service users）或消費者（consumers）。照顧服務進入消費者導向

（consumers-orientated）的時代。照顧者大部分（約70%）是非正式照顧者，或稱家庭照顧者（family carer）。但是也出現正式的照顧者進入家庭，替代家庭照顧者，包括聘請外籍看護工（migrant care workers）。

照顧工作（care work）包含兩層意義：一是照顧的工作（to care for），另一是關心被照顧者（to care about）（Blome, Keck, & Alber, 2009）。前者是把該提供的照顧工作做好，例如協助老人翻身、移動、按摩、擦拭、清洗、送餐、做家事等；後者是指關心被照顧者的情緒、感受、尊嚴、人格、文化、性別經驗等。亦即，照顧工作者除了有效地提供身體照顧活動之外，還要提供情緒性勞動（emotional labour），花時間聆聽被照顧者說話、安撫其恐懼、化解其憤怒。但是關心被照顧者，往往不列入支付的套裝照顧清單裡（Fink, 2004），導致照顧工作只剩工作，少了照顧；或者說，少了有溫度的照顧。照顧工作者面對被照顧者的壓力及挫敗也很少被考慮。其實，照顧工作者在勞動、愛、親密關係間的界線本來就很模糊，其所提供的是一種愛的勞務（labour of love），或親密的勞務（labour of intimacy），尤其是支薪的正式照顧工作者，本非被照顧者的親人，這種困境更深刻。他們如何區分做照顧工作（doing care）與在照顧（being caring）老人，是很困難的（Mooney, 2004）。一旦支付制度只重時間效率或支付點數，照顧工作將更公式化、例行化、清單化。

管理主義取代專業裁量，成為服務過程中的主要成分。社會工作者依評估與服務清單進行公式化途徑（formulaic approach）的服務，目的是追求效率與產能（McDonald, 2010）。據此，一系列的健康與社會照顧管理的書籍、文章出現在英國的出版市場。

伍 老人住宅服務

社會關切老人住宅的演進隨人口老化與居住觀念的進步而改變，強調行動住宅（mobility housing）與輪椅住宅（wheelchair housing）的重要性。英國1978年的住宅標準已規定將行動住宅與輪椅住宅納入公私部門住宅的建築規範中。之後，行動概念也修改為可造訪（visitability）。此外，隨著生命歷程（life course）概念的引入，終身住家（Lifetime Home,

LTH）的概念也被強調，亦即建築一種具吸引力、可負擔，以及彈性使用，可一輩子住在同一住宅裡。又因於種族、性別、年齡、身體條件、家庭組成等各種不同住宅需求的倡導，住宅的多樣化（diversity）與差異（difference）成為1990年代以來追求的目標（Milner, 2005）。

就老人住宅而言，在地老化（aging in place）觀念的推動，影響到歐洲老人住宅的供給。在1970年代以前，庇護住宅（sheltered housing）、住宿式照顧廣泛地被用來照顧老人，這也就是醫療模式或個人模式產生的老人照顧的機構化。為落實在地老化的觀念，有自我照顧能力的老人被鼓勵居住在自家中，或是居住在鄰近熟悉地的老人住宅中，再輔以到宅護理與居家服務；生活自理能力較差的老人，則被安置在座落於熟悉的生活環境中的小型住宿式老人機構，或團體家屋（Houben, 2001）。

據此，隨著人口老化，歐洲各國原先以解決勞工家庭與低所得家庭居住問題為主的社會住宅政策，逐漸轉型。支持型住宅（supported housing）、老人住宅（在歐洲有時稱年金領取者住宅，pensioner housing），或服務住宅（service house），已成為人口老化程度較高的國家近20、30年來積極興建，或轉型的社會住宅。例如瑞典於1960年即開始興建年金領取者住宅（瑞典所有老人均可領取普及年金），1972年推出具長期照護功能的服務住宅（曾思瑜，2002a，2002b）。

一、特別需求住宅

特別需求住宅（special needs housing），例如團體之家、護理之家、老人住宅、服務住宅、老人之家等各有不同特別需求設計。以瑞典為例，老人與身心障礙者特別需求住宅自從1992年以來，將機構式服務與照顧轉型成為一種結合住宅、照顧與服務於一體（Wahlgren, 2000）的新服務取向。從此，社會照顧與社會住宅就更緊密整合在一起來。

二、支持型住宅

針對社會照顧對象提供有協助的居住（assisted accommodation），可採在宅支持（support in housing）與支持性住宅（supported housing）兩種方式。前者是指支持受照顧者獨立生活於社區中，例如老人與家人同住，

或是具部分生活自理能力的老人租屋或購屋獨立居住於社區中，由社會與衛生單位提供社會與健康照護服務，以增加其適應性。後者是指前述的特別需求住宅，不但建築、設計都必須吻合居住者的需求，而且提供長期的支持性服務（Giarchi, 2002）。

此外，還是有一些老人住在未有任何協助的環境下，這些人的居住條件稱為「非協助的居住」（unassisted accommodation）。通常他們的生活自理能力較佳，例如老人公寓、退休住宅、銀髮住宅等，老人有獨立的房間，自行料理生活所需。基本上，這類住宅非屬長期照顧的住宿式機構照顧範圍。

日本也於1963年的《老人福祉法》中確認老人為住宅政策的特定對象（陳政雄，1997）。其服務包括：(1)住宅維修：2000年通過的《介護保險法》規定老人房屋修繕每屋上限20萬日圓，保險補助90%；(2)小規模老人之家：晚近，護理之家走向小規模、家庭化的單元照顧（unit care），使早期的機構化照顧轉變為住宿化照顧（residentialized care）。1997年起的老人團體生活發展是針對失智症老人的團體之家，到2005年已有超過3,200家此種小型團體之家（Ohara, 2004）。

三、智慧型住宅

老人住宅議題關切的不只是建築的硬體，還包括服務老人的新科技，例如使能科技（enabling technologies）可協助老人持續居住在自家或獨立生活設施中，減少對他人依賴；自動化（automation）使照顧者的工作更有趣與有報償，取代事務性工作與避免人工紀錄錯誤；家庭機器人（domotics/home robotics）包括智慧住宅科技的各個面向：高度成熟的感應、控制、監控、自動調溫、燈光、安全系統，以及其他各種住宅便利、舒適與安全的功能；連結（connection）使老人易於與家人、朋友保持接觸，同時作為增進教育追求與個人成長的機會。目前在日本、英國、美國、德國等已發展成熟的智慧照顧（smart care）、智慧住宅（smart house）。

四、居住環境改善

老人住宅不只是居家住宅的議題，也包括外部環境的改善。波達（Bolda 2005/2006）訪問老人議題相關的人士發現，美國社區普遍認為住宅服務是促進長期照顧的優先項目。社區夥伴關係（community partnership）扮演召集、連結、激發互動的角色，促成老人住宅開發商、服務提供者，以及其他重要部門對社區老人住宅的提供。

英國鄉村人口老化嚴重，許多老人一輩子住在鄉村，如今面對子女移居城市後而獨居或與配偶同住；也有許多新的退休族移入鄉村，因為鄉村提供良好的環境，適合老人於生命歷程的第三階段居住。因此，鄉村是老人晚年生活的重要社區。但是，一些因素決定了鄉村老人的健康與生活品質：所得與貧窮、住宅、社區生活與社會支持等。有效的鄉村老人政策必須同時處理鄉村政策、鄉村基礎建設、消除社會排除與健康不均、強化健康照護與社會照顧服務、促進社區發展與社會資本累積等（Milne, Hatzidimitriadou, & Wiseman, 2007）。

晚近，日本推動的地方創生就在於因應地方出現公共建設過疏、生活機能萎縮、醫療崩壞、商業蕭條的「鐵捲門商店街」、老屋、危樓、廢棄的工廠等寒冬景象。進而於2016年起推動共生社區，以解決醫療與照顧資源短缺、高齡少子化醫療與照顧資源不足的課題，試圖建構跨越制度與領域切割「支持者」與「被支持者」的關係，由在地社區居民與在地多元主體，將建立在地共生社會視為是「自家的事」，並參與其中的共同理想（林萬億等，2020）。

五、混齡共居

1967年丹麥人古雷（Bodil Graae）在哥本哈根報紙上發表〈兒童應該有100個父母〉（Children Should Have One Hundred Parents）一文，立即獲得50個家庭響應，組成一個共居社區（Sættedammen）。此後這種丹麥式的生活社區（bofællesskab/living community）傳到北美，在加州的北街（N. Street）、華盛頓州的雪林伍德（Sharingwood）出現。共居社區有的發展成多代社區（multi-generational communities），有的仍以高齡社區為

主。其特質是住宅建築設計鼓勵居民頻繁互動，並互助合作，相互照顧。如果形成一個社區，通常最多不超過20-40個家庭共住。小單位則可能只是一棟建築，內含若干房間而已。社區或住宅中的個人隱私仍然獲得保障，公共空間盡可能擴大分享，以節省成本，居民的個人空間自行管理，公共空間共同管理。共居（cohousing）與共住（coliving）很類似，差異是共住是共享衛浴設備、廚具與床鋪等，像租屋的室友；共居則像是各自擁有套房的房客。共居社區的產權可以是政府公共住宅，或是建設公司資產，或私人房東所有，部分是老人個人私產，拿出來與青年分享。

多代社區或共居住宅在臺灣稱「青銀共居」，讓青年與老年同住一大樓，共同飲食，分享生活經驗。有時，青年騰出每月若干時數服務共居的老人，以換取較低廉的房租。例如荷蘭的戴芬特老人住宅（Humanitas Deventer）推行青銀共居，開放6位年輕大學生申請免費入住，條件是每月30小時的友善鄰居服務，包含送餐、陪伴用餐、簡單生活協助與陪伴長者聊天。其資格特別限定申請的大學生不能是高齡照護相關科系，強調住進來是「生活」而非「服務」。目前，共居社區已成為歐美各國老人的居住選擇之一（Jenkins, 2016）。

陸 銀髮就業服務

在人口逐漸老化的過程中，中高齡勞動力（50或55歲以上勞工）人口的增加是首先出現的警訊。勞動力的銀灰化（graying of the workforce）越來越明顯。以美國為例，2000年時的中高齡勞工（55歲以上）占勞動力的13%，2010年提高到17%，人數從1,800餘萬增加到2,600餘萬人。我國的情形也類似，45-64歲中高齡人口占15-64歲工作人口的比率從2010年的31%，提高到2020年的42.1%，到2040年，將占51.4%。

中高齡勞工的就業率偏低與提早退休也是各國關切的課題。2017年，45-64歲勞參率，韓國75.7%、新加坡77.6%、日本81.6%，而我國只有62.8%。如果是55-64歲的勞參率，韓國67.5%、日本73.3%，瑞典更高達76.6%，而我國只剩45.9%，在工業先進國家中偏低，主要原因是提早退休與年齡歧視造成的失業。2018年，65歲以上人口就業率：韓國32.2%、

日本24.7%、美國19.6%、臺灣只有8.4%。

　　高齡人口失業率不斷攀升，以日本爲例，於2007-2009年間，當戰後嬰兒潮世代人口年齡超過60歲以上時，60-64歲勞工的失業率也跟著攀升（Genda et al., 2007）。影響高齡人口參與勞動市場的因素有以下兩端（Hedge, Borman, & Lammlein, 2006）：

　　1. 制度面：強迫退休、提早退休與資遣、社會安全制度、私人年金計畫、健康保險，以及經濟環境。

　　2. 個人方面：健康條件、財務資源、個人利益考量等。

　　自從1980年代以來爲了降低失業率，增加年輕勞動力的就業機會，鼓勵提早退休成爲解決高失業率的策略之一。然而，提早退休會造成年金財務壓力，同時也是人力資本的浪費。但是，延長退休年齡必須有足夠的就業機會，否則又會擠壓年輕人的就業空間，這是個一刀兩刃的議題。事實上，高齡勞工高失業率已經是個普遍問題。以歐盟爲例，除了瑞典、丹麥、葡萄牙、英國之外，其餘國家的高齡勞工的就業率均偏低。其中，存在著嚴重的性別偏差，高齡女性的就業率更低（Maltby & Deuchars, 2005: 31）。女性高齡勞工的低就業率顯示女性年金權的不利處境，祖母貧窮（granny poverty）的可能性升高。

　　而在21世紀最可能增加的新工作機會如健康服務業、零售服務業、電子商務、交通事業、資通訊產業、人工智慧等，對高齡勞動者來說都不具有高的競爭力，這也是高齡勞動者失業率高的潛在原因。因此，新的工作安排與高齡者的失業問題，成爲高齡社會的一項艱鉅的工作。爲了減低年金保險的財政壓力，以及增加高齡者的社會參與活動，延長工作年齡，延後退休是必要的。除非，高齡者的工作安排得當，例如再教育、部分工時、彈性工作、在家工作等（Fozard, Rietsema, Bouma, & Graafmans, 2000），否則在講求勞動生產力的競爭環境下，高齡勞動者的高失業風險似乎不可免。

　　就活力老化的角度來看，「壽命延長，生活加料」才是上策。然而，延長工作年齡並不是唯一的出路，保持生理與心理健康的生活型態才是成功老化的精髓（Walker, 2002）。因此，有意義的生產性就業、社會活動參與、志願工作都可以創造活力的老化歲月，這就涉及退休準備的課題了。

第四節 長期照顧

　　長期照顧（long-term care, LTC）或社會照顧（social care）是協助人們達成個人照顧（personal care）與家務照顧（domestic care）的任務，包含兩個重點：照顧與支持（Wittenberg, 2016）。依英國2012年的《照顧與支持白皮書》（*White Paper on Care and Support*）定義，社會照顧是指「照顧與支持人們執行那些視為當然的日常生活事務，例如下床、穿著、工作、烹煮、訪友、照顧家庭、參與社區等。」（HM Government, 2012）OECD則定義長期照顧是「提供給那些功能能量（functional capacities）、生理或認知減損到某種程度，且持續一段時間的人們，協助其基本日常生活活動（basic activities of daily living, ADLs），例如沐浴、穿著、進食、上下床舖或座椅、移動、如廁等的各項服務。」（OECD, 2021）。

　　長期照顧的需求通常以日常生活活動（ADLs），例如盥洗、穿衣、用餐等，和工具性日常生活活動（instrumental activities of daily living, IADLs），例如購物、清洗、烹飪等，以及心智功能程度作為評估依據。

　　各主要工業民主國家65歲以上老人嚴重失能率約10-22.5%，其中加拿大最低（10%），依序是日本（10.8%）、瑞典（11%）、法國（15.8%）、美國（16.6%）、澳洲（22.%），英國最高（22.5%）。各國嚴重失能率差異主要是因為定義寬嚴不同，但大多定義是至少一項ADLs受限，需要協助（Lafortune & Balestat, 2007；引自Wittenberg, 2016）。

　　由於人口老化快速、家庭結構變遷、婦女勞動參與率提高、非正式照顧價值與態度的改變，1990年代以來，長期照顧也被視為是一個新社會風險（new social risk）（Morel, 2006），或照顧危機（care crisis），且進入重要的政治議程。政府、民意代表、社會團體、老人、家庭照顧者莫不關切國家如何建構一套完善的長期照顧體系，補充甚至取代傳統的家庭照顧責任。除了家庭照顧與由來已久的機構式照顧外，新的照顧形式已在各工業先進國家發展，例如跨國長期照顧，包括移入照顧（moving care in）與移出照顧（moving care out），前者是指聘請外籍看護工來本地照顧失能

老人；後者是指薪資低與照顧人力足的國家，發展照顧產業，吸引西方工業先進國家的老人前去受照顧（Böcker, Horn, & Schweppe, 2017）。

依照國際勞工組織（ILO）的資料顯示，全球有1,150萬餘家事移工（migrant domestic workers）受僱國外擔任老人、病人、兒童照顧與家務工作，8成受僱於工業先進國家。主要是因為人口老化、婦女勞動參與率高，以及家事移工薪資低。然而，不同的福利國家體制，引進家事移工的作法不同。南歐模式的義大利，屬家庭照顧體制（family-based care regime），國家提供現金給付（照顧者津貼），但無管制用途，家庭可自行僱用外籍看護工協助照顧老人，家庭遂成為外籍看護工的雇主。英國的情形不一樣，長期照顧出現雙元市場（dual market），富裕家庭向照顧市場購買服務；所得較低家庭利用現金給付來補充家庭的開銷，無閒錢可僱用外籍看護工，故大多自行照顧老人。又因英國政府對照顧津貼的使用管制較嚴格，較不會有機會僱用非法家事移工。荷蘭的長期照顧服務屬公共福利體系模式，外籍看護工的需求相對低（Van Hooren, 2012）。德國、奧地利、義大利、西班牙是僱用外籍看護工較多的國家，原因是缺乏公共的長照服務體系。反之，荷蘭、北歐國家的老人照顧主要靠正式的照顧服務體系，不須依賴外籍看護工。住進家內的家事移工（live-in immigrant domestic workers）容易遭受剝削、濫用、自由受限、缺乏隱私、不受尊重等痛苦；住在家外的家事移工（外展家事移工，live-out migrant workers）如果是非法的，也會有上述同樣的痛苦（Da Roit & Weicht, 2013）。

目前世界各國的長期照顧體系依財務規劃主要分為稅收制、社會保險制、稅收與社會保險混合制，以及私人保險市場四種。以2010年資料來看，OECD國家平均長照支出占GDP的1.5%，其中瑞典最高，達3.6%，其次是荷蘭3.5%，接著依序是挪威（2.2%）、芬蘭（2.2%）、瑞士（2.1%）、丹麥（2.0%）、比利時（2.0%）、法國（1.7%）、日本（1.6%）、加拿大（1.5%）、紐西蘭（1.4%）、德國（1.3%）、奧地利（1.3%）、美國（1.0%）、澳洲（1.0%）、西班牙（0.8%）、波蘭（0.4%）、韓國（0.3%）、匈牙利（0.3%）、捷克（0.2%）、葡萄牙（0.1%）。而大部分國家的長照支出都以公共長照支出為主，瑞士是例外，私人長照支出約占三分之二，美國私人長照支出也占約40%

（Fernández & Nadash, 2016）。

　　從上述資料中可以看出，長照的財源並非決定長照支出的主要因素，瑞典是稅收制，荷蘭則是保險制，德國也是保險制，但荷蘭與德國仍有明顯差距。

壹 稅收制

　　長期照顧採稅收制是目前國際較普遍的方式，其代表國家有瑞典、英國、奧地利、義大利等。

一、瑞典

　　2018年，瑞典老人已超過總人口的20%，推估到2040年會達到23%。瑞典是全球壽命長的國家之一，男性平均餘命是81歲、女性是84歲。80歲以上老老人占5.2%，略高於歐盟平均的5.1%。瑞典與挪威是OECD國家中健康生命年齡（healthy life years）最長的國家，2011年挪威65歲男性有14.7年、女性有15.9年的健康生命年齡，瑞典則分別有13.9年、15.2年。換言之，日常生活活動受限的年歲，在這兩個國家相對短，顯示活力老化推動極為成功。

　　瑞典老人照顧的支出絕大部分由稅收負擔，以2014年為例，老人僅自付4%。老人照顧服務是公私協力，以2013年為例，24%的居家服務是由私人公司提供。失能老人可選擇居家服務或特別需求住宅入住。私立老人照顧公司從1995到2005年增加了5倍，但私人公司常被批評為了利潤，影響照顧品質（Swedish Institute, 2018），在2019年底以來的新冠肺炎（COVID-19）危機就吃盡苦頭。老人照顧機構私有化，使老人照顧機構就業條件變差、員工教育訓練不足，以及設備設施、衛生條件等均老舊，被歸咎為老人死亡率居高的原因（Greve, Blomquist, Hvinden, & van Gerven, 2021）。

　　瑞典老人照顧服務項目有以下五大類：

（一）獨立生活
瑞典政府盡可能保證老人與身心障礙者可以獨立生活於其住家中。

住在自家的老人與障礙者可以得到各種服務，例如送餐到家、社區定期聚餐、到府外燴等。老人如果無法自理生活而仍願意住在自家，經評估合格後，可申請24小時居家協助服務（home help services）。日間居家協助服務費用每月1,772瑞典克朗（2016年）。嚴重疾病者也可以比照得到居家健康與社會服務。針對失智症老人與精神障礙者，也提供各種復健活動。

（二）交通服務

老人與障礙者可以申請計程車、特殊裝備車輛服務。以2014年為例，全國各縣市提供超過1,100萬旅次的交通服務。

（三）住宅服務

1. **住宅維修**：為了讓老人與障礙者盡可能住在自己家中，可申請住宅維修補助，地方政府會提供房屋改裝、維修服務，以滿足其居住需求。

2. **老人住宅**（senior housing）：不同形式的老人住宅供老人租用，包括：私人房東自有、地方政府的社會住宅、房客組織擁有的合作住宅、基金會經營的老人住宅等。這些適合老人租用的住宅同時提供居家服務、到宅醫療、安全維護、共同餐廳等。

3. **特別住宅**（special housing）：老人經過需求評估後，大約有18%的80歲以上老人住在這種有協助的住宅中，包括失智症團體之家，提供全天候支持與照顧服務。

（四）健康預防

老人不只是被鼓勵運動，還包括結合醫療的身體活動，以減緩跌倒、傷害、老化等，通常由復健醫師指導。每位老人都可以得到健康預防的手冊；地方政府也派遣簡易維修員到老人家中協助換窗簾、換燈泡等老人容易自己處理而致摔倒的體貼小事。

（五）照顧保證

照顧保證（care guarantees）連結所有老人需要的服務，例如醫療服務必須7天內完成、特殊專業照顧需求必須於90天內完成評估與轉介。

瑞典的老人照顧不特別凸顯失能／失智者的長期照顧，而是涵蓋從生活品質維護、健康預防到長期照顧。因此，很難區分長照支出與老人福利支出。老人照顧理念是確保生活品質，人會老、可以老，但生活品質不

能下降。即使是嚴重疾病、臨終病人，也可以從醫院轉介到特別住宅，或回到老人自家，得到有尊嚴的、有品質的醫療與社會照顧。據此，不只在地老化（ageing in place），且盡可能在自家老化（ageing in their own homes）是瑞典老人照顧的最高原則；此外，預防重於醫療，以減少醫療化、降低醫療成本，則是另一政策方向。

二、英國

（一）從殘補模式到普及權利

在1999年皇家長期照顧委員會（the Royal Commission on Long Term Care）成立之前，英國社會就一直爭論著到底長照是殘補模式（residual model），只提供給負擔不起長照費用的人們；還是普及權利（universal entitlement）？爭議從未曾停過，尤其自2002年實施免費個人服務之後，爭議比以前更密集。2006年萬勒斯社會照顧檢討（Wanless social care review）報告，建議採夥伴模式（partnership model）的個人照顧經費分攤（Wanless et al., 2006）。2009年政府綠皮書《形塑未來一起照顧》（*Shaping the Future of Care Together*）定調自2010年秋天起免費居家個人照顧全面實施。

在此之前，英國的長期照顧被認為是殘補的（Brodsky et al., 2003）或安全網（safety-net）（Fernández et al., 2009），只服務那些嚴重失能且負擔不起費用的人。服務體系主要依賴非正式照顧者或不須付費的朋友、鄰里照顧（Pickard et al., 2000, 2007）。至於正式照顧的提供靠地方政府的社會服務、社區健康照護、獨立（非營利或營利）部門的住宿式照顧之家、護理之家、居家服務、日間照顧等機構。財源則是混合經濟，來自國民健康服務（National Health Service, NHS）、地方政府、慈善組織、老人自己負擔。英國國民健康服務是免付費的，但社會照顧則須經資產調查。長照需求由地方政府社會服務部門的照顧管理師依日常生活活動（ADLs）與工具性日常生活活動（IADLs）評估，決定合格使用公共長照服務，發展包裹照顧服務，滿足失能者需求。長照需求的資格依照2002年健康部公布的國家指標「公平接近照顧服務」（Fair Access to Care Services）。2007年，政府頒布行政規則，人民優先（Putting People

First），強調長照服務體系應該改變爲及早介入與預防（Comas-Herrera, Wittenberg, & Pickard, 2010）。

（二）從公共服務到個人選擇

1989年以前，英國的社會照顧（social care）主要由地方政府補助或設立的服務機構提供。1989年英國的《照顧人民白皮書》（*White Paper, Caring for People*）強調促進選擇與回應人民個人需求的服務提供。1990年的《國民健康服務與社區照顧法》引進混合經濟（mixed economy）的服務提供模式，服務使用者（service users）從具競爭、效率與多樣的服務提供者，包括公部門、民間、志願部門等，選擇自己偏愛的服務。每一類型的服務提供者均須與地方政府（local authority, LA）簽約，在價格競爭的情況下提供服務使用者需求的服務，據以改善過去被質疑爲無效率、缺彈性又昂貴的公共服務。

在1990年以前的英國，僅有5%的居家服務由私人或非營利組織提供，到了2010年，比例已經提高到81%。但是，眞正的服務使用者選擇仍然受限，除了因爲服務提供者不夠多之外，資訊不足、程序困難也是障礙；另外，照顧計畫必須透過照顧管理師核定，服務使用者只能間接選擇自己偏愛的服務；服務提供者也反對競爭；最後，地方政府的態度也決定競爭的可能性，例如只與部分服務提供者簽約，或採最低（價格）標、設定政府部門優先條件等原則（Wilberforce et al., 2011）。

在新公共管理思潮下，1996年起，直接支付（direct payment）現金給服務使用者，用於聘用個人助理（Personal Assistants, PAs）政策上路。但是，到2008-2009年，僅有4%的社會照顧預算用於直接支付。2000年以後，工黨政府執行公共服務改革，深受選擇與消費者主義概念影響。然而在公共部門現代化改革下，又須兼顧個人與國家的關係、公民權利與責任。因此，發展出共同生產（co-production）的理念。共同生產途徑翻轉市場導向的消費主義，改以服務使用者也是控制服務輸送與設計者。因此，不只是爲了提升服務品質，也是讓服務使用者更有責任、有知識，以及被充權。服務使用者不只是消費者兼選擇者（consumer-as-chooser），而且是公民也是消費者（citizen-consumer）。

服務使用者自行配置資源的實驗首先由2003年學習障礙者的社會企業

「掌控中」（in Control）開始。2006年衛生部辦理由該項實驗計畫擴大的個人預算制（Individual Budgets, IBs）。該制度結合選擇與控制，讓服務使用者依核定的個人預算從服務市場購買個人所需的服務。個人預算制的推動可能會改變長照服務供給市場，前提是給付額度多寡與購買服務的條件限制。倘若個人預算給付額度太少，就不太可能影響長照服務供給市場的結構。英國的研究顯示個人預算制實施後，服務使用者仍然大量使用與地方政府簽約的大型服務提供單位（Baxter et al., 2008）。不過，長照服務提供單位給予個人預算正向的評價，也提醒行政阻擾必須排除，始可能提升選擇與效率（Wilberforce et al., 2011）。

基於照顧服務市場的人力需求，英國也引進外籍看護工，補本國照顧人力之不足，然而大量引進移民照顧人力也引起移民部門與社會照顧部門的關切。整個社會照顧部門的勞動力計有18%（約135,000人）是移工，主要是來自中、東歐與前英國殖民地的合法工作移民、家庭移民與庇護移民，擔任護士與照顧服務員（Caniano, Shutes, Spencer, & Leeson, 2009）。

三、奧地利

如同德國、法國，1990年以前奧地利的長期照顧也是大量依賴家庭照顧者，若有照顧服務提供，大多是由地方政府發展。對於衰老老人的服務提供包括三種：

1. **現金給付**：針對特定的對象與條件提供少額的津貼。
2. **機構照顧**：地方政府提供老人之家、護理之家，或合併提供。
3. **社區服務**：僅限某些地區才有提供此項服務。

1993年，在障礙者的爭取下進行改革，將長期照顧擴大到障礙者也適用。同時，發展全國適用的綜合型長期照顧計畫，提供現金給付（Pflegegeld）給有需求但須經資產調查的給付；確認中央與地方政府長期照顧的分工權責，並發展由地方政府主導的多元服務，例如機構照顧、半機構照顧與社區照顧。現金給付立法爲《長期照顧津貼法》（Long-term Care Allowance Acts），以現金購買服務（cash-for-care），包括非正式與正式服務。奧地利不像法國將長期照顧與本國就業促進結合，因此出現大量經濟移民看護工進入灰市（grey market）提供長期照顧，引發公共

爭辯。奧地利有將近1到4萬來自中、東歐的移民看護工（immigrant care workers），他們兩人一組輪流各兩週照顧同一老人，甚至發展出照顧工作回數票（care work commuters），往返於東歐與奧地利間。2006年，非法外籍看護工引發政治風暴，最後同意有需要24小時照顧的老人可以申請機構派人或自己聘僱照顧者，由國家提供補助，但必須經資產調查（De Roit, Le Bihan, & Österle, 2007）。

四、義大利

義大利是南歐模式的代表，對於所有障礙者（含依賴老人）由國家提供現金給付，名為陪伴津貼（Idennità di accompagnamento），不管在家受照顧或住進機構。如果是由家人照顧，這份津貼其實只是一種象徵性支付（symbolic payment），不像是薪資（Blome, Keck, & Alber, 2009）。2006年總計給付149萬人，三分之二都是老人，占所有老人的9%。總經費95億歐元，占該國社會救助經費的43%。領取資格是百分之百失能，日常生活必須靠他人協助者。受益者可以自由使用這筆津貼。後來，地方政府又引進新的補充照顧津貼（supplementary care allowance）給住在家中經濟困難且嚴重的失能老人。這些老人占所有老人的1-1.5%左右（De Roit, Le Bihan, & Österle, 2007）。

義大利的陪伴津貼可以自由使用，不像法國的現金給付必須與由政府公共服務管控的照顧套裝服務連結，不可自由使用；也不像奧地利的現金給付雖可自由使用但也必須與照顧服務連結（De Roit, Le Bihan, & Österle, 2007）。部分家庭將陪伴津貼用來支付機構照顧的費用。自由使用的陪伴津貼並沒有帶動居家照顧的活絡，也沒有發展出私人的照顧市場，可見義大利的現金給付也與照顧服務員的就業促進無關。

由於只提供現金給付而缺乏計畫帶動，義大利的長期照顧服務市場出現大量的外籍看護工，高達65到80萬之譜。這些外籍看護工早期來自拉丁美洲、菲律賓。1990年代以後，因地利之便，無法進入西歐服務的中、東歐國家移工大量進入南歐。

長期照顧灰市在奧地利、義大利形成的原因有三（De Roit, Le Bihan, & Österle, 2007）：

1. 家庭有需求，且其成本低於家庭自己照顧，或由社會服務機構照顧，何況外籍看護工提供24小時服務，不是國內照顧服務員能做到的。
2. 外籍看護工賺得的薪資比其母國好。
3. 看護工灰市減輕了該國社會服務需求的壓力，政府也樂得睜一隻眼閉一隻眼。

然而，由於外籍看護工不受勞動與社會安全管制，出現許多問題，例如缺乏社會保險保障、缺乏健康與安全保護，以及延宕社會服務的發展。於是，2002-2003年義大利發展出管理辦法，以管制大量未登記的外籍看護工（De Roit, Le Bihan, & Österle, 2007）。

貳 社會保險制

長期照顧採行社會保險制的國家有德國、盧森堡、法國、以色列、韓國；荷蘭的制度也類似。以下舉德國、法國、荷蘭、韓國為例。長期照顧保險（以下簡稱長照保險）的施行意味著照顧責任的改變，被保險人有權要求提供服務，國家必須規劃完善的套裝服務（Blome, Keck, & Alber, 2009），否則會出現被保險人繳交保險費卻得不到給付權利的窘境。

一、德國

德國於1995-1996年通過《長期照顧保險法》（Long-Term Care Insurance Act / Pflegeversicherungsgesetz, SGB XI），成為繼疾病保險、工業意外事故保險、老年年金保險、失業保險之後另一個社會保險。

在此之前，德國的長期照顧主要由非正式、無薪的家庭照顧者提供照顧，其次才是機構照顧。德國福利國家被歸類為保守福利體制（conservative welfare regimes）（Esping-Andersen, 1990）或是強的男性賺食模式（strong male breadwinner model）（Lewis, 1992），與大量依賴女性作為無酬家庭照顧者有關。德國的長期照顧保險是結合實物給付與現金給付（非正式照顧津貼）所組成，這是受到很強的文化與法律期待，由家庭成員繼續提供照顧支持（Fernández & Nadash, 2016）。德國長照保險

具有很強的輔助（subsidiarity）性質，與其《社會救助法》、《家庭法》一致，法律規定成年子女有義務承擔父母親的照顧成本（Böcker, Horn, & Schweppe, 2017）。

《長期照顧保險法》通過之後，德國的長期照顧責任轉由中央政府負擔，其財務來自就業者的保險費約占60%、政府負擔10%、使用者自負額30%。保險費從1995年實施以來於2008年調漲，從受僱者薪資的1.7%到1.95%，投保薪資上限為4,012.50歐元，23歲以上沒有子女的受僱者須外加0.25%保費，為2.2%（Fernández & Nadash, 2016），理由是子女扶養也是負擔，且有代間互惠的意涵。保費未來每3年檢討調整一次。長照保險的目的是讓那些有長期照顧需求的人能自我決定要留在家中，或要求家庭成員與社會網絡協力照顧，或是專業照顧服務提供者的居家照顧服務（ambulant care）。而服務提供者包括：地方政府公辦、非營利組織、營利組織辦理的服務機構。

德國的自負額較荷蘭高出許多，導致正式與機構式照顧機構使用率較低，以2012年為例，機構式照顧使用者僅285,000人。長照保險定額支付機構式照顧，以2014年為例，長照保險支付機構式照顧金額每月從1,023到1,550歐元，困難照顧者1,918歐元。以2013年的成本來說，機構式照顧成本平均每月約2,530歐元。如果使用者本身無法支付機構照顧費用，必須仰賴家人協助或申請社會救助（Böcker, Horn, & Schweppe, 2017）。

德國的長期照顧需求分為三級，依等級提供服務。第一級是每天需求協助至少90分鐘和基本照顧至少45分鐘；第二級則分別是180分鐘與120分鐘；第三級分別是300分鐘與240分鐘。困難照顧者長照保險基金會提供更多服務或照顧給付與入院照顧。長照使用原則是家庭照顧先於機構照顧（home care before institutional care）（Böcker, Horn, & Schweppe, 2017）。消費者選擇（consumer choice）成為德國長照保險的主要精神（Eicher & Pfau-Effinger, 2010）。

家庭為基礎的照顧（home-based care）可以選擇實物給付或現金給付，實物給付是指申請到宅的居家照顧服務，使用居家照顧服務的遠比領取現金給付的少。需求長期照顧者若決定要由家人照顧，其家庭照顧者可領到低給付額度的照顧津貼，稱為付出補償（compensation for effort），

其津貼額度遠低於專業照顧服務提供的居家照顧，其實很像志願工作，是一種例行薪資（routed wages），介於準薪資（quasi-wage）與正式薪資之間（Blome, Keck, & Alber, 2009）；其給付也不是直接由長照保險支付給家庭照顧者，而是長照保險支付給被照顧者，再由被照顧者支付給照顧者（通常是家人）。家庭照顧者津貼是每月235歐元（等級一）、440歐元（等級二）、700歐元（等級三）。但是，只要家庭照顧者提供等級二、等級三之照顧者，也列入年金保險的工作年資計算（Eicher & Pfau-Effinger, 2010）。

在長照保險開辦之初，選擇家庭自行照顧的比例高達79.6%，到了2006年下降到71.5%。而使用專業照顧的比例由8.9%升高到13.2%，兩者兼採的比例由11.4%升高到15.3%。家庭自行照顧仍然是大宗。一份2007年的歐盟民意調查資料顯示，德國人認為負擔不起護理之家的比例高達59%，相對於荷蘭的14%；考慮使用家庭照顧的比例德國是43%，荷蘭則僅有16%。由於自負額較高，德國雖然有長照保險，但是私人負擔長照服務的支出高於荷蘭，私人支出占長照支出的比例，德國是歐盟最高，荷蘭則是最低（Böcker, Horn, & Schweppe, 2017）。

如果選擇居家照顧服務每月450歐元（等級一）、1,100歐元（等級二）、1,550歐元（等級三），困難照顧者1,918歐元。居家照顧服務基本上是一種市場競爭型態，亦即是一種準市場型態的福利市場（quasi-market-like welfare market）。以2015年為例，現金給付依被照顧者的失能等級，約占實物給付的40-50%，遠低於荷蘭（Böcker, Horn, & Schweppe, 2017）。

德國老人使用長照保險的排序第一優先是現金給付（照顧津貼），其次機構式照顧，第三才是居家照顧服務，顯示德國老人偏愛在家接受照顧。但是，以非正式的家庭照顧為主，比較不偏愛專業的居家照顧服務，這點與荷蘭明顯不同。

長照保險推出後，預期可以創造40萬個就業機會。但是，十幾年下來並未達到預期效果。為何家庭照顧仍是大宗？原因很多：(1)認為照顧服務基層體系未完善所致；(2)認為是家戶經濟（household economy）考量。過去免費都在照顧了，有固定津貼可領就繼續照顧，對家庭收入不

無小補；(3)認爲這是老人自主選擇的結果；(4)文化使然，認爲這一代的老人照顧是在傳統德國性別安排（gender arrangement）與家庭主婦婚姻（housewife marriage）的文化價值脈絡下的代間關係。因此家庭照顧仍被視爲是最佳的老人照顧方式，也是較佳的照顧品質。亦即，子女的道德責任決定了照顧方式的選擇（Eicher & Pfau-Effinger, 2010）。

德國居家照顧服務不受老人及其家屬歡迎的原因主要有三：

1. 經常變換照顧者。
2. 被照顧者的每日生活作息時間被決定。
3. 照顧工作者的動作速度太快。

德國的長照保險最被詬病的是照顧服務不足以滿足個別失能老人的需求。機構式照顧床位不足之外，又基於醫療典範（medical paradigm）訂出可計費照顧（billable care），較適用於疾病與障礙照顧，不適合老人照顧服務。

從1995年起，德國聘用外籍住家看護（migrant live-in carers）的需求就已快速增加。尤其長照保險施行之後，支付給家庭照顧者現金，利用外籍住家看護的情形更普遍，雖然沒有精確統計，但是2009年推估已達10到20萬人之譜（Neuhaus et al., 2009; Lutz, 2009；引自Böcker, Horn, & Schweppe, 2017）。起初，外籍住家看護是透過非正式私人網絡聘用。到了2004年歐盟擴大納入中、東歐國家之後，德國外籍住家看護的商業仲介機構變多，大約50-70家，每家擁有50-230人不等的客戶。外籍住家看護主要從波蘭、中歐、東歐引進。大部分外籍住家看護並無正式的照顧服務訓練，德國家庭把外籍看護工看成是愛的情緒關係（an emotional relationship of love），故關切的重點是安全、溫暖、友善。基於文化與刻板印象，東歐中年（30-40歲）婦女就成爲首選。外籍看護工提供餵食、身體清潔、穿脫衣、上下床、房間清潔、購物、身體移動、預防跌倒，甚至醫療、護理、心理照顧等。

德國聘用外籍住家看護費用每月是1,450到2,400歐元（約新臺幣50,549-83,668元），僱用外籍住家看護的家庭靠長照保險的現金給付（照顧津貼）來支付其中的部分費用。外籍住家看護的費用高低取決於德語能力與照顧技巧。除了薪資之外，使用外籍住家看護的家庭需要有額外房間

供外籍住家看護住宿，再加上外籍住家看護的生活必需，林林總總支出，不見得比將老人送進住宿式機構進行24小時／7天的照顧花費省（Böcker, Horn, & Schweppe, 2017）。

由於規範不明或欠缺，大量外籍看護工的引進，引發勞動條件的爭論，例如住宿條件差、低薪、長工時、缺乏社會保障、違反勞動法規等。從波蘭、中歐、東歐來的外籍看護工依歐盟勞工自由移動的規定進出德國，大部分都以自僱或派遣勞工（posted worker）身分進出，導致這些外籍看護工並不適用德國勞動法規與社會保險體系，而陷入被剝削的易受害狀態。

由於機構式照顧設施不足、家庭照顧負擔和外籍看護工的成本不低，部分德國老人把注意力轉移到國外照顧（elder care abroad）。

德國人口中大約9%購買私人健康保險，而未參加公共健康保險。私人長照保險則是用來補充私人健康保險之不足。對德國人來說，公共的長照保險不在於替代家庭、鄰里，或其他形式的志願照顧與支持角色，私人長照保險更是不可能滿足照顧需求。

二、法國

法國在1994年以前尚未建立全國性的衰老老人照顧政策，而是配合使用障礙者的照顧津貼（allocation compensatrice pour tierce personne, ACTP）。津貼管理責任在地方政府的社會部門（départments）（Morel, 2006）。接著於1990年代中進入長期照顧制度的辯論，到底長期照顧應該是社會救助還是社會保險？應該是普及制還是選擇制？由中央主管還是地方政府主導？其實，主要考量是財務。於是，1994-1995年起執行由部分地方政府主導的實驗計畫。1995年的總統大選，依賴者給付（dependency benefit）成為左右兩黨候選人都關心的政見。1997年通過依賴者特別給付（Prestation spécifique dépendance）擴大為全國性計畫，約15%衰老老人得到服務。

2002年，提出降低成本擴大服務對象的衰老老人照顧津貼（allocation personnalisée d'autonomie, APA），由稅收支應，區域執行。照顧對象為60歲以上人口，經過一個五級的類似日常生活活動（ADLs）評估的老

人自主能力評量表（the Autonomie Gerontologie Groupes Iso-Ressources, AGGIR）評估個人日常生活活動與心理狀態後，判定合乎資格者取得衰老老人照顧津貼（APA）資格，這是非直接給付給個人或配偶。至於所得較低的失能者進入住宿式機構的住宿費用則可申請資產調查的社會救助協助。此外，衰老老人照顧津貼也鼓勵個人使用私人提供的照顧服務，照顧費用可獲得所得稅抵減，政府鼓勵僱用私人居家照顧服務員，其支出的半數可減稅，最高達每年10,200歐元，這對高所得的家戶有利。住宿式機構照顧的費用也可獲得25%的課稅減免，最高到2,100歐元（Fernández & Nadash, 2016）。

2004年，提出衰老老人照顧計畫（2004-2007年）第一期，決定推出一個由僱主負擔保險費（薪資總額0.3%）與社會安全稅（Contribution Sociale Generalisee, GSG）分攤0.1%的衰老老人與障礙者照顧基金（caisse nationale de solidarité pour l'autonomie）。2004年基金額度40億元。即使如此，法國的長期照顧保險仍爭議不斷（De Roit, Le Bihan, & Österle, 2007）。

法國的長期照顧服務體系與就業政策關聯，希望透過到宅的個人服務（service à la persone）創造出新的工作機會。到宅的個人照顧服務員來源有三：

1. 由受照顧者直接聘用除了配偶以外的照顧者。因此，照顧者是一種正式化勞動契約關係（Blome, Keck, & Alber, 2009）。
2. 委任服務（mandataries services）。由非營利組織媒合提供配合老人需要的服務。
3. 派送服務（prestataires services）。老人屬於某非營利組織的服務對象，由該服務機構直接聘僱個人服務員到宅服務。

由於第三種服務品質較佳，但價格較貴，且無使用誘因，因此，家庭聘用不合格的個人照顧服務員的情況較普遍。不過，從2004年以來，使用第三種服務的人數增加迅速。此外，法國也對聘用到宅的家務服務員的家庭減稅，以增加僱用機會，這對中、上階層的家戶有利，使其更有意願聘用個人照顧服務員。進一步，也發行服務僱用券（cheque emploi service），鼓勵家庭多使用個人照顧服務員。2005年提出「博儒計畫」

（Borloo Plan），建立個人照顧服務員的媒合組織，使家庭更容易接近個人照顧服務員；也發展出照顧的品質協議（quality agreement），使照顧服務更專業化（De Roit, Le Bihan, & Österle, 2007）。據此，在有計畫的管制下，法國的長期照顧服務出現正式的社會照顧服務市場。

法國與德國一樣，公共的長照保險顯然無法滿足有長照需求的家庭，因此私人的長照保險越來越受到歡迎。法國從2004年有160萬人加入私人長照保險市場，快速擴大到2012年的570萬人，每年以5%的成長率持續擴張（Fernández & Nadash, 2016）。法國的私人長照保險市場之所以發展迅速，主因是衰老老人照顧津貼制度設計使然，依所得調整自負額，高所得者（以2013年為例，2,927.66歐元以上）必須負擔90%。導致96%的法國人都會購買私人健康保險以填補公共衰老老人照顧津貼的不足。其次，法國私人長照保險的保費偏低，以2010年為例，每年僅須345歐元，給付也偏低，每年322歐元。約三分之二僅投保嚴重依賴給付的商品。第三，團體保險的保費更低，每年74歐元，40-50%是雇主分攤。第四，容易理解，僅提供現金給付，而非損害補償。

根據以上，法國的私人長照保險市場其實是脆弱的。低保費本質上是缺點。首先也是最重要的，保費低給付就低，難以滿足照顧成本所需，約僅能支付32%的每月照顧成本；其次，由於只給付給嚴重依賴者，故嚴重身心障礙者始能申請給付，至少要臥床或坐輪椅，以及每天需要幾個小時的協助，或者由於認知損害須固定的監護，顯示了法國的私人長照保險並無法滿足衰老老人照顧津貼的不足。

三、荷蘭

荷蘭的長照保險是從1968年的《重大傷病支出法》（the Exceptional Medical Expenses Act / the Algemene Wet Bijzondere Ziektekosten, AWBZ）演進而來。其68%經費來自強制保險費、24%來自稅收、9%來自使用者付費。2014年，保險費率是年所得超過33,400歐元者繳交所得的12.65%進入長照保險基金（AWBZ），使用者負擔相對低的自負額。以機構式照顧為例，住進公立照顧之家，長照保險基金不但負擔照顧成本，也負擔食宿成本（hotel costs）。部分負擔從2013年起依所得與財富不同而有差異，以

2014年爲例，最高自負額是每月2,249歐元。而照顧失能老人或慢性疾病的機構成本約每月4,650歐元，重度照顧需求者的機構成本約每月7,500歐元（Böcker, Horn,& Schweppe, 2017）。

荷蘭的長照保險與德國的差異是部分負擔（co-payments）與自負額（out-of-pocket）較低。荷蘭從2001年起增加現金給付，其現金給付額度高於德國，以2014年爲例，每年約23,000歐元，約占實物給付的75%。不過，由於高額現金給付導致較多文件填寫的必要，且使用者並非以失能老人爲大宗，而是年輕的身心障礙者，或是身心障礙兒童的父母（Böcker, Horn, & Schweppe, 2017）。由於荷蘭政府負擔較高的長照保險支出，故其長照支出占GDP的比例高達3.8%，遠高於歐盟平均的1.8%，更高於德國的1.4%。

由於自負額較低，荷蘭老人使用長照保險、居家照顧服務、機構式照顧的比例均高於德國，如下表7-1。荷蘭使用家庭照顧者，也大量使用公共居家協助服務（public home help），60歲以上老人有11.3%，80歲以上老人更高達25.4%（Böcker, Horn, & Schweppe, 2017）。荷蘭老人優先選擇居家照顧服務，不偏愛現金給付，亦即偏愛專業的居家服務。因此，較不需要像德國的老人一樣，再向市場購買照顧服務。

表7-1　荷蘭與德國長照保險使用差異（2011年）

國家	65歲以上使用長照	80歲以上使用長照	65歲以上機構式照顧	80歲以上機構式照顧	65歲以上居家照顧	80歲以上居家照顧	65歲以上領取現金給付	80歲以上領取現金給付
荷蘭	14-15%	38-39%	6.2%	18.2%	7.8%	19.6%	0.9%	1.4%
德國	12.3%	31.6%	4.0%	11.4%	3.1%	8.1%	5.1%	11.7%

資料來源：Böcker, Horn, & Schweppe (2017).

不像德國那般大量使用外籍住家看護工，荷蘭較少僱用，2014年的研究發現，大約幾百人而已（Van Crafhorst, 2014；引自Böcker, Horn, & Schweppe, 2017）。然而，晚近也出現提高外籍住家看護的聲浪，以2015年荷蘭商業登記網路登載的資料庫顯示，約有24家機構提供外籍住家看護供洽聘。這些機構都是2012年以後才出現，如同德國情況一樣，扮演媒合

與仲介供需角色。研究訪談9個外勞仲介機構發現，服務對象最多的有70個家庭，最少者僅有2個家庭，顯示荷蘭家庭對於使用外籍住家看護仍有疑慮，主要是因擔心外人住進家裡的感受、語言溝通，以及可能遭遇的法律問題（Van Crafhorst, 2014；引自Böcker, Horn, & Schweppe, 2017）。荷蘭家庭外籍住家看護的費用高於德國，每月約2,500-3,000歐元（約新臺幣87,154-104,585元），還好荷蘭長照保險的現金給付高於德國，否則負擔會很沉重。

雖然荷蘭的外籍看護工人數較少，但是工會也批評這些外籍看護工的居住與工作條件不佳。同時，工會也擔心引進更多外籍看護工將排擠本國照顧服務員的就業機會。這些質疑，也限縮了荷蘭引進外籍看護工的機會。

從1990年代中，德國、奧地利、法國、義大利、荷蘭等的長期照顧體系都有現金給付，雖然使用條件與額度不同，但都有讓家庭照顧者透過現金移轉，向市場服務提供者購買照顧（cash-for-care, CfC）給自家失能老人。這也引來性別公平的爭議，因為在國家未介入長期照顧之前，女性扮演主要的家庭照顧者角色。提供家庭照顧者現金給付，意味著將女性留在家中繼續照顧老人。當然，有些家庭經濟情況較佳者，即使國家未介入長期照顧，也可自行購買服務來照顧自家老人，並不一定非得讓女性留在家中照顧老人。但是，這又涉及長期照顧的性別、階級、種族的交織性（intersectionality）議題，如果公共長照服務不足，只發給家庭照顧津貼，較不富裕的家庭會用這些額外的津貼添補家用，原先以女性為主的家庭照顧模式並不會改變；而較富裕的家庭不論有無照顧津貼，都有餘力向照顧服務市場購買以女性、移民（女性）為主的居家照顧服務提供，而因女性壽命較長，被服務者也是以女性居多。

長期照顧的家庭化議題，雷特諾（Leitner, 2003）以家庭主義（familialism）為基礎，區分為四種類型：(1)隱性家庭主義（implict familialism）：國家缺乏去家庭（defamilializing）與弱的支持家庭（familializing）政策，非正式照顧未被支持，亦無替代服務；(2)顯性家庭主義（explicit familialism）：國家支持家庭照顧，而缺乏去家庭的服務政策；(3)任選的家庭主義（optional familialism）：支持家庭照顧

與替代家庭照顧並存，偏愛家庭照顧，但給予部分補助；(4)去家庭主義（defamilialism）：國家提供擴大的照顧服務與缺乏支持家庭照顧政策。

沙瑞西諾（Saraceno, 2010）將上述四類簡化為三類：(1)欠缺的家庭主義（familialism by default）：缺乏支持非正式照顧；(2)指定的家庭主義（prescribed familialism）：強化法定家庭照顧責任；(3)支持的家庭主義（supported familialism）：透過現金給付與時間政策，激發家庭照顧。

比較兩者分類，實在很難完全對焦，欠缺的家庭主義與隱性家庭主義相近；指定的家庭主義與支持的家庭主義都與顯性家庭主義有關係。顯然沙瑞西諾漏掉了去家庭主義與任選的家庭主義中的替代家庭照顧服務的提供（Le Bihan, Da Roit, & Sopadzhiyan, 2019）。

1990年代中期以前，除了荷蘭有較強的公共或補助的長照服務外，德國、法國、義大利、西班牙、奧地利等都大量依賴非正式照顧服務，國家很少發展正式長照服務，英國則依賴市場提供長照服務。1990年代中期以後，德國、奧地利轉向以購買照顧（CfC）作為強化非正式照顧的工具，法國、西班牙、義大利則加強提供公共或補助的長照服務，英國維持不變。隨著家庭照顧能量的萎縮、新自由主義福利國家以市場公民身分（market citizenship）取代社會公民身分（social citizenship），自由選擇被強調。現金給付給家庭，向市場購買照顧（CfC），取代公共提供服務，包括法國、義大利、西班牙、奧地利、德國都擴大發展照顧服務市場，只是購買照顧的作法差異極大，德國、奧地利引進低價的外籍看護工；法國則發展由非營利組織為主的本國照顧服務市場；英國繼續發展包括公、私部門競爭的照顧市場；德國也部分引進營利的照顧服務；義大利則補助家庭自行向市場購買低價的照顧服務（Le Bihan, Da Roit, & Sopadzhiyan, 2019）。

四、韓國

因於人口快速老化，韓國2005年老年人口占比超過9%，2020年超過16%，預估2050年會超過38%。人口老化與戰後嬰兒潮生育率高及預期壽命延長有關，再加上家庭結構改變，2004年韓國老人與其子女同住的比例降到38%，再加上婦女勞動參與率提高，家庭照顧老人的能力降低。與配

偶同住且獲得長期照顧服務的老人僅36%，住宿式機構供給也不足，導致老人長期照顧問題嚴重。於是，2000年時韓國政府設置一個老人長期照顧規劃委員會（Planning Committee for Long-Term Care for Older People），金大中大統領建議於2001年推出長照保險。2003年，盧武鉉大統領敲定於2007年提出《長照保險法》草案，該年4月通過立法，於2008年7月實施。韓國開辦長照保險時的人口老化程度是10%，比德國、日本開辦長照保險時的17-18%，相對提前。韓國之所以會提前，原因是韓國缺乏足夠的非營利系統提供長照服務、以孝道為基礎的家庭照顧越來越無力以承擔照顧責任（Seok, 2010）。韓國的長照保險雖然仿自日本介護保險，但是混血了日本、德國長照保險的某些特質（Campbell, Ikegami, & Kwon, 2010）。

　　長照保險財源是政府負擔20%，保險費負擔60-65%，使用者自付15-20%（居家服務負擔15%、機構式照顧20%），窮人免自付。韓國長照保險給付包括居家服務與機構服務兩者，但是基於經濟考量，韓國長照保險放棄在英國、日本行之有年的照顧管理體系，而是由長照需求者向國家健康保險公司（保險人）申請給付，經國家健康保險公司評估身心健康條件，分為三級，合格者再向國家健康保險公司所指定簽約的長照服務提供者尋求服務，居家服務包括：居家協助、居家洗澡、到宅護理、日間與夜間照顧、短時照顧等；機構式照顧包括護理之家、團體家屋等。因缺乏照顧管理制度的設計，可能產生服務效率與效果的問題（Seok, 2010）。

　　韓國在推動長期照顧保險時也出現稅收制與保險制的爭議。政府選擇保險制的主要原因是立基於保險費的收入提供新的財源，減輕政府的負擔（Chon, 2014）。韓國開放營利事業進入長照市場，市場化的長照服務體系目的也是減輕政府的財政負擔。市場化的結果是，長照服務單位大量增加，長照機構從2008年的1,700單位增加到2012年的4,326單位，成長2.55倍；居家服務單位從6,618單位增加到10,730單位，成長1.62倍。可見長照保險鼓勵機構式照顧快速成長，成長率高於居家服務；且值得注意的是營利組織大量介入長照服務，以居家服務為例，82%都是營利組織所經營。長照保險雖然提高照顧服務涵蓋率，從2008年的4.2%提升到2012年的5.8%，但仍遠低於OECD國家平均11%的一半（Chon, 2014）。長照保險實施後，研究顯示，並未達成預期的公平分配服務（Park, 2015）。顯然

韓國的長照保險還有很多待改進的環節，長照服務的營利化、機構化，框架了韓國長照保險的發展，明顯與日本、德國、荷蘭、法國不同。

參 保險與稅收混合制

一、日本的長期照顧制度

因於人口老化快速，日本於1960年代開始實施高齡者福祉政策，1963年制訂《老人福祉法》，創設特別養護之家，老人家庭照護員也法制化。1973年老人醫療費用免費化。1982年通過《老人保健法》，老人健康照護從全民健康保險分離，老人醫療自負額一成。夾雜著因人口老化帶來女性家庭照顧者的龐大負擔，特別是家中有兒童或阿茲海默症（Alzheimer）的老人，以及老人免費醫療的緊縮，再加上日本女性很少被邀請參與公共事務的決策，即使大部分的照顧工作由女性擔綱。於是，日本「高齡社會促進婦人會」（Koreika Shakai wo Yokusuru Josei no Kai）在1983年組成，開始扮演研究、採取行動促進高齡社會福祉的角色。日本政府遂於1989年提出「黃金計畫」（Gold Plan）（高齡者保健推行十年戰略），1994年再修正爲「新黃金計畫」（New Gold Plan），規劃高齡化社會的健康與照顧體系（Usui & Palley, 1997）。基於新黃金計畫的推行成果與財政考量，1996年朝野三黨對於介護保險制度創設之「執政黨同意事項」取得共識。1997年制訂《介護保險法》。終於在2000年4月繼德國經驗之後，推出長期介護保險（Long-term Care Insurance）（Asahara, Momose, & Murashima, 2002），將日本的老人長期照顧社會化，減輕家庭照顧者的負擔（Higuchi, 2004; Peng, 2003）。

由於介護保險設計時未區分照顧管理（care management）與服務提供的角色，致私人服務提供者所僱用的照顧管理專員發生浮濫核定照顧計畫的情事，介護保險被濫用，特別是營利的長照服務提供單位進入介護保險體系，爲了利益極大化，濫用的情形更嚴重。2005年改革引進成本控制機制，照顧管理改由地方政府承擔，同時，引進社區整體照顧系統（community-based integrated care system），強化長照與醫療、社會福祉、志願服務的整合。進一步，2011-2012年，再擴大以社區爲基礎的整

合照顧原則，將社區整合服務體系擴大為提供每一位老人，不只健康照護、長期照顧，還包括各種支持服務，以利老人住在社區能有安全、健康的日常生活（Morikawa, 2014）。

在介護制度推動之前，老人福祉與老人醫療分立。老人福祉設施包括特別養護老人之家、居家照護服務、日間服務等，出現以下問題：

1. 由市町村決定服務的種類與提供機構，使用者無法選擇。
2. 由於必須進行資產調查，服務使用時會伴隨著心理抗拒。
3. 由於市町村直接或委託服務提供不符競爭原則，服務內容易流於單一化。
4. 由於依據本人與扶養義務人的收入水準負擔費用，對中高所得家戶來說費用負擔過重。

老人醫療設施包括：老人保健設施、療養型病床、一般病院、訪問看護、日間照護等，也出現一些問題：

1. 由於納入《老人保健法》，對中高所得家戶來說費用負擔較輕，且由於老人福祉設施設備不完善，致發生以介護為由長期住院問題。
2. 與特別養護老人之家相較，老人保健設施成本較高，使醫療費用增加。
3. 以治療為目的的醫療設施，在醫院人員與生活環境等面向，不足以作為需要介護者長期照護的適當場所（例如室內面積小、沒有餐廳與浴室等）。

二、日本的介護保險

（一）目的

於是，隨著高齡化程度升高、需要介護的高齡者人數增加、介護期間長期化等因素，使得介護需求越來越大。此外，再加上家庭核心化、家庭照顧負荷沉重等，促成了日本黃金計畫的提出，最後通過介護保險制度。日本介護保險的目的是（筒井孝子，2010）：

1. **自立支援**：不僅照顧需要介護的高齡者的日常生活，且支持高齡者達到生活自立。

2. **使用者本位**：依使用者的選擇，從多樣的服務主體提供綜合性的醫療保健與福祉服務。

3. **社會保險方式**：採取明確的社會保險方式，界定給付與負擔間的關係。

（二）保障對象

日本的介護保險保障對象分為兩類：

1. **第一類被保險人**：65歲以上老人。

2. **第二類被保險人**：40-64歲國民。

（三）財源

1. **保險費**：占總經費50%，根據人口比例設定，由第一類被保險人分攤20%，第二類被保險人分攤30%。

2. **稅**：占總經費50%，市町村（鄉鎮市）12.5%、都道府縣12.5%、國家25%。

老人繳交的保險費原則上從老年年金中直接扣除。從財源角度論，日本的介護保險是稅收與保險混合制。自負額10%。照顧服務業者提供服務後，再向介護保險申請支付。

（四）給付

被保險人向市町村窗口申請要介護認定（評估），程序是經認定調查、取得醫師意見書之後，確定是否需要介護。要介護者依程度分五級；不須介護但要支援者依程度分二級。前者依照顧管理師擬定的關懷計畫（介護服務利用計畫）向服務業者申請介護給付，包括以下服務：

1. 設施服務（特別養護老人之家、介護老人保健設施、介護型療養醫療設施）。

2. 居家服務（訪問介護、訪問看護、通勤介護、短期入所服務等）。

3. 在地型服務（小規模多機能型居家介護、夜間型訪問介護、失智症共同生活介護等）。

要支援者的服務，依照顧管理師擬定的介護預防照護計畫，向服務業者申請預防給付，內容包括：

1. 介護預防服務（介護預防通勤介護、介護預防通勤復健、介護預

防訪問介護等）。

2. 在地型介護預防服務（介護預防小規模多機能型居家介護、介護預防失智症、共同生活介護等）。

評估未通過者由市町村視情況需要提供服務，或由地區支援事業提供服務。地區綜合支援中心由社會福祉士（社會工作師）、照顧管理師、保健師組成專業團隊方式提供服務。

（五）介護服務體系

日本介護服務體系包括五類：

1. **訪問型服務**：訪問介護、訪問看護、訪問入浴介護、居宅介護支援等。

2. **通勤型服務**：通勤介護、通勤復健等。

3. **短期停留型服務**：短期入所生活介護。

4. **居住型服務**：特定設施入住者生活介護、失智症共同生活介護等。

5. **入所型服務**：介護老人福祉設施、介護老人保健設施等。

（六）遭遇困境

到2009年止，日本介護保險面臨的問題有以下幾樁（筒井孝子，2010）：

1. **要介護的高齡者增加，介護保險財務惡化**

9年來老人增加688萬人（32%），但是要介護的老人卻從218萬增加到475.3萬，成長2.18倍，與老年人口數成長不成比例。認定率從2000年的10.07%，成長到2009年的16.7%。其中增加最快的是要介護一級，高達182.1%。接受服務人數增加222萬（149%），其中以居家服務成長幅度最大（177%）。造成介護保險預算從3.6兆日圓，升高到7.7兆日圓，呈2.14倍成長，使介護保險財務惡化。

2. **介護保險給付的地區差異**

65歲老人的保險費分別由市町村或跨區聯合決定，每3年調整一次。其計算基準是由市町村要介護的高齡人口數使用費計算出，一旦介護服務使用量增加，便會產生保費分攤的市町村負荷加重，繳費意願降低。倘若擴大被保險人數（降低被保險年齡）則年輕世代負擔增加，陷入兩難。因此，市町村方面提出提高國庫負擔的比率。此外，介護服務給付各地區明

顯有差異，造成不公平。

3. 失智症老人增加，但是照護服務缺乏專門性

日本失智症從2000年的11.1萬人，增加到2009年的32.1萬人。但是失智症服務體系出現嚴重落差：即使出現失智症症狀，當事人、家人與周遭的人均未注意到，特別是獨居老人；即便被發現，也不見得會去就醫，而足不出戶；即使要去就醫也不知道去哪類醫療機構就醫，懷疑是否能從醫師那裡獲得適切的診斷與治療建議；失智症的專門醫療機構不足、醫護人力也欠缺；失智症被認為缺乏治療價值；行動與心理治療方式也未確立；失智症的身體合併症也沒有適切執行；失智症患者長期住院情形嚴重；醫師以外的醫療人員很少參與失智症的研習；失智症照護設施品質參差不齊；即使是早期被診斷出失智症，也未必有接受介護服務；由於部分失智症者住院，致相關資訊中斷。

4. 介護服務提供主體經營情況惡化

介護事業收益率下滑。雖然，每位使用者的單位收入增加1%，但是支出增加更高。介護使用者每人平均支出增加8%，支出增加主因在於事業收入中薪資比例增加2.7%、委託費用增加2.2%；人事費用增加的部分，隨著介護職員每人薪資增加8%，職員人力配置也變得比較寬裕。

5. 介護人才不足，致人員素質低落

2008年厚生勞動省調查全部介護產業員工離職率14.6%，其中介護職員的離職率高達21.9%，訪問介護員離職率也達13.9%，致服務品質難獲保證；且有相當多介護福祉士、訪問介護員取得資格，但未進入介護產業工作。例如2007年取得介護福祉士資格者640,402人，但實際從事者只有355,659人（55.5%）。取得訪問介護員資格者2,705,204人，實際從事者只有287,525人（10.6%）。進一步言，2008年介護職員薪資比平均醫療業薪資低，其中福祉設施介護員、到宅介護員的薪資最低，比保育士還低。

6. 介護服務使用者對介護認知改變

高齡化、少子化、未婚率上升、家庭結構縮小，家庭照顧負擔沉重，家庭照顧者需求外援；親子同居的日本美風逐漸褪色。介護保險補足這個缺口，解放了媳婦照顧者的工作，快速升高介護服務需求。

據此，日本厚生勞動省提出《2025高齡者介護的展望》，期待建構有

效率的保健醫療福祉服務、確保介護服務的質與量、改善介護勞動條件以確保介護人才不流失、建構以預防為主的介護模式、失智症照護之標準化等五大方向，以解決介護保險面臨的困境（筒井孝子，2010）。

隨著人口老化加速，2000年老年人口2,165萬人，到了2015年已達3,308萬人，提高1.53倍。要支援與要介護的人數從218萬增加到608萬，成長到2.79倍。居家照顧人數從97萬增加到382萬，成長3.94倍。住宿式機構照顧從52萬增加到90萬，成長1.73倍。社區為基礎的照顧人數從原來的零，成長到39萬。其中以社區為基礎的照顧體系是在2014年修法中建立的「社區整體照顧系統」（the community-based integrated care system model）（Ministry of Health, Labour and Welfare, 2016）。

社區整體照顧系統是指老人住在自家，接受社區支援中心的照顧專員諮詢與協調服務整合；長照服務單位的到宅服務、送餐、沐浴、24小時訪視等服務；醫療機構的到宅醫護；社會團體（老人俱樂部、居民團體、志願組織、非營利組織等）的生活支援、預防失能、老人家訪、健康訪視等。社區範圍約以一個國中學區大小為原則，30分鐘以內服務單位可以到達老人家裡，提供所需服務（Morikawa, 2014）。

接著，日本政府於2016年7月成立「我的事&一起來」在地共生社會實現本部，目的是為了實現「在地共生社會」。亦即，將社區整體照顧系統擴大，涵蓋醫療、育兒、住宅、教育、產業、交通、移居等多重功能的地方創生與照顧服務的整合（林萬億，2020）。

從以上日本長期照顧的演進看出，隨著人口快速老化、需求照顧人數累增、財政負荷加劇、照顧人力不足，原先以專業人員、專門機構分別提供服務的垂直式長期照顧模式，翻轉成為以家庭為中心、以社區為基礎的互助照顧體系，藉此達成多重目標：去機構化（減少老人住院化、機構化）、降低介護服務需求、抑制介護保險成本、整合照顧人力、提升老人自立生活尊嚴。

肆 商業長照保險市場制

由於美國有限的公共健康保險分屬社會安全中的兩個體系：老人醫

療照護（Medicare）與低收入戶醫療救助（Medicaid）。因此，美國的長期照顧大量依賴家庭自己照顧或向私人保險公司購買長照保險（Levitsky, 2010）。美國就成為私人長照保險市場最發達的國家。

基於醫療照護與醫療救助，美國加州舊金山華人社區的On Lok健康服務於1973年發展出老人全包照顧（the Program of All-Inclusive Care for the Elderly, PACE），到2014年全美31州104個都市採行。針對55歲以上，各州有健康照護需求的人口，居住在家中，由該地區的PACE提供整合急診與長照服務。PACE的哲學基礎是慢性病老人需要家庭提供最佳照顧，且健康照護最好輸送到社區裡，而不是讓老人住院。PACE提供以下服務：(1)經由論人計費（capitation）整合醫療照護與醫療救助給付的基金；(2)透過成人日間照顧方案提供從急診到長期照顧的全包服務；(3)透過跨專業評估團隊進行個案管理。目前一個PACE最少服務14個案例，最多到3,813個老人。PACE被證實對降低老人死亡率、延緩失能有幫助，但是納入計畫的對象特定是接受醫療救助者，無法普及到一般民眾，故被稱為只是一種點綴模式（boutique model）（Gaugler, 2016）。

另外，又有仿照健康維護組織發展出來的社會健康維護組織（Social Health Maintenance Organization, SHMO）出現於1985年，整合長期照顧與健康維護，依個人疾病履歷，發展出老年健康方案（geriatric health programs）。如同PACE，SHMO的目的也是為了減少老人住院率，而發展以社區為基礎的長期照顧服務。此外，長久照顧（Evercare）方案則是將國家健康方案（National Health, NH）的對象經由減免醫療照護與醫療救助之後，加上管理照顧而成，長久照顧方案將服務對象納入HMOs，扣除醫療救助與私人保險，納入國家健康方案成本。其實，也是一種整合長期照顧與醫療，結合各種給付，以統合照顧成本，降低重複浪費（Gaugler, 2016）。

美國退伍軍人局（the Veteran's Administration）也推出家庭為基礎的初級照顧（Home-based Primary Care Program, HBPC），提供給退伍軍人於出院之後，以家庭為基礎的跨專業團隊照顧，是一種以家庭為基礎的照顧管理（Gaugler, 2016）。

美國沒有單一的全國性公共長照計畫或保險，因此，前述大部分的長

照服務方案都是建立在既有的老人醫療照護與醫療救助基礎上。因此,掙扎於醫療與社會照顧之間。雖然兩者本應分工銜接、跨專業協力,但是以醫療爲基礎的經驗仍然非常明顯。美國的醫療費用本就非常高,如果架構在醫療體系下的長照服務,其成本也是水漲船高。向歐洲學習逐成爲學者倡議的課題,從現有拼湊式的長期照顧(patchwork long-term-care),改進爲以支持家庭照顧爲中心,以社區爲基礎的服務模式,是美國亟需迎頭趕上的,而擴大爲普及的醫療救助(Universal Medicaid)模式也是一種選項(Costa-Font, 2019)。

美國有760萬,約12.4%的65歲以上老人購買私人長照保險。但是,私人長照保險遭遇到諸多困難,市場有萎縮的趨勢。2002年有102家保險公司推銷長照保險商品,到了2012年,只剩下12家公司繼續推銷這類商品。購買長照保險的消費者所得相對高,保費也調高。亦即,保險公司追求高端消費者,提供綜合與昂貴的保障;同時,由於經濟衰退,保險公司轉投資的報酬率下滑,也影響長照保險市場的開發。長照保險市場難以開發的主因是保險公司很難預測成本,因此不容易精準地設定保費,再加上預期壽命延長,長照給付往往超出預期。如果沒有慷慨的給付項目,對消費者來說並無吸引力,一旦給付涵蓋範圍廣,給付支出就增加,保險公司暴露在風險的情形嚴重,最後只好調高保費。然而,保費太高,長照保險市場就萎縮。因此,私人長照保險在美國是否有榮景,仍是個未定數(Fernández & Nadash, 2016)。

伍 長期照顧制度比較

歐洲各國從選擇式長照服務走向普及式服務的趨勢明顯,不論是荷蘭、西班牙、蘇格蘭都是(Costa-Font, 2019)。北歐各國、德國更是領先。亞洲國家以日本的長照發展最早,臺灣、韓國跟進。各國長期照顧的財源大致可分爲:稅收制、社會保險制、稅收與保險混合制,以及商業保險市場制,其制度比較如下表7-2。

表7-2　工業民主國家的長期照顧制度比較

財源	稅收制	社會保險制	半稅收保險制	商業保險制
國家	英國、瑞典、芬蘭、挪威、丹麥、奧地利、澳洲、紐西蘭、波蘭、捷克、匈牙利、斯洛伐克、愛爾蘭、瑞士、義大利、西班牙、葡萄牙、加拿大、臺灣	荷蘭、德國、法國、盧森堡、以色列、韓國	日本	美國
財政負擔	由稅收負擔	由勞工與雇主分攤保險費（韓國政府負擔20%）。雇主容易將其分攤部分轉嫁給勞工	稅收占總經費50%，市町村12.5%、都道府縣12.5%、國家25%；保險費占50%：40-65歲分攤30%、65歲以上分攤20%	大量依賴家庭自己照顧或向私人保險公司購買長照保險
服務體系布建	政府主導服務體系的資源配置；鼓勵民間服務提供者投入資源	民間非營利服務提供者選擇服務設施的布建、營利機構依市場法則決定服務設施的布建	政府主導服務體系布建、兼顧民間服務設施提供者的分布	營利機構依市場法則決定服務設施的布建
居家服務與社區照顧	普及	因給付不同而差異（荷蘭、法國較普及，德國較不普及）	普及	不普及
機構式照顧涵蓋率	低（比利時、瑞士稍高）	高（荷蘭、盧森堡、韓國較高）	中	高
服務公共化程度	高（英國、瑞士較低）	低（荷蘭與法國較高、德國最低）	高	很低

財源	稅收制	社會保險制	半稅收保險制	商業保險制
長照服務提供者經營主體	非營利為主、營利為輔（英國營利化程度較高、加拿大、西班牙各半）	非營利為主、營利為輔（德國、韓國營利化程度較高）	混合非營利與營利（成立社會福祉法人）	營利為主、非營利為輔
給付家庭照顧者（選擇現金給付與居家服務）	義大利、奧地利、英國、捷克	德國、法國、荷蘭	無	無
僱用外籍看護工	義大利（占7/10）、西班牙、希臘、葡萄牙、英國、奧地利、捷克、加拿大、澳洲、紐西蘭、臺灣（約24萬人）	以色列（占1/2）德國（約20萬人）、法國、韓國、荷蘭（少量）	小規模試辦	約占1/4
商業長照保險涵蓋率	商業長照保險補公共服務之不足	商業長照保險補社會保險之不足（法國較普遍）	商業長照保險補公共服務與社會保險之不足	高（占老人人口12.4%）

資料來源：作者整理自Gori, C., Fernández, J-L., & Wittenberg, R. (eds.) (2016). *Long-term Care Reforms in OECD Countries*. Bristol: Policy Press.

　　長照服務的模式不出以下三種：居家與社區為基礎的服務（home and community-based services, HCBS）、住宿式機構照顧、現金給付。居家與社區為基礎的服務包括居家服務、日間照顧、喘息服務、物資提供等；住宿式機構照顧包括社會照顧（福利）機構、護理之家，以及合併護理之家與慢性病床；現金給付是指照顧者津貼、個人預算、直接現金給付等。

　　從表7-3可見日本、瑞典是大量使用居家與社區為基礎服務的國家，而不偏愛機構式照顧，同時減輕家庭照顧者負擔。義大利、英國、德國是大量使用現金給付的國家，家庭照顧者領取照顧津貼或個人現金給付後，在長照市場購買由私人到宅服務，或外籍看護工住家照顧，致引進大量外籍看護工。各國住宿式機構照顧因為成本高，占比都不高，維持在老人的2-5%之間。領取現金給付比例高的國家，較依賴家庭照顧模式，而有較

低的機構式照顧比，例如義大利、英國。顯示了給付設計某種程度決定了照顧模式，而非財源。但是，公共化居家（到宅）服務與社區為基礎的照顧服務資源越不足的國家，引進外籍看護工與家庭自行照顧的機會越大，例如義大利、德國、英國等。

表7-3　各國長照服務模式的涵蓋率（占老人%）

服務模式／國家	澳洲	英國	德國	義大利	日本	瑞典	美國
居家服務	13.0	4.4	3.1	5.7	4.7	9.1	2.6
日間照顧	--	0.8	0.2	--	6.7	--	--
喘息服務	3.0	--	0.1	--	1.4	0.0	--
物資提供	3.0	3.3	--	--	7.6	0.4	--
社會福利機構	1.0	--	--	--	--	0.6	--
護理之家	4.0	--	4.0	2.1	3.8	2.7	2.5
護理之家＋慢性病床	--	--	--	--	1.0	1.5	--
現金給付	7.4	23.5	6.4	12.3	--	--	--

資料來源：Gori, Fernández, & Wittenberg (2016). Ch.4, p.49.

結論

　　老人福祉，不只是健康與社會福利的議題，還包括友善老人的交通、無障礙環境、老人教育、老人休閒娛樂、老人消費、老人科技運用等。當然老人福利也不只是長期照顧一項，還包括健康預防、經濟安全、老人保護、高齡就業、老人住宅、社會參與等。但是，不可否認的，經濟安全與長期照顧是高齡社會來臨最嚴厲的挑戰。

　　就長期照顧套裝服務提供來說，不論稅收制或社會保險制差異其實不大，都要有完整的服務體系，才能保證老人生活品質。瑞典的照顧服務體系是最完善的，但是財務規劃卻大大地影響照顧安排。在社會保險制之下，中低所得家戶因自負額的規定，較難長期使用照顧服務，而維持由家庭成員提供非正式照顧（Blome, Keck & Alber, 2009）。就人民來說，繳

稅也是錢，繳保險費也是錢，根本無差。只是，哪一種比較公平而已。繳稅的所得來源比較多元，較公平；繳保險費是依薪資所得比例繳交，對薪水階級不利。而長期照顧保險的確帶動了服務需求的快速增加，如果沒有完善的照顧服務套裝與照顧管理制度，很難保證服務品質的提升。同樣是稅收制的瑞典、奧地利、義大利，即可發現長期照顧計畫的重要性，而差別不在於財務規劃。

而外籍看護工的問題，不論在社會保險制或稅收制都是困擾。臺灣、日本、英國、奧地利、義大利、德國等都面臨外籍看護工的課題，採取嚴格管制，例如篩選、專業訓練、考試資格取得、管理等，是各國的作法。要將外籍看護工納入合法給付對象，必須是取得合法照顧資格者。法國、日本的作法值得參考，將照顧服務體系發展與就業結合，訓練本國照顧服務人員，自然解決外籍看護工的問題。英國的經驗也認為提升社會照顧部門員工的地位、嚴格管制外籍看護工入境管道、強化政府與雇主的協調溝通、促進長期照顧服務的整合與接近、提升外籍看護工的語言與技術訓練及文化能力、防止外籍看護工的工作歧視與性騷擾、加強外籍看護工的督導、積極訓練本國照顧人力等，才能一方面提升老人照顧的品質，同時解決外籍看護工的問題（Caniano, Shutes, Spencer, & Leeson, 2009）。

至於長期照顧公共化與私有化的爭議，顯然上述國家的長期照顧體系主要還是靠公共部門與非營利組織提供服務。依諾貝爾經濟學獎得主史提格里茲（Stiglitz, 1986）的公共經濟學指出，具有以下幾種性質者，屬公共性高，宜由公共部門提供：(1)競爭失靈者，例如獨占性、交易成本高、規模回報率低者；(2)公共財，例如社會福利、教育、健康等；(3)外部性高者，例如環境保護；(4)不完全市場；(5)資訊失靈者；(6)在失業、通貨膨脹、社經失衡時；(7)為了資源重分配與功績財（merit goods），例如國民義務教育、兒童安全座椅等。

不論是身心障礙者、兒童、失能或失智老人的照顧服務具有以下特性，更不適合營利化（林萬億，2005）：

1. 「服務使用者」（失能老人或身心障礙者）是相對弱勢的，本身無力監督服務提供者，特別是企業組織。
2. 服務資訊不對等，選擇能力受限。

3. 服務品質不易測量，很難確認價格合理性指標。

4. 服務費用大多由代理人支付，例如子女、監護人、保險公司，而非本人購買，有可能使用者的感受不被付款人了解，或付款人為了省錢（例如自負額）而減少購買，致服務需求不被滿足。

5. 因是勞力密集工作，利潤有限，經營者往往以壓低照顧工作人員薪資來提高利潤，例如聘用外籍看護工，或迫切需要工作養家之婦女，造成經營者賺錢，而弱勢者卻相殘的局面。

6. 服務提供者會以供給創造需求來達到增加需求，使得服務提供可能發生濫用、過度使用、虛報服務、實領支付等情事，而造成資源浪費，或成本提高。

總之，長期照顧是一千頭萬緒的政策，歐洲工業先進國家與日本提供很好的借鏡。隨著人口老化加速、家庭照顧功能萎縮，如何建立一套適合國情、符合人性的長期照顧制度是各國努力的目標。臺灣的長期照顧十年計畫2.0何嘗不是如此。

參考書目

‧日本國立人口與社會保障研究所（2005）。日本的社會保障制度簡介。

‧行政院經建會（2004）。中華民國臺灣民國93年至140年人口推估。

‧呂寶靜（2001）。老人照顧：老人、家庭、正式服務。臺北：五南。

‧余尚儒（2015）。日本在宅醫療發展對我國居家醫療的啟示。臺灣家醫誌，25期，頁105-119。

‧余尚儒（2017）。在宅醫療——從**Cure**到**Care**。臺北：天下。

‧林昭文（1998）。1999國際老人年：不分年齡人人共享的社會。社區發展季刊，83期，頁280-286。

‧林萬億（2005）。1990年代以來臺灣社會福利發展的回顧與展望。社區發展季刊，109期，頁12-35。

‧林萬億（2012）。臺灣的社會福利：歷史與制度的分析。臺北：五南。

‧林萬億等（2020）。社區工作：理論與實務工作手冊。臺北：雙葉。

‧筒井孝子（2010）。當前的日本介護保險制度概觀（簡報）。日本國立保健醫療科學院福祉服務部。

‧曾思瑜（2002a）。北歐高齡者住宅、設施政策與體系建構之研究—以瑞典和丹麥為例。建築學刊，第41期，頁23-42。

‧曾思瑜（2002b）。瑞典、英國、日本高齡者住宅與入居設施體系之比較研究。科技學刊，第11卷1期，頁45-61。

‧陳政雄（1997）。老年人的居住：日本的高齡者住宅政策與居住環境——以東京都為例。建築師，第1期，頁101-106。

‧衛生福利部（2017）。老人狀況調查報告。

‧ Antonucci, T., Okorodudu, C., & Akiyama, H. (2002). Well-Being among Older Adults on Different Continents. *Journal of Social Issues*, 58: 4, 617-626.

‧ Asahara, K., Momose, Y., & Murashima, S. (2002). Family Caregiving of the Elderly and Long-Term Care Insurance in Rural Japan. *International Journal of Nursing Practice*, 8, 167-172.

‧ Atchley, R. C. (1993). Critical Perspectives on Retirement. In Cole, T. R. et al. (eds.), *Voices and Visions: towards a critical gerontology*. NY: Springer.

‧ Baltes, M. M. & Carstensen, L. L. (1996). The Process of Successful Ageing. *Ageing and*

Society, 16: 397-422.

· Baxter, K., Glendinning, C., Clarke, S., & Greener, I. (2008). *Domiciliary Care Agency Responses to Increased User Choice: perceived threats, barriers and opportunities from a changing market*. York: Social Policy Research Unit.

· Bengtson, V., Putney, N. M., & Johnson, M. L. (2005). The Problem of Theory in Gerontology Today. In Johnson, M. L. (ed.), *The Cambridge Handbook of Age and Ageing*. Cambridge University Press.

· Berkman, L. F., Seeman, T. E., Albert, M., Blazer, D., Kahn, R., Mohs, R., Finch, C., Schneider, E., Cotman, C., & McClearn, G. (1993). High Usual and Impaired Functioning in Community-dwelling Elderly: findings from the MacAthur foundation research network on successful aging. *Journal of Clinical Epidemiology*, 46: 1129-1140.

· Bhattarai, L. P. S. (2013). Reviving the Family Model of Care: can it be a panacea for the new century? *Indian Journal of Gerontology*, 27: 1, 202-218.

· Bigby, C. (2005). *Ageing with a Lifelong Disability: a guide to practice, program and policy issues for human services professionals*. London: Jessica Kingsley Publishers.

· Blome, A., Keck, W. & Alber, J. (2009). *Family and the Welfare State in Europe: intergenerational relations in ageing societies*. Cheltenham: Edward Elgar Publishing.

· Bolda, E. J. (2005/2006). Community Partnerships for Older Adult: meeting the housing challenge. *Generations*, Winter, 61-63.

· Böcker, A., Horn, V., & Schweppe, C. (2017). National Old-age Care Regimes and Emergence of Transnational Long-term Care Arrangements for the Elderly. In Ginggrich, L. G. and Kongeter, S. (eds.), *Transnatioanl Social Policy: social welfare in a world on the move*. London: Routledge.

· Bond, J., Peace, S. M., Dittmann-Kohli, F., & Westerhof, G. (2007). *Ageing in Society* (3rd ed.). London: Sage.

· Brodsky, J., Habib, J., Hirschfeld, M., Siegel, B., & Rockoff, Y. (2003). Choosing Overall LTC Strategies: a conceptual framework for policy development. In WHO, *Key Policy Issues in Long-Term Care* (pp.245-70). Geneva: World Health Organization.

· Butler, R. N. (1985). *Productive Aging: enhancing vitality in later life*. New York: Springer Publishing.

· Calkins, M. P. (2004). Articulating Environmental Press in Environmento for people with Dementia. *Alzheimer's Care Today*, 5(2): 165-172.

· Callahan, D. (2006). Curing, Caring and Coping. *America*, 194(3): 12-16.

· Campbell, J. C., Ikegami, N., & Kwon, S. (2010). Policy Learning and Cross-national Diffusion in Social Long-term Care Insurance: Germany, Japan, and the Republic of Korea. *International Social Security Review*, 62, 63-80.

· Caniano, A., Shutes, I., Spencer, S., & Leeson, G. (2009). *Migrant Care Workers in Ageing Societies: research finding in the United Kingdom*. Oxford: Oxford University Press.

· Chambers, P. (2004). The Case for Critical Social gerontology in Social Work Education and Older Women. *Social Work Education*, 23: 6, 745-758.

· Choi, S-J. & Bae, S-H. (2005). National Policies on Ageing in South Korea. In J. Doling, C. J. Finer and T. Maltby (eds.), *Ageing Matters: European Policy Lessons from the East*. (pp.123-149). Aldershot, England: Ashgate.

· Chon, Y-H. (2014). The Expansion of the Korean Welfare State and Its Results – Focusing on Long-term Care Insurance for the Elderly. *Social Policy & Administration*, 48: 6, 704-720.

· Connidis, I. A. (2010). *Family Ties & Aging*. Los Angeles: Pine Forge Press.

· Comas-Herrera, A., Wittenberg, R., & Pickard, L. (2010). The Long Road to Universalism? Recent Developments in the Financing of Long-term Care in England. Social Policy & Administration, 44: 4, 375-391.

· Costa-Font, J. (2019). The Rolling Out and Back of Universal Long-Term-Care Supports in Europe. *Generations-Journal of the American Society on Aging*, 43(1): 42-46.

· Cowgill, D. A. & Holmes, L. D. (1974). Aging and Modernization: a revision of theory. In Gubrium (ed.), *Laterlife: community and environmental policies* (pp.305-323). NY: Basic Books.

· Cumming, E. & Henry, W. (1961). *Growing Old: the process of disengagement*. NY: Basic Books.

· De Roit, B., Le Bihan, B., & Österle, A. (2007). Long-term Care Policies in Italy, Austria and France: variations in cash-for-care schemes. *Social Policy & Administration*, 41(6): 653-671.

· Da Roit, B. & Weicht, B. (2013). Migrant Care Work and Care, Migration and Employment Regimes: a fuzzy-set analysis. *Journal of European Social Policy*, 23: 5, 469-486.

· Doling, J., Finer, C. J., & Maltby, T. (2005). *Ageing Matters: European Policy Lessons from the East*. Surrey: Ashgate.

· Doyle, M. & Timonen, V. (2007). *Home Care for Ageing Population: a comparative analysis of domiciliary care in Demark, the United States and Germany*. Cheltenham, UK: Edward Elgar.

· Eicher, M. & Pfau-Effinger, B. (2010). The Consumer Principle in the Care of Elderly People: free choice and actual choice in the Germany Welfare State. In B. Greve (ed.), *Choice: challenges and perspectives for the European Welfare State* (pp.77-93). Chichester: Wiley-Blackwell.

· Esping-Andersen, G. (1990). *The Three Worlds of Welfare Capitalism*. Cambridge: Polity Press.

· Estes, C. & Swan, J., & Gerard, L. (1982). Dominant and Competing Paradigms in Gerontology: towards a political economy of ageing. *Ageing and Society*, 12: 151-164.

· Estes, C. L. (2001). Political Economy of Aging: a theoretical framework. In Estes, C. and Associates (eds.), *Social Policy and Aging: a critical perspective*. Thousand Oaks, Ca: Sage.

· Fink, J. (ed.) (2004). *Care: personal lives and social policy*. Bristol: the Policy Press.

· Fernández, J-L., Forder, J., Truckeschitz, B., Rokosova, M., & McDaid, D. (2009). How Can European States Design Efficient, Equitable and Sustainable Funding Systems for Long-term Care for Older People? *Policy Brief*, 11. Copenhagen: World Health Organization Europe.

· Fernández, J-L. & Nadash, P. (2016). The Long-term Care Financing Problem. In Gori, C., Fernández, J-L. Wittenberg, R. (eds.), *Long-term Care Reforms in OECD Countries* (pp.25-43). Bristol: Policy Press.

· Foreman, M. D., Theis, S. L., & Anderson, M. A. (1993). Adverse Events in the Hospitalized Elderly. *Clin. Nurs. Res.*, 2(3): 360-70. doi: 10.1177/105477389300200310.

· Fozard, J., Rietsema, J., Bouma, H., & Graafmans, J. A. M. (2000). Gerontechnology: creating enabling environments for the challenges and opportunities of aging. *Educational Gerontology*, 26, 331-344.

· Fukuo, Y. (2004). The Concept of Mibyou in Aging Society. *Geriatrics and Gerontology International*, 4: 214-215.

· Galambos, C. & Rosen, A. (1999). The Aging Are Coming and They Are Us. *Health & Social Work*, 24: 1, 73-77.

· Gaugler, J. E. (2016). Innovations in Long-term Care. In Linda K. George and Kenneth F. Ferraro (eds.), *Handbook of Aging and the Social Science* (8th ed.) (Ch.20, pp.419-436). Amsterdam: Academic Press.

· Genda, Y. et al. (2007). Ageing and Employment in Japan. In Hamada, Koichi and Kato, Hiromi (eds.), *Ageing and the Labor Market in Japan: problems and policies* (Ch.1). Cheltenham, UK: Edward Elgar.

· Giarchi, G. G. (2002). A Conspectus of Types, Options and Conditions of Elder-accommodation in the European Continent. *Innovation*, 15: 2, 99-119.

· Gillick, M. R., Serrell, N. A., & Gillick, L. S. (1982). Adverse Consequences of Hospitalization in the Elderly. *Soc. Sci. Med.*, 16(10): 1033-1038. doi: 10.1016/0277-9536(82)90175-7.

· Gori, C., Fernández, J-L., & Wittenberg, R. (eds.) (2016). *Long-term Care Reforms in OECD Countries*. Bristol: Policy Press.

· Greve, B., Blomquist, P., Hvinden, B., & van Gerven, M. (2021). Nordic Welfare States: still standing or changed by the COVID-19 crisis? *Soc. Policy Adm.*, 55: 295-311.

· Hamada, K. & Kato, H. (2007). *Ageing and the Labor Market in Japan: problems and policies*. Cheltenham, UK: Edward Elgar.

· Hedge, J., Borman, W., & Lammlein, S. (2006). *The Aging Workforce: realities, myths, and implications for organization*. Washington, DC: American Psychological Association.

· Higuchi, K. (2004). Women's Association for a better Ageing Society. *geriatrics and gerontology international*, 4: 229-231.

· HM Government (2012). Decision Pursuant to Article 10(5) of Protocol 36 to the Treaty on the Functioning of the European Union, Presented to Parliament Secretary of State for the Home Department by Command of Her Majesty.

· Holmerova, I., Ferreira, M., & Wija, P. (2012). *Productive Aging: conditions and opportunities*. International Longevity Centre Czech Republic Centre for Expertise in Longevity and Long-term Care Faculty of Humanities, Charles University in Prague.

· Houben, P. P. J. (2001). Changing Housing for Elderly People and Co-ordination Issues in Europe. *Housing Studies*, 16: 5, 651-673.

· Hudson, R. B. (ed.) (2010). *The New Politics of Old Age Policy* (2nd ed.). Baltimore: The Johns Hopkins University Press.

· Jagger, C. (2006). Can We Live Longer, Healthier Lives. In Yi, Zeng et al. (eds.), *Longer*

Life and Healthy Aging (Ch.1). Dordrecht, the Netherlands: Springer.

· Jenkins, J. A. (2016). *Disrupt Aging: a bold new path to living your best life at every age.* NY: Public Affairs.

· Jorm, A. et al. (1998). Factors Associated with Successful Aging. *Australasian Journal on Aging*, 17: 1, 33-37.

· Kalache, A., Barreto, S. M., & Keller, I. (2005). Global Ageing: the demographic revolution in all cultures and societies. In M. Johnson (ed.), *The Cambridge Handbook of Age and Ageing* (pp.30-46). Cambridge: Cambridge University Press.

· Kendig, H. (2004). The Social Sciences and Successful Aging: issues for Asia-Oceania. *Geriatrics and Gerontology International*, 4: 6-11.

· Kirst-Ashman, K. K. (2007). *Introduction to Social Work & Social Welfare: critical thinking perspectives* (2nd ed.). Belmont, Ca: Thomson Higher Education.

· Korpi, W. (1995). The Position of the Elderly in the Welfare State: comparative perspectives on old-age care in Sweden. *Social Service Review,* June, 244-273.

· Kuypers, J. A. & Bengtson, V. L. (1973). Social Breakdown and Competence: a model of normal aging. *Human Development*, 16: 181-201.

· Larson, E. B. & associates (2006). Exercise is Associated with Reduced Risk for Incident Dementia among Persons 65 Years of Age and Older. *Annals of Internal medicine*, 144: 73-81.

· Le Bihan, B. L., De Roit, B., & Sopadzhiyan, A. (2019). The Turn of Optional Familialism through Market: long-term care, cash-for-care, and caregiving policies in Europe. *Soc. Policy Admin.*, 53: 579-595.

· Leithner, S. (2003). Varieties of Familialism: the caring function of the family in comparative perspective. *European Societies*, 5, 353-375.

· Lemon, B. W., Bengtson, V. L., & Peterson, J. A. (1972). An Exploration of Activity Theory of Aging. *Journal of Gerontology*, 27: 511-23.

· Levitsky, S. (2010). Caregiving and Construction of Political Claims for Long-term Care Policy Reform. In R. B. Hudson (ed.), *The New Politics of Old Age Policy* (2nd ed.). Baltimore: Johns Hopkins University Press.

· Lewis, J. (1992). Gender and the Development of Welfare Regimes. *Journal of European Social Policy*, 3: 159-137.

· Lynch, J. (2006). *Age in the Welfare State: the origins of social spending on pensioners, workers and children*. Cambridge: Cambridge University Press.

· McDonald, A. (2010). *Social Work with Older People*. Cambridge: Polity Press.

· Maltby, T. & Deuchars, G. (2005). Ageing and Social Policy in the European Union: a contextual overview. In J. Doling, C. J. Finer and T. Maltby (eds.), *Ageing Matters: European Policy Lessons from the East*. Aldershot, England: Ashgate.

· Milne, A., Hatzidimitriadou, E., & Wiseman, J. (2007). Health and Quality of Life among Older People in Rural England: exploring the impact and efficacy of policy. *Journal of Social Policy*, 36: 3, 477-495.

· Milner, J. (2005). Disability and Inclusive Housing Design. In Peter Somerville and Nigel Sprigings (eds.), *Housing and Social Policy* (pp.172-196). London: Routledge.

· Ministry of Health, Labour and Welfare (2016). *Long-term Care Insurance System of Japan*. Health and Welfare Bureau for the Elderly, Ministry of Health, Labour and Welfare.

· Mooney, G. (ed.) (2004). *Work: personal lives and social policy*. Bristol: the Policy Press.

· Morel, N. (2006). Proving Coverage against New Social Risks in Bismarckian Welfare States: the case of long term care. In K. Armingeon and G. Bonoli (eds.), *The Politics of Post-Industrial Welfare States: adapting post-war social policies to new social risks* (pp.227-247). NY: Routledge.

· Morikawa, M. (2014). Towards Community-based Integrated Care: trends and issues in Japan's long-term care policy. *International Journal of Integrated Care,* 14(26): 53-58.

· OECD (2013). *OECD Reviews of Health Care Quality: Sweden 2013*. Ch. 3 long-term care in Sweden.

· OECD (2021). Ageing and Long Term Care, Health at a Glance 2021, OECD Indicates.

· Ohara, K. (2004). Housing Policy towards a Super Aging Society: from building specifications to special needs measures. *Geriatrics and Gerontology International*, 4: 210-213.

· Omar, R. (2005). Malaysia: supporting families. In J. Doling, K. J. Finer and T. Maltby (eds.), *Ageing Matters: European Policy Lessons from the East* (pp. 41-55). Ashgate.

· Pampel, F. & Williamson, J. (1985). Age Structure, Politics, and Cross-national Patterns of Public Pension Expenditures. *American Sociological Review,* 50, 782-799.

· Pampel, F. & Williamson, J. (1988). Welfare Spending in Advanced Industrial Democracies. *American Journal of Sociology*, 93: 6, 1424-56.

· Pampel, F. (1994). Population Aging, Class Context and Age Inequality in Public Spending. *American Journal of Sociology,* 100: 1, 153-95.

· Park, J-M. (2015). Equity of Access under Korean National Long-term Care Insurance: implications for long-term care reform. *International Journal for Equity in Health*, 14: 82, DOI 10.1186/s12939-015-0210-y.

· Peng, I. (2003). Pushing for Social Care Expansion Demography, Gender, and the New Politics of the Welfare State. *American Asia Review*, XXI(2): 25-55.

· Phillipson, C. & Barrs, J. (2007). Social Theory and Social Ageing. In Bond, J. et al. (eds), *Ageing in Society: European perspectives on gerontology* (3rd ed.) (pp. 68-84). London: Sage.

· Pickard, L., Wittenberg, R., Comas-Herrera, A., Davies, B., & Darton, R. (2000). Relying on Informal Care in the New Century? informal care for elderly people in England to 2031. *Ageing and Society*, 20: 745–72.

· Pickard, L., Wittenberg, R., Comas-Herrera, A., King, D., & Malley, J. (2007). Care by Spouses, Care by Children: projections of informal care for older people in England to 2031. *Social Policy and Society*, 6, 3: 353-66.

· Ray, M., Bernard, M., & Phillips, J. (2009). *Critical Issues in Social Work with Older People*. Hampshire: Palgrave.

· Riley, M. W., Johnson, M., & Foner, A. (1972). Aging and Society, Vol. III: *A Sociology of Age Stratification*. NY: Russell Sage Foundation.

· Riley, M. W., Kahn, R. L., & Foner, E. (eds.) (1994). *Age and Structural Lag: society's failure to provide meaningful opportunities in work, family and leisure*. NY: John Wiley.

· Rose, A. (1965). A Current Theoretical Issue in Social Gerontology. *Gerontology,* 4: 46-50.

· Rowe, J. & Kahn, R. (1997). Successful Aging. *Gerontology,* 37(4): 433-440.

· Rowe, J. & Kahn, R. (1998). *Successful Aging*. New York: Random House.

· Saraceno, C. (2010). Social Inequalities in facing Old-age Dependency: a bi-generational perspective. *Journal of European Social Policy*, 20, 32-34.

· Seok, J-E. (2010). Public Long-Term Care Insurance for the Elderly in Korea: design, characteristics, and tasks. *Social Work in Public Health*, 25: 2, 185-209, DOI: 10.1080/19371910903547033.

· Stiglitz, J. (1986). *Economics of the Public Sector*. NY: W.W. Norton & Company.

· Swedish Institute (2018). *Elderly Care in Sweden*.

· Takamura, J. (2002). Social Policy Issues and Concerns in a Diverse Aging Society: implications of increasing diversity. *Generations*, Fall, 33-38.

· Tokita, T. (2002). The Prospects for Reform of the Japan Healthcare System. *Pharmacoeconomics*, 20(3): 55-66.

· Usui, C. & Palley, H. A. (1997). The Development of Social Policy for the Elderly in Japan. *Social Service Review*, Sept. 360-381.

· United Nations (2015). *World Population Ageing*. New York. United Nations.

· United Nations (2017). *World Population Prospects: the 2017 revision*. New York, United Nations.

· Van Hooren, F. (2012). Varieties of Migrant Care Work: comparing patterns of migrant labour in social care. *Journal of European Social Policy*, 22, 2: 133-147.

· Van Wormer, K. (2006). *Introduction to Social Welfare and Social Work: the U.S. in Global Perspective*. Belmont, Ca: Thomson Brooks/Cole.

· Wahlgren, A. (2000). *Good Housing for Older People and People with Disabilities*. Sweden: Socialstyrelsen.

· Wacker, R. R. & Roberto, K. A. (2011). *Aging Social Policies: an international perspective*. Los Angeles: Sage.

· Walker, A. (2002). A Strategy for Active Ageing. *International Social Security Review,* 55: 1, 121-39.

· Wanless, D., Forder, J., Fernandez, J-L., Poole, T., Beesley, L., Henwood, M., & Moscone, F. (2006). *Securing Good Care for Older People: taking a long-term view*. London: King's Fund.

· Wilberforce, M. et al. (2011). Implementing Consumer Choice in Long-term Care: The Impact of Individual Budgets on Social Care Providers in England. *Social Policy & Administration*, 45: 5, 593-612.

· Wittenberg, R. (2016). Demand for Care and Support for the Older People. In Gori, C., Fernández, J-L., & Wittenberg, R. (eds.), *Long-term Care Reforms in OECD Countries* (pp.9-24). Bristol: Policy Press.

· Zaidi, A. (2008). *Well-being of Older People in Ageing Societies*. Hants, England: Ashgate.

第八章
少數群體的福利

前言

不論是種族、性別、性傾向、宗教、年齡、身心障礙等的少數，都屬易受害者，或是弱勢者。這些人正是社會工作者優先的服務對象，也是社會福利體系首要幫助的對象。這些人不一定因人數的多寡而成為少數群體，而是因政治、經濟、社會地位的低落而成為社會中的被統治者。這些人也因身體條件、文化特質而被主流社會所歧視，進一步被排斥，結果是陷入疏離、貧窮、低自尊的惡性循環中。

由於性別、階級議題已在家庭、社會救助章節討論，宗教議題非本書所重點。因此，本章僅討論原住民、新移民議題。又由於移民議題涉及人口販運，就順勢帶進來成為本書的內容之一。實務上，人口販運雖是移民業務，但也是社會福利工作者的業務之一。

本章首先介紹少數群體與多元文化，提醒社會福利工作者文化知能的養成。進一步論及原住民族、新移民，再進入人口販運課題。而原住民權益的參考資料以聯合國為主，這是全球議題；移民議題則參考北歐國家為主，因為這些國家的移民政策較開明而符合普世人權價值；人口販運則廣納各國經驗。

 第一節　少數群體與多元文化

壹 少數群體

少數群體（minority group）是指一群人由於其身體與文化特質而被社會中的其他人所挑出，且給予差別與不公平的對待。因此，這些人認為自己被他人所歧視（Wirth, 1945；林瑞穗譯，2002）。這個定義包含客觀的指標與主觀的感受。客觀的指標是身體與文化特質，例如膚色、生活方式；主觀的感受是身分認同與團結，例如原住民身分、新移民等。費金

（Feagin, 1984）指出少數群體具有五個特質：(1)苦於被歧視與被統治；(2)身體與文化特質使其被隔離，不爲主流社會所認可；(3)產生一種集體身分與共同承擔苦難；(4)其歸屬與社會地位取決於社會的決定；(5)傾向內婚制。

少數群體不是一個政治上投票人數，或是族群人數多寡的議題，而是一個團體的政治權力、教育、社會地位、財富、就業等面向屈居於支配團體之下。因此，是一種支配群體（dominants groups）對被支配群體（subordinate groups）的關係。包括：種族、階級、性別、性傾向、宗教、年齡、身心障礙等。一個社會中少數群體的出現通常是人口遷徙、殖民、統治下的社會結構產物。當大量人口從他地遷移至新的居住地，且成爲優勢的一方，原先在此地生活的人民就可能成爲少數群體，例如美國印地安人，臺灣的原住民。在美國，後來遷入的西班牙裔、亞裔等都不敵白人的支配統治，也成爲少數群體。而曾經殖民南非的白人人數雖少，卻擁有相對高的政治權力、教育、社會地位、財富等，則是典型的少數統治，當地的原住民人數雖多，但也屬少數群體。

一、種族歧視

少數群體中最受矚目的是族群。種族（race）通常指生理上的與生物特徵上的差異群體，例如依膚色、頭髮、眼睛眼色來區分高加索族（Caucasian）、非洲族（African）、蒙古族（Mongoloid）。因爲這種從18世紀以來的所謂科學上的種族分類已夾雜著歐洲白人至上的觀念，差異（differences）被視爲是區隔與層級的指標。種族差異已不再是自然的了，而是種族主義（racism）。種族主義是指對不同族群採取偏見（prejudice）與歧視（discrimination）的對待。偏見是指依身體特徵、文化、想像等對他人有不合理的評價，是一種對待不同人群的態度。歧視是基於偏見而有的社會行動。當歧視發展成一種社會普遍的認知，而滲入法律、教育、就業、社會福利、交通、住宅等各個面向時，就是一種制度的歧視（institutional discrimination），在種族上則是制度的種族歧視（institutional racism）（Karger & Stoesz, 2006）。

族群（ethnicity）則是一種不同種族群體（ethnic groups）的個人的

身分認同，其認同基礎是血統或祖先，伴隨而來的是文化、語言、行為、宗教。但是，由於混居與跨族婚姻，新的族群產生，稱之為混血（Mixed）。許多國家的人口調查已經加上這一欄，而不再以「其他」標示之（Llewellyn, Agu, & Mercer, 2015）。

種族歧視若發生於移民社會則是一種排外（Xenophobia）現象。例如早期澳洲的白澳政策，印尼、馬來西亞、緬甸的排華風潮，以及歐洲各國、美國的新移民恐懼。而與種族歧視相近的是種族中心主義（ethnocentrism），是指認定自己的生活方式為唯一最好的生活方式；用自己的文化視角來看世界。例如部分美國駐伊拉克士兵不把伊拉克戰俘當人看，夾雜著宗教歧視、種族歧視、戰爭仇恨的種族中心主義。

社會福利也可能創造出福利的種族歧視（welfare racism），亦即透過福利給付的資格要件設定有意無意的達到社會排除、分化與阻礙（van Wormer, 2007）。例如西坎比（Seccombe, 1999）研究發現美國黑人福利受益者普遍認為社會福利機構懷疑其是開著凱迪拉克（Cadillac）的窮人？又例如以工作福利取代社會福利，其假設是認為窮人懶惰，不努力工作。

二、階級歧視

階級歧視（classism）是一種基於社會階層的社會排除，不論是基於低的生活水準、低教育品質，或談吐水準，透過此等劣質化達到壓迫的目的。上流社會對暴發戶的歧視也屬階級歧視，因為暴發戶在上流社會的眼中是假紳士，缺乏生活品味。但是，就社會福利來說，更在乎上流社會對低下階級的剝削。上流社會藉由政治權利與財富的擁有而掌握資源的分配，創造出不利於低下階級的政治、經濟、社會制度，例如參政權、法律、教育、稅制等，稱之為制度的階級歧視（institutional classism）（van Wormer, 2007）。

在生活世界中，常見一些有意無意的制度性階級歧視，例如學校班親會的組成，需要有錢有閒才能被選為家長委員，而自動排除勞工階級的家長參與；以才藝成績、社會網絡關係、口才表達等作為申請入學、甄試錄取的指標，絕對不利於低下階層的學生；讓成績優異的教師、警察、公務

員優先選擇留在城市，造成城鄉差距不斷擴大的不歸路等。這些都不斷複製中上階級家庭支配社會的戲碼。於是，階級兩極化（class polarization）越來越嚴重。

三、宗教歧視

以宗教之名行壓迫之實者稱為宗教歧視（sectarianism）（van Wormer, 2007）。宗教歧視與種族歧視相互糾葛，其中最受關注的是伊斯蘭恐懼症（Islamophobia），指基督教世界對伊斯蘭教的種族歧視。基督教反穆斯林（Anti-Muslim）其來有自，源於中世紀十字軍東征，被基督教歐洲所認可的軍隊，為了奪回被回教徒占領的耶路撒冷與聖城而發動近200年（1095-1291）的東征，種下了西方基督教文明對基督教的護衛與對東方異教徒的負面看法。薩伊德（Said, 1997）的東方主義（Orientalism）清楚地描述西方世界與東方世界的關係，西方基督教世界從種族的態度、信仰與人民印象來看待東方世界。

911恐怖攻擊、阿富汗戰爭、伊拉克戰爭、以色列與巴勒斯坦的戰爭等西方基督教世界與回教國家的戰爭，惡化了宗教歧視，特別是伊斯蘭恐懼症。

四、性別歧視

性別歧視（sexism）是指對不同性別採取偏見與歧視的對待，通常是指男性對女性的態度與行動。而近半世紀以來，反對針對同性戀（homosexuality）的偏見與歧視也搬上檯面，同性戀一詞被認為是有歧視的。1969年6月28日美國紐約的石牆酒吧暴動（Stonewall riots）事件，吹響了男同志權利運動的號角，同性戀被除罪化。1970年代男同志（gay）、女同志（lesbian）分別被使用來描述不同的性傾向。接著雙性戀者（bisexual）、變性者（transgender）也尋求社會認可，而出現四合一的概念——LGBT（男同志、女同志、雙性、跨性別）（lesbian, gay, bisexual and transgender）。雖然，LGBT社群間並非毫無爭議，但是1990年代以來，已成為一種通行的用詞，作為對抗異性戀主義（heterosexism）的主張。異性戀主義者認為同性戀者是偏差的、

變態的、低劣的。同志社群也有在LGBT後加上字母「Q」代表酷兒（Queer）和／或對自身性別認同感到疑惑的人（Questioning），而有「LGBTQ」。另外，部分陰陽人／雙性人／間性人（intersex）認爲自己也屬於LGBT族群中，因此支持使用「LGBTI」。進而，有主張加入一個「A」來代表支持同性戀的異性戀盟友（straight allies）。據此，2010年以後，LGBTQIA就成爲一個更廣泛的、更具包容性的性別認同少數群體的總稱。

1993年美國精神醫學會受到同性戀團體的壓力，將其出版的《精神疾病診斷分類手冊》（DSM-III）刪除同性戀是一種症狀明顯的疾病（objective disorder），聲稱同性戀是一種正常的發散的生活型態（divergent lifestyle）。雖然，美國尙未有聯邦法律禁止歧視同性戀就業，但是已有部分州規定禁止歧視同性戀就業。然而，不可諱言的是因LGBT而被謀殺、歧視的情形在美國仍然時有所聞，同性結婚在大部分州仍被禁止，恐同症（Homophobia）仍然普遍存在。不過，荷蘭於2001年首先承認同性婚姻效力，比利時跟進，接著丹麥、挪威、瑞典、芬蘭、格陵蘭、冰島、德國、法國均承認同性婚姻的合法地位（Karger & Stoesz, 2006），是LGBT爭取權益的一大進步。

上述這些歧視共同構成社會壓迫（social oppression），亦即社會中的支配群體擁有特權，而限制少數群體發展其潛能，接近其利益的行動（Kirst-Ashman, 2007; van Wormer, 2007）。

通常被壓迫者會出現壓迫者所預期的行爲，是因爲內化的壓迫（internalised oppression）使然。被壓迫者經由被支配與學習的過程接受與推敲某些壓迫者的價值與態度，而自怨自艾地轉換對壓迫者的負面態度。亦即，支配團體建構少數群體是健康不佳、住宅窳陋、亂花錢、高風險、脆弱、易犯罪、性關係混亂、文化低劣等，少數群體也跟著自我懷疑、自我怨懟。於是，支配團體認爲資源投資在少數群體身上是沒有用的，少數群體社區資源就更短缺，例如學校教師差、設備差、升學率低；因此，少數群體的中輟率就高、低教育成就、低教育年限；結果是工作機會少、職位低、從事低賤或性工作，薪資也就偏低、工作不穩定、職災風險高，家庭所得低。這正好實現了支配團體的預言。如此惡性循環，世世

代代難以翻身。少數例外，靠機會、才藝、體能得以脫離少數群體社區，進入主流社會，例如歌星、麻豆（model）、球星等。據此，社會福利工作者必須深層地理解社會壓迫對少數族群的負面影響（Llewellyn, Agu, & Mercer, 2015）。

貳 多元文化知能

雖然，第二次世界大戰後，由單一民族建立的民族國家（nation state）成為主流。但是，任何國家的社會組成很難只由一種民族組成，即使單一族群，也可能存在不同部落或宗教，或相同宗教不同宗派，更不可能只存在一種階級與文化。尤其是在全球化之下，跨國人口流動頻繁，民族國家的種族複雜性甚於以往。因此，社會福利服務的對象就涉及不同的種族、性別、性傾向、身體條件、膚色、語言、文化、宗教、階級等。而大部分國家的社會福利制度都是由該社會中的支配群體主導制訂，甚至接收來自歐洲、北美洲為主的白人中產階級的意識形態，不可避免地會落入優勢文化單一思考的窠臼裡，形成性別盲（gender-blind）、顏色盲（color-blind）等種族中心主義、性別主義、階級主義、異性戀主義的偏見，忽略文化的差異（cultural differences）。

在種族中心主義之下，為了淨化族群，少數群體通常被隔離（segregation），亦即強迫族群或種族分開居住，分別受教育與健康照護等。最典型的例子是南非白人國民黨統治時期的1948-1994年間施行的種族隔離政策（Apartheid），黑人被剝奪公民權，僅能獲得低劣的教育、醫療、公共服務等。當國際批評時，有些種族中心主義認為隔離不盡然會帶來不平等，隔離也可以是分隔而平等。這是隔離主義為合理化自己行為的託詞，機會平等並非真正的、實質的平等。例如有受教育、醫療的平等機會，但學校師資、設備、醫療設施其實是不均質的。

相對於種族隔離，另一種種族中心主義則是主張族群整合（integration），認為不同團體可透過社會互動而整合為一社會關聯的人口集團。美國從1780年代開始傳頌這種主張，希望透過文化同化（assimilation）與涵化（acculturation）將本是異質性的移民納入一個同質

性的社會，讓美國人熔為一爐。同化是指少數群體放棄其原有文化而接受移入社會的支配文化；涵化則是指不同的文化透過第一手接觸的互動，而一方或多方產生質變。到了20世紀初，大熔爐（melting pot）已成為美國普遍接受的說法。

1970年代以來，在人類多樣性（human diversity）、多元文化主義（multiculturalism）的反思下，文化知能（cultural competence）成為社會福利工作者的核心能力之一，多元文化的（multicultural）社會福利服務成為近代社會福利的主流思考。人類多樣性是指一個社會存在不同的個人與人群，每一個個人與人群在身體、信仰、文化上是不一樣的。據此，就出現文化的多樣性（cultural diversity），承認一個社會同時存在不同的文化。而這些不同的群體各自保有其文化特質，且在相互容忍、尊重他人文化下和諧生活在一起，即為多元文化主義。保有自己文化的特色是少數民族生存的基礎，支配文化（dominant culture）不應忽視這種需求。基於此，一廂情願地以救贖的姿態要求他人放棄其文化而臣屬於支配文化下，是一種社會壓迫而不自知。

文化知能最簡單的說法是專業工作者「要具備與多樣的文化背景的人有效地工作的知識與技巧。」（van Wormer, 2006）。具體地說，就是了解自身文化的信念、嫻熟多樣文化規範與價值、尊重他文化的習俗、規範、價值與儀式。

以兒童與家庭服務為例，支配文化對家庭寄養、收養的資格要件往往排除了貧窮、單親、同志、單身；在兒童虐待事件的處理上，也常想當然爾地認為貧窮、男性單親家庭是兒童虐待的高風險家庭；而在學校教育與少年事件的處理上，往往也對貧窮家庭與學習低成就的兒童與少年不利；更不用說，漢人社會福利工作者對原住民族的家庭教養、社區、文化等是陌生的，往往以漢人文化的思維來思考原住民族婚姻、家庭關係、教養、文化，而造成處理兒童權益、親職關係上的偏見。又例如漢人以原住民生活在山區是危險的，且對環境生態造成破壞，就以為了讓山林休養生息，又能保護原住民生存，而欲將原住民永久遷徙安置於平地。其實，這等於切斷了原住民文化的根。同樣地，臺灣新移民來自中國、越南、印尼、柬埔寨、泰國等，這些國家本身就是多種族組成的，文化的複雜性可想而

知。若僅以漢人爲中心的文化思考，其誤差必然很大。

參 文化知能、文化安全與文化謙卑

美國社會工作者協會（the National Association of Social Workers, NASW）2001年起要求社會工作實務必須符合文化知能標準（Standard for Cultural Competence）如下：

1. **倫理與價值**：社會工作者應以符合價值、倫理、專業標準來執行業務，且認知個人與專業價值可能會與多樣性的案主需求相衝突，或必須相互調和。
2. **自覺**：社會工作者應發展對個人與文化價值與信念的了解，作爲認識人們生活中多元文化認同的第一步。
3. **跨文化知識**：社會工作者應持續地發展特殊的知識，與了解有關其所服務的主要案主群的歷史、傳統、價值、家庭體系，並藝術地表達之。
4. **跨文化技巧**：社會工作者應使用足以反映其已了解文化在助人過程中的角色之適當方法、途徑、技巧與技術。
5. **服務輸送**：社會工作者應具知識地與有技巧地運用社區與廣大社會所提供的服務，而能爲多樣性的案主做出適當的轉介服務。

從紐西蘭原住民族毛利族（Māori）的角度來看，個人健康與福祉的價值、信念與行爲受到種族、族群、國民身分、語言、性別、社經地位、生理與心理能力、性傾向與職業的影響。因此，健康照護工作人員的文化知能即是必須具備理解與整合各種因素進入健康照護輸送實務裡。至於如何辨識不具文化知能？如表8-1所示，爲常見的不具文化知能的健康照護知識與技巧。

每個人由於出生、家庭、教育、交友、生活經驗、宗教信仰、受媒體影響等因素不同，內化了特定的價值與信念，很容易無意識地對他人或群體產生偏見，進而形成無意識的偏誤（unconscious bias）。這種無意識的偏誤在某些情況下更容易不由自主地浮現，影響實務操作，例如時間壓力下、資源不足下、資訊短缺下，以及需要高層次的批判性思考下。因此，

專業人員更需要具備文化知能，才能既尊重服務對象，又能有效地提供服務（The Royal New Zealand College of General Practitioners, 2007）。

表8-1　辨識不具文化知能的健康照護實務

不具文化知能	理由
治療每一個人都一樣	每一個人都不一樣，即使他們都是毛利族，不論是撒模安（Samoan）或帕奇哈（Pākehā），事實上，用同一種療法治療每一個人，只會讓健康情形更糟，不會更好。
清單	訪問毛利族的長者（whānau），不該依循制式清單進行。
學習他人文化	這只是一個鼓勵性質的假設，如同醫療專家認為我能了解自己的文化和他人的文化一般。
來自同一種族的群體	即使醫療專家和他的病人都是毛利族人，都不能保證會提供具文化知能的醫療照護。
說同樣的母語	即使醫療專家和他的病人都講英語，也不能保證病人能得到具文化知能的醫療照護。
用一些字眼責怪當事人，例如不配合、不遵從、陷入風險等	使用這些字眼意味著我們已經自動地責怪當事人，而不是嘗試去了解為何他們無法配合服藥的各種原因，例如金錢、副作用等。

2019年，紐西蘭的健康品質與安全委員會關注焦點已經從文化知能轉而強調文化安全（cultural safety）。兩者最大差別是文化知能僅止於將他人其他化（othering），亦即，我們學習他人的文化與做事的方法，認為這樣可以更理解為何他人會如此待人處事；而文化安全是更要思考到專業與病人或服務對象的權力關係，如同專業工作者思考自己的文化、偏誤、互動的方式、偏誤如何對病人的治療效果產生影響（Curtis, Jones, Tipene-Leach, Walker, Loring, Paine, & Reid, 2019）。

受到醫療專業與司法社會工作重視的文化謙卑（cultural humility）（Maschi & Killian, 2011; Maschi & Leibowitz, 2018）則是另一個補文化知能之不足的進步概念。文化謙卑有別於文化知能，如下表8-2。文化知能是一種跨文化的了解，透過文化知能教育，避免因缺乏對他文化的了解而做出錯誤的評估與診斷，特別是醫療體系。然而，由於美國社會多樣性不斷增加，必須提升文化覺察，光是靠文化知能已不足以因應醫療專業所需。呼應多元文化主義而有文化謙卑的倡議，鼓勵自我反省與終身學習，

以增進服務提供者的自我覺察（Tervalon & Murray-García, 1998）。

表8-2　文化知能與文化謙卑的比較

	文化知能	文化謙卑
目的	更了解少數族群的文化，以利提供更佳的服務。	鼓勵個人反思與成長，以增進服務提供者的自我覺察。
價值	知識、訓練	內省、共學
缺點	1. 強調文化是一種知能，而非個人所擁有。 2. 支持文化單一的迷思。 3. 立基於文化的學術知識而非生活經驗，相信專業可通過文化認證。	1. 挑戰專業人員把握與服務對象一起或向服務對象學習的理念。 2. 沒有最終結果，使學術與醫療領域很難努力。
優點	1. 允許人民努力達成目標。 2. 促進技巧建構。	1. 鼓勵個人終身無止盡的學習，而不是欣賞一次的文化了解與成長。 2. 推動專業助人工作者與其服務對象間的互惠關係，以及減少傷害權力動態關係。

資料來源：林萬億（2021），整理自Maschi & Leibowitz (2018), p.14.

 # 第二節　原住民族的福利

　　當今全世界有3億7,000萬原住民生活於各國，如同臺灣原住民一般，普遍承受著貧窮、邊緣化、受害者的苦難。他們居住在偏遠的山巔海角，過著比支配群體差的生活品質，祖先留下的遺產抵擋不了外來族群政治、經濟、社會、文化的入侵。這個經驗隨著殖民帝國主義的擴張，更為嚴重。因此，保障原住民生存權的呼籲，隨著四方響應而擴散。

壹 聯合國原住民族權利宣言

　　經歷了20幾年的討論，聯合國原住民族工作小組（Working Group on Indigenous Population）於1993年完成「原住民族權利宣言草案」，聯

合國人權委員會在1995年成立一個「原住民族權利宣言草案」審查工作小組（Working Group on the Draft Declaration on the Rights of Indigenous Population）進行條文審查。該草案終於在2007年9月13日聯合國第61屆大會107與108次會議中，以143國贊成、4國反對（美國、加拿大、澳洲、紐西蘭）、11國棄權、34國缺席的多數支持下通過，稱為《聯合國原住民族權利宣言》（United Nations Declaration on the Rights of Indigenous Population），代表各國原住民爭取生存權的一大勝利，也是聯合國確立人權標準的一大進步。

這個宣言具有以下多項特質：

一、人類多樣性

該宣言肯定原住民與其他人民一樣平等，承認每一個人民的權利相同，考量其自身的差異，且被尊重；也肯定所有人民是多樣性的，並豐富文明與文化，此構成人類共同的遺產。進一步肯定所有教義、政策、實務必須立基於此，基於國家起源、種族、宗教、文化差異而倡議的個人或群體的優越性，是一種種族主義、偽科學、法律無效、道德譴責、社會不正義。

二、無歧視對待

宣言中再肯定原住民在執行其權利時應免於各種歧視，關切原住民痛苦於歷史的不正義，特別是被殖民與喪失土地、疆域、資源，特別是使其無法行使依其自身需求與利益而發展的權利。

三、尊重

認識到有迫切的需求要尊重與促進原住民源於其政治、經濟、社會結構，以及從其文化精神傳統、歷史、哲學的天賦權利，特別是其土地、疆域與資源的權利。也認識到有迫切的需求要尊重與促進原住民確認其與國家簽署條約、協定與其他建設性安排的權利。

四、自主

歡迎原住民為了政治、經濟、社會與文化的進步，以及免除歧視與壓迫的目的而組織。確認原住民能控制其自身的發展與土地、疆域及資源，使其能維持與強化配合其精神與需求的制度、文化及傳統的發展。

五、優勢觀點

承認原住民的知識、文化與傳統作法對永續與均衡發展，以及適當地管理其環境的貢獻。強調原住民土地與疆域的去軍事化對和平、經濟、進步與社會發展、國家之間與世界人民的友誼與了解的貢獻。

此外，也承認原住民家庭與社區分享養育、訓練、教育子女與兒童福祉的責任，符合兒童權利。

六、夥伴關係

有關國家與原住民間的條約簽署、協定與其他建設性的安排，在某些情境下，考慮國際關切、利益、責任與特性。同時，有關國家與原住民間的條約簽署、協定與其他建設性的安排與關係，必須立基於原住民與國家間的夥伴關係。

七、自決

知悉聯合國的《國際經濟、文化、社會權利公約》、《國際政治、公民權利公約》，以及《維也納行動方案宣言》，肯定所有人民自決的重要性，藉此決定其政治地位，自由地追求其經濟、社會與文化發展。

並提醒記住本宣言不能作為拒絕人民依國際法而行使其自決權利之用。

八、和平

確認本宣言的目的是基於正義、民主、尊重、人權、無歧視與良善的信仰原則下加強原住民與其國家間的和諧與合作。

鼓勵國家在國際手段下與原住民諮詢與合作，有效地執行所有與原住

民有關的責任，特別是人權。

貳 原住民族社會福利權

一、個人與集體權利並重

　　該宣言凸顯原住民個人與集體的人權與自由。第1條敘明「原住民完全享有《聯合國憲章》、《人權宣言》以及國際人權法中所肯認的個人與集體的人權與自由。」亦即，原住民不只是以個人身分保有人權保障，而且也以集體族群的身分獲得人權保障。超越了原住民也是眾多人民之一的觀念，彰顯原住民的族群集體身分意涵。這是符合前述的當代原住民處在歷史、政治、經濟、社會與文化脈絡下的脆弱性。

　　第2條則是規範原住民以個人身分所應獲得的自由與無歧視的對待。第3條規定原住民的自決權是一種集體權利：「原住民有自決權，藉由此權利，原住民可以自由決定其政治地位、經濟、社會與文化發展。」第4條進一步申明原住民的自主與自治：「原住民於執行其自決時，有自主權與自治權決定關於其內部與地方事務，以及運作其自主功能所需的財政方式與手段。」第5條關於原住民的差異性維持：「原住民有權維持其獨特的政治、法律、經濟、社會、文化制度，當其選擇後，保有權利完全參與國家的政治、經濟、社會、文化生活。」

二、生存權

　　第7條關於原住民的生存權：「原住民有權生存、身體與心理的整合，以及自由與個人安全。」「原住民有集體權利以獨特的人民生活在自由、和平與安全下，不應受到任何種族滅絕或暴力相向的行動，包括強迫兒童變換其所屬團體。」

　　在這個世界上被征服的原住民族之生存受到極大的威脅。就像切·格瓦拉（Ernesto Che Guevara）這位南美洲的革命家在《革命前夕的摩托車之旅》（*the motorcycle diaries*）（梁永安、傅凌、白裕承譯，1997，頁

143）從阿根廷繞經智利到祕魯，看到愛馬拉印地安人（Aymara）[1]的生活感嘆道：「這兒的人可不再是那個不斷反抗印加帝國統治，結果逼使印加人在邊界上常設軍隊的光榮種族了。現在看著我們走在小鎮街上的人，是一個被擊敗的種族。他們謙恭地，甚至驚懼地注視著我們，對於外面的世界毫不在乎。有些人給我們一種感覺：他們活著，只因為這是一種他們拋不開的習慣。」

西班牙人於1519年開始殖民南美洲，採取包括：賜封（encomienda）原住民給西班牙殖民者當長工、修改自印加的米塔（mita）勞動制度（強迫輪流勞動）、產品配銷制（repartimiento de mercancias）（由西班牙人定價，強制出售產品給原住民），以及達拉欣制（trajin）（強迫原住民負擔沉重的葡萄酒、古柯葉或紡織品等產品生產）等榨取型（extractive）政治經濟制度，導致南美洲長期處在製造貧困的惡性循環政治經濟之下，印證了制度傳承使這些國家長期處在失敗中（吳國卿、鄧伯宸譯，2013）。

其實，不只是印地安人，其他各國的原住民也一樣，他們不是被環境擊敗，而是被殖民帝國主義的船堅炮利、資本主義的市場經濟與資源掠奪所擊敗。若說這是優勝劣敗的自然法則，擊敗愛馬拉印地安人的西班牙人也沒什麼好高興的，下一個勝利者很快就會出現，被擊敗的種族隨時輪替。但是，從人類多樣性角度觀之，讓被擊敗的族群過著活著只是一種拋不開的習慣的日子，是一種人類的悲哀。征服者應戒慎恐懼。

三、安置權

第10條涉及安置權利：「原住民不應該從其土地與疆域上被迫遷離，任何再安置都必須經過關切原住民自主地、事先告知、且同意下進行，在公正公平的補償後簽署同意，以及有返回原居地的可能選項。」這是任何國家處理原住民災後重建或國土規劃時常出現的糾紛。尤其假軍事、工業

---

[1] 居住在南美洲安地斯山脈（Andes）與阿蒂普拉諾高原（Altiplano）的原住民，15世紀末到16世紀初被印加帝國（Inca Empire）統治。之後被西班牙殖民。直到1810-1825年反抗西班牙統治的獨立戰爭後，成為祕魯、玻利維亞、智利組成的一部分。

發展、都市計畫、生態保育、災後重建之名，逕行劃定區域，強迫原住民遷離其傳統土地與疆域的作法屢見不鮮。一旦原住民被強制遷離其原居地，特別是遷至平地，土地的疏離、文化的斷裂、族群的分化、生計的艱難、適應的辛苦，隨之而至。如同被征服者一樣，過著依賴支配群體所賜予的慈善而過活的日子，其實距離種族滅絕的日子不遠矣！

四、教育權

第14條關於原住民的教育：「原住民有權建立與控制其教育體系與制度，以其語言與適合其文化的教學與訓練方式提供教育。」「原住民，特別是兒童有權無歧視地接受各層級與形式的教育。」「國家應結合原住民，採行有效的方案，俾利原住民，特別是兒童，包括那些居住在部落之外的，盡可能接近以其文化方式、母語表達的教育。」

切‧格瓦拉在感傷愛馬拉印地安人的社會化時提到：「他[2]談著設立學校的需要，以便幫助每一個人了解自己世界的價值，促使人人在其中扮演有用的角色；他談到為什麼需要澈底改變目前的教育體系，這些體系在有限的狀況下也提供了印地安人一點教育（這是按照白種人定義的教育），不過卻只更使得學生充滿羞愧與憎恨，將來既沒有能力幫助自己的同胞，也會在一個對他們充滿敵意、也不想接納他們的白人社會中，陷自己於極端不利的情境。這些不快樂的人在一些不重要的官僚職位上混吃等死，在嚥氣那一天，希望自己的子女中有那麼一兩個可以完成一些他們終生企求的目標。」（梁永安、傅凌、白裕承譯，1997，頁149）這是愛馬拉印安人受到現代文明衝擊與麥斯提佐人剝削的慘痛經驗。若原住民不能掌控自己的教育，被殖民後的社會化將是充滿羞愧與憎恨的。

---

[2] 指一位西班牙與愛馬拉印地安人混血的麥斯提佐（或譯麥斯蒂索）人（mestizo）。泛指歐洲血統與美洲原住民的混血（mixticius）族群，是目前南美洲國家的主要人口組成。巴西的麥斯蒂索人（Mestiço）說葡萄牙語、加拿大的梅蒂斯人（Métis）說法語。

五、工作權

第17條關於就業：「原住民有權完全享有建制合宜的國際與國內勞動法規。」「國家應諮詢與原住民合作，採行方案保護原住民兒童免於受到經濟剝削，以及從事危險工作，或影響兒童受教育，或傷害兒童的健康、心理、精神、道德與社會發展。將其特別脆弱性與以教育作爲充權的重要性納入考量。」「原住民有權獲得無歧視的就業條件，特別是就業或薪資。」

在後工業時代，原住民的失業風險高於非原住民，這是不爭的事實。少數群體也都有如此的困境。就像《泰利的街角》（*Tally's Corner*）一書作者雷保（Liebow）（黃克先譯，2009）所描述的美國城市黑人的生活世界：「沒有工作的男人是沒有孩子的父親，因為他們無法成為母親的丈夫，因為他們在性關係上是條狗。」用這樣的觀察來認識為何美國黑人女性單親家庭比例如此之高；也凸顯工作對成為一個男人如此之重要，而成不了男人，竟不夠格成為父親，當然也不夠格「入美國主流社會」。「街角的男人也想成為自食其力的人，希望能被注意到，被接納，然而他的工作不僅在這方面使他受挫，同時也無法滿足他金錢上的需求。工作與男人之間的關係是相互的，工作使男人受挫，男人把工作搞砸。」

雖然這是觀察美國黑人社區的經驗，但是看一看原住民族部落，相同的困境並非特例。可見工作權保障是多麼重要。

六、社會權

第21條有關社會權：「原住民有權無歧視地促進其經濟、社會條件，包括特別是在教育、就業、職業訓練、再訓練、住宅、衛生、健康與社會安全領域。」「國家應採行有效的方案，如果有必要亦可制訂特別的方案，持續保障原住民的經濟與社會條件，特別注意那些原住民的老人、婦女、青年、兒童與障礙者的特殊權利與需求。」

第22條基於前條的特別提醒：「國家應採行有效的方案，連結原住民，保障原住民的婦女與兒童獲得完全的保護，保證免於受到任何形式的暴力與歧視對待。」

七、發展權

第23條關於發展權：「原住民有權針對其發展，決定與發展優先順序與策略。特別是原住民有權積極地涉入發展與決定關係其生存的健康、住宅、經濟與社會方案，盡可能依其制度執行該方案。」

八、健康權

第24條關於醫療：「原住民有權保有其傳統醫療方式，維持其健康實施，包括生命醫療的植物、動物與礦物。原住民有權無歧視地接近任何層級的社會與健康服務。」「原住民有均等權利獲得最高身心健康標準，國家應該採取必要的步驟，有進展地實現這個權利。」

文化與福利及健康的關係緊密，逐漸發展出不同的詮釋。

首先是宏觀的文化翻轉（cultural turn）論述。巴達克（Baldcok，1999）指出文化是一組由大多數國民持有的共同價值、規範與態度，是在了解社會政策時，不可能被略過的變數。但是，在過去一段時間裡，福利國家發展的文化分析嚴重缺席。他進一步指出文化是一種脈絡，是社會政策發展的扳機。據而，克拉克（Clarke, 2004）提醒讓文化翻轉成為研究福利國家變遷的關鍵因素（Widdowson, 2006）。在福利國家發展與轉型上文化是重要的（culture matters）（Clarke, 2004）。社會政策的研究必須要能滋養與促進人民福祉與弱勢群體的權力才是重點。亦即，文化分析是主觀與為公民發聲的。可見，福利國家發展受到歷史與文化基底的影響甚為明顯，不只是意識形態的差異，更受到人民的價值、信念與態度的影響（van Oorschot, Opielka, & Pfau-Effinger, 2008）。

其次，具多元文化主義的文化福利權倡議。李明政（2003）指出，原住民族社會福利應以該族群之傳統文化的發展與維持作為社會福利實施的前提。也就是，保障原住民族社會福利權的目標，主要在於縮短原住民族與整體臺灣社會在健康、所得、就業、居住面向的社會安全，以及社經生活條件的差距（李明政，2010）。亦即，原住民族不但應該享有與主流社會普同的福利權保障，更要考量族群的文化多樣性，發展差異的社會福利方案，進而以此社會福利作為族群傳統文化發展與維持的基層建設。這種

說法比較像發展取向的社會福利觀點（Midgley, 1995; Midgley & Livermore, 1997; Hall & Midgley, 2004）加上前述的文化知能與文化安全的視角。

第三，具體而微的文化健康（cultural health）概念。是指深層地覺知個人的文化與生命經驗，據以了解自身的價值體系、世界觀、實踐所受的影響；並承認與尊重他人的文化與生命經驗，進而有意地花時間強調、了解與尊重他人的觀點。最終，期待欣賞文化與經驗的多樣性與他人一起工作，藉此具文化反應的行動，俾利促成個人與社區的健康與福祉。

相近的概念是文化照顧（cultural care），指專業的健康照護中含有文化敏感度、文化合適性與文化知能，以主觀與客觀所學習與傳達的價值觀、信念及生活型態，幫助個人或團體維持健康、改善其生活狀態或面對生病、身體上的障礙或死亡（Kulwicki, Miller, & Schim, 2000; Leininger, 2002）。也就是，在健康照護與社會照顧（兒童、成人或老人照顧）的教育訓練與實施上，均要以文化知能作為基石，提供病人或被照顧者具文化覺察（cultural awareness）的照顧，包括：信念、種族、價值等，充分覺知病人或被照顧者的文化多樣性，並於心中常存此知能據以實踐之。

第四，文化福利（cultural welfare）。係指整合文化與福利，將文化納入福利輸送的內涵，甚至發展出新的福利領域，將文化分享視為福利的一環。在經歷高水準的經濟發展與生活水準之後，提升生活品質的要求越來越受重視，文化與社會政策的結合彌合了經濟生活層次提高與生活品質的落差，文化分享滿足人們心靈層次的需求（van Oorschot, 2007）。將文化納入公共服務在歐洲社會傳承已久，例如興建於1898年的蘇格蘭格拉斯哥人民宮（People's Palace, Glasgow），蓋在最擁擠、髒亂的東區，為了提供人民作為文化分享的中心，展現文化展演不再是貴族或上流社會獨享的生活品味。瑞典的公共文化展演會定期巡迴到鄉村學校與活動中心、老人住宅、住宿型長照機構等，目的就是讓不易接近文化活動的人們有機會公平地分享文化活動與傳承[3]。

---

[3] 筆者於1993年夏首次造訪瑞典，參訪住宿型長照機構、失智症團體家屋、鄉間小學、幼兒園、社區活動中心等，順便欣賞由瑞典政府文化部贊助的公共文化巡迴展演定期在這些機構展演。其立論基礎是文化平權與文化多樣性。

基於世界衛生組織（WHO）於2015年所提倡的健康與福祉的文化脈絡，將文化生產與傳播納入福利體系，以利將文化整合於社會福利與健康照護服務中，確保文化成為公民福祉的中心元素。讓文化結合照顧與支持高齡、疾病、身心障礙，以及社會整合。進而，文化福利成為一種新的整合模式，經由視覺與表演藝術及文化傳承，促進個人與社區的福祉與健康。

　　義大利的百科全書（Treccani Encyclopedia）已將文化福利（welfare culturale）收入新詞。義大利也率先設置文化福利中心（Cultural Welfare Center, CWC）於北部工業大城杜林（Turin），作為推動文化福利的重鎮。標舉文化是健康的資源，讓文化成為人民與社區福祉的重要內涵，確認文化福利是植根於社會正義土壤的永續社會發展的先決條件。2018年，歐洲執委會（the European Commission）的文化新議程（the New Agenda for Culture）也推動支持將文化政策擴大焦點，成為文化轉變風格（cultural crossovers），基於社會凝聚與創新，將健康與福祉納入文化生產與文化參與的一環。

　　尤其是在迅速的社會變遷下，資通訊科技發達，已成為生活的必需品，文化福利已經成為社會福利實現提升人民生活品質目標的重要媒介。最終目標是文化福利針對預防與處理文化弱勢人口群或苦於被文化淘汰導致文化匱乏的人們，藉由社會與文化服務，促進與精緻其文化環境，滿足其文化需求與文化生活（Lim & Lee, 2017）。換言之，文化被認定是人民生活品質的重要元素，而社會福利的目標之一就是提升人民的生活品質，因此，藉由將文化與社會福利的結合，讓那些文化不利人口群可以獲得文化需求的滿足，使其能整合或包容於社會。這等於補強了傳統社會福利忽略文化生活的面向。

　　具體行動是將各種文化活動、文化公共服務輸送到文化不利地區或文化弱勢人口群，保障弱勢人口群的文化分享；同時，確保文化多樣性。韓國出現新的概念稱「文化福利設施」，即是將文化與藝術活動參與納入社會福利服務，提供社區居民文化參與和激發文化潛能與自我實現（Song & Kim, 2019）。顯示，文化福利至少包括以下內涵：(1)將文化內容鑲嵌入社會福利政策中（文化與福利整合）；(2)保障弱勢人口群的文化分享

（文化平權）；(3)文化內容體現社會包容與社會正義（文化的社會整合功能）；(4)維護文化的多樣性傳承（多元文化主義）；(5)善用文化展演與傳承作為健康與照顧的媒介（文化的生理、心理、社會、心靈療癒）。

第三節　移民的福利

　　移民包括非法與合法兩類。合法移民通常包括三種：(1)技術移民（skilled migration），或勞動移民（labour migration），是指國家因經濟理由引進企業投資、白領技術專業人力、藍領勞工，或社會與健康照護人員。工業先進國家從經濟發展落後國家引進廉價的勞力，或是富裕的國家引進貧窮國家的女性從事家庭幫傭。這是移民的推拉理論（push-pull theory）（Lee, 1966）；(2)婚姻移民（marriage migration）或家庭團聚移民（family reunification migration），是指國家允許因跨國婚姻而成為公民者移入，或因依親而移入；(3)被迫移民（forced migration）或難民（refugees），是指因政治、宗教、戰爭、飢餓等人道理由而被迫成為難民，尋求庇護（asylum）。至於，非法移民通常是偷渡（smuggling）與人口販運（human trafficking）。依聯合國難民總署（UNHCR）資料，世界各國成為人道移民終站國家主要是美國、澳洲、紐西蘭、加拿大、丹麥、芬蘭、荷蘭、挪威、瑞典等國。

　　因於貧窮、暴力、不正義、逮捕，以及全球溝通與交通系統，移民大量從世界各地移往西方世界，據估其中計有三分之一到一半是非法移民（Taylor, 2006）。大部分國家都允許非公民身分因旅遊、學習、商業的目的而入境短期居留，少有國家會給予非公民身分無限期的居留許可。目前全世界191個國家中只有4個國家（澳洲、紐西蘭、美國、加拿大）有計畫地大量准許永久移民。而北歐則是被認為最人道的移入國，因此移入人口逐漸增加。2005年資料顯示，外國出生的人口數（foreign-born population）在芬蘭占3.4%、丹麥6.5%、挪威7.8%、瑞典12.4%（Mulinari, 2010）。

　　當今世界，鎖國是不可能，也不必要。國境管制（border control）畢

竟也是困難的。因此，各國轉而採取移民管理（migration management）政策，有目的地管制移民移入，其理由如下（Taylor, 2006）：

一、保護國家文化

有些國家為了維持文化的同質性（cultural homogeneity）而限制某些人種移入，譬如，澳洲從1901年通過《移民限制法》（Immigration Restriction Act），實施白澳政策（White Australia Policy），偏愛英國移民，以建立純種英國後裔的南半球國度，到1966-1973年間才完全解禁。即使其他國家沒有如此明目張膽地排除某些種族或國籍人民移入，但還是有其國家政策的目的而限制移民。例如擔心移民會將母國傳統性別角色、性別權力模式也帶進移入社會（Harriss & Shaw, 2012）。大量的跨國移民進入國內，出現多元文化人口（multicultural populations），這本非壞事。讓更多不同族群、文化移入，豐富移入國的文化內涵。讓人民不必出國，也可以體驗多元文化的生活方式。然而，也出現族群、移民為基礎的正式、非正式組織、跨國網絡，從事資本、商品、理念的流通，這嚴肅地挑戰了傳統國家的治理自主性（Adamson, 2006）。

二、保護自由價值

擔心國家的自由價值被破壞是另一個限制移民的理由。例如基督教國家對穆斯林（Muslim）的排斥、民主國家對極權或共產國家的排斥。因為生活方式的差異，往往是社會分裂的源頭。任何政治領導者都必須承認社會與政治的現實，不敢冒著開放生活方式、思想不一致的人們大量移入該國。尤其是針對移民可能造成的社會對立，進而產生暴力行為，是任何國家所不樂見。此種現象曾經出現在一些歐洲國家，例如澳洲、美國、奧地利、法國、瑞典的反移民抗爭。此外，國際移民已經成為各國國家安全議程的首要課題，包括美國、歐洲，以及世界各國主要移入國的決策者都將國家安全與國際移民關聯（Adamson, 2006）。基於對國際恐怖主義的恐懼，再加上媒體對移民問題的偏差放大（deviancy amplification），而導致國民普遍的道德恐慌（moral panic）升高（Llewellyn, Agu, & Mercer, 2015），國族主義（Nationalism）更加強烈擴散，仇視外來者的情形跟著

嚴重，少數族群更被邊緣化（marginalization），帶動移民政策往經濟與社會的安全化（securitization）方向傾斜（Mohapatra, 2013）。所以，移民政策往往不是以數字爲基礎，而是受到媒體凸顯議題（issue salience）的影響（Luedtke, 2015）。

於是，1990年代以來，反移民、國族主義、保護宗教信仰的政黨在歐洲迅速崛起，例如奧地利自由黨（Freedom Party of Austria）、比利時的新佛萊芒人聯盟（New Flemish Alliance）與佛萊芒人利益（Flemish Interest）、捷克的自由與直接民主（Freedom and Direct Democracy）、丹麥的新右派（the New Right）與硬連線（Hard Line）、芬蘭的芬蘭人黨（Finns Party）、法國的國家團結（National Rally）、德國的另類選擇（Alternative for Germany）與國家民主黨（National Democratic Party）、匈牙利公民聯盟（Fidesz-Hungarian Civic Alliance）、義大利的北方聯盟（Lega Nord）、荷蘭的自由黨（Party of Freedom）與民主論壇（Forum of Democracy）、挪威的進步黨（Progress Party）與中間黨（Centre Party）、西班牙的VOX、瑞典民主黨（Sweden Democrats）、瑞士人民黨（Swiss People's Party）。這些右翼政黨都在各該國獲得國會一定席次，甚至執政，掀起反移民風潮。

三、保護國民的經濟與社會權

通常，在經濟成長階段，國民傾向支持移民移入；反之，在經濟不景氣時期，反移民聲浪會升高，擔心移民會造成本國失業率的提高。此外，任何國家爲了經濟發展理由，都會傾向支持高教育、技術的移民，以利提升經濟成長；反之，低教育、技術水準的移民，較不受歡迎。除非是該國國民不喜歡三D（危險、骯髒、艱苦）工作，才可能歡迎低技術移民。低技術、低教育水準移民被認爲對資源配置不利，亦即國家必須投資更多教育、社會福利、衛生、就業資源在新移民身上，導致國民可分配到的公共服務資源相對減少。資源的排擠往往成爲排外的導火線，移民被認爲是社會的負擔。

四、民主價值

任何民主國家的國民相信人民之所以具有國民身分是因為生於斯、貢獻於此，例如繳稅、社區服務、服兵役等。而不是任何人說要移入成為這個民主社區的成員，即可任意移入，這是民主法則。據此，自由價值（例如普及的人權）與民主價值就會出現某種程度的衝突。亦即，當這個民主社區成員付出代價經營這個社區，不會輕易地接受對這個社區沒有貢獻的人一進來即可享受這個社區居民才能擁有的權利與特權。

通常，新移民的社會保障包括四個重點（Sabates-Wheeler & Koettl, 2010）：(1)接近正式的社會福利體系，包括各種社會保險、社會救助、福利服務等；(2)可攜帶的社會安全給付；(3)就業的無歧視；(4)接近非正式服務資源。

其實，移民的社會福利權基本上是牴觸凱因斯福利國家的假設──國民是相對同質的，服務輸送僅及於國家人民（Dwyer, 2006）。特別是社會保險國家，福利給付必須先有貢獻（繳保費）。至於移民擁有多少福利權，端視何種身分移民。難民身分移民的限制較多，經濟移民的限制較少。

一、居住權

移民申請進入一個國家，如果被拒絕，將會被遣返（deportation），亦即被原機、原船、原車驅離該國境，不得進入。但是，有些移民缺乏有效證件，也沒有交通工具，或是不適合遠行，或母國不願立即接受遣返，基於人道理由，無法逕行遣返作業。倘若無法立即遣返，但又不被移入國接納，則暫時會被安置在帳棚、監獄，或收容中心，稱為留置（detention）。通常非法移民或難民在未被遣返之前，會以留置方式處理，最終還是遣返，或轉至他國。如果難民被接納，則會被疏散（dispersal）至全國各地適合居住的地方（Schuster, 2006）。

遣返中的難民仍有基本維生需求，遣返國仍要提供遣返途中所需維生必需的物資，遣返前也必須給予人道醫療照顧。被遣返者往往必須面對母國社區的刑罰、羞辱，這是一個國際的難題。留置中的移民即使違法在

先，仍應給予人道服務，包括適當的伙食、衣被、宗教信仰服務、居住空間、性別尊重、無障礙空間、醫療照顧、心理衛生服務、兒童照顧、老人照顧、休閒活動、性暴力與騷擾預防等服務。

如果是以難民身分移入，在未審查通過前，可暫時獲得庇護住所。一旦獲得居留許可（residence permits），如果本人無法自行安排住所者，國家通常會提供社會住宅。自行處理住宅者，則依其財務狀況，提供房租補助。

依兒童權利公約（CRC）第9條第1項「締約國應確保不違背兒童父母的意願而使兒童與父母分離。」同公約第10條第1項「兒童或其父母為團聚而請求進入或離開締約國時，締約國應依照第9條第1項之義務以積極、人道與迅速之方式處理之。締約國並應確保請求人及其家庭成員不因該請求而蒙受不利。」亦即，移民申請、居留、留置、遣返、疏散等，都必須遵循兒童權利公約，兒童有不與其父母分離之權利。除非經司法審查後，判定兒童與其父母分離係屬維護兒童最佳利益所必要者。

二、教育權

移民兒童一旦獲得居留許可，即須接受學前與國民義務教育。但是，依國際慣例，難民兒童在取得居留許可之前可不必接受該國強迫教育。

以丹麥為例，移民學童一樣有權接受至18歲為止的免費教育，18歲以上高等教育仍可獲得如本籍生一樣的就學貸款與補助。然移民學生的中輟率往往高於本國人，主要是因為語言與社經地位的關係。同時，移民學童選擇職業學校的比例也較本國學童高，理由是為了就業。

為了改善移民的教育成就，丹麥也執行丹麥語加強訓練。但是，有鑒於使用母語教學有利於既有知識的累積，在丹麥語未熟練之前，雙語教學普遍被執行；鼓勵移民與本地生一起團隊學習，有助於相互了解文化與語言學習；移民學生的補救教學、課後輔導也是彌補教育落差的一環；為了避免負向的代間傳遞（negative intergenerational transmission），親子共學也被廣泛實施，讓父母與子女一起成長。同時，為了加強移民青年的就業力，學校的就業輔導扮演重要角色，協助連結實習與見習機會、社會網絡的建立、求職信函寫作、面談能力加強、職場工作規則的了解等。此

外，為了讓學校教師具有多元文化的能力，加強教師文化知能的培養，也是保障移民學童教育權的重要關鍵（Colding, Hummelgaard, & Husted, 2006）。

三、福利權

福利權通常包括：住宅、社會救助、健康照護、社會津貼、社會保險、社會服務等。通常只要移民取得居留許可，就有福利權，例如瑞士具居留身分者即擁有社會救助權（Afonso, 2006）。但是，每種移民身分的規定不同。

以瑞典為例，以難民身分移入者，其福利權包括：津貼其食物、衣被、休閒活動、衛生用品，以及其他民生必需品費用。此外，亦納入社會與健康照護服務，其健康保障權與國民相同。成人更可獲得不能等待的生育照顧、墮胎與避孕手術。難民有特別需求者，例如老人照顧、障礙服務、孕婦服務、嬰幼兒照顧、受暴婦女服務等，亦如同本國人提供。

瑞典婚姻與家庭移民包括：配偶、登記的同居人、未婚的年幼子女，均可申請居留許可。但是，有以下情事者不予核准：

1. 提供不正確資訊。
2. 虛假關係。
3. 申請者有危及公共秩序與安全者。
4. 已分離。
5. 一夫多妻。
6. 未成年配偶或同居人。

配偶居留許可的申請必須經過瑞典移民局（Migration Agency）官員嚴格的面談或調查、審查程序，非視為當然通過。依親居留許可的申請則只要能證明親屬關係存在者通常會核准。外籍配偶於暫時居留許可取得2年後始可申請永久居留許可（permanent residence permit）。

從2008年12月1日起，配合歐盟同步實施移民家庭維持要件（maintenance requirement），亦即申請居留許可者必須具備兩要件：

1. 提出依親申請者必須證明在瑞典境內有足以支持其生活者。
2. 且證明有足夠大的住宅可以供整個家庭居住。

由於外籍配偶的公民身分與永久居留權取得的時間限制，對某些外籍配偶來說，為了取得長期居留權，一旦發生家庭暴力事件，往往必須忍受而不敢聲張，以免加害者提出分離要求而喪失申請長期居留的資格，致使其人身安全受到極大的威脅。這是一個嚴肅的社會福利與法律課題。

四、工作權

移民進入他國通常事先要申請工作許可（work permits）始得工作，否則稱為非法打工。移民擁有工作權端視何種移民身分，如果是勞動移民本身就是為了就業而移民，只要移入國給予工作許可即可。以瑞典為例，1970年代因工業化而引進外籍勞工，但隨著工業轉型而中斷一段時期。隨著全球金融危機、人口老化，2008年12月15日起修正新的移民政策，開放引進勞動移民，稱為以需求為基礎的勞工移民（needs-based labour immigration），一改過去以安置難民為主要的移民政策（Swedish Institute, 2010）。只要瑞典企業有勞工需求，且在瑞典或歐盟刊登人力需求徵才而未能聘到所需勞工者，即可申請引進外籍勞工移民，依雇主評估適任後，提出外籍勞工移民居住與工作許可申請。瑞典移民局將諮詢勞工部門，檢查雇主所提出的僱用條件（例如薪資、保險、工作條件等）是否與本國勞工相同，據此避免就業歧視與社會傾銷（social dumping）。亦即瑞典企業不能以較低薪資聘用移民勞工，造成不公平競爭與拉低瑞典國內勞工的薪資、福利與工作條件。如果外籍勞工移民在短期居留期間失業，則可於三個月內另覓工作。覓職不成，將喪失居留權。

第一次申請工作許可為2年，稱短期或暫時居留，期限得延長到4年。4年後，如有繼續僱用之必要者，得申請永久居留許可，這期間申請者不須返國延長護照效期。

若以難民身分移民者通常可以獲得包括教育、職業訓練機會，並獲得某些工作機會，例如公共就業。

通常婚姻與家庭移民取得長期居留許可後即可就業，無須再申請工作許可，以保障跨國婚姻與依親者的經濟安全。

通常移民有較高的失業率，不完全因為工作許可的關係，部分原因是工作技能與社會關係。瑞士在1990年代，移民的失業率是國內勞動力的兩

倍以上；即使有工作，也會有較高的工作貧窮比例（Afonso, 2006）。

在移民服務上，必須理解移民因文化、語言的隔閡所造成的溝通障礙；部分因郵購新娘（mail-order bride）所欠缺的感情基礎；因族群地位邊緣化所造成的社會網絡限制；因移入國婚姻仲介所造成的買方優勢；因條件懸殊（例如買方因低學歷、身心障礙、有偏差行為、貧窮等）而互不信任；因為了取得身分證而委屈求全。這些後果就是婚姻暴力、父權壓迫、虛假關係等。這些「脆弱的多種族家庭」（vulnerable multiracial families）亟待被了解與協助（Boushel, 1996），以免造成負向的代間傳遞。

移民是否都是福利依賴者，各國研究結果分歧。有研究發現，移民帶來的國家財政壓力導致各國移民政策轉向趨於保守（Hanson et al., 2007）。仔細分析，技術性移民帶來財政貢獻，非技術性移民相對地造成移入社會的福利支出消耗，使得本地人對其產生怨懟（Rowthorn, 2008）。就資源排擠角度，研究的確發現移民增加引發再分配需求的壓力，導致政府為了提供本國人更多的公共服務，而緊縮移民政策（Gaston, 2014）。就福利依賴觀點，美國（Borjas & Hilton, 1996）、瑞典（Hansen & Lofstram, 2003）、丹麥（Blume & Verner, 2007）的研究，均指出移民造成福利依賴。相反地，研究加拿大的移民（Baker & Benjamin, 1995）、美國男性移民（Gustman & Steinmeier, 2000），卻發現移民不見得消耗更多的社會福利。英國經驗也發現很難一概說英國的移民使用較多社會福利，主因在於移民的組成複雜，來自澳洲、美國、歐盟八國的移民較少申請社會福利；反之，亞洲、歐盟八國以外國家移民則使用較多社會福利（Drinkwater & Robinson, 2013）。義大利的研究（Pellizzari, 2013）也發現移民本身的職業屬性與集中的地理區域影響其使用福利的狀況，低技術移民集中在都會區，由於其從事粗工、照顧與家務幫傭工作，賺取的薪資較低，需求較多的福利提供；反之，技術移民較少使用福利給付。顯示移民的社經地位、職業、性別，決定了是否會出現福利依賴或資源排擠的原因，而不是移民整體。

第四節　人口販運

　　不論是哪一個時代，哪一種形式的人口販運，都涉及對人權的嚴重傷害、性別與階級的壓迫，以及組織犯罪對治安的影響。當代人口販運所涉及的全球性，夾雜著國際經濟發展失衡、犯罪組織的商業利益，以及跨國媒體傳播與交通運輸的快速便捷等因素，單靠一國力量來對抗人口販運，實有困難。因此，全球動員加入反人口販運有其迫切必要。

壹　人口販運問題

　　聯合國早在1951年即已通過禁止人口販運及剝削娼妓與他人（the Suppression of the Trafficking in Persons and the Exploitation of the Prostitution of others）。2000年再通過預防、禁止與懲罰人口販運，特別是婦女與兒童議定書（the UN Protocol to Prevent, Suppress and Punish Trafficking in Persons, Especially Women and Children）。

一、人口販運定義

　　人口販運是指「利用威脅、武力、強迫、誘拐、欺瞞、詐騙、濫權、他人脆弱位置等手段，或是藉由給予或接受支付、利益以獲致他人同意被控制，而進行之招募、運輸、轉運、窩藏或接收人口，以遂行剝削之目的。剝削至少包括剝削娼妓、其他形式的性剝削、強迫勞動或服務、奴隸或近似奴隸、奴工或器官摘除。」（Office to Monitor and Combat Trafficking in Person, 2020）

　　依美國《人口販運受害者保護法案》（the Trafficking Victims Protection Act, TVPA）定義嚴重形式的人口販運係指以下兩類（Office to Monitor and Combat Trafficking in Person, 2020）：

　　1. 藉由武力、欺瞞，或強迫等手段，或是針對未滿18歲之人以引誘手段遂行販運行為；或是

　　2. 藉由武力、欺瞞，或強迫等手段，招募、窩藏、運輸、供應，或

獲得勞動或服務人力，並使人屈從為非自願的奴工、勞役抵債、奴隸抵債，或為奴隸。

依此定義，人口販運並非指受害者從一地（國）被轉賣到他地（國）才算，而是視其手段與目的為何。人口販運的手段是威脅、利誘、暴力、壓迫、欺騙與強迫。其目的不外乎是將受害者推向：(1)性產業（例如雛妓、兒童網路色情等）；(2)強迫勞動（例如家庭奴工、駱駝牽夫、毛毯編織工人、廉價勞工等）；(3)新娘仲介、女傭仲介；(4)犯罪活動（例如毒品販運）；(5)強迫乞討；(6)逼婚；(7)非法領養；(8)器官摘除等（Smartt, 2003）。

二、人口販運的全球性

依美國國務院出版的人口販運報告（Trafficking in Person Report, TIP）估計全球過去20年，至少有2,500萬人的基本自由權被剝奪，被人口販子強迫販賣為奴或剝削獲利（2020 TIP Report）。人口販運的主要受害者是女性，特別是女童。又依國際勞工組織（International Labour Organization）2005年報告，有1,230萬勞工是強迫勞動的受害者。勞工剝削有龐大的利益，估計每年約有320億美元（Feingold, 2005），是僅次於毒品交易的第二大非法交易（Jahic & Finckenauer, 2005; Jones, Engstrom, Hilliard, & Diaz, 2007）。

20世紀末以來的人口販運問題因全球化而惡化。雖然，全球化帶來諸多利益，例如訊息與金融資本迅速流通、交通與通訊快速、旅遊與人口移動便捷等（林萬億、周淑美譯，2004）。但是，它也造就了所謂恐怖主義、貪汙與國際組織犯罪的邪惡三位一體（an unholy trinity）（Pratt, 2004）；同時，也鼓舞了新的路徑與方法來剝削婦女與兒童（Shifman, 2003）。人口販運可謂是最惡質的勞動剝削，也是全球化最黑暗的一面（Jones, Engstrom, Hilliard, & Diaz, 2007）。

人口販運問題也隨著政治、經濟、社會脈絡的影響而變化，例如歐洲的人口販運問題在1990年代受到前蘇聯解體的影響，中、東歐女性遂取代1970年代以前的泰國、菲律賓及其他亞洲娼妓，以及1980年代的非洲、拉丁美洲的妓女，成為歐洲性工業市場的最大宗商品。義大利的東北部成

爲這些娼妓買賣的集散地，東歐女子，特別是年輕女孩被其父母押賣，或被人口販子綁架，從阿爾巴尼亞（Albania）、科索沃（Kosovo）、波斯尼亞—黑佐哥維納（Bosnia-Herzegovina）、羅馬尼亞等，被押運到此地後被轉運到倫敦等地的性交易市場。中東女子則經由土耳其被賣到歐洲各地。前蘇聯的加盟共和國如烏克蘭女子則被賣到澳門、杜拜、德國、以色列、美國等（Smartt, 2003）。

三、人口販運的成因

人口販運被認爲是一種界於經濟需求移民與政治趨向限制移民間緊張的一種投機回應（an opportunity response）（Chuang, 2006）。人口販運之所以熱絡，學者常以宏觀的社會經濟面的推拉動力（push/pull dynamic）來解釋（Bales, 2005; Lee, 2005; Chuang, 2006; Jones, Engstrom, Hilliard, & Diaz, 2007; Pochagina, 2007）。移出推力（emigration push）或供給面因素來自發展落後地區的人民爲了逃避經濟、政治或社會災難而移民以求生存，這有別於爲了更好的機會追求（opportunity-seeking）而移民。

而女性之所以成爲人口販運的主要受害者，是因這些落後國家的社會結構缺乏平等與正義對待女性的教育與就業機會，導致貧窮女性化（feminization of poverty）現象普遍存在，女性移出是經濟貧困的一種因應。尤其當落後國家也被納入全球生產線（global assembly line）時，低技術、低薪資勞工成爲輸出的大宗。於是，大量女性勞動與婚姻移民在全球經濟中扮演關鍵性角色。女性勞動者離鄉背井進入已開發國家的家庭、社區、工廠，賺取外匯寄回母國，其實是生存的女性化（feminization of survival）（Sassen, 2002；引自Chuang, 2006）。家戶、社區、國家，大量依賴女性來維持經濟生存。特別是某些亞洲國家受困於外債與失業，國家正扮演著全球資本市場的高級妓女角色（courtesan's role），大量輸出性別勞工（gendered-labor），基本上，這是一種性別爲基礎的壓迫（gender-based repression）的移出推力（Chuang, 2006）。

移入拉力（immigration pull）或需求面因素，是已開發國家因經濟富裕，人民不願從事三D工作，以及因勞動成本提高，廠商爲求降低成本而要求國家移入廉價勞力。外籍勞工本來就具有脆弱性（vulnerability）

及缺乏選擇的,又被雇主認為具彈性與合作。再加上外籍勞工的他種族(racial otherness)特性,大大降低了雇主與受僱者間層級關係的社會不自在(socially awkward),而易陷入父權/母權(paternalism/maternalism)的剝削關係(Ghosh, 1998;引自Chuang, 2006)。這種已開發國家的勞力短缺現象,成為開發中國家非法移民的拉力。

人口販運涉及犯罪、性別、移民等三個不同的面向課題(Jahic & Finckenauer, 2005)。從犯罪防制的角度來看,人口販運不但販賣與剝削女性、引進非法移民、剝削勞工,以及有組織的犯罪等,無一不是令人深惡痛絕的犯罪行為。其中涉及有組織的犯罪更令國際頭痛,許多研究均指出人口販子大多是有組織的犯罪集團,例如義大利的黑手黨、俄羅斯與烏克蘭的黑幫、日本的黑社會、中國與香港的黑道、哥倫比亞與墨西哥的犯罪集團、土耳其的幫派、阿爾巴尼亞的犯罪組織等,他們不只涉入人口買賣,也涉入武器、毒品非法交易(Smartt, 2003; Cao, 2004; Lee, 2005; Chuang, 2006; Jones, Engstrom, Hilliard, & Diaz, 2007; Pochagina, 2007)。

四、人口販運與性工業

人口販運也是一個婦女議題。國際人口販運的受害者多數是女性,且大部分被販賣為娼妓,這是女性主義團體所不能容忍的。人口販運更是一個移民議題,打擊非法移民就是保障合法移民,終止勞動剝削。

但是,通常各國政府會以堅持犯罪(tough on crime)的角度來看待人口販運問題,如此一來,就會將取締犯罪擺中間,而將受害者的最佳利益放兩旁,甚至將人口販運的受害者也視為是輸入娼妓、偷渡的共犯結構,而那些真正的受害者——女性、兒童、被剝削的勞工的需求往往被稀釋。例如為了追查犯罪集團,要求受害者進行筆錄、作證,不惜犧牲受害者的人權、隱私、安全與福祉;又例如為了查緝非法移民,連那些被販賣而來,甚至根本不知道終點站是哪裡的受害者,不問原因也被當成是非法移民拘禁、遣返。如此作法,其實無法完全解決人口販運的問題。

其中涉及娼妓的部分,由新廢止主義者(neo-abolitionist)所組成的「反販賣婦女聯盟」(the Coalition against Trafficking in Women, CATW)主張娼妓是一種性別為基礎的暴力,只要是為了性剝削的目的,將女人從

一個地方運送到另一個地方，不論是國內或國外，都是屬販賣婦女。因此，涉及性的人口販賣與娼妓是一體兩面，不應該將之區別，性工作從來就不是婦女的自由選項（Segrave & Milivojevic, 2005）。

相反地，由新管制主義者（neo-regulationist）所組成的「全球反販賣婦女聯盟」（the Global Alliance against Trafficking in Women, GAATW）則主張性工作是一種勞動，促進性工業的合法性與追求性工作者的權利，是該組織的宗旨。該組織認為成年婦女能夠做決定，包括決定是否從事性工作，因此人口販運與性工作議題應該分開討論，娼妓應該被認定為合法的工作（Kempadoo, Shaghera, & Pattanaik, 2005）。人口販運是違背女性的選擇自由，強迫女性從事娼妓工作，從這個角度切入，買賣婦女是一種對女性工作本質與工作條件的剝削、壓迫與欺騙（Segrave & Milivojevic, 2005）。不過，在經濟發展落後國家，娼妓的命運大概為了賺錢多於自由選擇，因此，要免於被剝削實在很難。

然而，不管哪一派女性主義都反對強制、壓迫與貧窮為基礎的人口販賣，以及對娼妓未加以保護的行為。不論是娼妓合法化的如荷蘭、德國、澳洲、日本，或是禁娼的美國、臺灣，販賣人口從娼都存在著。娼妓合法化與否似乎無關人口販賣的多寡，端視國家如何管制（Feingold, 2005）。就全球人口販運的綁架、誘拐、欺騙、強迫、賣身養家的本質來看，實在很難想像有多少女性是經過自由選擇之後決定被販運到他國或他地從娼。然而，基於國家採取娼妓犯罪化的觀點，像美國一樣在大多數的州從事娼妓工作是違法的。因此，大多數非法娼妓受制於皮條客，生活在被剝削、被攻擊，以及被逮捕，甚至被警察性侵害的恐懼中（Klinger, 2003）。

臺灣對待娼妓的經驗是從1956年起就制訂《臺灣省妓女管理辦法》，本是希望藉此導娼妓於正軌，先管後禁。然而，政府迫於1960年代越戰期間美軍來臺休假狎妓之需，以及招攬日本觀光客的必要之惡，未再對娼妓有積極的禁止。直到1991年通過《社會秩序維護法》將「暗娼」明訂為妨害善良風俗罪，警方才開始積極取締除了公娼之外的色情業。而所謂「公娼」（登記有案的合法娼妓）就成為1997年臺北市禁娼的引爆點。而不論是娼妓合法化的時代，或是禁娼的年代，販賣人口從娼的事件從來就沒少過（林萬億，2008）。而由於臺灣目前仍持娼妓犯罪化的觀點，使得娼妓

的取締重於保護受害女性的思考。即使,《社會秩序維護法》第91-1條授權直轄市、縣(市)政府得因地制宜,制定自治條例,規劃得從事性交易之區域及其管理。然而,基於選票考量,地方政府仍不敢讓性交易化暗爲明。《社會秩序維護法》看似已爲娼妓除罪化(decriminalization)開啟了一扇門,然而在性工業專區以外地點從事性交易,仍是違法。在沒有地方政府自治條例允許性交易合法化之前,性交易仍是違法。

五、人口販運的機制

如前所述,人口販運與走私大部分被犯罪集團所控制。犯罪活動的互賴性(inter-dependency)使得這些犯罪集團從毒品、槍械,擴大到人口販運,其具有高度的專業分工、彈性化、暴力取向、高利潤、組織嚴密等特質(van Impe, 2000)。從尋找對象、製造假護照、洗錢、開地下錢莊、組跨國公司、運輸公司、經營旅館與餐館、旅行社、人力仲介、婚姻仲介,以至賄賂官員等樣樣都來,其中諸多活動遊走於法律邊緣,使得查緝相對困難。他們插手人口販運是因爲這是一個暴利的生意。不過,也不見得所有人口販運都集中在犯罪集團手中,在東南亞也存在許多販賣人口散戶(Feingold, 2005)。臺灣也不例外,有些人口販運由來臺較久的外籍配偶,結合脫逃的外籍勞工及仲介進行,背後不一定有黑道涉入;有些對外籍配偶或逃跑外勞性剝削事件,往往也只是老鴇、保鏢結合管區警員個別的行爲。

不管是哪一種形式的人口販運,其過程大致是從來源地招募、運送到終點站,進行性、身體或勞力剝削(Lee, 2005)。招募與仲介就成了供給人蛇的主要機制。人口販子會透過正式的管道如刊登廣告、model公司、婚姻介紹所、人力仲介公司、演藝訓練班、海外文化交流團等不同的名義,作爲人力仲介的包裝(van Impe, 2000; Orlova, 2004; Lee, 2005)。有時,人口販子也透過非正式管道熟識在地仲介,例如鄰居、親戚、同學、朋友、教師、民意代表、黨工等,接觸潛在的受害者,或利用網路進行兒童性誘拐。在中國,「蛇頭」在落後的鄉村還會被稱頌爲「民間勞工部長」、「民間銀行行長」(Chin, 2003),可見這些人力仲介透過三寸不爛之舌,誘之以金錢,惑之以溫情,騙走了多少受害者出口,遍及歐洲、

亞洲、北美洲。

　　受害者被運送出國，通常是偷渡、以假護照出境，或用合法管道，例如菲律賓、泰國、哥倫比亞女子以表演簽證（entertainer visa）合法進入日本。運輸費用各國、各團不等。香港變造的各國假護照要價美金2,000元。控制機制（control mechanisms）是運輸期間避免出狀況的關鍵手段（Lee, 2005）。控制的手段包括：借據劃押（debt-bondage）、引誘與鞭打（bait and switch）等。到了目的地之後，人口販子通常會以受害者的非法移民身分作為剝削的工具，迫使受害者屈服，包括沒收護照、監禁、限制行動、心理恐嚇、暴力相向等（Jones, Engstrom, Hilliard & Diaz, 2007）。

貳 反人口販運對策

　　通常被販賣的人口下場都很悲慘，因此美國政府提醒各國不要忽視國內人口販賣現象，也不要誤解偷渡是人口販運。依聯合國藥物與犯罪辦公室（United Nations Office on Drug and Crime, UNODC）的定義，偷渡與人口販運有部分重疊。其差異部分首先是，偷渡指經本人同意下非法運送人口進入他國以牟取利益；而當偷渡行為未經當事人同意，或是因迫於上述的強迫、欺騙、壓制等手段而答應，就屬人口販運。其次，偷渡行為是到達目的地之後就終止；而人口販運是到了目的地之後還繼續以各種手段剝削受害者的利益（Lee, 2005; Jones, Engstrom, Hilliard, & Diaz, 2007; Pochagina, 2007）。

　　美國國務院從2001年起每年出版人口販運報告（TIP），依下列指標將國家分為三級（tiers），第一級是政府完全吻合美國2000年通過的《人口販運受害者保護法案》（TVPA），以及2003年修正的《人口販運受害者保護再授權法案》（the Trafficking Victims Protection Reauthorization Act）所規定的最低標準。這個最低標準是指（Office to Monitor and Combat Trafficking in Person, 2020）：

　　1. 政府應該禁止嚴重形式的人口販運及懲罰人口販運行為。

　　2. 基於明知任何與性有關的人口販運都涉及壓迫、欺騙、強制手

段，或者其中屬兒童受害者在性販運過程中不可能做有意義的同意表示，或者因受到強暴、綁架及死亡的恐嚇等，因此。國家政府應該祭出等量的罰則，以懲處此種重大的犯罪，例如強暴式的性侵害。

3. 基於明知有任何嚴重形式的人口販運，政府應該祭出嚴格的罰則，以足以禁止和適度地反映此種犯罪的窮凶惡極本質。

對抗人口販運的策略必須思考人口販賣的病灶。國際人口販賣的成因不外乎以下幾個因素：社會、文化與經濟不利條件；存在的犯罪組織謀利；招募與仲介的牽線。人口販賣的主要來源國不管是東南亞、南美洲、非洲等地區都是經濟機會少、家庭收入不足以養家、薪資低廉、女性地位偏低的國家（van Impe, 2000）；而前蘇聯、中東歐國家則因為1991年後共產主義（Post-Communism）社會政治經濟轉型造成的社會混亂（social dislocation）、經濟混亂（economic dislocation）、家庭瓦解、強迫移民，以及對移民的負向態度所造成（Smartt, 2003; Orlova, 2004）。而俄羅斯同時是前蘇聯加盟共和國非法移民的終站，也是販賣人口至歐洲、亞洲、北美洲的起點。要制止人口販運的惡性循環，必須將這個問題放在廣泛的社會經濟脈絡（socioeconomic context）來處理（Chuang, 2006）。

對抗人口販運是一項綜合、多面向、文化敏感的工作。各國在防制人口販運上通常包括幾項：邊境控制（border control）、簽證管制（visa regulation）、人口販運入罪化、對抗有組織犯罪、娼妓合法化等（Schuckman, 2006）。但是娼妓合法化並不是美國國務院反人口販運策略所主張的立場；也不是臺灣社會的偏愛。

美國國務院的人口販運報告（TIP）接櫫三個P's（prosecution, protection, and prevention）（起訴、保護與預防）。但是，如果從受害者中心取向（victims-centered approach）的反人口販運的對策則另須加上三個R's（rescue, removal, and reintegration）（救援、送離、再整合）。

據此，有效的反人口販運策略必須從以下三方面著手（Office to Monitor and Combat Trafficking in Person, 2020）：

一、供給面

一地人口之所以被販賣很重要的原因是社經地位的低落，因此，提醒該地社區販運人口的危險性、提升教育機會、創造經濟機會、促進權利均等、加強人權教育，以及開創更好的生活機會，才是預防與制止人口被販運的有效方案。

二、中介機制

要能確定與制止人口販運的管道；法律定義要清楚且執法必須協調負責；嚴厲起訴人口販子及其資助者與唆使者；以及打擊公共貪汙以消除從人口販運獲得好處而破壞法律的誘因。

剝削人口販運的受害者必須被揪出與起訴；雇主對人口販運的受害者所加諸的強制勞動與性剝削應該被點名批判與譴責；入境國也應該採行覺醒運動以使人口販運的困難度加深；受害者必需被從奴隸般的工作情境中解救，且被整合回到他們的家庭與社區。

然而，人口販運人數之所以被低估，其原因之一是立法不足、不適當，或是執行不力；原因之二是查緝與起訴依賴證據，特別是來自受害者的供詞，這類證詞得來不易，因為受害者本身已先被定義為非法移民、假結婚、偷渡客、娼妓、人蛇等，他們自然對作證心生恐懼（Laczko & Gramegna, 2003）。

三、需要面

救援假結婚真賣淫，或是偷渡打工賣淫者，的確會面臨前述的犯罪者與受害者的兩難。然而，如上述，不管國家是否給予娼妓合法化，人口被販運到他國從娼，即使是娼妓仍然有人權。尤其是那些未成年的娼妓，她們應該被視為是值得保護的受害者。基本上，不論來自哪一個社會，她們都是兒童虐待的受害者，屬於有需求協助的兒童，應得到適當的支持與協助（Chase & Statham, 2004）。

不論是被販賣的娼妓或奴工均面對諸多風險，包括：生理與心理的壓力、與陌生的環境奮鬥、恐懼被逮捕與起訴。此外在仲介、老鴇、馬伕、

三七仔、保鏢、惡雇主、嫖客的權力與控制下，可能處在一種被隔離、強迫、低薪資、長工時、暴力施壓、長期躲避警察查緝、雇主的恐嚇威脅陰影，以及顧客的輕蔑等多重恐懼的惡劣工作環境下，而產生創傷壓力疾患，這是迫切需要被儘早治療與復健的（Jones, Engstrom, Hilliard, & Diaz, 2007）。

據此，被查緝者在留置中心應該獲得健康照護、安全保障、醫療照顧、心理諮商與治療、社會工作介入、尊嚴對待、語言溝通協助等。同理，被販賣的非法勞工，其人權也應該被關切，不應為了查緝邀功，而置這些被販賣人口的人權於不顧。為了保障人口販賣的受害者免於二度傷害，救援相關的工作人員，包括警察、檢察官、法官、社會工作者都必須接受適當的訓練（Rathgeber, 2002）。

人口販運問題千頭萬緒，如果不能從源頭阻斷，指望禁娼、嚴密國境管制等作為，似乎無法完全解決此問題。雖然人口販賣不單純是一個貧窮問題，但是消滅貧窮絕對是減少少女從娼與廉價勞力輸出的根本策略。富裕國家應該支持發展中國家開發更多就業機會，尤其是中小企業，更有助於這些貧窮鄉村的少女就業。然而，缺乏教育機會是根本的問題，貧窮國家的人力資本投資不足，導致貧窮惡性循環，也經不起人蛇集團的誘惑。此外，政治不民主與公民社會的脆弱，往往也阻礙社會動員以預防、救援人口被販賣（Jones, 2004）。

參考書目

· 李明政（2003）。文化福利權。臺北：松慧。

· 李明政（2010）。原住民族社會福利體制的建構。臺灣原住民族研究學報，2(2)，頁27-46。

· 林萬億（2008）。我國的人口販運問題與防制對策。警學叢刊，38: 6，頁55-78。

· 林萬億（2021）。強化社會安全網與司法社會工作的發展。社區發展季刊，174，頁8-31

· 林萬億與周淑美譯（2004）。全球化與人類福利（原著George, V. & Wilding, P., 2002）。臺北：五南。

· 林瑞穗譯（2002）。社會學（原著Calhoun, C., Light, D., & Keller, S., 2001）。臺北：雙葉。

· 吳國卿、鄧伯宸譯（2013）。國家為何會失敗：權力、富裕與貧困的根源（原著Acemoglu, D. & Robinson, J., 2012）。臺北：衛城。

· 黃克先譯（2009）。泰利的街角（原著Liebow, E., 1967）。臺北：群學。

· 梁永安、傅凌、白裕承譯（1997）。革命前的摩托車之旅（原著Che Guevara, E., 1993）。臺北：大塊文化出版。

· Adamson, F. B. (2006). Crossing Borders, International Migration and National Security. *International Security,* 31(1): 165-199.

· Afonso, A. (2006). When the Export of Social Problems is not Longer Possible: immigration policies and unemployment in Switzerland. In C. J. Finer (ed.), *Migration Immigration and Social Policy* (pp.93-108). Malden, Ma: Blackwell Publishing.

· Baker, M. & Benjamin, D. (1995). The Receipt of Transfer Payments by Immigrants to Canada. *Journal of Human Resources*, 30(4): 650-676.

· Baldock, J. (1999). Culture: The Missing Variable in Understanding Social Policy. *Social Policy & Administration*, 33: 4, 458-473.

· Bales, K. (2005). *Understanding Global Slavery: a reader*. Berkeley: University of California Press.

· Blume, K. & Verner, M. (2007). Welfare Dependency among Danish Immigrants. *European Journal of Political Economy*, 23(2): 453-471.

· Borjas, G. J. & Hilton. L. (1996). Immigration and the Welfare State: immigrant participation in means-tested entitlement programs. *The Quarterly Journal of Economics*, 111: 2, 575-604.

· Boushel, M. (1996). Vulnerable Multiracial Families and Early Years Services: concerns, challenges and opportunities. *Children and Society*, 10, 1-11.

· Cao, L. (2004). The Transnational and Sub-National in Global Crimes. *Berkeley Journal of International Law*, 22: 59, 19-97.

· Chase, E. & Statham, J. (2004). Commercial and Sexual Exploitation of Children and Young People in the UK: a review. *Child Abuse Review*, 14: 4, 4-25.

· Chin, J. K. (2003). Reducing Irregular Migration from China. *International Migration*, 41: 3, 49-72.

· Chuang, J. (2006). Beyond a Snapshot: preventing human trafficking in the global economy. *Indiana Journal of Global Legal Studies*, 13: 1, 137-163.

· Clarke, J. (2004). *Changing Welfare, Changing States: new directions in social policy*. London: Sage.

· Colding, B., Hummelgarrd, & Husted, L. (2006). How Studies of the Educational Progression of Minority Children are Affecting Education Policy in Denmark. In C. J. Finer (ed.), *Migration Immigration and Social Policy* (pp.124-36). Malden, Ma: Blackwell Publishing.

· Curtis, E., Jones, R., Tipene-Leach, D., Walker, C., Loring, B., Paine, S.-J., & Reid, P. (2019). Why Cultural Safety rather than Cultural Competence is Required to Achieve Health Equity: a literature review and recommended definition. *International Journal for Equity in Health*, 18: 1, 1-17.

· Drinkwater, S. & Robinson, C. (2013). Welfare Participation by Immigrants in the UK. *International Journal of Manpower*, 34(2): 100-112.

· Dwyer, P. (2006). Governance, Forced Migration and Welfare. In C. J. Finer (ed.), *Migration Immigration and Social Policy* (pp.63-80). Malden, Ma: Blackwell Publishing.

· Feingold, D. (2005). Think Again Human Trafficking. *Foreign Policy*, Sept/Oct., 26-32.

· Feagin, J. R. (1984). Racial and Ethnic Relations (2nd ed.). Prentice-Hall.

· Gaston, N. (2014). International Migration, Immigration Policy and Welfare Spending. *International Migration*, 53 (2): 386-397.

· Gustman, A. & Steinmeier, T. (2000). Social Security Benefits of Immigrants and the US Born. In Borjas, G. (Ed.), *Issues in the Economics of Immigration* (pp.309-350).

University of Chicago Press, Chicago, IL.

‧ Hall, A. & Midgley, J. (2004). *Social Policy for Development*. Thousand Oaks, Ca: Sage.

‧ Hansen, J. & Lofstram, M. (2003). Immigrant Assimilation and Welfare Participation. *Journal of Human Resources*, 38(1): 74-98.

‧ Hanson, G. H., Scheve, K., & Slaughter, M. J. (2007). Public Finance and Individual Preferences over Globalization Strategies. *Economics and Politics*, 19(1): 1-33.

‧ Harriss, K. & Shaw, A. (2010). Migration, Family and British Social Policy in the Late 20th Century: British pakistani perspective. In Janet Fink and Åsa Lundqvist (eds.), Changing Relations of Welfare: family, gender and migration in Britain and Scandinavia. Ashgate.

‧ Hyun, T. S. (2006). A Study on the Concept of Cultural Welfare and Cultural Welfare Policy. *Social Welfare Policy*, 26 (12): 101-122.

‧ Jahic, G. & Finckenauer, J. O. (2005). Representations and Misrepresentation of Human Trafficking. *Trends in Organized Crime*, 8: 3, 24-40.

‧ Jones, E. (2004). United States Foreign Assistance Programs. *The DISAM Journal*, Spring, 86-90.

‧ Jones, L., Engstrom, D. W., Hilliard, T., & Diaz, M. (2007). Globalization and Human Trafficking. *Journal of Sociology and Social Welfare*, XXXIV: 2, 107-122.

‧ Karger, H. J. & Stoesz, D. (2006). *American Social Welfare Policy: a pluralist approach* (5th ed.). Boston: Pearson Education, Inc.

‧ Kempadoo, K., Shaghera, J., & Pattanaik, B. (ed.) (2005). *Trafficking and Prostitution Reconsidered: new perspective on migration, sex work, and human rights*. Paradigm Publishers.

‧ Kirst-Ashman, K. K. (2007). *Introduction to Social Work & Social Welfare: critical thinking perspectives* (2nd ed.). Belmont, Ca: Thomson Higher Education.

‧ Klinger, K. (2003). Prostitution Humanism and a Women's Choice. *The Humanist*, Jan./Feb., 16-19.

‧ Kulwicki, A. D., Miller, J., & Schim, S. M. (2000). Collaborative Partnership for Culture Care: enhancing health services for the Arab community. *J. Transcult. Nurs.*, 11(1), 31-9.

‧ Laczko, F. & Gramegna, M. (2003). Development Better Indicators of Human Trafficking. *the Brown Journal of World Affairs*, X: 1, 179-194.

‧ Lee, E. S. (1966). A Theory of Migration. *Demography*, 54(3), 47-57.

· Lee, J. J. H. (2005). Human Trafficking in East Asia: current trends, data collection, and knowledge gaps. *International Organization for Migration*, 43: 1/2, 165-201.

· Leininger, M. (2002). Culture Care Theory: A Major Contribution to Advance Transcultural Nursing Knowledge and Practices. *Journal of Transcultural Nursing*, 13(3): 189-192.

· Lim, Y. J. & Lee, Y. S. (2017). A Proposal of the Direction of Cultural Welfare Based on ICT: Focusing on Experience Center for Arts and Culture. *Journal of Digital Contents Society*, 18: 8, 1567-1576.

· Llewellyn, A., Agu, L., & Mercer, D. (2015). *Sociology for Social Workers*. Cambridge: Polity Press.

· Luedtke, A. (2015). "Crisis" and Reality in European Immigration Policy. *Current History*, March, 89-95.

· Maschi, T. & Killian, M. L. (2011). The Evolution of Forensic Social Work in the United States: implications for 21st century practice. *Journal of Forensic Social Work*, 1(1): 8-36.

· Maschi, T. & Leibowitz, G. S. (2018). *Forensic Social Work: psychosocial and legal issues across diverse populations and settings* (2nd eds.). NY: Springer Publishing Co.

· Midgley, J. (1995). *Social Development: the developmental perspective in social welfare*. Thousand Oaks, Ca: Sage.

· Midgley, J. & Livermore, M. (1997). The Developmental Perspective in Social Work: educational implications for a new century. *Social Work*, 33(3): 573-585.

· Mohapatra, N. K. (2013). Migration and Its Impact on Security of Central Asia. *India Quarterly*, 69(2) 133-157.

· Mulinari, D. (2010). Postcolonial Encounters: migrant women and Swedish midwives. In J. Fink and Å. Lundqvist (eds.), *Changing Relations of Welfare: family, gender and migration in Britain and Scandinavia*. Surrey: Ashgate.

· Office to Monitor and Combat Trafficking in Person (2020). *Trafficking in Person Report* (20th ed.).

· Orlova, A. (2004). From Social Dislocation to Human Trafficking: the Russian case. *Problems of Post-Communism*, 51: 6, 14-22.

· Pellizzari, M. (2013). The Use of Welfare by Migrants in Italy. *International Journal of Manpower*, 34(2): 155-166.

· Pochagina, O. (2007). Trafficking in Women and Children in Present-Day China. *Far*

Eastern Affairs, 35: 1, 82-101.

· Pratt, A. N. (2004). Human Trafficking: The Nadir of an Unholy Trinity. *European Security*, 13, 55-71.

· Rathgeber, C. (2002). The Victimization of Women through Human Trafficking: an aftermath of war. *European Journal of Crime, Criminal Law and Criminal Justice*, 10: 2-3, 152-163.

· Rowthorn, R. (2008). The Fiscal Impact of Immigration on the Advanced Economies. *Oxford Review of Economic Policy*, 24(3): 560-580.

· Sabates-Wheeler, R. & Koettl, J. (2010). Social Protection for Migrants: the challenges of delivery in the context of changing migration flows. *International Social Security Review*, 63(3-4): 115-186.

· Said, E. (1997). *Orientalism*. London: Harmondsworth.

· Sassen, S. (2002). Women's Burden: counter geographies of globalization and feminization of survival. *Nordic Journal of International Law*, 71: 255-257.

· Schuckman, E. E. (2006). Antitrafficking Policies in Asia and the Russian Far East: a comparative perspective. *Demokratizatsiya*, 14: 1, 85-102.

· Schuster, L. (2006). A Sledgehammer to Crack a Nut: deportation, detention and dispersal in Europe. In C. J. Finer (ed.), *Migration Immigration and Social Policy* (pp.48-62). Malden, Ma: Blackwell Publishing.

· Seccombe, K. (1999). *So You Think I Drive a Cadillac? welfare recipients' perspective on the system and its reform*. Needham Heights, Ma: Ally & Bacon.

· Segrave, M. & Milivojevic, S. (2005). Sex Trafficking: a new agenda. *Social Alternatives*, 24: 2, 11-16.

· Shifman, P. (2003). Trafficking and Women's Human Rights in a Globalised World. *Gender and Development*, 11: 1, 125-132.

· Smartt, U. (2003). Human Trafficking: simply a European problem? *European Journal of Crime, Criminal Law and Criminal Justice*, 11/2, 164-177.

· Song, W. & Kim, B. (2019). Culture and Art Education to Promote Cultural Welfare in Civil Society. *Soc. Sci.* 8, 322. doi: 10.3390/socsci8120322.

· Swedish Institute (2010). *Swedish Immigration Policy*.

· Taylor, S. (2006). From Border Control to Migration Management: the case for paradigm change in the Western response to transborder population movement. In C. J. Finer (ed.),

Migration Immigration and Social Policy (pp.5-28). Malden, Ma: Blackwell Publishing.

· Tervalon, M. & Murray-García, J. (1998). Cultural Humility versus Cultural Competence: a critical distinction in defining physician training outcomes in multicultural education. *Journal of Health Care for the Poor and Underserved,* 9 (2): 117-125.

· The Royal New Zealand College of General Practitioners (2007). *Cultural Competence: advice for GPs to create and maintain culturally competent general practices in New Zealand.*

· van Impe, K. (2000). People for Sale: the need for multidisciplinary approach towards human trafficking. *International Migration,* special issue, 114-130.

· van Oorschot, W. (2007). Culture and Social Policy: a developing field of study. *International Journal of Social Welfare,* 16: 129-39.

· van Oorschot, W., Opielka, M., & Pfau-Effinger, B. (2008). *Culture and Welfare State: values and social policy in comparative perspective.* Cheltenham: Edward Elgar.

· van Wormer, K. (2006). *Introduction to Social Welfare and Social Work: The U.S. in Global Perspective.* Belmont, Ca: Thomson Brooks/Cole.

· Widdowson, B. (2006). Cultural Turns: post-structuralism and social policy. In Lavalette, M. and Pratt, A. (eds.), *Social Policy: theories, concepts and issues.* Sage.

· Wirth, L. (1945). The Problem of Minority Groups. In R. Linton (ed.), *The Science of Man in the World Crisis.* New York: Columbia University Press.

第九章
家庭政策與服務

上個世紀初,許多歐洲國家已開始將家庭政策法制化。例如法國在1939年的《家庭法》(the code de la Famille)明訂支持家庭經濟生存能力以強化家庭;同時設定核心家庭親子的權利與義務,以及收養子女合法化的程序(Rodgers, 1975)。更早在1918年巴黎近郊的冶金工人已可從雇主處獲得家庭津貼(family allowance)。到了1932年,法國立法規定所有工商業都應該比照冶金工人給予勞工家庭津貼。法國的家庭津貼政策無疑地受到生育率下降,以及一次世界大戰後大量人力流失的影響。

其實,家庭津貼制度並非法國首創,比利時早有先例。之後,義大利、西班牙、荷蘭也都在1930年代即分別開辦家庭津貼。1940年代,葡萄牙、愛爾蘭、英國、盧森堡、芬蘭、瑞典等國也跟進。1950年代,又有丹麥、德國、希臘等國加入(Hantrais & Letablier, 1996)。由於早期家庭政策以家庭津貼為主要內容,其政策目標又以提升生育率為主,因此,容易讓人誤以為家庭政策就是家庭津貼,或人口政策。

又從上個世紀初,婦女爭取普及的投票權開始,到最近性別中立(gender-neutral)的論述與政策,爭取個人的權利要與家庭脫鉤,比起其他工業先進國家的經驗,家庭政策在北歐有很長的一段歷史(Lundqvist & Roman, 2010)。國家介入家庭生活,改變的不只女性,包括男性;介入領域不只婦女勞動參與,還包括兒童照顧;促成的不只婦女經濟獨立,包括性別平等。可見,家庭政策對性別、家庭的影響深遠。本章先來討論家庭政策,再來談家庭服務。

第一節　家庭政策

🈁 定義家庭政策

一、家庭政策的定義

　　家庭政策最廣泛的界定是「政府對家庭所做的一切事情」（Kamerman & Kahn, 1976）。這個定義包山包海，不易理解。於是，兩位學者又進一步對政府的作為提出三個要件：(1)政府從事特定方案與政策來達成明顯的、同意的家庭目標；(2)即使沒有同意的總體目標，政府仍然為家庭進行某些方案與政策；(3)政府的行動與方案並非特定或基本上針對家庭，但對家庭產生附帶效果。據此，導出兩組家庭政策的範圍，一是顯性的（explicit）家庭政策，指政府的行動直接或有意圖地指向家庭，例如日間托育、兒童福利、家庭諮商、所得維持、家庭計畫、稅制優惠、住宅政策等。二是隱性的（implicit）家庭政策，指政府的行動針對不同的目標，但是卻也會影響家庭，例如工業區的設置、交通道路建設、貿易關稅的管制、移民政策等（Kamerman & Kahn, 1976）。

　　根據上述分類來分組：(1)顯性且綜合的家庭政策國家：有瑞典、挪威、匈牙利、捷克、法國；(2)有各種相關家庭政策的國家：奧地利、西德、波蘭、芬蘭、丹麥；(3)有隱性且牽強的家庭政策國家：英國、加拿大、以色列、美國（Kamerman & Kahn, 1978）。

　　顯然，前兩組國家都應屬於顯性家庭政策的國家，只是有無綜合性（comprehensive）之別。據此可以看出其連續體的概念，也就是在現實世界中，很難截然劃分家庭政策之有無與定型。而我們也可從上述定義中發現，顯性家庭政策的目標是外顯的、標明的、明訂的，其結果是有意圖的（intended）、直接的；而隱性家庭政策的目標是內隱的（latent），其結果是非意圖的、間接的。這樣的分類還是不夠精確，在比較方法上，應將所有影響家庭的方案都納進來，逐一檢視，以免因分類而被遺漏（Barbier, 1990）。

二、家庭政策的目標

至於什麼是家庭政策所欲達成的目標？毫無疑問是「家庭福祉」（family well-being）（Kamerman & Kahn, 1976; Zimmerman, 1988, 1992）。而要促進家庭福祉，必須是「有計畫目標的特定行動和方案，設計來影響家庭資源與家庭結構。」（Hantrais & Letablier, 1996）。不僅如此，家庭政策同時也是一種觀點（perspective）以檢視家庭相關的政策；也是一種由不同的家庭相關方案組成的領域（Kamerman & Kahn, 1976）。進一步，家庭政策涉及家庭的四個功能：(1)家庭的創出，例如經由結婚、離婚、收養、寄養等而成家；(2)經濟支持，例如維持家庭成員的基本需求；(3)兒童教養；(4)家庭照顧（Zimmerman, 1988）。基於此，才有「家庭政策幾乎等同於社會政策」之說（Zimmerman, 1988）。的確大多數社會政策都涉及家庭的福祉，家庭政策應是社會政策中最大的次類屬（Harding, 1996），殆無疑義。

而說家庭政策是一種觀點是指，所有與家庭相關的政策將以其影響家庭與家庭福祉而被檢驗，同時也是一種政策抉擇的判準（Kamerman & Kahn , 1976）。家庭政策的顯著點在於「以家庭作為福利與行為的單位」（Moss & Sharpe, 1979）。基本上，政策、家庭、個人三者間具有複雜的互動關係，政策的發展應以對這三者間的複雜互動關係的理解為前提。因此，家庭政策的觀點應包括四個前提：

1. 家庭與政策的關係是雙向的。
2. 家庭應被整個公共政策納入考量。
3. 家庭的多樣性應被承認與尊重。
4. 所有形式的家庭應被考量。

以上四點，其實就是提醒政策決策者「想到家庭」（thinking of family）（Moss & Sharpe, 1979）。將家庭看作是一個單位，但並不表示所有家庭政策方案都對家內成員具有同等的影響，也不是所有家庭政策都必須納入所有家庭成員來考量，而平衡家庭成員間的緊張關係是必要的（Kamerman & Kahn, 1976）。各國家庭政策的差異，凸顯家庭政策是一種決策的觀點。亦即，決策者如何來看待政策對家庭的影響，例如

對家庭福祉的影響，包括家庭穩定、家庭關係、家庭執行職責的能力等（Bogenschneider, 2006）。

三、家庭政策的範圍

要理解家庭政策的範圍，必須從家庭政策的演進觀察始能透徹，以下從歷史演進來說明。

（一）童工保護

1802年，英國通過《健康與道德法》（the Health and Morals Act），限制童工一天只能工作12小時，而且不得在夜間工作。不過，這項法案並不適用於非購買自習藝所的學徒，棉紡織廠雇主乾脆直接向父母價購兒童，根本迴避工時限制（Fraser, 1984）。1833年通過《工廠法》（the Factory Act），禁止9歲以下的兒童受僱於紡織廠工作，也規定童工不得超工時。雖然，《健康與道德法》並非針對一般家庭，而是保護隨父母安置在習藝所的兒童，避免被販運給棉紡織廠而遭剝削。

（二）母性保護

1847年，英國《工廠法》修正，女性與18歲以下兒童的工時限制在每天10小時以內（Fraser, 1984）。1900年，瑞典通過的《工人保護法》規定「女性勞工在生育後的4週內不得工作，除非取得醫師證明該工作不致傷害母體。」不過，由於該法僅止於強制性產假（maternity leave），卻無任何經濟補償，對女性與嬰兒的福利並無助益，反而有損。因為許多女性是單獨支撐家庭的經濟來源，不給薪的強制性產假，反而傷害女性及其嬰兒的經濟安全。1913年後，瑞典的強制性產假擴大為6週，仍然無薪資補償。直到1931年，女性產假才有經濟補償。到1930年代末，幾乎所有國家都有產假規定，有給薪但所得替代率很低。由此可知，在早期的家庭政策所關注的是孕婦與兒童，因此，家庭政策可謂是「母性政策」（maternal policy）（Ohlander, 1992）。1960年代以後，延長產假期間，替代率提高。

（三）提升生育率

如前述，1918年巴黎近郊的冶金工人已可從雇主處獲得家庭津貼；1932年，法國立法規定所有工商業都應該比照冶金工人給予勞工家庭

津貼。法國的家庭津貼政策無疑地受到生育率下降，以及一次世界大戰後大量人力流失的影響。1930年代瑞典的家庭政策漸次成形，其所關注的焦點是家庭危機：失業與低生育率。特別是受到1934年摩達爾夫婦（Alva Myrdal and Gunnar Myrdal）著《人口問題的危機》（*Kris i befolkningsfrågan*）一書的影響，其主張各國應該促進有兒童的家庭之生活品質，才可能提升生育率（Lundqvist & Roman, 2010）。於是，1930年代起，歐洲工業發展國家紛紛推出以稅收支應的兒童津貼（child allowance）或家庭津貼。1960年代起工業先進國家朝向普及的兒童給付，也有少數國家採兒童照顧減稅。1980年以後，兒童給付額度提高，兒童照顧減稅受歡迎（Daly & Ferragina, 2018）。

（四）性別中立

二次大戰後，家庭性別角色關係與勞工短缺成為進入工業化時代的新課題，家庭照顧角色的爭議、女性勞動參與率的提高、離婚率的攀升、新的家庭價值改變，家庭政策轉移其焦點到更性別中立。

（五）積極的家庭政策（active family policy）

1960年代以降，歐洲國家的家庭政策已不再拘泥於母性保護或人口成長，而更有所謂「積極的家庭政策」，包含支持有兒童的家庭、支持養育子女的父母、消除家內性別分工的不均等（Ohlander, 1992）。1980年代以後增加親職假（育嬰假）（parental leave），期間從18到54.2週，且有給薪但不高（Daly & Ferragina, 2018）。

（六）家庭福祉

缺乏家庭政策的美國，於1960年代末就有專家倡議國家應制訂家庭政策，以因應家庭變遷（Winston, 1969）。美國社會政策學者一般認為家庭政策是以追求家庭福祉為目的（Kamerman & Kahn, 1976; Zimmerman, 1988, 1992），包括寄養、收養、教養、經濟支持、家庭照顧、兒童保護、家庭暴力防制等，顯示美國著重家庭服務多於社會政策思考。

（七）兒童照顧的政治化（politicization of childcare）與性別政治權利

1970年代以來，因應婦女勞動參與率提高、性別平權的倡議，包括瑞典、丹麥、法國等國家大力推動兒童照顧公共化，或兒童照顧的去家庭化

（defamilization）或去性別化（degenderization）。1980年以後，工業先進國家兒童學前教育與照顧（ECEC）預算增加；1988年以後入園率也提高。1990年代末以來，預算與入園率大幅提升，不只3-5歲，年齡也下降到3歲以下（Daly & Ferragina, 2018）。

（八）工作與家庭平衡政策（work-family balance policy）

1970年代以降，因於婦女勞參率快速提升，政府逐漸面對女性工作與照顧的衝突，從性別中立轉進到性別權利關係的重新定位。除了兒童照顧的公共化之外，又推出產假、親職假、陪產假等。1985年國際勞工組織提出勞工家庭責任公約與建議（The ILO Workers with Family Responsibilities Convention [No. 156] and Recommendation [No. 165]），主張不能因家庭照顧責任歧視女性就業；復於1990年代進入長工時對家庭福祉影響的討論。因此促成了瑞典1994年實施親職假（育嬰假）中父親必須至少一個月的強制規定，接著在2002年增加到二個月；同時，1995年離婚後的男女均有同等機會贏得兒童的監護權；此外，為了兒童的最佳利益，共同監護（joint custody）被推廣。這些政策改變了瑞典的母親身分（motherhood）與父親身分（fatherhood）的關係（Lundqvist & Roman, 2010）。

（九）社會投資（social investment）

2013年，歐洲聯盟要求各會員國採行社會投資套案（Social Investment Package, SIP），藉以促使現代化福利國家將社會投資觀點正式列入政治議程（Hemerijck, 2017）。

但是，不同國家仍然有不同的政策目標，例如奧地利、南歐國家、法語系國家的家庭津貼傾向以支持家庭為主；相對地，北歐國家、德國、愛爾蘭、英國較以支持兒童為目標。從這點就可看出家庭政策的目標是家庭所得的補充，或是保障兒童的個人權利，兩者有別，這種差別受到國家的意識形態與政治偏好的影響（Hantrais & Letablier, 1996）。

不只是家庭政策的目標有別，有些國家同樣具有高度的政治民主與經濟成長，甚至家庭解組問題更嚴重，但是卻沒有明顯的家庭政策，例如愛爾蘭、義大利、西班牙、英國，以及美國。尤其美國，自從1960年代以來，就有學者專家不斷呼籲應及早制定國家的家庭政策（Winston,

1969），其理由是家庭結構在變遷，家庭的需求也在改變。但是，仍然得不到政府的回應。雖然，到了1990年代美國已將家庭排上政治議程的檯面，但仍然缺乏共識（Bogenschneider, 2000）。美國之所以沒有家庭政策，是因為美國家庭從來就不是政治議題。美國基於自由主義的政治思想、共和的個人主義，以及英國維多利亞時期以來的公私領域分野傳統，比起競爭的公民領域，家庭被認為是安全、溫和、沒有衝突的私領域，國家不應介入（Pardeck, 1984; Nelson, 1985）。如同上述某些較不支持家庭政策的歐洲國家，一樣是將家庭視為是一個私領域（private domain），不主張國家把家庭這個社會單位當作政策介入的客體（Hantrais & Letablier, 1996）。

然而，不論該國有無明顯的家庭政策，都不可避免地必須面對因家庭的變遷所引發的新興家庭議題，例如子女照顧、老人照顧、身心障礙者照顧、家庭貧窮、家庭暴力、單親家庭、繼親家庭、家戶資源分配不均、未成年家庭、同居家庭、同性家庭、單身家庭，以及兩性平權等的挑戰，而有或多或少的方案來因應家庭的變遷需求。只是，這些政策或方案，到底是家庭政策，或是道德規制（moral regulation）？換句話說是在支持家庭（supporting of families）抑或是管制家庭（policing of families），仍值得探討（Donzelot, 1980; Rodger, 1995）。

綜合以上，家庭政策至少涵蓋以下範圍：(1)家庭與工作的平衡，包括工時、女性勞動參與、兒童照顧、親職假等；(2)長期照顧；(3)家庭貧窮；(4)婚姻，包括結婚、離婚、收養、寄養、生育、同志婚姻等；(5)健康照顧；(6)家庭多樣性，包括單身、單親、移民家庭、少數族群家庭等（Bogenschneider, 2006）。

貳 家庭政策的觀點

前述家庭政策定義中所指稱的家庭是指「唯一的家庭」（the family）或者是「各種家庭」（families）？由於對家庭概念的認定分殊，以及對家庭期待的差異，使得不同的政策主張都自稱是家庭政策，但其內容、目標卻是南轅北轍。吉爾（Giele, 1999）以美國社會為基礎，將三種

不同的觀點：保守的（conservative）、自由的（liberal）與女性主義的（feminist）對美國家庭衰退的解釋爬梳整理，可作為我們理解為何美國會有這些家庭介入方案，而沒有其他方案的原因。這樣的觀察其實也適用於受全球化、後工業化影響下的大部分工業國家。其中北歐的社會民主觀點與女性主義所強調的性別平等較為接近。

一、保守主義的觀點

依保守主義或新右派的說法，當代雙親家庭的崩解，起因於離婚、婚外性行為的升高，導致兒童陷入學業失敗、失業、偏差行為的風險中。解救之道在於重整家庭承諾、宗教信念，以及刪除對非婚母親與女性單親家庭的福利給付。其邏輯關係如下（Giele, 1999）：

文化與道德的弱化→家庭破碎、離婚、家庭衰敗→父親缺席、學校失敗、貧窮、犯罪、濫用藥物→重整道德、婚姻與家庭。

雖然多樣化的家庭應被尊重的呼籲一直存在，但是另一種聲音強調家庭結構變遷下的家庭道德淪喪，因而要求個人而非國家應認識到維持家庭制度的責任，更是宏亮（Rodger, 1995）。美國1993年的《家庭與醫療假法》（Family and Medical Leave Act）（即無給薪的親職假）、《家庭維繫與支持法》（Family Preservation and Support Act）、1996年的《婚姻保衛法》（Defense of Marriage Act）、《個人責任與工作機會調和法》（Personal Responsibility and Work Opportunities Reconciliation Act）、1997年的《收養與安定家庭法》（Adoption and Safe Family Act）等都是這種觀點下的產物。企圖透過搶救婚姻、穩定家庭、減少未成年懷孕，達到家庭功能的維持。這種以道德作為訴求的家庭政策其實是在進行道德規制。主張道德規制的人士呼籲大眾注意個人道德與家庭結構，他們深信較少的福利依賴與較多成分的市場取向的社會是家庭政策的重點。他們所主張的是「擁護家庭」（pro-family）的政策。擁護什麼樣的家庭呢？當然是傳統家庭（conventional family）。這種主張由傳統家庭與市場來提供社會照顧的策略較不關心個人或家庭充權（empowerment），而較強調「社會體系的規訓」（disciplining of social bodies）（Foucault, 1975），或是「管制家庭」（Donzelot, 1980）。

保守主義者所贊同的家庭，在西方社會是延續16世紀以來英國的「層級的、威權的，以及宗教定奪的集體家庭。這種家庭在19世紀維多利亞女王時期被歌頌，成為保守人士所嚮往的維多利亞家庭（Victorian family）（Stone, 1977），而在華人社會則是「三代同堂的、和諧的，以及倫理規範的家族主義的家庭。」維多利亞家庭意識形態表現在具體生活上，可從幾方面來觀察：(1)女性對男性經濟上的依賴；(2)母性禮讚（cult of motherhood）；(3)婦女的性觀念。母親角色從工作中撤離，成為家庭的管理者，男人的角色被界定為經濟提供者，或工作賺食的人；女性雖「免於」從事工業活動，但是卻被賦予家務管理與兒童照顧的責任。於是，婦女成為「家庭道德與心理的導師」。中產階級的婦女就以成為「全職母親」（full-time motherhood）為榮（Hareven, 1977）。這就是母性禮讚與母性的光輝。

　　由此而將生活領域區分為二：一是公領域（public sphere），包括家庭之外的工作、商業、政治等生活世界，這是屬於男人的世界。二是私領域（private sphere），不折不扣的家庭生活，這是屬於女人的世界（Sands & Nuccio, 1989；林萬億，1994b、1994c）。即使女人偶有外出工作，其工作也是次等的（second class）、低薪、低技術的工作：而男人在此二元的勞力市場中從事一等的工作，高薪、高社經地位、高技術性。男人領取的薪資稱為「家庭薪資」（family wage）（Gittins, 1993），也就是連同妻小生活一併算入薪資內；而女人領取的工資則被冠上「貼補家用」，此為工資的性別差異找到了合理化的來源。女人的低薪與無酬工作，造成經濟上對男性持續的依賴。男人透過經濟的提供，換取女人情緒的支持，達到所謂「互惠」的關係。情緒上的滿足，包括排外的性關係、子女照顧、老人照顧，以及家事料理。女性終其一身從事無酬的照顧與養育工作，對象包括子女與丈夫，以及夫家的老人，這就是「母性的制度化」（institutionalization of motherhood）（Bernard, 1974）。

　　既然家庭是由異性的婚配成人與生育子女所組成，即所謂的「自然家庭」（natural family），不是這樣的家庭就是「非自然家庭」（unnatural family）（Edholm, 1991），甚至非家庭。家庭照顧被假設為最自然、最好的照顧方式，因此，子女不應該離開父母（其實是母親）而到機構去接

受照顧。機構化的照顧，或任何足以替代父母的照顧方式都不被鼓勵，甚至被指責為影響子女的情緒發展、人際關係，以及成就（White, 1981; Wolfe, 1989）。也因此，一些非自然的家庭，例如單親家庭（lone parent family/single parent family）、繼親家庭（step parenting family），經常被懷疑是兒童虐待的高風險家庭。

女性在福音教派的教誨下，性被情感與虔誠所取代。女性的性滿足被壓抑，取而代之的是將女性特有的情感與情緒發揮，成為建構理想的基礎。女人不被鼓勵追求自己身體的性滿足，而是被模塑成為寬宏的虔誠信徒，是不動情的「特殊性別的人」。

維多利亞家庭跨越20世紀，也成為功能學派（functionalist）社會學者界定家庭的基本架構。功能學派認為家庭是一個普存的制度，扮演著某種社會生存所必要的特定功能，包括具有同住（common residence）、經濟合作（economic co-operation）與生育（reproduction）的社會關係；其組成包括不同性別的成年人，有社會許可的性關係，以及由這擁有性關係的兩人所生育或領養的兒童（Murdock, 1949）。從這個定義中可以找到家庭的四個基本要素：同住、經濟合作、生育與性。功能學派的家庭定義長期以來主導社會科學對家庭的定義，美國從1960年代末期至今，以及英國1980年代的家庭政策也大多立基於這個定義（Scanzoni, 1983; van Every, 1991; Gittins, 1993）。

如果離婚或子女離開家庭，常被認為是「家庭破碎」（family breakdown）。因此，除非子女被虐待到有立即身心危險，才會允許社會工作者安置其子女於自然家庭之外。當然，如果父母中任一方離開家庭，這個家庭也被認為是破碎家庭。因此，「單親家庭」被描述成「問題家庭」，例如高犯罪率、貧窮、敗德等，而其歸因就是家中少了個養家活口的男人。

新右派指責福利國家破壞家庭，是指政府的角色介入托兒、養老、濟貧工作，這些工作被認為是家庭應該做的事。一旦政府負起這些責任後，不但政府的財政過重，而且個人也會變得不照顧家庭，家庭因而會瓦解；同時，家庭責任被國家取代後，家庭的重要性降低，離婚、不婚的人增多，使得傳統家庭價值遭到破壞（林萬億，1994d）。據此，認為消滅貧

窮的唯一辦法是工作、家庭、忠實（work, family, faith）。進一步，質疑美國窮人不想工作，主要是因為政府給他們太多，導致他們懶惰成性。反之，主張窮人應該比有錢人更努力工作才是；同時，也指出當前美國的社會方案在弱化家庭功能，導致窮人越來越多。因為大部分的美國窮人來自女性為戶長的單親家庭，而推論女人一旦離婚成為女性單親家庭後，必然不可能擁有高的收入，除非她有高的教育與訓練。女性家長必然耗盡其所得以應付家庭所需。於是，下結論要消滅貧窮最有效的方法是讓貧窮家庭中的男人多負一些責任（Gilder, 1981）。

問題在於男人怎麼負責？失業、低教育、低技術、婚姻關係不佳的男人如何負責？所以，才會被說成這種假設家庭會回歸到傳統理想狀態，不受任何社會變遷的影響，根本就是個不切實際的「願望」（wishful thinking），立基在這種願望下就會做出一些「有害的補鍋式」（harmful tinkerings）的家庭規制，例如訂定《家庭法》使離婚更困難；在兒童保護中強調非干預、聯合監護，以及兒童福利優位等原則（Smart, 1997）。

二、自由主義的觀點

自由主義者同意家庭功能在衰退，兒童的健康、教育、貧窮問題重重。但是，矛頭指向經濟與結構的變遷所產生的新需求沒有被社會所滿足，例如女性進入勞動市場就不可能親自照顧兒童；家庭社會化功能也萎縮，家庭親密關係也因就業型態而改變，這些種種，社會並沒有完全接手來支持家庭，當然就產生不利於兒童的後遺症。其邏輯關係如下（Giele, 1999）：

經濟結構變遷→家庭與性別角色變遷→對兒童不利的影響（貧窮vs.生產性的）→安全網的補綴。

自由主義者認為家庭變遷是現代工業社會不可避免的趨勢，不可能再回到維多利亞時代的田園風光。每個現代人應有權利選擇自己喜歡的家庭生活安排，包括「非傳統」的家庭生活安排，例如同居、單親家庭、離婚、再婚、雙生涯家庭等。自由主義者不認為有唯一的一種家庭形式比其他家庭形式更好的說法，所謂「另類的」生活型態本來就應該被認可，甚至「單身家庭」（single person family）都可被接受（Cherlin,

1983；Goldthorpe, 1987）。家庭不應是社會組成的唯一有機體，現代社會其實是由諸多「利益團體」組成，不同的團體可以替代家庭的理想與目標（Scanzoni, 1983），家庭不過是「家庭利益團體」而已，甚至是「家庭結合」（family unions）（Lory, 1978）。

然而，從情感的角度（sentiment approach）來看，兩性關係的改變，甚至親子關係的改變，並不必然是經濟變遷的結果，而是家庭成員間情感的改變。這也就是社會史學家所重視的「心智」（mentalities）的改變。紀登斯（Giddens, 1992）在其《親密關係的轉變——現代社會的性、愛、慾》一書中所強調的，過去三個階段的家庭關係的改變是親密關係的演進史，從18世紀的安排婚與禮儀婚，變遷到19、20世紀的浪漫愛（romantic love），進而到20世紀後半的融合愛（confluent love）。在安排婚的階段，要離婚免談，家庭權力掌握在父親手上；演進到浪漫愛時期，婚姻逐漸改變，過失離婚被接納，母性的意識形態出現，但是經濟的依賴對大多數女性來講是存在的；到了1960年代以來，離婚變得相對容易，再婚也很普遍，兩性趨於平等。

即使紀登斯（Giddens, 1992）企圖避開親密關係或親屬關係是單純地回應經濟變遷的產物，但是，家庭生活的變遷不能從其他社會變遷中分離出來，這是歷史的事實（Smart, 1997）。

自由主義者已同意各種家庭的存在，例如單身、單親、未成年，甚至同志家庭；同時也認知支持家庭是後工業社會必要的手段。自由主義者支持友善家庭的就業政策、同志家庭、女性選擇偏好家庭角色或就業角色、市場化的兒童照顧、長期照顧等。但是，對家庭中的性別分工、有給薪的親職假等，甚少著墨。

三、女性主義的觀點

女性主義者與保守主義都支持家庭是一種制度（institution），但是，這個制度不應是壓迫女性的父權家庭。女性主義也同意自由主義所主張的現代性（modernity），但是，獨立自主應該是建立在各種關係上，而不是在經濟市場中的獨立個體。女性主義者觀察到的家庭變遷邏輯如下（Giele, 1999）：

社區、家庭與工作缺乏合作→成人壓力太大與過度負荷→兒童缺乏來自父母足夠的照顧與關注→美好社會的再建構。

女性主義者反對傳統家庭所強調的男女對家庭與社會的責任，反而強調女性的權利。女性主義者認為傳統家庭生活在於保持與延續性別角色的刻板化，造成女性被壓迫。傳統家庭的定義其實與「父權」（patriarchy）息息相關（Gittins, 1993），「父權家庭」（paterfamilias）幾乎是傳統家庭的原始意義，因此女性主義者聲稱男人是女人的壓迫者。雖然，社會主義者主張男人與女人都是「資本主義」的受害者，但是，女性主義者辯稱在一些共產主義國家裡，經歷了共產革命之後，女人仍然未如男人般公平分享權力。因此，女性主義強調男人比資本主義更具有壓迫性。不過，現代馬克斯主義與社會主義的女性主義已注意到要了解女性的處境不能不從社經脈絡去理解，也就是說階級與性別都是構成兩性不平等的因素，「資本主義父權」（capitalist patriarchy）才是女性要挑戰的目標（Bryson, 1992）。

女性主義者不認為離婚有何不好，離婚或分居往往是女性勇於脫離被迫害的父權家庭的象徵。離婚率的升高往往也是反映處於不幸福婚姻下的女性人口減少。勇於捐棄不滿足的婚姻關係，是代表女性堅持、獨立、自我選擇的結果（Wattereng & Reinhardt, 1979；林萬億、吳季芳，1993）。所以，單親家庭的增多，不過是女性追求平等與滿足的象徵（Kissman, 1991; Sands & Nuccio, 1989）。

某些女性主義者也相信只有女人才有「女性經驗」（women's experience），這種經驗有別於男性經驗。因此，只有女人才能體會與分享這種感覺。此外，男人是女人的「敵人」，所以，男女關係不可能是和諧滿足的。傳統家庭的兩個異性成年人經由合法婚姻關係而組成家庭的概念，在這些女性主義者看來是一種暴力，同性結婚有何不可？（Goldthrope, 1987）

基本上，女性主義者在於追求一種「男女、父母的新平衡」（new balance of male and female, of paternal and maternal）（Bernard, 1974）。兩性均有工具與情感的特性與行為，唯有兩性平等才能有利於家庭與社會。因此，家庭不只是一個小團體，而是一個由學校、教會、醫院、職場

所共構的公民社會的制度之一環，家庭與工作、家庭與社區、男人與女人的生活都應被重新調整，所以，才有女性主義與新社區主義（the New Communitarian）家庭政策相容的提議（Kittay, 2001）。

對於自由主義者和女性主義者來說，家庭在變遷中。但是，對於保守主義者來說，家庭在衰退（decline of the family）。家庭衰退的原因可能很多，例如工業化、城市化、個人主義的興起。然而，保守主義者最擔心的不是這些，而是傳統道德的淪喪，以及強而有力的政府終將逐步以規制（regulation）、操控（manipulation），甚至以「公然的暴力」（outright violence）介入家庭（Scanzoni, 1983）。因此，保守派人士極力攻訐那些主張母體自主、墮胎合法化、性教育等活動的人士為「道德少數」（moral minority）或「不道德的左派」（immoral left）（David, 1986）。而自許為「道德多數」（moral majority），致力於重振傳統家庭規範。

女性主義者並不反對家庭制度，只是反對傳統由兩個成年男女組成、男主外女主內的唯一家庭形式；更反對家庭作為壓迫女性的工具。因此，家庭政策應該是用來作為解放女性的手段，例如兒童照顧公共化、有給薪且兩性共享的親職假等。

參 平衡工作與家庭政策

如前述，家庭政策的浮現首先在於母性與兒童保護，針對女性勞工的強制性產假規定，目的是保護孕婦與嬰兒的健康；之後，有家庭或兒童津貼的出現，為了維持資本主義社會的勞動供給不虞匱乏，與母性保護同樣立基在工業革命以來的勞動需求滿足。到了1930年代以降，人口問題成為資本主義社會的新興問題，包括人口老化與低生育率，為了提升生育率，家庭政策成為寄託所在。1960年代以後，性別平權的倡議聲浪促使各國家庭政策重新思考婦女作為提升生育率的主要責任承擔者的合理性。家庭政策遂從母性政策、生育政策，增添了性別平權政策的意涵，而其中都脫離不了促進就業的必要性。於是，家庭與就業就成為家庭政策不分割的兩個要素，而有工作與家庭政策（Work-Family Policy）（Mandel, 2011; Earle, Mokomane, & Heymann, 2011; Misra, Budig, & Boeckmann, 2011; Hegewisch

& Gornick, 2011）的說法。精確的說法是工作與家庭平衡政策（work-family balance policy）（Lewis, 2009; Manfred & Welte, 2009），或工作與家庭調和政策（work-family reconciliation policy）（Boling, 2015）。

為何家庭政策與工作會連結在一起呢？首先，讓幼兒有個好的成長開始。後工業社會的父母親大多進入勞動市場工作，很難再期待女性扮演全職家庭照顧者的角色，而兒童又需要有個好的生命起始，如果國家沒有提供足夠的公共化兒童照顧服務，反而仰賴私有化的兒童照顧市場，父母親為了購買高品質的兒童照顧服務，其經濟負擔將變得很沉重。這也是為何一個國家的托育公共化程度與生育率往往成正比。

其次，性別公平的要求。在後工業社會裡，婦女勞動參與率提升，父母為進入就業市場，家庭與工作之間出現緊張關係。婦女為了養兒育女，通常被期待放棄工作，在家照顧嬰幼兒，造成性別不公平。而性別不公平不僅發生在家庭，也因婦女中斷職場就業，在家照顧家人，導致工作年資較短，影響年金給付額度，也影響升遷、薪資水準。因此，親職假的設計，同步考量兩性共享家庭照顧責任，才可能同時解決就業與家庭的性別不公平問題。

第三，提升生育率的期待。年輕世代為了追求好的教育機會，延後就業；進而，為了累積財富、實現成就，先立業後成家，致結婚年齡延後，生育子女的年齡也延後，縮短可生育期間，生育胎數自然減少。倘若照顧子女的成本升高，當然更會影響生育意願。於是，就業與生育成為兩難選擇，生育率的下滑，主因被認為是就業與家庭的失衡，唯有調和兩者，才可能提升生育率。

到底家庭政策是否達到提升生育率的目標，從瑞典的經驗顯示，家庭政策的擴大的確有達到提升生育率、縮短生育間距、誘發生育率曲線波動的效果。然而，卻無法改變女性教育程度與生育率的負向關係（Björklund, 2006）。

從OECD國家的家庭政策對生育率的影響研究發現不同的方案對生育率的影響不一，財政移轉對生育率的影響較小，因為財政給付通常對生育與照顧兒童的成本減輕比率很低，且父母通常會把領到的現金移轉拿來改善現有孩子的照顧品質，不一定會想要另生一個孩子。此外，現金給付

無法解決父母退出勞動市場的風險，故不足以影響家庭決定生育與兒童照顧。工作與家庭平衡政策，例如親職假、公共化兒童照顧、彈性工時等對兒童照顧的機會成本有明顯高的減輕效果，對提升生育率從第一胎開始即具決定性的正面影響。至於，生育紅利（baby bonuses）對生育行為的影響在某些條件下具正面效果。義大利的經驗顯示生育補助對低收入、低教育水準的夫婦有降低墮胎、提高懷孕的意願；奧地利的經驗顯示，夠高的一次性生育獎勵才有助於提升生育率。不論如何，長期而穩定的經濟是支持生育的基礎環境。但是，在經濟衰退的情況下，家庭政策有維持穩定的生育率的正面作用（Thèvenon & Gauthier, 2011）。

從表9-1看出，高生育率的國家，婦女勞動參與率也較高。反之，除印度之外，低婦女勞動參與率國家，並沒有促成高生育率。顯示，婦女勞動參與率提高並不是造成婦女生育率降低的原因。

表9-1　生育率與婦女勞動參與率（2019年）

國家	生育率	婦女勞動參與率
韓國	0.9	54
臺灣	1.05	51.4
西班牙	1.2	52
義大利	1.3	41
波蘭	1.4	49
日本	1.4	54
希臘	1.4	45
芬蘭	1.4	56
匈牙利	1.5	48
奧地利	1.5	55
德國	1.5	56
加拿大	1.5	61
挪威	1.5	61
荷蘭	1.6	59
英國	1.6	58

國家	生育率	婦女勞動參與率
捷克	1.7	53
中國	1.7	61
美國	1.7	57
澳洲	1.7	61
丹麥	1.7	58
瑞典	1.7	61
法國	1.9	51
印度	2.2	21

資料來源：臺灣以外資料來自世界銀行（The World Bank）。

　　高生育率的國家通常投資較多在公共化兒童照顧上，例如2010年，3-5歲幼兒的正式兒童照顧率（進入幼兒園或學前教育機構）的比率，法國高達100%、丹麥94%、瑞典93%、挪威96%、芬蘭56%、荷蘭67%等，而這些國家的幼兒園也大部分是公立的。亦即，完善的工作與家庭政策，使生育率一直維持較高的水準，同時提升婦女勞動參與率，又兼顧高品質且平價的幼兒正式化照顧，使雙薪家庭無兒童照顧的憂慮。基於此，德國從1990年代、日本從2000年起迎頭趕上推動工作與家庭政策，目的即是提升生育率，同時拉高婦女勞動參與率，也不忘大量增加幼兒正式照顧率（Häusermann, 2018）。日本於2010年幼兒進入正式照顧機構已90%，德國更達94%，趕上北歐國家（Boling, 2015）。至於高生育率的美國、澳洲，靠的比較是年輕勞動與投資移民帶來的高生育率。基於以上分析顯示，工作與家庭政策涵蓋兒童照顧、性別公平、人口政策的三種內涵。

　　然而，提升生育率的時機考量也是關鍵，必須於預見生育率下滑趨勢時，即推出提升生育率對策，效果較大。倘生育率掉到接近超低生育率（1.3）時才緊急推出少子女化對策，像德國於1990年代初生育率掉到1.38、日本於2000年生育率掉到1.34時，才警覺到人口問題的事態嚴重，加緊腳步推動工作與家庭調和政策，其成效就相對緩慢了。臺灣與韓國也面對同樣困境。1990年代末以來，生育率下降趨勢明顯，但少子女化對策卻躊躇不前，錯失及早介入時機，甚至於生育率掉到1.3以下，都還未

警覺到超低生育率的問題嚴重性。一旦人民對超低生育率習慣或感到無助後，晚婚、不婚、不生就會成為一種習性，提升生育率的效果就很差了。不過，缺乏完善的工作與家庭政策，就幾乎沒有任何機會提升生育率了。

　　以下整理以工作與家庭平衡政策推動提升生育率的國家，其中瑞典是世界上最早推動的國家；法國則是直追瑞典之後，維持高生育率的典範國家；德國、日本則是分別在1990年代初到2000年間仿照瑞典、法國迎頭趕上。

表9-2　瑞典的工作與家庭平衡政策

政策名稱	內容與相關規定	實施日期
生育率變化：1970年（1.94）→1983年（1.60）→1990年（2.14）→1999年（1.50）→2004年（1.66）→2019年（1.909）		
家庭津貼（family allowance）	1. 0至16歲：1,250SEK（瑞典克朗）／月。 2. 第2胎以上家庭：隨胎次增給（150至4,240SEK／月）。	1937年
兒童照顧（childcare and early childhood education）	1. 0至2歲：46.9%孩童於正式照顧系統。 2. 3至5歲：94.3%孩童於正式照顧系統。 3. 3至6歲每週15小時托育免費。 4. 托育費用依據家長收入給付（最高1,260SEK）與家庭兒童數（兒童數越高、費用越低）而定，最高約占家庭收入3%。	1943年
友善職場	1. 親職假：480天：390天，給付薪資80%，餘90天，每日180SEK。 2. 陪產假：10天，支給薪資的80%。	親職假（與產假併計）：1900年，並逐步放寬期限、給付內容與對象。 1974年育嬰假申請對象擴及父親。
其他	1. 租屋補貼：依據兒童人數、同住人口數、家庭收入、房屋租金多寡給予不同程度補貼。 2. 臨時育兒假：對於12歲以下的兒童，每名兒童每年可享有長達120天的臨時育兒假。	

表9-3　法國的工作與家庭平衡政策

政策名稱	內容與相關規定	實施日期
生育率變化：1914年（2.34）→1916年（1.23）→1920年（2.69）→ 1975年（1.93）→1993年（1.66）→2010年（2.02）→2019年（1.97）		
家庭津貼 （family allowance）	1. 前2胎：€129.99／月。 2. 每多一胎：增給€166.55／月。 3. 11-16歲：每人每月增給€36.34。 4. 16歲以上：每人每月增給€64.61，到20歲為止。	1932年
所得稅 （income taxes）	Quotient Familiale[1]：提高扶養子女免稅額，減輕育兒家庭所得稅負擔，以鼓勵生育。	1945年
兒童照顧假 （childrearing leaves）	1. 產假：16週，支給薪資的100%。 2. 育嬰假：1胎→6個月，€575.68／月。2胎及以上→3年，€575.68／月。 3. 陪產假：11天，支給薪資的100%。	育嬰假：1985年實施，1986年擴大，於1994年併入PAJE。 陪產假：2001年
兒童照顧 （childcare and early childhood education）	1. 0-2歲：42%孩童於正式照顧系統[2]。 2. 3-5歲：100%孩童於正式照顧系統[3]。 3. 保母照顧補助、父母自己照顧也補助[4]。	3-5歲照顧：1940年

表9-4　德國的工作與家庭平衡政策

政策名稱	內容與相關規定	實施日期
生育率變化：1970年（2.03）→1980年（1.56）→1990年（1.38）→2002年（1.34）→2019年（1.47）		
兒童津貼 （child allowance, Kindergeld）[5]	1. 第1、2胎：€184／月。 2. 第3胎：€190／月。 3. 第4胎及以上：€215／月。 4. 家長可領取此津貼到兒童滿18歲，或25歲（在學或職訓）。	1964年實施，實施初期要收入調查，1975年取消。 2010年調整為現制

[1] aimed to encourage a robust fertility rate by redistributing wealth from families with no or few children to families with more children.

[2] 2008年資料

[3] Écolematernelle (age3-5)：100% of children 3-5 enrolled

[4] Assistantematernelle

[5] Kindergeld, child payments

政策名稱	內容與相關規定	實施日期
婚姻與家庭賦稅優惠	1. 所得分割制（Ehegattensplitting）[6]：又名折半乘二制，即夫妻二人之所得合併後折半適用累計稅率再乘以二，亦即所得平分計稅再乘二。 2. 兒童免稅額（Kinderfreibetrag） 3. 減壓免稅額（Entlastungsbetrag[7]）：對象為單親撫養孩子。第一胎：€1908，每增加一胎：增加€240的減壓免稅金。	Ehegattensplitting：1958年 Kinderfreibetrag：1972年
兒童照顧假（childrearing leaves）	1. 產假：14週，支給薪資的100%。 2. 育嬰假：1年，支給薪資的67%，同時撫育2名子女，加給10%。 3. 陪產假：2個月，支給薪資的67%。	育嬰假：1992年 陪產假：2010年延長
兒童照顧（childcare and early childhood education）	1. 0-2歲（托嬰中心）：9%（2002年）→23%（2013年）。 2. 3-5歲（幼兒園）：94%。	

表9-5　日本的工作與家庭平衡政策

政策名稱	內容與相關規定	實施日期
生育率變化：1970年（2.13）→1980年（1.75）→1990年（1.36）→2000年（1.342）→2005年（1.26）→2012年（1.41）→2019年（1.478）		
家庭津貼（family allowance）	1. 3歲以下：¥15,000／月。 2. 第2胎：¥10,000月，3-12歲。 3. 第3胎以上：¥15,000／月，3-12歲。 4. 12-15歲：¥10,000／月。	1972年施行，適用年齡與金額於1999年擴大。
兒童照顧假（childrearing leaves）	1. 產假：14週，支給薪資的67%。 2. 育嬰假[8]：52週，支給薪資的50%（父母分攤可延長至14個月，未進育兒園可延長至24個月）。 3. 陪產假[9]：2個月，支給薪資的50%。	育嬰假：1992年 陪產假：2010年延長

---

[6] 參葛克昌主編，《納稅人權利保護：稅捐稽徵法》第一章之一逐條釋義，納稅者權利之立法與司法保障，元照，頁38，註25。

[7] 可與家庭津貼、兒童免稅金共存。

[8] 於1992年制定

[9] The 2010 revision of the parental leave law provides for 2 months of partner leave, also reimbursed at 50% of wages. (Boiling. P, 2015)

政策名稱	內容與相關規定	實施日期
兒童照顧[10] （childcare and early childhood education）	1. 0-2歲：28%幼兒於正式照顧系統。 2. 3-5歲：90%於幼兒園，1995年公私比為58% vs. 42%。2011年轉變為41% vs. 59%。2020年計畫調整為60% vs. 40%。 3. 增加課後照顧提供量。	2015年安倍經濟新三箭，2020年生育率提升到1.8、看護離職率降到0，新增40萬幼兒園名額，保育員從40萬名增加到50萬名。
國家設置相關部會	1. 少子化對策部。 2. 少子化擔當大臣。 3. 小孩‧生育本部。	2000年增設 2003年增設 2015年增設
依賴配偶津貼 （dependent spouse allowance）	配偶之年薪低於¥1,030,000，每年可得到¥96,000的津貼（年度計算）。	
不孕症補助	不限年齡，每次約新臺幣3.5萬到5.3萬元，一年兩次，最多補助5年。	
公共住宅優先	扶養、單親、育兒、身心障礙者等家庭提高中籤率，也有租金減免，且可以優先申請。	

肆 家庭政策的內容

如前述，家庭政策包羅甚廣，其中有關兒童照顧部分，可分為五個類屬：(1)支持孕婦從懷孕到生產期間的醫療檢查與照護、資訊提供、營養與產婦諮商、住院生產服務；(2)生育補助，例如生育津貼、育兒八寶箱、替代券等；(3)長期定期給付，支持家庭照顧兒童的財務分擔，例如家庭津貼、兒童津貼、兒童給付、兒童照顧退稅或減稅等；(4)家庭與工作平衡政策，包括公共托育服務、親職假、病童照顧假等；(5)有給薪親職假或辭職在家照顧幼童相關給付（Thévenon & Gautheir, 2011）。其中家庭與工作平衡政策將於本章中詳細介紹，至於兒童照顧、長期照顧、健康照顧、家庭經濟安全等於其他章節中分別詳述。

---

[10] 2012年，安倍經濟（Abenomic）：以解決待機問題（waiting list problem）。

英國社會政策學者盧宜詩（Lewis, 1992）提出三種不同的性別福利體制：

1. 強的男性賺食模式（strong male-breadwinner model）

這一組國家包括英國、德國、荷蘭。視女性為丈夫的依賴者，不被鼓勵進入勞動市場。男性薪資給付是家庭薪資。女性則被鼓勵留在家庭照顧家事、子女，國家不介入家庭內部分工。即使女性有就業機會也大部分是從事部分工時工作，以利兼顧兒童照顧。因此，這些國家不會有普及的公共化兒童照顧，也不主張有給薪的親職假。

2. 中度的男性賺食模式（moderate male-breadwinner model）

這一組國家的代表是法國。國家鼓勵女性扮演母親與勞動市場參與者。

3. 弱的男性賺食模式（weak male-breadwinner model）

這一組的代表國家是瑞典、丹麥。女性被期待擔任勞動參與者多於母親，亦即雙薪模式（dual-earner model）。

盧宜詩的分類是首創，試圖彌補艾斯平—安德森（Esping-Andersen, 1990）的福利國家體制分類中缺乏性別思考的缺失。然而，只用男性賺食概念來分類福利國家，過於粗略，也難周延，不只南歐國家未被列入討論，北美洲國家也難以推論。例如美國並不會限制女性進入勞動市場，但是其兒童照顧公共化程度很低，僅提供無給薪的親職假，也沒有家庭津貼，更不主張國家介入家庭事務，其彌補方式是由家長向自由市場購買服務。據此，在盧宜詩的分類中很難有貼切的歸類。南歐國家的就業與家庭很難合併討論，因為兒童照顧是家族的事，國家介入很少，社會保障體系也相對落後（Meulders & O'Dorchai, 2007）。因此，必須再考慮兒童照顧安排、產假、親職假、兒童年齡、薪資所得替代率（休假前薪資與休假期間薪資的比率）、假期長短等多個指標，才能真正理解各國的就業與家庭調和程度（Gustafsson, 1994; Gornick et al., 1997; Bussemaker & van Kersbergen, 1999）。

一、瑞典的家庭政策

瑞典是世界上最友善家庭的國家，有10個理由足以證明瑞典是世界家庭政策的模範國（Sweden Institute, 2018）：

（一）完善的孕婦照顧

孕婦產前接受免費或補助的產前照顧，包括預產準備、分娩舒緩、呼吸節奏訓練、團體支持等課程。擔任粗重或高風險工作的女性可以獲得額外的懷孕給付（additional pregnancy benefits），得於預產期前2個月申請待產假，持續到產前11天止。薪資為原薪資的80%，由瑞典社會保險局（Försäkringskassan）給付。

產婦於分娩後，本人及其配偶可在醫院停留2-3天，由護理人員觀察產婦與新生嬰兒的適應情形，並提供產後護理照護。

（二）長的親職假

瑞典父母親於生育或收養嬰幼兒後享有480天的親職假，是世界上最長的親職假。其中前390天可獲得原薪資的80%左右的親職給付（parental benefit），2015年上限是瑞典幣37,083克朗（SEK）[11]；後90天是定額給付，每天180克朗。假期申請可採月、週、日、時計算。因在家照顧嬰幼兒而請假者、學生身分、尋職者均可申請。親職假的申請期間最晚到兒童8歲止。雙胞胎或多胞胎，有權申請較長的假。親職假是每位兒童（不含多胞胎）分別計算，家長可自行安排不同胎次的兒童累積親職假。

除親職假之外，家長有權減少正常工時至多25%，直到兒童8歲為止，以利家長照顧兒童。但必須提醒，減少工時期間並無工資補貼。

（三）性別平等

在瑞典男性推嬰兒車在街上行走是常見的，即使在咖啡廳喝咖啡、餐廳用餐，也可以看到男性在幫嬰幼兒餵奶。亦即，瑞典的男性認為養育兒童是雙親的共同責任，男性也要承擔。

為了達到性別平等，瑞典親職假規定480天中雙親各有權申請240天，其中任一性別至少必須使用90天，這是不可讓渡的權利。2015年統計，瑞典男性已使用親職假的四分之一天數，數字明顯成長，但仍未達到預期理想的各半分享。

---

[11] 瑞典克朗換算新臺幣約3.23元（2021年）。

（四）兒童津貼

瑞典兒童津貼從出生到16歲，每月給付金額為每童1,050克朗（2015年），以減輕父母育兒負擔。每一兒童的育兒津貼金額一樣，但多兒童家庭會得到外加的家庭補充給付，例如家有6童，每月可獲得6,300克朗兒童津貼，外加4,114克朗的家庭補充給付。

（五）免費教育

瑞典的學前教育與照顧是便宜的，例如2015年幼兒園每月收費約1,287克朗（占家戶可支配所得的5%，是全世界最低的），因此，家長就可以用兒童津貼繳交月費，幾乎等同於免費入園。不論國民或居民，教育從6-19歲屬免費教育，外加免費學校午餐。到了大學階段，國民與歐盟國家國民仍是免費入學，非國民與非歐盟國民才需要付學費。

（六）全民健康照顧

瑞典全民健康照顧幾乎免費（由稅收支應），20歲以前就醫全免，但部分縣市有年齡些許差異。嬰兒2歲以前免費施打維他命D滴劑，因為天氣寒冷之故。20歲以上就醫每次需要自行負擔100到300克朗不等的費用，依所居住的縣市不同而定。特殊診療諮詢則最高不超過400克朗。倘若一年內看病自付支出已超過1,100克朗，可以申請高額醫療支出計畫，免除其餘醫療支出。

受僱者就醫期間請假可以獲得正常薪資的80%疾病給付，最高額度為27,800克朗。

（七）免費搭乘大眾運輸

公共設施、交通、建築都必須設計讓家庭與身心障礙者可接近，在瑞典這是一種內建的思考。在某些瑞典城市，例如首都斯德哥爾摩，推嬰兒車和輪椅上公車一律免票，且可以要求使用客運車的中間大門。亦即，避免家長推嬰兒車與其他乘客擠在付費的車門。

（八）古典兒童文學與圖書館

為了吸引兒童閱讀，瑞典有很強的兒童文學傳統，以2014年為例，出版了2,066本兒童、少年讀物。此外，各地方均有專門的兒童圖書館。不只是提供兒童借閱讀書，同時辦理各種活動。

（九）友善嬰幼兒的公共設施

從兒童遊戲場到專用兒童公園，在瑞典均普遍設置類似的友善兒童空間與設施。在購物中心與圖書館等公共使用空間也都設有專供母親集乳、哺乳、嬰兒換尿布與洗澡的專用房間。

圖書館也都設有專門停駐嬰兒推車與輪椅的空間，讓家長能很容易與舒適地接近使用。餐廳均提供嬰幼兒專用座椅，以利家長外食，且也都設有嬰幼兒換尿布的專用設施。

（十）病童照顧假

當學齡前的兒童生病時，公司行號給予家長彈性的病童照顧假若干天，薪資80%，以免家庭收入明顯下降。

暫時的病童照顧假的期間是在12歲以下兒童每年至多120天。12-15歲兒童須提出醫師診斷證明。如果兒童生病或身心障礙超過6個月，國家會給予額外的津貼，直到兒童19歲為止。

從以上10件事情，的確能彰顯瑞典是世界上對家庭最友善的國家。雖然瑞典的所得稅偏高，但是大部分高的稅收都是用在平衡家庭與工作生活上。瑞典選擇建構友善家庭的社會政策作為社會的共識。

二、各國的親職假

就親職假而言，各國的規定差異極大，一般都會有產假，有陪產假的國家就相對少了，而唯有工業先進國家才會有強制性親職假，至於有給薪的親職假更少（De Henau, Meulders, & O'Dorchai, 2007; Boling, 2015）。

（一）產假

女性因懷孕、生育而應得的假期。其目的是保障孕婦與嬰兒的健康，休假期間的薪資補償在於維持家庭經濟安全，休假期間越長、合格要件越寬鬆、薪資所得替代率越高，表示國家越支持女性兼顧生育與就業平衡。

1. 期間（含產前與產後）：挪威35週，波蘭26週，匈牙利24週，義大利22週，蘇聯20週，愛爾蘭、英國、丹麥、芬蘭均為18週，葡萄牙、希臘都是17週，盧森堡、荷蘭、奧地利、法國、西班牙均為16週，加拿大、比利時為15週，德國、日本都是14週，中國98天，韓國90天，瑞典12週，臺灣8週。聯合國建議16週100%給薪。

2. **合格要件（就業資歷）**：義大利、荷蘭、奧地利、芬蘭都不限就業天數，瑞典只要受僱即可，英國不限條件，丹麥至少就業21天，德國84天，西班牙180天，比利時180.5天，葡萄牙、荷蘭都是182.5天，希臘200天，愛爾蘭273天，法國304天。

3. **薪資所得替代率**：丹麥、德國、希臘、西班牙、葡萄牙、奧地利、盧森堡、荷蘭均是100%，英國前6週是90%、餘定額給付，比利時前4週82%、餘75%，瑞典、義大利都是80%，芬蘭、愛爾蘭、匈牙利、法國都是70%，挪威25週100%給薪、餘80%，日本60%。

（二）陪產假（paternity leave）

丈夫因妻子生產期間應得的休假（爸爸日）。其目的是照顧生產中的妻子與初生嬰兒的健康。假期天數越多表示國家越重視兩性共同分擔照顧子女的責任，也越支持女性生育意願。

1. **期間**：芬蘭18天，法國、瑞典、丹麥、比利時均為2週，葡萄牙5天，盧森堡、荷蘭、西班牙都是2天，希臘1天，德國、愛爾蘭、義大利、奧地利、英國均無陪產假。聯合國建議4週100%給薪。

2. **薪資所得替代率**：丹麥、希臘、西班牙、法國、盧森堡、荷蘭、葡萄牙、匈牙利、波蘭均是100%，比利時前3天100%、餘82%，英國90%，瑞典80%，芬蘭70%。

（三）親職假

稱育嬰假，或家庭假（family leave）。廣義的親職假包括產假、陪產假、收養假（adoption leave）。不過，家庭假還包括因照顧家庭中其他需要照顧的成員，例如病人、失能者等的法定假，又稱照顧假（care leave）。而狹義的親職假是父母雙方因子女幼小，有親自照顧之必要而應得的假期，目的是為了鼓勵父母親自照顧幼小子女，以利發展親子關係，同時又能兼顧勞動市場參與。假期天數越長表示該國越重視生育與工作的平衡；所得替代率越高表示越能兼顧生育與家庭經濟安全；有男女共享的規定，且最低男性請假天數越多，表示該國越重視性別平等。國際勞工組織（International Labour Organization, ILO）檢視全球185個國家與地區，絕大多數均有強制性的廣義親職假規定。而除了美國、蘇利南

（Suriname）、巴布亞新幾內亞，以及若干太平洋島國之外，廣義的親職假均是有給薪的。至於狹義的親職假，則是工業先進國家才有。以下依各項指標來呈現國家間的差異。

1. **期間**：西班牙父母各156週，法國、捷克、德國、匈牙利、波蘭、俄羅斯、斯洛伐克等國均是156週，奧地利、埃及104週，瑞典480天，日本、南韓、以色列均為1年，澳洲、紐西蘭、摩洛哥均是52週，盧森堡、義大利、荷蘭父母各26週，挪威36或46週，古巴39週，愛爾蘭父母各18週，加拿大35週，希臘父母各17週，丹麥32週，芬蘭26週，比利時17週，葡萄牙、英國父母各13週，美國12週。

2. **薪資所得替代率**：挪威46週100%，或56週80%，丹麥100%，瑞典前390天80%、餘定額給付，匈牙利前104週70%、餘定額給付，芬蘭70%，德國12個月每月67%、最高1,800歐元、其餘時間則停薪。波蘭26週60%、104週定額給付，加拿大55%、最高80%（低收入戶），日本50%，俄羅斯78週40%，義大利30%，葡萄牙25%，捷克、比利時、奧地利均定額給付，法國第一胎6個月每月575.68歐元、第二胎以上給付3年，美國、英國、希臘、西班牙、愛爾蘭均無給薪，荷蘭停薪但可減稅優惠。

3. **兩性分享**：西班牙、葡萄牙、義大利、荷蘭、冰島、拉脫維亞、盧森堡、比利時、希臘、英國父母各半，權利不可轉讓。奧地利、丹麥夫妻各半，權利可轉讓。瑞典夫妻任何一方不得少於90天（爸爸月或媽媽月）。芬蘭、法國、德國無夫妻時數規定，權利可轉讓。土耳其僅母親可請假。

4. **兒童年齡限制**：瑞典、荷蘭、義大利、德國均為8歲，葡萄牙6歲，盧森堡、英國、愛爾蘭5歲，比利時4歲，希臘3.5歲，西班牙、法國、義大利、芬蘭3歲，丹麥8-13週（雇主同意可延長）。

5. **給付條件**：葡萄牙、芬蘭、德國、丹麥、西班牙須受僱。法國、希臘、比利時、愛爾蘭、盧森堡、荷蘭、英國須受僱1年以上。義大利排除分公司與自由業。

6. **工作保證**：均保證回原單位，或相似工作與原薪資水準。

7. 年金權保證：年資不中斷。

親職假不只關係到父母工作權、兒童福利，也關係到性別平等。越是進步的福利國家，其親職假設計越完整周延。

 ## 第二節　以家庭為中心、以社區為基礎的服務

由於家庭政策的模糊，美國的各種實務工作者（家庭治療、婚姻治療、家庭諮商，以及少數的社會工作者）偏好以家庭治療作為介入家庭的手段。但是，家庭治療大多以中上階級為對象，且目標狹窄，無助於解決大多數家庭的問題（McNeece, 1995）。完整的家庭政策絕對是因應家庭面對後工業社會新風險的利器。然而，越是在不完整的家庭政策下的國家，針對個別家庭的需求與層出不窮的家庭問題，家庭服務的提供變得更加迫切。而家庭服務則是強調以家庭為中心的服務（family centred services）。

壹 以家庭為中心的服務

以家庭為中心的服務在社會工作歷史上發展已久，最早可追溯到1970年代末、1980年代初，當兒童日間照顧、遊戲團體、幼兒服務開始擴展其服務範圍包括父母親，雖然主要對象仍侷限於母親。晚近兩股力量促成以家庭為中心的服務運動：一是地區性的剝奪，二是提供可近性、無烙痕的服務。從此，兒童服務機構從照顧兒童走向預防工作（Kirton, 2009），其目的是提供家庭支持，強化家庭。

就社會工作的實施領域談，家庭社會工作（family social work）是以社會工作方法或理論並以家庭為中心，維護家庭完整，視家庭為一整體，兼顧每一家庭成員的需求，所提供的各種家庭服務，以解決家庭的問題（Hartmam & Laird, 1983）。據此，以家庭為中心的服務是社會工作的途徑之一，是以家庭作為關注的中心，或是行動的場域（Hartman & Laird, 1983）。也就是社會工作視家庭為一個系統，認為人們只能在家庭的脈絡

下被了解與協助。家庭被認為是一個親密而強有力的單位，影響到個人的成長、發展與福祉。

本質上，以家庭為中心的社會工作模式並不必然存在某種唯一的家庭概念。但是，卻很容易掉進視家庭為一封閉系統的微觀處理中，而置家庭與環境的互動於不顧（McNeece, 1995）。因此，林萬億（2010）主張建構以家庭為中心、以社區為基礎的社會福利服務體系，才不至於陷入只有個人，沒有家庭、沒有環境脈絡的思維中。亦即以家庭為中心的觀點並非不重視家庭以外的制度，例如社區、社會、國家。家庭本身有其環境的脈絡。換句話說，以家庭為中心的實施方法是著重在家庭成員、家庭、環境三者間的交流，社會福利體系介入家庭是在增強或改變這種交流（林萬億，1994a）。

依此說法，以家庭為中心的模型是「讓人們在家庭的脈絡與當前的親密關係網絡下最佳地被了解與協助其成員」（Laird, 1995）。因此，以家庭為中心的服務必須考慮既存的複雜家庭關係，於進行家庭介入時能契合多樣的家庭信念、價值與功能型態，使用彈性的介入策略，如此始能回應家庭需求的優先性，以及以社區為基礎。以早期療育為例，以家庭為中心的服務在於充權家庭，使其能與服務提供者協力工作，以及支持家庭做成最有利於家庭的服務決策（Shannon, 2004）。

以家庭為中心的服務強調家庭與服務提供者的夥伴關係，且被納入成為最佳實務（best practice）的模式（Raghavendra et al., 2007）。例如家庭有智障兒童，通常複合著貧窮、健康不良、社會疏離、溝通障礙、失業、低品質的住宅、高壓力、不當對待、壓抑、低自尊等複雜的需求與問題（Wade, Milton, & Matthews, 2007）。所以，對這類家庭的社會服務就必須以家庭為中心來思考其總體需求，提供一個以家庭為中心的支持方案。介入也必須以家庭為中心，增強家庭的優勢，培養家庭的能力，而不是單獨提供對智障兒童的協助。

以家庭為中心的思考明顯有異於以專業為中心（professionally centred）的思考，如下表9-6。但是，以家庭為中心並不是放棄以兒童為中心（child centred）的思考。以兒童為中心是指兒童不被視為無行為能力的個體，而是有權利參與其自身利益的決策。

以家庭爲中心的服務模式認爲兒童是家中的一員，不宜將兒童特立出來單獨思考，或問題化兒童。而是認爲家庭是有利於兒童的，父母是影響兒童發展最親密的人，兒童的利益大量依賴其家長的涉入，因此，協助家庭將有利於兒童的最佳利益（Bailey et al., 1998）。循此可以推論到家中的其他成員，例如老人、身心障礙者。以家庭爲中心的模式是假設家庭是全體成員的支持者，任一成員都應被納入家庭整體思考，而不是單獨以某一個成員的利益來看待家庭整體。反之，增加家庭資源與支持才是促進家庭成員福祉最大的利基。

　　這種工作模式很容易被誤解成即使家庭發生兒童暴力、老人虐待、身心障礙者虐待，也必須尊重加害者，與加害者一起工作。其實不然，前提是以兒童、老人、身心障礙者的福祉爲優先考量，但又不犧牲其他成員福祉下的家長參與、工作夥伴關係。但是，也不因此而汙名化、病態化、弱智化家庭。如此，家庭才有可能成爲兒童、老人、身心障礙者的最佳照顧、成長場所。

　　從表9-6中可以發現，以家庭爲中心的服務模式，服務提供者與家庭的關係不再將家庭視爲是有問題的、失功能的、病態的、缺損的，而是認爲家庭是有尊嚴的、需要被尊重的。服務提供者表現出家長是有能力的態度與價值。社會工作者強調家庭的友善、人際技巧、臨床技巧（例如積極傾聽、同情心、同理心、尊重、非判斷的）。家長是參與者而非案主，實務上是針對家庭關心的與優先的事務以個別化的、彈性的、有回應的對待之。服務提供者與家長共享資訊，家長參與告知後決策，家庭可選擇有利的方案與介入方式，家長與服務提供者是協力的工作夥伴。資源與支持被提供用來照顧兒童，家長積極地尋求協助的資源與支持，以增進其子女的福祉（Wade, Milton & Matthews, 2007）。據此，就不會有家庭處遇（family treatment）的概念，而是家庭介入（family intervention）或服務。

表9-6 比較以家庭為中心與以專業為中心的服務模式

以家庭為中心	以專業為中心
家庭與服務提供者一起決策	專家決策
家庭有需求與期待	家庭被認為是缺損的或病態的
家庭有選擇介入的方式	專家執行家庭介入
介入在於促進家庭決策	專家評估重點聚焦於家庭功能
以優勢為基礎、個別化、彈性與負責任的介入	專家安排與協調服務提供
介入的目標是增進家庭優勢以滿足其需求	家庭被認為沒有能力解決自己的問題
家庭被尊重與有尊嚴	專家扮演家庭改變的媒介
家庭與專家資訊分享	
家長與專家是協力的夥伴關係	
提供資源與支持給家庭以促進兒童福祉	
家長主動尋求資源與支持	

資料來源：Dunst et al. (2002).

　　以家庭為中心的服務模式也適用於幼兒日間照顧、母親與幼兒團體、父母親自助團體、諮商、團體工作與家庭治療設施、親職與家事技巧、社區團體與志願組織會所、督導接觸中心、以家庭為焦點的服務中心等（Warren-Admson, 2006）。以家庭為中心的服務也不是單一模式，可以看作是一個光譜：從案主焦點模型（client-focused model）、鄰里模型（neighbourhood model）、社區發展模型（community development model），到成人教育模型（Kirton, 2009）。亦即，在以家庭為中心的服務理念下，視服務對象特質、機構能量、地方需求，可以發展不同的服務範圍。

貳 以社區為基礎的服務

　　不論是兒童虐待預防、少年犯罪預防，或是老人長期照顧，以社區為基礎的服務方案，被認為是較有效的方式。早期預防兒童虐待大多以提升那些所謂高風險父母親的親職能力，來預防兒童不當對待，其介入標的是

個別的家長與兒童。因此，社會工作者聚焦於認定誰是高風險家長。被標定的家長被要求學習兒童虐待相關知識、親職技巧，以及獲得個人困難的協助。但是，越來越多的研究發現，社區中的負面因素，會導致即使是有正向企圖的父母親轉向兒童虐待。擴大公共服務與社區資源的可得性、創新社區服務方案、簡化社會服務輸送流程、扶植地方服務提供者的協力提供服務，被認為是更有效的兒童虐待預防策略。此外，改善社會規範以影響鄰里的人際互動、親子關係，以及形塑兒童保護的個人與集體責任，則是另一個必要的策略。然而後者也是必須透過社區的力量，才可能建構一個對兒童友善的社區（Daro & Dodge, 2009）。

美國南洛杉磯的坎普頓（Compton）設立一個稱為接合點（Point of Engagement, POE）的服務方案，促成以家庭為中心、以社區為基礎的服務協力，讓居住於此一地區的黑人、西班牙裔美國人的兒童與家庭得到更好的服務（Marts et al., 2008）。POE的服務模式是建立一個服務單位的夥伴關係，支持一種從接案開始到服務輸送的無接縫與無時間差的服務。夥伴關係是指當地的各種服務機構、團體，包括政府機關、教會組織、商業組織、社區等，均認為大家都屬於這個方案下的團隊成員，沒有高下隸屬關係，有共同的目標，就是合作把服務有效地輸送出去。POE利用跨專業團隊決策讓不同的機構團體進入，分享資源、共同決策、分工及整合服務，成為一套以家庭為中心、以社區為基礎的服務輸送體系。POE的成員先接受課程訓練有關以家庭為中心的思考，進一步檢視當地的各種家庭問題，評估服務工作人力，確認家庭照顧者的需求，提供親屬支持，提供家庭跨專業的評估，再執行介入計畫。

為何社區在提供社會服務上是如此重要？從生態系統理論中可以找到答案（Bronfenbrenner, 1979）。生態系統理論認為個人家庭的行為其實是鑲嵌在更廣泛的鄰里、社區與文化脈絡裡。基於社會學與發展心理學的角度出發，認為人類發展是「個體知覺及因應其所處環境方面的持續改變」，個體與環境是「相互形塑」（mutually shaping）的，個體經驗如一組巢狀結構（nested structures），一層一層堆築成鳥巢，每一個經驗都是另一個經驗的內圈，像俄羅斯娃娃（Russian dolls）。要了解人類的發展必須要看其系統內部（within）、系統間（between）、超越（beyond）

系統，以及其橫跨（across）系統的互動，例如家庭、學校、職場、生態等，強調多重環境對人類行為及其發展的影響。

生態觀點其實是一種共生共存的組織系統，每一個系統都存在於另一個系統中，最內一層的系統為個人，於其外是家庭，接著是鄰里、社區、朋友、同儕、學校、職場、組織、社會、國家，而在這些系統間有最直接的關聯性，影響也最大者，稱為微視系統（micro-system）；接著為中介（間）系統（meso-system），指系統間的互動關係，也是個體發展的推進原因及發展的結果。最外層為外部系統（exo-system），兒童及少年並未直接參與，但對兒童及少年卻有直接及間接的影響，例如宗教、交通、政治、經濟、文化風俗……等。外部系統及中介（間）系統的形成，都直接受到各文化中的意識形態和制度的影響，這也就是鉅視系統（macro-system）。

生態理論提供了一種多變項體系研究的有用概念架構，藉此強調制度為基礎的（institution-based）社會方案設計在影響兒童及少年的行為上比家庭更大。社會工作者較不會陷入個人與家庭歸因的思考，而是從微視的個人、家庭、同儕、學校出發，到外部的社區、職場，再到政策、文化、媒體、社會、政治、經濟等鉅視體系均納入思考。因此，社會工作者在處理兒童問題時，不僅要處理兒童本身個人因素，對於個體有影響的系統如家庭、同儕、學校、社區，甚至國家政策都需要介入。

循此觀點，影響兒童虐待的因素就包括兒童本身的特質、家庭與照顧者的特質、環境因素。如果從傳統的個人與家庭焦點來看問題，常常會將所謂的保護因子（protective factors）看成是父母親的親職功能、技巧、家庭資源，而忽略了影響父母親職功能的社區因素，例如社區規範、社區資源、學校、社會服務體系、就業環境等。

1990年代以來，美國的兒童虐待與疏忽顧問委員會已發現，影響兒童虐待的原因有以下四方面：(1)來自壓力與社會疏離；(2)鄰里品質會阻止或鼓勵兒童虐待；(3)影響鄰里生活品質的內外在力量；(4)同時強化高風險家庭與促進高風險鄰里的兒童虐待預防策略（Daro & Dodge, 2009）。據此，過去十幾年來，美國兒童虐待預防方案已經發展出諸多以鄰里為基礎或以社區為基礎的方案。其中社會資本發展（social capital development）、社區個別服務協調（community coordination of individualized services）最受到注意。社會解組（social disorganization）理論認為兒童虐待可以因社區內的社會資本增加而減少，社區內的社會資本是指社區互助的環境，居民因互助而集體支持每一個處在家庭兒童虐待風險下的兒童，減少兒童虐待事件發生。

同時，社區中的服務輸送能量提升也會減少兒童虐待的機會，因為各種服務如天羅地網般地遍布整個社區，自然地很少家庭會被社區內的服務體系所遺漏，例如學校出現較多的中輟生，家庭會被通知，鄰里可以加入協助，教會也會主動關心，少年警察隊也會幫助協尋，社會福利服務中心會關切家庭的需求是否被滿足，學校家長會會重新檢視學校的課程與教師的班級經營是否出現問題。如此一來，就不太會有中輟少年回到家被不當對待了。

在美國各地，家庭服務中心近來都走向以社區為基礎的服務。以鄰里家庭中心（Neighbourhood Center for Families）來支持家庭的概念，普遍被各地方政府接受並推廣。在這種模式下，包括四個核心要素：(1)服務輸送給轄區中有兒童的家庭；(2)利用個案管理來降低服務的支離破碎；(3)利用社區資源；(4)評估與整合案主的族群與文化架構（Leon & Armantrout, 2007）。其中評估（assessment）是很重要的工具，有助於有效的介入（intervention）與成效評鑑（evaluation）。評估的取向必須是生理、心理、社會的（bio-psycho-social）家庭評估。協力機構包括：心理衛生中心、社區為基礎的方案、社區行動機構、學校為基礎的服務、家庭服務中心等。尤其是當機構普遍遭遇財政困難時，又要因應日漸增多的家庭需求，在不降低服務品質的要求下，服務輸送體系的整合成為較可行的方法。

對於身心障礙者來說，以社區為基礎的服務方案也是普遍被推動。身心障礙者從對問題的認知開始進入服務體系，也就是接受諮詢服務起；到正式被診斷服務，也就是鑑定；進一步服務被連結（linkage）。對身心障礙者的家庭來說，如果服務體系不協調，將會帶來家長接近服務的困擾。從進入一個服務單位，接受福利諮詢開始，服務的過程就應該流暢地施展開來（Hiebert-Murphy, Trute, & Wright, 2008）。

總之，以社區爲基礎的方案重點在於滋養一個具有支持性的居住社區（supportive residential community），形塑一種居民集體的責任以保護兒童、少年、身心障礙者、老人；同時加強社區服務的基層結構，讓個別的服務被連結，而成爲協力單位。

 ## 第三節　家庭服務的內涵

壹　家庭維繫服務

以家庭爲中心的服務模式具體展現在美國的「家庭維繫服務」（family preservation services）或「密集家庭維護服務」（intensive family preservation services, IFPS）。其目標是：(1)保護家庭中的兒童；(2)維持與增強家庭連帶；(3)穩定危機情境；(4)增加家庭技巧與能力；(5)激發家庭使用各種正式與非正式資源（周月清，2001）。這種介入模式被大量運用在兒童與家庭服務上。家庭維繫服務是以家庭爲基礎的服務（family-based service），因其短期與密集介入，又稱密集的家庭維繫服務。

一、推動背景

有鑒於兒童虐待與疏忽強制通報、收養、寄養服務等無法眞正解決兒童長久留在家中的問題，1974年美國有些州推出築家計畫（Homebuilder Models），是爲家庭維繫服務的前身。當兒童被通報有風險之虞者，州政府的社會工作者就提供廣泛的服務，包括基本需求滿足與家庭關係諮商。通常每一社會工作者同一時間只服務兩個家庭。築家計畫的哲學基礎是：家庭仍然有希望、案主是我們的工作夥伴、人們會盡其所能的做好。社會工作者必須24小時待命，進入家庭，彈性工時地與家庭成員面對面工作，期限是4到8週。必要時得至家長工作場所、社區、學校、少年活動場所進行訪視。方案目標就是不輕易將兒童進行家外安置，同時增強讓孩子留在家中所需的家長親職能力（Downs et al., 2004）。

1980年代美國《收養協助與兒童福利法》（the Adoption Assistance

and Child Welfare）已明文要求政府要合理努力（reasonable effort）使家庭得以團圓，亦即在進行家庭寄養之前，要先提供家庭維繫。於是美國健康與人群服務部兒童局在愛俄華州（Iowa）率先試辦以家庭為基礎的服務之國家資源中心（National Resource Center on Family–Based Services），協助推動家庭維繫服務方案。到1993年間就有30個州推動以家庭為基礎的方案，催生了1993年的《家庭維繫與支持服務法》（the Family Preservation and Support Services Act），以強化親職功能。自此美國的兒童福利好似已邁入有協調的、文化相關的，以及以家庭為焦點的連續服務境界了。

　　由此顯示，家庭維繫方案的背景是：(1)減少不必要的家外安置；(2)考量家外安置的成本較高；(3)降低兒童進行家外安置的情緒與心理成本；(4)主張家長負有照顧兒童的責任；以及(5)鼓吹家庭功能的維繫。在1980年代美國保守的政治氛圍下，家庭維繫服務實是擁護家庭（pro-family）、緊縮社會福利預算的產物（Kelly & Blythe, 2000）。

　　家庭維繫服務也使社會工作介入的典範轉移，從兒童中心到家庭中心，認識到父母與社區對兒童發展的影響，關注兒童以外的因素之重要性，以及相信親職涉入的重要性。

二、方案特色

家庭維繫方案的哲學信念是（Downs et al., 2004）：

1. 兒童必須永久地生活在家庭關係中，以利發展健康、具生產性的個體。
2. 家庭是兒童最基本的照顧者。
3. 社會服務方案應該盡一切可能支持家庭展現其功能。

家庭維繫方案的核心要素有以下重點（Downs et al., 2004）：

1. 承諾維持兒童於其家中。
2. 聚焦於整個家庭而不是個人。
3. 服務的對象是對兒童有確實風險的家庭。
4. 無等待期，一旦接受轉介即立刻啟動服務。
5. 在案家中與家庭一起工作。
6. 維持一週7天彈性的工作時間，24小時待命以回應家庭的需求。

7. 於一段期間內（通常是一到五個月）提供密集的服務。

8. 保持較小的個案負荷量（通常一位社會工作者同時只服務2到3案），讓社會工作者能提供密集的服務。

9. 提供綜合性的服務，滿足多樣需求，例如治療、實物、支持性需求。

10.教導家庭成員家庭關係技巧。

11.在家中提供家庭諮商或治療。

12.基於案主需求提供服務，而非依機構類型提供服務。

13.獲得彈性基金以支持個案計畫。

14.提供持續的在職訓練以支持員工。

15.追蹤評鑑家庭的進步與方案的成效。

　　家庭維繫服務的流程是一旦發現兒童虐待與疏忽、兒童有心理衛生需求、家庭有藥物濫用等問題，兒童保護服務即開案，由兒童保護社會工作者監督案情發展。若兒童風險不存在或解除，則結案；反之，若評估兒童處於高風險中，則直接請求法院同意進行家外安置；若評估未達家外安置標準但風險持續存在，則由兒童保護社會工作者或其他機構提供家庭維繫服務。一段期間後，評鑑家庭進展，如果風險解除，則結案；如有繼續服務之必要者，則持續提供家庭維繫服務；如風險持續升高，則請求法院同意進行家外安置。

　　據此可知，家庭維繫方案的特色是：以兒童福祉為中心、以家庭為基礎的家庭危機介入、密集介入、短期介入、任務為中心的介入、全天候介入、在宅服務、以社區為基礎的支持系統、增強家庭功能、以產出為基礎的評鑑。顯然，家庭維繫服務需要完整的配套，始能竟其全功。

三、方案修正

　　然而，家庭維繫方案並沒有如預期獲得普遍的掌聲，反而引來專業與媒體的批判，因為家庭維繫服務並沒有真正做到保護兒童免於受到家庭的傷害。亦即，不必要的家外安置對兒童來說是一種傷害，但是，把兒童留在危險的家中則是另一種風險。如此一來，家庭維繫方案似乎與兒童保護不相容。其實，兩者目標應該是一致的，關鍵在於如何精準地評估兒童在

家庭中的風險。如果家庭維繫方案無法免除兒童受虐的風險，堅持將兒童留在家中進行家庭維繫方案，徒將兒童推入被虐待的危險中罷了。

家庭維繫方案之所以不成功，關鍵在於沒有足夠的財源支持，導致需求量大，卻無法提供足夠的家庭支持；工作人員訓練不足，個案負荷量又大，導致服務品質難以提升；兒童安全與家庭團結的兩難，社會缺乏共識，每每爭執不下，難以定奪；媒體又不斷揭發身陷危險中的兒童案例，引發社會恐慌；國會也就不斷質疑其成效了（Kelly & Blythe, 2000）。

據此，1997年美國通過《收養與安定家庭法》（the Adoption and Safe Families Act），強調兒童在家中的安全，反映了民眾關切兒童在家中的安全問題，要求家庭維繫服務的前提必須是兒童能安全地生活於家庭中。五種情形不允許團聚（reunification）：(1)謀殺他人子女；(2)過失殺死他人子女；(3)協助、教唆、意圖、計畫或引誘從事謀殺或過失殺人；(4)犯下嚴重攻擊行為，致兒童或他人子女嚴重身體受創；(5)非自願地讓兒童的手足被終止親權（D'Andrade & Berrick, 2006）。自此，家庭維繫服務被修正，但仍扮演兒童福利的重要一環。只是，不再如1980年代新右派思想主導的年代，對家外安置的恐懼與過度強調家庭團圓的神聖性；當然，也不再以節省家外安置的成本為理由。其改進措施是鎖定家庭維繫服務的對象、要求法院配合、服務方案評鑑與品質確認、培植協力投入機構與方案、有效的組織領導與工作夥伴關係、擴大家庭治療的技術支援、充足的財政支援，以及納入家庭一起工作（Kelly & Blythe, 2000），才能讓家庭維繫服務實現其初衷——避免兒童被不必要的家外安置。

貳 家庭支持服務

家庭支持服務（family support services）是提供預防兒童虐待與疏忽，增強家庭功能。其內容包括：兒童健康諮詢、兒童教養、家庭關係、社會支持、資源相關的資訊提供等。典型的家庭支持服務方案包括：生活技巧訓練、親職教育、兒童適當的成長經驗、親職關係、家庭危機介入、資訊提供、轉介服務等。

基本上，這是一種預防取向的家庭服務，有別於家庭維繫服務的短期

密集治療取向。因此，各地可以因地制宜開發滿足不同家庭需求的服務，特別是針對有健康照顧需求、未成年懷孕、經濟弱勢、有兒童虐待與疏忽之虞，以及新移民家庭等。各國常見的家庭支持服務有以下幾種：

一、未婚少女懷孕服務計畫

協助未充分準備成為母親的懷孕少女，特別是因性侵害而懷孕的少女，克服角色轉換的障礙，同時學習如何照顧自己的身體與胎兒。如果涉及性侵害，則要協助其進行法律訴訟。一旦少女與家屬決定人工流產，則建議其諮詢醫護人員於安全時間內施行手術；一旦決定生下嬰兒，則協助其決定是否收養。倘若要自行扶養，則協助其進行準備成為母職，並兼顧其教育、職業能力培育、生涯規劃，避免嬰兒成為未被期待的兒童（unwanted child），像人球般被踢來踢去。

二、未成年家長的家庭支持方案

一旦未成年父母生育子女，其必須面對的新經驗包括親職能力、父母角色、家庭關係、經濟壓力、嬰兒健康照顧、社會關係、同儕關係、新的生涯發展任務等。這些需求有賴於建立一個可以相互學習、傳遞經驗、提供資訊、供應資源、滿足需求的支持網。執行時，從少年的文化、社區環境、少年的角度來建立夥伴關係，是社會福利機構與少年建立信賴關係的重要原則。

三、初為人父母親職支持計畫

針對首次懷孕的新父母提供初為人父母的親職支持方案，例如親職夥伴——親職嬰兒網絡（Parents in Partnership: parent infant network, PIPPIN）、新親職嬰兒網絡（New Parent Infant Network, NPIN）等，建立親職支持網絡，讓這些新手父母相互支持，同時引進有經驗的老手教導這些新手如何擔任父母角色（Armstrong & Hill, 2001）。

四、家庭健康訪視計畫

針對以下家庭：有懷孕成員、新移民、有精神疾病成員、藥物濫用、

有重大傷病成員、有罕見疾病成員等，由社會福利機構結合衛生機關，進行家庭訪視，協助提供健康照護、兒童發展、親子關係、親職能力、子女教育等諮詢與資源，並可立即進行轉介服務（Armstrong & Hill, 2001）。

五、經濟弱勢家庭支持方案

經濟弱勢家庭常是多重需求家庭，例如失業、營養不良、三餐不繼、無健康保險、缺社會照顧資源、學童中輟、人際關係技巧不足、社會排除、無固定住宅或居家環境窳陋、缺乏交通工具、缺乏親職能力等。倘若不提供多種服務，很難提升這些家庭的兒童、老人與身心障礙者照顧能力。而兒童、老人與身心障礙者往往又是這些家庭中最易受傷害者。結合社會、勞工、醫療、教育、住宅、交通等單位，提供綜合性服務，逐項處理、協力解決，才能提升這些家庭的功能。

六、家庭諮商與離婚調解

有些國家，例如瑞典、澳洲等都實施離婚的調解制度，其目的不在於阻止離婚，而在於保障兒童與少年的權益。如果是尋求解決家庭衝突、問題與危機的建議，稱為家庭諮商（family counseling），或家庭顧問服務（family advice service）。當家庭中有兒童與少年，而父母婚姻關係破裂，決定離婚時，其權益應優先受到保障，例如教育、經濟安全、親情、手足關係、監護權、社區關係等。因此，社會福利主管機關有義務提供該父母離婚調解，以作為法院裁定離婚的重要依據。以瑞典為例，其《家庭法》（Family Law）明文規定地方政府社會局要提供離婚雙方的合作諮商（cooperation counseling），此項作法亦規定於《社會服務法》（Social Service Act）中。合作諮商討論的內容包括離婚之後兒童的監護權、居住與會面等事宜。一旦經由合作諮商成功達成協議者，可不必上法庭裁定兒童的監護事宜。雖然此項服務非強制性，不過大部分離婚案件都走過此項程序。

七、社區支持網絡

社區支持網絡的建立，例如加拿大的鄰里親職支持計畫

（Neighbourhood Parenting Support Project）、蘇格蘭的家庭啟動（Home-Start）、英國的社區母親方案（Community Mothers Project）都屬此類（Armstrong & Hill, 2001）。

前述的社區為基礎模型（community-based model）或社區營造途徑（community-building approach）的兒童及少年福利是美國從1980年代以來努力發展的新模式。這個模式重點在於建構一個有效的社區協力（community collaborations）以減少個人、家庭與社區的風險因子，鼓勵保護因子的增強（Mannes, Roehlkepartain, & Benson, 2005）。而社區的協力聚焦在發展與強化社區網絡，以支持家庭情緒、社會與經濟的需求，也就是創造一種可以滋養社區成員參與社區關懷的環境（Austin, 2005）。其主要內涵包括：整合、綜合與全型的跨體系合作，以社區為基礎、家庭聚焦與兒童為中心的優勢取向服務，以及經由強的制度夥伴關係發展社會資本，以仲介與建立地方權力（Austin, 2005）。

從復元力取向（resiliency-orientation）切入，此模式試圖超越傳統的個人復元力的觀點，而是將大社區與社會制度納入提升個人、家庭與社區復元力的環境因子。進一步從優勢為基礎的（strength-based）社會工作實務出發，促成社區的協力以提供兒童與家庭的服務。如何能提升社區的優勢呢？社區的資產營造（asset-building）就成為一個積極的兒童與家庭服務的新途徑（Mannes, Roehlkepartain, & Benson, 2005）。

對兒童與少年來說，社區有發展的資產（developmental assets）與發展的赤字（developmental deficits）兩者。前者是建設性指標，例如學校成就、維持身體健康等，又可分外部資產與內部資產兩種，外部資產是支持、充權、系統界線與期待、時間利用等項；內部資產是指學習的承諾、正向價值、社會能力、積極認同等項。社區的發展赤字是指高風險行為，例如藥物濫用、性交、反社會行為、暴力等。能提升社區的資產營造減少風險因子的方案，才能真正達成兒童及少年與家庭的福祉（Mannes, Roehlkepartain, & Benson, 2005）。

以家庭為中心的社區營造策略在美國已有各種實驗方案，例如家庭重整（Family Re-union）（Erickson & Louv, 2002）、以時間換取金錢方案（Time Dollar Programs）（Marks & Lawson 2005）、社區媒合服務

（Matching Needs and Services）（Melamid & Brodbar, 2003; Taylor, 2005）等。在英國也有一些作法值得參考，例如托兒與家庭中心、親職教育課程、密集的健康訪問、社區網絡與志工友善方案、多元介入方案（如前述的夥伴親職、新親職嬰兒網絡等）。

英國政府雖然也執行兒童需求及其家庭評估架構（the framework for the assessment of children in need and their families），內容包括轉介與前端資訊記錄、前端評估記錄、核心評估記錄等三部分，但是這種評估架構基本上是以兒童為中心的與優勢基礎的實務，在家庭遭遇嚴重困難之前先行提供協助、支持、幫助與資源，才可能遏止兒童及少年虐待事件發生；且輔以強有力的地區兒童保護委員會（Area Child Protection Committees）的監督，以及地方政府的社會局作為協調公私立機構間的跨機構合作整合，才可能有效的處理兒童與少年虐待事件的預防與介入。亦即，兒童及少年保護工作不只是需要發展吻合兒童及少年發展的有效評估工具，而且更需要有系統、有計畫、有人力、有專業知能、有協力機構，才能克竟全功（Wise, 2003）。

總之，預防兒童及少年虐待事件不可能只靠加強通報與高風險家庭評估即可達成，而必須有完善的家庭支持服務。

參 家庭暴力防治

依據美國家庭暴力熱線（National Domestic Violence Hotline）的定義，家庭暴力（Domestic Violence, DV）具有以下三個特質（引自Davis, 2008）：

1. 一種在任何關係下被用來獲得或維持權力與控制其親密伴侶的行為模式。
2. 虐待的方式包括：生理、性、情緒、經濟或心理的行動或威脅，以影響他人，這些行為包括：恐嚇、脅迫、威嚇、操控、傷害、羞辱、責怪、損害，或中傷他人。
3. 家庭暴力會發生於任何種族、性別、年齡、性傾向、宗教，也存在於已婚、同居，或約會中的情侶，也出現在各社會經濟背景與

教育水準的人們。

依我國的《家庭暴力防治法》第2條規定，家庭暴力係指家庭成員間實施身體或精神上不法侵害之行為。第3條所定家庭成員，包括下列各員及其未成年子女：

1. 配偶或前配偶。

2. 現有或曾有同居關係、家長家屬或家屬間關係者。

3. 現為或曾為直系血親或直系姻親。

4. 現為或曾為四親等以內之旁系血親或旁系姻親。

據此，家庭暴力包括：配偶、親子、手足、親戚、同住關係等的相互施暴。因此，較完整的家庭暴力界定範圍包括以下五類：(1)婚姻暴力（marital violence）；(2)兒童不當對待（child maltreatment）；(3)手足虐待（sibling abuse）；(4)老人虐待（the elderly abuse）；(5)親戚虐待（kin abuse）等。其中，婚姻暴力與兒童不當對待是家庭暴力防治的兩大重點。

婚姻暴力包括配偶虐待（spouse abuse）、歐妻（wife beating）、攻擊妻子（wife assault）等。其對象涵蓋配偶或前配偶，同居人或前同居人（不論性別）。既然同居關係是家庭暴力的範圍，那麼約會關係呢？有些性伴侶沒有同居，但其親密程度不亞於同居關係。亦即是約會虐待（dating abuse）是家庭暴力？還是一般的暴力犯罪？2005年美國《婦女暴力防治法》（the Violence Against Women Act, VAWA III）修正，將處置與教育少年、未成年、青年的防止暴力納入（Davis, 2008）。美國家庭暴力防治已向年輕女性延伸。據此，約會暴力與虐待與家庭暴力防治已經合流。

家庭暴力防治運動源於三個社會運動：兒童保護倡導運動、公民權利運動與女性主義運動。兒童保護運動在本書第五章已述及，不再贅述。公民權利運動則是1960年代美國的象徵，黑人因馬丁・路德・金恩（Martin Luther King）所帶起的反種族歧視運動而獲得南北戰爭以來尚未真正解放的自由與人權。1964年《公民權利法案》（the Civil Rights Act）的通過，使得被壓迫的人民獲得解放。基於公民權利運動的鼓勵，婦女權利運動開始關切平等權利（equal rights），包括生育、性騷擾、教育、就業等。而從性別平等（gender equality）的角度，發現潛藏在婚姻中的性別權力不對等所導致的歐妻行為。

馬丁（Martin, 1976）的《受暴的妻子》（*Battered Wives*）成為研究家庭暴力的先河，其指出父權是家庭暴力的根本原因。歐美國家從1960年代起經由社會運動、媒體、立法倡導，以及社會服務機構的反應，從私領域的事務，變成公領域的議題，家內的親密暴力（intimate abuse）議題現在已具有高度的政治優位性。然而，從1980年代以來的反家庭暴力運動由一群有實力的主流女性主義者（mainstream feminist）主導，深信家庭暴力是一種犯罪行為。據此，入罪化（criminalization）就被認為是唯一可終止男性對女性施暴的方法，打破長期以來司法體系對女性的婦權壓迫，引進家庭暴力的強制逮捕與起訴政策（Bohmer, Brandt, Bronson, & Hartnett, 2002; Lutze & Symons, 2003; Danis, 2003; Faver & Strand, 2003; Grauwiler & Mills, 2004）。

美國1994年的《婦女暴力防治法》開啟了將家暴視為是女人中心的（women-centered）政治議題。但是，2000年美國女性受暴調查（the National Violence Against Women Survey, NVAW）發現只有五分之一的性侵害、四分之一的肢體暴力，以及一半的針對女性製造的意外事故有被通報，亦即大部分女性受暴者並未報警（Grauwiler & Mills, 2004）。這表示親密暴力的受害者並不認為刑事司法體系是解決親密衝突的合適方法。受暴婦女不情願接受司法體系的介入，可能的解釋是因受到傳統性別刻板印象的限制，認為女性是受害者的觀念。強制逮捕與起訴政策強化了女性是被動受害者的印象，而為了克服此種被動性，必須讓女人離開男性施暴者（Mills, 2003）。這種假定受暴婦女不管覺知與否，最終都會選擇離開施暴者的假設，並沒有被實務界所支持。大部分的檢察官發現當他們決定起訴與監禁加害者伴侶時，有55%的受害者採取不合作的態度（Rebovich, 1996；引自Grauwiler & Mills, 2004）。也就是說，過半數的女性受害者因情緒、文化，或宗教理由而選擇留在家暴關係中（Grauwiler & Mills, 2004）。

另一種說法是受暴婦女常徘徊於選擇保護其親密伴侶或丈夫免於被監禁，以及依賴無法回應其個人需求的司法體系間。因此，產生依賴司法體系與否的兩難（Mills, 2003）。

事實上，強制逮捕，或偏好逮捕政策也產生諸多後遺症，例如因為

互毆而使女性被逮捕的機會升高，警察（多為男性）未受到適當的訓練致無法判斷誰才是主要攻擊者；男性優勢仍然存在於司法體系中，對女性存有偏見，認為女性挑起男性的暴力行為（Bohmer, Brandt, Bronson, & Hartnett, 2002）。其實逮捕只是一種反應介入（reactive intervention），而不是先期介入（proactive intervention），絕非家庭暴力防治的萬靈丹（Davis, 2008）。因為家庭暴力是人格違常、暴力的代間傳遞、酗酒、家庭衝突、父權壓迫、文化學習、社會與環境的壓力等多面向議題（multifaceted issues），很難從單一的強制通報、逮捕、起訴來解決問題。必須有更多元的教育、健康、就業與社會服務配套，才可能防治家庭暴力。

晚近的家暴防治發展已不認為單靠強制逮捕與起訴可以保護婦女與兒童免於受暴，而走向跨機構間的合力關係，俾利處理複雜的社區、罪犯，以及受害者的關係。其中最需要協力的機構是司法體系與社會服務機構（Lutze & Symons, 2003）。國家、社區、家庭可發展出夥伴關係，形成家庭暴力防治的管制金字塔（regulatory pyramid）（Kelly, 2004）。負責任的管制途徑（responsive regulative approach）或修復式正義（restorative justice）提供了一種較少懲罰的另類途徑（Braithwaite, 2002）。

修復式正義是讓受害者與加害者在能支持受害者個人的朋友與家人共組的照顧社群下召開會議，藉此會議發展出補償受害者的損失，例如自尊、財產等，而讓雙方檢視暴力的嚴重影響，且讓加害者不再使用暴力的共識。照顧社區進一步提供在地的支持與增強受害者的安全（Grauwiler & Mills, 2004）。修復式正義試圖處理以下三個課題：(1)既然有這麼多受害婦女仍然願意留在加害者身邊；(2)即使加害者被捕入獄，受害者短時間內得到安全，但是很快的加害者就會出獄回到家庭與社區；(3)更何況受暴婦女要奔波於法院與家庭間，也是疲於奔命。因此善用社區化的調解會議方式，來彌補強制逮捕政策的缺憾，未嘗不是一種可行的方式。然而如何避免受暴婦女因家暴而被消權（disempower）及其安全的恐懼，是修復式正義在家庭暴力防治實務上需要克服的（Grauwiler & Mills, 2004）。

結語

　　近半世紀以來，工業先進國家的家庭政策，發現朝下列三組政策演進：(1)扶養兒童相關的家庭所得支持；(2)家庭相關的假期；(3)兒童學前教育與照顧（ECEC）（Daly & Ferragina, 2018）。首先，關於扶養兒童相關的家庭所得支持有兩個發展趨勢：一是給付額度更慷慨，反映在所得替代率的提高，提高給付額度的國家包括：愛爾蘭、紐西蘭、英國、德國等。第二是漸多國家採取兒童有關的課稅減免（child tax credits），亦即採兒童支持的財政化（fiscalisation of child support）（Ferrarini et al., 2012）。過去歐陸國家普遍受歡迎的普及兒童津貼，逐漸被質疑其公平與效果，尤其是英語系國家幾乎都偏愛兒童課稅減免，某些歐陸國家也加入，例如奧地利、比利時、德國、義大利，將普及的兒童津貼額度減少，以兒童課稅減免替代。

　　其次，家庭相關假期從產假到1980年代以後加入有給薪親職假，期間從18週到54.2週，所得替代率也從1980年代的11.3%，提高到2010年代的33.2%，這是家庭政策改變最大的亮點。芬蘭、法國、日本、盧森堡、瑞典等國延長親職假期間、提高給付額度最為明顯。唯獨瑞士、美國仍然維持沒有普及的親職假。至於陪產假，2015年以來實施的國家有些微增加，並延長期間。

　　第三，1990年代末以來，兒童學前教育與照顧成長迅速，不只是經費投資增加，入園率也快速提高。高經費支出的國家除瑞典、丹麥、冰島外，芬蘭、紐西蘭、法國、挪威都是經費支出增加快速的國家。3-6歲幼兒的高入園率是由來已久的共識，故這一波入園率（或正式照顧率）快速增加的主要對象是0-3歲的嬰幼兒，2014年平均已經達到40.9%，比起1988年的12.2%，不可同日而語。迎頭趕上的國家包括：比利時、法國、德國、愛爾蘭、盧森堡、荷蘭、挪威、葡萄牙、西班牙、英國等。最高入園率的國家是丹麥，已經高達65.2%。

　　另外，研究OECD之14個國家的家庭政策，發現整體來看家庭政策走向聚合的趨勢相當明顯，特別是性別平等與工作及家庭平衡政策。不同的福利體制，同時發生家庭政策發展的聚合（Kang, 2019）。尤其保守的福

利體制國家更是明顯改變家庭政策，從傳統性別模型轉向鼓勵婦女就業，擴大兒童照顧支持，其中法國與德國的轉變最爲顯著；自由主義福利體制國家的改變則相對緩慢，維持較小的國家介入兒童照顧。在性別平等政策方面，自由主義福利體制也展現急起直追的企圖，特別是英國、愛爾蘭、美國，性別平等分數都明顯進步，英國在兒童照顧方面快速擴充。即使愛爾蘭、美國的親職假相對落後於OECD其他國家，但是幼兒入園率卻也明顯成長。保守福利體制國家在性別平等分數上也進步許多，主要是擴大親職假的男性額度。不過，即使保守福利體制國家的性別平等正努力追趕，其分數還是落後社會民主福利體制國家一大截。至於兒童或家庭給付，雖然也有聚合趨勢，但屬溫和聚合。自由主義福利體制國家在兒童給付或兒童照顧退稅方面明顯擴大，縮小與保守主義、社會民主福利體制的落差。社會民主福利體制國家持續維持穩定的兒童或家庭所得保障方案；晚近保守主義福利體制國家在家庭所得保障上有些微降低，可能是反應經濟衰退下的撙節預算。

參考書目

· 周月清（2001）。家庭社會工作——理論與方法。臺北：五南。

· 林萬億（1994a）。貧窮家庭與經濟安全。論文發表於「推動以家庭為中心的社會福利體系研討會」，1月21日，臺北市政府社會局。

· 林萬億（1994b）。從社會政策的觀點談單親家庭。論文發表於「關懷單親研討會」，5月4日，中華兒童福利基金會。

· 林萬億（1994c）。家庭與國家——誰的家庭政策。論文發表於「現代社會中家庭的平衡與發展」，6月1日，臺北：輔仁大學法學院。

· 林萬億（1994d）。福利國家——歷史比較的分析。臺北：巨流。

· 林萬億（2010）。建構以家庭為中心、社區為基礎的社會福利服務體系。社區發展季刊，129期，頁20-51。

· 林萬億、吳季芳（1993）。男女單親家長生活適應之比較分析。中國社會學刊，17期，頁127-162。

· Armstrong, C. & Hill, M. (2001). Support Services for Vulnerable Families with Young Children. *Child and Family Social Work*, 6: 351-358.

· Austin, S. (2005). Community-Building Principles: implication for professional development. *Child Welfare*, LXXXIV (2): 105-122.

· Bailey, D. B. et al. (1998). Family Outcomes in Early Intervention: a framework for program evaluation and efficacy research. *Exceptional Children*, 64: 313-328.

· Barbier, J-C. (1990). Comparing Family Policies in Europe: methodological problem. *International Social Security Review*, 3/90, 327-339.

· Bernard, J. (1974). *The Future of Motherhood*. NY: Dial.

· Björklund, A. (2006). Does Family Policy Affect Fertility? lessons from Sweden. *J. Popul. Econ.*, 19, 3-24.

· Bogenschneider, K. (2000). Has Family Policy come of Age? a decade review of the state of U.S. family policy in the 1990s. *Journal of Marriage and the Family*, 62: 1136-1159.

· Bogenschneider, K. (2006). *Family Policy Matters: how policymaking affects family and what professionals can do* (2nd ed.). Mahwah, NJ: Lawrence Erlbaum Association, Publishers.

· Bohmer, C., Brandt, J., Bronson, D., & Hartnett, H. (2002). Domestic Violence Law

Reforms: reaction from the trenches. *Journal of Sociology and Social Welfare*, XXIX(3): 71-87.

· Boling, P. (2015). *The Politics of Work-Family Policies: comparing Japan, France, Germany and the United States*. Cambridge: Cambridge University Press.

· Braithwaite, J. (2002). *Restorative Justice and Responsive Regulation*. Oxford: Oxford University Press.

· Bronfenbrenner, U. (1979). *The Ecology of Human Development: experiments by nature and design*. Cambridge, Mass.: Harvard University Press.

· Bryson, L. (1992). Welfare and the State: who benefits? London: Macmillan.

· Bussemaker, J. & van Kersbergen, K. (1999). Contemporary Social-capital Welfare State and Gender Inequality. In Diana Sainsbury (ed.), *Gender and Welfare State Regimes* (pp.15-46). Oxford University Press.

· Cherlin, A. (1983). Family Policy: the conservative challenge and the progressive response. *Journal of Family Issues*, 4(3): 427-438.

· Daly, M. & Ferragina, E. (2018). Family Policy in High-Income Countries: five decades of development. *Journal of European Social Policy*, 28(3), 255-270.

· D'Andrade, A. & Berrick, J. D. (2006). When Policy Meets Practice: The Untested Effects of Permanency Reforms in Child Welfare. *Journal of Sociology and Social Welfare*, XXXIII: 1, 31-52.

· Danis, F. S. (2003). The Criminalization of Domestic Violence: what social workers need to know. *Social Work*, 48(2): 237-246.

· Daro, D. & Dodge, K. (2009). Creating Community Responsibility for Child Protection: possibilities and challenges. *The Future of Children*, 19(2): 67-93.

· David, M. (1986). Morality and Maternity: forwards a better union than the moral right's family policy. *Critical Social Policy*, 6: 1, 40-56.

· Davis, R. (2008). *Domestic Violence: intervention, prevention, policies, and solutions*. Boca Raton, Fl: CRC Press.

· De Henau, J., Meulders, D., & O'Dorchai, S. (2007). Parents' Care and Career: comparing parental leave policies. In Del Boca, D. and Wetzels, C. (eds.), *Social Policies, Labour Markets and Motherhood: a comparative analysis of European countries* (pp.63-85). Cambridge: Cambridge University Press.

· Donzelot, J. (1980). *The Policing of Families*. London: Huchinson.

· Downs, S. W. et al., (2004). *Child Welfare and Family Services: policies and practice* (7th ed.). Boston: Pearson Education Inc.

· Dunst, C. J., Boyd, K., Trivette, C. M., & Hamby, D. W. (2002). Family-oriented Program Models and Professional Help-giving Practices. *Family Relations*, 51: 221-229.

· Earle, A., Mokomane, Z., & Heymann, J. (2011). International Perspectives on Work-Family Policies: lessons from the world's most competitive economies. *The Future of Children*, 21: 2, 191-200.

· Edholm, F. (1991). The Unnatural Family. In Looney, M. (ed.), *The State or the Market: political and welfare in contemporary Britain* (2nd ed.). London: Sage.

· Erickson, M. F. & Louv, R. (2002). The Family Re-Union Initiative: a springboard for family-centered community building, locally and nationally. *Family Process*, 41(4): 569-578.

· Esping-Andersen, G. (1990). *The Three Worlds of Welfare Capitalism.* Cambridge: Polity Press.

· Faver, C. & Strand, E. (2003). Domestic Violence and Animal Cruelty: untangling the web of abuse. *Journal of Social Work Education*, 237-253.

· Ferrarini, T., Nelson, K. & Höög, H. (2012). The Fiscalization of Child Benefits in OECD Countries. *GINI Discussion Paper*, No. 49. Amsterdam: AIOS (Institute for Advanced Labour Studies). July 2012.

· Foucault, M. (1975). *Discipline and Punish: the birth of the prison.* New York: Random House.

· Fraser, D. (1984). *The Evolution of the British Welfare State* (2nd ed.). London: Macmillan.

· Giele, J. (1999). Decline of the Family: conservative, liberal, and feminist views. In Arlene Skolnick & Jerome Skolnick (eds.), *Families in Transition* (Ch.32, pp.449-472). London: Longman.

· Giddens, A. (1992). *The Transformation of Intimate: sexuality, love and eroticism in modern societies.* Cambridge: Polity.

· Gilder, G. (1981). *Wealth and Poverty.* NY: Basic Book.

· Gittins, D. (1993). *The Family in Question.* London: Macmillan.

· Goldthrope, J. E. (1987). *Family in Western Societies.* Cambridge: Cambridge University Press.

· Gornick, J. C., Meyers, M. K., & Ross, K. E. (1997). Supporting the Employment of

Mothers: policy variation across fourteen welfare states. *Journal of European Social Policy*, 7 (1): 45-70.

· Grauwiler, P. & Mills, L. G. (2004). Moving Beyond the Criminal Justice Paradigm: a radical restorative justice approach to intimate abuse. *Journal of Sociology and Social Welfare*, XXXI (1): 49-69.

· Gustafsson, S. (1994). Childcare and Type Welfare State. In Sainsbury, D. (ed.), *Gendering Welfare States* (pp.45-61). London: Thousand Oaks.

· Hantrais, L. & Letablier, M. (1996). *Families and Family Policy in Europe.* London: Longman.

· Harding, L. F. (1996). *Family, State & Social Policy.* London: Macmillan.

· Hareven, T. K. (1977). The Family and Gender Roles in Historical Perspective. In L. Cater and A. F. Scott (ed.), *Women and Men: changing roles, relations and a perception.* NY: Praeger.

· Hartman, A. & Laird, J. (1983). *Family-Centered Social Work Practice.* NY: Free Press.

· Häusermann, S. (2018). The Multidimensional Politics of Social Investment in Conservative Welfare Regimes: family policy reform between social transfers and social investment. *Journal of European Public Policy*, 25(6): 862-877.

· Hegewisch, A. & Gornick, J. C. (2011). The Impact of Work-family Policies on Women's Employment: a review of research from OECD countries. *Community, Work & Family,* 14: 2, 119-138.

· Hemerijck, A. (2017). *The Vses of Social Investment.* Oxford: Oxford University Press.

· Hiebert-Murphy, D., Trute, B., & Wright, A. (2008). Patterns of Entry to Community-based Services for Families with Children with Developmental Disabilities: implications for social work practice. *Child and Family Social Work,* 13: 423-432.

· Kamerman, S. & Kahn, A. (1976). Explorations in Family Policy. *Social Work,* 21(3): 181-186.

· Kamerman, S. & Kahn, A. (1978). *Family Policy: government and families in fourteen countries.* NY: Columbia University.

· Kang, J-Y. (2019). Convergence of Family Policy across Welfare Regimes (1990 to 2010): different connotations of family policy expansion. *Int. J. Soc. Welfare*, 28: 167-178.

· Kelly, K. (2004). Working Together to Stop Domestic Violence: state-community partnerships and the changing meaning of public and private. *Journal of Sociology and*

Social Welfare, XXXI(1): 27-47.

· Kelly, S. & Blythe, B. (2000). Family Preservation: a potential not yet realized. *Children Welfare*, LXXIX: 1, 29-42.

· Kirton, D. (2009). *Child Social Work Policy & Practice*. London: Sage.

· Kissman, K. (1991). Feminist Based Social Work with Single-parent Families. *Families in Society*, Jan. 23-18.

· Kittay, E. F. (2001). A Feminist Public Ethic of Care Meets the New Communitarian Family Policy. *Ethics*, 111, 523-547.

· Laird, J. (1995). Family-centred Practice in the Post-modernity Era. *Family in Society*, 76: 150-162.

· Leon, A. & Armantrout, E. (2007). Assessing Families and Other Client Systems in Community-based Programmes: development of the CALF. *Child and Family Social Work*, 12: 123-132.

· Lewis, J. (1992). Gender and the Development of Welfare Regimes. *Journal of European Social Policy*, 3: 159-137.

· Lewis, J. (2009). *Work-Family Balance, Gender and Policy*. Cheltenham: Edward & Elgar.

· Lory, B. (1978). Changing European Family Policies. In Aldous and W. Dumon (eds.), *The Politics and Programs of Family Policy*. Notre Dame IN: University of Notre Dame Press.

· Lundqvist, Å. & Roman, C. (2010). The Institutionalization of Family and Gender Equality Policies in the Swedish Welfare State. In J. Fink and Å. Lundqvist (eds.), *Changing Relations of Welfare: family, gender and migration in Britain and Scandinavia* (pp.65-86). Surrey: Ashgate.

· Lutze, F. & Symons, M. L. (2003). The Evolution of Domestic Violence Policy through Masculine Institutions: from discipline to protection to collaborative empowerment. *Criminology & Public Policy,* 2(2): 319-328.

· Mandel, H. (2011). Rethinking the Paradox: tradeoffs in work-family policy and patterns of gender inequality. *Community, Work & Family*. 14: 2, 159-176.

· Manfred, A. & Welte, H. (2009). Work-family Reconciliation Policies without Equal Opportunities? The case of Austria. *Community, Work & Family*, 12: 4, 389-407.

· Marks, M. & Lawson, H. (2005). Co-production Dynamics and Time Dollar Programs in

Community-based Child Welfare Initiatives for Hard-to-Serve Youth and Families. *Child Welfare*, LXXXIV(2): 209-232.

· Marts, E. et al. (2008). Point of Engagement: reducing disproportionality and improving child and family outcomes. *Child Welfare*, 87(2): 335-358.

· Mannes, M., Roehkepartain, E. C., & Benson, P. L. (2005). Unleashing the Power of Community to Strengthen the Well-Being of Children, Youth, and Families: an asset-building approach. *Child Welfare*, LXXXIV(2): 233-250.

· McNeece, C. A. (1995). Family Social Work Practice: from therapy to policy. *Journal of Family Social Work*, 1(1): 3-17.

· Melamid, E. & Brodbar, G. (2003). Matching Needs and Services: an assessment tool for community-based services systems. *Child Welfare*, LXXXII(4): 397-412.

· Meulders, D. & O'Dorchai, S. (2007). The Position of Mothers in a Comparative Welfare State Perspective. In Del Boca, D. and Wetzels, C. (eds.), *Social Policies, Labour Markets and Motherhood: a comparative analysis of European countries* (pp.1-24). Cambridge: Cambridge University Press.

· Mills, L. (2003). *Insult to Injury: rethinking our responses to intimate abuse*. Princeton: Princeton University Press.

· Misra, J., Budig, M., & Boeckmann, I. (2011). Work-family Policies and the Effects of Children on Women's Employment Hours and Wages. *Community, Work & Family*, 14: 2, 139-157.

· Moss, P. & Sharpe, D. (1979). Family Policy. In M. Brown and S. Baldwin (eds.), *The Yearbook of Social Policy in Britain*. London: Routledge and Kegan Paul.

· Murdock, G. P. (1949). *Social Structure*. NY: Macmillan.

· Nelson, B. (1985). Family Politics and Policy in the United States and Western Europe. *Comparative Politics*, 17(3): 351-371.

· Ohlander, A-S. (1992). The Invisible Child? the struggle over social democratic family policy. In K. Misgeld, K. Molin and K. Amark (eds.), *Creating Social Democracy: a century of the Social Democratic Labor Party in Sweden*. University Park: Pennsylvania State University Press.

· Pardeck, J. (1984). Development of a Family Policy through Social Crisis. *Family Therapy*, 6(2): 97-103.

· Raghavendra, P. et al. (2007). Parents' and Service Providers' Perceptions of Family-centred Practice in a Community-based, Paediatric Disability Service in Australia. *Child Care, Health and Development*, 33(5): 586-592.

· Rebovich, D. J. (1996). Prosecution Response to Domestic Violence: results of a survey of large jurisdictions. In E. S. Buzawa & C. G. Buzawa (Eds.), *Do Arrests and Restraining Orders Work* (pp.176-191). Thousand Oaks, CA: Sage.

· Rodger, J. (1995). Family Policy or Moral Regulation? *Critical Social Policy*, 15(1): 5-25.

· Rodgers, B. (1975). Family Policy in France. *Journal of Social Policy*, 4(2): 113-28.

· Ryan, S. et al. (2001). Critical Themes of Intersystem Collaboration: moving from to a "Can We" to a How Can We" approach to service delivery with children and families. *Journal of Family Social Work*, 6(4): 39-60.

· Sampson, J. & Reardon, R. (1998). Maximizing Staff Resources in Meeting the Needs of Job Seekers in One-Stop Centers. *Journal of Employment Counseling* 35: 50-68.

· Sands, R. & Nuccios, K. (1989). Mother-headed Single-parent Families: feminist perspective. *Journal of Women and Social Work,* 4: 37, 25-41

· Scanzoni, J. (1983). *Shaping Tomorrow's Family*. Sage.

· Schorr, Alvin (1971). Family Values and Public Policy: a venture in prediction and prescription. *Journal of Social Policy*, 1: 1, 33-43.

· Seccombe, K. (2002). Beating the Odds versus Changing the Odds: poverty, resilience, and family policy. *Journal of Marriage and the Family*, 64: 2, 384-395.

· Shannon, P. (2004). Barriers to Family-centred Services for Infants and Toddlers with Development Delays. *Social Work*, 49(2): 301-308.

· Smart, C. (1997). Wishful Thinking and Harmful Tinkering? sociological reflections on family policy. *Journal of Social Policy*, 26(3): 301-321.

· Stone, L. (1977). *The Family, Sex and Marriage: in England 1500-1800*. NY: Harper & Row.

· Swedish Institute (2018). *Things that Make Sweden Family-Friendly*.

· Taylor, K. (2005). Understanding Communities Today: using matching needs and services to assess community needs and design community-based services. *Child Welfare*, LXXXIV(2): 251-264.

· Thévenon, O. & Gauthier, A. H. (2011). Family Policies in Developed Countries: a 'fertility-booster' with side-effects. *Community, Work & Family*, 14: 2, 197-216.

· van Every, J. (1991/92). Who is the Family? the assumption of British social policy.

Critical Social Policy, 6(1): 40-56.

· Von Wormer, K. (2006). *Introduction to Social Welfare and Social Work: the U.S. in global perspective*. Belmont, Ca: Thomson Brooks/Cole.

· Wade, C., Milton, R. L., & Matthews, J. (2007). Service Delivery to Parents with an Intellectual Disability: family-centred or professionally centred? *Journal of Applied Research in Intellectual Disabilities*, 20: 7-98.

· Warren-Adamson, C. (2006). Family-centred: a review of the Literature. *Child and Family Social Work*, 11(2): 171-182.

· Wattereng, E. & Reinhardt, H. (1979). Female-headed Families: trends and implications. *Social Work,* 24: 460-67.

· White, B. (1981). Should You Stay Home with Your Baby? *Young Children,* 37: 1, 11-17.

· Winston, E. (1969). A National Policy on Family. *Public Welfare*, 27: 54-58.

· Wise, S. (2003). The Child in Family Services: expanding child abuse prevention. *Australian Social Work*, 56(3): 183-96.

· Wolfe, A. (1989). The Day-care Dilemma: a Scandinavian perspective. *The Public Interest*, 95, 14-23.

· Zimmerman, S. (1988). *Understanding Family Policy: theoretical approach*. London: Sage.

· Zimmerman, S. (1992). *Families Policies and Family Well-being*. London: Sage.

· Zimmerman, S. (2000). A Family Policy Agenda to Enhance Families' Transactional Interdependencies over the Life Span. *Families in Society: The Journal of Contemporary Human Services,* 81(6): 557-566.

第十章
健康照護

一 句臺語廣告詞：鐵打的身體，不堪三日的痢瀉。可知再好的身
體，也經不起病魔的折騰。不健康是一種不確定的風險，可
以防範卻難以全免，再加上治療疾病要投入一筆可觀的費用之效率
問題，使得健康照護（health care）成為合適的保險標的（Reisman,
2007）。個人或團體投保商業保險公司所推出的醫療險保單，屬
於個人的市場經濟活動，依其需求與偏好自由選擇，通常不列入
社會福利的範圍，例如美國的健康維持組織（Health Maintenance
Organizations, HMOs）。

迄今，大部分工業先進國家都已將健康照護完全或部分公共
化了。醫療不再是個人的風險管理問題，而是國民集體的健康議
題。公共化程度最高的是稅收制的國家，例如英國的國民健康服
務（National Health Services, NHS）、瑞典的健康服務。其次是全
民健康保險國家，例如加拿大、澳洲、法國、德國、日本、韓國、
臺灣等。公共化程度較低的國家是部分健康保險與醫療救助並存
的國家，例如美國的老人醫療保險（Medicare）與窮人的醫療救
助（Medicaid），以及其他人加入的健康維持組織（Donaldson &
Gerard, 1993）。

世界衛生組織（WHO）於1978年假哈薩克（Kazak）首府阿馬阿
塔（Alma Ata）召開國際初級照護（primary care）會議，強調初級照
護是接近健康照護體系的第一關，強有力的初級照護服務既可促進健
康，又可降低醫療成本（Glasby, 2007）。使得長期被忽視的初級照
護議題躍上舞臺。

本章不是要討論各國的公共衛生政策，而是要探討主要工業先進
國家的健康照護政策，作為我國推動全民健康保險改革的參考。

第一節 健康照護制度

學理上，健康政策（health policy）關心的是疾病風險的治療與照護。而因於各國的健康照護制度不同，分析的組織與結構也不同。討論德國時，會從健康保險切入；討論英國時，會聚焦於國民健康服務（NHS），以及公共健康領域（Crinson, 2009）。依政府涉入程度為指標，區分OECD國家的健康照護制度，大致上有以下三種：政府涉入最多（壟斷）屬國民健康服務制（例如英國、瑞典、紐西蘭等），中間屬社會保險制（例如德國、日本、荷蘭、臺灣等），政府涉入最少（自由市場體系）屬私人保險（例如美國、澳洲、新加坡等）（Blank & Burau, 2010）。國民健康服務制的主要財源是稅收，社會保險制的主要財源是保險費，私人保險制主要財源是私人保險費。但是，不同制度也都有使用者自負額的設計。各國會有如此多元的健康照護系統，不只是反映其政治經濟制度的差異，也反映其文化與健康照護歷史的經驗不同（Donaldson & Gerard, 1993）。

表10-1以歐洲國家為例，將幾種健康照護制度依福利國家的體制分類。其中，歐洲大陸屬俾斯麥模式的社會保險制，盎格魯─薩克遜國家屬貝佛里奇的普及服務模式，北歐屬社會民主模式的普及服務模式，地中海國家屬南歐的發展不全的混合模式，東歐國家則屬偏向殘補的俾斯麥模式。

表10-1 歐洲國家的健康照護與社會服務制度

	盎格魯─薩克遜國家	歐洲大陸	北歐	地中海國家	東歐
依賴者的社會保障權	混合權利：普及的健康照護與個人社會服務協助	雙層普及的權利：保險與非保險	普及的權利：健康照護與長期照顧	混合權利：普及的健康照護與有限的個人社會服務	普及但限制的健康照護與殘補的社會服務協助
財務	稅與超出救助所得水準的部分負擔	社會保險費、稅與部分負擔	稅與部分負擔	稅、保險費、部分負擔	稅與部分負擔

	盎格魯—薩克遜國家	歐洲大陸	北歐	地中海國家	東歐
社會給付型態	服務、現金、救助	服務、現金、普及限額的救助	普及的社會與健康服務	現金協助與次級救助型態的服務	殘補的服務與部分現金救助
組織與管理責任	縣市	社會安全、區域、縣市	縣市	區域與縣市	縣市
主要提供服務單位	公司、非營利組織、縣市	非營利組織、公司、縣市扮演殘補角色	縣市、公司	縣市、非營利組織、公司	非營利組織、縣市
支持非正式照顧的政策	有限支持照顧者／家庭與高個人責任	廣泛支持照顧者／家庭負最終責任	支持與替代家庭	殘補地支持照顧者／家庭	非常殘補地支持照顧者／家庭

資料來源：Bond & Cabrero (2007). p.136.

世界各國的健康照護制度差異極大，健康照護支出占國內生產毛額（GDP）的比率也差異極大。2009年以來，OECD國家平均健康照護支出占GDP的比率穩定維持在8.8%，大致維持與整體經濟成長成正比。美國健康照護支出是OECD國家最高的，幾乎是平均的兩倍，是土耳其（4.2%）的4倍。

表10-2　健康照護支出占GDP的比率

國家	1970	1980	1990	2000	2010	2018
英國	4.0	5.1	5.1	6.0	8.4	9.8
瑞典	5.5	7.8	7.2	7.4	10.7	11.0
紐西蘭	5.1	5.8	6.7	7.5	9.6	9.3
德國	5.7	8.1	8.0	9.8	11.0	11.2
日本	4.4	6.2	5.8	7.2	9.2	10.9
荷蘭	5.6	6.5	7.0	7.7	10.2	9.9
臺灣	2.76	3.4	4.67	5.44	6.3	6.6
美國	6.2	8.2	11.3	12.5	16.4	16.9
澳洲	4.5	5.8	6.5	7.6	8.4	9.3

註：臺灣1970年資料係1951-1970年平均數。

表10-3　健康照護支出的財源分攤比（2017年）

國家	政府預算	社會 保險費	強制私人 保險費	自願性私 人保險費	自付額
英國	79.4	0	0	3.1	17.5
瑞典	83.7	0	0	0.6	15.7
加拿大	71.5	1.4	0	10.0	17.1
德國	14.2	63.4	6.8	1.4	14.1
韓國	16.9	40.5	1.5	6.8	34.4
比利時	38.1	39.2	0	5.1	17.6
臺灣	6.8	53.45	0	6.31	33.02
美國	39.9	10.3	34.4	4.5	11.0
瑞士	29.2	1.2	33.1	6.5	29.9

註：臺灣資料係2019年統計。

壹 社會保險制

　　歐洲實施社會保險制的國家有德國、法國、比利時、盧森堡、奧地利等屬俾斯麥福利國家體制。荷蘭雖屬社會保險制，但是，同時依賴私人保險提供例行健康照護給所得較高的國民。

　　北美洲的加拿大是另一個實行全民健康保險制度的國家，1966年通過《醫療照護法》（Medical Care Act）迄今，制度相對穩定（Gray, 1991）。加拿大屬聯邦主義國家，中央政府與各省屬夥伴關係，雖是像臺灣一樣屬單一保險人制度，但各省有其健康保險方案，給付水準不完全一致。

　　日本也屬全民健康保險制度國家，從1927年起實施勞工健康保險，1961年涵蓋全體國民，1973年修正《健康保險法》，自詡邁入現代福利國家。為因應人口老化帶來的醫療支出增加，1982年通過《老人保健法》，將從1973年《老人福祉法》修正以來，給予70歲以上老人免費醫療的福利，改為由老人自付10%的部分負擔，餘由各醫療保險負擔58%，中央、縣、市町村負擔42%（中央2/3、縣1/6、市町村1/6），藉此舒緩國民健康

保險的財務壓力（日本國立人口與社會保障研究所，2005）。日本的健康保險支出相對於歐洲國家要來得少，但成效卻相對良好。

臺灣則是另一個全民健康保險國家，從1950年起臺灣省開辦勞工保險，納保勞工可獲得疾病給付。1995年3月1日起實施全民健康保險制度。在全民健康保險未實施以前，當時雖然有公保、勞保、農保、軍人醫療照護制度等十種健康保險制度，但只有59%的國民享有健康保險的服務，全國還有800多萬人口沒有健康的保障，其中大部分為14歲以下的孩童與65歲以上的老人。其中有將近150萬國民就以加入職業工會或寄名在親友的公司行號，取得加入勞工保險的資格，最主要的目的是為獲得醫療給付，可見全民健康保險的實施對臺灣國民健康照護的重要性。臺灣的例子也成為1990年代後，新興工業國家辦理全民健康保險的範例。

韓國於1976年12月通過《健康保險法》修正，於1977年7月實施，規定僱用員工500人以上企業必須提供健康保險。再經過幾次修正，於1988年降低到僱用5人以上企業均須提供健康保險。1997年國會通過《國民健康保險法》（National Health Insurance Act, NHIA），整合227個自僱者健康保險基金、公教人員保險基金、139個受僱者健康保險基金，成為現行的國民健康保險公司（National Health Insurance Corporation）。2000年國民健康保險管理系統整合成為單一保險人制度，類似臺灣的全民健康保險。但是，不像大多數社會保險制度的低自付額，韓國屬高部分負擔的國家。

拉丁美洲國家主要係採健康保險制度，屬勞工健康保險。勞工繳交固定比例的薪資作為保險費，16個拉丁美洲國家採取此種制度。但是，各國涵蓋人口不一。在1990年代初，阿根廷涵蓋80%人口最高，宏都拉斯最低，只有7%。但是，各國均試圖擴大其涵蓋人口比。此外，由於部分富人加入私人保險而形成不同階級加入不同健康保險的情形。為了解決醫療服務過度使用的問題，各國也開始引進省錢機制，例如巴西引進診斷關係群，阿根廷引進差別給付。

東歐共產主義瓦解之後，原先的社會主義集中制的健康照護體制轉型為傾向俾斯麥模式的健康保險，服務提供者部分市場化、分權化。但受限於經濟實力與社會主義傳統，醫療設施仍相對落後、給付相對少。自從

2004年加入歐洲聯盟之後，健康照護改革持續進行，以趕上歐洲其他國家水準（Bond & Cabrero, 2007）。

1990年代是各國健康照護制度改革最顯著的時期。隨著醫療支出的成長，新自由主義支解福利國家的風潮，健康照護改革主要針對財政、效率與服務提供私有化，其實三者互相牽扯。為了控制醫療成本攀升的幅度，世界各國莫不竭盡所能，試圖找到新的對策。

荷蘭引進私人健康服務提供者，競爭社會保險基金。法國、英國也都提高處方藥費。德國也提高住院與復健費（Donaldson & Gerard, 1993）。法國、比利時、盧森堡的醫師是領國家薪水的，但是，私人醫師則是靠按件計酬的付費服務（Fee-for services, FFS）賺取收入。德國的家庭醫師是完全採付費服務制，靠病人為基礎的酬勞（patient-based reimbursement）收入，即醫師診斷、治療的成本，由健康保險基金事後依帳單價格償付給醫師。

貳 稅收制

稅收制的代表國家是丹麥、挪威、瑞典、英國。在西歐，例外的有稅收與保險混合制的義大利、西班牙，但又偏向稅收制。紐西蘭也採國民健康服務制度。稅收制國家的服務提供者以公共醫療體系為主，私人醫院與診所為輔，故其公共化程度較高。

義大利約50%財源靠社會保險，10%靠私人保險與病人自付額。其餘靠稅收支應。西班牙20%靠社會保險，21%靠私人保險（Donaldson & Gerard, 1993）。

英國與荷蘭的改革主要是引進市場競爭機制。英國由區健康局（District Health Authorities, DHAs）扮演採購角色，而不直接提供健康服務給其居民。健康服務提供者是公立的國民健康服務醫院、獨立基金的醫院，以及私部門健康服務提供者。這些健康服務提供者競標區健康局的國民健康服務基金（Donaldson & Gerard, 1993）。

部分負擔的提高也是改革的一部分。挪威病人付給家庭醫師的自付額提高到35%；丹麥也納入家庭醫師看病的自付額；英國也提高處方費。至

於醫師的支付制度，也差異極大。挪威部分付費服務，部分領國家薪水；義大利與英國是採論人計費（Capitation）與論件計酬的付費服務混合制（Donaldson & Gerard, 1993）。

醫院的財源在丹麥、義大利、挪威、瑞典、西班牙大量依賴政府預算或社會保險基金；在荷蘭與英國則必須競爭健康服務採購案（Donaldson & Gerard, 1993）。

英格蘭引進初級照護基金（Primary Care Trust, PCT），蘇格蘭的社區健康夥伴、威爾斯的地方健康委員會。瑞典的縣市政府提供健康與社會照顧，初級照護主要由國家支薪的公醫負責。但是，採行病人可選擇家庭醫師制度與引進私人企業提供健康照護之後，內部市場（internal market）的成分逐漸升高。紐西蘭的病人承擔初級照護成本的自付額越來越高，而從1990年代以來初級健康組織越來越走向公司組織。

澳洲在第二次世界大戰後，除了昆士蘭（Queensland）有公共健康照護體系外，有一大部分澳洲人民並未納入健康保險。到1972年還有17%澳洲人民沒有參加健康保險，其中大部分是窮人。之後，工黨政府推動普及的健康照護，於1975年7月開辦醫療銀行（Medibank），建立普及的健康照護體系。1976年聯合內閣修正醫療銀行納入私人健康保險。1984年起工黨政府重啟醫療銀行初衷，改名普及的醫療照護（Medicare），藉以區隔已漸漸私有化的醫療銀行。逐漸由小規模，走向大規模、跨專業的聯合開業型態，且朝向某種程度的管理照顧（Gray, 1991; Smith & Goodwin, 2006）。醫療照護財源來自稅收，開辦初期是1.5%，2014年提高到2%，2018年再提高到2.5%。所得低者免繳，而富人如果未加入私人健康保險則須另繳醫療外加稅（Medicare Levy Surcharge）。政府負擔占總經費的67%。醫療照護是一個單一付費的普及性健康照護（single-payer-universal health care），涵蓋所有澳洲國民。1999年自由黨政府引進私人健康保險退稅制度，政府補助納入醫療照護且參與私人健康保險的國民至多30%的保險費，鼓勵國民加入私人健康保險。澳洲政府為此於2007年通過《私人健康保險法》（Private Health Insurance Act）以為規範。醫療銀行也從2009年起從國營事業逐步私有化，而於2014年完全私有化，成為澳洲最大的營利健康保險公司，成為普及的公共化醫療照護體系的補充。

參 保險與救助混合制

美國與土耳其被OECD認定為無普及的健康照護制度的國家。美國的醫療提供者主要是民間組織，2014年資料顯示，美國的醫療設施大部分是民營，依其經營主體分，58%屬非營利的財團法人、21%是公立、21%屬營利組織擁有。醫療照護提供主要經由政府的老人醫療保險、窮人的醫療救助，以及其他人加入的健康維持組織，或私人保險。最大的健康維持組織是凱薩集團（Kaiser Permanente）擁有860萬會員。因於六分之一的人民並沒有加入私人或公共醫療保險，所以，相對於加拿大，普及的健康保險一直是美國健康改革的期待，直到2009年才有較具成效的健康改革。老人醫療保險需要病人自付部分負擔，約20%；且採行診斷關係群（diagnosis-related groups, DRGs）作為住院的固定費用標準；醫師的收入是論件計酬的付費服務收入。美國的健康維持組織也採行管理照顧（Managed care），所謂管理照顧是一種預付制度（prepaid system），保險公司每年先向加入者收取所欲保障的醫療需求金額，而據此提供雙方契約內的醫療服務稱之（Kirst-Ashman, 2007）。

2010年3月《病人保護與負擔得起照護法》（Patient Protection and Affordable Care Act, ACA），暱稱歐巴馬照護法（Obamacare）通過之初[1]，至2013年美國人高達18%未加入任何健康保險，到了2016年已降低到歷史新低的10.9%，2018年微幅上升到13.7%。《病人保護與負擔得起照護法》並未結構性地改變既有的健康照護體系，而是擴大醫療救助範圍；同時，改變私人保險市場，保險公司不得以既存條件（preexisting conditions）或除了年齡以外的社會人口條件限制投保，避免保險公司逆選擇。亦即，強制每個人均有投保必要健康給付（essential health benefits）清單上的健康保險權利；輔以補助保費與保險費免稅，家戶所得在聯邦貧窮線4倍以下的非醫療救助對象，可獲得保費補助，強制納

---

[1] 共和黨與私人保險業反對立法，試圖尋求翻案與改變立法，遂由美國獨立企業聯盟（National Federation of Independent Business）出面控告該法違憲，2012年最高法院（supreme court）判決該法案大部分合憲，2015年6月起全國各州均採行。

保：健康保險醫療給付必須可跨州交換服務。

第二節　德國的健康保險

　　工業國家的社會政策一方面因應工業資本主義不確定的市場經濟興衰，另方面回應國際競爭、戰爭與革命。德國社會政策之所以受到重視，一方面因應本書第二章所討論的工業革命帶來的社會問題，另方面是受到第二帝國的社會與政治鞏固的必要，剛統一的德國需要自信與擴張（Katzenstein, 1987）。在統一前的德國，1839年立法限制童工，1845年普魯士建立社會政策的雛形，1849年與1854年分別有公司與地方保險基金立法。到了1860年代，普魯士的藍領勞工不到半數能獲得最低的保障。1873年的經濟大恐慌增強俾斯麥認定自由資本主義所引起的社會解組，必須有積極的國家行動介入，這使他想到將工人納入國家的保險基金體系。他同意社會主義學者修莫樂（Gustav Schmoller）的主張，而較不偏好主導普魯士官僚體系的自由經濟學者的觀點，或是保守的貴族的看法。爲了避免國家權力的擴張，自由主義者主張分散的保險基金，保守主義者主張限制保險涵蓋範圍僅止於藍領勞工，兩者都有相當的政治力道延宕與阻撓俾斯麥方案的推動（Katzenstein, 1987）。

壹 健康保險立法

　　1884年，德國的《健康保險法》終於通過，是俾斯麥政府的第一個社會立法，也是人類歷史上第一個強制的社會保險。工人與雇主共同繳交保險費給健康基金，作爲醫療成本。在立法通過之初涵蓋約5-10%的工人，到了第一次世界大戰，也才覆蓋四分之一的勞工（Katzenstein, 1987）。

　　由於健康保險是建立在原有的分散的疾病基金，所以其行政組織是複雜的。當時將近兩萬個疾病基金，每個縣市的職業別疾病基金逐漸整合成爲地區的疾病保險基金。雇主與員工通常偏愛既存的自願式補充基金（Hilfskassen）。雇主喜歡的理由是不必繳交三分之一的保險費，員工喜

歡的原因則是給付優惠與政治自主。為吸引勞工，俾斯麥的健康保險基金賦予勞工三分之二的多數決策權。據此，德國的勞工運動得以迅速轉型，且成為政治槓桿凌駕與接近國家官僚體系，是眾所未預期的（Katzenstein, 1987）。無疑地，這是強制性的疾病基金的附帶效果。

德國工會主導的集中化的健康基金逐漸區域化，且組成全國性的健康保險組織，促使德國的醫師組織成立於1900年，到1913年全國四分之三醫師加入該組織。醫師們偏愛私人市場的保險基金，1911年《帝國保險法典》（Imperial Insurance Code）也試圖瓦解強制保險基金的權力。例如白領勞工可以加入志願的補充基金，使德國的社會保險出現階層化（Katzenstein, 1987）。

1931年新的政府規定刪除基金的自治管理原則，健康政策落入全國醫師組織手中。1933年希特勒納粹黨支持這種發展趨勢，革除左翼的區域保險基金領導人與幹部，代之以可靠的納粹黨員。進一步，納粹完成健康保險基金與醫師集中化，並於1937年將兩者納入公法（Katzenstein, 1987）。

貳 社會國的健康保險

第二次世界大戰後，基督教民主聯盟（Christlich Demokratische Union Deutschlands, CDU/CSU）主導政局到1960年代中。結合自由民主黨（Free Democrats, FDP），成為些微多數執政，創造出德國的新社會政策，但其社會政策並未超過威瑪福利國家的範疇。新自由主義的市場經濟原則成為德國復興的經濟戰略，繳納保費的集體自助原則持續被推行。

戰後德國的健康保險到1990年代初基本上都只是微調。其基本特色有三：

一、強制保險

除了高薪的工人之外（約10%），德國的大部分工人被強制加入健康保險。保險費由雇主與工人平均分攤，費率每年決定。醫療服務是由健康保險基金與醫師簽約提供。到1990年代初，仍然有超過1,100個健康保險

基金，主要分爲三類：(1)地區基金；(2)工廠基金；(3)白領工人爲主的代理基金（Ersatzkassen）。漁業、農業、礦業、自主手工業分別有自己的職業別保險基金。被保險人涵蓋眷屬、退休者。據此，大部分的德國人享有健康保險，且幾乎是免費的醫療。服務地點是在地的，且必須由健康保險基金證明合格的醫師（Krankenschein）始能提供醫療服務。

二、邦聯原則

基於邦聯主義的原則建立健康照護決策與執行模式。首先，在波昂（Bonn）的邦聯政府通過任何健康保險改革案必須先經過德國國會通過，再經過各邦（Länder）代表組成的上議院（Bundesrat）通過。其次，健康照護制度也是下放到各邦。波昂的健康部幾乎不執行任何健康照護，而是各邦政府的健康部負責執行健康服務；健康基金協會也是在邦的層級運作；醫療服務提供者也是在邦的層級管制；醫師協會（Ärztekammern）的組織也是存在各邦；醫師的發照、管理、訓練、繼續教育、倫理都由各邦管制。最後，德國的《基本法》屬成文法，所有與健康保險相關的爭議全都在獨立的憲法法庭解決。

三、門診與住院分離

德國的門診與住院服務分離。不像英國的家庭醫師地位較低，德國地方開業的家庭醫師地位崇高、薪水也較高。家庭醫師不只是門診，也執行部分手術。亦即，德國的家庭醫師比英國的家庭醫師有更廣泛的醫療專科能力。

基本上，德國的健康保險有制度片段化、組合主義（Corportism）與醫療壟斷的（Clasen & Freeman, 1994）三個特性。制度片段化是基於歷史的分散、自主管理（Selbstverwaltung）的疾病基金傳統，從早年的18,000個整合到1991年的1,209個，已經很不容易了。再者是因組合主義的政治社會制度使然，強制保險規定員工與雇主分攤相同保費，授與相同決策權，國家只不過是認可而已。相同地，國家與醫師團體的協商亦復如此。醫師加入保險醫師協會，由協會代表與保險基金協商。

組合主義與醫療壟斷相互關聯。現代健康照護體系給醫師專業最大

的決策權，德國體制亦無例外。醫師內部分工，雖然有逐漸增加的低薪、無權的醫師受僱於私人醫院。同時，還有約15,000個醫師失業。但是，大部分的德國醫師相對於其他業別是高薪的，甚至比其他國家的醫師薪資高（Clasen & Freeman, 1994）。地方開業醫師地位與薪資更高，不但有自己的組織為其爭取福利，他們更親自介入支付系統的管理。按件計酬的支付計算制度，讓醫師成為自主的專業，病人依醫師獨立的診療付費獲取服務。然而，隨著醫療支出的上揚，挑戰醫師在健康保險上的專業壟斷的壓力逐漸增大（Clasen & Freeman, 1994）。

總之，此時德國的健康保險體制還是相對成功的，幾乎全民納保、免費醫療、高品質服務、治療等待期短、病人不必經家庭醫師轉診即可直接接近專科醫師、病人可自由選擇地方家庭醫師等。

參 1993年健康保險改革

基於上述有組織的利益團體介入、大聯合政府的必要性、邦聯主義、醫院組織的阻撓等因素，在1990年代初，德國的健康保險被認為是不可能改革的（Gerlinger, 2009）。事實上，德國健康保險的確存在一些問題。第一，是健康保險效果被懷疑，德國的預期壽命僅達OECD的平均值，比美國、英國表現好，但比日本差。然而，德國的健康保險支出占GDP的比率（8.5%）高於日本（6.8%）、英國（6.6%），醫師人口比也是OECD國家最高（3.1‰），主因在於付費服務制度往往忽略預防保健。其次，制度片段化、管理醫療化，是導致成本升高、醫師人數過多的主要原因，健康保險財務赤字成為一大問題。第三，健康服務的公平性亦受到質疑。分散化的健康基金與服務系統缺乏集中化的服務規劃，導致結構不均。尤其是兩德的統一，更加重上述問題的複雜度（Clasen & Freeman, 1994）。

復加上人口老化與全球競爭的壓力，為了改善這些缺失，1993年通過《健康照護改革法》。兩個主要的改革方向：一是個人有權選擇自己的健康照護提供者，亦即引進健康保險基金間的競爭機制。如此，將使部分基金降低其保險費，以吸收更多保戶。二是引進個人醫療服務預算或統包價格（all-inclusive prices），避免不必要的醫療服務誘因，以減輕健保財務負擔（gerlinger, 2009）。

由此顯示，從1990年代起，德國國家介入健康保險改革越來越密集，包括引進市場競爭機制、醫療服務費用標準、手術費標準、藥價控制等，都不再由自治管理的各類健康保險基金單獨決定。除了上述改革外，1996年引進健康保險費率解除（Health Insurance Contrition Rate Exoneration），所有健康保險基金必須降低費率0.4%，以節省成本。同時引進診斷關係群（DRG）制度（Rothgang, Cacace, Frisina, & Schmid, 2008; Gerlinger, 2009）。

肆 2007年健康保險改革

顯然，微調無法抑制成本持續上升。2004年健康保險費率已上升到14%。在不觸及社會保險結構下，執政的社會民主黨採取刪減醫藥支出、給付項目、引進就診費（Eintrittsgeld），暫時緩和醫療成本上升（周怡君、林志鴻，2008）。

2006年4月開始，梅克爾（Angla Merkel）領導的左右共治大聯合政府再次推出健康保險改革。其重點如下（周怡君、林志鴻，2008）：

1. **兒童健康保險支出**：原先免繳保費的兒童健康保險支出，改由中央政府以稅收支出。
2. **國家健康保險基金**（Gesundheitsfonds）：自2009年1月起國家設置健康保險基金，不再讓各類健康保險基金自行訂定保險費率，改由國家統一費率。
3. **附加保費**：在統一的費率下，各類健保基金依其比例收到國家健康保險基金的分配款，但得向被保險人收取附加保險費（zusatzprämie），但上限為所得的1%。
4. **增加自費負擔項目**：健康保險不給付項目，被保險人必須自付。
5. **藥價控制**：授權各類健康保險基金、藥局可自行與藥商協商藥品買進價格；醫師在處方昂貴藥品時，必須取得另一位醫師的認同意見。
6. **健保基金整併**：要求整併各類健康保險基金，以減少人事費用。
7. **限制給付**：美容手術、刺青不再給付；限制大醫院僅能提供重症與特殊醫療的高特殊給付服務。

德國雖然是強制健康保險國家，但也存在約10%的高所得者加入私人健康保險（private Krankenversicherung）。德國國民加入健康保險之後，取得各種健康保險給付的免費醫療服務。私人健康保險在2009年以後也必須提供像公共健康保險一樣的基本費率（basic rate）服務，公私健康保險系統的給付與保費越來越接近。2009年健康保險改革實施之後，統一保險費率，除非整個健康保險支出超過保費的5%以上，才可能由國家宣布調高保險費，藉此降低醫療成本。2021年健康保險費率是14.6%，雇主與員工各負擔一半。2021年附加保費提高到平均1.3%，上限為2.7%。各類健康保險基金於2015年整合成123個，2019年再合併為109個。

1990年代以前高度抗拒改革的健康保險體制，也在財務壓力與政黨共識下面臨改革。國家介入健康保險管制密度與介入範圍越來越大，出現集中化的管制能力。特別是在2009年實施新的健康保險制度之後（Gerlinger, 2009），德國的健康保險給付提供經濟上可行、效率、必要且有意義的服務（economically viable, sufficient, necessary and meaningful services）。

 ## 第三節　英國的國民健康服務

英國的國民健康服務從1948年開始取代二次大戰混雜著慈善、地方政府、私人市場等缺乏組織的醫療體系。而在戰後的30年裡，國民健康服務得到廣泛的政治共識。到了1970年代末，才出現雜音，主要來自保守黨的私有化主張。到了1990年保守黨執政時，推動內部市場（internal market）改革，1997年新工黨執政繼續執行採購者與提供者分工（purchaser-provider division）政策，鼓勵私部門擴大國民健康服務提供角色。

壹　二次大戰前的英國健康照護

英國私立醫院的出現由來已久，包括許多非常出名的醫院，例如倫敦的聖巴斯侯謬（St. Bartholomew's）、蓋伊（Guy's）、聖湯馬斯（St. Thomas）、米都西斯（Middlesex）、聖喬治（St. George's）等。雖然這

些醫院都是以前的慈善機構轉型，但是，並非所有倫敦市民都可前來看診，窮人經常被排除在外。1930年代，這些倫敦的主要醫院面臨財政困難，因為來自捐獻的款項只占醫院約三分之一的財源，所以醫院的員工必須增加售旗募款日（Flag Days）活動。此外，倫敦居民必須依賴各種慈善組織所提供的社區健康服務，特別是針對兒童與母親（Glennerster, 2007; Crinson, 2009）。因此，那些無法獲得私立醫院醫療照護的人民必須仰賴地方政府提供的健康服務。而地方政府的醫療服務機構承襲自19世紀濟貧法時代的濟貧法機構，法源是《濟貧法》（Poor Law），服務對象是貧窮的病人（Crinson, 2009）。

第一次世界大戰暴露出英國勞工階級差勁的健康條件，只有三分之一的勞工體格足以勝任服兵役。迫使1919年英國成立健康部（The Ministry of Health），試圖整合零散的健康服務體系，特別是針對兒童與生育照顧。然而，當時的公立醫院提供的醫療服務也只是零星的。即使，1929年地方政府接收濟貧法時代的醫療救濟機構，在倫敦以外的地區還是很少地方政府趁機設立自己的醫院。在1921到1938年間，公立醫院床位只從4,000床增加到176,000床，而私立醫院則提供了87,000床（Fraser, 1984）。

在此之前，雖然1911年的《國民保險法》已包括國民健康保險（National Health Insurance），是由個人繳保險費，由地方保險委員會（Panels）負責行政。被保險人可以獲得免費的私人開業家庭醫師（General Practitioners, GP）的服務、疾病給付、治療。但是這個保險只涵蓋勞工（詳見本書第二章），眷屬被排除在外。1930年代的高失業率時代，失業工人也就失去加入健康保險的權利（Fraser, 1984）。

在這種情形下，最有可能出現的改革有兩條路，一是繼續擴大地方政府的健康照護責任，這是在1909年的少數報告中建議過的；另一是擴大1911年的國民健康保險，這是英國醫療協會（British Medical Association, BMA）於1939年所支持的方案（Glennerster, 2007）。但是，結果均非如此。

貳 國民健康服務的建制

第二次世界大戰對英國的福利國家建制意義重大，人民開始質疑到底政府要如何面對戰後的重建？特別是健康服務的提供，尤其是那些被德國猛烈轟炸的城市更是引頸企盼（Parrott, 1992）。

在大戰一開始，中央政府推出緊急醫療服務（Emergency Hospital Service, EHS），協調各公私立醫院提供民眾醫療所需。1941年衛生部進行民意調查發現85%的人民支持國家掌控的醫療體系（Glennerster, 2007）。同時，1941年健康部聘請貝佛里奇（William Beveridge）組成委員會，探討英國戰後綜合的社會安全制度與健康照護系統。1942年由貝佛里奇彙整的《社會保險與相關服務》出爐，訴求英國要建立一個福利國家，提供人民最低保證的生活水準，不允許任何人民例外（Fraser, 1984; Crinson, 2009）。

貝佛里奇報告提出後，既有的醫療照護利益團體，例如醫院醫師、家庭醫師、私人保險公司、私立醫院、地方政府等，均非常關心在新的健康服務體系下，他們的利益將如何被保障？英國醫療協會對衛生部決定採行貝佛里奇報告而狂怒。當第一個草案版本於1943年出爐，英國醫療協會全力反擊，他們擔心成為地方政府的公醫，也擔心收入減少。他們利用廣播、報紙大力抨擊這個草案，甚至誤導人民，一旦新法通過，人們就沒有權利選擇自己的家庭醫師了。而當時的人民因處在戰爭狀態下，其實不太了解貝佛里奇報告的內容，即使是工黨內部也是了解有限（Glennerster, 2007）。

戰後的1945年，工黨上臺，全力執行貝佛里奇報告，英國醫療協會對工黨上臺恐懼更深。在慶幸貝佛里奇失去其於戰爭期間被補選為自由黨的國會議員席次時，沒想到換來的是更難纏的貝文（Aneurin Bevan）。這位南威爾斯礦區出身的後排（資淺）國會議員，是一個堅定的社會主義者，信奉「行動原則」，實踐「文明人的最重要特質就是對個人生活的情感關懷。」（洪蕙芬、簡守邦譯，1999）他深信「每個人都有同等權利接近最好的醫療服務，不因居住地與所得差異。」這與其早年居住在南威爾斯礦區，目睹煉獄般的礦區生活，深受疾病、髒亂、環境剝奪所苦，卻無良

好的醫療服務有關。

貝文被任命為艾德禮內閣的健康部長，全力推動國民健康服務。他首先質疑在邱吉爾的戰時聯合政府時期的白皮書無法真正做到建立一個綜合的醫院服務。他主張全民免費醫療服務、家庭醫師的酬勞中應該有一部分屬薪資形式在內、醫院國有化。這些進步的改革言論，並非沒有反對意見，不只是英國醫療協會全力反擊，他的同黨內閣也不完全支持。但是，在貝文的堅持與部分讓步下，英國通過普及的全民健康服務，有別於全民健康保險（Glennerster, 2007）。

貝文認為不同的財政資源決定了醫療服務品質。其實，另一個選擇是瑞典模式的由地方政府主導的全民健康服務。但是，他認為英國沒有時間進行地方政府行政改革，唯有將醫院集權到中央政府，才能保證財源一致、服務品質一致。然而，英國醫療協會仍全力反對《國民健康服務法》的通過。為了獲得家庭醫師的支持，工黨政府同意家庭醫師有特權可以成為獨立的簽約人（contractors），但不是國家的雇員。而醫院的醫師也可以繼續保有營利的私人執業醫師身分與國民健康服務簽約（Crinson, 2009）。1946年，《國民健康服務法》草案送至國會，也受到保守黨議員的攻擊，認為工黨撕毀1944年的白皮書共識。即使英國醫療協會內部意見調查，41,000人反對，4,000人贊成，還是無法阻止這個劃時代的醫療改革，在工黨議員全力支持下獲得大多數議員支持通過（Glennerster, 2007）。

國民健康服務於1948年7月生效，提供所有國民的健康服務。人民免費可以接近各種醫療服務，財源主要來自稅收。原已存在的私立醫院與地方政府的醫院全部國家化，由中央政府接管。

這是一個機會挑戰醫療體系的臨床自主性（英國醫療協會稱為臨床自由），但是英國健康部並沒有插手。不只沒有挑戰醫療體系從二次大戰前即建立的權威，而且在新的健康服務體系中也把資源配置的權力讓給他們。自此，醫療專業在健康服務體系裡的權力位置持續了半個世紀（Crinson, 2009）。如果從馬克斯主義的健康政策角度來看，的確，貝文沒有藉由實施健康照護國有化，打破原本不公平的階級結構。貝文甚至向開業醫師喊話：「實施國民健康服務是為你們帶來財富。」（呂宗學譯，

1988）這與革命後的蘇聯、古巴的公醫制度是不一樣的。

國民健康服務的三邊組織結構為：執行委員會（Executive Councils）、地方政府健康局、區域醫院局（Regional Hospital Boards, RHBs）。執行委員會是延續自戰前的健康保險的保險委員會，負責管理簽約的家庭醫師、牙醫師、光學師、藥劑師。地方政府則負責提供環境與個人的健康服務，例如生育、兒童福利診所、預防注射、健康訪視、健康教育、緊急救護服務等。區域醫院局直屬衛生部，負責管理國立醫院。三級預防的概念也蘊含於其間：初級（primary/preventive）由家庭醫師、社區護士擔任；次級（secondary/acute medicine）由醫院部門擔綱；三級（tertiary）是慢性疾病照顧。其中第二級健康照護分配到最多資源。這種三邊關係的分工形式到現在為止並沒有太大改變（Crinson, 2009）。新的國民健康照護被批評最力的是組織架構中的支出與資源分配權下放，掌控在醫療專業手上。

雖然第二級醫療服務占用最多的國民健康服務資源，但是被質疑將21世紀的醫學交由19世紀的醫院來執行。亦即基金不足、設備差，以及健康服務資源分布不均。20年後，仍然有3,300萬國民處在醫師不足的環境下，特別是內城區（Crinson, 2009）。但是，直到1960年代，國民健康服務除了預算增加外，甚少進行改革。

1974年，工黨政府進行國民健康服務行政改革。首先，整合地方健康服務為地區健康局（Area Health Authority, AHA），以前是直屬區域醫院局、地方政府及政府醫院部。其次，使健康部與地方政府有更好的協調。第三，引進跨專業的團隊管理、共識管理，以及讓醫師進入日常服務管理，以利更有效地管理。但是，家庭醫師、牙醫師、光學師的執行委員會並未被納入地區健康局。新的家庭開業醫師委員會（Family Practitioner Committees, FPCs）取代執行委員會。社區健康照護從地方政府轉為國民健康服務負責，地方政府仍負責環境健康與社會照顧服務。全面性的健康照護整合還是不足（Crinson, 2009）。

1976年，工黨政府面對民眾質疑國民健康服務的財政惡化，導致醫療人員低薪的工業關係，而且誘發醫院引進自費床（pay beds）。工黨的回應是成立皇家委員會調查國民健康服務的財政、管理與人力。1979年的

《美麗森報告》（Merrison Report）指出組織官僚化、懷疑組織的管理效能，也首次承認健康服務出現社會與地理的不均。但是，同意這個社會問題不是單靠全民健康服務可以解決的（Crinson, 2009）。而剛上臺的保守黨政府有自己的看法，推出《病人優先》（Patients First）的報告，主張消除地區健康局的中間組織層級。終於在1982年取消地區健康局，只留下區域與區健康局。

參 國民健康服務的改革

然而，保守黨佘契爾政府不以此為限，聘請三思博理超市（Sainsbury's Supermarket）連鎖店的總裁提出《葛利菲斯爵士調查報告》（Griffiths Inquiry Report, 1983），大力批判行之有年的共識管理（consensus management），認為這種由醫師高度掌控的管理系統導致權責模糊；同時，健康部與國民健康服務間的權責關係也不清楚。該報告主張廢除這種由上而下的共識管理，改以各層級自行進行一般管理（general management）；且引進私人企業的經理人員（Crinson, 2009）。這個報告代表新右派的意識形態已經滲入國民健康服務，商業化（commercialization）、去集體化（decollectivization）、再私有化（reprivatization），成為佘契爾夫人解構英國福利國家的基調（Mohan, 1991）。

在佘契爾夫人執政的1980年代，原本還不太敢去更動獲得普遍民意支持的國民健康服務。1988年佘契爾夫人接受英國國家廣播（BBC）的實況節目（Panorama）訪問，指出她已指派一個高層調查國民健康服務，預告了國民健康服務改革的來臨。1989年《為病人而作》（Working for the Patients）白皮書出版，被佘契爾夫人標舉為50年來最大的國民健康服務改革（Glennerster, 2007; Crinson, 2009）。國民健康服務改革暴露出改革的粗糙與草率，工黨認為這是保守黨將國民健康服務推向私有化、商品化（Bradshaw & Bradshaw, 2004; Glennerster, 2007）；英國醫療協會也極力反對；健康服務工會也反對（Crinson, 2009）。

最大的改革是引進內部市場（internal market）機制，就是購買者與

提供者分離（purchaser-provider split），這基本上是一種健康服務的準市場（quasi-market）形式（Le Grand & Bartlett, 1993; Bradshaw & Bradshaw, 2004）。佘契爾夫人主張回到1945年以前的概念，給人民有權自由選擇（the right to free choose）向地方的健康維持組織（Health Maintenance Organization, HMO）、基金會，購買其健康照護（Glennerster, 2007; Crinson, 2009）。而在國民健康服務體系下的執行是區健康局（District Health Authorities）向準獨立的醫院（semi-independent hospitals）購買健康照護給人民。

1990年通過國民健康服務改革，另定《國民健康服務與社區照顧法》（National Health Service and Community Care Act），有以下幾個重點（Bradshaw & Bradshaw, 2004; Glennerster, 2007; Crinson, 2009）：

1. 醫院與社區照顧不再接受區健康局的管轄，可以成立自主基金經營。基金會擁有醫院資產，直接經營醫院，自負盈虧。其基金受國家監督。

2. 區健康局不再監督醫院基金，責任轉變為評估區的醫療需求，向區內或區外醫院與社區服務簽約購買服務。區健康局的財源來自中央政府，透過區域，依人口規模、年齡結構與健康情況撥給。

3. 每一家庭醫師服務9,000人（後來縮小為7,000人），病人可依其預算購買非急診的醫療服務與社區服務。家庭醫師獲得其開出的處方藥價的成本預算，如果其節省預算，可以用其剩餘款作為醫院治療經費，反之亦同。

國民健康服務改革之後，立即明顯的效果是等待治療的期間縮短。但是，對於期待中的家庭醫師基金持股人的權力擴大，以及促進醫療競爭的場景似乎沒有明顯出現（Glennerster, 2007）。

1997年新工黨上臺之後，發現他們所反對的內部市場已行之有年，大部分人已習慣這種管理方式，只好繼續妥協（Glennerster, 2007）：

1. 購買者與提供者分離繼續讓它存在。

2. 醫院基金也讓它繼續存在。

3. 家庭醫師基金持股制度取消。但是，初級照護團體（Primary Care Group）之後轉型為初級照護基金（Primary Care Trust, PCT）獲得

大部分國民健康照護預算。家庭醫師取得顯著的代表權，據此，其有責任與醫院建立長期的合同，提供服務。這是首次單一團體在沒有分開獨立的預算之下，可以擁有如此優越的地位。

4. 健康部與皇家學院、學術單位、專業團體，創立證據為基礎的國家服務架構，針對部分優先領域設定最佳實務途徑（best practice approach），例如癌症、心臟病、心理衛生等。

5. 建立兩個專業顧問單位，以提升更一致與有效的臨床標準。一是國家臨床卓越研究所（National Institute for Clinical Excellence, NICE）負責兼顧成本與效果的臨床實務、新藥與程序；另一是健康發展局（Health Development Agency）。2005年，兩者合併成為國家健康與臨床卓越研究所，在蘇格蘭則稱國家健康服務品質促進研究所。

6. 分別設置健康與社會照顧提供的監督機構。健康照護委員會負責監督公私部門健康提供者的品質與金錢價值，檢視基金的績效與效率，保證最低標準。社會照顧委員會任務相似。兩機構後來合併為一。

2004年，已有300個初級照護基金存在。初級照護基金雖然取代家庭醫師持股人制度，但是並不代表英國國民健康服務回到初級照護的單一系統。2008年，英國的國民健康服務組織結構演變為健康部下轄10個策略性的健康局，健康局下轄兩類醫療服務組織：一是152個初級照護基金、家庭醫師、光學師、藥劑師、牙醫師、國民健康服務門診中心、國民健康服務區醫院；另一是國民健康服務急診基金、心理健康基金、11個照顧基金、83個基礎基金、13個急救基金（Crinson, 2009）。

2007年，蘇格蘭的社會處方（Social Prescription）方案開啟了國民健康服務的新思維。其立論基礎是寬廣的社會、經濟、環境顯著地影響人民的健康與福祉。實證資料顯示，只有20%的健康效果是來自臨床照護與照顧的貢獻，健康行為影響了30%，物理環境影響10%，最大的影響源是社經因素達40%（Kimberlee et al, 2014）。據此，社會處方是一種連結初級照護病人的心理社會議題，提供適當的社區非醫療支持資源。適合轉介到社會處方的病人是脆弱與高風險群體，例如輕度到中度憂鬱與焦慮症者、

低所得單親家長、剛剛失親的老人、長期頻頻依賴初級與次級醫療的人們。社會處方被認為有潛力促進心理健康、降低公共服務需求、提升社區居民福祉與復原力，以及減少社會排除。社會處方活動包括：藝術、創造性活動、體能活動、學習、志願工作與課程、提升自我照顧與支持的實際議題解決，例如給付、住宅、債務處理、就業等。

社會處方的效果到目前為止並未得到大多數人的同意，主要因實證研究仍不夠多，且結論尚不一致。既有的研究的確指出對病人改善與節省醫療成本有潛在的效果，但尚缺完整的經濟分析和嚴謹的評鑑（Bickerdike, Booth , Wilson, Farley, & Wright, 2017）。其實，許多社會處方納入的要素本來就被證實有效，因為有些活動早已由志願、社區及第三部門社會團體提供，必須提醒這些既存的活動或結構是重塑即可。

社會處方是一種正式的工具，使初級照護服務能轉介病人到社會、情緒或實際需求的各種非臨床服務，提供服務架構以發展替代的回應需求策略（Brandling & House, 2008, 2009）。

雖然各地方作法不完全一致，社會處方介入還是有一些共同的樣態（Kinsella, 2015）：

1. 由初級照護的家醫科醫師（GP）直接轉介患者由地方志願、社區及第三部門（voluntary, community or third sector, VCT）提供服務。
2. VCT服務提供者彙整當事人需求，提供支持，基於地方服務單位提供的知識，參與者能連結到合適的支持資源。
3. 家醫科醫師（GP）與VCT服務提供者共同發展與維持介入策略。
4. VCT服務提供者針對當事人完整需求轉介相關資源，例如債務處理、住宅等。
5. 尋求促進福祉的各種方案。

社會處方基本上屬於健康照護的生理、心理、社會模式的邏輯延伸，其成功繫於醫師願意為了病人的健康與福祉將病人轉介到社會處方。2021年國民健康服務已承諾將招募1,000位受過社會處方訓練的工作人員，連結初級照護，預計到2024年至少有90萬個病人被轉介到社會處方。加拿大、荷蘭也有相似的方案正在推動（Bird, 2018）。

瑞典政府宣稱：讓每個國民同等接近健康照護。瑞典的健康照護體系如同英國模式是國家稅收支持，但不同於英國的是高度分散化的服務模式。瑞典是歐洲國家中除了義大利之外人口最老化的國家，有5%的人口年齡80歲以上；也是世界上最長壽的國家之一，2021年男性預期壽命80.7歲，女性84歲。歸功於好的健康照護、心血管疾病預防效果的顯著，以及良好的生活習慣，瑞典人口中只有15%有抽煙習慣。同時，瑞典有最好的助產士系統，使其嬰兒死亡率只有十萬分之三，成為世界衛生組織推薦的模範。好在由於1990年代出生率持續穩定上升，使人口老化速度放慢，不然人口老化速度將更快（Swedish Institute, 2009）。

　　瑞典國家介入管制與提供服務給其子民由來已久，至少一個世紀以上。瑞典醫師不但支持公共基金的健康照護，且讓自己成為支薪的公務員的一部分。在19世紀的農村與貧窮地區，醫師就自認為是公共職位，藉此維持穩定的生計。因此，瑞典的醫師從來就沒有認為自己是獨立的自由執業者，反而自認為是專業的公民服務之一員（Cohn, 1992）。

壹 疾病基金法

　　1862年，瑞典重組縣市政府，2年後，加入經營醫院的職責；中央政府則負責提供初級醫療照護。一般醫師領取國家薪資，是為地區醫官。其他形式的初級照護，例如助產、社區護士則由縣市政府提供。1963年起，一般公共醫師才轉由縣市政府主管。如此分工模式使瑞典的一般醫師在診所提供服務，而專科醫師在醫院任職（Cohn, 1992）。

　　1891年，瑞典通過《疾病基金法》（Sickness Fund Law），國家補助自願的疾病基金。這還不算是健康保險，主要目的是維持工人生病的經濟安全，補助的金額並不一定用在醫療上。1931年修正強迫疾病基金必須提供醫療給付，那時候只有16.6%的國民加入疾病基金。隨著國家的補助增加，加入疾病基金的人數也增加。提供初級醫療服務的主要是上述的地區

醫官，輔以私人開業醫師與專業醫師自行招攬病人（Cohn, 1992）。

貳 健康照護社會化

　　1955年，疾病基金社會化，且強制加入，成爲國民保險基金（Försäkringskassan），補助病人75%的醫療費用。這個作法取得瑞典醫療協會（Swedish Medical Association）與國家的同意支持。然而，門診醫師仍可以額外收費（Cohn, 1992）。

　　1970年，健康照護改革號稱七個皇冠的改革（The Seven Crowns Reform），取消論件計酬制度，醫師被要求從公醫或無公共基金支持的私人醫師二者擇一。進一步改革禁止公立醫院提供的門診付費服務。當時除了兩個很小的私人醫院之外，其餘醫院都是公立的。這個改革對瑞典的健康服務影響很深遠（Cohn, 1992）。

　　1975年，立法允許其餘的私人開業醫師領取國家保險基金的權利。至此，病人赴私人開業醫師診所看病必須付小額的自付費用。亦即，社會化了的瑞典健康照護，基本上不允許額外收費，但是還是存在部分額外的付費，不過額度非常少。以1974年爲例，占總健康照護支出的1%。財源來自縣市稅入（70%）、國家補助（13%）、國家掌控的健康保險基金支付（7%），以及其他財源（8%）。

參 健康照護發展

一、健康照護分權化

　　瑞典的健康服務提供是高度分權化的（decentralized），屬縣市政府的權責。法源是《健康與醫療服務法》（Hälso-och sjukvårdslagen, HSL）。瑞典全國分爲21個縣市，人口從6到190萬不等，區域差異很大。近9成的縣市政府業務與健康照護有關，可見健康照護占據地方政府很大的工作份量。全國290個鄉鎮市負責老人居家服務與住在特殊需求住宅的老人照顧，包括身心障礙者。但是，需要醫師提供的醫療服務不包括在鄉鎮市的職責內。中央、縣市、鄉鎮市間並無層級關係，各自有自己的責

任與活動。全國有70家區域公立醫院、7家大學醫院、6家私立醫院，提供1,023萬人民健康照護（Swedish Institute, 2020）。

二、中央政府負責監督

中央政府負責制訂原則與綱要，取得代表地方縣市政府與自治市的瑞典地方與區域政府協會（Sveriges Kommuner och Landsting, SKL）同意後，納入法律與政治議程。中央政府設有國家健康與福利部（Socilastyrelsen），扮演中央政府的專家與督導角色。此外設有醫療責任局（Hälso-och sjukvårdens ansvarsnämnd, HAS）監督健康專業的標準；瑞典科技評估與健康照護會議（Statens beredning för medicinsk utvädering, SBU）評估健康照護的產出是否最有利於病人與有效利用資源；牙科與藥物給付局（Tandvårds och Läkemedelsfömånsverket）負責藥品或牙醫程序給付補助；醫療產品局（Läkemedelsverket）管制與監控藥品與醫療器材的研發、生產與行銷；以及國家經營的藥局連鎖店Apoteket AB。但是，從2009年起，國營藥局不再具有壟斷地位，有部分Apoteket AB已轉售給私人經營，其餘也陸續求售中（Swedish Institute, 2020）。

三、初級照護服務

早期，初級照護在瑞典不如歐洲其他國家一樣受到重視。然而，如今它卻是健康與醫療照護的基礎。當前大部分健康照護由健康中心提供服務。健康中心由不同的專業組成，例如醫師、護士、助產士、物理治療師等。病人從2003年起即可選擇自己的醫師；從2010年起所有縣市都要提供初級照護的初級選擇體系（primary choice system）。約25%的健康中心由經縣市政府許可的私人企業經營，約占縣市政府健康支出的1成。病人不論到公私立健康中心，保證獲得相同的服務，負擔相同的費用。例如配置社會工作師、心理師、家庭訪視服務、急診到晚上9點等（Swedish Institute, 2020）。

四、健康照護分區

在初級照護之上，瑞典將全國分為6個健康照護區，由健康與福利部

下轄的國家專科治療醫學委員會（Rikssjukvårdsnämnden）負責協調。有60家醫院提供專科照護、24小時急診，其中8家承擔區域醫院（Regional hospitals）的角色，擔任教學與研究，提供高專科的照護。所有縣市政府均擁有自己的急診醫院，但是，其中的部分健康照護可以外包。反之，政府也可以向私人診所購買部分健康照護給其病人，以彌補不足（Swedish Institute, 2020）。

五、健康照護保證

從2005年起，瑞典地方與區域政府協會同意引進健康照護保證0-30-90-90制，病人立即可接近健康照護諮詢；7天內得到家醫科門診；90天內獲得所需的專科治療或手術；最遲於診斷後90天內安排例如白內障，或髖關節手術。到2008年底數據顯示，已有75%的病人在90天內獲得治療。為了加強這個保證，瑞典政府協調地方與區域政府協會於2010-2012年進一步補助每年10億克朗，推動此項保證。規定只要獲得補助的縣市政府必須完成80%的90天保證。同時，瑞典政府投資5億克朗，以縮短癌症治療等待期。進一步，瑞典政府規劃2025年以電子化健康（e-health）提升健康照護服務效能（Swedish Institute, 2020）。

六、健康照護費用

為了避免醫療費用過度成長、降低個人負擔，住院費用上限每日不得超過100克郎，救護車、救護直昇機每趟上限1,100克郎，處方藥費每人每年自負額不超過2,350克朗。此外，每人每年自負問診費不超過1,150克朗，如果年度未結束，問診次數已超過自負額上限，以後的問診免費。另外，18歲以下兒童醫療均免費。牙醫費用23歲以下免費，超過23歲以上，診療須自費，但政府每年補助600克朗；拔牙費用每次950克朗；根管充填3,150克朗。倘牙醫費用超過3,000-15,000克朗，病人可申請退費一半；如果超過15,000克朗，可退費85%。

七、健康照護財務

2020年瑞典健康照護支出占GDP的11%，財源是縣市與鄉鎮市稅收

為主，保險費、國家補助及其他財源為輔，病人自付額非常少。初級照護問診費150-300克朗；專科診療，包括心理衛生服務，每次上限200-400克朗；住院費每日上限100克朗。20歲以下人口免自負額。至於，預防注射、癌症篩檢、產檢等均免費（Swedish Institute, 2020）。

八、私人健康保險作為補充

瑞典從2010年起引進私人健康保險，作為國民健康服務的補充。因於長的等待期，大約有10%的人民不依賴國民健康服務而投保私人健康保險。私立醫院的醫療照護成本平均每人每年約4,000克朗。

九、國民健康水準高

瑞典醫師人口比是千分之5.4，比英國、美國均高。瑞典教育（含醫學院）學費全免，醫師的個人教育投入成本低，預期薪資每月平均79,900克朗。人民平均壽命82.4歲，比英國、德國、美國都長。國民心理健康也是瑞典的強項，得利於長的親職假、薪資替代率與返回職場的保證。產婦死亡率只有十萬分之四，新生嬰兒死亡率是2.6‰，是世界上最低的國家之一。孕婦百分百由醫護人員接生。雖然老人人口超過五分之一，但是，靠著相對完善的社會福利與健康照護制度，瑞典本地出生的母親生育率1.7，移民母親生育率2.1，兩者使瑞典總生育率與人口規模持續穩定成長。

十、疾病預防表現優異

死亡原因主要是冠狀動脈疾病、阿茲海默症、中風、肺癌、慢性阻塞性肺病、大腸癌。最主要的致死原因是煙草、飲食風險、高血壓、高身體質量指數（high body-mass index）。只有20.6%的瑞典人肥胖，85%的瑞典人不抽煙。2016年健康照顧可近性與品質指數（The Healthcare Access and Quality Index, HAQ Index）估計，瑞典可修正死因率（rate of amenable mortality）達95.5%，是全世界表現最好的國家之一。

瑞典模式的健康照護被認為是世界上最容易接近、高品質、低成本、有效率的制度。為了因應分權化的健康服務可能導致的品質不一、資訊

零散、資源浪費，健康與福利部和瑞典地方與區域政府協會發展一個比較目標與評鑑指標，也就是建立一個標竿（benchmarking）以利各縣市追求，包括：決策平臺、管理與簡化健康照護、資訊公開（Swedish Institute, 2020）。

 ## 第五節　美國殘補的健康照護

早在1912年，脫黨參選的獨立候選人老羅斯福總統（Theodore Roosevelt）在社會工作者亞當斯女士（Jane Addams）等人的支持下，競選總統期間就曾提出健康改革政見，惜壯志未酬。美國是先進工業民主國家中唯一沒有全民健康保險或照護的國家。經歷了近百年的改革，總算在2010年才通過類似全民健康保險的改革計畫。

壹 老人醫療保險與醫療救助

1935年羅斯福總統（Franklin Roosevelt）本欲將健康保險納入《社會安全法案》，然被美國醫療協會（American Medical Association, AMA）阻撓而作罷。但是，健康照護議題一直是兩黨爭論的焦點，共和黨主張自願式健康保險，民主黨主張將健康照護納入社會安全給付。直到1965年，眼見一半的老人沒有加入健康保險，詹森總統（President Johnson）時期將老人健康保險（Medicare）與醫療救助（Medicaid）納入社會安全修正案（Titles XVIII and XIX of Social Security）。前者分兩類：(1)屬強制性納保，保費由勞工與雇主分攤，涵蓋住院服務；(2)屬自願納保，涵蓋門診服務。後者照顧貧戶，由聯邦稅收支應，州政府管理。美國醫療協會之所以同意支持老人健康保險，是因為他們獲得保證可以向老人收取高於保險給付的費用（Figueira-McDonough, 2007）。

美國的健康照護體系包括老人健康保險，涵蓋4,500萬老人與身心障礙者；軍人健康體系（The Military Health Systems）、軍人健康照護附加保險（TRIcare），以及退伍軍人健康局，總計涵蓋920萬人；醫療

救助提供窮人醫療補助；州兒童健康保險計畫（State Children's Health Insurance Program, SCHIP）也是照顧低收入家庭的兒童健康。此外，部分印地安人納入印地安健康服務（Indian Health Services），例如阿拉斯加州（Alaska）的印地安社區。其餘則依賴私人健康保險，其中最多的是加入健康維持組織（HMO）。健康維持組織是一種提供廣泛的健康照護服務給加入其組織的參與者，先每月付費後可享有其所提供的健康照護服務。這些健康服務是由健康維持組織所指定的醫院與診所提供。這是一種管理照顧，健康照護提供者與保險公司簽約，依簽訂的服務內容提供健康照護服務給那些保險公司的客戶。服務給付通過與否決定在管理照顧機構的代表，而不是醫師或社會工作者手中。亦即，管理照顧是一種財務考量優先於專業考量的健康照護成本計畫（Kirst-Ashman, 2007）。

關於健康照護的議題，在美國社會爭議不斷。2002年由丹佐·華盛頓（Denzel Washington）主演的《John Q》就是以HMO為題材，中文譯為《迫在眉梢》。這是發生於芝加哥黑人工人家庭的真實故事改編，敘述一位兒子得了心室擴大症急需手術的父親之遭遇，其HMO保險給付已被投保公司改變，不包括手術費用，他必須先籌到手術保證金75,000美元（總費用約25萬美元），才能將他兒子列入等候手術名單。他賣掉部分家當，又向鄰居借貸，僅能籌得三分之一。院方在不耐久候繳費拖延下，遂將其兒子排除在手術等待名單之外。為了保住唯一的兒子性命，在萬般無奈下，他綁架急診室的11個病人作為人質，要求院方將其兒子列入手術等候名單。他控訴院方說：「我不要埋葬我的兒子，是要我的兒子埋葬我。」片中他在與警察對峙過程中，出現一些種族、階級、健康照護的議題，自不在話下。最後，院方同意幫其兒子手術，John Q才棄械投降。最後以企圖謀殺罪名被起訴。

在這影片中有一些發人深省的對白。John Q的同事說：「如果，John Q是一個百萬富翁，這件事壓根兒就不會發生（none of these could've happen if John is a millionaire）。」「這整個國家不是以多元的價值，而是以唯一的價值（金錢）來判斷事務。我們沒有錢。不同階級的人在（醫院）裡面得到不同的手術待遇（This whole country isn't judge by Values but by Value, we've got haves not and we've white collar, blue collar and no collar, inside there（hospital）we've different type of surgery）。」「我們之中有一大票人根本付不起25萬美元的手術費。讓這個傢伙被迫鋌而走險的是國家的恥辱，整個社會病了！（We have a lot of people out there who doesn't have 250 thousand dollars, its a shame that backing a guy like this into the corner, seems to me something is out of whack）」爲了兒子的健康出此下策，這就是資本主義市場經濟不完整的健康照護體系下的制度暴力。

貳 缺乏共識的健康照護改革

1974年尼克森總統（President Nixon）試圖引進一種綜合的健康保險（Comprehensive Health Insurance），強制雇主必須爲其員工購買健康保險，以及由聯邦辦理類似醫療救助的健康計畫，但是被民主黨的甘迺迪參議員（Ted Kennedy）反對而未成功。接著，1982年卡特總統（President Carter）也曾努力推動綜合的健康照護體系（comprehensive health-care system），亦未能獲得甘迺迪參議員的支持而失敗。1993年柯林頓總統（President Clinton）亦試圖推動健康照護改革失敗，只於1996年通過《健康保險可攜帶與責信法》（Health Insurance Portability and Accountability Act），讓工人不會因離職而中斷其老人健康保險。

美國爲何不會有全民健康保險呢？從支持美國健康照護政策現狀的凱薩鋁業公司（Kaiser Aluminum Corporation）總裁麥爾（Cornell Maier）的這番話即可看出端倪。他說：「這是戰爭，戰場不在經濟體系，而在政治體系。」（Navarro, 1994: 188）。美國這種反福利、反勞工階級的政策從1920年代以來一直就存在者。納瓦洛（Navarro, 1994）因此結論道：「美國沒有增強勞工運動，不可能有全民健康保險。」

2004年總統選舉，布希（George Bush）與凱利（John Kerry）均提出改革健康照護計畫。布希總統當選後簽署老人《醫療處方藥、促進與現代化法案》（Medical Prescription Drug, Improvement, and Modernization Act）。

2006年起老人健康保險涵蓋處方藥費。由於美國沒有藥價控制機制，加上製藥工業的專利權限制，一些學名藥（Generic Drugs）必須等到專利

過期才可量產，單一付費系統的壟斷購買，使得醫療成本上升。許多美國人乾脆從其他國家購買處方藥，以節省開銷。

2009年老人健康保險花掉5,000億美元，2018年超過9,300億。美國花在藥費的比例也比OECD國家高，OECD平均是17.7%。雖然，美國藥費支出占全部健康支出的12.9%，但是，美國國民自付了額外的23%。

即使美國人花了這麼多錢在健康照護支出，但是2010年美國的預期壽命是78.11歲，排行全世界第38名，比其他G7國家（加拿大、法國、德國、義大利、英國、日本）差，排在智利、古巴之後。新生嬰兒死亡率6.26‰，也比歐洲聯盟平均的5.72‰差。

依劍橋醫院、哈佛法律學院、俄亥俄大學的調查發現，2007年美國人民宣布破產的人口群中，62%是因繳不起醫療費用。美國是世界上花費在健康照護經費最多的國家，占其GDP的將近16%，每個國民平均每年花掉7,439美元。但是，卻有超過4,000萬美國人沒有加入任何健康保險。醫療貧困（medical impoverishment）成為美國之恥。

參 歐巴馬總統的健康照護改革

依據美國人口調查局資料顯示，2007年美國有15.3%的國民，約4,570萬人沒有加入任何健康保險。比2006年的4,700萬人些微下降，原因之一是2007年麻省（Massachusetts）推動健康照護改革，納入30萬人。2009年7月康乃迪克州也通過健康改革計畫，稱為SustiNet，目標在2014年達到98%州民可以納入健康保險體系。其他州也有相似計畫，例如加州、緬因州、佛蒙特州。

2008年總統選舉，兩黨候選人均提出健康照護改革的政見。共和黨的麥肯（John McCain）提出開放市場競爭主張，提供每人2,500元、家庭5,000元的健康照護券給沒有加入雇主提供的健康保險的個人或家庭，讓他們購買健康照護，稱為保證接近計畫（Guaranteed Access Plan）。民主黨的歐巴馬（Barack Obama）提出國民健康保險交換（National Health Insurance Exchange），涵蓋私人保險與老人健康保險。

2009年歐巴馬總統當選後再次掀起健康照護改革的風潮。2009年2

月擴大州兒童健康保險方案。2010年3月21日眾議院通過《病人保護與負擔得起照護法》（Patient Protection and Affordable Care）。同月25日參議院亦通過《健康照護與教育調和法》（Health Care and Education Reconciliation Act）。事實上，在歐巴馬總統的健康照護改革案中沒有任何一位共和黨的參議員投下支持票。共和黨人之所以反對，是基於加稅的擔憂，他們稱歐巴馬的健康照護改革案為凱迪拉克保險計畫（Cadillac Insurance Plan）。

兩個法案有許多相似點：

1. 擴大醫療救助到所得階梯貧窮線133%（眾議院版本150%）。
2. 建立健康保險交換，補助到貧窮線400%的家庭。
3. 對小企業（員工25人以下者）提供員工健康保險者減稅。
4. 懲罰未提供健康保險給員工的雇主。
5. 懲罰未購買健康保險的個人。
6. 提供一個新的自願的長期照顧保險。
7. 減緩老人健康保險的支付，刪減老人健康保險與醫療救助的藥價，提出新的支出計畫。
8. 提出一個2,500元的保費到彈性支出帳戶（flexible spending accounts, FSAs），允許支付健康成本的稅前基金，以支付健康照護改革成本。

兩者最大的差別是財源。眾議院版主要依賴所得50萬（家庭100萬）以上的累進附加稅（surtax）；參議院版主要靠消費稅（excise tax）與提高高所得者的老人健康保險費。

依美國健康與人群服務部（Department of Health and Human Services, DHHS）的推估，參議院版將提高醫療支出占GDP的比率從17%到2019年的20.9%，主要是因增加了3,300萬被保障人口。而眾議院版增加的被保障人口更多達3,600萬人。

以2017年為例，美國人民參加由雇主團體辦理的團體醫療保險約15,000萬人，醫療救助（Medicaid）7,000萬人，老人醫療保險（Medicare）5,000萬人，《病人保護與付得起照護法》（ACA）1,700萬人。

總之，在當前的政治與經濟制度下，美國不可能有全民健康保險。

歐巴馬總統的健康改革是擴大醫療救助對象、補助中小企業爲其員工加保私人健康保險，以及鼓勵個人加入私人健康保險，以降低美國醫療貧困人口。如此，要那醫療貧困的4,000多萬人納入基本的醫療保障，就已經要花費九牛二虎之力了。

參考書目

· 日本國立人口與社會保障研究所（2005）。日本的社會保障制度簡介。

· 呂宗學譯（1988）。馬克思主義看醫療保健（原著Navarro, Vicente, 1985），臺北：南方。

· 周怡君、林志鴻（2008）。從德國最新健保改革論其對德國社會保險典範轉變之意義。社會政策與社會工作學刊，12(2)，頁1-39。

· Bickerdike, L., Booth, A., Wilson, P., Farley, K., & Wright, K. (2017). Social Prescribing: less rhetoric and more reality. A systematic review of the evidence. *BMJ Open*, 2017; 7(4): e013384.

· Bird, J. (2018). Community Activity as a Path to Better Health. *Financial Times*, November, 20, 2018.

· Blank, R. & Burau, V. (2010). *Comparative Health Policy* (3rd ed.). NY: Palgrave Macmillan.

· Bond, J. & Cabrero, G. R. (2007). Health and Dependency in Later Life. In J. Bond et al. (eds.), *Ageing in Society: European perspectives on gerontology*. London: Sage.

· Bradshaw, P. & Bradshaw, G. (2004). *Health Policy for Health Care Professionals*. London: Sage.

· Brandling, J. & House, W. (2008). *Investigation into the Feasibility of a Social Prescribing Service in Primary Care: a pilot study*. Bath: University of Bath.

· Brandling, J. & House, W. (2009). Social Prescribing in General Practice: adding meaning to medicine. *Br. J. Gen. Pract.,* 59(563): 454-456.

· Clasen, J. & Freeman, R. (eds.)(1994). *Social Policy in Germany*. Harvester Wheatsheaf.

· Cohn, D. (1992). *Reforming Health Care in Canada and Sweden 1975-1990*. Stockholm: Stockholm University Press.

· Crinson, I. (2009). *Health Policy: a critical perspective*. London: Sage.

· Donaldson, C. & Gerard, K. (1993). *Economics of Health Care Financing: the visible hand*. London: Macmillan.

· Figueira-McDonough, J. (2007). *The Welfare State and Social Work: pursuing social justice*. Thousand Oaks, Ca: Sage.

· Fraser, D. (1984). *The Evolution of the British Welfare State* (2nd ed.). Basingstoke:

Macmillan Press.

· Friedli, L., Vincent, A., Woodhouse, A., & McCollam, A. (2007). *Developing Social Prescribing and Community Referrals for Mental Health in Scotland.* November 2007. Scottish Development Centre for Mental Health & National Programme for Improving Mental Health and Wellbeing.

· Gerlinger, T. (2009). Competitive Transformation and the State Regulation of Health Insurance Systems: Germany, Switzerland and the Netherlands Compared. In I. Dingeldey and H. Rothgang (eds), *Governance of Welfare State Reform: a cross national and cross sectoral comparison of policy and politics* (pp.145-173). Cheltenham: Edward Elgar.

· Glasby, J. (2007). *Understanding Health and Social Care.* Bristol: Policy Press.

· Glennerster, H. (2007). *British Social Policy: 1945 to the present* (3rd ed.). Oxford: Blackwell Publishing.

· Gray, G. (1991). *Federalism and Health Policy: the development of health systems in Canada and Australia.* Toronto: University of Toronto Press.

· Katzenstein, P. J. (1987). *Policy and Politics in West Germany; the growth of a Semisovereign State.* Temple University Press

· Kinsella, S. (2015). *Social Prescribing: A review of the evidence.* Wirral Council Business & Public Health Intelligence Team.

· Kimberlee, R. et al. (2014). *Measuring the Economic Impact of Wellspring Healthy Living Centre's Social Prescribing Wellbeing Programme for Low Level Mental Health Issues Encountered by GP Service.* Wellspring Healthy Living Centre, Bristol.

· Kirst-Ashman, K. K. (2007). *Introduction to Social Work & Social Welfare: critical thinking perspectives* (2nd ed.). Belmont, Ca: Thomson Higher Education.

· Lee, K., Buse, K., & Fustukian, S. (2002). *Health Policy in a Globalising World.* Cambridge: Cambridge University Press.

· Le Grand, J. & Bartlett, W. (1993). *Quasi-Markets and Social Policy.* London: Macmillan.

· Mohan, J. (1991). Privatization in the British Health Sector: a challenge to the NHS? In J. Gabe, M. Calnan and M. Bury (eds), *The Sociology of the Health Services* (pp.36-57). London: Routledge.

· Moran, M. (1994). Health Care Policy. In J. Clasen and R. Freeman (eds), *Social Policy in Germany.* NY: Harvester/Wheatsheaf.

· Navarro, V. (1994). *The Politics of Health Policy: the U. S. Reforms 1980-1994.* Oxford:

Blackwell.

· Parrott, A. (1992). Social Security: Does the wartime dream have to become a peacetime nightmare? *International Labour Review*, 131: 3, 367-386.

· Reisman, D. (2007). *Health Care and Public Policy*. Cheltenham: Edward Elgar.

· Rothgang, H., Cacace, M., Frisina, L., & Schmid, A. (2008). The Changing Public-Private Mix in OECD Health-care Systems. In M. Seeleib-Kaiser (ed.), *Welfare State Transformations: comparative perspectives*. Basingtoke: Palgrave Macmillan.

· Smith, J. & Goodwin, N. (2006). *Towards Managed Primary Care: the role and experience of primary care organizations*. Aldershot: Ashgate.

· Socialstyrelsen (1993). Health Care and Social Services in Seven European Countries. Stockholm: The National Board of Health and Welfare.

· Swedish Institute (2020). *Health Care in Sweden*.

第十一章
就業政策與服務

工作是一個具有多種價值的概念。就經濟面言,工作使人們擁有收入,保障個人與家庭的經濟安全,也就是能養家活口;就心理面言,工作使人們得以自我實現,獲得自尊與自信,亦即成為有價值的人;就社會面言,工作是一種社會參與,取得社會地位,獲得歸屬的方式,成為社會有用之人。

看看美國黑人影星威爾·史密斯(Will Smith)所主演的2006年電影《當幸福來敲門》(The Pursuit of Happyness)即可知,工作對成為一個有價值、有尊嚴的人是多麼的重要,尤其在資本主義社會的美國。這部片子根據1980年代初美國百萬富豪嘉納(Chris Gardner)白手起家的真實故事改編。片中主角嘉納追求的不只是金錢或名聲,而是能夠讓自己的兒子過得更好、能夠感到自我實現的工作與生活。他與太太及幼兒同住,從事推銷骨質疏鬆密度掃描器的工作。工作很辛苦,生意又不好,貧賤夫妻百世哀,太太終於受不了而離去,追求自己的自由與幸福。他勉勵自己,也告訴兒子:「有夢想,要努力去爭取。」他帶著5歲小男孩,生活潦倒。在美國,國稅局可以把手伸進你的銀行帳戶強制拿走應繳的稅金與贍養費,嘉納僅剩不多的存款很快就沒了,也被趕出租屋,無處可棲,帶著兒子睡車站的廁所、遊民庇護所……。他白天在川流不息的人群中走著,心想著如何過這一天,如何安頓兒子,希望能賣出他的機器。直到終於順利賣出機器,不必排隊等床位,可以去睡旅館。某天,他經過證券公司時,看到從那邊出來的人都充滿笑容,於是希望自己努力爭取到證券公司實習的機會。終於好運來臨,參加求職考試被錄取了,成為證券經紀人。有了工作,幸福就來敲門!

協助人們就業以減低貧窮風險,大概沒有人會反對。但是,如何拿捏鼓勵就業,又不傷害人權,以及促進就業的制度結構、工作誘因與懲罰不工作的條件寬嚴,就成為就業促進,或以福利促進工作的重

要思考（Haskins, 2017）。倘若還要以嚴苛的懲處始能促成工作，意味著這個工作不可能真正解決貧窮問題。

隨著人類社會進入後工業化，與受到全球化的衝擊，勞動市場快速轉型，失業成為一種高風險。再加上服務業社會的所得差距擴大，貧富不均更加嚴重。單靠就業不見得能維持家庭生計，特別是單親家庭、育兒家庭。貧窮不再是少數老弱婦孺的專屬，而是失業者、低薪者的普遍風險。雖然，雙薪家庭的貧窮風險較小，但是如何平衡家庭照顧與工作，又是另一個困境。這些都是當代的新社會風險（new social risks, NSRs）（Armingeon & Bonoli, 2006; Bonoli, 2009）。政府不積極介入勞動市場運作，顯然無法保證人民的就業機會與所得維持。

勞動市場政策通常分為兩部分：積極與消極兩種。積極勞動市場政策（active labour market policies, ALMPs），是指預防與不容忍失業，包括利用公共服務、提供職業訓練與教育、增加就業機會、創造勞動需求、調節勞動供需等積極作為，讓勞工穩定回到職場。消極勞動市場政策（passive labour market policies, PLMPs）是指回應失業需要，提供所得安全給喪失工作的勞工，例如失業保險、失業救助等（Olsen, 2008）。而活化（activation）則更夾雜著想要有福利，就必須工作的義務。

本章首先討論就業政策，依不同的福利國家體制分別加以敘述；接著，聚焦消極的勞動政策，即失業保障。但因失業保險已於本書第三章社會保險中討論，本章為避免重複，不再贅述一般社會保險原則，而置焦於勞動市場政策的變遷所帶來失業對策的改變。然而，兩者有時又很難完全區隔。最後，討論晚近各國勞動市場政策的發展趨勢，以及就業與社會服務的整合。

第一節 就業政策

歐洲工業民主國家的勞動市場政策涵蓋不同的模型，但重點不外乎包括以下三者：(1)供給面的尋職者訓練（jobseekers training）；(2)需求面的就業機會創造；以及(3)失業者的現金給付。以下針對不同的模型依葉斯平—安德森（Esping-Andersen, 1990）的福利國家類型簡要討論。

壹 自由主義福利國家的勞動市場政策

一、美國

美國基本上並沒有積極勞動市場政策的傳統，但是，在1998年，其積極勞動市場政策的支出卻達到整體勞動支出的41.4%，比1993年的26.1%高出甚多。原因是1996年通過的《個人責任與工作機會調和法》（the Personal Responsibility and Work Opportunity Reconciliation Act, PRWORA），實施對有需求家庭的暫時補助（Temporary Assistance for Needy Families, TANF）專案，取代實施已久的有依賴兒童的家庭補助（AFDC），將工作相關的方案納入成為強制性條件。但是，真正花在就業訓練的支出仍非常低，1997-2000年平均只占GDP的0.04%，是瑞典1999年的十二分之一，法國的七分之一。可見，美國的積極勞動市場政策還是很不積極，重點在快速就業，而非人力資源的發展（Daguerre, 2004）。

如本書第四章所述，早在1980年代初美國雷根總統執政時期就接受了新自由主義的（neo-liberal）觀點，認為經由工作達到自力更生（self-sufficiency）才是政府福利改革的唯一法則。其中的主要推手是繆瑞（Murray, 1984）的《根基流失》（*Losing Ground*），以及米德（Mead, 1986）的《超越賦權》（*Beyond Entitlement*），強調福利依賴是美國社會的主要問題；貧窮並非由於工作短缺或社會不均，而是行為問題；社會有的是職缺，但是貧民仍然不去找工作，是因為這些人缺乏工作倫理。為了讓窮人願意工作就必須祭出棍棒與紅蘿蔔手段，前者指不參加就業方案，就取消福利作為懲罰；後者指稅的優惠，例如薪資所得稅抵免

（EITC）。

美國的勞動市場政策分為兩個時期，第一個時期是1988年的《家庭支持法》（the Family Support Act, FSA）通過開始，強調訓練與教育，使單親家長擁有就業所需的技能。根據該法推動工作機會與基礎技巧方案（Job Opportunities and Basic Skills, JOBS），領取有依賴兒童的家庭補助的單親家長被強制參加JOBS。這是具人力資本途徑的勞動市場政策。由於成本偏高，效果不彰，而被詬病，共和黨主導的國會認為是強制力不足所致。

第二階段的改革是1996年以後，將重點放在快速就業安置（rapid job placement），強調就業優先，加重福利案主的強制性，要求福利案主必須盡快找到工作。但是，也加強高品質、可負擔的托兒照顧。與AFDC-JOBS相較，有需求家庭的暫時補助（TANF）的就業強制力較強，各州也強制執行托兒照顧。於是，聯邦對各州的介入相對減少，這也就是就業優先途徑（employment-first approach）。因於有需求家庭的暫時補助（TANF）的2年期限、最多5年現金補助，各州的福利案主明顯從1994年的1,422餘萬人，下降到1999年的690餘萬人（Weaver, 2000）。

二、英國

1997年新工黨（New Labour）上臺後推出新政（the New Deal），與其說是走第三條路（Giddens, 1998），不如說是仿照美國柯林頓政府的《個人責任與工作機會調和法》（PRWORA），只是沒有加入時間限制而已（Powell, 2002; Finn, 2003; Daguerre, 2004）。加入新政的案主在領取尋職者津貼（jobseeker's allowance, JSA）時，有義務求職。英國的勞動市場政策在2001年以後，已經高度美國化（Americanization）了。在歐盟國家中，英國的積極勞動市場政策支出占GDP的比率低於歐盟平均值，與美國相近。

英國的新政包括以下幾種專案：

1. **青年新政**（the New Deal for Young People, NDYP）：1997年工黨政府首先向青年招手，對象為18-24歲青年中，失業及接受6個月以上的失業補助者，提供4個月的個人密集求職協助。4個月後未獲得

工作者，接著可獲得4種選擇，持續6個月：公部門補助型工作、私部門補助型工作、參與教育與訓練，以及創業成爲自僱者。而這四種選擇屬強制性，否則不再提供給付。

2. **長期失業者新政**（the New Deal for Long-term Unemployed, NDLTU）：對象爲25歲以上失業超過2年者，先提供一段期間的密集性工作再導引（job reorientation），接著進入兩個選擇：補助型就業、全職職訓與教育。不參加就業服務部門的諮詢會談者，會被取消給付2-4週。

3. **單親家長新政**（the New Deal for Lone Parents, NDLP）：提供單親家長個人顧問、協助其找工作，也提供少額的訓練費及托兒照顧服務。但非強制性參與。

4. **身心障礙者新政**（the New Deal for Disabled People, NDDP）：對象是工作年齡的身心障礙者與慢性病人，提供個人求職顧問服務，以及創新方案，俾利身心障礙者與慢性病人進入職場。

5. **高齡勞工新政**（the New Deal for 55+）：幫助55歲以上高齡勞工找工作與職訓，屬自願性方案。

2001年新工黨提出《就業綠皮書：邁向完全就業的現代社會》（Towards Full Employment in a Modern Society），開始引進美國式的強制規定。首先，政府推動就業優先途徑，作爲福利改革的號角。

其次，創立就業優先中心（Jobcentre Plus）的單一服務窗口，讓所有給付申請者利用。這是學美國的一站服務到底（One Stop Service），該單位是新成立的工作與年金部（Department of Work and Pension）及教育與技巧部（Department of Education and Skills）下的產物。

第三，強制性規定單親家長申請所得支持（Income Support）給付時必須接受工作焦點會談（work-focused interview），拒絕者得接受刪減20%給付額度的懲罰。

2003年又引進到工作之路（Pathway to Work, PtW），其內容包括：

1. 在5次強迫工作焦點會談之後，由就業優先中心的個人顧問進行強制評估會談。

2. 自願性地參與短期選擇職訓方案，例如工作準備方案，提供基本

就業力（Employability）技巧。

3. 一年期的返回工作稅抵免（return to work credit），提供全職工作者每週40英鎊的免稅。

4. 接近個人顧問的自由裁量基金（PA Discretionary Fund）。

5. 參加條件管理方案（Condition Management Program, CMP），請領失能給付的勞工可申請6-13週的自願介入，以改善身體狀況。

英國的就業優先方案與美國不同的是加上較多的人力資本發展（Human Capital Development）元素（Lindsay, McQuaid, & Dutton, 2007）。亦即透過個別性評估會談、個別顧問服務、弱勢案主的特別考量等，以利提升就業力。

英國的「讓人有事做」（making work pay）雖然沒有像美國雷根總統執政時期對單親媽媽的羞辱般，稱她們為凱迪拉克女王（Cadillac queens），花納稅義務人的稅收，卻開著名貴車子，其中隱含著強烈的種族、性別的歧視，這種種族主義的假設，導致了1996年的懲罰單親媽媽的立法（Seccombe, 1999）。事實上，英國的工作福利政策的確比美國複雜、多元。但是，英國自從2001年起的向美國傾斜政策，急於快速降低失業率、減少福利依賴，以及懲罰失業者的措施，不論用工作福利或是「以福利創造工作」（welfare to work），都付出低技術、消極、長期失業的代價。

貳 歷史組合國家主義福利國家的積極勞動市場政策

這一類型的國家以法國與荷蘭為代表。法國是積極勞動市場政策的後進國家，1980年代引進，但其重點是解決社會排除的問題。社會排除被認為與失業、缺乏就業機會有關，但也與慢性、長期的財政管理無效率，缺乏使用社會、政治與公民權利，以及家庭關係瓦解不無關聯。

雖然領取失業保險給付必須以求職為要件，但失業救助領取者則不必以參加工作相關方案（work-related programmes）作為前提。1988年底引進成人最低所得津貼（Revenu Minimun d'Insertion, RMI），強調集體社會團結，而非個人責任。相較於英國的所得支持為基礎的尋職者津貼

（Income Support-based Jobseekers Allowance），和美國的對有需求家庭的暫時補助（TANF），法國人接受成人最低所得津貼的家庭並不需要以參加工作相關方案為前提，避開了陷入英美工作福利的困境中。法國在1998年花在積極勞動政策的經費占GDP的1.3%，比歐盟平均的1.07%高些，比英國、美國的0.34%高出許多。其純粹的積極勞動市場政策支出占整體勞動支出的36.7%，則稍低於歐洲聯盟平均的37.7%，但仍比英國稍高（Daguerre, 2004）。

　　另一個具代表性國家是荷蘭。荷蘭與丹麥創造出彈性安全的理念，簡稱彈安（flexicurity）。相較於傳統保守組合主義國家的就業概念是以男性賺食者的思維。但是，荷蘭將這樣的思維改為「一又二分之一工作模式」（On-and-a-half jobs model）的理念，認為不論全職或兼職工作都可以獲得社會安全給付。如此一來，就可以鼓勵婦女從事部分工時工作，分攤部分家庭經濟責任的角色；同時，又可擁有休閒的時間。丹麥也跟進採取彈性安全的措施。進一步兩國再創出活化的概念，成為成功的勞動市場改革的典範（Cox, 2009）。比起德國、義大利等難以撼動的福利國家（immobile welfare state），顯然彈性許多（Daguerre, 2007）。

參 社會民主福利國家的積極勞動市場政策

　　當今福利國家中被稱譽為「完全就業社會」（full employment society）者，非瑞典莫屬。其所採取的積極勞動市場政策是指促進有效率的勞動安排，減少具傷害性的長期失業，使勞動市場得以永續順暢運作。其目的是媒合勞動供需雙方，創造一種喜好工作（pro-work）的倫理，鼓勵勞工積極裝備就業力，尋找工作機會；其原則是活化與全民適用（work-for-all）的策略，亦即使每位勞動者均能在常態的勞動市場中找到工作為優先。一旦失業，每個人均應被納入積極勞動市場政策方案中被服務，各種現金補助只是最後的手段。

一、瑞典

　　瑞典勞動市場政策的推行單位是就業部，在該部下設勞動市場局

（the Labor Market Administration）執行國家的勞動市場政策。下轄國家勞動市場委員會及縣市勞工委員會。每個縣市設有就業服務處、就業力機構（employability institutes）。各縣市勞工委員會負責推動該縣市的積極勞動市場政策。就業服務處提供尋職者的就業協助與雇主的求才協助，包括就業安排與職業諮商。全國21個縣市（下分290個鄉鎮市）均設有就業服務中心，私人也可開設就業服務站。就業力機構主要幫助就業障礙者，以及需要深度諮商或就業準備的人士。瑞典積極勞動市場政策包括三類：(1)就業媒合與諮商服務；(2)職業訓練；(3)就業補助（Calmfors, Forslund, & Hemström, 2001），其目標是高就業、低失業。其具體方案如下（The Swedish Institute, 1994）：

（一）就業服務方案

就業服務是勞動市場政策的基礎工具，目的是媒合勞動市場的供需雙方。其具體方案是就業安排（job placement）與職業諮商（vocational counseling）。協助就業媒合的單位包括各地的工作社團（job clubs）或是活化方案，這是一種協助尋職者獲得資訊、知能與自信，前去應徵職缺的團體。就業服務單位也透過擴大與廠商簽約來增加就業機會。同時就業服務單位也都已經電腦化了，透過電腦連線方便媒合求職與求才。就業服務的管理已經做到目標管理，增加服務效率。

（二）勞動供給方案

勞動供給方案包括就業訓練、就業力機構、交通補助等。

1. 就業訓練（employment training）：由政府向就業訓練團體、地方教育機構、私人公司、高等教育機構等購買就業訓練方案給失業勞工。就業訓練方案包括：職業訓練（vocational training）、職業導引課程、學術訓練課程、職業訓練準備課程等。符合職訓要求條件的失業者於就業訓練期間也可獲得訓練津貼。職業訓練的對象大部分是低教育水準、職業障礙、移民等。

2. 就業力機構：幫助尋職者進行職業導向復健、深度諮商等服務。這種機構有特別的資源與專家協助，評估身心障礙者的就業能力。同時，也提供障礙者的就業訓練津貼。

3. 交通補助（relocation grants）：因地理關係，尋職者可申請於職業

訓練、職業諮商、求職等活動的交通補助。

（三）勞動需要方案

為維持勞動市場的有效需要，提供相關方案如下：

1. 個人補助方案

(1)救濟型工作（relief jobs）：為了讓失業者在未找到適合的就業機會期間能獲得暫時性工作機會，而提供的就業機會稱為救濟型工作，例如政府的道路工程、建築、公共工程等投資。隨著失業性質及產業結構的改變，傳統基礎工程的花費減少，新的救濟型工作已轉變為公共服務為主，由政府補助薪資一段期間，以暫時解決失業困境。通常以半年為單位，薪資補貼65%。

(2)招募補助（recruitment subsidies）：這是為了減輕失業壓力，提升雇主僱用失業者的意願。從1984年起實施，補貼私部門雇主僱用失業勞工。對象分兩類：第一類是企業僱用18-24歲失業青年1個月以上者；第二類是企業僱用25歲以上失業勞工3個月以上者。補助薪資的65%，期間是6個月。若對象是移民或難民，補助期間可拉長到1年，補助薪資提高到75%。

(3)就業發展（employment development）：1993年起引進的新方案，協助失業者從事參與就業的活動與個人發展，以利其儘速回歸到常態就業市場。該方案之所以出現是擔心失業者為了求職與從事個人發展而將其失業給付耗盡，之後仍然無法順利就業，因此，補貼其失業給付的相對資金，以利其勇於投入就業發展活動例如求職、教育訓練、創業、學習、社會參與活動等。

(4)青年職訓（youth traineeship）：針對25歲以下的失業青年，協助其獲得職業訓練與工作經驗。本方案並非取代常態的僱用，或是最後的手段。通常以6個月為限，最多到1年。申請者必須先參加前述的工作社團或類似的活動，以取得曾參加就業活動的紀錄。1993年起，該方案也涵蓋25-29歲剛畢業的高等教育學生，可獲得3個月的職訓補助。不過，申請者也必須先申請就業服務單位提供至少3個月的就業服務或求職活動，才可獲得補助。

(5)合約的職場入門工作（contracted workplace introduction job）：這

是針對18-19歲的青年失業者提供工作經驗，由雇主與受僱者組織簽訂合約，提供就業機會。申請者必須曾參加求職活動1個月以上者，雇主僱用員工後可獲得員工薪資65%的補助。

(6)創業補助（start-up grants）：失業者或面臨失業高風險的勞工可申請本項補助，補助金與失業給付相當。補助期間以6個月為一單位，可視情況延長。

2. 企業補助

(1)企業內就業訓練（in house employment training）：鼓勵企業提供員工職業訓練課程，以提升員工就業技能及企業生產力，政府定額補助受訓員工時數，最多可達920小時。

(2)教育假職代（educational leave replacement）：一方面為了現職員工的教育訓練，另方面開缺給失業勞工就業機會，本方案補助雇主送員工出去參加教育訓練的支出，以及因僱用職代而增加社會保險費、員工福利等支出。

(3)一般僱用補助（general hiring grant）：鼓勵雇主新聘員工，以降低失業率，可享有15%的減稅，減稅範圍是新增聘的員工淨額。

（四）障礙者就業方案

1. **薪資補貼（wage subsides）**：鼓勵雇主僱用身心障礙者，補助額度最高可達百分百，視失能程度而定，每4年再評估一次。

2. **庇護性就業（sheltered employment）**：障礙者可在常態就業市場找到工作，由政府辦理的公營事業稱Samhall AB，提供庇護就業協助，在全國各縣市有630個單位。僱用障礙者就業，政府補貼110%的薪資成本。此外，障礙者由公部門聘用的庇護就業員工，政府補助75%薪資。

3. **工作協助（working aids）**：提供給障礙者所需的設備、薪資、個人協助等。

4. **創業協助（business aid）**：提供給障礙者創業的協助，例如資金補助、開業登記、技能、經營管理等。

（五）家庭政策配套方案

瑞典有全世界最完善的家庭政策（詳見本書第九章），其被評為全世

界性別最平等的國家，同時具有高的婦女就業率（2020年64.5%）與相對高的生育率（2020年1.66%）。

　　北歐社會民主福利國家與歐陸保守主義福利國家花費較高的公共支出在勞動市場政策上，2018年統計，奧地利、比利時、丹麥、芬蘭、法國、西班牙超過GDP的2%，荷蘭、義大利、瑞典、德國也多超過1.5%以上。自由主義福利國家都花不到1%。面對1990年代以來的高失業率、低經濟成長率，瑞典的積極勞動市場政策走向以提高教育水平、公共部門僱用，以及降低失業給付所得替代率（1993年以前是90%，1993年降為80%，1996年再降為75%）來因應（Olsen, 1999）。1998年瑞典的積極勞動市場政策支出稍有下降，占GDP的1.97%，2000年以後又升高到2.89%，2007年以後才又下降到2%以下。但若以純粹積極勞動市場政策的支出占所有勞動支出的比率來看，瑞典是50.4%，仍是福利國家中最高的（Daguerre, 2004）。

二、丹麥

　　丹麥、荷蘭是瑞典以外最熱中積極就業市場政策的國家，1990年代末期以降，被比較福利國家的學者認為是小國奇蹟的典範（Hirst & Thompson, 1999; van Oorschot & Abrahamson, 2003）。丹麥與荷蘭這兩個小型福利國家所採取的積極勞動市場政策包括：活化政策與工作相關的給付指標（work-related benefit criteria）。前者直接針對失業者提供就業服務，也包括長期失業者、婦女、身心障礙者、少數民族等就業弱勢者等，與前述的瑞典作法極其相似。後者則是將所有失業者能享有的給付方案均扣緊工作，亦即縮短失業給付所得替代率、增加失業救助的就業相關規定，造成失業者的就業壓力。這就是典型的微視焦點的紅蘿蔔與棒棍政策（micro-focused approach of sticks and carrots）。

　　丹麥於1994年起引進活化勞動市場政策。2003年推動「讓更多人工作」（Flere I Arbejde）。丹麥的勞動市場政策通常被稱為黃金三角（golden triangle），亦即結合彈性的勞動市場、慷慨的福利給付、積極的勞動市場政策，也就是彈性安全（Madsen, 2009）。

　　丹麥的積極勞動市場政策其實混雜著英美新自由主義的工作福利，

但是又強調歐洲式的社會包容（social inclusion），故稱之為「福利經由工作」（welfare-through-work）（Etherington & Jones, 2004），包含三個元素：

1. 社會夥伴關係（social partnerships）。政策的形成與執行在不同層級的政府均增強雇主、工會、政府三方面的參與，而非單獨由中央政府或地方政府推動。
2. 分權化。財政計畫與決策均以區域為基礎的機制來推動。
3. 失業者有權利接近就業諮商、個人發展行動計畫、綜合的就業服務套裝方案，例如就業訓練、職務輪作（Job Rotation）、教育及兒童照顧假等。

丹麥的就業政策改革最大的改變是在2004-2006年間由地方政府的改革，創建國家設立的就業辦公室，除了提供作為失業者登記處之外，同時結合地方政府的社會救助案主服務於此一就業中心（Andersen, 2008）。

 ## 第二節　失業對策

在本書第三章提及失業是一種勞工個人的風險，失業保險制度之所以出現是為了補償勞工因失業造成的工作中斷與薪資所得損失，進而影響其生計。所以，失業保險在歐洲早期被當成是勞雇雙方的風險分攤制度，勞工繳交保險費，雇主配合分攤部分，一旦失業事故發生，勞工領取失業給付。而其管理機制，往往也是勞資雙方夥伴關係自主管理，尤其是由工會辦理的自願性失業基金。失業保險費像是勞工個人的儲蓄，失業給付就成為勞工個人的展延薪資（deferred salary），有別其他由稅收支持的公共服務，例如就業服務。

然而，1990年代以來，隨著失業率的升高與新自由主義的推波助瀾，失業的個人風險演變為一種社會問題。許多國家以解決社會問題之名，行自由主義之實，強力介入失業給付的管制，進而提出活化與給付條件的關聯。於焉，出現父權的失業政策（paternalistic unemployment policies），進行勞工市場再整合、鼓勵勞動活化、減少長期失業依賴，創造出就業相

關服務的單一門路（single gateway），明顯有別於過去失業者與失業保險基金間的個人權利義務邏輯。以下針對三種福利國家從1990年代以來的失業政策分別說明。

壹 自由主義福利國家的失業對策

美國與加拿大都有強制性失業保險，前者是聯邦立法，但由各州辦理；後者是中央政府的責任。1996年兩國的失業保險改名為就業保險。加拿大所得替代率是投保期間薪資平均的55%，且至少有420-700小時就業經驗，必須有2週的等待期，最大給付期間是45週。2001年，美國的失業給付所得替代率從50%下降到平均46%。但是，各州差異很大。夏威夷最高達59%，阿拉斯加只有31%，接近貧窮線。大部分州的等待期是1週（Olsen, 2008）。

全世界推動「讓人有事做」的福利改革哲學基礎應屬英國的第三條路（Third Way），表現在兩方面：一是補助雇主降低其社會安全保費負擔，以利其僱用低技術工人；二是藉由增加社會移轉或增加所得來補助員工，讓其願意接受工作安排。但是，實行起來大部分都是雇主獲益（80%），多於員工獲益（20%）（Knijn, Martin, & Millar, 2007）。

面對全球失業問題，英國與丹麥都是國家主義式的清掃（statist clean sweep）失業政策。但是，兩者差異很大。丹麥採取的是積極的活化（positive activation）、英國採取的是消極的活化（negative activation）政策。英國保守黨政府於1979年起大力改革失業政策，先導入資產調查的失業救助，不管失業保險投保年資多寡。1988年再扣緊失業保險投保資格與給付的關聯。接著於1996年引進尋職者津貼，順便將失業保險給付從一年降為半年。1997年工黨上臺並沒有調整這個政策，失業保險給付的所得替代率也從1980年代的50%，下降到2007年的16%（Clegg, 2008）。失業保險對失業者來說變得限制很多、保障不足。

英國將失業保險與失業救助匯流於尋職者津貼，1986年起推出重新出發（Restart）方案，由就業服務機關主導，協調失業給付局（Benefit Agency），最後創立工作年齡局（Working Age Agency）。失業給付與求

職服務整合於就業優先服務中心，作為所有登記領取失業給付與申請失業救助者求職服務的地方。這種制度的設計在於凸顯英國勞動市場政策中對沒有工作（worklessness）的態度（Clegg, 2008）。

前述英國的單親家長新政從1997年起推動，自願地提供單親家長求職支持、訓練與工作準備。但是，只要領取補助的單親家長都必須接受工作焦點的求職會談。又為了避免就業誘因不足與工作貧窮，英國也引進一些財政手段，例如國家最低工資、減稅、降低保險費等。其中最重要的是稅的優惠，這是仿自美國的薪資所得稅抵免的作法。英國的作法包括兩方面：一是兒童退稅（Child Tax Credit），提供給有兒童的家庭排富式的退稅（約90%符合資格），這對為了就業與低薪工作家庭較有利。第二是工作退稅（Working Tax Credit），對象是低薪就業者。有兒童的低薪工作者只要每週工作多於16小時即合乎資格；無兒童的則必須年齡25歲以上，且工作30小時以上。兒童退稅涵蓋兒童照顧費用，單薪與單親有兒童者，且使用正式托兒照顧體系，可獲得70%到固定額度的退稅（Knijn, Martin, & Millar, 2007）。

同時，為了平衡工作與生活，針對有身心障礙與6歲以下兒童的家長，改善產假、親職假、彈性工時等措施。又為了促進母親就業，全國性提升托兒服務。

為了達到促進就業，個別化管理與地方實驗計畫廣被推動。每一個參與計畫的失業者都配屬一位個人顧問（Personal Advisor, PA），提供建議與協助，包括求職、財務管理、申請補助、安排兒童照顧、尋找贊助資源等。為了推動促進就業，一些實驗型的方案也被推出，例如「新政附加」（New Deal Plus），給第一年工作的單親家長工作薪資補貼每週40英鎊。另外，工作穩定與晉升示範計畫（Employment Retention and Advancement Demonstration Project）提供財政誘因與工作教練，協助新就業者穩定就業（Knijn, Martin, & Millar, 2007）。

英國政府目標在2010年單親家長就業率提升到70%；同時，降低兒童貧窮率。總之，讓單親家長去工作，不但可以提升其家庭生活品質，也可降低兒童貧窮，是一個可行的策略。但是，前提是要有足夠的財務誘因與公共兒童照顧體系。

貳 歷史組合國家主義福利國家的失業政策

　　法國、德國、比利時等俾斯麥模式福利國家，維持社會夥伴（social partner）關係的主導權在工會與企業部門，國家是補充的（subsidiarity）角色。比利時的失業保險是強制性的工會辦理的保險；法國的失業保險是由工會與雇主聯合辦理的失業保險；德國的失業保險雖然是聯邦強制規定，但是管理權在工會、雇主與政府的三邊協商。因此，政府較難，也無意凌駕私部門扮演解決失業問題的角色，失業政策還是傾向市場確認的（market-conforming）政策。但是，德國與法國從1990年代以降都是走扶持自由化（buttressed liberalization）的路子（Vail, 2007）。國家直接擴大積極勞動市場政策，施壓尋職者接受就業。

一、法國

　　1980年以來，法國的失業因應對策除了靠繳保費而領取給付的失業保險外，另外創立由稅收支應的失業救助，以因應壞風險（bad risk）的雙元體系。面對高的失業率，法國與德國都苦於不工作有福利（welfare without work）的困境。1997年社會黨總理喬斯平（Lionel Jospin）啟動一系列勞動市場改革，試圖增加各類人口群的就業機會，降低失業率。首先，是青年就業方案（Programme employi-jeunes），提供16-25歲青年公共就業，補助最低工資（Salaire minimum interprofessionnel de croissance）的80%。第二，是降低雇主社會保險保費負擔，以利雇主僱用員工。1998年通過勞工部長奧伯瑞法（Aubry Law），要求雇主同意每週35小時工時制度，給予保險費負擔減免。2000年通過提高薪資到最低工資的1.8倍，則給予保險費負擔減免。2002年，保守黨政府上臺，除了修正35小時工時制度，讓部分工廠可以恢復到39小時制之外，其餘大致蕭規曹隨（Vail, 2007）。

　　2006年中間偏右政府執政，為了推動勞動市場自由化，引進容易造成26歲以下新進員工被革職的員工契約（Contrat première embauche, CPE），馬上引發暴動，一週後壽終正寢。

　　為降低失業成本，2000年主要的法國雇主協會（Mouvement des

enterprises de France, MEDEF）發起社會再造（Refondation sociale），要求自由化法國勞動市場。遂與改革的工會（CFDT）取得共識，限制法國人取得社會福利給付，讓尋職者負更多責任。尋職者必須簽署就業計畫（Plan d'aide et de retour à l'emploi, PARE），接受個別化求職方案（the projet d'action personalisé, PAP），才能領取給付（Vail, 2007）。這才有後續的縮短失業給付期間、降低給付額度，以及個別化管理的可能。

2006年1月修正失業保險，限制失業津貼領取資格，並縮短領取期間。依照左翼工團（Left-wing syndicate, CGT）的資料顯示，大約有10萬失業者的失業給付從23個月降到12個月。但是，同時加強職業訓練方案、取得資格證明、經驗證明（Validation des acquis），讓失業者回到就業市場（Knijn, Martin, & Millar, 2007）。

此外，引進特殊的政策工具，包括就業獎勵（Prime pour l'emploi）、租稅優惠，以及低所得者的工作誘因（Mecanismes d'intéressement）。低所得者的工作誘因允許受益人與單親津貼（allocation de parent isolé, API）或成人最低所得津貼（Revenu Minimun d'insertion, RMI）一起累積薪資。

單親津貼從1976年起發給低於所得門檻的單親一段期間（1年，或到最小子女超過3歲）最低保證所得。成人最低所得津貼是法國政府於2001年首創，針對被失業保險排除的群體，提供最低薪資保證6個月，之後的9個月可以領取半薪。但是，低所得者的工作誘因與成人最低所得津貼均需要接手工作。2004年再引進最低工資津貼（revenu minimum d'activité, RMA）6到12個月，每週最少工作20小時，付給最低工資。這方案也是有鼓勵工人進入就業市場的意圖（Knijn, Martin, & Millar, 2007）。

此外，也引進個別管理（Politique d'accompagnement），所有領取最低所得津貼的受益人接受社會服務部門的通知，給予個人財務管理訓練。從某方面來說，這是一個控制機制，如果當事人不願遵守規則，可能失去其津貼資格。另一方面，則是在幫助當事人進入勞動市場獲得正常薪資，是一種個人職責的強調（Knijn, Martin, & Millar, 2007）。

2003年底以後，成人最低所得津貼也強調分權化，以提升效率，每位受益人都會被追蹤其工作進度。單親津貼的情形也類似，由家庭津貼局（Caisses d'allocation familiales）負責通知每一位受益人的權利（領取

資格與津貼額度）；同時，控制與協助其克服困境。2006年10月又設置一個國家防止社會保障詐欺委員會（Comité national de lute contre la fraude en matière de protection sociale），作爲強化社會安全給付控制的機制，特別針對高風險的現金給付對象（Knijn, Martin, & Millar, 2007）。

　　將工作與福利綁在一起，對單親家長的兒童照顧是比較辛苦的，除非有公共托育銜接。其次，年輕的單親媽媽大部分需要教育與職業訓練，強調就業對她們來說暫時意義不大（Knijn, Martin, & Millar, 2007）。

二、德國

　　德國的勞動市場體制是薪資獨立（Tarifautonomie），由雇主與工會集體協商。勞動政策由聯邦勞工部（Bundersagentur für Arbeit, BA）主導，重點在職業訓練與失業給付，形成三邊關係（tripartite）的勞動政策。如此分散化的政府組織與社會組合主義的社會夥伴關係，如同健康保險一樣，原本不易改革。然而，1998-2005年間社會民主黨總理施若德（Gerhard Schröder）引進若干新的積極勞動政策，擴大國家主導與國家財政介入的雙頭關係（bicephalic），試圖修正三邊關係，而走向新的組合主義（Neocorporatist）。

　　1998年社會民主黨在大選時提出失業者的「權利與責任」對等原則，失業者不找工作，就刪除其權利。這樣的主張基本上迥異於傳統德國的社會給付與勞動市場的關係。因爲，失業保險是勞工繳交其中的50%保險費，領取給付是其權利。施若德政府首先通過「就業活化、資格證明、訓練、投資與安置法」（Job-Activation, Qualification, Training, Investment and Placement, JOB-AQTIV Gesetz），類似法國的就業計畫（PARE）。聯邦勞工部爲失業者規劃職業安置服務，鼓勵失業者重回職場提供個別化就業服務。失業者必須努力找工作，接受合理的就業提供；同時開辦一系列職業訓練；補助雇主聘用失業勞工；促進公共就業。顯示，德國政府努力創造一個績效社會（Leistungsgesellschaft），但又不脫離社會市場經濟（Soziale Marktwirtschaft）太遠（Vail, 2007）。

　　1998年政府通過現階段降低青年失業方案（Sofort-programm zum Abbau der Jugendarbeitlosigkeit, JUMP），引進薪資補貼給雇主僱用年輕勞

工、就業諮商服務、創造就業機會等方案。2001年再引進與丹麥類似的就業輪替（Job-rotation）方案，利用輪休時間進行職業再教育、技術升級、終身學習等（Vail, 2007）。

2002年施若德連任，擴大執行活化勞動市場政策。包括：創造就業機會、減少非薪資的勞力成本、鬆綁勞動市場。2003年又推出放寬小公司資遣限制、放寬商店開張規定、降低健康保險費、減稅等。

2004年調降失業保險的優厚給付，55歲以下失業保險給付（Arbeitslosengeld）領取期間降為12個月，之後就靠資產調查的失業救助（Arbeitslosenhilfe），且降低到基本所得支持方案（Sozialhilf）水準。為此，德國勞工進行為期數週的示威遊行，直接衝擊到2005年的大選，由梅克爾（Angela D. Merkel）取代施若德成為大聯合政府（Grand Coalition）的總理。

德國改革方向很像法國，其差異是德國聯邦勞工部（BA）有較大的權限處理勞動促進方案，不論是積極活化或消極活化的失業安置與給付。2004年的哈茲改革（Hartz IV reform）有部分目的也是企圖降低社會夥伴的影響。

三、比利時

比利時的情形不完全像法國與德國，其歷史傳統避免使失業者陷入社會救助。比利時的失業給付期間無限期，大部分的失業者不會進入失業救助。最低所得方案（revenu d'Integration sociale）是活化政策的主要方案，系統地連結就業創造與失業給付，到目前是成功的（Clegg, 2008）。

法國與比利時兩國的失業政策邏輯是漸漸連上（work end up）失業保險，因為制度上不容易克服失業保險體系與國家的分工協調。

四、荷蘭

荷蘭的例子可稱為大轉型。至少從勞工保險這個角度來看，荷蘭也是一個俾斯麥模式福利國家。荷蘭的失業保險也是社會夥伴關係，國家的補充角色很明顯。但是，像英國與丹麥一樣，荷蘭的失業政策有較大的轉型。1990年代中以前，荷蘭的社會夥伴關係極為顯著，例如1987年的《新

失業保險法》（New Unemployment Insurance Act, NWW），雖然政府聲稱要引入更多的系統改革，但是失業保險還是降低政府的稅收支持角色，朝向保費與給付更緊密關係，例如就業紀錄與年齡。1995年寇克（Wim Kok）的紫色自由與勞工聯盟（Purple Lib-Lab Coalition），除了維持失業保險的給付資格要件原則外，引進新的短期的均一給付給那些無法領取失業給付的年輕人。2005年的改革更走向減少依據名目上的就業紀錄，亦即逐漸修正原來失業保險的年齡偏誤（age-bias）。

　　針對單親母親的活化方案，荷蘭遵循工作與家庭照顧平衡政策：(1)透過租稅優惠退稅給低薪家庭與部分工時家庭；(2)產假16週與雙親均可申請的無薪親職假6週。但是如果雇主於親職假期間付70%薪資，則可獲得減稅獎勵；(3)彈性工時，員工可要求增減其工作時數；(4) 2005年起，托兒照顧私有化，以利品質促進與控制成本。有工作的單親家長可以獲得不超過最低工資130%的兒童照顧退稅。亦即，單親家長返回職場後，其托兒照顧費用成本90%可以退稅。2008年降為80%（Knijn, Martin, & Millar, 2007）。

　　個別化原則也是荷蘭社會救助的基本原則。由於從凱因斯福利國家轉型到積極福利國家，分權化被強調。活化政策的制度內涵加上許多管理、執行與服務輸送。由於社會救助是中央政府預算，地方執行，導致推動降低給付與減少案量對地方財政沒有好處，執行就不會積極。於是，2004年荷蘭通過工作與福利法（Wet Werk en Bijstand），將社會救助預算轉由地方政府編列，迫使地方政府必須將福利人口減少（Knijn, Martin, & Millar, 2007）。

　　與比利時、德國、法國一樣，荷蘭也發展活化政策，以銜接失業救助與失業給付。1980年代末已引進針對長期失業者的再導引會談（reorientation interview），以及國家就業服務與地方社會服務部門的合作。1989年新的社會救助法所謂給付行政的刺激功能被強化。1996年也引進類似法國RMI制度。1997年《尋職者就業法案》（Jobseeker employment Act）在既有針對青年與長期失業者的特別方案外，另創一個地方政府的就業基金，無接縫地連結失業與地方政府的社會救助體系。

　　荷蘭之所以會有如此的轉變，起因於1993年國會組成一個由社會黨

議員主導的卜美傑委員會（Buurmeijer Commission），發現勞工保險本身是一種反活化或大量政策（invert activation or volume policy）。就失業保險來說，管理失業給付的勞資雙方委員會，很少與地方公共就業服務接觸，也很少發展類似就業服務活動。政府雖然有立法權，但是不便僭越由社會夥伴關係所發展出來的社會安全政策的傳統。該報告指出政府雖然不必侵犯社會夥伴關係的領域，但是，卻有責任創造更活化的政策，以利降低失業。接著於1995年、1997年、2000年新的社會保險組織的改革，傳統的失業保險的制度邏輯被挑戰，工作─福利的介面被重新建構，新的活化政策被導入，失業給付與就業服務被緊密連結。2001年公共的「工作與所得中心」（Centres for Work and Income, CWI）成立，提供所有工作與福利的服務。這個方案整合了就業政策與社會安全，讓所有失業者都被建檔會談。有些評論者將荷蘭這種共識的開拓模型（Polder Model）視為復活組合主義（Corporatism）與協商改革，有如1982年針對工資與工時協商的瓦森納協議（Wassenaar Agreement），其實不完全正確。前述的國會調查報告的介入，引進「工作與所得中心的執行架構」（implementation structures for work and income, SUWI）才是促成晚近自由化改革的關鍵。

德、法、比這三個國家失業政策的改革工作盡量避免失業給付管制與集體協商間的失衡，以免陷入更消極的活化政策。提出一些積極的活化主張，例如短期投資於訓練上，以創造長期的儲蓄。但是，又要小心翼翼地避免傷及自我管理與財政自主的失業保險。因此，國家與私部門間的制度分工有相當程度的困難。

不論如何，歐陸國家由私部門對失業給付的管制機制，作為快速走向市場支持的失業政策的煞車器。政府藉由參與治理私部門既有的保險為基礎的失業政策，同時，保衛這個機制，使改革採取漸進而非基進（Clegg, 2008）。

參 社會民主福利國家的失業政策

一、瑞典

不像大多數社會保險國家，瑞典的失業保險既非強制，也非公共保險，而是自願式保險，由20個分立的失業保險基金辦理，管理權在工會。國家給予補助但不直接介入。因此，接受國家勞動市場委員會（National Labour Market Board）監督。加入失業保險的勞工約占85%，幾近普及。加入成為保險會員每月繳交約100-200克朗（SEK），失業給付是均一給付。隨著1990年代的高失業率，所得替代率從90%調降到80%，等待期也從零增加到5天。給付期間不變，維持在300天，57歲以上高齡勞工則可給付450天。1997年後，再增加一項，必須有12個月的投保年資；在領取失業給付前連續6個月工作420小時以上；或至少有6個月工作，每月工作至少60小時以上。

晚近也引進彈性與工作線（Arbetslinje）作法，領取失業給付者必須接受合適的就業媒合，即使必須移動到其他地區，或縣市。失業勞工必須當天即登記公共就業服務（Public Employment Service / Arbetsförmedlingen），始可申請失業保險給付。給付分所得相關與基本給付兩種。前者指合資格的失業保險成員，領取失業前月薪的80%，上限是稅前26,400克朗（SEK）；後者是年齡20歲以上，登記公共就業服務但不合領取失業保險給付的失業者。失業給付期間就是登記成為公共就業服務成為尋職者的期間。

過去，瑞典的積極勞動市場政策與消極勞動市場政策高度關聯，一旦失業給付停止，可轉接受職業訓練，形成一種長期循環，以至於被批評為狂歡效果（carousel effect）。如今，這種情形已不復存在。當失業者領取其失業給付，必須積極參與求職活動或出席會議，並每月按時繳交活動紀錄給公共就業服務，並持續按月繳交保險費。

2004年瑞典政府創設新的失業保險委員會（Unemployment Insurance Board, IAF）取代部分國家勞動市場委員會的權責，以執行新的活化保證方案。2006年新保守聯盟執政，進一步引進工作優先原則。失業給付從第

200天以後，調降到70%。另創一個工作發展保證（Job and Development Guarantee），給失業給付終止的失業者，以取代之前的活化保證方案。2008年起等待期從5天延長到7天。2009年起引進工作所得稅抵免（in-work tax credit），進一步降低邊際所得稅率，以提高工作誘因。另外，也新創特別工作保證（Special Job Guarantee）給26歲以下年輕人。同時，2009年起為了吸引雇主聘用年輕人與高齡勞工，降低或免除雇主保險費分攤。最後，整合國家勞動市場委員會，以利監督與控制執行。總之，瑞典在2006-2010年新保守聯盟執政下的消極勞動市場政策，有向工作福利移動，或是朝市場取向（Market Oriented）改革（Klitgaard, 2007）的趨勢，但是，相對於自由主義福利國家，還是相對慷慨與可及性的（Olsen, 2008）。

二、丹麥

不同於英國，丹麥的失業保險是相對可及的，保險給付也高，大部分失業者依賴失業保險來維持失業期間的生活，而不是靠社會救助。丹麥的失業政策改革是維持歷史的水準上升途徑（levelling up approach）傳統。雖然，1993-1998年間將失業保險給付期間從最長的7年降為4年，讓給付水準可以維持80%，仍為歐洲最高（Clegg, 2008）。

自從1990年代以來，丹麥的失業政策仍然以三柱型體系運作：工會辦理的失業保險、地方政府的失業救助、國家主導的公共就業服務。不過，2007年起丹麥也模仿英國建立90個新的就業中心，其中10個實驗計畫，由地方政府主導。亦即，丹麥的失業政策像英國一樣，強化國家的責任，將失業政策制度化。所謂的國家清掃是指國家將失業相關體系更加整合，以傳統失業保險為基礎，即使英國採強制性失業保險，丹麥仍採根特體系（Ghent System）的自願性工會失業保險基金，進一步進行貝佛里奇式的行政整合，建立新的就業機構，試圖清理失業問題（Clegg, 2008）。

丹麥與英國一樣都在其活化勞動市場政策中加入工作福利與使能國家（enabling state）的元素。但是，丹麥的工作福利傾向較弱，使能國家傾向較強；反之，英國的工作福利較強，使能國家傾向較弱。而德國則居於中，但是，也有向新自由主義靠攏的趨勢（Dingeldey, 2007）。

自此，工作福利似乎也蔓延到北歐。然而，工作福利的惡性循環被提醒（Gray, 2002）。其循環是：

1. 工作福利以就業爲獲得福利的前提，使福利受益者即使薪資再低、工作條件再差也要進入勞動市場，以獲得福利。

2. 因此，雇主很容易就可以聘到低薪工人，就沒有提高工資的壓力。

3. 導致這些被強制進入勞動市場的福利受益者領取低薪，於是，產生工作不安全狀況。

4. 爲了避免這些人掉入工作貧窮與降低工作誘因，就必須補充各種工作相關給付，例如兒童照顧退稅、工作所得稅抵免等。

5. 同樣都會造成政府的財政負荷。

6. 既然低薪工人可以得到補助，雇主就繼續以低薪僱用員工，迫使國家以稅收幫助雇主分攤部分勞動成本的現象，稱爲史賓漢蘭效應（Speenhamland Effect）。

也就是本來是爲了提升就業率、降低福利依賴，最後演變成史賓漢蘭效應。不過，就長期趨勢言，社會民主福利國家的積極勞動政策還是較能平衡去商品化的社會保障與就業促進間的緊張關係（Huo & Stephen, 2008）。

 ## 第三節　從積極勞動市場政策到工作福利

1990年代有兩股影響福利國家發展的主要力量，一是新自由主義的福利國家緊縮策略；另一是活化福利國家（activating welfare state）。前者以美國、英國爲主，刪減福利預算、福利提供私有化，但是無法解決福利國家面對的困境。因爲，福利國家之所以出現，主要就是在彌補市場失靈的後果。再市場化、再家庭化，顯然不是辦法，只會讓貧富差距擴大、社會排除增加。後者反而是看到北歐福利國家之所以成功地兼顧高社會保障水準，又維持低失業率與高勞動參與率的經驗，靠的就是積極勞動市場政策，鼓勵失業者回到就業與整合人民進入勞動市場。即使在1990年代，

北歐面對高失業率、低經濟成長的危機，但是整體經濟成長與人民生活品質，表現仍然十分亮麗。這其中最重要的創新就是勞動市場的彈性安全，此種策略到了21世紀初以後成為歐洲聯盟共同的政策。彈性安全包括三個元素：(1)社會安全，特別是失業給付，以保障失業者的所得安全；(2)積極勞動市場政策，促進就業安全；(3)勞動市場鬆綁，例如放寬勞動保護立法，增加勞工流動等（de Beer & Schils, 2009; Hinrichs & Jessoula, 2012）。

然而，混合著積極勞動市場政策與就業優先的工作福利（workfare）被部分用來取代傳統的積極勞動市場政策。工作福利源自美國為了解決有依賴兒童的家庭補助（AFDC）的「福利依賴」問題，而推出的福利改革，試圖以就業作為領取福利給付的條件，使福利從社會保障轉型為就業活化（activation）（Knijn, Martin, & Millar, 2007）（詳見本書第四章）；也使積極勞動市場政策轉型為活化勞動市場政策（activating labour market policies）（Dingeldey, 2007）。

1969年，尼克森總統在電視演說中首次提及工作福利。如本書第四章所述，稍早之前，類似的作法在美國紐約州某些地方已有小規模的實驗。1996年，柯林頓總統（President Bill Clinton）簽署「個人責任與工作機會調和法」（PRWORA），正式將工作福利入法，以「對有需求家庭的暫時補助」（TANF）取代1935年即實施的「依賴兒童的救助」（Aid to Dependent Children, ADC）、1962年起改名的「有依賴兒童的家庭補助」（AFDC），藉此改革福利以促進工作與短期救助（Reforming Welfare to Promote Work and Time Limits）。這種作法在澳洲稱共同負責（mutual obligation）、荷蘭稱工作第一（Work First）、英國稱以福利促進工作（welfare-to-work），好聽一點是「有權工作」（right to work），其實是「有義務工作」（obligation to work），吻合基督新教的工作倫理（work ethics）。據此，單親家長、低收入戶為了領取福利必須工作。然而，這些工作大都是低薪、低技術、部分工時，易落入工作貧窮。

壹 活化勞動市場的不同論述

工作福利概念經由新自由主義全球化擴散，成為歐洲國家政治人物政策學習的一部分，從美國到英國再到歐洲大陸。不論是美國式的工作福利、英國式的以福利創造工作（Griggs, Hammond, & Walker, 2014）、丹麥式的內含工作福利的福利（Workfare with Welfare）（Kvist & Harsløf, 2014）、德國式的幫助找工作（Help Toward Work）（Clasen & Goerne, 2014）、葡萄牙式的賺錢得到照顧（cash-and-care）（就業是獲得福利的義務），或賺錢加上照顧（cash-plus-care）（提供教育、職訓、健保、住宅以協助就業）（Moreira, Carolo, & Nicola, 2014）。在在顯示歐洲福利國家有從凱因斯福利國家走向熊彼德工作福利體制（Schumpeterian workfare regime）（Jessop, 2002）、使能國家（enabling state）（Gilbert & Gilbert, 1989; Gilbert, 2002），或活化國家（activating State）的趨勢。

不過，活化勞動市場在不同國家，採取不同的策略，甚至隨不同政黨執政而在光譜兩端移動。從新自由主義的硬式活化（hard activation），例如讓人有事做（make work pay）、工作優先（work first）、增加就業強制力（increase coercion），到中間偏左的軟式活化（soft activation），例如讓教育負責（make education pay）、提升人力資本（human capital）（Kvist & Harsløf, 2014）。政權越往左派傾斜越重視人力資本提升、讓教育負責，公民權成分較重；越傾向右派，越重視工作的強制性、優先性，個人責任較濃。

工作福利國家強調國家施壓給失業者，以取消福利為手段，迫使其再進入勞動市場，即使只能從事低薪工作也在所不惜。使能國家或活化國家則是從提供給勞工普及的社會保障式的社會公民權，轉型為市場取向的特定對象始能獲得給付，以促進勞動市場參與和個人責任。從此，活化成為一種新的勞動市場典範，歐洲也進入工作福利幻覺（workfare illusion）（Dostal, 2008），將工作福利視為救失業的萬靈丹（de Beer, 2007; Benda, Koster, & Van Der Veen, 2020）。透過威脅與嚴厲的懲罰機制，形成一種強迫窮人與弱勢者進入不穩定的工作（precarious work）與工作貧窮，以及被剝削的境地，弱勢者被迫進入有利雇主的剝削狀態。基本上，這是一種

國家中介的結構不正義（state-mediated structural injustice）（Mantouvalou, 2020）。

但是，不同的福利體制對活化的論述與實踐不同。基本上，工作福利在工具設定（instrument setting）上並沒有一致的定義。同樣地，在政策工具（policy instrument）上也沒有清楚的範疇。據此，工作福利的活動也各有選擇（Dostal, 2008）。

一、新自由主義的論述

新自由主義者認為工作福利是極小化國家介入勞動市場。雖然他們不排斥花費在就業訓練與教育的經費，但是，支持這些經費應該由私人市場提供，而非國家承擔，委託外包、民營化是最常見的方式。英國保守黨1980年代到1990年代中的政策屬這一類。

二、勞工黨的論述

勞工黨人（Labourist）認為工作福利是勞動市場優先，工作品質其次；就是讓不積極的（inactivity）勞動者盡可能成為就業者，即使補貼薪資也在所不惜。目的是讓勞工參與社會，避免社會排除。同時，承認勞動市場的技術分化、薪資差異。這是英國工黨政府的主張。

三、社會保守主義的論述

社會保守主義者認為工作福利涉及社會道德改造，表現自我依賴、家庭責任的社會價值與倫理。利用工作福利推動社會文化規範的實踐，個人就業成就是次要的議題，基本上是一種新父權主義（New Paternalism）的意識形態。這是美國共和黨、歐洲基督教民主黨（Christian Democratic Parties, CDP）的基調。

四、社會民主國家的論述

工作福利很接近其早年推動的積極勞動市場政策，包括員工責任、訓練、就業等符合人力資本累積概念的作法。但是，避免低薪工作而必須補貼給低薪工人的所得補貼。瑞典、丹麥、芬蘭均如此主張。

貳 活化勞動市場的三個世界

達蓋爾（Daguerre, 2007）依葉斯平—安德森（Esping-Andersen, 1990）的福利資本主義的三個世界之體制論，將活化勞動市場政策也分為三個世界：

一、自由主義模式

認為失業是自願的問題行為，而不是就業機會不足的需要面的議題。窮人缺乏就業動機而不去求職，或是因為文化因素，缺乏追求財物的誘因。這夾雜著個人主義解釋與道德低下的論述（moral underclass discourse）。對缺乏工作動機的人課以刪減福利的懲罰；同時，提供財政誘因鼓勵提升就業動機。因此，只有採行紅蘿蔔與棍棒策略，才能迫使福利依賴者進入勞動市場。例如美國的薪資所得稅抵免（Earned Income Tax Credit, EITC）、英國的工作家庭退稅優惠（Working Family Tax Credit, WFTC）等。這基本上是就業優先策略。

二、社會整合模式

雖然，歐洲大陸國家並沒有一致的活化勞動市場政策，但是法國的社會整合政策（Social Integration Policy）可說是另一個模式。法國模式提供最低所得保障給長期失業者，在其同意下簽訂合約，助其重新整合入主流勞動市場與主流社會。如同人力資本途徑一樣，社會整合模式強調脆弱者的就業障礙，國家扮演最後的手段，協助失業者獲得公共與非營利的暫時性工作，以維持最低所得與社會整合。

三、社會民主模式

認為失業是個人缺乏專業技術造成，失業將造成社會排除。缺乏相關技術是造成長期失業與社會排除的主因，因此，人力資本的培育是克服長期失業的利器。瑞典是這方面的領航者，透過職業訓練與教育，提供尋職者最佳的資格證明，以提升其就業力，同時提供給付回報給積極的尋職者。這個模式又稱人力資本途徑（human capital approach），以北歐國家為主。

参 積極勞動市場政策與工作福利的差異

為了區辨積極勞動市場政策與工作福利的差別，以下表11-1將OECD國家的因應失業對策分為四個理念型態（Dostal, 2008）分別說明：

表11-1　OECD國家因應失業的政策回應理念模式

政策工具	一般的積極勞動市場政策	特定對象的積極勞動市場政策	市場的工作福利	製造就業的工作福利
標的人口	全體工人	標的團體，例如青年、高齡勞工、弱勢人口	低薪工人	長期失業者
工具設定	在國家標準設定下的大規模教育與職業訓練政策	部分教育與訓練政策、暫時薪資補貼雇主或員工	透過稅或社會安全給付體系長期提供就業給付	在勞動市場體系外，創造額外的國家監督的工作
政策目標	普遍地增加平均勞工的人力資本，提升生產力	勞動市場風險重分配，有利於低人力資本的工人	不考慮勞動生產力之下極大化就業成果的數量	就業試驗，篩選給付人口
採行的國家	瑞典從1950年代到1990年代初的政策	大部分OECD國家從1970年代以來的政策	許多OECD國家，特別是自由主義福利體制從1980年代以來的政策	許多OECD國家從1990年代以來的政策

資料來源：Dostal (2008). p.30.

一、一般的積極勞動市場政策

積極勞動市場政策是從1950年代以來社會民主國家即有的概念與政策，源自瑞典的雷恩—梅德諾模型（Rehn-Meidner model）的充分就業政策（詳見第二章）。以總體財政與貨幣政策，加上薪資協商，來保證充分就業。在此背景下，積極勞動市場政策扮演勞工動員的角色，加速勞工從傳統就業部門轉型進入現代就業部門。瑞典的積極勞動市場政策要求勞工在部門與區域間流動，但是必須輔以團結工資（solidaristic wage）策略，由工會與雇主協商全國單一的薪資。同時，鼓勵教育與訓練，以提升所有部門的員工人力資本。國家薪資協商也支持這種人力資本的累積，以提高

生產力。如此，一些低生產力的企業必然無法承擔統一的薪資而面臨被淘汰。同時，經由教育與訓練，使那些被淘汰的企業所釋出的員工，從低生產力的部門移轉到高生產力的部門，接手新成長的企業或部門的就業機會。據此，第一波的積極勞動市場政策明顯不同於工作福利。

二、特定對象的積極勞動市場政策（Targeted ALMPs）

從1970年代中期以後，OECD國家從第一波積極勞動市場政策轉型到第二波積極勞動市場政策，稱為積極人力政策（active manpower policies）。為因應1973年的石油危機造成的大量結構性失業，積極勞動市場政策不再與總體經濟政策連結，轉而成為小範圍的擴大公共服務就業、有限度的教育與職訓、創造就業機會等純粹的就業政策。第一波積極勞動市場政策的人力資本取向逐漸消失。職業訓練成為為了促使特定潛在服務對象積極就業的工具，而非普遍的人力資本發展，例如青年就業促進。於是，以準工作福利主義（quasi-workfarist）的面貌出現。

三、市場工作福利（market workfare）

指針對長期失業者、單親家長、身心障礙者，將其推向就業市場，使其可就業。而為處理其低薪狀況，則再輔以各種工作給付（in-work benefits），使官方失業率下降。例如英國新工黨的作法，與美國的作法有些類似。

四、製造就業的工作福利（make-work workfare）

指工作是為了領失業津貼（work for the dole）與獲取失業給付資格的工作考驗（work test）。通常這些工作都不具生產性，只不過是一種有在工作的象徵。亦即是一種人造就業（artificial employment），就業者的人力資本累積、工作成就、產業的生產力都不具意義。反而創造出低薪、無生產力的「閒人」或「冗員」工作。許多OECD國家在面對高失業率時或多或少採取這種策略。

臺灣從小安康計畫以來，針對低收入戶提供以工代賑；2001年網路泡沫化帶來的經濟發展遲滯、失業率攀升而提出的短期公共就業方案；因應

2008到2009年間全球金融海嘯所推出的立即上工、大專畢業生至企業職場實習方案等，亦屬此類短期就業促進方案，目標往往是降低失業率數據重於人力資本累積、工作成就，或提升產業產能。

從表11-1比較可知，積極勞動市場政策（ALMPs）並非萬靈丹，端視制度構造的差異，當暫時就業保障變得更嚴格時，提供公共就業服務與就業訓練有助於解決長期失業問題。亦即，失業給付與就業保障的積極勞動市場政策是互補的。降低失業給付的慷慨度與提高就業保障嚴格限制，有助於公共就業服務與就業訓練的效果（Benda, Koster, &Van Der Veen, 2020）。

執行「以福利促成工作」（welfare-to-work）的活化政策，並未帶來降低失業率、對抗長期失業、減少工作貧窮、充權尋職者等活化國家所想要達成的目標；反而藉由雇主為中心的彈性政策的互補，而成為自由化勞動市場的誘捕機制。亦即，活化政策沒有達成直接的勞動市場或社會目標，反而間接地產生負面的勞動市場、薪資倒退及壓抑的社會衝擊。故被批評為以苛刻的活化（demanding activation）促成工作福利國家（workfare state）（Raffass, 2017）。

從歐洲經驗看來，傳統所得重分配政策仍然是有效的對抗貧窮方法。雖然，活化政策可以縮短所得不均，終究不是對抗貧窮的有效策略。事實上，結合消極與積極勞動市場政策，再加上其他社會政策，同時，促進就業、以研究發展為基礎的成長、教育投資，似乎才是消滅貧窮與不均，維持歐洲社會模式可長可久的最佳方法（Marques, Salavisa, & Lagoa, 2015）。其實，不只歐洲，包括發展中國家，投資在教育、健康照護、促進法院與銀行的功能、建設更好的道路與宜居的城市，恐怕才是消滅貧窮的最佳發展策略（Banerjee & Duflo, 2020）。

檢視新自由主義全球化以來，歐美各國對活化就業市場政策的治理，雖然仍有因福利國家體制類型的差異，但是市場角色的強調已某種程度成為各國聚合的焦點。例如國家保證最低所得（minimum income, MI）逐漸消失、市場的角色擴大、國家的管制功能也逐漸減弱，取而代之的是引進更有效的市場機制，使就業服務市場化，詳述如下（Lødemel & Moreira, 2014）：

一、提升工作在保障最低所得上的重要性

原先作為保障最低所得的社會救助，逐漸被強調工作責任所取代。例如葡萄牙的保證最低所得（Rendimento Minimo Guarantido, RMG / Guaranteed Minimum Income）方案於2003年改為社會融入所得（Rendimento Social de Insercão, RSI / Social Insertion Income）方案，支持原先的社會救助對象進行社會與職業的融入，亦即進入勞動市場，融入社會與社區（Moreira, Carolo, & Nicola, 2014）。丹麥於2002年的活化就業市場改革也是強調更多進入工作（more in work），減少已婚配偶救助對象請領6個月後的依賴者津貼、25歲以下學生的補助與社會救助金額同水準、失業者必須先尋職才能領津貼、不再區分合適工作與公正工作等（Kvist & Harsløf, 2014）。2004年捷克的《新就業法》（The New Employment Act）將暫時性工作（3個月80%全職）也列入合適的工作（suitable work）（Sirovátka, 2016）。荷蘭2004年的《工作與社會救助法》（Work and Social Assistance Act）規定申請最低所得保障的對象必須接受一般可接受的工作（Griggs, Hammond, & Walker, 2014）。德國2005年將失業救助與社會救助合併新的第二層失業給付（Unemployment Benefits II），要求社會救助對象至少必須每日工作3小時，始能領取第二層失業給付（Clasen & Goerne, 2014）。英國2008年將單親家長扶養最小子女年齡超過12歲者納入尋職者津貼（Jobseeker's Allowance, JSA）的對象，到了2009年便將子女年齡調降至10歲（Griggs, Hammond, & Walker, 2014）。

二、以財政誘因來引導社會救助對象進入勞動市場

為了鼓勵就業，對社會救助對象進入勞動市場提供財政誘因多於管制，稱積極誘因途徑（positive incentive approach）。亦即，准駁的條件較寬鬆與彈性。例如法國在最低所得保障對象拒絕或中斷就業契約時，引進暫時、部分的停止給付規定，而不是直接切斷最低所得保障；進而於2001年提供租稅優惠（Prime Pour L'Emploi, PPE）給就業所得低於國家最低薪資1.4倍以下的勞工，以鼓勵工作（Clegg & Palier, 2014）。德國利用降低或免繳社會保險費來鼓勵低薪者留在勞動市場，於2002年引進「迷你工

作」（mini-jobs），月薪未達400歐元者，免所得稅與社會保險費；「迷弟工作」（midi-jobs），月薪401-800歐元者，減免部分保險費。

另外，也有國家以「負向誘因取向」（negative incentive approach）來達到促使社會救助對象轉向就業市場。例如丹麥2002年引進社會救助給付6個月的上限，針對非西方血統的少數民族婚姻家庭，以迫使其於6個月後以就業取代社會救助（Kvist & Harsløf, 2014）。

比較特殊的是捷克，同時採取正負向財政誘因。2006年修正《最低生活與生存法》（Living and Existence Minimum Act）與《物質需求救助法》（The Assistance in Material and Need Act）規定，70%的工作所得不計入資產調查，但同時將社會救助的上限訂在最低生存，使得社會救助對象無法依賴最低生存給付而過活。2008年以後更強調負向誘因，規定社會救助僅能領取6個月（Sirovátka, 2016）。

三、降低積極勞動市場方案的投資

自從推動活化政策以來，原先的積極勞動市場政策（ALMPs）角色褪色，經費明顯下降。特別是自1950年代以來重視積極勞動市場政策的國家，例如丹麥、瑞典、法國、德國、荷蘭等最為明顯。國家在介入勞動市場，包括提供公共就業服務、創造就業機會、管制勞動市場的角色變得薄弱，經費大部分配置在執行紅蘿蔔與棍棒的勞動與社會救助行政上（Lødemel & Moreira, 2014）。

四、導入市場機制輸送就業服務

荷蘭1990年《公共就業服務法》（Public Employment Services Act）允許政府公共就業服務壟斷就業服務提供的規定，於2002年導入結構執行工作與所得（Structure Implementation Work and Income, SUWI），規定地方政府應向私部門（營利或非營利）採購就業服務。英國2009年的彈性新政（Flexible New Deal）引進公部門、私部門、志願部門混合提供就業服務輸送的新作法。法國2004年的《社會凝聚法》（Social Cohesion Act）終結了國家就業機構獨攬就業服務輸送的局面。丹麥2002年的《鼓勵眾人就業法》（the More People Work Act）也規定開放就業服務給私部門就業

機構。挪威的網絡化途徑（network-like approach）也開放私部門加入就業服務以提供個別化的活化服務。德國也給國家保證最低所得對象較多的彈性，以選擇適合他們的就業安置與職訓服務（Lødemel & Moreira, 2014）。

五、服務輸送的個別化

爲了促進就業的有效性，各國均強調配合服務對象的特性與需求。一方面擴大使用個人行動計畫來提供量身定作的就業服務；另方面提供客製化的個別性就業服務。客製化的服務需求迫使公共就業服務部門必須調整心態，接受課責的要求。而市場取向的私部門就業服務提供者通常被認爲較容易貼近服務使用的需求（Lødemel & Moreira, 2014）。

六、擴大使用個人行動計畫（Personal Action Plans）

前述使用個人行動計畫有助於提供符合服務對象需求與特性的服務，例如捷克於2006年引進社會救助對象僅能獲得6個月的社會救助，同時提供個人行動計畫，協助其脫貧。挪威也於2004年引進個人行動計畫給社會救助對象。從2005年起，美國的威斯康辛州的工作福利計畫（W-2），也要求服務對象必須簽署就業力計畫（employability plan）（Lødemel & Moreira, 2014）。

七、服務輸送的流程簡化（streamlining）

爲了提升活化政策的效率，有兩種簡化流程的方法，一是導入個案管理師或顧問，作爲個人與公共就業服務的橋梁，提供服務對象就業協助。例如英國的就業中心；荷蘭的一站式服務；挪威2006年的勞動與福利局（Norwegian Labour and Welfare Administration, NAV）整合地方社會服務與就業服務；德國的地方政府公共就業服務機構（Arbeitsgemeinchaft, ARGE）聯盟（consortiums）整合地方社會服務與就業服務提供住宅、兒童照顧、社會諮商等服務，都是採取個案管理方式來協助促進貧窮者就業。另一是丹麥的不同作法，把地方就業中心的財務與經營權轉移給地方政府，由地方政府負責整合就業與社會服務（Lødemel & Moreira, 2014）。

第四節　就業政策與社會服務的整合

　　如本書第二章所述，中古世紀時期，貧窮救濟與就業是截然不同的概念。1536年亨利八世的《濟貧法》規定教區用募來的資金施捨給「無工作能力的貧民」（impotent poor），有工作能力的乞丐仍被迫要去工作。1576年，伊莉莎白女王再頒濟貧法令，規定每一郡建一感化院（Bridewell），有工作能力的貧民必須進入矯正之家（house of correction）或感化院接受紡織羊毛、大麻、亞麻等強制性勞動，稱院內救濟（indoor relief）。1696年通過《習藝所法》（the Workhouse Act），貧窮夫妻、成人、兒童住進習藝所中工作。

　　19世紀工業革命擴散到歐洲各國，到福利國家發展，貧窮與失業被建構為社會問題，建構社會安全網以協助貧窮、失業者。協助貧窮的主要措施是社會救助或社會服務；就業服務則由地方政府的就業服務轉型為國家的就業政策。此時，貧窮與失業仍然被分隔在不同的服務體系（Heidenreich & Rice, 2016）。

壹　就業服務與社會服務的整合

　　1990年代，活化政策成為福利國家的核心，國家政策已從過去的強調所得替代，轉變為經由活化勞動市場與人力資本投資來促進勞動參與，包括女性單親家長、長期失業青年、中高齡失業者、身心障礙者、新移民等都被期待進入勞動市場；同時調和消極的勞動市場政策（例如失業給付）與高的就業率、生產性勞動力、增加就業力、提升社會包容等社會與經濟目標（Hemerijck, 2013）。為了達成本來被認為具衝突性的社會與經濟目標（福利給付與生產力），原由國家集中化推動的就業政策與屬地方政府權責的社會救助（社會服務）被整合，也就是工作與掃除貧窮的調和（Cantillon & Vandenbroucke, 2014），或是透過地方福利體系達成積極包容策略（Active Inclusion Strategies）（Johansson & Panican, 2016），或是整合社會與就業政策（Heidenreich & Rice, 2016）。亦即，為了因應人口

老化，以社區為基礎的長期照顧體系被建構，而讓社會福利與醫療體系被連結了。而為了消滅貧窮與促進就業，社會福利與勞動體系也被關聯了。這種趨勢是在福利國家創建的黃金時期未曾經歷的新趨勢，可稱為新活化與服務導向的福利國家（New Activating Service-oriented Welfare State）（Heidenreich & Aurich-Beerheide, 2014）。

此趨勢凸顯了基層科層制（street-level bureaucracy）（Lipsky, 1980）的重要性。曾幾何時，個案工作者變成福利國家的媒介（Jewell, 2007）。採借策略關係途徑的空間化（spatialisation of the strategic-relational approach）概念（Brenner, 2004）來研究，發現福利國家的空間化發展，從戰後到1970年代中期凱因斯福利國家的黃金歲月，民族國家幾乎主導福利國家的發展；從1970年代中到1980年代中，福利國家進入內生性的發展策略（endogenous development strategies），地方政府的重要性逐漸提升；此後，進入定點政策（locational policies）階段，地方與超國家（supranational）範圍的政策越來越受到重視，國家的重要性降低，亦即執行與設計社會政策的地方裁量權增加（Johansson & Panican, 2016）。地方執政政黨的差異，即使在同一福利國家也出現政策執行的明顯差異。

基於這種發展趨勢，關切基層科層體制在福利國家的新角色的研究就越來越多（Jewell, 2007; Brodkin & Marston, 2013; Hupe & Buffat, 2015; Johansson & Panican, 2016; van Berkel, Caswell, Kupka, & Larsen, 2017）。然而，並非所有國家的福利個案工作者都能擁有充分的組織資源與個人專業裁量權，決定如何提供個別化、客製化的服務給服務對象。研究美國加州、德國布萊梅（Bremen）、瑞典馬莫（Malmö）的城市基層社會工作者在活化福利國家中扮演的角色，發現瑞典的組織資源最充足、專業裁量權最高，德國其次、美國最侷限。但是，組織資源的充足性低於專業的裁量權（Jewell, 2007）。

這些新的服務整合有英國的工作方案（British Work Programme）、德國的就業中心（Jobcenters）、法國的地方融入與就業計畫（Plan Locaux pour l'Insertion er l'Emploi, PLIE）、義大利的省就業機構（Centri per l'Impiego）、波蘭的地方勞工辦公室（Powiatowy Urzad Pracy）、瑞典的協調工會（Coordination Union）等，負有整合地方政府就業與社會服務的

功能（Heidenreich & Rice, 2016）。

以歐洲聯盟國家為例，要整合就業與社會服務，涉及三個主要的治理課題：多層級（歐洲聯盟、國家、區域、地方）、多面向（社會政策與服務、家庭政策與家庭服務、經濟政策、健康照護、訓練與教育、勞動市場／就業政策與服務等）、多種利害關係人（公部門、私部門、第三部門）（Heidenreich & Rice, 2016）。執行整合社會與就業服務的單位是基層科層體制，直接提供服務給當事人。地方基層公務單位受到國家活化勞動市場政策的指導，不同體制福利國家有不同的活化政策如前述，影響到提供服務單位的服務對象、組織設計、服務範圍、服務程序、資源配置、管制等。不同的利害關係人參與也會影響當事人接受到服務的效率、品質與人權保障等（表11-2、表11-3）。

就活化勞動市場政策的多面向服務協調的集中化程度來看，法國、奧地利、德國是相對集中化的，也就是由中央政府扮演政策協調的角色；丹麥、荷蘭則是相對分散化的國家，或是鬆綁由地方政府因地制宜；而南歐國家政策相對片段化。至於服務提供市場化的國家則以英國、荷蘭最為明顯；法國、義大利、波蘭、瑞典則市場化程度相對低（van Berkel, Caswell, Kupka, & Larsen, 2017）。

貳 地方層級就業與社會服務的整合

在執行就業與社會服務整合的第一線工作，社會工作者的角色也有不同的分量，丹麥、波蘭的社會工作者扮演重要的活化勞動市場政策角色，荷蘭、德國、奧地利的社會工作者也具一定程度的重要性。但是，以委外給私人公司提供服務的英國，社會工作者很少涉入工作方案。活化政策的基層工作涉及幾個重要的核心議題（van Berkel, Caswell, Kupka, & Larsen, 2017）：

1. 服務對象的界定與篩選。
2. 服務的個別化（personalization）或個人化（individualization）。
3. 服務對象的類型化。
4. 懲罰權的使用。
5. 活化的優先性與否。
6. 政策產出的測量。

表11-2　歐洲各國整合社會與就業服務的三面向政策協調

三面向的政策協調		瑞典	德國	義大利	波蘭	英國	法國
多元利害關係人	公共就業與社會政策機關	國家公共就業服務、國家社會保險機關、地方政府。	邦聯就業機構及其地方分局、就業中心、地方政府社會福利機關。	省就業機構、地方政府社會福利機關。	地區就業機構、地方政府社會福利機關。	工作與年金部及其地方就業中心、分支機構。	勞動部地方分支機構、地方專責機構（青年、身心障礙者等）、公共就業管理師。
	第三部門組織	補充公共服務，服務輸送角色弱。	6個全國性社會福利團體為主要的社會服務提供者，包括健康照護、老人服務、兒童照顧諮詢等。	私人慈善組織（宗教團體）主要提供貧窮救濟、兒童及老人照顧、其基金財源來自銀行，是資窮救濟與社會包容的主要提供者。	天主教會與民間組織提供非營利的就業與健康照護服務。	高度分散的區域型福利組織、慈善組織及非營利體系，善組織扮演社會服務的輸送體系，組織扮演部分工作方案的角色。	地方組織提供特約的訓練、諮商與社會服務。
	私人公司	晚近也被納入全國或區域公共服務提供的採購對象。	訓練市場化、部分就業安置也開放市場提供，但社會服務不開放私人公司提供。	一些私人機構提供就業諮商或訓練。	私人機構僅在公共服務不足的項目提供補充性服務，例如健康照護。	工作方案的主要提供者。	非常微弱的發展。

三面向的政策協調		瑞典	德國	義大利	波蘭	英國	法國
多面向協調	中央協調	公共就業服務與國家社會保險機關間的跨部會協調。	邦聯就業機關制定就業政策，無系統性的跨部門協調。	非常薄弱。	勞動與社會政策部扮演關鍵角色。	工作與年金部扮演服務採購者、集中化的績效監督者。	特定的跨部會協調。
	組織整合	部分地方政府將勞動市場政策與社會服務整合，在管理與個案工作層次上公共就業與社會保險服務或社會保險間的協調須中央政府管制協調。	410個地方就業中心中有312個運用地方政府與公共就業服務幕僚（一站式服務）。	片段的知能、無就業與社會服務的協調體系。	地區勞工局扮演主要的協調角色，讓地方社會服務行政不致過載。	就業中心與外包服務機構提供一站式服務，長期失業者由工作與年金部全部委外提供工作方案。	地方服務提供者間經由實驗經驗與專案驅動的方式協調。
	分散協調	公共就業服務、社會保險機關及地方福利機構間由協調機制進行合作。	就業中心與其他社會服務機構間的協調藉助私人機構與NGOs（就業安置、訓練、住宅、兒童照顧諮詢、諮商等）。	片段化、依地方議題而定。	服務未整合、政策維持分離；地方勞工辦公室與社會工作合作有限；弱勢團體向天主教外部求決機構。	地方形成網絡（公私夥伴關係、社區計畫夥伴）；預先形成基本服務提供者、與委外單位與地方合作單位間的夥伴關係。	地方單位與地方包商、與就業計畫建立起地方層級的一站式服務組織。

三面向的政策協調		瑞典	德國	義大利	波蘭	英國	法國
多層級協調	相關的區域層級活化政策	中央立法／行政架構與地方政府的自主裁量（外加活化方案）並存。	就業政策集中化的立法／行政架構；執行與社會服務機構的合作分散化。	1990年代以來區域的角色被強化；積極勞動政策與給付行政從中央層級移轉。	地方政府／行政區的社會與區域市場政策分離。	集中化與全國一致的主導體系，但許多下放的活動外加在全國方案上（區域差異）。	集中化的政策設計與地方執行（由勞動部地方分支機構），區域扮演訓練與諮商的角色。
	地方自主裁量	地方公共就業服務／社會保險分支機構很少有自主裁量權，與自主性的地方政府社會服務共存。	地方自主裁量權主要在社會服務領域，而就業服務方面很少擁有自主裁量權。	很強的分散化、片段化的體系（就業級、社會政策在省級、社會政策在地方政府層級。）	行政區缺乏誘因執行活化政策，原因是行政區支付給勞工高，勞動部支付給付與積極勞動政策；地方政府與行政區社會政策與勞動市場政策分離。	很強的區域政府（蘇格蘭：威爾斯、北愛爾蘭）、社區計畫（例如城市策略）、集中化的服務管制、工作方案外包給服務提供者（黑箱途徑）。	自主裁量權是新的勞動部地方分支機構的管理計畫。

資料來源：Heidenreich & Rice (2016). pp.33-36

表11-3　歐洲各國地方層級整合社會與就業服務的執行情況

		瑞典	德國	義大利	波蘭	英國	法國
資源	服務預算	非常高（7.4%、0.93%）	平均（2.6%、0.47%）	低（0.9%、0.08%）	低（0.6%、0.06%）	平均（3.4%、0.43%）	平均（3.3%、0.32%）
	個案負荷量	80-300	70-450	--	100-1,180	70-200	70-250
程序	服務對象類型	就業準備	就業準備與社會問題	符合特定積極勞動市場政策	由當事人發動	就業準備	就業準備與社會問題
	個案工作者的裁量權	有限	可考量	中度	中度	高	有限
專業規範	公共就業服務幕僚的專業背景	社會科學	社會科學、社會工作者	做中學	異質性	社會科學	異質性
	個案工作者與外部網絡的關係	與私人服務提供者會議	未觀察	未觀察	結合地區就業機構與地方政府諮商期程。	連結雇主	未觀察

註：服務預算欄第一個數字是勞動市場活化給付占GDP的比率；第二個數字是加權該國失業率後調整的數字。

資料來源：Heidenreich & Rice (2016). p.44。

從以上趨勢來看，如本書第一章所言，社會工作者必須實現「以政策為基礎的專業」（policy-based profession），才可能因應從國家社會政策制定與執行，到基層科層體制的社會服務與就業整合，且成為具專業裁量權的個案工作者。

然而，必須提醒的是，不管是社會工作者、就業服務員、社會行政人員，對貧窮的理解，決定了消除貧窮困境的成效。以色列的經驗提醒我們，具貧窮覺察的社會工作（poverty-aware social work）是貧窮工作者能否成功的關鍵。其內涵包括：(1)視貧窮為對人權的傷害，機構的價值是對抗貧窮；(2)專業知識是社會工作者與服務使用者間密切關係持續對話的產物；(3)社會工作者站在窮人的立場，傳達其知識，為窮人倡議

（Saar-Heiman, Lavie-Ajayi, & Krumer-Nevo, 2017; Saar-Heimqn, 2019）。這基本上是回到以關係爲基礎的社會工作（relationship-based social work）。

　　與窮人一起的關係的工作（relational work, RW）強調支持的、集體的、挑戰的過程，避免讓過去的痛苦帶給未來持續的創傷。進而，參採種族爲中心、階級爲基礎、性別關係不平等的觀點，激發參與者思考其自身並非無助的受害者，而是積極的行動者，能夠掌控發生在其身上所有的一切（Jindra, Paulle, & Jindra, 2020）。社會工作者、行政人員應該擺脫狹隘的專業主義、新自由主義的責任化，以及父權觀點，翻轉非營利組織的飢餓循環（starvation cycle）困境，始能真正協助窮人脫離貧窮與改變結構不均（Jindra & Jindra, 2016）。

參考書目

· Aerschot, P. V. (2011). *Activation Policies and the Protection of Individual Rights: a critical assessment of the situation in Demark, Finland and Sweden*. Ashgate.

· Armingeon, K. & Bonoli, G. (eds.) (2006). *The Politics of Post-Industrial Welfare States*. London: Routledge.

· Andersen, G. J. (2008). Welfare State Transformations in a Scandinavian State: The Caes of Denmark. In M. Seeleib-Kaiser (ed.), *Welfare State Transformations: comparative perspectives* (pp.33-55). Hampshire: Palgrave.

· Banerjee, A. V. & Duflo, E. (2020). How Poverty Ends: the many paths to progress–and why they might not continue. *Foreign Affairs*, January / February, 22-29.

· Benda, L., Koster, F., & Van Der Veen, R. (2020). Activation is not a Panacea: active labour market policy, long-term unemployment and institutional complementarity. *Jnl. Soc. Pol.*, 49, 3, 483-506.

· Betzelt, S. & Bothfeld, S. (2011). *Activation and Labour Market Reforms in Europe: challenges to social citizenship*. NY: Palgrave Macmillan.

· Bonoli, G. (2009). Adapting Employment Policies to Postindustrial Labour Market Risks. In M. Giugni (ed.), *The Unemployment in Europe: policy responses and collective action* (pp.35-51.). Surrey: Ashgate.

· Brodkin, E. & Marston, G. (2013). *Work and the Welfare State: street-level organizations and workfare politics*. Washington, DC: Georgetown University Press.

· Calmfors, L., Forslund, A., & Hemström, M. (2001). Does Active Labour Market Policy Work? lessons from the Swedish experiences. *Swedish Economic Policy Review*, 8(2): 61-124.

· Cantillon, B. & Vandenbroucke, F. (2014). *Reconciling Work and Poverty Reduction: how successful are European welfare states?* Oxford: Oxford University Press.

· Clasen, J. & Goerne, A. (2014). Germany: ambivalent activation. In I. Lødemel and A. Moreira (eds.), *Activation or Workfare? governance and the neo-liberal convergence* (pp.172-202). Oxford: Oxford University Press.

· Clegg, D. (2008). From Liberal Statism to Statist Liberalism: the transformation of unemployment policies in Europe. In M. Seeleib-Kaiser (ed.), *Welfare State*

Transformations: comparative perspectives (pp.147-163). Hampshire: Palgrave.

· Clegg, D. & Palier, B. (2014). Implementing a Myth: The evolution of conditionality in French miniman income protection. In Lødemel, I. & Moreira, A. (eds.), *Activation or Workfare? governance and neo-liberal convergence*. NY: Oxford University Press.

· Cox, R. H. (2009). Ideas and the Politics of Labour Market Reform. In I. Dingeldey and H. Rothgang (eds.), *Governance of Welfare State Reform: a cross national and cross sectoral comparison of policy and politics* (pp.200-218). Cheltenham: Edward Elgar.

· Daguerre, A. (2004). Importing Workfare Transfer of Social and Labour Market Policies from the USA to Britain under New Labour. *Social Policy & Administration*, 38(1): 41-56.

· Daguerre, A. (2007). *Active Labour Market Policies and Welfare Reform: Europe and the US in comparative perspective*. Basingstoke: Palgrave Macmillan.

· de Beer, P. (2007). Why Work is not a Panacea: a decomposition analysis of EU-15 countries. *Journal of European Social Policy*, 17(4): 375-388.

· de Beer, P. & Schils, T. (2009). *The Labour Market Triangle: employment protection, unemployment compensation and activation in Europe*. Cheltenham: Edward Elgar.

· Dingeldey, I. (2007). Between Workfare and Enablement–the different paths to transformation of the welfare state: a comparative analysis of activating labour market policies. *European Journal of Political Research*, 46: 823-851.

· Dostal, J. M. (2008). The Welfare Illusion: re-examining the concept and the British case. *Social Policy & Administration*, 42(1): 19-42.

· Esping-Andersen, G. (1990). *The Three Worlds of Welfare Capitalism*. Cambridge: Polity Press.

· Etherington, D. & Jones, M. (2004). Welfare-through-work and the Re-regulation of Labour Markets in Demark. *Capital & Class*, 83: 19-36.

· Finn, D. (2003). The Employment-first Welfare State: lessons from the New Deal for young people. *Social Policy & Administration*, 37(7): 709-724.

· Giddens, A. (1998). *The Third Way*. Cambridge: Polity Press.

· Gilbert, N. & Gilbert, B. (1989). *The Enabling State: modern welfare capitalism in America*. Oxford: Oxford University Press.

· Gilbert, N. (2002). *Transformation of the Welfare State: the silent surrender of public responsibility*. Oxford: Oxford University Press.

· Gray, A. (2002). European Perspectives on Welfare Reform: a tale of two vicious circles? *European Societies*, 4(4): 359-380.

· Griggs, J., Hammond, A., & Walker, R. (2014). Activation for All: welfare reform in the United Kingdom, 1995-2009. In I. Lødemel & A. Moreira (eds.), *Activation or Workfare? governance and the neo-liberal convergence* (pp.73-100). Oxford: Oxford University Press.

· Haskins, R. (2017). *Using Government Programs to Encourage Employment, Increase Earnings, and Grow the Economy.* Mercatus Working Paper, Mercatus Center at George Mason University, Arlington, VA.

· Hemerijck, A. (2013). *Changing Welfare States.* Oxford: Oxford University Press.

· Heidenreich, M & Aurich-Beerheide, P. (2014). European Worlds of Inclusive Activation: the organizational challenges of coordinated service provision. *International Journal of Social Welfare*, 23(S1): S6-S22.

· Heidenreich, M. & Rice, D. (2016). *Integrating Social and Employment Policies in Europe: active inclusion and challenges for local welfare governance.* Edward Elgar Publishing Limited.

· Hinrichs, K. & Jessoula, M. (2012). *Labour Market Flexibility and Pension Reforms: flexible today, secure tomorrow.* NY: Palgrave Macmillan.

· Hirst, P. & Thompson, G. (1999). *Globalization in Question* (2nd ed.). Cambridge: Polity Press.

· Huo, N. & Stephen, J. D. (2008). Decommodification and Activation in Social Democratic Policy: resolving the paradox. *Journal of European Social Policy*, 18(1): 5-20.

· Hupe, P. & Buffat, A. (2015). *Understanding Street-level Bureaucracy.* Bristol: Policy Press.

· Jewell, C. J. (2007). *Agents of the Welfare State: how caseworkers respond to need in the United States, Germany, and Sweden.* Palgrave Macmillan.

· Jessop, B. (2002). *The Future of the Capitalist State.* Cambridge: Cambridge University Press.

· Jindra, M. & Jindra, I. W. (2016). Poverty and the Controversial Work of Nonprofits. *Social Science and Public Policy*, 53: 634-640.

· Jindra, M., Paulle, B., & Jindra, I. W. (2020). Relational Work in the Struggle Against Poverty: balancing scholarly critiques and emancipatory practices in the nonprofit sector.

Nonprofit and Voluntary Sector Quarterly, 49(1): 160-179.

· Johansson, H. & Panican, A. (2016). *Combating Poverty in Local Welfare Systems: active inclusion strategies in European cities.* NY: Palgrave Macmillan.

· Klitgaard, M. B. (2007). Why are They Doing It? Social Democracy and Market-oriented Welfare State Reforms. *West European Politics*, 30(1): 172-194.

· Knijn, T., Martin, C., & Millar, J. (2007). Activation as a Common Framework for Social Policies towards Lone Parents. *Social Policy & Administration,* 41(6): 638-652.

· Kvist, J. & Harsløf, I. (2014). Workfare with Welfare Revisited: instigating dual tracks for insiders and outsiders. In I. Lødemel and A. Moreira (eds.), *Activation or Workfare? governance and the neo-liberal convergence* (pp.47-72). Oxford: Oxford University Press.

· Lindsay, C., McQuaid, R., & Dutton, M. (2007). New Approached to Employability in the UK: combining human capital development and work first strategies. *Journal of Social Policy*, 36(4): 539-560.

· Lipsky, M. (1980). *Street-level Bureaucracy: dilemmas of the individual in public services.* NY: Russell Sage Foundation.

· Lødemel, I & Moreira, A. (2014). *Activation or Workfare?* governance and the neo-liberal convergence. Oxford: Oxford University Press.

· Moreira, A., Carolo, D., & Nicola, R. (2014). From Gateway to Safety Net: the dynamics of activation reforms in Portugal. In I. Lødemel and A. Moreira (eds.), *Activation or Workfare? governance and the neo-liberal convergence* (pp.229-255). Oxford: Oxford University Press.

· Madsen, P. K. (2009). Denmark. In P. de Beer & T. Schils (eds.), *The Labour Market Triangle: employment protection, unemployment compensation and activation in Europe* (pp.44-69). Cheltenham: Edward Elgar.

· Mantouvalou, V. (2020). Welfare-to-Work, Structural Injustice and Human Rights. *The Modern Law Review*, 83(5): 929-954.

· Marques, P., Salavisa, I., & Lagoa, S. (2015). What are the Best Policies for Fighting Poverty? learning from the recent European experience. *Portuguese Journal of Social Science*, 14(2): 207-223.

· Olsen, G. (1999). Half Empty or Half Full? the Swedish welfare state in transition. *Canadian Review of Sociology & Anthropology,* 36(2): 241-267.

· Olsen, G. (2008). Labour Market Policy in the United States, Canada and Sweden: addressing the issues of convergence. *Social Policy & Social Administration*, 42(4): 323-341.

· Powell, M. (ed.) (2002). *Evaluating New Labour's Welfare Reforms*. Bristol: the Policy Press.

· Raffass, T. (2017). Demanding Activation. *Jnl. Soc. Pol.*, 46, 2, 349-365.

· Saar Heiman, Y. (2019). Poverty Aware Social Work in the Child Protection System: a critical reflection on two single cases. *Child & Family Social Work*, 24: 610-618.

· Saar-Heiman, Y., Lavie-Ajayi, M., & Krumer-Nevo, M. (2017). Poverty-aware Social Work Practice: service users' perspectives. *Child and Family Social Work*, 22, 1054-1063.

· Seccombe, K. (1999). *So You Think I Drive a Cadillac: welfare recipients' perspectives on the system and its reform*. Allyn and Bacon.

· Sirovátka, T. (2016). When Workfare Fails: post-crisis activation reform in the Czech Republic. *International Journal of Sociology and Social Policy*, 36(1-2): 88-101.

· Spies, H. & van de Vrie, N. (2014). From Legitimacy to Effectiveness: developments in activation in the Netherlands. In I. Lødemel and A. Moreira (eds.), *Activation or Workfare? governance and the neo-liberal convergence* (pp.143-171). Oxford: Oxford University Press.

· The Swedish Institute (1994). Swedish Labor Market Policy. *Fact Sheets on Sweden*.

· The Swedish Institute (2018). Swedish Gender Equality Policy. *Fact Sheets on Sweden*.

· Vail, M. (2007). From Welfare without Work to Buttressed Liberalization: the shifting dynamics of labor market adjustment in France and Germany. *European Journal of Political Research*, 1-25.

· van Oorschot, W. & Abrahamson, P. (2003). The Dutch and Danish Miracles Revisited: a critical discussion of activation policies in two small welfare states. *Social Policy & Administration*, 37(3): 288-304.

· Van Berkel, R., Caswell, D., Kupka, P., & Larsen, F. (2017). *Frontline Delivery of Welfare-to-Work Policies in Europe: activating the unemployed*. London: Routledge.

· Weaver, R. K. (2000). *Ending Welfare as We Know It*. Washington, DC: Brookings Institution Press.

第十二章
社會住宅

社會住宅（Social Housing）在新加坡與馬來西亞稱組屋、香港稱公共屋邨（簡稱公屋）、日本稱公營住宅或団地（Danchi）住宅、中國稱廉租屋、澳門直譯自歐洲的社會房屋。經濟合作暨發展組織（OECD）統稱可負擔住宅（affordable housing）。

住宅加上「社會」，凸顯其五個特質：(1)國家支持興建；(2)國家補貼；(3)地方政府或非營利組織興建與管理；(4)非市場租金；以及(5)低所得家戶居住（Priemus, 1997）。故在歐洲又稱「社會出租住宅」（Social Rented Housing），強調其只租不賣。但社會住宅也不必然只是用來指稱由公部門或非營利組織所興建，低於市價或免費出租給勞工、中、低所得家戶的住宅。在歐洲，例如荷蘭、法國、丹麥等國，社會住宅政策也包括補助低所得家戶承租民宅或購置自有住宅（Giarchi, 2002）。

據此，社會住宅是指政府興建，或民間擁有之合於居住標準的房屋，以低於市場租金或免費租給所得較低的家戶，例如勞工，或特殊的對象，例如老人、身心障礙者、精神病患、物質濫用戒治者、家庭暴力受害者、遊民等；或政府補助房租給所得較低的家戶向民間租屋居住；或政府補助所得較低的家戶購買自用住宅。

本質上，社會住宅是將住宅去商品化（decommodification），以社會中經濟、社會、身體弱勢群體為對象，企圖達成全民居住品質的提升為目的（林萬億，2003）。據此，住宅政策被當成是社會政策的一環（Somerville & Sprigings, 2005）。

過去國人較熟悉的概念是國民住宅。1957年7月公布的《興建國民住宅貸款條例》，是政府興建國民住宅的依據。到了1975年立法通過《國民住宅條例》，將國民住宅定義為「由政府機關興建，用以出售或出租與中、低收入家庭及軍公教人員的住宅。」可見，我國的國民住宅政策與歐洲國家的社會住宅意義不同。基本上，我國的國民住

宅政策是興建住宅出售給中所得家戶為主。

　　本章先介紹住宅政策，再以歐美各國的社會住宅政策發展經驗為師，介紹其演進歷史，最後順便介紹無家可歸者（homeless）的福利。

 ## 第一節　住宅政策

　　在工業發展過程，私有住宅市場房屋價格會因住宅的商品化而被炒作拉抬，致住屋價格偏高，尤其在都市地區，導致所得偏低的家戶無力購買或租屋，只能住在擁擠、髒亂的簡陋住宅，或是搭建違章建築窩居，甚至露宿街頭。其引發的問題包括傳染疾病、健康條件差、交通不便、資訊隔絕、就業困難、子女就學不利、低自尊、社會關係網絡斷絕等，即居住的社會排除（social exclusion），或住宅剝奪（housing deprivation）（Stephen & Leishman, 2017）。因此，現代福利國家保證人民有權接近適當品質的居住條件，住宅就被列入社會權的一部分。早年中華民國孫中山先生的三民主義，有「住者有其屋」的民生主義主張；其在《建國大綱》中明示要「建築大計畫之各式屋舍，以樂民居」，即有此意。

　　我國的國民住宅興建以販售為主，真正買得起國民住宅的人民，往往不是所得最低或次低組的家戶，而是中所得以上家戶，顯然與當初國民住宅興建的宗旨不符。雖然，我國也有不同形式的國宅措施，例如貸款人民自建住宅，或補助人民興建住宅；此外我國也有興建平價住宅、勞工住宅、漁民住宅、老人公寓等屬性較接近社會住宅性質的國宅。到了1994年陳水扁先生參選臺北市長，接受筆者的建議，將未出售的國民住宅改為只租不賣（林萬億，2012）；再到2000年民進黨執政以後，停止興建國民住宅，國民住宅餘屋部分撥作出租國宅，才有社會住宅的意涵。但是，由於國民住宅僅占我國住宅總量的5%不到，且購屋者又以中所得家戶為主，彰顯不出藉由國民住宅政策提升所得偏低家戶的居住品質、平抑市場房價的功能。

我國2016年起實施的社會住宅政策，除了政府興建12萬戶社會住宅之外，也實施8萬戶的包租代管方案。包租是指政府獎勵及補助租屋服務事業（以下簡稱業者）承租住宅，由業者與房東簽訂3年包租約後，於包租約期間內業者每月支付房租給該房東，再由業者以二房東的角色，將住宅轉租給房客（一定所得以下或弱勢者），並管理該住宅。代管是指業者協助房東出租住宅給房客（一定所得以下或弱勢者），由房東與房客簽訂租約，業者負責管理該出租的住宅。亦即，政府在社會住宅興建供應不及之下，善用既有民間租屋市場，透過政府獎勵及補助措施，將部分租屋市場轉型為準公共租屋，達到減輕所得較低者或弱勢者的租金負擔。

　　社會住宅不只是為了解決勞工家庭，或低所得家庭住宅缺乏的社會問題，同時也兼顧到都市景觀設計的目的。荷蘭、瑞典、丹麥、法國、新加坡等都市景觀相對地整齊、美觀，社會住宅或組屋扮演非常重要的角色。

　　聯合國1966年通過《經濟、社會及文化公約》（The International Covenant on Economic, Social and Cultural Rights），第11條第1項規定本公約締約國確認人人有權享受其本人及家屬所需之適當生活程度，包括適當之衣食住及不斷改善之生活環境。確認適居（Adequate Housing）是人權的一部分。

　　接著，聯合國於1978年成立人居委員會（UN Commission On Human Settlements），估計全球有10億人口生活在不適宜的居住環境下，其中1億人應被列為無家可歸者。2002年改為聯合國人居署（United Nations Human Settlements Programme, UN-HABITAT），又稱聯合國人類住區規劃署，負責人類居住議題。其設立目的是促進社會與環境的永續人居發展，保障所有人都有合適的居所。1985年起，聯合國並將10月的第一個禮拜一指定為世界人居日。可見居住權也是人類普世價值。

　　聯合國又於2019年12月26日發布執行適居權的指導原則（Guidelines for the Implementation of the Right to Adequate Housing）16點，重點包括：尊嚴與生活、合理標準、居民參與、停止對遊民犯罪化、反迫遷、提升非正式居住品質、公平與反歧視、性別平等、保障移民與難民居住權、管制建商、回應氣候變遷、國際合作、監督與課責機制、居住正義。

　　居住問題不只出現在貧窮或落後地區，在都會區的情形更是嚴重。

都市發展引發人口大量移入的城市化（urbanization）現象，再加上全球新自由主義的都市主義（global neoliberal urbanism）導致房價上漲，引發住宅危機，進而出現全球都市非正式性（urban informality）現象，也就是居住在「非正式城市空間」（informal urban space）的人數越來越多。例如雅加達估計有40-60%的居民住在非正式住宅（不合法住宅），包括：違章建築、貧民窟、帳棚屋、貨櫃屋、營地等臨時住所，從事非正式經濟（informal economy），無法享有正式都市的清潔飲水、電力、綠地、公共設施、公共服務等。其中居無定所的人，就是熟知的無家可歸者（Sheppard, Sparks, & Leitner, 2020）。

各國的政治意識形態影響住宅政策甚深（Sprigings, 2005），住宅政策大致可分為以下幾個類型（Spink, 2005）：

壹 不干預政策（Non-intervention）

是指國家不涉入住宅的供給與分配，任由市場決定。大多數工業先進國家進入福利國家之前，都是採取不干預主張，例如英國在19世紀中葉以前，對住宅採放任自由的（laissez-faire）政策。晚近的新自由主義也是採取這樣的主張。通常國家基於住宅是人民私有財產，就讓人民自己決定如何取得，喜歡何種規模與樣式的住宅。如果有部分國民無法在市場買到或租到住宅，國家會假設家族、雇主、教會、慈善團體等會提供居住空間。據此，住宅市場將成為龐大的不動產市場，住宅不只是居住的空間，也成為投資的標的。當投資者不斷炒作住宅買賣時，住宅價格會不斷上揚；而又配合某些高所得與炫富者的奢華需求，就會出現超高價位的豪宅興建。低所得家戶因買不起適居的住宅，就成為無殼蝸牛；連租屋都有困難的人民就成為無家可歸者。

當國家不干預住宅市場時，住宅興建的品質也參差不齊，建商為了高度利用土地，會蓋出擁擠、狹小的住宅，甚至缺乏公共設施，居住品質堪慮。

貳 供給面干預（Supply Side Intervention）

一、低度干預

基於住宅市場失靈，導致住宅過剩或短缺與品質不良，造成民怨，就出現國家介入住宅市場。比較消極的手段是從供給面低度干預，國家透過勸說（exhortation）、管制（regulation）等手段來達成極小限度的介入，以免破壞住宅市場運作。所謂勸說是指政府鼓勵、勸導私人企業、慈善組織興建示範住宅給勞工、社區居民居住。例如1786年，英國工業慈善家戴爾（David Dale）與歐文（Robert Owen）在蘇格蘭的新蘭納克（New Nanark）興建結合棉紡廠與員工住宅的示範社區。相似的例子是1856-1859年，法國企業家高丹（Jean-Baptiste André Godin）興建的公社住宅「社會宮」（Familistère / Social Palace）給他投資的鍋爐鑄造工廠工人居住。

除了請民間示範興建居住品質稍好的住宅之外，政府也可用法令規範住宅的品質與租屋條件。例如規定最低住宅標準、貸款條件、房東責任等，讓購屋者與租屋者有最起碼的保障。管制政策基本上是一種消極的介入，並沒有企圖改變住宅市場的供需。

二、中度干預

前述政府為了提高住宅品質而制訂管制辦法，是一種鞭子策略。但是，如果沒有紅蘿蔔作為誘因，效果往往不大。因此，政府為了鼓勵建商、房東提供較佳品質的住宅，必須提供補助，否則建商與房東所增加的成本，仍然會轉嫁到購屋者與房客身上。

補助可採現金補助方式進行，例如補助衛生設備、防滑設施、防火材質等；也可採減稅策略，例如降低土地增值稅。當然也可以採降息方式，降低建商融資成本。

三、高度干預

高度介入是指國家直接提供住宅給需求者，例如勞工、無自有住宅者。政府直接興建住宅考量點是住宅市場的價格過高，部分人民買不起房

子。政府興建的住宅除了使用公有土地，省去大筆土地價購費用之外，又有政府預算的補貼，其房價必然比市價低許多。在共產主義國家，例如北韓政府大量興建免費住宅配給國民居住，依勞動績效配住房舍，在這樣的國家幾乎沒有住宅市場。而在社會民主國家，或自由民主國家，例如英國在1946年通過《新鎮法案》（New Towns Act），授權國家建立基金，購買土地興建新社區。當時就有28個地方政府的發展公司（Development Corporations）組成，在各郡興建住宅，包括倫敦近郊的綠帶（Green Belt），大量興建的住宅給倫敦居民租用，形成新社區。總計到1979年止，英國地方政府蓋了650萬戶住宅租給人民。這是英國地方政府的社會住宅最蓬勃發展的時期。

有些國家不完全是由政府自己興建國有住宅，而是由政府補助民間非營利組織興建住宅，租給需要住宅的勞工，例如荷蘭、丹麥、瑞典。政府或民間興建社會住宅除了供給買不起房屋的人民居住之外，也有控制房屋市場價格的意圖，但其抑制房價的效果取決於政府興建的住宅的市場占有率。

參 需要面干預（Demand Side Intervention）

一、低度干預

通常資本主義國家會從人民住的需求來介入住宅市場，低度的介入策略是透過消費主義政策（consumerist policies），例如倡導人民有權購屋、宣揚有住宅的好處、鼓勵人民儲蓄購屋等，多少有活絡房屋市場的效果。

另一方面也可透過法令管制來介入購屋者與房客，例如保證人民有權獲得住得起，且適合居住的住宅。基本上，這些策略也都是消極的鼓勵與宣導，對房屋市場的需求不具有積極的增加效果。

二、中度干預

如同前述的，只有鼓勵沒有誘因，無法真正改變購屋者與租屋者的態度。稅的優惠與購屋或租屋補助是必要的。英國、荷蘭等國家為了提升國

民房屋自有率，達到財產自有民主，而祭出許多手段，即是典型的需要面中度干預。尤其英國從1980年代以來，力推國民有權購屋政策，將國家住宅政策從高度供給面介入，轉向中度需要面介入，甚至高度需要面介入。可作為購屋或租屋稅優惠的工具很多，包括購屋借款利息扣除額、土地增值稅減徵、購屋貸款扣除額、租金扣除額、地價稅、房屋稅、契稅、贈與稅等。房屋補助包括：購屋貸款利息補貼、社會住宅折扣賣出、房租津貼、房屋修繕補助、家具補助、房租管制（rent control）等。

三、高度干預

國家從供給面直接干預房屋市場是興建社會住宅，或免費住宅。而從需要面高度介入則是直接透過財政補助配套方案提高購屋者能力，例如房屋給付（housing benefits）、房租津貼、購屋貸款保證、住宅更新優惠、稅制優惠、個人興建自用住宅補助等整套的作為，以利購屋者可以提高其自有住宅需求。

 ## 第二節　歐美社會住宅的發展

社會住宅興建最普遍的首推歐洲的荷蘭，其次是瑞典、丹麥、英國、奧地利等。1996年是歐洲社會住宅占住宅總量比率最高的時期，荷蘭41%、丹麥27%、英國25%、奧地利21%、法國16%、德國13%、比利時9%；南歐諸國社會住宅的占有率明顯低於歐陸各國，其中義大利有5%、葡萄牙4%、西班牙只有1%，與臺灣相似。歐洲聯盟國家社會住宅占有率平均是14%（Priemus & Dieleman, 2002）。隨著住宅私有化政策推動，到2010年歐洲的社會住宅比例略有下滑（見表12-1）。

表12-1　歐洲各國社會住宅統計

國家	年	社會住宅戶數	社會住宅比例	與10年前相比	私人租屋率	房屋自有率	其他
荷蘭	2010	230萬	32	-4	9	59	--
蘇格蘭	2011	59.5萬	24	-6	12	64	--

國家	年	社會住宅戶數	社會住宅比例	與10年前相比	私人租屋率	房屋自有率	其他
奧地利	2012	88萬	24	+1	16	50	10
丹麥	2011	54.1萬	19	+1	17	49	18*
瑞典	2008	79.5萬	18	-3	19	41	22
英國	2011	404.5萬	18	-2	18	64	--
法國	2011	447.2萬	16	-1	21	58	5
愛爾蘭	2011	14.4萬	9	+1	19	70	3
捷克	2011	31.2萬	8	-9	10	65	18
德國	2010	105.4萬	5	-3	49	46	--
匈牙利	2011	11.7萬	3	-1	4-8	88-92	1
西班牙	2011	30.7萬	2	+1	11	85	--

資料來源：Scanlon, Arrigoitia, & Whitehead (2015). p.3.
註*：丹麥18%是合作住宅。

　　至於美國，通常都稱這種由政府興建的住宅為公共住宅（public housing）。社會住宅的功能也因各國住宅政策的差異而不同，美國是最右的極端，把公共住宅視為是貧民住宅；英國自從1980年代實施「有權購屋」（the Right to Buy）政策之後也幾乎把社會住宅鎖定為低收入住宅；而丹麥、荷蘭、瑞典則還是主張社會住宅能惠及中所得國民。

　　依OECD（2020）統計，2018年平均社會住宅（可負擔住宅）占住宅總量的6%。低於平均的國家有挪威（4%）、比利時（4%）、澳洲（4%）、美國（4%）、日本（3%）、加拿大（3%）、德國（3%）等。韓國從2010年的6%，到2018年已達8%，距離2020年目標12%，擠進中度社會住宅覆蓋率國家尚有一段距離。新加坡組屋原占全國房屋存量約85%，受到「不完全產權」移轉的限制，但大多已是屋主自住組屋，僅剩4.5%屬出租組屋。

壹 社會住宅興建的起源

　　隨著工業發展，鄉村人口向城市遷徙，滿足新興工業需求大量勞動

力，也衍生城市住宅短缺的問題。於是，宗教組織、慈善團體，或特定雇主開始關切住宅議題（Scanlon, Arrigoitia, & Whitechead, 2015）。

　　荷蘭、瑞典、丹麥、法國，早在19世紀末，就已經注意到勞工家庭與低所得家庭住宅問題的嚴重性。擁擠、髒亂、低品質的勞工社區的住宅問題，在工業化與城市化後的歐洲，被認爲是一個重要的社會問題。英國在1890年通過《住宅法》，一方面由中央政府補助地方政府興建勞工住宅，另方面賦予地方政府清除或禁止不適居的住宅出租，倫敦率先推出公共住宅。但這種作法並不被關心貧民住宅問題的希爾（Octavia Hill）所期待。希爾女士從1865年起即關注貧民窟的房客行爲，她主張就現有房舍加以清理、管理，並改善房客的行爲即可（Barker, 1984；林萬億、鄭如君，2014）。英國的社會住宅就此被定位爲由「地方政府興建與管理模式」。

　　英國最出名的社會住宅例子是蘇格蘭新蘭納克（New Nanark）的公社住宅。1786年，格拉斯哥的城市仕紳戴爾（David Dale）與發明家阿克萊特（Richard Arkwright）合作利用克萊德河瀑布（Falls of Clyde）的落差，建造水力推動的棉紡紗機，生產棉紗。1790年起開始逐步興建員工住宅，形成聚落。1800年戴爾將該棉紡廠以6萬英鎊賣給包括其女婿歐文（Robert Owen）在內的新經營者，歐文於是成爲棉紡廠的新經營者，開啟烏托邦社會主義（Utopian Socialism）的實踐。當時新蘭納克有2,500個工人來自格拉斯哥與愛丁堡的貧民之家，歐文發現工人的居住條件不盡理想，決定爲他們改善居住環境，包括擴大住宅房間與坪數、興建包括超過500名兒童的幼兒照顧之家，1817年設立第一家嬰幼兒學校（infant school）於社區中。歐文不只是把棉紡廠當成企業經營，還承襲其岳丈的慈善精神，結合社會福利、教育、住宅與都市計畫，使新蘭納克成爲工業革命時期的成功典範，許多歐洲的政治人物、企業家、社會改革者絡繹不絕前來參訪。2001年，該聚落已經被聯合國教科文組織（UNESCO）列入世界遺產之一。

　　法國最出名的社會住宅例子則屬企業家高丹（Jean-Baptiste André Godin, 1817-1888）於1858年起興建於巴黎近郊吉斯（Guise）的公社住宅社會宮（Familistère）。高丹受到法國烏托邦社會主義思想家傅立業（Francois M. C. Fourier）與社會學家聖西門（Henri de Saint-Simon）的影

響，在其生鐵鍋爐工廠附近興建350戶，可住進1,200人的公社住宅，這種集體住宅挑高三層樓磚造，有玻璃屋頂採光、餐廳、酒吧、圖書館、洗手間、垃圾滑道等設施與設備應有盡有，連同周邊的公園、托兒所、學校、劇場、合作社、教堂等，居住在這裡的人們，不論是高丹本人、管理階層、員工及眷屬，均享有相同的設備，不分彼此，共同工作在一起、生活在一起，達到和諧社會的目標。這是一個典型的社會、經濟、文化社區，住民擁有福利、尊嚴與進步的象徵。該公社住宅於1968年左派運動風潮中解體，只留下公社住宅結構與設施，作為遊客參觀之用。2006年5月1日勞工節，修復後的吉斯公社住宅再開放供參訪。

荷蘭的《住宅法》雖然到1901年才通過，但是在19世紀中葉，為了解決低所得家庭的住宅問題，慈善團體就曾提供少量的住宅給付得起房租的技術工人租用，工會也開始合作興建住宅，也有少數雇主提供宿舍給其員工；再加上英國希爾女士的努力經驗也傳到荷蘭，1893年荷蘭成立「居住促進協會」（Association for Dwelling Improvement），而更先進的是1874年阿姆斯特丹市政府已間接地提供勞工的住宅補助（Harloe, 1995）。荷蘭的《住宅法》通過開啟了經政府核可的非營利組織的住宅公司，藉由國家貸款來興建社會住宅的先河。

相較於荷蘭的「私人興建社會住宅模式」，丹麥在1887年就通過國家貸款給工會組織興建勞工住宅，接著在1890年代更支持合作建屋，奠定了丹麥社會住宅「合作模式」的基礎。

美國政府介入國民的住宅問題解決時間相對晚，在第一次世界大戰前，大部分歐洲國家試圖解決其都市住宅問題時，美國幾乎缺席，只有少數都市單獨在進行住宅改革。為了回應城市的社會與都市危機，紐約市於1900年成立「廉價租屋委員會」（the Tenement House Commission），這是由當時的進步主義者（the Progressives）所主導的組織，目的在改善都市貧民住宅的居住環境，由住宅改革先鋒維樂（Lawrence Veiller）所領導。紐約市的經驗影響到往後20年美國都市住宅改革的發展（Harloe, 1995）。

貳 社會住宅興建的黃金時期

　　雖然英國在兩次大戰間就有不少屬社會住宅的地方政府住宅（council houses）興建的方案，不過第二次世界大戰後的歐洲復興和福利國家的擴張，才是歐洲社會住宅大量興建的契機。英國由於1910年代工黨逐漸取得政治的主導權，加上受到1915年蘇格蘭格拉斯哥市的房租抗爭刺激，以及一次大戰後因為退伍軍人返鄉而興起「為英雄建屋」的共識，於是，1919年通過《住宅與城鎮計畫法》，由中央政府補助地方政府興建符合良好建築品質的住宅，出租給當地有住宅需求的國民。到今天英國的社會住宅還是稱為地方政府住宅，不過，英國將這些主要提供給勞工階級的住宅蓋得像花園城市（garden city）一般，以免被標籤（Harloe, 1995）。

　　英國在第一次世界大戰後，國家以清除品質不良住宅及增加住宅供給為由介入社會住宅的提供，最先只提供符合年輕人「一般家庭」的標準住宅。1960年代初，隨著單親家庭、學生、身心障礙與老人等特殊的住宅需求，而有「其他類」的住宅最低標準規定。其他類型的住宅規範，很容易產生標籤與隔離後果。隨著社會模式（social model）取代醫療模式（medical model）或個人模式（individual model）的照顧概念發展，特別是在1970年的《慢性疾病與障礙者法案》（the Chronically Sick and Disabled Persons Act）中規定滿足特殊住宅的需求，於是，將標準家庭住宅以外的其他類住宅，改為特殊需求住宅。就老人與身心障礙者而言，強調行動住宅（mobility housing）與輪椅住宅（wheelchair housing）的重要性。1978年的住宅標準已規定將行動住宅與輪椅住宅納入公私部門住宅建築的規範中；之後，行動概念也修改為可造訪（visitability）。此外，隨著生命歷程（life course）概念的引入，終身住宅（Lifetime Home, LTH）也被強調，亦即建築一種具吸引力、可負擔，以及彈性的住宅。又隨著種族、性別、年齡、身體條件、家庭組成等各種不同住宅需求的倡導，住宅的多樣化（diversity）與差異（difference）成為1990年代以來追求的目標（Milner, 2005）。

　　英國的地方政府住宅興建幾乎是兩黨一致的共識，不只是新建住宅，也包括修繕貧民住宅，或拆除重建。為了使社會住宅的房租調高以因應住

宅管理成本的提高，1961年的《住宅法》修正中，授權政府補貼低所得家戶的社會住宅房租，以維持社會住宅的居住品質。

二次大戰後，歐洲出現大量的住宅需求，國家支持的住宅（state-supported housing）成為北歐、東歐的社會住宅興建模式（Scanlon, Arrigoitia, & Whitehead, 2015），以回應住宅短缺、人口成長的需求。

荷蘭的社會住宅也大量興建於二次大戰後，到1980年代末為止。在1990年代中以降，社會住宅的占有率才從41%下降到1999年的36%。但是，四大都市阿姆斯特丹（56%）、鹿特丹（59%）、海牙（39%）、烏特列支（45%）的社會住宅比例仍高於全國平均值（van Kempen & Priemus, 2002）。荷蘭的社會住宅由住宅協會管理，2004年有518個住宅協會，管理近99%的社會住宅。住宅協會的法定地位來自《住宅法》與社會住宅管理辦法。住宅協會的活動必須符合住戶的利益，且優先協助在住宅市場相對弱勢的人民，例如低所得家戶。荷蘭的住宅協會是一個既扮演公共服務角色，又扮演市場導向的獨立民間組織的混血機構（Gruis & Priemus, 2008）。

丹麥從1945年起也擴大補貼房屋購買，自住房屋購買者可獲得貸款利息優惠；社會住宅可獲得興建與貸款利息優惠，以及住戶的房租津貼；而私人租屋僅補助住戶房租津貼。1947年起中央住宅部主導社會住宅政策，到了1960、1970年代，自有房屋購買者的貸款利息全額都可從所得稅課前扣除。此後，這種購屋貸款利息扣除率逐年下降到33%。丹麥的社會住宅在1945-1980年間達到高峰，每年興建8,000到1萬戶，約占總住宅供給量的四分之一。這些社會住宅主要由非營利的住宅協會管理，全國有700個住宅協會負責管理7,000個社會住宅區，住宅協會組成全國住宅協會聯盟，其中房客也是理事成員，因此，其「房客民主」也是引以為傲的。社會住宅承租戶主要是技術工人、受僱者、年輕專業人士、經濟上還算過得去的人們，以及社會弱勢人口，例如老人、精神病人、物質濫用戒治者、遊民也都可承租。由於先進的住宅政策，使丹麥國民的居住品質領先歐洲各國（Kristensen, 2002）。

瑞典從1930年代起開始進行住宅市場社會化，社會民主黨、房客協會、建築工人協會，以及合作住宅運動組織，努力使瑞典住宅社會化，

實現瑞典成為「人民之家」（folkhemmet/People's Home）。當社會民主黨於1932年取得政權後，於1933年成立社會住宅委員會，影響瑞典的社會住宅政策，直到1960年代末。瑞典被認為是戰後住宅政策「成功的故事」（success story），特別是1960年代的「百萬住屋計畫」（the Million Dwelling Program）。瑞典的人民之家的「成功的故事」是把人民住宅從「豺與狼的天堂」（a paradise for wolves and jackals）的資本主義體系中的土地投資市場解放出來，由政府興建百萬住宅，讓勞工、受僱者等所得較低者有價廉質美的社會住宅可承租，解決了瑞典的住宅問題（Strömberg, 1988）。

該計畫中強調住屋品質高，照顧的對象不排除任何團體，以及限制住宅供給的利得等。從1946年起，瑞典的地方政府就被要求組成公共住宅公司來興建與管理社會住宅。總計瑞典的住宅供給有90%興建於1946-1985年間。到了1990年，瑞典政府擁有住宅只占1%，但是公共住宅公司擁有的住宅高達21%，合作式住宅也有18%，總計高達40%，是除了荷蘭之外歐洲社會住宅占比最高的國家，當然也是與丹麥齊名的高品質社會住宅國家（Strömberg, 1988）。

德國在1970年代末以前，在城市地區也有將近三分之一的住宅是屬於社會住宅，由地方政府與小規模的私人管理，居住的對象是一般主流的人民（Knorr-Siedow, 2008）。

美國政府開始興建公共住宅始於1929年的經濟大蕭條後，1933年成立的聯邦公共工程局（the Federal Public Work Administration）開始於37個城市興建公共住宅給國民租住。地方政府也設置「公共住宅局」興建與管理公共住宅。1936年《喬治希禮法案》（the George-Healey Act）通過，規定租用公共住宅者的所得不得高於房租與家具成本的6倍。從此，美國的公共住宅成為低所得者的集居地。

1949年美國通過《住宅法》，希望提供100萬單位的公共住宅，10億的貸款，以及5億的都市更新經費。但是，成效不彰，除了1952-1960年間每年興建6萬單位外，之後，每年幾乎只建了1-2萬單位，要完成百萬單位建屋計畫，恐怕要花50年以上。1961到1967年，甘迺迪到詹森總統執政期間才又提高興建量到3萬3,400單位。原因在於私有住宅市場大量建屋，相

對抵銷了住宅需求，再加上只有最底層窮人才能承租公共住宅的限制。1967年起也規定老人可以承租公共住宅，這些新住戶顯然比窮人好管理。1968年，新的《住宅法》通過，鼓勵私人興建住宅賣給公共住宅局；尼克森執政後，推行新聯邦主義，積極降低聯邦介入角色。美國的公共住宅貧民化、膚色化、單親化的情形非常嚴重，大都市的公共住宅住戶73%是黑人，10%是西班牙裔，半數住戶是黑人女性單親家庭，43%是靠領取失依兒童家庭補助（AFDC）的對象（Struyk, 1982；引自Harloe, 1995）。

參 社會住宅私有化政策

在1990年代以前，住宅問題與社會排除被高度關注。歐洲理事會（European Commission）傾向以合作來解決住宅議題、市郊的社會發展，以及無家可歸者的問題。住宅的缺乏與窳陋的住宅被認為是造成社會排除、失業、低薪資、健康不良，以及社會與經濟不均的主因。然而，1990年代中期以後，方向正好相反，歐洲的競爭政策與終結不當的國家補助取代先前的擴大社會住宅策略，嚴重影響各國的住宅政策（Gruis & Priemus, 2008）。

一、英國從租期安定到福利主義

早在1964年英國工黨執政時，就在《住宅法》修正中將荷蘭式的非營利住宅協會引進，由政府補助成立，目的是減低地方政府獨占社會住宅市場的比例。1972年保守黨執政，更直接降低對地方政府興建社會住宅的補貼，同時也減少對非營利住宅公司的補助，並提高社會住宅的租金達到合理程度，且縮小社會住宅的適用對象，採取房租折抵（rent rebate）的策略，鼓勵國民向私人住宅市場租屋。佘契爾夫人執政的1980年代，更積極推動「出售福利國家」的政策，社會住宅也不例外地被部分私有化（Forrest & Murie, 1991）。保守黨提出的「有權購屋」（Right-to-Buy）政策，允許住在社會住宅2年以上，無不良繳租紀錄的房客，有權購買現住房屋，價格也打折扣。短短10年就有120萬社會住宅單位被賣掉，因此，英國的社會住宅占有率下滑。以1970年代初為例，英國的社會住

量達到顛峰，占地方住宅供給量的將近三分之一，蘇格蘭更高達一半，但是從1980年起開始下降。反之，英國的國民房屋自有率也從1980年的57%提高到1996年的66%（Priemus & Dieleman, 2002）。有權購屋政策導致社會住宅被賣出給房客，進而使政府的住宅預算刪減，就不可能再興建新的社會住宅，英國由大量社會住宅的國家，轉變為殘餘的社會住宅（residualised social housing）國家。社會住宅只能照顧極端弱勢的國民，導致社會住宅住戶無工作與被烙印化。

除了私有化之外，英國也將社會住宅去地方政府化（demunicipalization），也就是將社會住宅移轉給民間非營利的住宅協會（non-profit housing associations, HAs），新創造出登錄的社會房東（registered social landloards），特別是1988年的《住宅法》修正，將社會房東推向承接地方社會住宅行政與國家福利機構的角色。經由新住宅夥伴關係（new housing partnerships），企圖達成社會住宅由社區擁有的目標。非營利的住宅協會的社會住宅占有率因而升高，從1970年只占社會住宅的3.5%，1998年已升高到23%，占整個房屋市場的5%。到了2005年社會房東已經從1981年的擁有50萬單位住屋，提高到200多萬單位住屋，到了2008年更已超過地方政府的社會住宅總量（Pawson & Sosenko, 2012）。其之所以壯大靠的是體質改變交易（constitutional change transactions, CCTs），不需要多數房客同意就允許股份交易。如此一來，不受地區限制的非營利住宅協會，透過併購方式，蠶食鯨吞地方政府的社會住宅，這也被稱為社會住宅供給面的現代化（Malpass & victory, 2010; Pawson & Sosenko, 2012）。同時，1988年的《住宅法》修正也允許政府補助私人社會房東，導致社會房東角色混雜公共福利任務與私人商業型態策略。社會房東越多，預告了英國社會住宅的市場水準租金的出現（Tang, 2008）。將社會住宅移轉給社區的目的是希望促成社會住宅的競爭，呼應1990年代以來的準市場（quasi-markets）呼聲（Malpass, 2001）。2002年又引進租金再結構政策（rent restructuring policy），目的是要讓地方政府與社會房東擁有的社會住宅租金更符合市場價格，所謂公平租金（fair rents）。結果導致社會住宅租金大幅上揚，也使住宅給付（housing benefits）增加（Tang, 2008）。

英國政府並提供住宅給付來保證低所得國民擁有最低標準的住宅品質，以及避免社會兩極化。然而，英國住宅私有化政策以來，英國住宅出現四個問題：(1)出現三種社會兩極化現象：地理區位與住戶、品質，以及套裝服務的兩極化；(2)社會住宅品質與聲望下跌；(3)房租補助的功能不顯著；(4)產生社會住宅租金結構的不合理（Hills, 2001）。

綜觀英國的社會住宅演變，從早年的勞工住宅，到1970年代擴大到照顧窮人、弱勢家戶，逐漸轉變成殘補化（residualisation），建立以需求為基礎的社會住宅配置體系（needs-based social housing allocation system），排定優先順序入住。接著，1980年代的有權購屋政策，地方政府的社會住宅優先出售給原住戶，且非營利的住宅協會壯大。原作為低所得與弱勢家戶的安全網（safety net）的社會住宅長租期安定（security of tenure）政策，開始引進行為條件，擔心房客會成為福利依賴、反社會、偏差行為。1990年代中期以後，引進新申請住戶的試住期（probationary period）政策，行為不合規定者，會被降格。2011年，進而引進彈性租期政策，即定期租約（fixed term tenancies, FTTs）；2015年以後，終身租約（lifetime tenancies）房客被檢討，輔以房租補助給真正需要的人短期租住的「付費入住」（Pay to Stay）政策。於是，英國走向福利主義的社會住宅（welfarist model of social housing）（Fitzpatrick & Watts, 2017），而不再是普及的社會住宅國家，亦即，社會住宅用來安置低收入戶與弱勢家戶的福利用途。

二、荷蘭從分配到選擇房客

荷蘭的社會住宅政策於1989年起開始調整，理由是對抗住宅市場的不適配。政府的白皮書《1990年代的住宅》聲稱將逐年退出住宅市場，將空間留給私人住宅市場。具體的作為是私有化、鬆綁，以及分權化。1997年新的住宅白皮書更提出都市重建（urban restructuring），鼓勵民間沿都市邊（VINEX地段）興建中高價位的住宅出售。2000年住宅備忘錄《人民想要住宅》（People Wishes Housing）保證私人非營利的住宅公司仍可繼續被認定為社會住宅持有機構10年，但是鼓勵將社會住宅出售給承租戶，以滿足65%的荷蘭人想擁有自己的房子的願望。2001年通過的《促進自有

住宅法》更是積極鼓勵社會住宅出售。同時政府仍然以房租補助來補貼房客，目前仍有100萬個房客，約占房客的三分之一可以領到補助。

如同英國一樣，好地段、大坪數的社會住宅容易賣掉，導致剩下的社會住宅不是地段差就是坪數小、租金低，因此，社會住宅住戶走向低所得家戶集中化的負面效果已顯現。

同時，為了迎合住宅私有化、市場化與分散化，1990年代中以降，荷蘭的社會住宅配置也從早年的等待名單的分配模式，轉變為選擇為基礎的承租（choice-based letting, CBL），以滿足個人的偏好。分配模式是依個人登錄承租的先後順序與特殊需求分配租屋，這個模式的租屋過程資訊不夠透明，申請者處在不公平的機會下等待租屋，同時也沒有機會依自己的偏好選擇租屋。選擇為基礎的承租模式是社會住宅刊登廣告於報紙地方版，或電腦網路，消費者可依其偏好選擇適合的房屋排隊承租。住宅協會依四個指標類屬來分配住宅：接近性、合適性、排序先後、優先性（van Daalen & van Der Land, 2008）。不論何種配置模式，只要社會住宅供給不足，還是會出現分配不公的質疑。

2005年，歐洲理事會發文要求荷蘭政府採取行動調整其社會住宅體系。依照歐洲理事會的說法，荷蘭的社會住宅政策破壞歐洲共同市場的管制原則。亦即，歐洲理事會擔心荷蘭的社會住宅補貼將迴避住宅市場的競爭。荷蘭政府回應，如果照辦，將嚴重地影響該國的社會住宅（Gruis & Priemus, 2008）。

三、瑞典從普及到選擇的兩難

瑞典普及式住宅政策，如同荷蘭被歐洲聯盟要求開放住宅市場，不可只補貼社會住宅一般。2002年，瑞典私人租屋市場質疑政府對社會住宅進行不公平補貼，違反歐盟公平競爭原則。但是，瑞典社會住宅並沒有像荷蘭一樣立即設定住戶的所得條件，將普及式住宅政體（universal housing regime）轉向選擇式住宅政體（selective housing regime），而只是取消對社會住宅的補貼，以符合歐盟規定。然而，中間偏右政黨聯盟執政的2011年，新的公共住宅立法規定地方政府的社會住宅基金必須確證自償率，但又維持社會住宅的社會責任，使得社會住宅宗旨模糊於既要符合市場競

爭，又要維持社會包容的痛苦中。於是，瑞典社會住宅走向市場化選擇取向越來越明顯。調高入住門檻之後，低所得、所得不穩定者越來越難入住社會住宅，租金津貼不一定被社會住宅公司認定爲穩定收入。地方政府只得利用向社會住宅公司承租，再轉租給無法在租屋市場租到房子的人民，地方政府社會住宅調適住宅市場的跡象明顯（Grander, 2017）。

四、德國從住宅興建轉變爲租金補貼

德國在1980到1990年代間，也受到新自由主義市場化的影響，超過400萬戶的社會住宅減少到140萬戶，使德國社會住宅進入工業與金融企業的文化裡。然而，所得較低的家戶的住宅需求仍殷切，於是社會住宅從磚瓦（bricks-and-mortar）興建模式轉變爲住宅津貼（Wohngeld）的補貼模式。針對失業、所得偏低的家戶提供住宅津貼，避免其被趕出原住所，德國人稱此種模式爲實質的社會住宅（virtual social housing）。據此，德國的社會住宅混雜著舊式的社會住宅，與住宅補貼的民間住宅市場的實質的社會住宅。此外，爲因應人口老化與年輕世代的住宅需求，合作住宅（cooperative housing）也被鼓勵，讓老人在宅老化與年輕人一起居住；同時，由建築開發商與鄰里地主合作的協力建屋（Baugruppen）也被推廣，使住宅能包容不同階級、職業、年齡的人們（Knorr-Siedow, 2008）。

五、美國不再興建公共住宅

美國1974年修正《住宅與社區發展法》，通過第八節（section 8）新規定，透過供給與需求補助兼顧的策略，來達成對低所得家庭的住宅補助。如果是住在公共住宅者，第八節適用對象無異於一般的房租津貼；如果是新申請搬遷戶，則以替代券（voucher）方式補助向私人租屋，亦即房租補助非直接給房客而是給長期合約的房東。第八節住宅補助的重要特徵有三：(1)規定房屋品質的最低標準才可簽約；(2)合格房東與政府簽約，由房客以替代券繳房租，但不保證一定立刻有空房可住，必須在等候名單上排隊；(3)房客接到的補助金額與租金多寡無關，補助的金額通常幾近足額（Steele, 2001）。

1980年代的雷根政府對公共住宅的政策與英國的佘契爾夫人相近，

不再興建公共住宅。1989年布希執政，眾議員出身的坎普（Jack Kemp）當上住宅與都市發展（HUD）部長，仍然循英國保守黨的擴大低收入住宅自有政策，期冀達成「自有住家是美國人的夢想」實現。一方面改善現有公共住宅的居住品質，另方面擴大低收入戶擁有自有住宅。坎普的政策是「給每個人擁有住宅的機會」（Home-Ownership and Opportunity for People Everywhere, HOPE），政府以貸款補助的方式將公共住宅售予低所得者。

　　柯林頓政府執政時期，基於公共住宅建築成本飆漲，投資回收有限，仍然繼續共和黨的住宅政策主張，不再興建公共住宅，而是以前述第八節的房屋津貼方案住宅券（housing voucher）補助與住宅證（certificate）計畫，來解決低收入家庭的居住問題。住宅證的補助額度是根據政府每年定的房屋公平市場租金（fair market rent）減去補助對象可負擔的房租（淨所得的三分之一），亦即由政府補足其房租差額。金額規定少於補助對象毛所得的十分之一，但至少50美元，好讓低收入戶可自行選擇適合自己經濟條件的住宅承租，而補貼租金直接由政府付給私人房東。

　　美國迄今仍靠住宅補助第八節為主的政策，雖然給低收入戶自由選擇居住權，但是，不一定能維持受益對象所需的最低居住條件；房東通常也會盡量訂高其租金價格使之不低於公平市場租金；房客的房租津貼固定，租到較低房租者較有利；雖然分散居住，但仍無法消除對第八節租屋的歧視與烙印化；而且也不是所有申請者都可很快從等待名單中得到租屋機會。

　　美國的不再興建公共住宅政策實施的結果出現兩種惡化現象，第一，低收入戶的租金負擔嚴重；第二，投資在可負擔的住宅越來越萎縮。2017年，近31%的自有住戶與46%的租屋者花費超過30%的所得在房租上，這被美國住宅與都市發展部認為是高負擔的。缺乏負擔得起的住宅主要原因就是提供給低所得家戶的公共住宅及私人房東嚴重不足，大約只有37%的房客可以租到負擔得起的住宅（Reina, 2019），低所得家戶要租到負擔的起的住宅遙遙無期。

肆 社會住宅的興建與營運

一、社會住宅的興建

社會住宅的興建有四種模式：

（一）政府興建

屬中央政府興建者有紐西蘭、新加坡的組屋、香港的公屋、馬來西亞的人民組屋。屬地方政府興建為主者有捷克、冰島、挪威、拉脫維亞、匈牙利、立陶宛、波蘭。中央與地方協力的有韓國、盧森堡、加拿大、斯洛伐尼亞、葡萄牙等。

（二）民間興建

荷蘭社會住宅由非營利組織的住宅公司興建，社會住宅協會管理。芬蘭也類似。德國社會住宅由民間興建、政府補助。

（三）工會合作興建

丹麥由國家貸款給工會興建勞工住宅，或合作建屋，由各地非營利的住宅協會管理，房客也被納入理事成員，實現房客民主。但丹麥也有中央政府興建的社會住宅。

（四）公私混合興建

瑞典的社會住宅主要是由地方政府組成的公共住宅公司興建與管理，也有像丹麥一樣的合作住宅。奧地利、英國、法國、澳洲、愛爾蘭也是地方政府與民間非營利組織興建並存。

二、社會住宅的入住對象

各國社會住宅的提供對象，有涵蓋各類型家戶的「普及的社會住宅」（universalist social housing），包括：荷蘭、瑞典、丹麥、法國；有以照顧低所得家戶為主的「低所得家戶社會住宅」（lower-income social housing），包括：英國、挪威、德國、愛爾蘭、美國等。但是，「普及的社會住宅」的申請家戶並非真的是全民，大都設定該地區家戶所得平均為門檻。此外，也有以單親家戶、獨身老人、青年為優先。而「低所得家戶社會住宅」也不侷限於低收入戶，也包括：單親家長、受暴婦女、身心

障礙者、獨居老人等。其間的差異在於社會住宅的供給量，供給量越多，家戶所得的門檻越寬鬆；供給量越少，所得限制越嚴格，如下表12-2。

表12-2　選擇歐洲國家社會住宅的入住對象比較

國家	住戶類型	所得水準	脆弱家庭	租金補助資格	租金補助
荷蘭	老年家庭、小家庭、移民家庭	全國平均家戶所得50%以下。但為了社會混合有例外	無	所得、租金水準	至多每月300歐元
丹麥	單身（女性較多）、單親家庭、年輕家庭	全國平均家戶所得68%以下	保留25%給地方政府使用	有兒童和老人的低所得家戶	老人至多每月410歐元、一般人398歐元
瑞典	單親家庭、獨居老人	全國平均家戶所得50%以下	地方政府住宅保留給貧窮家庭	老人與有兒童的低所得家戶	最高補助額度不依住宅成本計算
奧地利	年輕家庭、獨居老人	工人階級、低所得、中所得家戶	無	所得、住宅規模、租金水準	區域差異
法國	年輕家庭、單身、單親家庭	低所得家戶優先	低需求區域才有脆弱家庭保留	所得與家戶規模	住戶至少負擔每月30歐元。超出的租金，再依家戶所得比例補助，貧戶全額補助、餘最高補助90%，平均補助每月238歐元（2010年）
德國	單親家戶、單身、無子女家庭	低所得家庭優先	地方政府住宅保留利用	低所得或中所得、租金、貸款	複雜公式計算
英國	單親家庭、獨居老人	全國平均家戶所得50%以下	地方政府安置遊民家庭與決定優先順序	家戶所得與特性、貸款利息	依家戶所得至多全額租金補助

資料來源：Scanlon, Arrigoitia, & Whitehead (2015). pp5-8.

三、社會混居

社會住宅殘補化的結果，產生弱勢住戶的空間集中化，再加上住戶身體與心理健康通常較差，複合著擁擠的空間、不好的隔間、缺乏隱私，以及共用公共設施、庭院與走廊、洗衣間，所衍生的鄰里紛爭，使得社會住宅常被社區排斥，或被認為是壞鄰居（Cheshire & Buglar, 2016），出現鄰避效應。其興建地點選擇、治理就成為一個重要的課題，也是難纏的議題。

晚近，住宅的社會混居（social mix）被強調，指涉居民組成的異質性。一旦居民異質性極大化，社會隔離就極小化。其策略包括（Christensen, 2015）：

1. 高檔化（gentrification）。英國、荷蘭、美國曾為了避免社會住宅被汙名化，而採高檔化策略，結果使社會住宅中產階級化，失去社會混居的目的。

2. 入住混合策略（housing mix strategies）。指租期混合與職業混合，兩者的確都可以促成某種程度的社會混居，但是效果一般。

3. 有權購屋（right to buy）。往往會降低社會混居，反而強化社會隔離。

4. 租屋券（rental vouchers）。美國雅好租屋券，讓房客擁有選擇權。但是，因為租屋券集中在低收入戶身上，能選擇的租屋地區有限，很難達到社會混居。

5. 地區為基礎的介入（area-based interventions）。是指物理環境的整修，促進弱勢鄰里的所得混合。但不保證舊居民會與新住戶進行社會接觸，需要其他社會關係建立的配套。

丹麥1994-1998年利用地區為基礎的介入手段，利用社會活動、物理環境整修、租金減降，試圖提高被剝奪地區的社會混居。但長程貫時研究卻發現，教育、就業、所得或種族混合的效果並不顯著。實驗地區的移出者大多是丹麥出生、與勞動市場連結，以及可支配所得較高的居民；移入者則是社經弱勢居民。顯示居民選擇（selection of residents）的居住模式（residential pattern）阻礙了地區為基礎的介入，使丹麥神話的社會混居

不易達成（Christensen, 2015）。倘若社會住宅數量少，要以放寬租屋條件或提高租金來達到社會混居，效果非常有限，反而會出現迫切需求租屋者苦等無社會住宅可租，而經濟能力較佳者卻抽中社會住宅的荒謬現象。

 ## 第三節　住宅與福利國家發展

　　到底社會住宅與福利國家的關係是什麼？如果從前述的社會住宅的發展史來看，沒有住宅即沒有福祉。在資本主義市場邏輯裡，只要任何可作為交易的標的，依供需決定價格。供給越多，需求不足，價格必然下跌；反之，供給越少，需求增加，價格必然上漲。而住宅是一個必須有土地才能興建的產品，土地在不同國家、地區的供給量不同。美國土地雖大，但是在阿拉斯加與紐約的土地供給情形卻完全不同。紐約寸土寸金，阿拉斯加有土地也沒買主。臺灣地小，土地供給不可能無限，因此，土地價格會隨著經濟發展上漲，且漲幅往往高於薪資所得，尤其是都會地區。

壹 房屋自有率與福利國家

　　社會住宅毫無疑問是福利的一環。但是，一般住宅是否為福利項目則有爭議。住宅被認為是福利國家搖晃的支柱（wobbly pillar）（Torgersen, 1987），顯示其脆弱、不穩定性。但是，也有學者指出住宅是新福利國家的基石（cornerstone）（Lowe, 2004; Malpass, 2005）。這兩種說法角度不同，看的面向就不同。前者從福利國家的內部來觀察，比較福利國家的公共服務，發現社會（公共）住宅在新自由主義福利國家私有化之後，有越來越萎縮的趨勢。而後者從福利國家的外部觀察，發現在新福利國家裡自有住宅越來越重要（Malpass, 2008）。

　　「搖晃的支柱」的說法是立基於英國的經驗。自從1980年有權購屋（住宅）觀念被引進，社會住宅被出售，社會住宅逐漸被解構，自有住宅普及率提高，社會住宅就被邊緣化，而成為福利國家搖晃的支柱，不再是堅強的支柱。為何社會住宅在新自由主義市場經濟下，相對於其他福利，

例如社會保險、健康照護更加脆弱，原因在於其市場占有率從未超過半數，無法主導住宅市場供需，且土地與住宅價格炒作利益龐大，住宅私有市場有利於經濟利益累積，於是，就成為右翼政黨反擊的首要目標。

住宅與福利國家的關係被認為是高度相關（Kemeny, 1980）。從國際比較中可以發現，越是發展成熟的福利國家，例如瑞典、丹麥、荷蘭，其房屋自有率偏低，而社會住宅占有率較高；反之，福利國家發展較落後的國家，例如美國、澳洲，有較高的房屋自有率。在美國、英國、加拿大、澳洲、紐西蘭等房屋自有的社會（homeownership societies），年輕世代要花很大的成本才可能買得起一戶住宅。因此，就不可能接受高稅率福利國家制度，導致福利國家擴張受到限制（Castles, 1998; Lowe, 2004）。

年輕人終其一生花昂貴的資金購買房屋，自然會降低住宅支出以外的可支配所得，也就沒有足夠的所得來支持年金（Kemeny, 1981）。這樣的說法衍生出老人擁有自有住宅，卻缺乏現金來購買醫療與社會照顧，因此，「以房養老」就成為這些國家的利器，讓有自有住宅的老人將其住宅質押給銀行，以貸得養老所需經費，老人過世，其房屋產權歸銀行所有，拍賣變現。不過前提是老人必須有自有住宅，且其住宅沒有子女繼承的法律問題。

反駁者認為，在1947年代，澳洲房屋自有率是53%。美國在1900年是40%，直到1950年還未超過半數。英國在1951年是31%。據此說明在戰後福利國家發展過程中，前述的自有住宅擁有者抗拒高稅率，導致福利國家遲滯發展的說法似乎不能成立。因為當時房屋自有比例仍不是主流，何來抗稅之說，且無自有房屋者不可能抗稅（Malpass, 2008），可是這些國家的福利發展的確較落後。

可見房屋自有率與福利國家的負相關的說法的確缺乏文化的思考（Lowe, 2004）。房屋自有的概念在某些國家是根深蒂固的觀念，有土斯有財、住在自己的房子裡，是東方人的傳統想法。臺灣就有超過80%的房屋自有率，不過這是指80%的房子為家戶所有，不是80%的家戶擁有房子。估計在臺灣至少有25%的家戶是無殼蝸牛（張金鶚，2010）。無殼蝸牛是指沒有自有住宅的人，而非無家可歸者。在英語系國家這種觀念雖沒有東方國家那般強烈，但也比非英語系的歐洲國家強烈。因此，英語系國

家有比較高的房屋自有率。

貳 自有住宅與新福利國家

前述房屋自有率越高的福利國家越發達的說法雖然有爭議，但是，1980年代以來的新自由主義思想，造成福利私有化、市場化、管制鬆綁與福利緊縮，的確造成房屋市場更加自由化、社會住宅萎縮、自有住宅比例升高，某種程度印證了社會住宅是福利國家「搖晃的支柱」。亦即，住宅自有率不是福利國家發展的原因，但是，福利國家轉型到新自由主義之路，的確對社會住宅造成很大的傷害。

不過，住宅自有率越高，顯示住宅之於新自由主義福利國家變得更重要，可以說住宅是新福利國家的基石。首先，選擇與責任是新自由主義福利國家的特質。而住宅補貼提供人民自由選擇居住的地方，而不是等待承租社會住宅；且住宅成為人民的財產，增加人民的財富積累，吻合資產為基礎的福利（asset-based welfare）理念。然而，以英國為例，到2008年房屋自有率已達到70%，房屋自有成為決定鄰里形成的重要元素。人們藉此接近學校教育、健康服務、就業機會，以及其他生活機會。而住宅價格決定社區生活機能的好壞，房價越高的地方通常服務資源越好，例如醫療服務、學校教育品質等。因此，住宅的空間分布影響人民的福祉。孟母三遷為的是找到好的社區，好的社區自然會有更多人與孟母一樣遷入，就造成房屋需求大於供給，房屋價格自然上漲。房價上漲之後，只有富人才買得起，社區階級化於焉出現。

其次，住宅預算從社會住宅興建轉移到住宅補貼，社會住宅出售，或是移轉到民間手上。導致原屬支出的社會福利項目變成出售社會住宅的收入，對福利國家來說是一大財政收入。

第三，社會住宅萎縮之後，住宅占社會福利支出的比例下降。但是，自有住宅者消費在房屋的費用升高，或者說房屋的價值占個人財富的比例升高。住宅代表資產的有無，而居住於社會住宅者則表示無恆產。當無恆產者所占比例越低，代表國家已將追求住宅擁有的責任移轉給個人，協助這些個人擁有住宅成為政策的目標。社會住宅重要性更降低，個人擁有住

宅就越重要（Malpass, 2008）。

　　據此，新自由主義福利國家的住宅政策就不會往興建社會住宅的方向前進，而是採補助低所得家戶購買住宅、貸款利息補貼、房屋稅減免，或是貸款保證下手。但是，關鍵是低所得家戶如果付不出頭期款就無法簽約談貸款，得不到貸款就買不起房屋，而金融機構必然要求以土地或房屋作為貸款抵押的標的。所以，政府作為保證人協助低所得家戶貸款是必要的風險承擔。美國早在1934年經濟大蕭條時即有這種作法；加拿大也在1954年起有此措施。而以社會住宅聞名的瑞典在其右派政黨主政的1992年也引進；荷蘭也於1997年開辦。可見，為了提高房屋自有率，新自由主義福利國家不得不改變其住宅政策（Elsinga et al., 2009）。

第四節　無家可歸者的福利

　　無家可歸者（homeless）又稱流浪者（vagrant）、閒蕩者（loafer）、流動勞工（hobo）、街頭遊蕩者（skid rows）、街民（rough sleeper, street people）等。在不同國家又有不同的用詞，法語稱sans domicile fixe（居無定所），或sans abri（居無遮蔽）（Toro et al,. 2007）。日語稱furou或runpen（流浪者）（Okamoto, 2007），日本政府2002年通過「路上生活者自立支援事業實施綱要」，無家可歸者稱「路上生活者」，很像臺灣的街友。臺灣稱遊民、街友（林萬億、陳東升，1995）。在中國稱無家可歸、流浪漢。

壹 無家可歸者的組成

一、定義無家可歸者

　　無家可歸者在不同國家有不同的定義。聯合國2004年定義無家可歸者為「因缺乏穩定收入而無住所的家戶，例如露宿街頭、門口、橋墩，或隨機棲身其他臨時空間。」進一步，2009年再區分無家可歸者為兩類：

(1)初級無家可歸者（primary homelessness/rooflessness），指露宿街頭，棲身一處小角落者；(2)次級無家可歸者（secondary homelessness）指居無定所，移動在包括住家、庇護所、遊民收容機構，或街頭者（UN, 2009）。

歐洲無家可歸者觀測（the European Observatory on Homelessness, ETHOS）界定無家可歸者為「缺乏像樣的住所（decent dwelling or space）以適當地滿足個人及其家庭的需求（物理面）；無法維持隱私與享有社會關係（社會面）；以及不具備占有的安全與法律地位（法律面）。」（Edgar, 2009: 15）其指標是：露宿、無家、不安全、不適足。據此，發展出13種型態，24種次類型。然而，這樣的定義被批評缺乏建構效度、不窮盡、缺乏參考時間點。於是，建議改為「某個時期居住在低於適居的處所，且無法獲得適居處所。」（Amore, Baker, & Howden-Chapman, 2011）。

美國則分兩類：第一類是統計帳面的無家可歸者（literal homeless），指安置在庇護所、棄養收容機構或其他公共安置地方的人們。第二類是不固定住家的人們，包括那些與朋友、家人住在擁擠的房間（doubled-up）的人們（Toro, 2007）。在澳洲分四類：(1)初級無家可歸者，就是那些居無遮蔽的人；(2)次級無家可歸者，只居住在暫時場所的人們；(3)第三級無家可歸者，指居住在寄宿場所，沒有自用的床鋪、浴室、廚房等設施；(4)無家可歸邊緣者或處在高風險的人們，指面臨住宅危機的人們（Zufferey, 2008）。

我國中央政府並無統一的遊民定義，各地方政府的遊民定義不盡相同。「高雄市街友安置輔導辦法」定義遊民「指經常性露宿街頭、公共場所或居無定所者。」「臺北市遊民安置輔導自治條例」定義遊民「指經常性宿於公共場所或公眾得出入之場所者。」

無家可歸者的組成還可分為：(1)無家可歸家庭（homeless families），指由父母或父母之一方及其未成年子女組成的遊民家庭，通常都是女性單親家戶為多；(2)無家可歸青年（homeless youth），在美國指未滿21歲的無家可歸青年，或稱街頭青年（street youth）；(3)無家可歸兒童（homeless children），指未滿18歲的無家可歸者，通常是逃家（runaways），或是被迫離家（throwaways）的兒童（Toro, 2007）；

(4)無家可歸的成人（homeless single adults），就是我們熟悉的流浪漢，其性別大部分是男性。

二、無家可歸者的普及率

　　無家可歸者的人數是變動的，在經濟不景氣時，人數會增加。托勒等人（Toro et al., 2007）調查美國、比利時、英國、德國、義大利的無家可歸者，推估美國人民一生中曾經落入廣義的無家可歸的經驗是12.9%，比利時是9.6%，英國是13.9%，德國是5.6%，義大利是10.5%。至於狹義的無家可歸經驗（即統計帳面的無家可歸者）美國是6.2%，比利時是3.4%，英國是7.7%，德國是2.4%，義大利是4.0%。可見上述各國的貧窮人口中的大部分都曾淪為無家可歸者。

　　日本厚生勞動省於2003年進行第一次全國調查，發現日本有25,296名無家可歸者，2007年第二次調查人數些微下降到1,8564人。但是隱性的無家可歸者增加，他們整晚棲息在網咖、漫畫書店、咖啡店，不易被調查到（Okamoto, 2007）。

　　臺灣沒有全國性遊民普查，很難精確估計遊民人數。但是從各地方政府服務遊民的人次來看，至少有3,000個遊民分布於臺北市、新北市、高雄市、臺中市、臺南市、桃園縣等大都市及其近郊。林萬億與陳東升（1995）調查發現，城市中的火車站、廣場、市中心、廟宇、教堂、觀光點、夜市等地是遊民聚集的地點，因為這些地方具有就業、棲息、乞討、包容、服務資源、公共性等特質，有利於遊民生存。

　　受限於移動性、經濟景氣、服務可近性，無家可歸者的統計很難精準。通常官方統計會低估，因為官方從行政部門的服務紀錄來計算無家可歸者人數。一旦無家可歸者未出現於地方政府的公共服務窗口，就不會被列入。以歐洲為例，大部分無家可歸者服務是由非營利組織提供，分散化的服務紀錄，使得統計相對不精準（Busch-Geertsema et al., 2014）。相反地，從非營利組織的角度，遊民服務連結到募款，就會極大化遊民人數。以退伍軍人為例，由於其較少求助地方政府的社會服務或住宅服務單位，再加上制度定義的認知差異，相對於美國的統計，英國地方政府統計退伍軍人淪為無家可歸者的比例就被明顯被低估（Wilding, 2020）。

貳 無家可歸者的成因

無家可歸者的成因可從個人因素與結構因素來探討（Blid, Gerdner, & Bergmark, 2008）。

一、個人因素

1. **健康問題**：精神疾病、身心障礙者、重大傷病者、行為偏差者因不易找到工作機會，造成家庭照顧負荷，或家庭擔心汙名化，而遺棄之；有部分無家可歸者因意識不清而走失。反之，無家可歸者也容易引發身體病變，例如皮膚病、消化系統病變、營養不良、傳染疾病、心理不健康等而不易就業。

2. **物質濫用**：酒精中毒、吸毒者不易穩定就業，亦得不到家人接納，而成為無家可歸者。反之，無家可歸者也較容易藉飲酒驅寒而上癮，或被毒品控制而犯罪。同樣地不容易回歸主流社會。

3. **家庭暴力受害者**：逃避家庭暴力而淪為無家可歸者大多是女性與兒童。前述無家可歸的單親家庭、街頭遊童，往往是家庭暴力的受害者。

4. **被遺棄**：老人、身心障礙者、精神病患、行為偏差兒童等容易被家庭遺棄，而成為無家可歸者。

5. **個人選擇**：極少數無家可歸者是不習慣家庭生活，喜歡到處流浪的。

然而，個人歸因有責難受害者（blaming the victim）的嫌疑。如果有足夠的住宅、家庭暴力預防、兒童保護與安置服務，這些個人因素有可能被一一化解，而不致成為無家可歸者。

二、結構因素

1. **失業**：失業率升高，無家可歸者增加。因為失業導致家庭所得中斷或降低，付不出房屋貸款或租金，就被債權銀行或房東趕出家門。1980年代的美國，因失業率升高而無家可歸者人數暴增（Hertzberg, 1992）。2008-2009年的全球金融海嘯，也造成美國、

歐洲、日本無家可歸者人數大增。

2. **社會住宅短缺**：新保守主義席捲全球的1980年代，美國的公共住宅預算被刪減，英國也出現類似的經驗；東西德合併後東德人民大量湧入西德，導致西德住宅供給不足，都是造成無家可歸者增多的元兇。荷蘭、丹麥、瑞典的社會住宅量相對多，無家可歸者相對少。以瑞典2004年為例，房屋市場自有住宅比例僅39%，房客擁有的合作住宅有17%，公共住宅22%，私人房東21%。瑞典2005年調查無家可歸者與不穩定住宅者有17,800人被安置在短期收容場所（Blid, Gerdner, & Bergmark, 2008），無家可歸者也比社會住宅高峰時多。

3. **都市更新**：住在都市違章建築區、貧民窟的窮人往往因都市土地開發，或都市更新，僅得到少額的補貼或補償，致無法購買或承租合適的住宅，而成為無家可歸者。在各國，有色人種、原住民、移民常常是這種情形下出現的新遊民。

4. **去機構化**：1960年代歐美各國推行的去機構化運動，也造成犯罪者、精神病人、老人、身心障礙者從安置機構被釋出，回歸社區與家庭。然而，一旦家庭與社區無力，或無意願照顧，則這些人成為無家可歸者的風險升高（Belcher & Erphross, 1989）。

5. **福利供給不足**：社會福利緊縮，或供給不足，無家可歸者必然增加。例如精神疾病與身心障礙醫療及安置機構不足、家庭暴力預防與介入方案不足、少年服務方案短缺、社會救助嚴苛、藥酒癮戒治方案短缺、遊民服務體系未建構等，都是無家可歸者增加的原因。

6. **氣候變遷**：全球氣候異常，頻繁的災害，不論是暴風雪、洪水、土石流、寒流、熱浪、颱風等，沖毀房屋、淹沒良田、摧毀社區、破壞道路、折損橋梁、傷害人畜，倘缺乏有系統的災難救援與社區重建，就會新增許多無家可歸者。此外，對高脆弱性（vulnerability）的無家可歸者來說，除了貧窮、因應災難的資源不足外，缺乏遮風避雨的堅固住宅、難以融入社區、不易接近公共服務、易被災難警示資訊所忽略，更成為災難中的高風險群，

且因相對低的復原力（resilience），使災後復原的速度也相對慢（Red Cross, 2016）。

結構因素的解釋屬受害者無辜理論（innocent-victim theory）（Von Hentig, 1948），認為某種生理、社會條件的人，容易成為受害者；或服務不適足理論（inadequate-service theory），假設只要公共服務足夠，無家可歸者自然減少，甚至絕跡。是結構不利於易受害者，而非受害者活該。

總之，無家可歸者發生的原因不一，難以完全歸咎個人，往往是個人與結構互動下的產物。不過，社會福利體系越健全的國家，人民淪為無家可歸者的機會越少。

參 無家可歸者的服務

對無家可歸者的服務常見的不外乎短期性庇護、社會住宅、生理與心理健康照顧、職業訓練、就業服務、社會救助等。林萬億與陳東升（1995）將這些服務階段化，包括：緊急服務（emergency services）、過渡服務（transitional services）、穩定服務（stabilization services）。

一、緊急服務

緊急服務是提供食物、衣被、現金救助、醫療照顧、盥洗、暫時性庇護所居住等，屬庇護中心為基礎的服務（shelter-based service）。大多數缺乏社會住宅的國家都是以這種方式來管理無家可歸者，例如美國的遊民庇護中心、福利旅店、帳篷村、湯廚；日本在泡沫經濟、金融風暴時期提供的公園帳篷族服務；臺灣創世基金會提供的街友三溫暖、平安站、愛心便當，臺北市平安居、高雄縣慈心園，以及各地方政府的遊民收容所都屬這類的服務。緊急庇護中心只短期救助，如果沒有長期住宅安置與家庭重建，遊民離開庇護所還是會回到街頭。通常短期庇護所停留期間很短，在那裡享有食物、衣被、床位、盥洗等緊急服務，卻無法提供醫療、教育、就業、心理諮商、家庭重建等多元的服務。

一旦遊民收容所由短期變為長期安置，就容易出現機構化問題。因

此，緊急服務中心都不主張長期安置。長期安置在遊民收容所的無家可歸者理應要依其人口屬性安置到適當的機構，例如老人遊民宜安置到老人之家，或長期照顧機構；身心障礙者宜回歸到身心障礙機構；精神疾病者也應安置到精神疾病療養機構。如此，就無長期安置於遊民收容所的必要性。

二、過渡服務

又稱中繼服務或轉銜服務，是提供機會給遊民接受職業訓練、生理心理治療、補救教育、協助永久住宅安置等。其作法是讓遊民停留在緊急收容中心幾個月，於此期間提供家政管理教育、就業媒合、醫療照顧、心理諮商、兒童照顧、補救教育、煙毒戒治等，以利遊民獲得就業機會或長期住宅。臺灣芒草心慈善協會提供的自立支援網絡模式的遊民服務，協助遊民解決居住、社會福利、就業、人際關係連結議題，以利遊民脫離流浪循環；新北市街友中途之家—社會重建中心也屬於這一類的服務。如果過渡服務無法針對遊民個別需求提供有效服務，很容易陷入延長緊急服務的效果而已。

三、穩定服務

指提供永久住宅、就業機會、長期心理諮商等服務。其中住宅扮演關鍵性角色，不論是社會住宅，或是房租津貼都可以讓遊民穩定下來。沒有穩定的住宅，很難有穩定的就業、教育、醫療服務。但是，遊民經歷一段流浪的日子，其心理健康問題，例如憂鬱、人際關係障礙、語言障礙、社會撤退、缺乏自信、不安全、不信任、低自尊等都需要一段時間的治療才能復原，而在這期間其就業力相對不足。如何強化其就業穩定度，是需要有較大的耐心與配套才能竟其全功。

參考書目

· 林萬億、陳東升（1995）。遊民問題之調查分析。行政院研考會。

· 林萬億、鄭如君（2014）。社會工作名人傳。臺北：五南。

· 林萬億（2003）。論我國的社會住宅政策與社會照顧的結合。國家政策季刊，2：4，頁53-82。

· 林萬億（2012）。臺灣的社會福利：歷史與制度的分析。臺北：五南。

· 張金鶚（2010）。張金鶚的房產七堂課。臺北：圓神。

· Amore, K., Baker, M., & Howden-Chapman, P. (2011). The ETHOS Definition and Classification of Homelessness: an analysis. *European Journal of Homelessness*, 5(2): 19-37.

· Barker, P. (1984). *Founders of the Welfare State*. London: Ashgate Publishing.

· Belcher, J. & Erphross, P. (1989). Towards an Effective Practice Model for the Homeless Mentally Ill. *Social Casework*, 70(7): 421-427.

· Blid, M., Gerdner, A., & Bergmark, Å. (2008). Prediction of Homelessness and Housing Provisions in Swedish Municipalities. *European Journal of Housing Policy, 8,* 399-421.

· Busch-Geertsema, V., Benjaminsen, L., Hrast, M. F. & Pleace, N. (2014). Extent and Profile of Homelessness in European Member States: a statistical update. Brussels: FEANTSA.

· Castles, F. (1998). *Comparative Public Policy*. Cheltenham: Edward Elgar.

· Cheshire, L. & Buglar, S. (2016). Anti-social or Intensively Sociable? the local context of neighbour disputes and complaints among social housing tenants. *Housing Studies*, 31(6): 729-748.

· Christensen, G. (2015). A Danish Tale of Why Social Mix is so Difficult to Increase. *Housing Studies*, 30(2): 252-271.

· Edgar, B. (2009). *European Review of Statistics on Homelessness*. European Federation on National Organization Working with the Homeless.

· Elsinga, M. et al. (2009). The Government Mortgage Guarantee as an Instrument in Housing Policy: self-supporting instrument or subsidy? *Housing Studies*, 24(1): 67-80。

· Fitzpatrick, S. & Watts, B. (2017). Competing Visions: security of tenure and the welfarisation of English social housing. *Housing Studies*, 32: 8, 1021-1038.

· Forrest, R. & Murie, A. (1991). *Selling the Welfare State: the privatization of public housing*. London: Routledge.

· Giarchi, G. G. (2002). A Conspectus of Types, Options and Conditions of Elder-accommodation in the European Continent. *Innovation*, 15: 2, 99-119.

· Grander, M. (2017). New Public Housing: a selective model disguised as universal? implications of the market adaptation of Swedish public housing. *International Journal of Housing Policy*, 17(3): 335-352.

· Gruis, V. & Priemus, H. (2008). European Competition Policy and National Housing Policies: international implications of the Dutch case. *Housing Studies*, 23(3): 485-505.

· Harloe, M. (1995). *The People's Home? social rented housing in Europe & America*. Oxford: Blackwell.

· Hertzberg, E. (1992). The Homeless in the United States: conditions, typology and intervention. *International Social Work*, 35: 149-161.

· Hills, J. (2001). Inclusion or Exclusion? The Role Housing Subsidies and Benefits. *Urban Studies*, 38: 11, 1887-1902.

· Kemeny, J. (1980). Homeownership and Privatization. *International Journal of Urban and Regional Research*, 4: 372-388.

· Kemeny, J. (1981). *The Myth of Homeownership*. London: Routledge and Kegan Paul.

· Knorr-Siedow, T. (2008). Towards New Forms of Social Housing in Germany. *Urban Research & Practice*, 1(3): 319-323.

· Kristensen, H. (2002). Social Housing Policy and the Welfare State: a Danish perspective. *Urban Studies*, 39: 2, 255-263.

· Lowe, S. (2004). *Housing Policy Analysis*. Basingstoke: Palgrave.

· Malpass, P. (2001). The Restructuring of Social Rented Housing in Britain: demunicipalization and the rise of registered social landlords. *European Journal of Housing Policy*, 1: 1, 1-16.

· Malpass, P. (2005). *Housing and the Welfare State: the development of housing policy in Britain*. Basingstoke: Palgrave.

· Malpass, P. (2008). Housing and the New Welfare State: wobbly pillar or cornerstone. *Housing Studies*, 23: 1, 1-19.

· Malpass, P. & Victory, C. (2010). The Modernization of Social Housing in England. *International Journal of Housing Policy*, 10: 1, 3-18.

· Milner, J. (2005). Disability and Inclusive Housing Design. In Peter Somerville and Nigel Sprigings (eds.), *Housing and Social Policy* (pp.172-196). London: Routledge.

· OECD (2020). Social Housing: a key part of past and future housing policy. *Employment, Labour and Social Affairs Policy Briefs*. OECD, Paris.

· Okamoto, Y. (2007). A Comparative Study of Homelessness in the United Kingdom and Japan. *Journal of Social Issues*, 63(3): 525-542.

· Pawson, H. & Sosenko, H. (2012). The Supply-Side Modernisation of Social Housing in England: analysing mechanics, trends and consequences. *Housing Studies*, 27: 6, 783-804.

· Priemus, H. (1997). Growth and Stagnation in Social Housing: what is social in the social rented sector? *Housing Studies*, 12: 549-560.

· Priemus, H. & Dieleman, F. (2002). Social Housing Policy in the European Union: past, present and perspectives. *Urban Studies,* 39: 2, 191-200.

· Red Cross (Victoria) (2016). Climate Change, Housing and Homelessness: report on the homelessness and climate change forum, 18 October, 2016.

· Reina, V. J. (2019). Affordable Housing, but for How Long? the opportunity and challenge of mandating permanently affordable housing. *Fordham URB L. J.* XLVI, 1267-1293.

· Scanlon, K., Arrigoitia, F. M., & Whitehead, C. (2015). Social Housing in Europe. *European Policy Analysis*, 17, 1-12.

· Sheppard, E., Sparks, T., & Leitner, H. (2020). World Class Aspirations, Urban Informality, and Poverty Politics: a North-South comparison. *Antipode,* 52: 2, 393-407.

· Spink, B. (2005). What Has the State Ever Done for Us. In P. Somerville and N. Sprigings (eds.), *Housing and Social Policy: contemporary themes and critical perspectives* (pp.14-42). London: Routledge.

· Somerville, P. & Sprigings, N. (eds.) (2005). *Housing and Social Policy: contemporary themes and critical perspectives*. London: Routledge.

· Sprigings, N. (2005). Housing Policy and Social Justice. In P. Somerville and N. Sprigings (eds.), *Housing and Social Policy: contemporary themes and critical perspectives* (pp.43-68). London: Routledge.

· Steele, M. (2001). Housing Allowances in the US under Section 8 and in Other Countries: a Canadian perspective. *Urban Studies,* 38: 1, 81-103.

· Stephens M. & Leishman, C. (2017). Housing and Poverty: a longitudinal analysis.

Housing Studies, 32: 8, 1039-1061.

· Strömberg, T. (1988). The Politicization of the Housing Market: the social democrats and the housing question. In Klaus Misgeld, Karl Molin, & Klas Åmark (eds.), *Creating Social Democracy: A Century of the Social Democratic Labor Party in Sweden* (pp.237-270). The Pennsylvania State University Press.

· Tang, C. (2008). Between Market and Welfare: rent restructuring policy in the housing sector, England. *Housing Studies*, 23: 5, 737-759.

· Torgersen, U. (1987). Housing: the wobbly pillar under the welfare state. In Tuner, B; Kemeney, J. and Lundqvist, L .(eds.), *Between State and Market: housing in the post-industrial era*. Stockholm: Almqvist and Wiksell.

· Toro, P. et al. (2007). Homelessness in Europe and the United States: a comparison of prevalence and public opinion. *Journal of Social Issues*, 63: 3, 505-524.

· Toro, P. (2007). Toward an International Understanding of Homelessness. *Journal of Social Issues*, 63(3): 461-481.

· United Nations（2009). Enumeration of Homeless People. United Nations Economic and Social Council, 18 August 2009.

· van Daalen, G. & van Der Land, M. (2008). Next Steps in Choice-based Letting in the Dutch Social Housing Sector. *European Journal of Housing Policy*, 8: 3, 317-328.

· van Kempen, R. & Priemus, H. (2002). Revolution in Social Housing in the Netherlands: possible effects of new housing policies. *Urban Studies* 39: 2, 237-253.

· Von Hentig, H. (1948). The Criminal and His Victim: studies in the sociobiology of crime. New Haven: Yale University Press.

· Wilding, M. (2020). The Challenges of Measuring Homelessness among Armed Forces Veterans: service provider experiences in England. *European Journal of Homelessness*, 14: 1, 107-122.

· Zufferey, C. (2008). Responses to Homelessness in Australian Cities: social worker perspectives. *Australian Social Work,* 61: 4, 357-371.

第十三章
社會投資

社會投資（social investment）是1990年代末浮現的新概念。其觀念最早可追溯到1930年代經濟大蕭條和生育危機，瑞典經濟學者默達爾夫婦（Alva and Gunnar Myrdal）主張社會政策是有效地組織生產（production）與再生產（reproduction），因此社會政策是一種投資而非成本。他們的觀點在其出名的《人口危機》（*Kris i Befolkningsfrågan*）一書中表露無遺，認為生育率的衰退是由於工業化與快速的都市化帶來的社會經濟艱困所致，兒童不再被視為農業的額外勞動力，反而被看作是家戶的負擔與住宅擁擠的成本，如果政策不提供家庭的經濟支持，不論是提供現金移轉，或是支持雙薪家庭，以及提高住宅品質，生育率不可能提升（Morel, Palier, & Palme, 2012）。默達爾夫婦的觀點支持凱因斯福利國家，也成為後來瑞典推動家庭津貼、親職假、托育公共化、社會住宅的理論基礎，認為生產性社會政策（productive social policy）不但可以提升生育率，也可以提高人力資本，進而提高經濟成長率。這是有別於保守派對社會政策的負面評價，也是往後瑞典社會民主福利國家的基調。

社會投資也許會被質疑是新瓶裝舊酒，尤其是北歐模式強調生產性社會政策由來已久（Nolan, 2013）。早年，新馬克斯主義觀點也把社會投資（social investment）、社會消費（social consumption）、社會支出（social expense）三者做了很明確的區分（O'Connor, 1973）。不過，1990年代以來的社會投資策略，更清晰地刻劃出福利國家社會經費（social spending）的分析架構，同時社會投資策略也作為一種社會政策取向選擇的平臺。

經歷了1930年代以來凱因斯福利國家的發展，到1970年代的兩次石油危機，福利國家危機的聲浪甚囂塵上，新自由主義浪潮席捲全球，凱因斯福利國家被評斷為生病了，根本無法因應後工業社會、社會與人口的轉型帶來的新社會風險（new social risks），若不想被終

結，就必須轉型。特別是以歐陸大國為主的保守福利體制，被點名幾乎無法因應變遷的新社會風險與需求，也無能創造就業機會（Morel, Palier, & Palme, 2012）；且福利國家的財政永續也被質疑無力支撐下個世代的福祉（Esping-Andersen, 1996,1999；Esping-Andersen, Gallie, Hemerijck, & Myles, 2002）。

社會投資觀點的出現有兩個理由（Jenson, 2012）。首先，新自由主義（neoliberalism）的矛盾。新自由主義並沒有實現其承諾，如預期地創造經濟福祉與穩定。新自由主義政府於1980到1990年代中以緊縮國家活動、大量節省國家預算作為主要號召。然而，從美國共和黨雷根總統（President R. Reagan）執政的美國與英國保守黨佘契爾首相（Prime Minister M. H. Thatcher）執政的英國經驗來看，試圖支解福利國家（dismantling welfare state）（Pierson, 1994）並不成功，政府社會福利預算持續成長，社會問題也根深蒂固，貧窮率並沒有下降。因此，反對新自由主義政府緊縮政策的中間偏左政黨陸續重回政治舞臺，包括英國的布萊爾（Tony Blair）、德國的施洛德（Gerhard Schröder）、荷蘭的寇克（Wim Kok）、丹麥的羅斯穆森（Poul N. Rasmussen）等人的政見均主張歐洲福利國家必須轉型從消極的給付，到積極的、能力建構、社會投資的國家（Hemerijck, 2012）。

其次，新自由主義政府信誓旦旦地稱凱因斯福利國家毫無替選方案（there is no alternative, TINA）可言，並非真實。替代觀點永遠不缺，並不一定只能從當下找尋，也可以從過去的經驗中提煉。從1945-1975年的積極勞動市場政策（active labor market policy, ALMP）支撐福利國家的繁榮年代（Les Trente Glorieuses）的經驗，人力資本投資的概念再次被看到，從過去的初中到後中教育，向前延伸到學前教育、提升生育率（Jenson, 2012）。

2001年比利時社會事務與年金部長范登布魯克（Frank Vandenbroucke）決定要依據里斯本議程（the Lisbon Agenda）建立一個新的社會企圖，邀請葉斯平—安德森（Gøsta Esping-Andersen）擔任召集人，組成一個規劃小組，為21世紀歐洲建設新福利藍圖。之

後，該任務小組報告出版成為《為何我們需要新福利國家》（*Why We Need a New Welfare State*）（Esping-Andersen et al., 2002），范登布魯克希望在迎向知識為基礎的社會時，引領歐洲社會民主黨走向積極福利國家運動，稱之為開創新局（path-breaking）的社會政策。

該報告建議「勞動市場與家庭是福利的投資組合優化器（optimisers），保證明日的工人仍將具生產力與有資源的可能性。」這個提醒預告了為過去消極男性賺食者（passive male breadwinner）的福利提供模式的轉彎，朝向解決後工業社會的新社會風險問題，例如低技術勞工、家庭與工作的失衡、人口老化致家庭照顧失能者的負擔增加、不穩定就業、不適足的社會安全覆蓋率、青年失業率、中輟、高等教育的學用落差、婦女勞動參與率低、移民增加、家庭照顧嬰幼兒負擔、少子女化、家庭不穩定與單親家庭增多等課題。同時，引入生命歷程（life course）觀點，調和女性照顧兒童、老人、脆弱者，兼顧滿足就業的渴望。新的福利國家必須解除女性家庭照顧與就業的緊張關係。於是，社會投資觀點的福利國家論述被確立，福利國家應該將經費由傳統的社會保險與年金，部分轉向社會服務、積極勞動市場，投資在兒童學前教育與照顧（early childhood education and care, ECEC）、對抗兒童貧窮、促進女性就業、職業訓練等方面。

社會投資並不是要替代社會保障，而是要建構社會保障（social protection）與社會進步（social promotion）的雙柱型新社會投資福利架構（twin pillars of new social investment welfare edifice）（Hemerijck, 2012）。理論上，尤其是在保守主義福利國家裡，社會投資與所得保障式的家庭政策是對立的。因為保守主義福利國家主要透過財政移轉來維繫男性賺食模式（male breadwinner model）的家庭與性別分工。因此，兒童照顧、親職假、產假等較少被發展（Lewis, 1992）。以基督教民主黨執政（Christian democratic regimes）的德國為例，強調的是強化社會保險體系，而非採取事前機制，例如人力資本發展、勞動市場參與，以及就業權保障。而兒童照顧設施支持人力

資本發展與勞動市場參與、親職假與產假也都是鼓勵父母留在職場與維持就業技能，這些正是社會投資策略強調的。然而，2000年代以來，德國採取可選擇的家庭主義（optional familialism），進行混血的家庭政策改革，引進社會投資型的兒童照顧、親職假與產假保險，以及擴大傳統的所得保障政策選擇（Häusermann, 2018）。

至於，社會投資觀點下的福利國家要怎麼稱呼？有建議直接用社會投資國家（social investment state）、新福利國家（new welfare state）（Esping-Andersen et al., 2002）、包容的自由主義（inclusive liberalism）（Criag & Porter, 2006）、樂高典範（the LEGO™ paradigm）（Jenson & Fraser, 2006）、發展式福利國家（developmental welfare state）、積極福利國家（active welfare state）（Bonoli & Natali, 2012; Horsfall & Hudson, 2017）。歐洲聯盟於2013年要求各會員國採行社會投資套案（Social Investment Package, SIP），藉以現代化福利國家，將社會投資觀點正式列入政治議程（Hemerijck, 2017）。

 第一節　社會投資觀點的社會政策

歐盟面對人口老化、社會政策執行的效率、公共預算的束縛，以及人力資本的提升等挑戰，倡議社會投資，其基礎是歐洲2020策略（The Europe 2020 Strategy）朝向智慧、永續、包容的發展。其目標是至少讓2,000萬人脫離貧窮、社會包容，以及提升20-64歲就業率到75%。歐盟認為福利體系對促進社會成果已多所貢獻，但是面對人口變遷、財政與經濟危機，導致公共預算的壓力與未來勞動市場結構性的短缺，亟需現代化社會政策，期極大化社會政策及其財源的效率與效果（European Commission, 2013）。

福利體系具有三個功能：社會投資、社會保障、經濟穩定。社會投資

涉及增進人們現在與未來的能力，換言之，其有立即的效果，也有長期提供經濟與社會回報的效果，特別是就業前景與勞動收入；社會投資也協助人們準備面對生活風險，甚於修補風險的後果。

　　好的福利體系結合強的社會投資，將產生兩種功能：保障與穩定。因此，有必要增加社會政策的效果與效率，以確保持續地支持公正與效率的社會。歐盟社會投資啟動的標的：鼓勵設置社會投資基金、支持適足的生計、促進社會權的覺察、投資兒童早期教育與照顧。

　　社會投資觀點的社會政策到底有何優越？從四個特徵：(1)問題診斷（了解失業原因及其社會政策與經濟的關係）；(2)追求的價值與原則；(3)公共行動的規範；(4)工具使用，來比較三個不同時期的政治經濟論述典範：凱因斯主義典範（二次大戰後到1970年代中期以前）、新自由主義典範（1970年代中期到1990年代末期）、社會投資觀點（1990年代末期以來）的差異如下表13-1（Morel, Palier, & Palme, 2012）。即使到了2012年，社會投資觀點經歷了2008年的全球金融風暴，已顯現比新自由主義典範更有效解決總體經濟的問題。但是，毋寧說社會投資是一種觀點，而不是典範，頂多是浮現的典範（emerging paradigm）（Morel, Palier, & Palme, 2012）。

壹 社會投資觀點的浮現

　　表13-1中顯示，就總體經濟的觀點，新自由主義典範與凱因斯典範是截然不同的，雖然社會投資觀點接續新自由主義典範，但是從政治經濟角度來看，社會投資觀點明顯不同於新自由主義典範。社會投資觀點並無意回歸到過去凱因斯典範，也非拒絕新自由主義的社會思考，只是重新看待古典新自由主義強調的市場與社區是唯一提供福祉的正當性支柱，使之成為較佳解決當代經濟與社會關係下的新社會風險的新功能。據此，必須重新寬廣地設計國家與公民社會間的社會權與權利義務關係（Jenson, 2012）。

表13-1 凱因斯典範、新自由主義典範與社會投資觀點的差異

	凱因斯典範	新自由主義典範	社會投資觀點
失業診斷	失業與低度成長因於需要不足。	失業與通膨歸因於勞動市場僵化（勞動成本過高、勞動過度管制、社會給付造成不鼓勵工作等）導致的供給限制。	失業與缺乏適當的技術以迎合當前的就業需求與未來的新創就業有關。
社會政策與經濟	社會政策具積極的經濟角色：發展社會保險以支撐需要和刺激成長。	公共社會支出的負面經濟角色：福利國家的成本導致低度成長與通膨。	新形式的社會政策具積極的經濟角色：社會政策投資在人力資本增加就業力與就業水準；支持就業市場彈性安全，備用於知識為基礎的經濟。社會政策是經濟成長與就業創造的前提。
關鍵價值與原則	社會公平、充分就業、去商品化。	個人責任、任何就業、勞動市場活化。	社會包容、品質工作、能力取向（capabilities approach）、機會均等、先準備優於後修補。
公共行動的關鍵規範	大國家、中央計畫經濟、福利國家發展。	瘦身國家、鬆綁、支解福利國家。	充權國家、投資、重鑄福利國家。
關鍵工具	1. 政策支持需要。 2. 發展社會保險方案以維持所得。 3. 發展公共部門。 4. 失業補償。	1. 以貨幣學派經濟政策對抗通膨。 2. 鬆綁勞動市場。 3. 社會與健康服務私有化、發展個人儲蓄帳式的年金。 4. 活化勞動市場與工作福利。	1. 人力資本投資政策增加競爭力與創造就業。 2. 發展社會服務與政策以支持勞動市場，例如兒童學前教育與照顧、高等教育、終生學習、積極勞動政策、支持女性就業政策。 3. 彈性安全。

資料來源：Morel, Palier, & Palme (2012). pp.12-13.

貳 公民權的責任分工

　　新自由主義典範認為公共支出擴大造成問題，力主緊縮預算，相信就業成長與慷慨的社會保障之間是一種選擇，經濟成長與社會公民權之間只能二擇一。新自由主義常以美國為例，認為吝嗇的福利國家，反而使就業倍數成長。然而，批評者認為美國之路社會成本太高，讓所得分配兩極化

與貧窮率太高，據此主張社會投資觀點是另一選項。不同於凱因斯典範聚焦在此時此地的貧富不均問題，社會投資觀點不但要滿足當前的需求，也要投資未來（Jenson, 2012）。

　　責任混合（responsibility mix）是第一個可以檢視三個不同典範的差異（詳見表13-2）（Jenson, 2012）。責任是指提供福祉的責任，用本書第一章的概念是指四種社會制度的社會福利提供分工：家庭、社區、市場、國家。如同第一章所述，任何現代國家均不可能由單一的社會制度負起完全滿足人民在疾病、老年、身心障礙、失業、家庭瓦解、低教育與低技術等所需的支持。混合經濟的福利（mixed economy of welfare）一直都存在，只是誰負擔的責任較重，優先順序有所差別而已。在凱因斯福利國家時期，市場仍然扮演提供福祉給所有國民的角色，例如私人保險、托兒、老人照顧等；家庭、社區與國家補充市場的不足，家庭扮演代間互惠的福祉提供與再生產角色；社區，特別是自願部門（voluntary sector）扮演直接福利服務的提供者，不論是受政府委託或自行倡議；國家則是以對抗社會風險為主，也就是社會事故的預防與解決，例如健康保險、年金保險、職業災害保險、失業保險等。

　　新自由主義典範風靡以後，市場力量擴大，甚至分攤部分家庭的照顧責任；家庭除了負照顧兒童、身心障礙者與老人的責任外，也可選擇從市場中購買更多服務給有照顧需求的家庭成員；國家的社會保障與社會安全角色也萎縮，因為國家提供福利的角色被質疑有製造福利依賴的風險，例如失業給付、社會救助、最低工資保證等；社區扮演政府預算緊縮與市場失靈的緩衝者。

　　社會投資觀點相信市場仍然是提供人民福祉的重要力量，但不足以因應所需；家庭固然要承擔主要照顧兒童、身心障礙者與老人的責任，然而，國家必須與家庭分攤責任。此外，更要投資在人力資本以支持勞動市場參與，不只是因應當前的失業與低技術問題，也要面對未來的產業結構轉型需求。社區的角色是政府的夥伴，扮演在地服務資源與專家知識的角色。

表13-2　凱因斯典範、新自由主義典範與社會投資觀點責任分工的差異

	凱因斯典範	新自由主義典範	社會投資觀點
主要責任涉及混合	市場、國家、家庭。	市場、家庭、社區。	市場、家庭、國家、社區。
市場	提供福祉給全體人民，少數例外。	應該提供福祉給全體人民。	不一定提供足夠福祉給全體人民。
家庭	兒童是家庭的責任。	家庭須負起兒童養育責任與為兒童進行選擇。	家庭有基本責任養育兒童，但國家也有責任。
國家	國家必須提供保護以對抗社會風險。	由於國家會創造風險依賴，因此政府支出必須受到限制。	政府支出應該花費在投資上，例如人力資本以支持現在與未來的勞動市場參與，或抗衡新的社會風險與貧窮。
社區	在福利國家的影子下，代表公民與倡議提供服務。	扮演預算刪減與市場失靈時的緩衝。	社區是潛在的服務提供夥伴與地方資源，以及專家知識。

資料來源：Jenson (2012). p.68.

參 社會權與義務

　　權利（rights）與義務（duties）是另一個重要課題，可凸顯三種典範的差異（詳見表13-3）（Jenson, 2012）。凱因斯福利國家典範的社會權賦予是與勞動市場連結，例如俾斯麥福利體制的社會權賦予是依就業條件繳交保險費，納入社會安全體系；自由福利國家接近社會權是依勞動市場關係而有，不論是個人或家庭的賺食者；社會民主福利體制提供更寬廣的權利，就業連結到社會政策的思考，形塑去商品化的權利，例如職業再訓練、年金、親職假等。不論是否普及的、標的的，或是立基於社會保險的社會權，都是提供某種程度的安全與社會保障。在凱因斯典範之下，男性成為主要家庭所得來源，女性並無相同的義務。女性可以外出找工作，以獲得公民權，但這是選擇（choice），而非義務。

　　新自由主義支解許多公民權，鼓勵個人、家庭自我依賴，並將公共服務，例如兒童日間照顧、健康照護交給私人經營與提供。依工作倫理，人人有責進入勞動市場就業，找不到工作是個人的事，相信「任何工作都是

好工作」，任何人只要有工作意願都可以找到工作。但是，交通、托育、養老也是個人的事，自己要想辦法解決。

社會投資觀點反對新自由主義典範，也不認為凱因斯福利國家典範經歷了1960年的變遷，工業社會時期的男性賺食者模式能因應知識經濟、後工業時代的新社會風險。因此，社會投資觀點主張重新回到積極勞動市場政策，而且不論男女均有權利與義務就業，國家應該促進勞動市場參與，例如提供就業訓練、支持尋職、提供托兒照顧等。社會照顧需求的滿足有雙重意義，一方面有助於提升婦女的勞動市場參與；另一方面投資在兒童與青年的人力資本，有助於未來的生活機會。公共化的兒童照顧不足導致低生育率、低的女性勞動參與率，也會造成兒童貧窮率的提高。可見投資在兒童與青年的人力資本，是值得的。

投資在未滿3歲幼兒的照顧，越來越受到重視；親職假或家庭假，以及更多的兒童照顧服務都是社會投資觀點的具體實踐。此外，累積資產（accumulate assets）也是一種社會投資，其方法是藉由政府提撥相對配合基金以鼓勵低所得家戶儲蓄生息，或用以支持兒童未來教育與就業，例如英國2002年起實施的兒童信託基金（the Child Trust Fund），臺灣於2018年實施的兒童及少年未來教育與發展帳戶。

表13-3　凱因斯典範、新自由主義典範與社會投資觀點社會權的差異

	凱因斯典範	新自由主義典範	社會投資觀點
社會目標	提供社會保障。	避免政策工具養成依賴；促進自主。	投資在預防與人力資本是為了確保成長與富裕。
公平願景	條件與機會均等。	市場中不公平是既成的與必要的，有利鼓動經濟動能。	機會公平。
公民關於勞動市場義務	所有公民均有義務就業，但只有男性賺食者必須有薪勞動。	所有公民均有義務確保足夠的收入。	所有公民均有義務就業。但是一旦市場沒有提供適足的所得，他們有權利享有就業。
關於女性勞動市場活動	選擇。	只要婦女能承擔，就可選擇。	只要婦女能承擔，就可選擇。

	凱因斯典範	新自由主義典範	社會投資觀點
關於教育	年輕人必須留在學校受教育直到完成國民義務教育為止。	年輕人必須留在學校受教育直到能支持自己和家庭。	投資在人力資本，從學前到後中教育（post-secondary education）。
公民關於所得安全的權利	給付給家庭無法保障因疾病、老年無法就業的人。	提供最低所得安全給赤貧者，但必須符合相互責任（工作福利）。	因疾病、老年無法就業，以及當市場失靈無法提供足夠所得時給予給付。
關於公共資金的服務	部分普及提供，部分針對標的。	公共資金贊助的服務僅提供給沒有適足所得或其他資產的人。	公共資金贊助的服務提供給沒有適足所得和／或需求支持以進入就業市場和／或當市場失靈無法提供價格可負擔的服務。

資料來源：Jenson (2012). p.72.

肆 社會權的治理

治理（governance）包括公私部門間、不同政府層級間的關係。在凱因斯福利國家時期，執行社會保障與社會安全靠的是韋伯式的階層官僚體系，亦即從中央政府到地方政府、不同政府部門的分工模式，進行責信與預算管制。社會保險給付通常是全國一致，社會服務則分權地方辦理。從中央到地方，不論距離遠近都可以接近社會給付與公共機構，縮短區域與空間資源分配不均是國家的責任。設機關、置人力常是一種服務涵蓋的象徵。

新自由主義典範以市場基本教義派之名強力主張國家服務私有化，汙名化官僚，要求公務員表現得像個商人，像管理私部門一般。尤其是新公共管理主義當紅，公務員被嫌棄，政府偏愛聘請來自私部門的顧問，引進商業模式的財務管理。同時，私有化也被以「選擇」之名強力推廣（Greve, 2010），國民被歌頌為「自己就是專家」，完全能執行消費者主權的行為，無須政府代勞，就可以在市場找到滿足其需求的服務。基於選擇的理念，新自由主義同時主張小政府，並將權力下放地方，於是就出現社區的概念，社區不只代表地理範圍小，也彰顯政府的手段，快速、鼓勵、滋養、形塑、工具化，以生產全體與個別人民渴望的服務。

社會投資觀點並非全然排斥新自由主義典範的理念，社會投資觀點其實是具有類商業（businesslike）、友善市場、動態企業國家的，以及反映社區需求與關切的特質。凱因斯典範強調組織利益的代表性；新自由主義典範批判福利國家主義與過度依賴公部門提供福利，攻擊工會組織的特殊利益代表性，主張個別代表性。社會投資觀點不偏愛個別代表性，而是主張公民意識成長，建立集體關係，立基於公民體制（citizenship regime）的出現，藉由諮商、溝通與納入地方（local involvement）的設計之治理安排。

表13-4　凱因斯典範、新自由主義典範與社會投資觀點社會權治理的差異

	凱因斯典範	新自由主義典範	社會投資觀點
偏愛的治理模式	韋伯的層級／官僚體系。	公司模式與私有化。	網絡與夥伴關係。
評鑑成功的焦點	投入（支出）。	底線（成本）。	產出（成本效益）。
中介團體的角色	有組織地表達社會需求與團結，獎賞公共支持是代表性機制的一部分。	私部門的一部分，經常代表特殊利益；可能是政府回應壓力團體的裝置。	有組織地表達社會需求與團結，因此需要公共投資以建構其夥伴關係的能量。
私部門的期待	財富創造部門。	財富創造與管制。	財富創造的夥伴與管制模式。

資料來源：Jenson (2012). p.75.

伍 社會投資與發展

以福利國家體制發展的系絡來理解社會投資，不脫離歐洲中心焦點（Eurocentric focus），忽略社會投資在歐洲以外世界的發展（Midgley Dahl, & Wright, 2017）。就社會政策的角度觀察，諸多學者對社會投資觀點都曾有貢獻。使能國家（enabling state）（Gilbert & Gilbert, 1989; Gilbert, 2002）認為國家不應該是個福利服務的提供者，而應扮演使能的角色。許拉登（Sherraden, 1991）批評傳統以消費為基礎的（consumption-based）福利體系，只會讓現金給付當下消費，無法真正消滅貧窮，因此倡議經由政府提供相對提撥款，鼓勵個人儲蓄與投資的個人發展帳（individual development accounts, IDAs）。紀登斯（Giddens, 1998, 2000）反對傳統福利國家只重視消費、無條件的所得移轉，以及提供社會服務給消極的福利受益人，主張轉型為社會投資國家（social investment state）。在新的社會投資國家裡，政府應優先提供教育、技能發展，以利人民積極地參與生產經濟，而非消極地依賴社會給付，故又稱積極社會政策（active social policy）。前述這些觀念與新福利國家（New Welfare State）（Esping-Andersen, et al., 2002）揭櫫的藉由促進兒童為中心的人力資本投資、負擔得起的兒童日間照顧、家庭假，以及其他僱用焦點的政策，取代過去關注的所得維持與社會服務。教育、就業訓練、就業活化（employment activation）成為新的政策焦點，俾利協助人民投入生產性經濟活動（Cantillon & Vandenbroucke, 2014; Heidenreich & Aurich-Beerheide, 2014; Lødemel & Moreira, 2014）。

從社會發展的角度來看，發展觀點（development perspective）補足了福利國家的討論排除發展中國家的缺失。發展中國家的社會福利不只是一種福利服務與安全網，而且是攸關民生（livelihoods）與人權（Midgley, 1995）。社會介入對經濟發展有正向的作用，尤其是二次大戰後的第三世界國家，透過社會福利方案的提供除了消滅貧窮與提升人民生活水準之外，也有利於經濟發展（Midgley, 1995; Midgley & Livermore, 1997; Hall & Midgley, 2004），其表現在以下三方面：

1. 投資在公共服務，例如教育、營養、健康照護能讓人民提高所得；普及教育可以培育出更多的技術工人，有助於經濟發展。
2. 投資在與經濟和社會基層建設有關的物理環境改善，例如道路、橋梁、灌溉、飲水系統、學校、醫院等，有助於經濟與社會發展；良好的交通設施，有利於勞動力流通，對經濟生產有助益。
3. 發展對需要幫助的人們就業或自僱有關的方案，有助於其找到生產性的工作，這遠比長期給予窮人社會救助更有利於經濟發展。

發展觀點的社會投資更具多元取向（pluralist approach），不只是社會投資標的多樣化，參與者也多元化，包括：非營利組織、草根

社區組織、商業部門等。受到能力取向（capability approach）（Sen, 1985, 1999）的影響，聯合國發展方案（the United Nations Development Programme, UNDP）直接投資家庭，特別是小農，提升其生產能力，使其能在市場中與他人競爭，而改善生活品質。

除了傳統的非營利組織之外，社會企業（social enterprises）也加入社會投資的行列。社會企業首先出現於1978年，英國的史普力克里（Freer Spreckley）倡議一種有別於傳統私人企業、合作社、公營企業的選項。一開始社會企業被賦予五個貢獻：獲利、人力資源、公共性、環境、生產／服務（Spreckley, 1981）。後來被轉換成兩個典範轉移：共同持有、民主治理；三個價值堅持：交易與財務獨立、創造社會財富、以環境責任方式運作。社會企業蓬勃發展的原因是：(1)非營利運作的成本提高；(2)政府與大眾對慈善支持的降低；(3)慈善部門競爭的成長；(4)以非營利方式提供服務的需要增加。

依循英國社會企業的精神，英國貿工部（Department of Trade and Industry）的《社會企業：成功策略》（Social Enterprise: a strategy for success）報告，定義社會企業是一個具特定社會目的（social objectives）的事業，其盈餘基本上會再投資於該社會目的上。社會目的包括：慈善、消除貧窮、人權、身心障礙服務、文化、環境保護、動物保護、教育、就業服務、社區生活改善等，具有正向社會變遷、福祉，以及社區改良的目的。

據此，社會企業依其達成目的的型態可分成四類：(1)工會組織事業（合作社或集體事業）；(2)財務機構（儲蓄或信貸機構）；(3)社區組織（社區事業、住宅合作社、社區中心等）；(4)非政府組織（社會福利組織、慈善團體、社會團體等）。

不同國家對社會企業的定義不同。英國的社會企業傳承自合作事業；美國則受到傳統慈善的影響較深。因此美國的社會企業接受「藉由做生意的方法來行慈善」（doing charity by doing trade），較不是「做生意時同時行慈善」（doing charity while doing trade）。其他國家的社會企業則是強調社區組織、民主控制資本、互惠多於施捨、捐助。據此，社會企業可以是由非營利組織引進企業管理與方法來提升其組織運作效能，改

變服務內容，以達成組織使命（Lane, 2011）；或是由社區個人或組織發起，藉由企業管理與技術，實現其社會影響（social impact）（Bielefeld, 2009）；也可以是由營利事業贊助但非以營利為首要，而是以達成社會目的為優先。如果以光譜的概念來理解，最左邊是傳統社會福利／慈善組織，運用企業管理與技術來提升經營效率；向中間擴展至社區／社會團體，運用企業管理與技術，實現其社會影響；再向右擴展至營利事業，利用其企業經營獲利，同時達到企業衍生或外加的社會目的的實現。前兩者是社會企業聯盟（The Social Enterprise Alliance, SEA）的定義，社會組織以幫助弱勢為主，直接提供服務或產品，財源來自企業或冒險資本的投資。

社區層次的社會慈善由來已久，轉型為以社區為基礎的社會企業也就順理成章。像傳統的由教會、社團辦理的社區兒童與青年服務、社會教育、休閒活動等，轉型為社會企業，例如YMCA、YWCA等。此外，社區發展組織針對在地農業、文化、環境保護、消費者保護、生態旅遊等社區產業，開發的社區型社會企業，也都可以既維持財務平衡，又可改善社區居民福祉。

傳統非營利組織或非政府組織，與其所經營的社會企業間的差別在於前者財源來自政府補助與捐募款為主，這些非政府組織本就可以運用企業管理方法來提升其經營效率，也就是將企業管理（business administration）轉化為社會服務管理（social service administration）或非營利組織管理（non-profit organization management）。後者則不僅引進企業管理與技術，且同時引進企業投資。既然引進企業投資，不論是企業管理、技術、資本，就會產生獲利與社會使命（social mission）間孰輕孰重的爭議（Smith, Cronley, & Barr, 2012）。

承上，除了傳統的非營利組織轉型為社會企業之外，新型的社會責任投資也漸受重視。1969年洛克斐勒三世首先提出具風險投資（risk-taking）的慈善，稱冒險慈善（venture philanthropy, VP）。亦即，以投資的精神利用冒險資本（venture capital）投資在長期具創造社會影響的事業上。例如研發營利事業不願投資的藥物，或成本極高導致窮人負擔不起的藥物等，以協助迫切需求治療或服務者滿足其基本需求。冒險慈善和社會

投資結合是彌補傳統社會目的組織（social purpose organisations, SPOs）資金不足或不穩定，致使規模、效果受限的困境，經由三個核心實踐（three core practices）：

1. 提供彈性的資金，由冒險慈善與社會投資提供有效、高度關係建立（high-engagement）、長期支持社會目的組織創造社會影響。其操作是提供客製化的基金，包括補助、貸款、財產、混合財務工具，其財務工具選擇是依風險、投資報酬率、社會影響，以及社會目的組織的屬性而定。

2. 提供加值服務強化社會目的組織的韌性與財務穩定，例如提升技術、促進組織結構與過程改良。

3. 影響測量與管理協助社會目的組織區辨何者可行，俾利獲得最佳影響。實務上，非營利組織所需要的資金通常是微型／小額財務（microfinance），對冒險慈善家來說不難做到。因此，許多微型財務組織應運而生，以協助非營利組織成立的社會企業。然而，由冒險資本投資的社會企業，更容易產生社會目的與營利之間的衝突。這種混雜著非營利與商業模式的商品／服務提供，無疑地會帶動更清晰的社會服務市場化走向，這種新型的冒險慈善，是否會帶來傳統慈善的革命，有待觀察（Salamon, 2014）。

 ## 第二節　社會投資觀點的實踐

　　社會投資政策與補償的福利政策不同，補償的福利政策目的在於因應社會風險，例如失業、老年，這類政策的性質屬繳費式的財務社會安全，加上部分附加的福利服務。投資相關的政策是提供年輕世代的未來需求，例如積極勞動市場政策、家庭政策、教育與訓練政策（Nikolai, 2012）。社會投資模式的福利，有以下策略：促進婦女就業、兒童學前教育與照顧、性別平等、高等教育、活化勞動市場（Activation）、彈性安全（Flexicurity）等（Finch, Horsfall, & Hudson, 2017）。廣泛來說，社會投資政策包括：積極勞動市場、家庭與就業平衡、兒童學前教育與照顧、

學習經濟、住宅、社區資產、移民等政策，環繞在人力資本投資議題上（Midgley, Dahl, & Wright, 2017; Hemerijck, 2017）。其內容可大致分類爲三：就業促進、兒童學前教育與照顧、社區資產累積，這三項社會投資政策中的前兩項在本書第九章、第十一章均有詳細的討論，本節僅加以補充。

壹 就業促進

從社會支出的多寡與內涵來看，世界上被歸類爲社會投資國家同時兼顧保護與促進就業的國家非北歐國家莫屬（Morel, Palier, & Palm, 2012）。若以競爭國家指標將丹麥、挪威、瑞典、德國歸類爲積極競爭國家（active competition state）（Horsfall, 2017），亦即這幾個國家並非典型的競爭國家（competition state）（Cerny, 1990, 1997; Cerny & Evans, 2004）。競爭國家的就業促進或活化勞動市場是撤離勞動保護多於投資活化。而積極競爭國家不但增加積極勞動政策（ALMP）支出，而且維持高的人力資本投資。

瑞典是從1950年代依雷恩－美德諾模型（Rehn-Meidner model）推動積極勞動市場政策，其目的爲了因應迅速轉型的經濟型態之勞資供需雙方的平衡，當時的重點是職業訓練方案，以培訓更多技術工人進入擴張中的工業生產。透過團結薪資政策（solidaristic wage policy）、公平薪資鼓勵雇主投資技術以提升勞動生產力，缺乏競爭的企業將被市場淘汰；當雇主缺乏勞動力時，積極勞動市場政策推動即爲培訓足夠的技術勞工以供企業所需，此時人力資本是政策重點。義大利、法國、德國幾乎也都採相同策略，在戰後復興與技術勞力短缺之下，積極培育技術勞力進入擴張中的產業所需。

到了1970年代兩次石油危機，失業率升高，積極勞動市場政策轉向降低失業率。瑞典採取的策略是一方面繼續維持積極勞動市場政策，同時擴張公部門就業機會，吸納失業人口，以維持充分就業。其中受惠者主要是領取失業保險給付到期（至多14個月）的失業者。可見，瑞典的積極勞動市場政策已經從需要面轉型到供給面。德國的情形也類似，爲了減緩

失業率，積極勞動市場政策從提升工作技術逐漸朝向降低失業率。雖然職業訓練仍然扮演重要角色，但是，消極的失業給付增加，在總經費不增加的情形下，積極的職業訓練經費必然被排擠。法國的情形也是，雖然在避免社會排除或社會嵌入（social insertion）的口號下，1990年代末社會黨執政時期，政府也針對青年引進新的工作開拓方案，降低工時到每週35小時，補助非商業部門薪資。但是，為減少失業所強調的個人就業（occupation），比人力資本投資更受重視，法國的積極勞動市場政策也悄悄轉型。相較於北歐、歐陸國家仍努力維持積極勞動市場政策，英語系國家已在後石油危機的1980年代大力推動工作福利了。

到了1990年代，新自由主義全球化已甚囂塵上，失業率居高不下，導致低技術勞工發現領取失業給付比找到新工作更值得。於是，OECD國家重新導入有別於懷舊的瑞典式積極勞動政策，改以引進活化勞動市場的新途徑，強調工作誘因，就業協助，以讓失業者重返勞動市場，讓無業者也嘗試進入勞動市場。丹麥社會民主黨執政的1993年，即採取一連串改革，領取失業保險給付必須同時參與勞動市場活動方案，失業給付最多7年，前4年屬消極給付，後3年屬積極就業促進；就業促進階段強化個人的行動計畫；同時，也引進分散化的就業服務，讓就業服務的可執行性提高。這些改革奠定了後來丹麥出名的「彈性安全」政策，一方面使就業市場彈性化，另方面對失業者提供慷慨的給付，三方面施壓失業者再進入勞動市場。

後續的改革，丹麥更加強調工作誘因與就業協助，並且繼續縮短消極性的失業給付年限，25歲以下失業者的失業給付縮短為2年到6個月，申請者進入勞動市場被視為一種權利與義務。1998年以後更加速朝向活化勞動市場，首先，針對失業青年增強工作誘因與投資人力資本，25歲以下領取失業給付限制在6個月以內，同時必須參與職業訓練18個月，得兼領50%的失業給付；其次，積極社會政策法制化，擴大活化勞動市場與社會救助連結。針對身心障礙者增強工作誘因與採行包容手段，稱為彈性工作（flexjobs），補助三分之二勞動成本，沒有期限（Bonoli, 2012）。

歐洲其他國家也追隨丹麥腳步，例如英國在保守黨政府時期即已減降失業給付，同時增強就業誘因。1996年新工黨採行第三條路（the Third

Way），更是走向活化勞動市場。1998年引進稅制優惠方案（tax credit programme），2005年起強調就業協助，路徑與丹麥無異。

瑞典是少數較晚才將積極勞動市場政策轉向活化勞動市場的國家。到了1990年代中期，也出現轉向更強調工作誘因的走向。失業超過百日即會被要求接受任何縣內的工作與薪資低於失業給付10%的職位。2001年起失業保險改革也被修正往就業導向的積極勞動市場政策。

德國在2001年的《改革勞動市場法》（Job AQTIV Act）也引進活化勞動市場的手段，例如嚴格監督求職、無業者的登錄、整合就業契約、薪資補助等。但是，並非每一個歐洲國家都走向活化勞動市場，義大利就相對落後，法國也在2000年代末才將就業服務與社會救助整合。

表13-5指出積極勞動政策（ALMP）是藉由職業相關訓練（人力資本投資）來達成媒合勞動市場供需，迅速將勞工納入經濟活動。而另一極端是英語系國家所提倡的工作福利透過強的工作誘因、受益給付時間限制、減少給付、使用罰則來達到就業安置。但是，自從活化勞動市場概念出現後，這三個概念間的界線變得更模糊，端視促進人力資本投資與採取負面誘因將社會救助對象推向勞動市場的程度差別。有學者乾脆將之區分為攻擊型工作福利（offensive workfare）與防禦型工作福利（defensive workfare）（Torfing, 1999），前者指丹麥式的就業促進，以提升工作技能與充權，多於懲罰與減少給付；而後者指美國式的工作福利；或分為積極型工作福利（positive workfare）與消極型工作福利（negative workfare）（Taylor-Gooby, 2004）；或區分為普及型工作福利（universal workfare）與自由型工作福利（liberal workfare）（Barbier & Fagion, 2004）。較精細的區分則是：一般的積極勞動市場政策、特定對象的積極勞動市場政策（Targeted ALMPs）、市場工作福利（market workfare）、製造就業的工作福利（make-work workfare）（Dostal, 2008）（詳見本書第十一章）。不論何種區分，人力資本投資與誘因為基礎的就業促進是其根本差異（Bonoli, 2012）。

表13-5依積極勞動政策的兩個面向分四種型態（Bonoli, 2012），第一型積極勞動市場政策為誘因增強型（incentive reinforcement），是強的促進就業、無人力資本投資。第二型為就業協助型（employment assistance），提供各種排除進入勞動市場障礙的服務措施，例如就業諮商、尋職、工作補貼、媒合安置等，這是英語系國家的工作福利常用的手段。第三型成為個人職業型（occupation），其目標不是要促進勞動市場再進入（re-entry），而是讓無業者保持忙碌，同時避免於失業期間人力資本萎縮，所以就會以開發公部門就業機會，或提供非就業相關的職訓方案。第四型是技能提升型（upskilling），提供職業訓練給無業者，其理念是提供第二個機會給那些無法從教育體系獲得就業技能，或技能已生疏或落伍的人。北歐國家大抵採此模式（Bonoli, 2012）。

表13-5　積極勞動政策的兩個面向四種型態

促進就業 市場（強弱）	投資人力資本 （強弱）	投資人力資本		
		無	弱	強
促進市場 就業導向	弱	消極給付	個人職業 1. 公部門就業開 　發計畫 2. 非就業相關的 　訓練方案	基礎教育
	強	增強誘因 1. 稅制減免、在 　職給付 2. 有期限的受益 3. 減降給付 4. 有條件給付	就業協助 1. 就業安置服務 2. 工作補助 3. 諮商 4. 尋職方案	技能提升 1. 工作相關 　職業訓練

資料來源：Bonoli (2012). p.184.

　　本節再以挪威為例，完整介紹挪威的就業政策作為一種社會投資。挪威屬社會民主福利國家的成員之一，過去國人熟悉挪威是因為1959年荷蘭沿海發現格羅根（Groningen）油氣，接著於1969年在大西洋沿岸的大不列顛群島到挪威之間的北海又發現埃克非思科（Artsen non-Cisco）油田，1971年又發現布崙特（Brent）油田。不但幫助英國、荷蘭、丹麥、挪威解決了天然資源匱乏的困境，更使挪威繼俄羅斯、加拿大之外成為第三個非石油輸出國家組織（Organization of the Petroleum Exporting Countries, OPEC）的重要石油輸出國。挖到石油看似成為支撐挪威社會民主福利國

的經濟基礎，其實不然。挖到石油的國家很多，除了OPEC的14國之外，還有俄羅斯、加拿大、挪威、卡達、印尼等，這些國家並不必然都因此而建立富裕且公平的福利國家。

挪威的制度特色是開放與出口導向的經濟、社會夥伴合作、集體與集中化的薪資協商機制、慷慨的社會保障，以及強調社會服務（Dahl & Lorentzen, 2017）。挪威與其他北歐國家一樣，屬多黨制國家，屬於中間偏左到左翼政黨包括：綠黨（Green Party, MDG）、工黨（Labor Party, AP）、社會主義左黨（Socialist Left Party, SV）、紅黨（Red Party）；中間偏右到右翼的政黨有：中間黨（Centre Party, SP）、基督民主黨（Christian Democratic Party, KrF）、自由黨（Liberal Party, V）、保守黨（Conservative Party, H）、進步黨（Progress Party, FrP）。從2005年到2013年間是由左翼政黨與中間黨（紅／綠）聯合執政。2013年起被保守黨領軍的右翼政黨（藍／藍）聯合政府（保守黨、自由黨、基督民主黨）取代。2017年選舉，雖然工黨仍然是第一大黨，但是，保守黨邀請自由黨、進步黨、基督民主黨（88/169席）組成多數聯合政府（Dahl & Lorentzen, 2017）。然而，2018年11月2日，基督民主黨因與進步黨理念不合而退出聯合政府，使得保守政府成為偏右翼政黨組成。

當新自由主義全球化的聲浪席捲全球的1990年代初，於1992年，當工黨三度執政被暱稱為「國母」的總理布蘭德蓮（Gro Harlem Brundtlem）（1981, 1986-1989, 1990-1996年）執政時期，官方文件首次使用「工作途徑」（work approach）的概念，成為所有社會政策與勞動市場改革的基準與指導原則（Dahl & Lorentzen, 2017）。該文件闡述全部有工作能力的人都應該以工作作為第一優先選項。據此，所有公共給付與服務都應該以支持就業為目標。然而，各國推動就業取向的社會政策時，其範圍可以從偏右的緊縮給付以促成就業，到偏左的提供慷慨的方案以建立弱勢團體的人力資本。而挪威採取的是哪一種政策思維？

首先，通過「更包容的工作生活合作協議」（the Cooperation Agreement on a More Inclusive Working Life），由三方社會夥伴：政府、雇主組織、受僱者組織簽署。該三邊協議於2001年簽訂，經過數次修正，最近的一次是2014-2018年，主要目標是提升工作環境、強化就業表現、

預防與減少病假、預防排除與從職場撤離。三個次要目標是：(1)比較2001年第二季，減少病假20%；(2)預防身心失能者從職場撤離，增加其就業機會；(3)針對50歲以上的勞動者延長積極就業1年。推動策略從供給面，包括：工作能力評估、個別計畫、人力資本發展計畫，例如職業訓練、增強自我效能，以及工作動機。從需要面，包括：立法、薪資補助、建立工作生活中心（work life center）、溝通與資訊動員降低脆弱群體的就業障礙，倡導消除雇主誤解與刻板印象。關於這項目標招來批評，認為減少病假與增加身心障礙者就業是矛盾的，因為身心障礙者容易請病假。企業為了降低病假率，很可能會減少雇用身心障礙者（Dahl & Lorentzen, 2017）。

其次，管制與保護勞工立法。2015年通過《工作環境法》（Working Environment Act）修正，規範暫時性就業、工時、年齡限制、加重罰則集體申訴權等。其中允許暫時性就業引發最大的爭議，在此之前，挪威的勞動生涯都是長期固定勞動契約。該法修正通過之後，允許雇主聘用最多12個月的暫時性僱傭契約。即使法律適用限制相對嚴格，必須合乎以下三條件：(1)工作確實是短期性的；(2)雇主不得在該工作任務結束後聘用他人從事該相同任務；(3)同一企業最高僅能聘用15%的比例。倡議暫時性就業者認為彈性工時有利於勞工、雇主與社會，勞動市場應該給脆弱就業者相對彈性的工作生涯，例如青年、身心障礙者，避免他們被排除在勞動市場之外。但是，據OECD的研究發現，引入暫時性就業並無法創造更多就業機會，也不保證有助於脆弱者就業，結果反而是讓勞動市場充斥暫時性就業（Røed Steen, 2015；引自Dahl & Lorentzen, 2017）。關於此點，很難說成是真正有效的社會投資策略。

第三，福利體系改革。如同本書第十一章所述，在1990年代末，歐洲國家已引進結合公共就業服務、社會救助、所得維持，以促進無業者就業。也就是福利國家走向活化勞動市場（Champion & Bonoli, 2011; Lødemel & Moreira, 2014; Cantillon & Vandenbroucke, 2014）。挪威也不例外地結合勞動與福利改革，合併就業與國家保險行政，開創地方給付與社會服務的新結構。挪威是歐洲國家中最早將勞工與福利行政結合的，時間早在2006-2010年，進行組織再設計，伴隨給付與就業服務的提供，以及

新機構的設立。

　　活化勞動市場政策的標的人口群也擴大到異質對象，從社會救助給付對象到健康條件較差、青年失業、移民，以至長期失業者。過往，失業者會接受到幾位來自不同部門的個案工作者的協助，但他們缺乏溝通與協調。此種公共就業服務、社會救助與社會安全體系間的不協調，被認為無助於解決失業者的就業促進問題。直到1990年代末，就業服務與社會救助間的協調問題才被納入活化勞動市場方案，國會要求社會安全體系要更協調（Dahl & Lorentzen, 2017）。

　　經由單位的整併、重組，執行新的方案，重新賦予工作途徑新的意義，改變公民與福利國家的關係，給予服務使用者更綜合與有效的服務，新的勞工與福利機構藉由單一窗口提供進入福利體系的服務使用者無縫接軌服務。工作途徑的改革強調服務使用者的義務，服務使用者被要求參與、責信，以及個別適應的方案。勞動與福利改革的口號是：越多人工作、越少人靠社會給付（more people work, less on social benefits）。特別是針對那些脆弱人口群，政府提供接近各種工作導向方案的機會，讓他們自我維持與獨立（Dahl & Lorentzen, 2017）。

　　除了勞動與福利組織重整之外，社會安全給付也做了微調，2010年把原來的三種因健康條件而分別在不同階段可以領取的給付：復健給付、暫時性失能給付、永久失能給付整合進入一個新的工作評估給付（Work Assessment Benefit），針對申請健康相關給付的無業者提供一個綜合與單一的服務，每位申請者可以獲得免費的個案工作者提供接近就業促進方案資源，資料被建檔、管制與追蹤。申請工作評估給付是給喪失50%以上工作能力的無業者提供積極的治療，以利進入積極勞動市場方案。倘若年輕失能者無工作經驗，可以獲得公立就業服務機構的職業復健與就業訓練（Dahl & Lorentzen, 2017）。

　　其他給付也配合勞動與福利重組而調整，例如2015年《社會服務法》（Social Service Act）增加參與就業活動作為獲得社會救助額度的合格要件。申請者必須與基層就業服務人員合作完成個人就業計畫，依計畫進行就業活動參與並決定給付額度。2016年也將領取兒童津貼的家長失能給付減額，以刺激失能家長尋職（Dahl & Lorentzen, 2017）。

最後是於2007年引進合格方案（Qualification Programme）預防貧窮與社會排除。實施對象是那些具複雜與廣泛問題而無法接近社會安全體系的人，例如物質濫用、精神疾病患者，合格方案提供其量身定做、系統化、綜合的工作相關與尋職的活動，並定期追蹤。目的是提升其人力資本，增加就業機會，以免長期淪為社會救助對象（Dahl & Lorentzen, 2017）。

貳 兒童學前教育與照顧

制度化的公共兒童照顧與兒童學前教育在歐洲有長遠的歷史傳統，一開始可分為兩種不同發展取向：公共教育需求與調和照顧工作與就業需求。前者針對即將進入公共教育階段的學齡前幼兒，也就是幼兒園（Kindergartens）階段，屬兒童中心的思考，稱教育模式（educational model），具這種傳統的國家有比利時、法國、盧森堡、西班牙等；後者針對不同年齡層幼兒的照顧需求，屬國家或社會中心的思考，稱工作與照顧調和模式（work-care reconciliation model），以北歐各國，以及晚近的德國、英國為主，其比較如表13-6。

表13-6　兒童照顧與學前教育制度化的模式比較

制度面向	教育模式	工作—照顧調和模式
近用	普及對象	標的對象
權利賦予對象	兒童	家長／兒童有特殊需求
教育概念	教育目的（學習）	照顧為主
團體規模與組織	相對大的團體（類似學校班級）	小團體
員工專業化與支薪	教師訓練與支薪	低層次的專業教育與超出教師的支薪
收費	免費（僅負擔餐費）	家長付費，但有補助
財務主體	如同學校（財源來自國家或區域）	混合財源來自地區主管機關（低集中化程度）
行政能力	學校主管機關	社會福利主管機關
時間模式	開放時間與假期與學校同	隨需求改變

資料來源：Scheiwe & Willekens (2009). p.9.

教育模式通常幼兒年齡超過2或3歲以上，進入幼兒園就讀；但是，其他國家已經創立針對工作貧窮家庭的殘補工作—照顧調和模式。一旦雙薪家庭越來越多，不可避免地，教育的考量也跟著出現，教育模式就越受到重視，每一位幼童都能及早獲得學習與教育越來越受到家長的接納（Scheiwe & Willekens, 2009）。最終，因著雙薪家庭越來越多，性別平等的要求也越來越受到關注，傳統殘補工作—照顧調和模式走向普及工作—照顧調和模式，學前教育與照顧趨於整合，就出現像芬蘭的兒童學前教育與照顧簡稱教保（Educare）一樣（OECD, 2000），將教育模式融入普及工作—照顧調和模式中。

經濟合作暨發展組織（OECD）於1998-2000年特別針對兒童照顧與教育的整合，進行一項『兒童早期教育與照顧主題回顧』（Thematic Review of Early Childhood Education and Care）的大型計畫，總共納入比利時、捷克、丹麥、芬蘭、荷蘭、挪威、葡萄牙、英國、瑞典、美國及義大利等11國，其目的是提供跨國資料給OECD的會員國，以利作為各國推動兒童學前教育與照顧的決策參考。

德國的幼稚園教育理念發展最早，19世紀中葉裴斯塔洛齊（Pestalozzi）與福祿貝爾（Fröbel）的幼教理念已發展。由於福祿貝爾屬多神論與共和主義的教育理念，受到當時中產階級的歡迎，也被猶太家庭所接納，因為他們不希望子女接受天主教教會學校的教育。然而，卻被普魯士當局所反對，遂於1851年被官方查禁。福祿貝爾教育理念於是流傳於瑞士、比利時、法國等國，直到1919年才回傳德國。至於德國兒童照顧機構在19世紀建立之初，屬階級分離設計，但屬教育的一環，歸教育部主管。1839年普魯士政府將之定位為等待學校（warteschulen/waiting school），直到20世紀初，兒童公共教育與兒童照顧都還是被當成暫時的權宜之計。1890年，普魯士《青年福利教育法》才規定地方政府提供有需求的兒童與家庭服務。雖然，威瑪共和時期，社會民主黨首次執政，國家教育會議建議建立一個包含教育與兒童照顧機構的統一學校系統，從幼稚園到大學。但是，理想並未實現。教會主張幼稚園屬私人提供，由慈善福利團體經營。福祿貝爾組織也建議幼稚園優先由私人經營，國家扮演次要角色。於是，兒童照顧機構仍然歸福利部門主管，幼稚園由私人（主要是

教會）經營，國家以補充原則（subsidiarity principle）提供不足之所需。此結論表現在1922年的帝國《青年福利法》（the Imperial Youth Welfare Act）中，成為德國的傳統（Scheiwe & Willekens, 2009）。

在德國還在爭議幼稚園該由誰來主政時，比利時與法國已成為歐洲建立普及性幼稚園的先鋒（Scheiwe & Willekens, 2009；Martin & Le Bihan, 2009）。比利時於1842年的《公共教育法》已將補助地方辦理幼稚園納入，1857年福祿貝爾理念的幼稚園已在比利時建立，強調兒童認知、社會與情緒發展，而非留園照顧而已。1900年已有49%的3-5歲幼童進入幼稚園就讀，1910年提高到60%，1970年已達100%（Scheiwe & Willekens, 2009）。

傳統上，法國人認為兒童是公共財（common good）與人力資本，再加上人口問題，使得法國從20世紀初即面對兒童照顧議題。法國的兒童照顧政策屬於家庭政策的一環，亦即，兒童照顧政策也負有提升生育率、鼓勵婦女勞動參與、促進性別平等的功能。從1887年起法令規定應為2歲以上兒童創設學前學校（preschool），屬初級教育的一環。1901年，有754,000個兒童進入6,000所公私立學前學校就讀。1903年私立與教會學前學校關閉，使得供給量嚴重下滑，出現供給不足危機，到1938-1939年間，只剩40萬個幼童就讀（占6歲以下幼兒16%），第二次世界大戰後，更只剩下29萬個學童就讀。戰後的家庭政策制度化，廣設學前學校，到1959年，已有80萬個幼童得以進入學前學校就讀，占2-5歲幼童的40%、占5歲的90%。1960-1970年代另一波廣設學前學校，到1976-1977年，全法國已有190萬個幼童進入學前學校就讀，且全部是公立的。到了1980年代初，3歲以上學齡前兒童已經有90%進入學前學校就讀，30個月大的幼童也有30%就讀。到了1980年代末，約250萬個幼童進入學前學校就讀。

由於法國的兒童照顧屬教育模式，經由遊戲、活動菜單與體能活動，教導幼童學習與成長，同時加入道德教育與衛生習慣。從發展心理學的角度觀察，不同的發展重點被關切，例如人格、自我、成績、減少不平等。然而，也招來心理學家、語言學家、小兒科醫學的批判，認為2歲以前的幼童不適合接受集體機構式的學前教育。這對法國來說，推動未滿3歲的幼兒進入學前教育是有遲疑的。到2002年，有35.5%未滿3歲的幼兒進入學

前教育（Martin & Le Bihan, 2009）。

　　2000年時歐盟在里斯本召開高峰會，設定到2010年，婦女勞參率要達到60%。專家建議仿照北歐模式的處方，提供平價的兒童照顧、親職假，以及病童照顧假。接著，同年在巴塞隆納的高峰會，各國政府同意排除婦女勞動參與的障礙，決定3歲以上幼童至少90%接受正式兒童照顧，未滿3歲幼兒33%接受正式兒童照顧。丹麥的兒童照顧政策屬工作一照顧調和模式，於1970年代末就已實現歐盟2010年的目標。丹麥自己設定的目標是0-2歲覆蓋率三分之二，3-6歲超過90%，到了2008年即已達標。丹麥的兒童照顧特色是：(1)相對高的公共化（組織、財源、提供）；(2)普及主義；(3)服務的社會養育目標（social pedagogical objectives）（Borchorst, 2009）。

　　從歷史制度觀察，丹麥兒童照顧普及化的啟蒙是在1919年，社會民主黨聯盟執政時，接受進步的教育理念，提出不分階級補助兒童照顧。當時爭論點是兒童照顧的目的何在？兒童發展？家庭維護？公共責任？最後國會的共識是預防式的兒童照顧（preventive child care），預防是最主要目的。兒童照顧是社會養育（social pedagogy）[1]而非教育（education）議題。其實，當時社會民主黨是主張家庭維護。此後，補助持續增加。到了1930年代，生育率下滑，1933年首次將兒童照顧設施列入管制，且主管機關由教育部轉到社會部（Minister of Social Affairs）。從此，丹麥的兒童照顧政策確定爲社會養育理念（Borchorst, 2009）。

　　1964年，社會養育措施（social pedagogical measures）確認前述的三個特質：公共化、普及主義、社會養育目標。雖然在這期間，社會民主黨所支持的進步養育理念仍扮演積極的角色，保守政黨還是支持家庭日

---

[1] 社會養育是一門全人與關係爲中心的照顧與教育的學科。Pedagogy來自希臘文的兒童扶養與引導的意思。藉由學習、福祉、連結個人與社區，關注社會不均與催化變遷。在某些歐洲國家，社會養育是在科技大學開授的專門學科，其訓練包括：社會學、心理學、教育學、哲學、醫學、社會工作等跨學科的訓練。德國於2007年將社會養育與社會工作兩種專業合併稱爲Soziale Arbeit（社會工作），畢業後可以獲頒原來的社會養育、社會工作兩種學位。

間照顧（family daycare），而非兒童照顧設施。隔年，新的爭論議題出現：母親是否必須在生育後3年內自行照顧幼兒？是否兒童照顧機構會傷害較小的幼兒？然而，《兒童照顧法》還是通過了。從1966年起，兒童照顧設施快速增加了85%，婦女就業率跟著快速成長，1950年代末，75%丹麥已婚婦女是全職家庭主婦，到了1970年，已經有半數已婚婦女就業了（Borchorst, 2009）。

即使在1970年代初石油危機，失業率升高，女性比男性更容易失業。在請領失業給付的條件下，兒童照顧並未受影響，因為兒童是受照顧的權利主體，無關婦女失業與否。就業是為了達到社會與性別平等，不像挪威、荷蘭、英國，單親母親藉由兒童照顧設施而被鼓勵就業（Borchorst, 2009）。有趣的是，丹麥既是OECD國家中兒童照顧提供與婦女勞參率均高的國家，但是並不保證一定達到性別平等，性別薪資差距、性別區隔（gender segregation）並未自動弭平。通常，高的兒童照顧公共化關係到婦女勞參率與性別平等，這三者關係在丹麥相對弱，不像隔鄰的瑞典與挪威。不論如何，1990年代，兒童照顧政策持續受到重視，反而是另一個議題浮現，OECD的國際學生評量（the Programme for International Student Assessment, PISA）報告指出，丹麥學童在閱讀與寫作上相對低分。於是，2000年起幼兒課程在托兒所與幼兒園均納入，使得教育模式與社會養育模式出現緊張關係。

不論北歐國家間的差異有多大，北歐模式屬於工作—照顧調和模式，其具有下列三項特質：

1. **友善女性的國家**（women-friendly state）：普及公共化的學前兒童教育與照顧及親職假（parental leave），藉此支持女性就業、經濟獨立，因此女性與男性有同等機會進入勞動市場，成為雙薪家庭（dual-earner family）。

2. **再組國家父權**（reorganized state patriarchy）：藉由國家機器，婦女進入勞動市場成為強的雙賺食模式（strong two-breadwinner model）。但是，女性還是在公部門就業為多，薪水較低，男性還是未達到同等分攤親職假的責任。此外，未滿3歲的幼童還是大量在家接受家長照顧。

3. 生產與再生產分工（division of production and reproduction）但等值：公共化兒童照顧支持女性就業，就業與生育被等值對待。但是，生產與再生產仍然存在雙元性（dualism），因親職假的關係，兒童照顧並未滿足未就業婦女的需求（Rauhala, 2009）。

不論是法國的教育模式，或是北歐的工作—照顧調和模式，兒童學前教育與照顧是「工作—家庭政策」（work-family policies）最主要的支柱。其功能三合一概念是：促進婦女就業、提升性別平等、透過有品質的照顧培養兒童發展（Morgan, 2012）。社會投資的核心概念是就業促進，若要提升婦女勞動參與率，就得有普及平價且品質佳的兒童照顧——含課後照顧、足夠長時間與適足薪資的親職假、部分工時工作機會，始能從結構面支持母親就業。普及完善的兒童學前教育與照顧被認為是直接有助於兒童的健康與安全成長，且減輕家庭負擔與促進婦女就業，進而提升性別公平。歐洲國家中採工作—家庭政策作為社會投資的先驅有法國、挪威、瑞典、丹麥等；另有三個國家路徑移轉跟進：德國、荷蘭、英國；動作緩慢的國家是奧地利、義大利、西班牙（Morgan, 2012）。

兒童學前教育與照顧成為再校準福利國家發展的重要政策論述與行動，且也最能展現社會投資觀點：生活的機會均等，而非生活的結果；準備而非修補（preparing rather than repairing）（Morel, Palier, & Palm, 2012）。就OECD國家來說，投資在兒童學前教育與照顧是三個要素間的平衡：勞動市場整合、人力資本獲得、保障脆弱家庭收入。然而，不同國家即使共同面對促進婦女勞動參與率、提升生育率、開創兒童生活機會、因應知識經濟時代的需求等多重目標，共同都認識到提升生產力與投資在兒童早期教育與照顧的重要性。但是，解決方法仍然不同。社會民主福利國家採供給面策略，鼓勵家長接近高品質的托育體系。自由主義福利國家則從需要面下手，採選擇驅動（choice-driven）策略，鼓勵家長在市場中依需求尋找滿足（見表13-7）。0-3歲未滿、3-6歲不同的照顧與教育需求，各國的正式照顧率不同，北歐國家投資兒童（investing in children）的年齡較早，0-3歲未滿已有完整的托育照顧服務極高的正式照顧率（入園率），且兒童學前教育與照顧公共化程度很高；歐陸、地中海國家、自由主義福利國家重點擺在3-6歲學前教育與照顧。自由主義福利國家私有

化程度較高，政府介入兒童學前教育與照顧受限於特定需求滿足，例如低收入戶、身心障礙兒童。

表13-7　4個歐洲福利國家體制的ECEC制度設計

國家	組織與治理		服務提供者與財源		可近性	
	0-3歲未滿	3-6歲	0-3歲未滿	3-6歲	0-3歲未滿	3-6歲
丹麥	托嬰中心、保母。主管機關：內政與社會事務部。	幼兒園、0-6歲混齡托育中心、學前學校。	70%是公立、非營利機構，由政府補助70%經費，學前學校屬公立教育系統。		普及的兒童照顧服務權利。入園率66%。	普及全日提供。學前學校自2009年起強迫入學。整體入園率91%。
德國	托嬰中心。主管機關：聯邦家庭事務部兒童與青年福利局、邦與地方政府。經費來自地方政府。	幼兒園。主管機關：聯邦家庭事務部兒童與青年福利局、邦與地方政府。經費來自地方政府。	0-3歲公共資金投入較少、3歲以下2/3由非營利組織（大部分是教會）提供但政府補助。1/3由地方政府提供。東西德差異大。		非法定權利。提供型態多元。私人照顧與保母補公共化之不足。入園率18%（東德41%、西德10%）。	普及權利每天至少4小時。大部分地區免費。入園率93%。
英國	托嬰中心、保母。主管機關：教育部、由國家教育標準機構管理。	3歲以上早期課程（EYC）。	公部門涉入特殊設計的服務、公部門補助志願部門、私部門提供付費服務。	早期課程是所有3歲以上學前兒童進入任何EYC機構的普及權利，至少1週15小時。4歲以上由國家出資。	非法定權利、入園率41%。	4歲以上普及自願入園、4-6歲入園率93%。
西班牙	托嬰中心。主管機關：主管教育部、區域與地方政府。	普及幼兒教育。主管機關：教育部與地方政府。	公共資金投入有限、主要是私立與公共委外服務。高度地方差異。	完全政府提供。國家分配預算給區域政府執行。	非法定權利、入園率37%。	普及權利賦予但非強制，全日班入園率幾乎百分百。

資料來源：OECD (2008)；引自León (2017: 123-124).

參 社區資產累積

前述社會投資政策的形成與執行都是政府創始，以國家爲範圍，對象或領域聚焦在教育、職業訓練、工作所得課稅抵免、家庭照顧假、兒童學前教育與照顧等，較少關注來自民間、非政府組織的社區層次的社會投資。其實，社區層次的社會投資在發展中國家流傳已久，在工業先進國家也依然存在。

一、社區組織的根基

以美國爲例，從19世紀末工業化以來，美國內戰的破壞，再加上歐洲移民大量增加，移入城市的大量黑人與歐洲移民造成內城區（inner cities）的擁擠、貧窮、不健康、居住品質差，伴隨著犯罪、物質濫用、家庭解組等問題，引起社會改革者的關注（Midgley, Dahl, & Wright, 2017）。1877年英國的慈善組織會社傳入美國，由聖公會牧師賈汀（Rev. Stephen Gurteen）創建於紐約州的水牛城，建立社區服務中心，仿英國慈善組織會社的作法，區分值得幫助與不值得幫助的窮人，採父權主義的貧民救濟。

1887年，傳承自英國倫敦1884年成立的湯恩比館（Toynbee Hall）的睦鄰之家（settlement house）也傳入美國，柯伊特與史脫佛（Stanton Coit and Charles B. Stover）在紐約成立睦鄰協會（Neighborhood Guild of New York），成爲協助新移民進入城市之後適應美國或都市生活的社區服務中心。其中最出名的例子是由亞當斯女士（Jane Addams）於1889年成立於芝加哥的胡爾館（Hull House）。胡爾館作爲一個社區服務中心，不但動員社區資源提供移民就業媒合、語言學習、文化適應、教育、團體活動、兒童遊戲、垃圾清理、街道維護、排水溝疏通等服務之外，也倡議童工保護、兒童權益、母性保護、勞工立法、少年法庭等（Lundblad, 1995）。

社區睦鄰組織運動蓬勃發展，到20世紀初，至少有200個睦鄰之家在美國各地提供服務。到了1911年睦鄰組織聯盟（the National Federation of Settlements）成立，已有超過400個睦鄰之家加入。睦鄰之家不像慈善組織會社強調父權主義的救濟，而是由志願組織與地方團體提供教育與服

務社區居民，強調的是社區參與、與窮人一起工作，加入服務的人士包括地方領袖、社區工作者，採用的策略是滋養社區團結，達到社區建構（community building）。因著這些服務衍生出兒童休閒活動、青年社區活動、成人教育等。今日美國有成千上萬的社區服務中心大都是承襲自百年前社區睦鄰之家的精神。

1873年成立於英國利物浦，1887年傳到美國丹佛市的社會福利機構聯合募款。1913年克里夫蘭商會慈善聯盟組成慈善捐款基金會，之後各城市相繼成立。1915年辛辛那提社會機構協會12家機構共同捐募。之後，結合第一次世界大戰後由戰爭基金轉型的社區基金，成為社會福利機構的主要財源。這些各地的聯合勸募作法於1970年改名為聯合勸募（the United Way）。

1909年另一種社區服務機構成立，稱為社區機構委員會（the council of social agencies）和社區福利委員會（community welfare council），引進專家，對社區需求進行調查，計畫與協調社區服務。另外，也有社區單元計畫（social unit plan）出現，促成更多的社區社會服務計畫（Cox & Garvin, 1970；林萬億，2021）。

在社區組織蓬勃發展過程中，不能忽略阿林斯基（Saul Alinsky）的社會行動。這是一種動員社區居民對抗貧窮、歧視、壓迫、不均、不正義的社區抗爭，成為改變社區生活條件的第三個途徑（Rothman, 1968）。

然而，與社會投資關係更密切的社區投資是詹森總統時期的對抗貧窮作戰（the War on Poverty），以及其後續的發展。

二、對抗貧窮作戰與社區投資

經濟大蕭條以後的1930年代，隨著北方工業城市需要大量低薪勞力；同時，南方農業走向機械化，且種族壓迫並未消減，致使大量的南方黑人移往北方與中西部城市討生活。移居北方城市的黑人與原居住的白人出現新型態的種族緊張，郊區化（suburbanization）的過程於焉產生，黑人往內城集居，白人遷往郊區。於是，內城出現貧民窟，主要居民是少數族群。勞力供給過剩，導致就業機會不足，因而，產生新的社會問題，例如犯罪、幫派、毒品、娼妓、家庭解組、單親家庭、貧窮、剝削。

新的都市社會問題引起政府與非營利組織的注意，政府的社會福利服務中心擴增，聘用社會工作者來協助內城區的貧民；非營利組織也快速增設都市貧民的服務，包括食物銀行等。如同早期的睦鄰中心一樣，新的社區中心針對貧窮家庭與青年提供各種預防性服務。特別是來自地方領袖與教會倡議的社區行動主義，其中1930到1950年代，阿林斯基（Saul Alinsky）在芝加哥發動的社區抗爭，扮演非常重要的啟蒙角色，他倡議充權地方人民組織起來爭取自身的利益，演變成往後的公民權利運動（civil rights movement）（林萬億、鄭如君，2014）。然而，這些努力因缺乏經費而後繼乏力。福特基金會（Ford Foundation）見狀伸手推出灰色地帶方案（Gray Areas Program），支持地方社區發展。

另一個重要的創舉是由哥倫比亞大學贊助的紐約青年動員（Mobilization for Youth），其領導者是克勞沃德與歐林（Cloward & Ohlin, 1960），研究發現，低收入家庭的子女是因缺乏機會而成為少年犯罪，這就是出名的機會理論（Opportunity Theory）。

閱讀過蓋伯瑞斯（Galbraith, 1958）的《富裕社會》（the Affluent Society）一書的甘迺迪總統（President J. K. Kennedy），警覺到書中提醒的現象，戰後的美國藏富於私部門，卻任由公部門貧窮，導致社會與環境基礎建設落後、貧富差距擴大。於是，上任後決定優先啟動消滅貧窮計畫。1963年11月22日，甘迺迪總統在德州達拉斯被暗殺。詹森總統（President L. B. Johnson）繼任後，於1964年1月開啟「無條件對抗貧窮」（unconditional war on poverty）運動，連同老人醫療保險（Medicare）、貧民醫療救助（Medicaid）合稱「大社會」（the Great Society）計畫。同年通過《經濟機會法案》（the Economic Opportunity Act），設置經濟機會局（the Office of Economic Opportunity）作為執行各種消滅貧窮的機關。

《經濟機會法案》顯然受到紐約青年動員的影響，而其實證理論基礎是機會理論，接續青年動員與灰色地帶方案，解決內城區的貧窮問題。基於大社會計畫的需要，1966年聯邦政府新設「住宅與都市發展部」（the Department of Housing and Urban Development, HUD），作為推動模範城市方案（the Model Cities Program）的主管機關。對抗貧窮作戰中最具爭

論性的方案是社區行動方案（the Community Action Program, CAP），該方案承襲1950年代的社區行動派的社區實務經驗，認為組織地方居民並充權其能量以解決自身社區問題，也就是依「極大化參與可能」（maximum feasible participation）原則，讓地方居民參與社區發展決策。聯邦資源跳過州與地方政府，直接贊助地方社區組織，引發地方政府反彈，遂而施壓聯邦政府停止或減少社區行動方案預算。尤其是接連發生洛杉磯、紐瓦克（Newark）、底特律暴動之後，地方行動主義被責難為引發事端者。然而，這些社區行動經驗卻也帶來少數族群進入地方政治成為市長，甚至當選聯邦眾議員的政治效果。

即使受到爭議，「極大化參與可能」原則也帶動一些較少社區行動風格的社區發展經驗，例如模範城市方案及其衍生的社區發展社（community development corporations）。第一個案例是由羅伯·甘迺迪參議員（Senator Robert Kennedy）支持的紐約布魯克林區的貝德福德－斯泰弗森特（Bedford-Stuyvesant）鄰里中心。這是由聯邦資金贊助地方非營利組織，從事地方基礎建設、就業服務、負擔得起的住宅方案。為了讓商業社群也願意捐款加入社區發展，1966年《經濟機會法案》修正納入特別影響方案（Special Impact Program, SIP），授權創立社區發展社。從此，更多公私部門資源投入社區發展社，成為地方社區經濟發展的據點。

1969年共和黨的尼克森總統（President R. Nixson）取代民主黨執政，試圖改變大社會計畫投資大量資源在解決內城貧窮問題，引發辛苦工作的國民（hard-working citizenship）與地方政府的反彈，尼克森總統也懷疑大社會計畫存在福利詐欺（welfare fraud）。他一方面高舉新聯邦主義（New Federalism）大旗，要將權力從華盛頓特區下放到州、地方、社區；同時，開始清理杯盤狼藉的福利（welfare mess），採取莫尼漢（Moynihan, 1973）的自由派社會政策觀點，提出家庭救助計畫（Family Assistance Plan），取代詹森總統時期基於對抗貧窮作戰所建立的經濟機會局、社區行動方案、社會工作體系等（Trattner, 1998）。然而，尼克森總統想要刪除社區行動方案，卻引發地方政治人物群起反對，廢止計畫受阻，僅將資金撥給地方政府，而不再直接下放給社區行動組織。倒是，特別影響方案獲得更多政治支持而普遍在全國各地成立，統計全國各地至少

有2,000個社區發展社成立。各地的非營利組織獲得聯邦政府的資金贊助推動住宅、都市基礎建設、商業發展、職業訓練、其他經濟專案等，大部分社區發展社都是小規模、在地性，以服務當地社區為主，除了在地經濟活動外，也進行促進地方發展的遊說工作（Green & Haines, 2008）。

1974年社區發展總額補助（Community Development Block Grants, CDBGs）修正過往分項補助的作法，將經費集中整筆補助，讓社區可以自行運用聯邦補助資金於社區投資。1981年，雷根政府正式取消社區行動方案。但是，社區發展社繼續存在。特別是1980年通過的地方發起支持社（Local Initiative Support Corporation, LISC）計畫，透過這個新的全國性組織提供各地方社區發展社專業建議、補助、貸款、募款等，協助地方社區發展。LISC的地方分局遍布全國各地，協助地方社區發展社，包括藉在地募款提高財務自主。

另一個重要的社區發展立法是1977年卡特總統（President J. Carter）時期通過的《社區再投資法》（the Community Reinvestment Act），白人若沒在社區置產，就得不到金融機構貸款。進一步更鼓勵金融機構貸款給過去較少被服務的家戶與社區組織。

1994年，柯林頓政府（President B. Clinton）時期發起充權（培力）圈與企業社區倡議（the Empowerment Zones and Enterprise Community Initiative, EZ/ECs），接續對抗貧窮作戰，全國規劃11個大的充權圈，利用稅課誘因與每區最高10億美元的補助，促進地方經濟發展。倘充權圈內地方企業僱用在地居民，每人每年最多可獲得3,000美元補助。然該計畫於2004年終止，直到2009年歐巴馬政府（President B. Obama）上臺才恢復。該計畫已促成各州推出自己的企業圈計畫迄今。

從以上歷史回顧顯示，從1960年代以來，美國為了減少都市貧窮、解決社會問題，除了利用現金給付、營養、醫療照顧計畫來照顧被相對剝奪的社區貧民之外，就是透過投入資源來發展在地社區。針對內城區貧民問題，雖然自由主義者對美國「不怎麼慷慨的福利」的批判，認為福利造成依賴（Gilder, 1981; Murray, 1982, 1984; Mead, 1986, 1991），唯有讓少數族群負起社會責任，始有可能消滅貧窮。但是，來自人類學家盧易士（Lewis, 1959）的貧窮文化（the culture of poverty）提醒，威爾森

（Wilson, 1987）的低下階層（underclass）警告，如果不積極介入貧窮家庭的經濟改善，這些家庭將墜入貧窮次文化的世代貧窮循環中，且將陷入真正的弱勢的底層社會裡，難以翻身。同時，不同領域的學者提出理論基礎，例如資產累積（asset building）（Sherraden, 1991）、社區資產形成（community assets building）（Kretzmann & McKinght, 1993）、社會資本（social capital）（Putnam, 2000），以及扶植地方企業創造在地就業（Porter, 1995）等，均認為少數族群居住在住宅擁擠、衛生不良、基礎設施差、就業機會少、貧窮的社區，再加上去工業化、不足的公共服務與社會服務，就出現暴力、犯罪、毒品、娼妓、未成年懷孕、家庭解組、家庭暴力、失業等普遍的社會現象。如果只是靠警察維持秩序，難免發生種族衝突。因此，必須投資社會資本、累積社區資產、創造社區商機，始有可能讓內城社區脫離貧窮；也唯有社區整體脫貧，個人才有機會脫貧。整體社區投資途徑（holist community investment approach）可能是像美國這種中央政府能量不足、個人主義色彩濃厚、市場至上的資本主義社會，不得不採取的社會企業式的社會投資策略。

 ## 第三節　社會投資觀點的批判

　　雖然社會投資觀點已受到國際的重視，但是，批評在所難免。首先，論者批評其來自歐洲中心論（Eurocentricity），指出社會投資途徑是一個被西方國家推陳出新的概念。但是，過去大部分經驗都集中在以西方國家為主的福利國家轉型經驗上，是典型的全球一個世界（one world）觀點，缺乏來自對全球南方（Global South）的理解（Midgley, Dahl, & Wright, 2017）。南方國家的經驗許多來自非政府組織、非營利組織、社區發展經驗，甚至很多是跨國援助的成果，且探究領域也不僅止於就業、家庭與工作平衡、兒童學前教育與照顧等西方工業先進國家面對後工業新社會風險的對策，因此應該納入全球南方國家的社會、文化、經濟、住宅、教育、衛生、人口老化、社會保障、移民、社區發展等議題。

　　其次，批判者從社會經濟的結果來檢視，認為社會投資觀點聚焦

在未來，調整經費從消極社會安全給付到積極活化勞動市場、家庭導向的服務、教育，亦即當前的貧窮問題被置之不理。更甚者，有批評者認為不只是當前的貧窮問題被拋諸腦後，有些國家的貧窮問題更因此而增加，因為把預算投入工作富人（work-rich）甚於工作貧窮（work-poor）家庭，救助貧窮的經費減少之後，當然就無法對抗貧窮（Cantillon & Vandenbroucke, 2014）。分析1997-2007年間，15個歐洲國家的實證資料發現，資源移轉從傳統福利國家到新社會投資政策並無法證明可以降低貧窮率（Vliet & Wang, 2015）。其原因可能有三：(1)各國移轉的經費規模不夠龐大，不容易產生明顯的資源投入效果；(2)尚無新福利國家政策與貧窮或所得不均在總體層次上的一般化關係，因為新福利國家方案的分配效果受到國家的特定政策脈絡與社會人口結構特性的影響；(3)也許各國推動社會投資政策的期間不夠長，不容易立即看到成效。不過，另針對15個工業先進國家，從1990-2007年的實證研究指出，社會服務（社會投資取向）經費占社會支出規模越大，對經濟成長越有貢獻、失業率越低、就業率越高（Ahn & Kim, 2015）。據此指出，社會投資策略已從所得安全轉型到生計安全（livelihood security）。

第三，社會投資觀點強調活化勞動市場，提供了刪減貧窮救助給付的正當性，致使某些原本不一定要進入勞動市場的人群，被迫選擇投入勞動市場，例如單親媽媽、長期病患；此外，為了促進就業，只要有任何就業機會都會被認為不能放棄，導致就業品質低落也在所不惜。特別是名為積極勞動市場政策，其實是延續新自由主義的工作福利政策者多，非真正轉向開發更多好工作（Bonoli, 2012）。

第四，過去歐洲國家關切的社會包容、社會凝聚等概念，在社會投資策略的執行過程中已淪為口水服務（lip service），明顯背離里斯本策略（the Lisbon Strategy）所闡述的經濟與社會凝聚雙重目標。社會投資的政策工具在策略概念與資源配置上明顯落後發展。

第五，更根本的批判來自女性主義與性別理論，認為社會投資觀點是一種將性別平等工具化，特別是調和家庭生活與就業政策。提升女性就業水平的動能來自經濟誘因，多於關心女性的精神。

第六，不只性別平等工具化，連兒童都被「公民—工人」工具化，

多於「公民─兒童」的培養。亦即，兒童被支持變成下世代的工人，而不是成為下世代的公民權利身分。傳統立基於需求、利他、均等、社會權的福利國家再分配論述，已被經濟理性所取代，而不再有適足、社會、人道理性等社會政策意涵。社會投資觀點挑戰新自由主義的經濟成長與社會政策主張，並非藉由聲明國家福利的消失將帶來痛苦與社會傷害，或者強調滿足人類需求的人道考量，而是論辯緊縮社會福利將影響經濟發展（Midgley & Tang, 2001）。也就是將經濟發展與社會政策結合，將社會經費視為是一種社會投資，俾利經濟發展。

第七，社會投資觀點必須被檢驗的是供需是否均衡（Midgley, Dahl, & Wright, 2017）。過去的探討大都從供給面下手，政府認為社會、經濟環境改變，必須提出新的對策，而往往忽略勞動市場是否能跟進因應、人民是否可以從社會投資方案中獲得真正的利益？如前述在爭論工作福利的不同取向一樣，是為了達到名目上的政策目的，告訴人民政府已採取行動來促進無業者就業，還是真正幫助無業者就業？

最後，權力關係也應該被關照（Midgley, Dahl, & Wright, 2017）。不論是勞動市場政策、家庭與就業均衡、兒童學前教育與照顧、消滅貧窮等，均存在權力不對等關係。大部分國家的勞工與雇主、婦女與就業市場、托育機構與幼兒及其家長、政府與非政府組織及非營利組織等，仍然處在權力不對等關係中，如何在社會投資過程中，讓權力相對弱勢的一方有充分資訊、尊重參與決策，才可能實現社會投資策略所要達成的提升人力資本、增進人民福祉。否則，只是落入父權式的一廂情願，方案結束了，或是政黨輪替了，政策就跟著改變，人民只不過是再次成為政策新典範的白老鼠而已。

參 考 書 目

- 林萬憶、鄭如君（2014）。社會工作名人傳。臺北：五南。
- 林萬憶（2021）。當代社會工作。臺北：五南。
- Alinsky, S. (1969). *Reveille for Radicals*. NY: Random House.
- Alinsky, S. (1972). *Rules for Radicals*. NY: Random House, Vintage Books.
- Ahn, S-H. & Kim, S-W. (2015). Social Investment, Social Service and the Economic Performance of Welfare States. *Int. J. Soc. Welfare*, 24: 109-119.
- Barbier, J. C. & Fargion, V. (2004). Continental Inconsistencies on the Path to Activation: consequences for social citizenship in Italy and France. *European Societies*, 6(4): 437-60.
- Bielefeld, W (2009). Issues in Social Enterprise and Social Entrepreneurship. *Journal of Public Affairs*. 15: 69-86.
- Bonoli, G. (2012). Active Labour Market Policy and Social Investment: a changing relationship. In Morel, N., Palier, B., & Palme, J. (eds.), *Towards a Social Investment Welfare State? ideas, policies and challenges* (pp.181-204). Bristol: the Policy Press.
- Bonoli, G. & Natali, D. (2012). *The Politics of the New Welfare State*. Oxford University Press, Oxford.
- Borchorst, A. (2009). Danish Child-Care Policies within Path-Timing, Sequence, Actors and Opportunity Structures. In K. Scheiwe and H. Willekens (eds.), *Child Care and Preschool Development in Europe: institutional perspectives* (pp.126-141). NY: Palgrave/ Macmillan Press.
- Cantillon, B. & Vandenbroucke, F. (2014). *Reconciling Work and Poverty Reduction: how successful are European welfare states?* Oxford: Oxford University Press.
- Cerny, P. (1990). *The Changing Architecture of Politics: structure, agency and the future of the state*. London: Sage.
- Cerny, P. (1997). Paradoxes of the Competition State: the dynamics of political globalization. *Government and Opposition*, 32(2): 251-74.
- Cerny, P. & Evans, M. (2004). Globalization and Public Policy under New Labour. *Policy Studies*, 25(1): 51-65.
- Champion, C. & Bonoli, G. (2012). Institutional Fragmentation and Coordination Initiative in Western European Welfare State. *Journal of European Social Policy*, 21(4):

323-34.

· Cloward, R. A. & Ohlin, L. E. (1960). *Delinquency and Opportunity: a theory of delinquent gangs*. Glencoe, IL: Free Press.

· Cox, F. & Garvin, C. (1970). The Relation of Social Forces to the Emergence of Community Organization Practice: 1865-1968. In Fred Cox et al., *Strategies of Community Organization* (pp.37-54). Itasca, IL.: F. E. Peacock Publishers, Inc.

· Craig, D. & Porter, D. (2006). *Development Beyond Neoliberalism? governance, poverty reduction and political economy*. NY: Routledge.

· Dahl, E. & Lorentzen, T. (2017). Employment Policy and Social Investment in Norway. In J. Midgley, E. Dahl, & A. C. Wright (eds.), *Social Investment and Social Welfare: international and critical perspectives* (pp.87-104). Cheltenham: Edward Elgar Publishing, Inc.

· Dostal, J. M. (2008). The Welfare Illusion: re-examining the concept and the British case. *Social Policy & Administration*, 42(1): 19-42.

· Esping-Andersen, G. (1996). *Welfare State in Transition: national adaptation in global economic*. London: Sage.

· Esping-Andersen, G. (1999). S*ocial Foundations of Postindustrial Economies*. Oxford University Press.

· Esping-Andersen, G., Gallie, D., Hemerijck, A., & Myles, J. (2002). *Why We Need A New Welfare State*. Oxford: Oxford University Press.

· European Commission (2013). Towards Social Investment for Growth and Cohesion – including implementing the European Social Fund 2014-2020, Employment, Social Affairs, & Inclusion.

· Finch, N., Horsfall, D., & Hudson, J. (2017). Changing Labour Markets, Changing Welfare Across the OECD: the move towards a social investment model of welfare as a response to competition. In D. Horsfall and J. Hudson (eds.), *Social Policy in an Era of Competition: from global to local perspectives* (pp.33-52). Bristol: Policy Press.

· Galbrith, J. K. (1958). *The Affluent Society.* NY: Houghton Mifflin.

· Giddens, A. (1998). *The Third Way*. Cambridge: Polity Press.

· Giddens, A. (2000). *The Third Way and its Critics*. Cambridge: Polity Press.

· Gilbert, N. & Gilbert, B. (1989). *The Enabling State: modern welfare capitalism in America*. NY: Oxford University Press.

- Gilbert, N. (2002). *Transformation of the Welfare State: the silent surrender of public responsibility*. Oxford: Oxford University Press.

- Gilder, G. (1981). *Wealth and Poverty.* New York: Basic Books.

- Green, G. P. & Haines, A. (2008). *Assets Building and Community Development.* Thousand Oaks, CA: Sage.

- Greve, B. (2010). *Choice: challenges and perspectives for the European welfare states.* Chichester: Wiley-Blackwell.

- Hall, A. & Midgley, J. (2004). *Social Policy for Development.* Thousand Oaks, Ca: Sage.

- Häusermann, S. (2018). The Multidimensional Politics of Social Investment in Conservative Welfare Regimes: family policy reform between social transfers and social investment. *Journal of European Public Policy*, 25(6): 862-877.

- Heidenreich, M. & Aurich-Beerheide, P. (2014). European Worlds of Inclusive Activation: the organizational challenges of coordinated service provision. *International Journal of Social Welfare*, 23, 56-522.

- Hemerijck, A. (2012). Two or Three Waves of Welfare State Transformation? In Morel, N., Palier, B., & Palme, J. (eds.), *Towards a Social Investment Welfare State? ideas, policies and challenges* (pp.33-60). Bristol: the Policy Press.

- Hemerijck, A. (ed.) (2017). *The Uses of Social Investment.* Oxford: Oxford University Press.

- Horsfall, D. & Hudson, J. (2017). *Social Policy in an Era of Competition: from global to local perspectives.* Bristol: Policy Press.

- Jenson, J. (2012). Redesigning Citizenship Regimes after Neoliberalism: moving towards social investment. In Morel, N., Palier, B., & Palme, J. (eds.), *Towards a Social Investment Welfare State? ideas, policies and challenges* (pp.61-87). Bristol: the Policy Press.

- Jenson, J. M. & Fraser, M. W. (2006). *Social Policy for Children & Families: a risk and resilience perspective.* California: Sage.

- Kretzmann, J. & McKinght, J. L. (1993). *Building Community from the Inside Out: a path toward finding and mobilizing community's assets.* Evanston, IL: Institute of Policy Research, Northwest University.

- Lane, M. J. (2011). Social Enterprise: empowering mission-driven entrepreneurs (1st ed.). Chicago, Ill.: American Bar Association.

- León (2017). Social Investment and Childcare. In A. Hemerijck (ed.), *The Vses of Social*

Investment (pp.118-127). Oxford: Oxford University Press.

· Lewis, O. (1959). *Five Families: Mexican case studies in the culture of poverty*. NY: Basic Books.

· Lewis, J. (1992). Gender and the Development of Welfare Regimes. *Journal of European Social Policy*, 3: 159-137.

· Lødemel, I. & Moreira, A. (2014). *Activation or Workfare? governance and the Neo-liberal convergence*. Oxford: Oxford University Press.

· Lundblad, K. S. (1995). Jane Addams and Social Reform: a role model for the 1990s. *Social Work*, 40: 5, 661-668.

· Martin, C. & Le Bihan, B. (2009). Public Child Care and Preschool in France: new policy paradigm and path-dependency. In K. Scheiwe and H. Willekens (eds.), *Child Care and Preschool Development in Europe: institutional perspectives* (pp.57-71). NY: Palgrave/Macmillan Press.

· Mead, L. (1986). *Beyond Entitlement: the social obligation of citizenship*. NY: Free Press.

· Mead, L. (1991). The New Politics of the New Poverty. *The Public Interest*, 103, 3-20.

· Midgley, J., Dahl, E., & Wright, A. C. (2017). *Social Investment and Social Welfare: international and critical perspectives*. Cheltenham: Edward Elgar Publishing, Inc.

· Midgley, J. (1995). *Social Development: the developmental perspective in social welfare*. Thousand Oaks, Ca: Sage.

· Midgley, J. & Livermore, M. (1997). The Developmental Perspective in Social Work: educational implications for a new century. *Social Work*, 33(3): 573-585.

· Midgley, J. & Tang, K. L. (2001). Social Policy, Economic Growth and Developmental Welfare. *International Social Welfare*, 10(4): 242-50.

· Morel, N., Palier, B., & Palme, J. (2012). *Towards a Social Investment Welfare State? Ideas, policies and challenges*. Bristol: the Policy Press.

· Morgan, K. J. (2012). Promoting Social Investment through Work-family Policies: which nations do it and why? In Morel, N., Palier, B., & Palme, J. (eds.), *Towards a Social Investment Welfare State? ideas, policies and challenges* (pp.153-79). Bristol: the Policy Press.

· Moynihan, D. P. (1973). *The Politics of a Guaranteed Income: the Nixon Administration and the Family Assistance Plan*. NY: Vintage Books.

· Murray, C. (1982). The Two Wars against Poverty. *The Public Interest*, 69, 4-16.

· Murray, C. (1984). *Losing Ground: American Social Policy, 1950-1980.* NY: Basic Books.

· Nikolai, R. (2012). Towards Social Investment? patterns of public policy in the OECD world. In Morel, N., Palier, B., & Palme, J. (eds.), *Towards a Social Investment Welfare State? ideas, policies and challenges* (pp.91-115). Bristol: the Policy Press.

· Nolan, B. (2013). What Use is 'Social Investment'? *Journal of European Social Policy,* 23(5): 459-468.

· O'Connor, J. (1973). *The Fiscal Crisis of the State.* NY: St. Martin's Press.

· OECD (2000). *Early Childhood Education and Care Policy in Finland.*

· Pierson, P. (1994). *Dismantling the Welfare State? Reagan, Thatcher and the Politics of Retrenchment.* Cambridge University Press.

· Porter, M. E. (1995). The Competitive Advantage of the Inner City. *Harvard Business Review,* 73(3): 55-71.

· Putnam, R. D. (2000). *Bowling Alone: the collapse and revival of American community.* NY: Simon & Schuster.

· Rauhala, P-L. (2009). Child Care as an Issue of Equality and Wquity: the example of the Nordic Countries. In K. Scheiwe and H. Willekens (eds.), *Child Care and Preschool Development in Europe: institutional perspectives* (pp.142-156). NY: Palgrave/Macmillan Press.

· Rothman, J. (1968). Three Models of Community Organization Practice. *Social Work Practice 1968,* from National Conference on Social Welfare.

· Salamon, L. M. (2014). *New Frontiers of Philanthropy: an guide to the new tools and actors reshaping global philanthropy and social investment.* NY: Oxford University Press.

· Scheiwe, K. & Willekens, H. (eds.) (2009). *Child Care and Preschool Development in Europe: institutional perspectives.* NY: Palgrave/Macmillan Press.

· Sherraden, M. (1991). *Assets and the Poor: a new American welfare policy.* Armonk, NY: M. E. Sharpe.

· Sen, A. K. (1985). *Commodities and Capabilities.* NY: North-Holland.

· Sen, A. K. (1949). *Development as Freedom.* Oxford: Clarendon Press.

· Smith, B. R., Cronley, M. L., & Barr, T. F. (2012). Funding Implications of Social Enterprise: The Role of Mission Consistency, Entrepreneurial Competence, and Attitude toward Social Enterprise on Donor Behavior. *Journal of Public Policy & Marketing,* 31

(1): 142-157.

· Spreckley, F. (1981). *Social Audit: a management tool for co-operative working*. Wales: Beechwood College.

· Taylor-Gooby, P. (ed.) (2004). *New Risks, New Welfare?* Oxford: Oxford University Press.

· Torfing, J. (1999). Workfare with Welfare: recent reforms of the Danish welfare state. *Journal of European Social Policy*, 9(1): 5-28.

· Trattner, W. I. (1998). *From Poor Law to Welfare State: a history of social in America* (6th ed.). NY: the Free Press.

· Viia, A. et al. (2016). Futures of European Welfare Models and Policies: seeking actual research questions, and new problem-solving arsenal for European welfare states. *Eur. J. Futures Res.*, 4: 1, 1-13.

· Vliet, O. V. & Wang, C, (2015). Social Investment and Poverty Reduction: a comparative analysis across fifteen European countries. *Jnl. Soc. Pol.*, 44, 3, 611-638.

· Wilson, W. J. (1987). *The Truly Disadvantaged: the inner city, the underclass and public policy*. Chicago, IL: University of Chicago University Press.

第十四章
社會福利的發展

當代社會福利出現於工業革命之後，國家藉此來解決新興的社會問題、回應勞工運動的要求，以及鞏固資本主義的政治經濟體制。經歷了二次世界大戰後福利國家的黃金歲月（Golden Age），到1970年代末的福利國家危機（crisis）與牽制（containment），福利國家進入轉型期。然而，不同的國家有不同的福利體制，有不同的因應挑戰的策略。基於歷史制度的相對穩定性，福利國家並沒有因新右派的猛烈攻擊而走向普遍的緊縮（retrenchment），或被支解（dismantling），而是重新校準（recalibration）。

福利國家本是共生於資本主義市場經濟制度裡，只要每發生一次全球性的政治、經濟、社會危機，福利國家就會出現一次震盪。從歷史經驗來看，規模越大的經濟危機，社會福利就越被用來解決市場失靈的危機，例如1929年的世界經濟大蕭條與第二次世界大戰後的民生凋零；2008年全球金融風暴，社會福利經費、方案與立法就被快速擴張，以因應經濟危機；2019年底首先發生於中國武漢市，殃及全世界的新冠肺炎（COVID-19），是繼1342年的黑死病（Black Death）、1918年的西班牙流感（Spanish flu），死亡人數最多的一次病毒大流行，是否是歷史永恆的死亡之舞（Dance Macabre）的一部分？大規模的防疫、紓困及經濟振興的必要，引發圍地社會（enclave society）和新國家主義（new nationalism）再臨的想像（Turner, 2020）。反之，規模較小的經濟危機則不利於社會福利的發展，例如1973年的第一次石油危機、1979年的第二次石油危機、1990年代初的失業潮、1997年的亞洲金融危機、2001年的網路泡沫化。亦即，在局部的經濟危機下社會福利發展反而會被牽制或制止。

不論如何，挑戰仍然橫亙於前，包括不可能全盤逆轉的全球化、後工業化、人口老化，以及科技進步等。本章接續第二章，先從全球化談起，再回顧1990年代以來福利國家面對全球化的挑戰與因應，接

著順勢以2008年的全球金融海嘯、2019年的新冠肺炎病毒擴散全球爲例，討論社會福利的發展，進而預測福利國家轉型後的未來。

 ## 第一節　全球化與福利國家的發展

1990年代初，全球化（globalization）經由「無疆界的世界」（the borderless world）（Ohmae, 1990）的概念浮現而被警覺到，觀察家甚至宣稱「民族國家的終結」（the End of National State）（Ohmae, 1996）。然而，這種源自於科技狂熱論者（Technological Enthusiasts）的主張，認爲科技進步與採納個人主義市場倫理的結果，使政府對貨物與資本流通的管制解除，以致「無疆界的世界」出現，全球經濟在市場與企業無疆界化下運轉。這種論調被認爲是「1990年代社會科學界的噪音」。有些學者認爲人類社會的某些面向的全球化早已存在，例如經濟活動。即使如此，也並非眞的全球一體，或許只是國際化（Internationalization）而已。而且，民族國家（nation-state）也沒有消失，在全球既互賴又競爭下，在某些向度上，民族國家反而更具保護性（林萬億、周淑美譯，2004：3-29）。

壹 全球化的本質與爭議

對全球化現象的支持程度可簡化區分出強弱兩派（Yeates, 2001），強者如福山（Fukuyama, 1992）的全球化是意識形態的終結，資本主義的最後勝利。弱者如高夫（Gough, 2000）、雷吉與雷布佛萊德（Rieger & Leibfried, 1998）等認爲全球化是過度膨脹的說法。比較細緻的區分如葉立森（Ellison, 2006）的三種觀點：超級全球化（hyperglobalization）、懷疑論者（skeptics）、中間路線／弱的全球化。更細緻的區分如費茲派垂克（Fitzpatrick, 2001）的四種陣營：支持者（sponsors）如福山（Fukuyama, 1992）、懷疑論者（skeptics）如紀登斯（Giddens, 1990）、質疑者（doubters）如赫斯特與湯普森（Hirst & Thompson, 1996）、強烈

質疑者（hecklers）如布迪厄（Bourdieu, 1998）。類似於將之區分爲：科技狂熱論者、馬克斯主義的悲觀論者、多元的務實論者，以及懷疑的國際主義論者（林萬億、周淑美譯，2004，頁3-21）。

紀登斯（Giddens, 1990）認爲當代的全球化現象與15世紀末期開始萌芽的現代化一致，只不過是過去20幾年來因資訊科技以空前的程度壓縮空間與時間，而使全球化加速。布迪厄（Bourdieu, 1998）則認爲全球化不是一個過程，自始至終都是一個社會意識的知識殖民。這個知識的霸權，其實就是右派新自由主義者想要借用這個概念來傳播其思想，他甚至認爲這根本就是戰後人類資本主義的最後一道反彈。赫斯特與湯普森（Hirst & Thompson, 1996）也認爲極端的全球化形式尙未被證實存在。其理由如下：

1. 許多支持全球化的極端觀點，只不過是立基於短期的統計，特別是戰後的經驗。

2. 跨國公司並不是毫無限制地自由自在運行於世界，大部分還是依其母國的規定運作，以及配合當地的法律經營。

3. 所謂民族國家消失、貿易與資本自由流通、勞工自由移動的無國界世界並未出現，各國仍然有力量控制這些流動。

4. 政府並未喪失對市場的管制權，只能說資訊科技的發達，國家在領土內的控制力鬆弛了些。

5. 全球化的極致形式的說詞只不過是新自由主義者用來說服政府與人民，接受其所主張的經濟與福利國家體制的意識形態工具罷了。

即使全球化的說法仍有爭議，但是，懷疑全球化已經來臨的學者也承認「現今的世界經濟較1960或1970年代相互關聯得更緊密。」（Weiss, 1998: 170）「在過去25年間國際經濟在結構與治理上有根本地改變。」（Hirst & Thompson, 1996: 196）亦即，民族國家縱然存在，國家的本質與角色的確已改變，改變的來源受制於國家安全與全球經濟的互動。

全球化過程包含哪些要素？喬治與威爾定（George & Wilding, 2002: 2）整理過去10年來各家的論述，發現有以下元素：

1. 世界各地社會間的連結增加且深化。

2. 金融資本流通幾無障礙，新聞與文化印象跨越世界。

3. 跨國企業（MNCs）的活動與權力提升。

4. 經濟成長伴隨著所得不均的惡化。

5. 全球消費文化形成中。

6. 各國間的旅遊與移民人數增加；交通與電子通訊的加速，使得時間與空間加速被壓縮。

7. 民眾大大地理解到世界所發生的事件，以及對該國可能造成的影響。

8. 迅速成長的政府與非政府跨國組織補充、替代與支持國家的活動。

以上八點約略可以歸類為以下五項：

1. 不同社會間的連結深化

全球化現象依紀登斯（Giddens, 1994a）的看法，不只是經濟現象與世界體系，還包括時間、空間、溝通與大眾運輸；不只是一個大系統的創建，也包括社會經驗脈絡的轉型，各地方每天的生活習慣都被捲入全球化的脈絡中。

2. 跨國企業投資活動與權力增加

國家的通貨管制經常不及於跨國企業。當歐洲國家於1980年代中期取消通貨管制時，其實通貨管制的作用已經不大。今天，資本可以自由跨國移轉，創造了「聯合冒險」的機會。亦即，不同的公司進行全球性生產合作。如此，對工會來說，越來越難以發揮監督與影響生產過程的力量。

3. 勞工集體力量的衰退

1960年代到1975年間，資本家的獲利率下降，也可說是勞工藉由增加實際工資與較好的社會給付，而展現其權力與經濟能量的增加。1975年起，這種情形逐漸停止。1981年以後，歐洲經濟共同體（European Economic Community, EEC）的平均獲利率回升。重資本而輕勞力的現象明顯化，瑞典、美國如此，日本也不例外。全球化不只呈現勞工與資本權力均衡的轉變，也表示國家控制資本的力量轉弱。如此，資本家將予取予求地要求國家執行進一步弱化勞工的措施，降低工資與社會福利給付是最首先的要求。接著，就是修改勞工立法。再不行，資本外移去尋找更便宜的勞動力，也是一招。

4. 國家管制力量的薄弱

為了增加資本家利益的全球化，進一步的鬆綁就一再被要求。在1980年代，大部分工業國家取消了信用管制，曾經被國家化或壟斷的能源、交通、電信、郵政等工業都遭到自由化、去管制化的命運，尤其是1985年以來，創造一個單一市場的計畫啟動，大規模的去管制化已開始。全球化與去管制化使資本脫離國家管制，且增加了資本在國家與勞工間的力量。

5. 資訊流通無阻

通訊革命與資訊科技的廣泛傳播與全球化進程有著深刻的連結。全天候的資金市場建立在人造衛星技術與電腦科技相互融合的基礎上，而這種技術融合也同時影響到社會的諸多面向，例如衛星電視全球轉播、電腦網路連線等，造成距離已死（the death of distance）或「零阻力的世界」（friction-free world）（高仁君譯，2002）。

電子游牧民族要求國家採用更好的軟體與作業系統，以彰顯民主政治。同時，電子游牧民族與超級市場很快就變成今天世界上最令人生畏、最高壓，也最具侵略性的力量（蔡繼光、李振昌、霍達文譯，2000）。

貳 全球化對福利國家發展的影響

全球化使國家治理經濟、金融、文化、勞動的能力變得相對薄弱。建立在民族國家基礎上，且以傳統家庭、生活循環，以及標準化工作型態為假設的老式福利國家，也不免受到全球化的挑戰。狄肯（Deacon, 2007）從全球社會政策的角度認為全球化已從以下幾方面影響社會政策：(1)讓福利國家進入相互競爭中；(2)帶來新的社會政策玩家；(3)關心重分配、管制與權力等社會政策議題已進入區域與超國家的層次上；(4)創造一個全球的私有供給市場；以及(5)鼓勵全球人民運動去挑戰疆界為基礎的福利責任與權利賦予的假設。

如此看來，不說全球化對社會福利有負面影響也很難。但是，每個國家的政治、經濟、社會條件不同，受到的影響會有不同。全球化對福利國家的影響，也因對全球化的解讀不同，而有不同的觀察。一般認為有四種不同的觀察結論：負面影響、有限影響、差異回應、促成改革（Sykes,

Palier, & Prior, 2001）。葉立森（Ellison, 2006）也是歸納出四種約略相似的結論：弱化福利國家、質疑全球化的影響、中間路線、差異因應。本書將這些結論整理如下：

一、全球化弱化福利國家

全球化甚至被認為是比美波南義（Polanyi, 1944）所界定的因工業革命後市場社會弱化民族國家的第一次大轉型（Great Transformation），進入人類社會的第二次大轉型（Zincone & Agnew, 2000）。蓋瑞（Gary, 1997）認為全球化侵蝕福利國家的核心——平等與重分配，主因在於來自自由市場改革的壓力侵蝕社會民主福利政策推動的可能性，例如財政赤字使完全就業變成不可能；國際資本與人民的流動使透過稅制來達成財富重分配的機制也嚴重受限；過度依賴全球資本市場的公共財政使勞工議價權也跟著被弱化；民族國家政府管制利率與兌換率的財政槓桿也被窄化。

支持這種看法的學者以密許拉（Mishra, 1998, 1999）為代表，他認為全球化是一個外部的限制，是經濟的需要，而非政治的選項。因此，民族國家除了追隨自由自在的資本主義盤旋下滑、鬆綁、降低社會支出與減稅之外，很難做些什麼（Mishra, 1996）。他認為全球化造成以下七方面的影響：

1. 社會主義的瓦解，國家政府追求完全就業與經濟成長的能力受限。
2. 全球化促成薪資與工作條件的不均。
3. 全球化加諸社會保障與社會支出的壓力。
4. 全球化弱化支撐社會保障的意識形態。
5. 全球化弱化社會夥伴（social partnership）與勞、資、政三邊關係。
6. 全球化排除了國家政府中間偏左政策的選項。
7. 全球化的邏輯與國家社區與民主政治的邏輯相衝突。

密許拉（Mishra, 1996, 1998, 1999）的邏輯很簡單，全球化促成市場開放→增加資本與勞力的流動→導致生產轉向低成本的地方與方式→福利國家的失業率必然提高→而政府卻受制於經濟治理的能力與財政赤字而束手無策。

二、全球化對福利國家的影響有限

持這種觀點的學者認為北歐的福利國家本來就發展於開放的市場條件下，高的公共支出、財政赤字，以及凱因斯政策（Keynesian Policies）早就與開放市場共存了一陣子，不是今天才碰到開放市場（Huber & Stephens, 2001）。進一步，關於失業率的升高議題，皮爾生（Pierson, 2006）認為福利國家的壓力來自國家的經濟從製造業轉型到服務業的過程，導致生產力下降，經濟成長率也跟著下滑，造成國家支付福利的財政問題；而這些福利國家已成熟，其涵蓋範圍廣、複雜度高，導致其財政赤字嚴重與政策彈性小；復加上人口老化速度快，工作人口減少，福利提供的財源減少，人口老化所需的年金與健康照護負荷加重，兩者相加，造成福利供給的財政負荷沉重。所以說，問題在於全球化者少，在於國內的經濟與政治因素者多。這也就是福利國家的新政治（the new politics of welfare state），英國與美國是最明顯的例子（Pierson, 1994, 1996, 2000, 2001）。

關於服務業的興起如何影響政府的福利政策，艾佛森與庫薩克（Iversen & Cusack, 2000）認為服務業本質上是勞力密集的，而且緊扣住薪資結構，導致其他成本跟著升高，而降低就業機會的創造。福利國家為了回應這種去工業化（deindustrialization）的經驗，而採取兩種策略：一是在選舉壓力下，提高移轉給付額度以對抗市場風險；二是為了刺激就業，政府擴大公共就業服務，或依賴私部門吸收剩餘勞工，形成服務業的三邊困境（trilemma）：若依賴公共就業工程必然增加公部門就業負擔；若依賴私部門吸收必然使議價分散化，有違集中化議價的社會夥伴關係傳統；同時去工業化導致薪資差距拉大與嚴重的性別分工（Iversen & Wren, 1998; Iversen & Cusack, 2000）。

雷吉與雷布佛萊德（Rieger & Leibfried, 2003）也認為有以下幾點證明全球化與福利國家的興衰關係不大：

1. 對多數行動者與大眾來說全球化的基礎並不清楚，如何能對福利與效率造成影響？
2. 福利國家與外貿政策是系統相關的，但是其管制關係受到各國的

歷史與現在關係所影響，很難說外貿關係直接影響到福利國家。

3. 當代的社會政治條件並非全球化下的經濟後果，而是長久的本質。新的經濟與社會的空間關係只是增加了國家內部與外部的資源，以合作與生產性地解決長久存在的問題。

4. 政府並沒有扣緊全球化本身，而是在其影響下因應國內選舉所做的滿足人民需求的承諾，國際政治影響相對較小。

5. 經濟、社會、政治與國際間的空間互賴增加，理論上，國家的所得保障與社會管制必然被支解，財政負擔解除。但其實沒有，國家還是在自己的領域內奮鬥。

6. 國家政府間的國際互賴在兩方面：一方面國家政府自主性的降低；另方面某些政府得以施加壓力去影響其他社會，以取得新的權力。

7. 政府的行動自由依賴全球化，但全球化的命運決定在政府的行動，全球化並未自動地主導國家政治、經濟與社會政策。

8. 全球化的運作並沒有超出，也沒有對抗地方條件，而是經由地方條件來運行。所以，對地方特殊性的了解在全球化的時代是重要的。

9. 文化的複雜性限制了全球化的影響，不只受他文化的影響，也受文化內在的影響。

總之，質疑全球化對福利國家影響的學者，基本上認定後工業化或服務業社會的去工業化、人口老化、少子女化才是福利國家支出增加的原因，福利國家的轉型與否問題是國內政治，而不是全球化邏輯。

三、中間路線

針對全球化懷疑論者的說法，卡司提爾（Castell, 1996）指出即使全球競爭沒有直接影響OECD國家的主要勞動力，但其間接影響勞動條件與勞動機制的轉型是鑿痕斑斑的。夏普夫與施密特（Scharpf & Schmidt, 2000; Scharpf, 2000）也認為來自低工資的新興工業經濟體（newly industrializing economies, NIEs）的競爭可能也是，或者至少在某種程度上，鼓勵高生產成本國家進行自動化生產，或生產迎合高檔市場的特殊化

高技術、美感品質的產品與高產能服務。亦即，產業轉型不盡然只是國家進入後工業社會的內部現象，有部分是受到開放經濟競爭的影響。

　　而在這種轉型下，主要的輸家是低技術、低薪工人，他們期待更多的積極勞動市場方案（active labor market programmes）支出，以及其他形式的就業保障與就業創造。這樣的勞工需要也被某些生產者與投資團體支持，視這種特殊的福利成分為一種促進經濟調適、研究與發展、基礎建設與人力資本的必要（Burgoon, 2001）。所以說，經濟開放也可能帶來正向的社會福利投入增加。

　　至於人口老化議題，固然是國內因素，但是因應人口老化的年金改革往往是受到財政市場的壓力，靠增稅與提高保險費來維持既有的給付水準顯然不再是單純的事。同時，全球經濟壓力確實也影響去工業化及服務業的成長，新形式的就業安排，導致開辦於凱因斯福利國家（the Keynesian Welfare States）黃金時期的年金制度可能無法滿足這些新的需求，例如兼職工作者、自僱者等。最後，國家為了解決公共年金的財政壓力，部分引進市場因素，例如個人儲蓄帳，這其實是很容易受到全球經濟環境的影響而脆弱不穩定，且超出任何國家所能掌控的範圍。這種新的安排意味著某種程度的私有化，且依賴公司基金管理人的投資決策。據此，年金議題已從國內人口老化壓力，演變成為全球現象（Ellison, 2006）。

　　國家進入後工業社會，新社會風險也跟著出現（Beck, 1992）。所謂新社會風險，是指在個人經驗社會經濟轉型的結果而導致的福利喪失（welfare losses）的情境（Esping-Andersen, 1999; Esping-Andersen, Gallie, Hemerijck, & Myles, 2002; Bonoli, 2006）。具體的經驗包括：工作與家庭間的調和、單親家長、脆弱的關係、低或老式的技術、不足的社會安全。這些現象因於去工業化、就業三級化（tertiarisation of employment）、女性勞動參與率提高，以及就業去標準化（destandardization of employment）等（Bonoli, 2006: 5-6）；或者如皮爾生（Pierson, 2001）所說的福利國家的後工業壓力（post-industrial pressure），包括：從製造業轉向服務業的生產力下降引發的經濟成長遲緩、福利國家擴張與成熟及政府承諾的成長極限、老化的人口轉變、家庭結構的轉型。

　　福利國家的路徑轉換（path shift）已發生（Sykes, Palier, & Prior, 2001;

Jenson, 2004）。首先，不同的福利國家有不同的因應變遷，但不同的福利國家所承受的全球化壓力本來就不相同；其次，福利國家確實已發生實質的變化，特別是歐洲大陸國家（Taylor-Gooby, 2004）。新的風險形貌（new risk profiles）改變了解決問題的策略，國際組織提供福利國家改革的處方，全球化提供了福利國家改革的正當性。

四、國家制度結構與政策的差異回應

這種觀點認爲全球化對福利國家的影響取決於國家制度結構與政策的回應（Esping-Andersen, 1996, 1999; Esping-Andersen, Gallie, Hemerijck, & Myles, 2002）。持這觀點的學者認爲後工業社會對傳統凱因斯福利國家的衝擊，造成1980年代以來爲福利國家的危機與調適，不同的福利國家體制的回應不同。新自由主義福利資本主義體制的美國、英國、紐西蘭是採取解除管制、市場驅動（market-driven）策略來回應福利國家危機最明顯的國家，其次是加拿大與澳洲。歐洲大陸的組合國家主義福利國家體制面對1970年代以來就業率的下降，所採取的策略不是美、英式的降低工資，而是延長退休年齡、減輕保費負擔、私有化，以及彈性化勞動市場等策略，以保護其職業別社會保險體制。北歐社會民主福利體制則進行微幅的調整，採取再訓練與增加福利提供的機會，微幅降低福利給付。

史旺克（Swank, 2001）的研究也指出地方影響全球變遷的差異在於集中化的嵌入程度、組合主義制度的強弱。社會和諧與組合主義程度較低、政治權威較分權化，以及政府的社會民主政黨較弱的國家，會因公共部門的負債及國際的資本流動而向下擠壓社會福利的提供。反之，社會組合主義較強、左翼政黨強有力、政策決策集中化，財政壓力與國際資本流動效應會消失，或者他們會正向地建議經濟與政治利益團體反對新自由主義的改革，如此，成功地捍衛了福利國家。

這是架構在新制度主義者（neoinstitutionist）的路徑依賴（path dependent）觀察的結果（Myles & Quadagno, 2002）。皮爾生（Pierson, 2000）指出制度安排（institutional arrangements）使社會政策歷程逆轉（reversal）變得很困難；組織適應以前的制度安排也使得逆轉不具吸引力。這也是所謂的政策鎖定效果（lock-in effects），或是路徑依賴，或自

我增強（self-reinforcing）（Skocpol, 1995）。

　　從這些分析看來，全球化不可能完全不影響福利國家的社會政策發展，但是對其影響程度的說法差異很大。從最悲觀的福利國家幾乎已被瓦解，到影響有限；中間有務實的中間路線與新制度主義的制度回應。

 ## 第二節　福利國家的轉型

　　1990年以來，兩股分析福利國家的發展途徑，影響深遠。一是葉斯平—安德森（Esping-Andersen, 1990, 1999）的福利國家體制論（Regime Approach）；二是皮爾生（Pierson, 1994, 1996, 2000, 2001）的福利新政治論。這兩股研究的路徑確認了福利國家沒有消失、瓦解，或過時，而是調整腳步，不論是轉型（transformation）、過渡（transition）、再建構（reconstructing），或是重新校準。

壹 福利國家的發展路徑

　　體制論強調福利國家的歷史制度安排及其多樣性。可以預料的是只要涉及歸類，必然引發爭議，後續的學者對葉斯平—安德森的福利資本主義的三個世界多所批評（Cousins, 2005）。有認為這種類型學建立在理論基礎多於統計實證上（Arts & Gelissen, 2002）；有認為三個型態的分類不夠周延，葉斯平—安德森所研究的18個國家中至少7個難以歸類（Daly, 2000）。據此，有學者就另外加以擴充，例如拉丁圈（Latin Rim）（Leibfried, 1993）或南歐模式（Southern European model）（Ferrera, 1996）、荷蘭的混血模式（hybrid model）（Wildeboor Schut, Vrooman, & de Beer, 2001）、東亞生產主義模式（productivist model）（Holliday, 2002）或儒家模式（Confucian model）（Esping-Andersen, 1997）。如果再加上拉丁美洲模式、東歐解體後的社會主義市場化，福利資本主義的體制將更多元。不過，大致上來說，就歐洲的國家分類，分成四組：英語系國家、北歐國家、歐洲大陸國家、南歐國家，是比較多人的共識（Castles

& Mitchell, 1993; Castles, 1993）。

女性主義學者也加入批判，認爲葉斯平—安德森用以分類的指標：去商品化（decommodification）、階層化（stratification）與國家市場關係（state-market relation），忽略照顧與家內勞動的性別分工對去商品化給付的影響、無酬家務勞動，以及家庭提供部分社會福利的事實（Orloff, 1993; O'Connor, 1993; Fraser, 1994）。據此，英國學者盧宜詩（Lewis, 1992）提出男性賺食模式（male breadwinner model）的分類標準來彰顯性別化福利國家的意義：英國、愛爾蘭、德國屬強的男性賺食模式（strong male breadwinner model）；法國屬修正的男性賺食模式（modified male breadwinner model）；北歐則屬弱的男性賺食模式（weak male breadwinner model）。

三思博理（Sainsbury, 1994, 1996, 1999）依循此種對男性福利國家（paternal welfare state）的批判，提出兩種性別福利國家的理念類型：男性賺食模式與個人模式（individule model）。然而，三思博理自己也承認這樣的分類有其限制。廓匹（Korpi, 2000）重新將性別、階級納入分析後，發展出新的社會政策制度的三個模式：一般家庭支持模式（a general family support model）、雙薪支持模式（dual earner support model）、市場取向模式（market-oriented model）。後來，葉斯平—安德森（Esping-Andersen, 2003）也同意在福利國家的分類上要加入性別的角度。

不論如何，福利國家的體制論將福利國家加以分類，即使分類指標看法不一，這樣的探討方向有利於在複雜的國家制度差異間找到容易理解的切入點，不只是有助於理解不同福利國家制度的歷史形成，也有助於觀察不同福利國家的發展路徑。

皮爾生（Pierson, 1994）從歷史的鑲嵌，探討在既有穩固的福利體制下，福利改革不可能緊縮，只是重新校準刻度。他以美國雷根政府、英國佘契爾夫人政府的社會福利改革爲例，發現兩國都沒有如各自政府所訴求的福利緊縮或支解。亦即，在回應工業社會帶來的新興社會問題上，即使面對新右派危機說的挑戰，福利國家本身並沒有從大砲縮小爲機槍，而是重新調整準星，瞄準目標。然而，到底重新校準了什麼？

貳 回應新自由主義全球化的挑戰

新自由主義全球化（Neoliberal Globalization）立基於以下政治經濟原則（Crespy, 2016）：

1. 對市場作為一個稀少資源的有效配置機制是自信的。
2. 全球貿易體制是自由貿易與資本自由流通的信念是可欲求的。
3. 所有事物本是公平的，國家應被限制與不介入，國家扮演催化與守護的角色，而不是想要替代市場的角色的信念是可欲求的。
4. 拒絕凱因斯的需要面管理技術，改採貨幣主義、新貨幣主義與供給面經濟學。
5. 承諾移除那些足以造成不利市場參與誘因的福利給付。簡言之，社會正義原則臣服於普遍的經濟優越性。
6. 勞動市場彈性化與促進及滋養成本競爭。

1989年任職於華府（Washington, D.C.）國際經濟研究中心（The Institute for International Economics）的英國經濟學者威廉森（John Williamson）提出「華盛頓共識」（Washington Consensus），目的是解決1980年代中南美洲國家經濟發展困境的復甦計畫。共識內容包括：

1. 財政紀律（fiscal discipline），以避免負債占GDP的比重太高。
2. 調整公共支出方向從補助（特別是無差別補助）轉向廣泛的支持成長、基礎教育、基礎醫療照顧、基礎建設投資等有利窮人的方案。
3. 稅改，擴大稅基，採溫和的邊際稅率。
4. 利率依市場決定，採正值但溫和的實際值。
5. 競爭的交換率。
6. 貿易自由化，開放進口，特別強調消除數量限額證明，任何貿易保護都應提供低且統一的關稅。
7. 外國直接投資國內的自由化。
8. 國營事業民營化。
9. 除了安全、環境、消費者保護，以及監理財政機構安全的理由之外，鬆綁和消除阻礙市場競爭的限制。
10. 保障財產權的安全。

這是立基於新自由主義的典型市場基本教義派（market fundamentalism）。基於華盛頓共識，國際貨幣基金（International Monetary Fund, IMF）、世界銀行（the World Bank），以及OECD均建議各國採行以下作為（Pierson, 2006）：

1. **財政紀律**：各國政府應將財政赤字盡可能縮小，或使之不存在，以免政府破產。
2. **稅制改革**：擴大稅基、降低邊際稅率、激勵經濟參與。
3. **公共支出**：政府應將公共支出聚焦在有助於經濟生產的領域，例如投資在教育、健康，而較不是經由社會移轉重新分配財富。
4. **鬆綁**：政府應該減少管制，以促進經濟活絡，例如鬆綁勞動市場、降低雇主的社會成本。
5. **積極的社會政策**：社會政策應該偏向能夠鼓勵經濟活動的方案，例如促進就業，而不只是管制勞動市場。
6. **市場或準市場**：認為私人、市場或準市場（quasi market）機制是最能夠極大化效率，有別於傳統的福利領域的公共化、非營利化。

以上這些是基於公共選擇理論（public choice theory）的新公共管理（new public management）假設（Hood, 1989, 1991）（詳見第二章）。基於這樣的改革建議，的確引導部分福利國家朝以下幾個方向前進：

1. **內部市場（internal market）**：讓服務提供者不論是公部門、私部門都進入相互競爭的準市場，競標服務提供。例如英國的國民健康服務、日本的介護保險、德國的健康保險、瑞典的國民健康服務、荷蘭的身心障礙者服務，都引進不同規模大小的內部市場。
2. **產出為焦點的目標設定**：美國、英國的工作福利方案是典型的以產出為焦點的目標設定。
3. **地方授權下放**：英國、瑞典、荷蘭或多或少都走向將服務提供授權地方政府負責。
4. **消費者選擇**：英國、德國、義大利、荷蘭、瑞典的健康照護服務、年金、長期照顧、就業服務都或多或少加入消費者選擇的元素（Greve, 2010）。

5. **服務購買契約**：這是大部分國家都有引進的作法，政府將公共服務的一部分委託給民間非營利或營利部門提供。

6. **服務輸送的標準與水準要求**：基於服務購買契約的管理，公、私部門服務提供者均須吻合服務的標準與水準。

7. **服務輸送的效率與責信**：為了節省經費與對納稅義務人或捐款人負責，服務的效率與責信被強調。

8. **工作福利，或活化勞動市場政策**：如本書第十一章的就業政策、第十三章社會投資所論述，特別是自由主義福利國家的工作優先政策，強調不工作就沒有福利。連丹麥、荷蘭、法國、德國也都受到影響。

上述這些社會福利提供理念、責任、關係、方式、財源的轉變，其實是相互關聯的。但是，不必然必須成套採行，而是每個國家依其福利體制的特性，選擇性的採納。

參 因應挑戰的聚合與變異

一、新福利治理

受到新自由主義全球化的影響，新福利治理（new welfare governance）也出現。美國、英國、澳洲等自由主義福利國家以市場公民身分（market citizenship）取代社會公民身分（social citizenship）。亦即每個人都被納入經濟市場秩序中，公民身分的取得不再是靠補償市場活動的失靈，而是被框架入市場活動之中；個人必須進入勞動市場提供具生產性的貢獻，或加強市場活動的參與才能獲得福利；市場參與是一種個別化的能力動員，以積累個人的能力（capability）與資產（assets）；社會政策不再以權利為基礎（right-based），而是新契約主義（new contractualism）；在市場公民權之下，社會連結關係的建立是以能接近與參與市場為原則（Jayasuriya, 2006）。

市場公民身分是建構在經濟立憲主義（economic constitutionalism）的法則下。不像社會立憲主義（social constitutionalism）在於保障人民的

基本生存權，經濟立憲主義優先在於追求經濟市場秩序的運作自如，培養福利受益者成為一個具市場公民身分的個體。公民身分的取得是有條件的，強調個人權利與義務的平衡，沒有積極付出，不能坐享其成。這樣的原則不只正式化為法律，而且滲入國家與社會的關係中，成為政治秩序的規範。於是，社會政策成為服膺經濟市場秩序的一員，例如以資產為基礎（asset-based）的政策在於加強公民的企業精神與能力，俾利參與經濟市場秩序運作；又例如工作福利迫使福利受益者必須進入勞動市場工作，才能獲得福利（Jayasuriya, 2006）；又例如將照顧服務產業化，以利發展服務業市場商機。亦即，福利與經濟市場被高度關聯。

為了提升個人能量，社會福利走向第三條路所推廣的積極福利（positive welfare）或社會投資國家（social investment state）（Giddens, 1994b, 1998, 2000），有別於保障個人經濟安全，以對抗社會風險的消極福利（negative welfare）。福利轉變為不只是對抗風險，而且是增加因應風險的能力，將福利制度納入廣泛的經濟體系中。

而新契約主義典型的代表是英國新工黨執政時期首相布萊爾（Tony Blair）的「福利新契約」（New Contract for Welfare），強調低所得家庭有責任進入勞動市場以工作獲取所得保障（Pestieau, 2006）。同時，其假設個人是自主的個體，有能力決定其福利需求，選擇其偏愛的服務方式，有效地參與服務提供的過程；據此，個別化的服務提供與降低官僚形式的服務生產便成為一種風潮，個案管理（case management）應運而生。為配合這種趨勢，政府將服務提供責任委任給民間辦理，或釋出給市場提供。國家與人民間的關係悄悄改變，國家不再是公共服務的提供者，而是委託服務契約的管制者。政府的社會行政部門花費大部分的精力在管理委託契約，而不是在保證人民的生存權利。人民必須依其自身能力在市場中尋求滿足的公共服務。人民被假設成為積極的行動者（active agency），能決定其自身的未來福祉，其身分是消費者，而不是福利受益人（Jayasuriya, 2006）。

然而，福利受益者並沒有十足的能力在自由市場中選擇合適的服務提供者，且市場不一定有足夠與合適的服務提供；同時，其也缺乏能力履行被納入勞動市場的義務，且勞動市場也不盡然有合適的就業機會與支持力

量。例如工作福利方案要求單親母親、失業者選擇市場提供的就業服務，且在一定期限內加入勞動市場，否則刪減或終止其福利。但是，許多單親媽媽、失業者盡其所能，還是找不到合適的工作。社會福利已經不再是保障人民基本生存權利的機制，而是促使個人履行其實踐負責任的社會行為的工具。亦即，活化勞動市場政策目的是「讓人有事做」（make work pay），多於幫人民找到合適的工作做。

二、福利國家的聚合？

1997到2010年，英國中間偏左的新工黨執政，名之為採取第三條路線的主張，其實是明顯地走向美式的工作優先政策（Powell, 2002; Finn, 2003; Zeitlin & Trubek, 2003; Millar, 2003; Daguerre, 2004）。而相似的經驗發生在紐西蘭，甚至成為緊縮的極端例子（Starke, 2008）。德國、法國、瑞典、丹麥的福利緊縮雖沒那麼明顯，然而某些項目、作法與程度的聚合現象的確出現。

在緊縮、全球化、國際市場競爭、向下競逐（race to the bottom）、社會傾銷（social dumping）、私有化（privatization）、去管制化（deregulation）、自由貿易、撙節（austerity）等理念（ideas）擴散下，框架了社會行動，產生政策典範的重新論述，而出現新的政治行動（Taylor-Gooby, 2005）。即使是過度簡化的概念，福利國家的變遷已從簡單的調整，進入累積的影響（效應）（cumulative effects），例如德國2001的年金改革；再進入水準的影響（效應）（level effects），例如健康照護私有化程度加強；再進入所謂的福利走廊影響（效應）（welfare corridor effects），一些指標，例如財政、服務或移轉提供及鬆綁等，顯示不同國家間有走向福利聚合（convergence）的現象，例如健康照護經費同步增加，而其中私部門提供的比重也在增加中。來自美國式的管理照顧（managed care）的概念、診斷關係群（DRG）的工具被大量運用。年金體系的改革也有走向聚合的趨勢，例如多柱型體系（multi-pillar system）的建立，私人年金、職業年金比重增加。當然，也有些國家已進入系統變遷，例如丹麥於1971年將健康保險改為國民健康照護，義大利於1978年也是如此（Rothgang, Obinger, & Leibfried, 2006; Starke, 2008）。

德國福利國家的轉型是較顯著的，本來被認為僵化的保障勞工的福利制度，也產生所謂雙重轉型（dual transformation），即降低所得替代率與使勞工回到勞動市場的條件設計，使德國福利國家轉型進入另一個典範（Seeleib-Kaiser, 2002; Rothgang, Obinger, & Leibfried, 2006; Starke, 2008），或者走向歐洲化（Europeanization）（Preece, 2009）。

而法國福利國家也常被認為是不能改革的，終究還是動了起來，並不如想像中的凍結（frozen）、動不了（immovable），而是流動的（fluid）（Vail, 2004）。雖然這些國家執行市場自由化（market liberalization）、彈性勞動市場、縮小國家干預等，但是，還是沒有走向純粹的新自由主義路線。法國的工作福利觀念只是粗胚，並未成為政治的主流，也不是社會的共識（Daguerre, 2007）。顯然，理念的引進或許會產生福利典範轉移（paradigm shift）（Taylor-Gooby, 2005），但是，仍必須與體制的政治、經濟傳統相容（Preece, 2009）。

荷蘭奇蹟（the Dutch miracle）是另一個變遷的實例。原先如同歐陸福利國家一樣受制於不需要工作就有福利的傳統。然而，1980年代初超過10%的失業率，迫使荷蘭採取促進就業的措施，提升就業率從1980年代的52%到1990年代的64%。其中最顯著的是婦女勞動參與率的提高，從35%到55%。到2001年失業率已降到2.5%，政府財政赤字降到GDP的3%以下（Hemerijck & Visser, 2001）。

丹麥是轉型幅度較大的北歐國家，其積極勞動市場政策走向「讓更多人就業」（more people to work）的活化政策，因排外而出現的福利沙文主義（welfare chauvinism）。即便如此，丹麥還是被歸類為輕度的工作福利主義（workfarism）國家（Etherington & Jones 2004; Daguerre, 2007）。

從集體的資料研究，卡索思（Castles, 2007）試圖探討（福利）國家是否消失了？發現福利國家緊縮的情形的確小規模地存在，尤其是1980年代。1990年代就稍微緩和些。而就歐洲國家來說，南歐反而是向歐洲化聚合，迎頭趕上歐洲福利國家的水準；愛爾蘭、英國與歐洲大陸國家則有較明顯的緊縮，特別是比利時、德國、荷蘭。

然而，這些歐洲大陸福利國家的改革走的是既不放棄傳統的社會團結，也不想承擔所得不均擴大的風險。即使出現一些政策學習的聚合經

驗，但是，對歐洲福利國家來說，高度的差異性仍然存在，例如社會支出水準高低差距將近一倍（Cousins, 2005）；制度的差異仍然沒有結構性的調整，例如健康保險制度與普及的國民健康服務；給付或服務的範圍仍然差異很大，例如兒童學前教育與照顧政策；給付的水準也差異甚大，例如兒童津貼、親職假。

從以上的討論得知，福利國家的制度差異不只是存在著，其因應危機與挑戰的策略也各有差異，即使某些部分有聚合現象。但是，也不宜認為制度是完全不能改變的。然而，福利國家制度的變遷，不是緊縮，或是支解，而是重新校準刻度，顯示歷史制度扮演的重要性大於政黨的輪替（Pierson, 2006）。

 # 第三節　資本主義市場經濟的金融危機

2008年的全球金融海嘯，證明了全球化的確存在，但是也付出最慘痛的代價。2007年3月1日起，美國第五大銀行貝爾斯登（Bear Stearns）旗下的兩檔次級房貸（sub-prime mortgage）基金倒閉，損失超過15億美元。6日貝爾斯登銀行宣布倒閉，被摩根大通銀行（JP Morgan Chase）接手。接著與次級房貸有關的美國大大小小銀行接連倒閉數十家。2008年7月，美國最大的兩家房貸公司房地美（Freddie Mac）、房利美（Fannie Mae）出現財務危機。9月7日，美國財政部接管房地美、房利美。9月15日，一手打造次級房貸市場的雷曼兄弟銀行（Lehman Brothers）宣布倒閉。同日，美林（Merrill Lynch）證券與投資銀行被美國銀行（Bank of America）收購。9月17日，美國國際保險集團（American International Group, AIG）瀕臨倒閉，美國政府財政部紓困850億美元，換取近8成股票，近似接管。自此，美國已陷入金融風暴的危機中。

而影響所及遍及世界各國。英國、愛爾蘭、冰島、希臘受害最為嚴重，到2010年尚未完全復甦。英國政府接管布雷德福銀行（Bradford）、賓格雷銀行（Bingley）、蘇格蘭皇家銀行（Royal Bank of Scotland），以及紓困給其他受害的部分銀行。冰島政府接管全國第二大的土地銀行

（Landsbanki），並向俄羅斯緊急申貸40億歐元（約臺幣1,760億元）紓困；接著又將第三大銀行葛利諾（Glitnir）收歸國有，動支6億歐元購入75%股份，幾乎是金融海嘯下第一個破產的國家。希臘則因2009年預算赤字占GDP 12.1%，達到預期經濟產能的110%，外債過高靠德國紓困勉強苦撐。美國、歐洲聯盟國家平均失業率超過10%，深深地影響全球社會福利政策的走向。

壹 2008年金融海嘯的原因

這一波金融風暴近因是雷曼兄弟銀行一手打造的次級房貸商品，與美國寬鬆的金融監理制度。遠因是親盎格魯國家（Anglophone）資本主義社會制度之下的生活方式。

美國大多數人要購買房屋都必須向金融機構貸款，信用較好的人向銀行貸款；信用較差的人銀行不願意承做，就出現一種以貸款給信用較差者的房屋貸款機構，其以高於市場利率的利息貸款給信用較差的人，獲取高風險的利潤，稱為次級房貸。部分貸款掮客就利用銀行貪圖高利率而高估抵押品價值，以詐騙銀行貸款。而華爾街的金童們也將這些房屋貸款創造出證券化的金融商品，掛牌上市買賣。

此次全球金融風暴應進一步歸咎於銀行與非銀行間的財務槓桿（financial leverage）操作證券化與衍生性金融商品，導致該等商品交易規模膨脹，金融風險遂自房貸部門擴及金融體系。深究其因乃是金融監督部門疏於監控銀行槓桿程度，亦未就銀行旗下子公司，或聯屬企業執行審慎的兼併監理，致無法監控銀行槓桿操作所可能引發的風險。財務槓桿操作有兩種：一是傳統的資產負債表槓桿，係指銀行利用舉債轉投資行為，其目的是擴大資產收入與負債成本間的收益。據此，槓桿程度係在衡量銀行籌資投資所帶來的風險。二是金融工具槓桿，係指衍生性金融商品訂約所需付出的交易成本，相對於契約名目成本，或曝險部位差距懸殊，具有以小搏大的特性。

簡單來說，就是銀行為了賺取暴利，就以數倍，甚至數十倍槓桿操作其有限資產。照理說，如此高的風險，銀行不該大膽操作才對。但是，

市場投資風險準則是「馬不吃險草不肥，人不走險路不富。」於是，就有人想到將此槓桿投資拿去投保，以分散風險。這種保險就是信用違約交換（Credit Default Swap, CDS），供投資人規避信用風險，由承受信用風險的一方（買方）與另外一方（賣方）進行交換，在契約期間買方須定期支付一筆固定的費用給賣方（類似權利金的概念），以換取在違約事件（Credit Event）發生時，有權將持有的債券以面額賣給賣方，此債券面額即為契約的名目本金。

銀行利潤大部分來自存款本金轉投資獲利與貸款客戶的利息。通常最大的銀行貸款客戶是房地產貸款。這些房地產貸款客戶通常不是窮人，因為窮人買不起房子，銀行也不會貸款給窮人，而是購屋者與房地產投資人。有些房地產投資人自有房產，但是受到房地產飆漲的鼓舞，興起投資房地產賺錢的念頭。於是，就將自有房產抵押貸款來購買新的房子，分期付款。房地產投資人或貸款購屋者如果是靠薪資收入，扣除各種支出後，倘無法支付每月的貸款本息，就接受房屋仲介或理財專員的建議，將這個新買的房子再拿去申請二胎房貸（或第二順位房貸）以支付第一順位房貸利息。銀行就靠這些房屋投資人或購屋者不斷貸款賺利息錢。

當房價持續上漲，這些房地產投資客就伺機將其房屋脫手，而其接手者也依前述的貸款購屋循環進行投資賺錢。一旦房屋市場漲不上去，房地產投資客開始觀望，後續就沒有人會接手購屋，房子就賣不出去。又因先前房屋市場熱絡而增加供給，導致供給過剩，餘屋也不見得租得出去。房地產投資客就必須承擔高額的利息，且必須長期支付。當利息負擔超出其負擔能力，只好將房子丟給貸款銀行，一走了之，成為躲債族。銀行就必須處理這些違約案件，但是，透過前述的信用違約交換，風險被層層分攤。但手頭累積過多處理不了的房地產，管理成本增加、資金周轉失靈、負債積壓，即使資本再雄厚的銀行，也經不起如此鉅額的虧損，於是瀕臨破產。

一旦最終承做貸款的銀行宣布破產，保險公司也要承擔鉅額理賠，於是聯手向美國財政部要求不能讓該銀行倒下去。財政部為了阻止骨牌效應發生，只好將瀕臨破產銀行國有化，債務由納稅義務人買單。但政府必須理賠的不只是原貸款房地產價值，而是經過不斷炒作與槓桿操作後的天

文數字。如果不收購，銀行就連遍倒；要全部收購，美國政府財政負荷不起，人民也不會接受。於是，美元貶值自不可免。倒下去的銀行、保險公司、被查封的屋主躲債、存款人損失、投資不足、購買力萎縮等，造成經濟成長率下滑、失業率攀高，國力衰退也在意料之中。

然而，為何這些事情會發生在美國與英國為主的富裕親盎格魯國家，且受害最嚴重呢？其來有自。美國是全球工業成長中最不重視永續發展的國家，這些富裕的親盎格魯國家鼓勵大量消費，且用信用卡借錢消費，缺乏儲蓄觀念，往往消費超出生產。又在金融市場自由化的聲浪中，國家鬆綁管制，監督力量薄弱，任由金融機構進行金錢遊戲（Jordan, 2010）。而那些把債務丟給國家的銀行執行長們照領高薪，被稱為肥貓。

而這些國家的人民又因為缺乏公共的社會服務，個人被鼓勵在市場選擇各項服務消費，例如健康照護、職業訓練、托兒照顧、長期照顧等。人民被要求必須學習獨立、自力更生，如果所得不足，就從銀行借錢來購買各種服務，而不是期待國家提供公共服務。

貳 2008年金融海嘯的效應

一旦金融海嘯，美國、英國採取收購倒閉銀行、借錢刺激消費手段、減稅，但是這些舉動救企業多於救人民。雖然防止銀行倒閉可以止血，避免失業率升高，但是所投資的成本往往高於國家財政所能承擔，也不盡然有利於失業率的下降，更不用說人民生活品質的維持。又由於缺乏完善的社會安全體系，致失業者、低薪工人成為最易受害者（Jordan, 2010）。而北歐國家、歐洲大陸國家在這一波金融海嘯中相對受害較小，且還有餘力協助其他國家，與其有堅實的社會政策關係密切。

得利於開放、鬆綁、發展奇蹟，為1990年代以來OECD國家經濟發展典範之一，也曾被臺灣歌頌為三蘭（芬蘭、荷蘭、愛爾蘭）之一的愛爾蘭，在這一波金融風暴中首先宣布正式進入經濟衰退國家，「愛爾蘭奇蹟」幾近幻滅。媲美亞洲四小龍的「塞爾特之虎」（Celtic Tiger），於2009年GDP負成長8.3%，失業率14%，經濟泡沫化，衰退持續到2014年才恢復元氣。

美國次級房貸所掀起的全球金融風暴，摧殘全球金融市場，威力之驚人，足以比擬1929年的經濟大蕭條。美國總統布希（President Bush）提出7,000億美元的紓困方案，包括政府收購部分民營銀行股權；英國也通過5,000億英鎊的紓困案；德國也緊跟著通過4,800億歐元的紓困案。歐盟各國紛紛仿傚。對美國新自由主義政府來說，國家本不該介入金融市場；對具有費邊社會主義傳統的英國工黨政府來說，國家出手接管銀行並沒有那麼難為，布朗首相（Prime Minister Brown）動作自然神速。不約而同，全球資本主義國家再次進入凱因斯經濟學的年代，以擴張公共支出的方式，提高民間需求，喚起民間信心，增加民間投資意願（羅耀宗譯，2009）。金融風暴說服新自由主義者凱因斯經濟學是有用的，凱因斯福利國是市場失靈的救命丸。

第四節　新冠肺炎危機與福利國家發展

2019年12月1日首先於中國武漢市被診斷出的嚴重特殊傳染性肺炎，是由一種嚴重急性呼吸道症候群冠狀病毒2型（SARS-CoV-2）導致的傳染疾病。隨著全球觀光旅遊、國際貿易、教育學習、社交活動、移民等管道，病毒迅速散播各地，引發大流行。截至2021年5月底，全球已有192個國家和地區累計報告超過1.7億個確診案例，逾354萬人死亡，是人類史上僅次於1346-1353年的黑死病（Black Death）、1918年的西班牙流感（Spanish flu）之外，最嚴重的流行疾病（pandemic）。

壹 新冠肺炎危機對全球經濟的影響

新冠肺炎（COVID-19）病毒傳播所到之處，各國無不採取呼籲人民保持社交距離、戴口罩、勤洗手，以避免接觸傳染。因應各國疫情擴散，封境與嚴格檢疫常是不得已但有效阻絕病毒於境外的方法。然而，除了人際與社區關係因隔離而疏離及生活步調被強迫改變的痛苦之外，必須付出車、船、飛機停駛或減班後的旅遊、商務、留學、會展、學術交流等人口

減少，導致觀光、旅館、餐飲、遊覽車、免稅商品、留學、商務來往減少的經濟活動損失的代價。

一旦國內進入社區傳染，必須採取封廠、封校、封區、封市、封城等措施，導致各種原料、產品、生產工具、消費物資供應短缺；就業、旅遊、餐飲、文化、休閒娛樂、運動、購物等生產與消費活動減少，家庭收入中斷或降低；再加上需要使用更多的設備來對抗疫情擴散、人民恐慌性購買、生產、物流、人流中斷，使得原料短缺、產量不足、物價上漲，只能擴大依賴線上購物、平臺經濟維持餐飲、生活用品、線上遊戲等部分消費。

據國際貨幣組織（IMF）的世界經濟展望（World Economic Outlook, 2021）資料顯示，2020年全球經濟成長率-3.3%，比2008年金融風暴引發的經濟衰退-0.1%更嚴重，其中已開發國家平均-4.7%，嚴重於2008年的-3.3%；發展中國家-2.2%，慘於2008年的2.8%。已開發國家受創最嚴重的是西班牙（-11%）、英國（-9.9%）、義大利（-8.9%）、法國（-8.2%）、歐元區（-6.6%）、加拿大（-5.4%）、德國（-4.9%）、日本（-4.8%）、美國（-3.5%）、其他已開發國家（-2.2%）。發展中國家也有受創嚴重的，例如墨西哥（-8.2%）、印度（-8.0%）、南非（-7.0%）、拉丁美洲與加勒比海（-7.0%）、巴西（-4.1%）、沙烏地阿拉伯（-4.1%）、東協國家（-3.4%）、俄羅斯（-3.1%）等。僅有少數國家經濟維持正成長，包括臺灣（3.11%）、中國（2.3%）、土耳其（1.8%）。OECD（2021）的經濟預測也相近（見表14-1）。

藉由疫苗的研發成功與擴大施打，國際貨幣組織預測2021年世界經濟會有6.0%復甦（開發國家5.1%、發展中國家6.7%）、2022年會有4.4%的成長。然而，到了2021年5月，新冠肺炎變種病毒散播，封城、封境的措施持續執行。疫情結束時間與經濟不確定性將延宕各國的經濟復甦時間與程度。

表14-1　OECD經濟展望預測（2021年3月）

國家	2020年	2021年	2022年
全世界	-3.4	5.6	4.0
G20	-3.2	6.2	4.1

國家	2020年	2021年	2022年
歐元區	-6.8	3.9	3.8
澳洲	-2.5	4.5	3.1
加拿大	-5.4	4.7	4.0
德國	-5.3	3.0	3.7
法國	-8.2	5.9	3.8
義大利	-8.9	4.1	4.0
西班牙	-11.0	5.7	4.8
日本	-4.8	2.7	1.8
韓國	-1.0	3.3	3.1
墨西哥	-8.5	4.5	3.0
土耳其	1.8	5.9	3.0
英國	-9.9	5.1	4.7
美國	-3.5	6.5	4.0
阿根廷	-10.5	4.6	2.1
巴西	-4.4	3.7	2.7
中國	2.3	7.8	4.9
印度	-7.4	12.6	5.4
印尼	-2.1	4.9	5.4
俄羅斯	-3.6	2.7	2.6
沙烏地阿拉伯	-4.0	2.6	3.9
南非	-7.2	3.0	2.0
臺灣	3.11	3.92*	--

資料來源：OECD (2021). OECD Interim Economic Outlook Forecasts, March 2021, Real GDP growth.

*行政院主計總處預測值。

貳 後疫情時代的全球供應鏈重組

在觀察新冠肺炎疫情造成的危機，有別於2008年的全球金融危機，是福利國家所鑲嵌的全球政治經濟環境已明顯改變。2008年時新自由主義全

球化雖被質疑須為金融海嘯負責（Jordan, 2010），但是，福利國家卻忙於以撙節政策（austerity policy）因應金融海嘯後的財政赤字，而沒有積極的作為調整新自由主義全球化下的國際分工。然而，新冠肺炎病毒肆虐的同時，世界政治經濟環境已變化，也將改變福利國家競爭的布局，不侷限於因新自由主義全球化而浮現的競爭國家（competition state）（Cerny, 1990; Cerny & Evans, 1999）。競爭軸線已由經濟競爭擴大到民主、人權、國家安全的總體競爭。

中國自從1978年改革開放與2001年加入世界貿易組織（WTO）以來，受益於相對低廉的勞動成本與環保要求及自由貿易，吸引各國競相投資，工業遂快速發展，被稱為「世界工廠」。但隨著國家經濟發展，推升生產成本與法規調適的變化，惟過去製造業的移動較為緩慢，主要考量是勞動成本與勞動力供給、環保法規要求、稅制及優惠補貼等生產要素。然而，自從1990年代中期，中國推動養老保險、醫療保險、工傷保險、失業保險、生育保險、住房公積金（五險一金），以及2006年起的第十一個五年（十一五）規劃開始大力實施節能減排工作之後，勞力與環保成本增加，不少勞力密集、高汙染、高耗能的廠商面臨成本壓力，遂而遷移至其他較具競爭優勢的國家生產。

另隨著中國經濟發展，人民收入提高及消費力漸升，內需消費市場逐漸蓬勃，帶動當地品牌的崛起，包括：家電、手機、通訊設備、機械、日用品、餐飲、體育用品等領域，都發展出知名品牌與具競爭力的供應商，不少歐美大廠品牌在中國反而居於競爭劣勢後；再加上，2005年起因政治與人權議題引發的中國抵制洋貨事件頻傳，已有淡出中國市場的趨勢。

近者，2018年3月，美國在川普總統（President Donald J. Trump）的「美國優先」、「美國製造」政策下，發動美中貿易戰，宣布對一系列中國貨物徵收進口稅，每年稅額約600億美元，以懲罰中國對美國智慧財產權和商業祕密的盜竊，掀起中美貿易戰（陳添枝，2021），為全球化敲響警鐘。美國漸趨保護主義，不僅是要求重新談判貿易協定，甚至退出多邊談判，改採雙邊談判以獲取優勢。而在美中貿易戰中，透過不斷調高關稅的方式，迫使不少品牌商必須面對高額的關稅，轉而要求其相關供應商進行風險分散的布局，這波移動主要為調整出貨地點，例如各國要出口至美

國的商品，則調整至東南亞國家、墨西哥等地生產或組裝，避免受到美國課徵高額關稅。這種發展趨勢明顯有別於1990年代以來新自由主義全球化蓬勃發展，為經濟利益極大化而有的國界消失、向下競逐、社會傾銷、鬆綁、跨國企業等。

再加上2020年新冠肺炎疫情擴散，世人才驚覺到世界工廠與全球供應鏈是如此脆弱。除了懷疑病毒源頭是中國武漢P4實驗室外洩之外，在疫情期間，爆發搶購醫療與防疫物資、遷移醫療物資生產線、緊急開發相關醫療設備與疫苗、從空運關鍵零組件到封城禁令下的庫存耗盡與斷料，全球供應鏈體系面臨前所未有的挑戰。疫情延燒盡頭遙遠，各國政府紛紛要求所屬企業將生產線與設備遷回，實施出口禁令，例如原料藥、學名藥等在尚未確認是否能治療新冠肺炎前，不少國家已將之列為管制出口物資；甚至簡單的口罩，在恐慌搶購下也奇缺，而必須組織國家隊才能應付緊急需求。

至於方興未艾的美中貿易戰，進一步升級擴大到5G通訊、科技霸權，以及軍事力量的爭霸戰。短短數月間，美國針對中國企業列舉不可靠實體清單、技術與設備管制、禁售令等措施，甚至延伸到金融領域，針對在美上市的中國企業進行調查，或要求禁用、下市甚或出售，不只針對中企品牌，更延伸到為中國提供服務與產品的供應鏈都一併受到不同程度的影響，遂使各國企業不得不重新檢視自家採用美國的專利、技術、設備與銷售對象是否受到管制，並積極尋求替代方案以因應越趨險峻的中美政治經濟及軍事對壘局勢。

同時，中國企圖加速實現「大國崛起」、力行「去美國化」。在對外貿易方面也積極透過其影響力，大力推動「一帶一路」、區域全面經濟夥伴關係協定（RCEP），透過區域經濟的參與和主導、布局全球軍事設施的開發與租借，發揮其經濟、政治、軍事影響力（陳添枝，2021）。

隨著兩大強權的競爭態勢明朗，供應鏈勢必被迫選邊；若不受技術管制的商品，仍須考量全球供應鏈在疫情下的運輸與生產條件，分散化與近市場將成為未來供應鏈布局的考量重點，而過去全球分工的供應鏈，恐還是得建立儲備庫存與扶植在地供應商的風險分散機制，始能避免斷貨與錯失商機。

為避免類似新冠肺炎大流行使供應鏈中斷再度重演，美國政府積極設法降低其供應鏈過度集中的問題，減少對中國的依賴，而要達到此一目的之核心政策即為「經濟繁榮網絡」（Economic Prosperity Network, EPN），具體落實美國的脫鉤（decoupling）概念（Johnson & Gramer, 2020）。藉跨國供應鏈的重組（restructure），避免類似危機對全球經濟的衝擊再次發生；同時，多邊結盟以圍堵中國擴張主義（expansionism）對印度洋、太平洋周邊區域，甚至全球的民主、人權和平穩定的威脅，特別針對中國在南海的軍事擴張、覬覦釣魚台島（日本稱尖閣諸島）、在新疆設置再教育營、違反中英聯合聲明實施《中華人民共和國香港特別行政區維護國家安全法》，以及大肆派遣軍機騷擾臺灣防空識別區，影響臺灣海峽穩定和平等議題的關切。

　　2021年1月，美國拜登總統（President Joseph R. Biden）上臺後不再追隨川普總統的「美國優先」單邊主義（unilateralism）與交易主義（transactionalism），重返多邊主義（multilateralism）（Patrick, 2021; Widakuswara, 2021）。企圖團結西方和印度洋、太平洋周邊等「價值相近國家」，分享維護自由主義國際秩序，乃至於透過多邊主義方式分散風險。新的全球局勢已不再是新自由主義全球化主宰下的無國界的世界，也不是舊式的共產主義vs.資本主義的對立，而是民主vs.極權的陣營對峙。中國、俄羅斯已不再是過去的共產主義，或社會主義。中國自稱實施「中國特色社會主義」，其實是在捍衛中國共產黨一黨專政地位和馬克斯列寧主義、毛澤東思想的指導下，引入了西方資本主義的部分市場經濟概念。本質上，社會主義的公平分配概念已經相對稀薄，反而是市場經濟的競爭顯著；政治上則屬極權主義（totalitarianism），而無西方福利國家的民主政治基礎。俄羅斯雖是一個新興民主半總統制國家，但是，卻有著濃烈歷史遺業的菁英寡頭統治。

　　簡言之，新冠肺炎不只造成全球經濟遲滯發展，惡化各國財政，也深化中美對抗，進而重組全球供應鏈。就福利國家發展言，新自由主義全球化已不再是不可逆的宿命，保護主義再起，曾經被大加撻伐的大政府再臨。各國為保護國民健康，規定出入公共場所必須戴口罩、打疫苗，進而實施局部封城、封境；又為了危機管理實施紓困、補償、振興經濟等措

施；復加上因應中國擴張的連漪效應，部分關鍵產業已走向國內製造、儲備庫存，皆與全球化的去管制、向下競逐、社會傾銷背道而馳。但是，是否因此而確定全球化已入土為安？倒不盡然。新的全球政治經濟重組已發生，經濟面，不再以中國為世界工廠的集中化生產，而走向分散生產；政治面，新的對立態勢形成，以美國、印度、日本、澳洲的印太新勢力，結合歐盟，標榜民主人權的結盟，對抗以中國、俄羅斯為主的市場經濟但獨裁政治的新強權。世界已不再可能回到市場優先、經濟利益至上的新自由主義全球化時代（林萬億，2021）。

參 後疫情時代的福利國家發展

隨著新冠肺炎疫情發展，大部分國家的政府已經變得更威權（authoritarian），流行病學專家變得更有影響力，國民被認為需要被管制，不能參與或不被期待進入決策（Nygren & Olofsson, 2021）。即使像中國這樣的大政府政權，都因疫情擴散而進入準戰爭國家（quasi-war state）狀態，許多緊急措施與行動被正當化與合法化，例如限制人民自由移動、封城、宵禁等（Lu, Cai, Chen, & Liu, 2020）。

新冠肺炎疫情帶給福利國家很大的啟示，重新思考福利國家的走向。英國福利國家面對新的挑戰，最迫切的壓力是要有足夠的健康服務以滿足醫療照顧需求，以免影響經濟活動；至於，後疫情時代面對福利國家的態度是否會改變？就英國而言，至少保守黨政府也傾向比過去的佘契爾（Thatcher）、梅傑（Major）、卡馬龍（Cameron）時期更主張國家介入（Curtice, 2020）。紐西蘭學者則認為有三個問題需要被處理：(1)脆弱人口群的所得維持嚴重不適足，包括單親與扶養兒童的家庭；(2)負擔得起的住宅供給不足；(3)福利體系既存的不正義、不一致、不具工作誘因等根本問題（Boston, 2020）。

新冠肺炎疫情擴散期間，三個重要課題：健康、經濟、民主，成為各國關注的焦點。瑞典例外主義（Swedish exceptionalism）的防疫爭議，凸顯西方工業民主福利國家底蘊的身分認同特性：高度信任、責任與團結，在面對嚴峻的疫情洗禮後，要如何調整腳步。支持瑞典例外主義者認

爲，瑞典人民高度信任其所建立的國家機制、醫療體系、社區鄰里，無須採取跟其他國家一樣的高度管制，就可以有效管理疫情風險（Nygren & Olofsson, 2021）。

當疫情迅速擴大蔓延，確診人數越來越多，死亡人數快速攀升，對立的論述也開始被討論。當義大利、法國、西班牙的警察、軍隊出現在街頭，進行配戴口罩、解散群聚、封店（廠）、封區、封城管制時，反對者擔心國家是否藉機擴張權力，走向類似俄羅斯、中國的權力集中化，限制民主與干擾經濟活動？福利國家到底要繼續採取新自由主義經濟的權力分散化（decentralization），或回到國家管理風險的集中化（centralization）（Nygren & Olofsson, 2021）？但是人民又期待國家控制疫情、管理風險，提供更公平的健康照護以滿足人民確診後的醫療需求。自從1990年代新自由主義全球化浪潮以來，醫療體系紛紛採行新公共管理（NPM），瑞典醫療體系也不例外地受到影響。然而，疫情對瑞典的影響，出現要求政府採取行動，翻轉醫療體系過去重視選擇、獲利的意識形態。

義大利是另一個例子，2020年2月21日義大利出現第一例確診新冠肺炎病例，到3月9日，確診數已經41,305例、死亡3,405人。其類似英國的國民健康服務（Servizio Sanitario Nazionale, SSN）面臨嚴峻挑戰，接近崩壞，其來有自：支離破碎的醫療服務體系、長年預算緊縮、私有化，以及人力與技術資源的短缺（Armocida, Formenti, Ussai, Palestra, & Missoni, 2020）。特別是老人成爲新冠肺炎的高死亡風險群體，瑞典長照機構的老人也是高確診與高死亡率，也促成瑞典政府改革長照機構因私有化政策導致的人力短缺、工作條件差、管理鬆懈，以及訓練不足的弊病（Greve, Blomquist, Hvinden, & van Gerven, 2021）。

爭議的議題也包括到底要採群體免疫（herd immunity），還是群體人道主義（herd humanism）？瑞典例外主義的作法是建構在犧牲老人生命，追求群體免疫。然而，從群體人道主義的角度出發，任何人，包括即將就木的人，都不應該被當成犧牲者（Nygren & Olofsson, 2021）。

新冠肺炎期間數位科技（digital technologies）的使用大幅增加，數位化（digitalization）與平臺化（platformization）將成爲常態，從生產與消費到教育學習、溝通、社交、醫療、照顧等。一旦出現明顯的數位落差，

對弱勢者與偏遠地區的不利影響將從經濟到社會生活。因此，從數位化的基礎建設到數位教育與學習，都必須加緊腳步。福利國家在既有的社會投資方案基礎上，強化人民數位能力的賦能（capacitation），也將是後疫情時代的重要課題（Eichhorst, Hemerijck, & Scalise, 2020）。

新冠肺炎危機挑戰了福利國家的諸多面向：健康照護、勞動市場、失業政策、家庭政策、社會服務、老人照顧等國家必須介入的領域。難怪，有學者認為新冠肺炎危機無疑是一次社會權的大轉型與現代化，普及的社會權將涵蓋保障過去被排除的不穩定就業者；同時，帶動社會權跨國通用的討論（Börner, 2021）。

在疫情發生初期，強力的政府介入，不論是封境、封城、戴口罩、維持社交距離，馬上引發爭辯是否政治上再國家化（renationalisation）？然而，隨著光陰流逝，很清楚地看到在新冠肺炎危機中各福利國家不只把國家找回來，而且也強化福利的功能。因此，社會政策投入比上回全球金融危機時更多，也由於公私部門的協力，提高了人民對政府介入所得重分配行動的信任（O'Donoghue, Sologon, & Kyzyma, 2020）。再加上全球供應鏈的重組，福利國家也必須因應產業結構的調整與競爭策略，避免為了偏重經濟效率，毀了福利國家的基礎——民主與正義。

雖然，檢視英國政府於新冠肺炎防疫期間的種種作為，顯示疫情已經讓英國福利國家轉型，政府舉債數以億計英鎊，創出各種名目的給付。但是，一旦疫情危機解除，福利國家的老問題仍然存在，過去超過半世紀的福利國家發展所創造出的福祉，似乎在疫情照妖鏡下宣告系統性地失敗（Pierson, 2021）。所以，不能只有在疫情擴散期間急就章花錢消災了事，要根本思考，福利國家到底發生了什麼事，為何無法因應大型流行疾病的衝擊。

不只英國，日本、美國、加拿大等都透過減稅、現金給付等措施，財政赤字增加高於2008年金融風暴，也將影響福利國家是否有能力既還債又提升人民因應風險的能力。其中最迫切需要處理的是重建健康照護體系，以免重蹈覆轍，可是，這需要更多錢（Greve et al., 2021）。同樣地，要求美國修補福利國家的呼聲再起，提醒不應該只偏愛開出高額支票來救急（Smith, 2021）。

然而，這不代表福利國家將因新冠肺炎疫情危機而澈底改觀，走向更慷慨，而是形成一個新的共識，除了重建健康照護體系外，至少需要優先保障勞動市場中的脆弱者：低薪、不穩定就業、低技術、短期工、臨時工（Sandher & Kleider, 2020），以及補強社會照顧體系，因為人口老化、少子女化、新科技帶來的勞動市場改變的壓力，不會因疫情緩和而消失。

 ## 第五節　福利國家還能存活嗎？

　　福利國家還能存活嗎（can the welfare state survive）？這是一個存在已久的提問。英弘與樓吉（Einhorn & Logue, 2010）這兩位研究北歐模式的美國政治學者，提問福利國家能在全球經濟下存續嗎？他們以北歐模式為例，答案是肯定的。歷史證明從全球化討論甚囂塵上的過去30年間，北歐模式除了在1990年代初面對高失業率、低經濟成長的挑戰外，其餘時間仍是調適良好。其理由是：公民社會與民主組合主義、經驗主義與團結的文化價值，使得北歐模式不但能存續，而且具可轉換性（transferability）。政治學者甘博（Gamble, 2016）的回答也是「是，它能存活。」但必須克服四個挑戰：負擔得起、國際競爭、新社會風險、人口老化。打從福利國家興起，唱衰的聲音從未停過。即使經歷了一個世紀的社會實驗。

壹　福利國家引領人民走向奴役之路嗎？

　　當1920年代末到1930年代中的世界經濟大蕭條（the Great Depression）期間，英國經濟學者凱因斯（John Maynard Keynes）嚴厲批判英國政府的撙節政策，主張在經濟衰退期間，政府財政赤字並非壞事，應該增加預算用來投資基礎建設，增加人民就業機會。此後發表《就業、利率與貨幣的一般理論》（*the General Theory of Employment, Interest and Money*）（1936），一反新古典自由主義經濟學理論所持反對政府干預市場的觀點，主張政府應在經濟衰退期積極介入市場運作。凱因斯認為新古

典自由主義經濟學理論如賽伊定律（Say's Law）：「供給創造自身的需要」（supply creates its demand），市場自然會創造出充分就業均衡，亦即在自由市場裡勞工被期待低薪，雇主因此而獲利增加，就會樂於僱用更多勞工等。這些觀點，都只是適用於19世紀特定經濟政治環境下的特例。

　　凱因斯進一步認為解決大蕭條的處方應有二：(1)降低利率（貨幣政策）。一旦利率下降，人們會勇於貸款購買房屋、汽車、家電等，企業主也會貸款來投資生產。如此一來，消費增加，生產也會增加，就業機會也跟著增加；(2)國家投資基礎建設（財政政策），包括硬體的公共建設與公共服務支出，除增加對基礎建設材料的需求外，也提高人民消費能力，同時增加就業機會。凱因斯經濟學就成為1930年代經濟大蕭條到第二次世界大戰期間的戰爭經濟學（war economics）與戰後歐洲復興，以及福利國家的黃金歲月的經濟學理論基礎（de Regil, 2001）。

　　當希特勒（Adolf Hilter）取得德國政權時，已從奧地利移居英國、任教於倫敦政經學院的經濟學者海耶克（Friedrich A. von Hayek），關心從蘇聯到德國、義大利、日本的極權主義的擴散。海耶克觀察到法西斯主義（Fascism）、共產主義，與極權主義沒什麼兩樣，都會由中央控制所有經濟活動。進一步，海耶克也認為社會主義、國家社會主義也都屬集體主義或是極權主義，其本質不只是完全與社會主義與共產主義無異，也與法西斯主義相距不遠。又當凱因斯經濟學成為經濟大蕭條時期及戰後復興的顯學時，當時已取代社會主義的福利國家也被海耶克質疑，這種藉由強制的行政控制來達到控制經濟活動目的的社會實驗也是危險的。從凱因斯經濟學被認為是解決經濟大蕭條的處方，到希特勒的法西斯主義，再到戰後英國工黨政府執行福利國家政策，對海耶克來說，都是假藉安全（security）之名，利用計畫（planning）來限制人民的自由（freedom）。海耶克就在1940到1943年間，完成了《到奴役之路》（the Road to Serfdom）一書，提醒讀者「應同意某種原則和從最近已經開始統治我們的某些錯誤中解放我們自己。」他也提醒人們「應該創造有利進步的條件，而不是計畫性的成長。」該書是海耶克挑戰極權主義、法西斯主義、共產主義、社會主義、國家社會主義，連同福利國家一起納入，將之打入「已引領人們一步一步走向奴役之路。」《到奴役之路》一書深深影

響當時正在牛津大學求學的佘契爾女士（Margaret H. Thatcher），從此她堅決反對政府干預經濟活動（Reitan, 2003）。

貳 福利國家從危機到轉型

福利國家有沒有將人民帶向奴役之路？從戰後復興的30年裡，福利國家也進入黃金歲月。二次大戰後，不論是戰敗國的德國、日本、義大利、奧地利等，殘破的家園亟需重建與復原；即使是戰勝國的英國、法國、比利時、波蘭等，也都受到戰爭的波及，民生凋敝、工商萎縮、發展停頓，亟需重建。福利國家不只帶給飽受戰爭痛苦的人民希望，也帶來戰後社會團結的曙光；同時，支撐福利國家的凱因斯經濟學之擴大公共建設、普及公共服務，也正符合戰後復興的需求。

時序進入1970年代初，第一次石油危機／震撼（first oil shock）出現於1973年10月，阿拉伯石油輸出國家組織（the Organization of Arab Petroleum Exporting Countries, OAPEC）宣稱將採取石油制裁（oil embargo）那些在該年10月6-25日發生的「阿拉伯—以色列戰爭」（Yom Kippur War）中支持以色列的加拿大、日本、荷蘭、英國、美國、葡萄牙、羅德西亞、南非等國；懲罰截止日期為1974年3月。全球石油價格每桶從3美元飛漲到12美元，導致通貨膨脹、貨幣系統崩盤、經濟發展遲滯，同時也讓美國與歐洲國家出現裂痕，歐洲國家責怪美國不該一味支持以色列，激怒阿拉伯國家。

第二次石油危機發生在1979年，受到伊朗革命（Iranian Revolution）的影響，石油減產。伊朗革命從1977年10月發生公民抗爭起，一直持續到隔年年底，伊朗國王巴勒維（the Shah of Iran, Mohammad Reza Pahlavi）被迫於1979年1月16日流亡埃及，柯梅尼（Ayatollah Khomeini）立即接位成為新的伊朗伊斯蘭共和國最高領導人。抗爭重創伊朗石油部門，產量大減。雖然，全球石油產量只下滑了4%，但是，瀰漫著恐慌的氛圍，導致石油價格飛漲，每桶價格倍數上漲到39.5美元。接著，1980年伊朗與伊拉克發生戰爭，伊朗石油幾近停產，伊拉克石油生產也大幅萎縮。石油價格到1980年代中都未見回跌，石油需求高的國家紛紛經濟衰退。

雖然拿石油當武器來制裁他國並非第一次，在1956年的蘇伊世危機（Suez Crisis），英國、法國支持以色列入侵埃及，敘利亞破壞跨阿拉伯輸油管（Trans-Arabian Pipeline）與伊拉克到班尼亞斯輸油管（Iraq-Baniyas Pipeline），切斷輸往西歐國家的石油；第二次則是1967年的以阿戰爭，埃及與敘利亞對抗以色列。到底拿石油當武器有沒有達到預期效果呢？或許軍事上、政治上效果不大，但是帶來的經濟後遺症應該是顯著的，不然就不會有兩次石油危機（震撼）的說法。

　　兩次石油危機敲響了福利國家的危機警鐘，因為石油價格上漲、糧食價格也上漲，經濟壓力跟著上升，失業率升高。簡單的說法是OPEC國家突然減產石油，導致石油價格飛漲，帶動一連串物價上揚。這原因很難歸咎於福利國家，但是，在經濟危機時政府效能、公共支出的規模、經濟快速復甦的期待，不可避免地就會檢討到政府的體質，福利國家也就成了替罪羔羊，被拿來檢討一番。1981年OECD舉辦了一場「80年代的社會政策」研討會，並將論文集成一冊《福利國家的危機》（*The Welfare State in Crisis*），開啟批判福利國家的浪潮。福利國家被批判有五大危機：(1)經濟；(2)政府；(3)財政；(4)合法性；(5)道德（Mishra, 1984; Johnson, 1987, 1990; Einhorn & Logue, 1989；林萬億，1994）（詳見本書第二章）。

　　然而，福利國家的因應方式很多，有重建（reconstructing）（Stoesz & Karger, 1992; Johnson, 1987, 1990, 2014; Ferrera, 2000）、轉型（Transformations）（Ellison, 2006; Seeleib-Kaiser, 2008; Obinger & Stark, 2015; Wulfgramm, Bieber, & Leibried, 2016）、改良（Reforming）（Clasen, 2005）、重新校準（recalibration）（Ferrera & Hemerijck, 2003; Picot & Tassinari, 2014）等。其策略包括：抑制社會支出的成長、降低給付、私有化、鬆綁、工作福利、社會投資等。從此，在福特模式（Fordist model）的生產結構下建立的凱因斯福利國家，進入「後福特主義」（post-Fordism）時代的「熊彼得式福利國家」（The Schumpeterian Welfare State），也就是以促進生產、過程、組織與市場創新來面對開放經濟的競爭，盡可能地強化國內經濟結構競爭力，其手段是供給面干預，並透過社會政策的調整以吻合彈性化勞動市場所需與面對國際競爭的壓力（Jessop, 1994）。

參 福利國家走向供給面聚合

　　福利國家面對內部人口變遷、新風險增加的挑戰，以及受到外部經濟全球化、歐洲整合的影響，轉型的路徑出現兩種假設：(1)效率假設（efficiency hypothesis）認為福利國家必然會因貿易開放、經濟全球化的競爭而減稅、緊縮預算、降低給付，走向社會安全體系的向下競逐（Swank, 2010）；(2)補償假設（compensation hypothesis）認為政府在新自由主義全球化下，必須補償全球競爭下的失敗者，而擴張福利支出（Cameron, 1978; Ruggie, 1982; Katzenstein, 1985; Rodrik, 1998; Walter, 2010）。貿易開放與全球競爭的失敗者包括去工業化、服務業興起、科技變遷下低技術勞動者、薪資停滯成長的受害者，以及因為服務業就業市場的彈性需要、女性勞動參與率提高刺激非典型（atypical）勞動、不穩定（precarious）就業、失業等。勞動市場保障出現雙元化現象，原凱因斯福利國家社會安全體系保障下的核心、全職、標準化勞動仍受到保障，因勞動市場去管制化而被邊緣化的不穩定就業勞動，無法獲得福利國家的保障，勢必造成勞動市場、社會保障與政治整合的不公平；同時，家庭結構萎縮、離婚率升高、單親家庭增多、預期壽命延長、低生育率、勞動人口減少、扶老比升高，教育年限延長，都影響投入勞動市場的人數減少、期間縮短與延後，使繳交社會保險費的年限與額度均受限，影響社會保障的水準（Stark, Wulfgramm, & Obinger, 2016）。

　　實證資料顯示，1980到2015年間，21個OECD國家的社會支出（social expenditures）占GDP的比率平均從17%增加到25%，支持補償假設。至少四個原因驅動這種聚合走勢：(1)來自政治的決策，提高既有方案給付水平或擴大涵蓋範圍；(2)因人口老化、包默成本病[1]（Baumol's cost disease）而提高價格，增加社會服務花費；(3)社會經濟條件改變，尤其是財政危機時期，移轉支出與服務的需要增加，合格領取給付的受益對象增

---

[1] Baumol's cost disease是指因服務業就業人口增多，其生產力並未提升，但薪資卻因反應其他高生產力就業的薪資提升而隨著提高，例如公立醫院的醫師、護理師、公立學校教職員等。

加，給付額度提高、期間拉長等；(4)社會移轉支出與服務預算增加超過同時期GDP的成長率。特別是在1990年代初與2007年全球金融危機後，社會支出明顯成長，大約各3%（Stark, Wulfgramm, & Obinger, 2016）。

而社會福利聚合的另一現象是從消極的現金移轉，走向實物、積極勞動政策給付或公共托育，亦即前一章所說的社會投資國家，或積極社會政策。用更廣泛的說法是供給面模式（supply side model）。相對於條件寬鬆的現金給付，現代社會服務針對市民能力提升，以驅使其進入勞動市場，避免所得喪失。從OECD的資料顯示，從1980年代以來實物給付占社會支出的比率增加10%，不同的福利體制幾乎走向相同的道路（Stark, Wulfgramm, & Obinger, 2016）。

各國採取供給面模式的政策大致朝就業促進、雙元勞動市場政策、多柱型年金制度、兒童照顧公共化，以及家庭政策納入親職假等方向。這些課題分別在本書的第十三章社會投資、第十一章就業政策與服務、第三章社會保險、第九章家庭政策詳述，在此不再贅述。

肆 從福利國家到競爭國家嗎？

一波未平一波又起，如前所述，1990年代初，新自由主義全球化瀰漫。其中，經濟自由化（economic liberalization）是核心，全球知識經濟逐漸取代福特式生產，全球競爭（global competition）環境形成，幾無國家可逃脫。經濟自由化的內涵包括：私有化、撙節、鬆綁、自由貿易、刪減公共支出等。

就在這種條件下，英國約克大學政治學教授佘尼（Cerny, 1990）及其同僚伊文斯（Cerny & Evans, 1999），認為新自由主義全球化將使全球經濟競爭加劇，敲響福利國家的喪鐘（death knell），競爭國家於焉出現，社會政策將臣服於經濟競爭（economic competitiveness）的需要。佘尼的競爭國家理論（competition state thesis）雖承襲自福利國家，但是諸多福利國家的面貌已經被重塑，而某些時候，更是戲劇性地配合全球化世界改變。最大的不同在於，福利國家重視公共利益與社會正義，而競爭國家則在乎經濟成就，福利不只是次要的，且隨經濟成長目標起舞。從此，

福利國家與競爭國家出現弔詭（悖論）（paradoxes）（Cerny, 1997），而競爭國家除了追求經濟成長的效率之外，也挖空傳統福利國家的價值，特別是保護社會權與追求社會正義。同時，相信競爭國家的鎖定效果將帶動追求競爭的國家政策，提高競爭國家的獲利，而削弱福利國家的制度。雖然明知福利國家的文化或制度根基不一，但是，來自全球化的新的經濟現實不變，逼得福利國家不但在量上縮小規模，在質上也被消權（disempowering）（Cerny & Evans, 1999）。

競爭國家理論的內涵包括：新公共管理（NPM）、公共服務市場化、契約外包主義（contractualism）、國家萎縮、低社會支出、社會支出投入在積極勞動政策（ALMP）多於消極社會支持、低勞動管制、鬆綁勞動保護、降低企業稅等。如同前述的福利國家危機，競爭國家理論誇大經濟競爭對福利國家的威脅。其實，OECD國家已經針對經濟競爭進行福利國家改革，才會有競爭國家理論根本是另類資本主義的造型師（stylised moniker）的批評（Hay, 2004）。

其實，福利國家立基的資本主義是變異的，至少有兩類：自由市場經濟（Liberal Market Economy）、協調市場經濟（Coordination Market Economy）（Hall & Soskice, 2001）。前者國家的角色臣服於市場，企業扮演根本的創新者，例如英語系國家；後者是國家扮演緩慢發展的創新角色，或企業基於自身研發的創新再回饋給生產部門，例如瑞典。競爭國家理論看來是從自由市場經濟國家的經驗出發，尤其是英國（Evans, 2010）。

在全球競爭下，追求效率與補償損失之間的關係到底如何？實證研究指出全球化促使西歐國家社會支出持續增加，而這些支出是否也從增加勞工所得稅下手？不同福利國家差異大。保守體制國家社會支出與勞工所得稅都增加；社會民主國家社會支出並未受到全球化的影響，但是勞工的隱性稅率（implicit tax rates, ITRs）[2]也增加，而資本稅與消費稅都下降；

---

[2] ITRs是測量不同型態的經濟所得或活動的平均課稅負擔。例如勞工的隱性稅率是指稅和社會保險費支付給薪資所得以及勞動成本的比率。

自由主義體制國家社會支出下降，勞工稅率提高；南方福利體制受到全球化影響不顯著；東歐與波羅的海國家全球化帶來社會支出減降，但是，中東歐歐盟新成員（後共產主義歐盟國家）則因向上聚合而增加社會支出，消費稅也減降；波羅的海國家在稅率上並未受全球化影響（Onaran et al., 2012）。

侯斯法（Horsfall, 2010）以社會支出、就業促進、公司稅、就業保護等四個指標將競爭國家重新歸類為四組：(1)廣泛的新自由主義（broadly neoliberal）：低社會支出、低就業促進、低公司稅、低就業保障（澳洲、加拿大、愛爾蘭、南韓、斯洛伐克、美國）；(2)積極（active）國家：高社會支出、高就業促進、無明顯挺商（奧地利、比利時、丹麥、瑞典、荷蘭、挪威、瑞士）；(3)福利／競爭國家混合：抗拒公共支出緊縮、高就業保障、減降公司稅、鬆綁生產市場管制（紐西蘭、捷克、芬蘭、法國、希臘、義大利、日本、波蘭、葡萄牙、西班牙、英國）；(4)保守福利國（conservative welfare）：堅持不變（德國）。

以上資料是到2007年的數據，之後侯斯法（Horsfall, 2017）更新資料將競爭國家重新歸類，結果發現只剩三組：(1)廣泛的新自由主義：加拿大、南韓；(2)積極國家：丹麥、瑞典、挪威、德國；(3)福利／競爭國家混合：奧地利、比利時、捷克、芬蘭、法國、希臘、愛爾蘭、義大利、日本、紐西蘭、波蘭、葡萄牙、斯洛伐克、西班牙、瑞士、英國、美國。保守福利國已經消失，顯示德國福利體制已轉型。

據此，並沒有足夠的證據指出福利國家或政府已經在數量上減少；同時，也沒有明確的證據指向福利國家已經進入生產性形式（productive forms）的福利或真正的社會投資國家，大部分國家都只是福利國家與競爭國家的混合體（Horsfall, 2017）。也許如寇羅奇（Crouch, 2015）所說的，資本主義依賴低薪、不安全勞工、高消費的顧客。但是，商業也許比以前更需要福利國家。

雖然侯斯法（Horsfall, 2017）認為真正的社會投資國家並未出現，但是，福利國家，特別是北歐國家、德國以社會投資回應全球競爭。社會投資的策略包括：(1)提高婦女勞動參與率；(2)兒童學前教育與照顧；(3)性別平等；(4)投資高等教育；(5)促進就業；(6)彈性安全（Finch, Horsfall, &

Hudson, 2017）（詳見本書第十三章）。

伍 科技進步的挑戰

　　勞動市場隨著科技進步而改變。工業革命之初，亞當・史密斯（Adam Smith）就主張技術發展能取代部分勞工，讓勞工有時間做其他活動。後來，凱因斯（J. M. Keynes）也認為人類應該在解決經濟問題之外，花更多時間做別的事。從歷史經驗看來，勞動市場的變化並沒有因為技術進步而少工作、多休閒，還是一直處在焦慮中。最近的焦慮是計算機能力、人工智慧發展、機器人功能越來越強大，影響勞動市場的深度與廣度，非昔年能比（Greve, 2017a, 2017b）。

　　首先，低度就業（under-employment）嚴重，受僱者從事低於其完整工作能力的就業。例如高階低就、部分工時，特別是受過高等教育的年輕人低就職位的情形比過去更嚴重。高階低就除了浪費教育資源之外，也導致低學歷、低技術的勞工就業機會被排擠。2008年歐盟25-54歲人口群有3.3%屬部分工時的低度就業者，到了2015年已爬升到4.4%，全部的部分工時就業者有五分之一是低度就業。2015年，歐盟約有1,000萬部分工時勞工想要多一點工作，約是全部部分工時勞工的20%，多數是婦女。其原因是資格、技術變遷、缺乏兒童日托服務、找不到穩定和長期工作等。此外，歐盟還有1,000萬可以工作卻不想找工作的勞動力，以及200萬求職卻找不到工作的人。比較2006與2015年，非自願部分工時勞工已經從23.4%增加到29.9%了。

　　倒是自僱者並沒有增加，從2000到2015年都維持在總受僱的14%左右。但自僱者有僱用員工的比例下滑，2004到2012年間自僱者有僱用員工的減少了三分之一，顯示自僱者越來越趨近於一人公司的小企業。一人自僱就業面對危險性、不穩定、長工時的高風險。一人自僱者為了增加薪資，往往需要兼職多份工作，造成過度勞動。

　　暫時性工作雖然可以緩衝與彈性工廠需求，但是可能面對無法獲得勞工福利、低薪、缺乏升遷、轉正職的機會。經濟越富裕、新的服務需求越多，例如餐飲、旅遊、服裝、清潔、管家、個人祕書等。然而，這些新的

服務職缺大多屬非標準就業，缺乏社會安全保障。

可預見的未來是技術變遷、委外生產、服務需求，導致勞動市場兩極化。2017年1月，麥肯錫全球研究院（Mckinsey Global Institute, MGI）發布「工作的未來：自動化、就業與生產力」（A Future that Works: Automation, Employment, and Productivity）報告預估，自動化每年會提升全球0.8-1.4%的生產力。調查800個職業中的2,000項工作活動，其中不到5%會被全自動取代。但是受調查的職業中有60%的職業，至少有30%的工作活動會被自動化取代，將節省16兆美金的人工薪資。自動化潛力高的三類是：可預測性的體力勞動、運算、資料蒐集。

可預測性的體力工作如機器操作、設備安裝維修、餐飲準備；運算與資料蒐集也會受衝擊，主因是機器處理的準確性與效率較高。因此，自動化影響並非侷限於基層勞力工作，律師助理、會計及後勤支援等工作也面臨相關風險。

至於較不受自動化影響的，包括管理類、專業知識應用、顧客互動、不具可預測性的體力工作，例如居家護理及老幼照顧、園藝、水管工等，因涉及科技尚無法突破的複雜性、靈活度、情感交流等能力，成為未來工作機會的創造來源和轉型方向。

簡言之，一方面，高科技引進，資通訊科技、數位科技、電腦、機器人、人工智慧等，取代大量生產工人的就業機會；另方面，高需求的非例行化工作、清潔、管家、美髮、園藝、照顧等工作；再加上，平臺經濟、分享經濟所創造出來的職缺，例如外送、快遞、駕駛、租賃也大多是自僱、不穩定、波動、低薪工作，使中產（階）技術勞動就業機會逐漸萎縮。可預見的未來，工作貧窮不會消失，所得分配不均會持續惡化。

而新冠肺炎危機（COVID-19）傳遍全球，除造成大部分國家經濟衰退外，也加速既有的遠距工作、網路商業與自動化。遠距工作包括：遠距醫療、投資理財、管理、線上學習、技術服務、教練、顧問、創新、問題解決等工作機會大增。但增加的平臺經濟、外送工作，大多屬於不穩定、危險性高的工作。

結論

　　福利國家的歷史是一段引人注目的成功故事，在相對短的期間內，所有富裕的民主國家都從夜警國家轉變成社會保險國家，建置了種種社會政策方案，涵蓋所有主要風險（生育、職業災害、疾病、失業、老年等），幾乎是從搖籃到墳墓（Rehm, 2016）。各國的社會政策方案不盡相同，取決於國民的風險曝露（程度、型態、散布、動態、潛在影響）而形成的社會政策偏好；加上在同一社會中因風險分配不均，形塑了該國總體社會政策的普遍接受度（popularity）與慷慨度（generosity），成就了各國的福利國家體制。亦即，只要個體持續面對風險，且社會中各人口群承擔風險的壓力不均，勢必引發政黨、階級、性別、族群等介入社會政策的推動，以消弭風險不均的後果，福利國家就不可能消失，只是改變。

　　全球化的確造成凱因斯福利國家的緊縮，只是其幅度不如想像中大，其原因也非單一受全球化的影響。後工業化、人口老化都對福利國家的發展造成一定程度的影響。

　　就全球社會政策言，全球化造成的貧富差距擴大是最大的課題（李明譯，2002；Wulfgramm, Bieber, & Leibried, 2016）。世界銀行的減少貧窮支持信貸（Poverty Reduction Support Credit, PRSC）、國際貨幣基金的減少貧窮成長設備（Poverty Reduction Growth Facility, PRGF）與擴大結構調適設備（Extended Structural Adjustment Facility, ESAF）等，都是超越國家的消滅貧窮方案（de Haan, 2007）。

　　到目前為止，福利國家在降低不確定性與減少貧窮上，運作還是良好的。只是，不同於半世紀前，它必須面對家庭的解組、全球風險與科技對勞動市場的衝擊；同時，也必須避免無效率、優先解決財富重分配與消滅貧窮，和避免承諾負擔不起的社會給付（Pestieau, 2006）。

　　然而，2008年以來的全球金融風暴告訴我們，新自由主義全球化是危險的。所得與失業的崩解不是經濟循環問題，而是結構問題（Jordan, 2010）。如果製造泡沫經濟的政經結構不變、創造信用擴張的金融機制不改、一味主張鬆綁的政策依然，政府還有多少力氣搶救錢已賺飽，卻把爛攤子丟給全民的企業？

2008年的全球金融風暴的確喚醒了許多新自由主義全球化的擁護者，如此的全球化必須被節制，盲目地歌頌全球化不是國家發展之道。同時，證明了優越的社會政策正是降低新全球社會風險的利器。2019年底開始的新冠肺炎危機提醒世人，世界工廠與全球供應鏈是如此脆弱，保護國家必要產業重新受到重視；同時，加快、加深了民主與極權統治陣營的對抗，重塑全球局勢。而後疫情時代的來臨也預告了國家介入醫療體系的重建、保護人民免於受到全球危機傷害的大政府時代再度降臨。但後疫情時代的福利國家不見得是更慷慨，而是保護網布建得更廣更大，優先保障勞動市場中的脆弱者，例如低薪、不穩定就業、低技術、短期工、臨時工等，並且因應新科技對勞動市場的影響。

擔任福利國家運動（the Campaign of the Welfare State）主任的挪威工會運動領導者，也是世界運輸工人聯盟主席的瓦爾（Wahl, 2011）認為福利國家經歷了從繁榮到危機，再到轉型後，不論各國政府如何更替，可以預期的是，工會與社會運動必須隨時準備回應被攻擊的情境，且必須動員來保護自己；同時，防衛福利國家、工會權利及社會權的進步。在經歷新自由主義全球化、全球金融危機後，福利國家仍有一些新的課題橫亙在眼前：(1)遏止投機的經濟（stop the speculation economy）；(2)防衛福利國家的成長；(3)對抗貧窮與不均；(4)消除工作福利政策；(5)強化工會組織；(6)保衛工會權利；(7)由下而上的動員；(8)自由與民主。

迄今，福利國家轉型似乎是相對成功的，然而，經濟不平等卻在惡化中，其來自三方面的威脅（Groh-Samberg, 2016）：

1. 馴化的新自由主義（Domesticating Neo-Liberalism）的後果（Stenning, Smith, Rochovská, & Świątek, 2010）。就新自由主義的概念來說，自由市場是基本法則，經濟不公平狀況的升高是自然的結果。但是，就福利國家的個別差異言，所有制度設計都與該國的社會結構息息相關。低的經濟成長率、技術水準決定就業的兩極化、全球競爭加劇、新自由主義總體政策匯集了所有的問題，造就了國內經濟不均的後果。到目前為止，尚看不出有改善的前景。

2. 傳統上回應經濟不公平的作法是機會公平與社會流動。晚近OECD國家也採取強調機會均等與社會投資的策略。然而，社會科學的實證研究資料並未支持機會均等與功績的地位取得的結果，藉教育的擴張增加教育均等的效果也有限。

3. 經濟不均夾雜著相對機會不均，升高的地位競爭激化文化與政治衝突，挑戰了傳統的社會階層化係來自社會階級內與階級間的不公平競爭的概念，模糊了傳統階級的槓桿；其原因部分來自增加的移民使得經濟、社會、文化不均加劇。後果是，不均使各國已付出了高的成本。

參考書目

- 李明譯（2002）。全球化的許諾與失落（原著Stiglitz, J. E., 2002）。臺北：大塊文化。
- 林萬億（2021）。新冠肺炎危機與福利國家發展。社區發展季刊，176期，頁314-338。
- 林萬億、周淑美譯（2004）。全球化與人類福利（原著George, V. and Wilding, P. 2002）。臺北：五南。
- 陳添枝（2021）。美中貿易戰，戰什麼？大國崛起與制度之爭。臺北：時報。
- 高仁君譯（2002）。完美大未來：全球化機遇與挑戰（原著Micklethwait, J. and Wooldridge, A., 2000）。臺北：商周。
- 蔡繼光、李振昌、霍達文譯（2000）。了解全球化：凌志汽車與橄欖樹（原著Friedman, T. L., 1999）。臺北：聯經。
- 羅耀宗譯（2009）。面對失靈的年代：克魯曼談金融海嘯（原著Krugman, P. 2008）。臺北：時報。
- Armocida, B., Formenti, B., Ussai, S., Palestra, F., & Missoni, E. (2020). *The Italian Health System and the COVID-19 Challenge*. Published Online March 25, 2020 https://doi.org/10.1016/S2468-2667(20)30074-8
- Arts, W. & Gelissen, J. (2002). Three Worlds of Welfare Capitalism or More? a state-of the art report. *Journal of European Social Policy*, 12(2): 137-158.
- Beck, U. (1992). *Risk Society*. London: Sage.
- Bonoli, G. (2006). New Social Risks and the Politics of Post-industrial Social Policies. In K. Armingeon and G. Bonoli (ed.), *The Politics of Post-Industrial Welfare States: adapting post-war social policies to new social risks*. London: Routledge.
- Boston, J. (2020). The Welfare State beyond COVID-19: the case for a step-change. *Progressive Thinking: Ten Possible Futures for Public & Community Services*. www.psa.org.nz/ProgressiveThinking
- Börner, S. (2021). Is the Coronavirus Going to Reshape the European Welfare State? In *The Coronavirus Crisis and the Welfare State*. Social Europe Dossier, Social Europe, Publishing in Cooperation with Friedrich Ebert Stiftung (pp.20-26).
- Bourdieu, P. (1998). *Acts of Resistance*. Cambridge: Polity Press.

· Burgoon, B. (2001). Globalization and Welfare Compensation: disentangling the ties that bind. *International Organization*, 55(3): 509-551.

· Cameron, D. (1978). The Expansion of the Public Economy. *American Political Science Review*, 72 (4): 1243-1261.

· Castell, M. (1996). The Information Age: economy, society and culture. Vol. 1. *The Rise of Network Society*. Oxford: Blackwell.

· Castles, F. G. (1993). *Families of Nations: patterns of public policy in Western Democracies*. Dartmouth: Aldershot.

· Castles, F. G. & Mitchell, D. (1993). Worlds of Welfare and Families of Nations. In F. G. Castles (ed.), *Families of Nations: patterns of public policy in Western Democracies*. Dartmouth: Aldershot.

· Castles, F. G. (2007). *The Disappearing State? retrenchment realities in an age of globalization*. Cheltenham: Edward Elgar.

· Cerny, P. (1990). *The Changing Architecture of Politics: structure, agency and the future of the state*. London: Sage.

· Cerny, P. (1997).Paradoxes of the Competition State: the dynamics of political globalization. *Government and Opposition*, 32(2): 251-74.

· Cerny, P. & Evans, M. (1999). *New Labour, Globalization and the Competition State*. Boston: Harvard CES Working Paper Series 70.

· Clasen, J. (2005). *Reforming European Welfare States Germany and the United Kingdom compared*. Oxford: Oxford University Press.

· Cousins, M. (2005). *European Welfare States: comparative perspectives*. London: Sage.

· Crespy, A. (2016). *Welfare Markets in Europe: the democratic challenge of European integration*. Basingstoke: Palgrave Macmillan.

· Crouch, C. (2015). *Governing Social Risk in post-Crisis Europe*. Cheltenham: Edward Elgar.

· Curtice, J. (2020). Will Covid-19 Change Attitudes towards the Welfare State? how the public might swing in favour of improved welfare provision for those of working age. *IPPR Progressive Review*.

· Daly, M. (2000). *The Gender Division of Welfare*. Cambridge: Cambridge University Press.

· Daguerre, A. (2004). Importing Workfare Transfer of Social and Labour Market Policies from the USA to Britain under New Labour. *Social Policy & Administration*, 38: 1, 41-56.

· Daguerre, A. (2007). *Active Labour Market Policies and Welfare Reform: Europe and the US in comparative perspective*. Basingstoke: Palgrave Macmillan.

· Deacon, B. (2007). *Global Social Policy & Governance*. London: Sage.

· de Haan, A. (2007). *Reclaiming Social Policy: globalization, social exclusion and new poverty reduction strategies*. Basingstoke: Palgrave.

· de Regil, A. J. (2001). Keynesian Economics and the Welfare State. In *The Neo-Capitalist Assault – The Perils of Globalization and the Path to a Sustainable Global Economy*. Digital Edition, Chapter IV – Essay Four of Part I, The Jus Semper Global Alliance Press.

· Denhardt, R. B. & Denhardt, J. V. (2011). The New Public Service: serving, not steering. Armonk, New York: M.E. Sharp.

· Eichhorst, W., Hemerijck, A., & Scalise, G. (2020). Welfare States, Labor Markets, Social Investment and the Digital Transformation. *Discussion Paper Series*, IZA DP No. 13391, IZA – Institute of Labor Economics.

· Einhorn, E. & Logue, J. (2010). Can Welfare States be Sustained in a Global Economy? lessons from Scandinavia. *Political Science Quarterly*, 125(1), 1-29.

· Elkins, D. (2016). The Merits of Tax Competition in a Globalized Economy. *Indiana Law Journal*, 91, 905-953.

· Ellison, N. (2006). *The Transformation of Welfare States?* London: Routledge.

· Esping-Andersen, G. (1996). *Welfare State in Transition: national adaptation in global economic*. London: Sage.

· Esping-Andersen, G. (1997). Hybrid or Unique? The Japanese welfare state between Europe and America. *Journal of European Social Policy*, 7(3): 179-189.

· Esping-Andersen, G. (1999). *Social Foundations of Postindustrial Economies*. Oxford University Press.

· Esping-Andersen, G., Gallie, D., Hemerijck, A., & Myles, J. (2002). *Why We Need A New Welfare State*. Oxford: Oxford University Press.

· Esping-Andersen, G. (2003). Women in the New Welfare Equilibrium. *The European Legacy*, 8: 5, 599-610.

· Etherington, D. & Jones, M. (2004). Welfare-through-work and the Re-regulation of Labour Markets in Demark. *Capital & Class*, 83: 19-36.

· Evans, M. (2010). Cameron's Competition State. *Policy Studies*, 31: 1, 95-115.

· Ferrera, M. (1996). The Southern Model of Welfare in Social Europe. *Journal of European Social Policy*, 6(1): 17-37.

· Ferrera, M. (2000). Reconstructing the Welfare State in Southern Europe. In S. Kuhnle (ed.), *Survival of European Welfare State* (Ch.10). London: Routledge Press.

· Ferrera, M. & Hemerijck, A. (2003). Recalibrating Europe's Welfare Regimes. In J. Zeitlin and D. Trubek, (eds.), *Governing Work and Welfare in a New Economy*. Oxford: Oxford University Press.

· Finch, N., Horsfall, D., & Hudson, J. (2017). Changing Labour Markets, Changing Welfare Across the OECD: the move towards a social investment model of welfare as a response to competition. In D. Harsfall and J. Hudson (eds.), *Social Policy in an Era of Competition: from global to local perspective* (pp. 33-52). Bristol: Policy Press.

· Finn, D. (2003). The Employment-first Welfare State: lessons from the New Deal for young people. *Social Policy & Administration*, 37: 7, 709-724.

· Fitzpatrick, T. (2001). *Welfare Theory: an introduction*. Basingstoke: Palgrave Macmillan.

· Fraser, N. (1994). After the Family Wage: gender equity and the welfare state. *Political Theory*, 22: 4, 591-618.

· Fukuyama, F. (1992). *The End of History and the Last Man*. Free Press.

· Gamble, A. (2016). *Can the Welfare State Survive*? Polity Press.

· Gary, J. (1997). *Endgames: questions in late modern political thought*. Cambridge: Polity Press.

· Genschel, P. (2002). Globalization, Tax, and the Welfare State. *Politics and Society*, 30: 2, 245-276.

· George, V. & Wilding, P. (2002). *Globalization and Human Welfare*. Basingstoke: Palgrave.

· Giddens, A. (1990). *The Consequences of Modernity*. Cambridge: Polity Press.

· Giddens, A. (1994a). Brave New World: the new context of politics. In D. Milliband (ed.), *Reinventing the Left*. Cambridge: Polity Press.

· Giddens, A. (1994b). *Beyond Left and Right*. Cambridge: Polity Press.

· Giddens, A. (1998). *The Third Way*. Cambridge: Polity Press.

· Giddens, A. (2000). *The Third Way and its Critics*. Cambridge: Polity Press.

· Gilbert, N. (1983). *Capitalism and the Welfare State*. Yale University Press. New York Times Notable Book.

· Gilbert, N. & Gilbert, B. (1989). *The Enabling State: modern welfare capitalism in America*. Oxford University Press.

· Gough, I. (2000). *Global Capital, Human Needs and Social Policies*. Basingstoke: Palgrave Macmillan.

· Greve, B. (2010). *Choice: challenges and perspectives for the European welfare states*. Chichester: Wiley-Blackwell.

· Greve, B. (2017a). *Technology and the Future of Work: the impact on labour markets and welfare states*. Cheltenham: Edward Elgar.

· Greve, B. (2017b). Welfare States and Labour Market Change: what is the possible relation? *Social Policy and Administration*, 51(2): 389-403.

· Greve, B. (2020). Preparing Welfare States in the Age of COVID-19. In Boomgaarden, G. (ed.), *12 Perspectives on the Pandemic, International Social Science Thought Leaders Reflect on Covid-19* (pp.26-30). A De Gruyter Social Sciences Pamphlet.

· Greve, B., Blomquist, P., Hvinden, B., & van Gerven, M. (2021). Nordic Welfare States: still standing or changed by the COVID-19 crisis? *Soc. Policy Adm.* 55: 295-311.

· Groh-Samberg, O. (2016). Persistent Social and Rising Economic Inequalities: evidence and challenges. In Wulfgramm, M., Bieber, T., & Leibried, S. (eds.), *Welfare State Transformations and Inequality in OECD Countries* (pp.41-63). London: Palgrave Macmillan.

· Hall, P. A. & Soskice, D. (2001). *Varieties of Capitalism: the institutional foundation of comparative advantage*. Oxford: Oxford University Press.

· Hay, C. (2004). Restating Politics, Re-politicising the State: neoliberalism, economic imperatives, and the rise of competition state. *The Political Quarterly*, 75(1): 38-50.

· Hays, J. (2009). *Globalization and the New Politics of Embedded Liberalism*. Oxford: Oxford University Press.

· Hayek, F. A. (1944). *The Road to Serfdom*. Chicago: the University of Chicago Press.

· Hemerijck, A. & Visser, J. (2001). The Dutch Model: an obvious candidate for the Third Way? *Archives Européennes de Sociologie*, 42(1): 221-39.

· Hirst, P. & Thompson, G. (1996). *Globalization in Question*. Cambridge: Polity Press.

· Holliday, I. (2002). Productivist Welfare Capitalism: social policy in East Asia. *Political Studies*, 48: 706-723.

· Hood, C. (1989). Public Administration and Public Policy: intellectual challenges for the

1990s. *Australian Journal of Public Administration,* 48: 346-58.

· Hood, C. (1991). A Public Management for All Seasons? *Public Administration,* 69, Spring, 3-19.

· Horsfall, D. (2010). From Competition State to Competition States? *Policy Studies*, 31: 1, 57-76.

· Horsfall, D. & Hudson, J. (2017). *Social Policy in an Era of Competition: from global to local perspectives*. Bristol: Policy Press.

· Huber, E. & Stephens, J. (2001). *Development and Crisis of the Welfare State*. Chicago, IL: University of Chicago Press.

· International Monetary Fund (2021). *World Economic Outlook*, April, 2021.

· Iversen, T. & Cusack, T. (2000). The Causes of Welfare State Expansion. *World Politics*, 52(April): 313-49.

· Iversen, T. & Wren, A. (1998). Equality, Employment and Budgetary Restraint: the trilemma of the service economy. *World Politics*, 50(4): 507-46.

· Jayasuriya, K. (2006). *Statecraft, Welfare and the Politics of Inclusion*. NY: Palgrave.

· Jessop, B. (1994). *The Transition to Post-Fordism and the Schumpeterian* Workfare State. Routledge.

· Johnson, N. (1987). *The Welfare State in Transition: the theory and practice of welfare pluralism*. Amherst: University of Massachusetts Press.

· Johnson, N. (1990). Reconstructing the Welfare State. Harvester Wheatsheaf.

· Johnson, N. (2014). *Mixed Economies Welfare*. London: Routledge.

· Johnson, K. & Gramer, R. (2020). Feature: The Great Decoupling. *Foreign Policy*, MaY 14, 2020.

· Jenson, J. (2004). Changing the Paradigm: family responsibility or investing in children. *Canadian Journal of Sociology*, 29: 2, 169-192.

· Jordan, B. (2010). *What's Wrong with Social Policy and How to Fix it*. Cambridge: Polity Press.

· Katzenstein, P. (1985). *Small States in World Markets: industrial policy in Europe*. Ithaca, NY: Cornell University Press.

· Korpi, W. (2003). Welfare-State Regress in Western Europe: politics, institutions, globalization, and europeanization. *Annu. Rev. Sociol.* 29, 589-609.

· Korpi, W. (2000). Faces of Inequality: gender, class and patterns of inequality in different types of welfare state. *Social Politics*, 7(2): 127-91.

· Leibfried, S. (1993). Towards a European Welfare State? in C. Jones (ed.), *New Perspectives on the Welfare State in Europe*. London: Routledge.

· Lu, Q., Cai, Z., Chen, B., & Liu, T. (2020). Social Policy Responses to the Covid-19 Crisis in China in 2020. *Int. J. Environ. Res. Public Health*, 17, 5896; doi: 10.3390/ijerph17165896

· McKinsey Global Institute (MGI) (2017). *A Future that Works: automation, employment, and productivity*. McKinsey & Company.

· Micklethwait, J. & Wooldridge, A. (2000). *A Future Perfect: the challenge and hidden promise of globalization*. NY: Random House.

· Millar, J. (ed.) (2003). *Understanding Social Security: issues for policy and practice*. Bristol: The Policy Press.

· Mishra, R. (1984). *The Welfare State in Crisis: social though and social change*. Brighton, Sussex: Wheatsheaf Books.

· Mishra, R. (1996). The Welfare of Nations. In R. Boyer and D. Drache (eds.), *Sates Against Markets*. London: Routledge.

· Mishra, R. (1998). Beyond the National State: social policy in the age of globalization. *Social Policy & Administration*, 32: 5, 481-500.

· Mishra, R. (1999). *Globalization and the Welfare State*. Cheltenham: Edward Elgar.

· Myles, J. & Quadagno, J. (2002). Political Theories of the Welfare State. *Social Service Review*, March, 34-57.

· Nygren, K. G. & Olofsson, A. (2021). Swedish Exceptionalism, Herd Immunity and the Welfare State: a media analysis of struggles over the nature and legitimacy of the COVID-19 pandemic strategy in Sweden. *Current Sociology*, 1-18.

· Obinger, H. & Stark, P. (2015). Welfare State Transformation: convergence and the rise of the supply side model. In S. Leibfried, E. Huber, M. Lange, J. D. Levy, F. Nullmeir, & J. D. Stephen (eds.), *the Oxford Handbook of Transformation of State* (pp.465-481). Oxford: Oxford University Press.

· O'Connor, J. (1993). Gender, Class and Citizenship in the Comparative Analysis of Welfare State Regimes: theoretical and methodological issues. *British Journal of Sociology*, 44: 4, 499-518.

· O'Donoghue, C., Sologon, D. M., & Kyzyma, I. (2020). Novel Welfare State Responses in Times of Crises: COVID-19 Crisis vs. the Great Recession, Working Paper 2021 573, Society for the Study for Economic Inequality (ECINEQ).

· OECD (2021). *OECD Interim Economic Outlook Forecasts*, March 2021, Real GDP growth.

· Ohmae, K. (1990). *The Borderless World*. London: Collins.

· Ohmae, K. (1996). *The End of Nation State*. NY: Free Press.

· Onaran, O., Boesch, V., & Leibrecht, M. (2012). How Does Globalization Affect the Implicit Tax Rates on Labor Income, Capital Income, and Consumption in the European Union? *Economic Inquiry*, 50(4): 880-904.

· Orloff, A. S. (1993). Gender and the Social Right of Citizenship: the comparative analysis of gender relation and welfare states. *American Sociological Review*, 58, 303-328.

· Patrick, S. M. (2021). The Biden Administration and the Future of Multilateralism. *Council on International Relations*, April 21, 2021

· Pestieau, P. (2006). *The Welfare State in the European Union Economic and Social Perspectives*. Oxford: Oxford University Press.

· Picot, G. & Tassinari, A. (2014). *Liberalization, Dualization, or Recalibration? labor market reforms under austerity, Italy and Spain 2010-2012*. Nuffield College Working Paper Series in Politics. https://www.nuffield.ox.ac.uk/media/1741/picottassinari-labor-market-reforms-under.

· Pierson, P. (1994). *Dismantling the Welfare State? Reagan, Thatcher and the Politics of Retrenchment*. Cambridge University Press.

· Pierson, P. (1996). The New Politics of Welfare State. *World Politics*, 48: 2, 143-179.

· Pierson, P. (2000). Three Worlds of Welfare State Research. *Comparative Political Studies*, 33: 6-7, 791-821.

· Pierson, P. (2001). *The New Politics of Welfare State*. Oxford: Oxford University Press.

· Pierson, C. (2006). *Beyond the Welfare State: the new political economy of welfare* (3rd ed.). Polity Press.

· Pierson, C. (2021). *The Next Welfare State? UK welfare after COVID-19*. Bristol: Policy Press and Bristol University Press.

· Polanyi, K. (1944). *The Great Transformation*. Boston: Beacon Press.

· Powell, M. (2002). *Evaluating New Labour's Welfare Reforms*. Bristol: The Policy Press.

· Preece, D. (2009). *Dismantling Social Europe: the political economy of social policy in* the *European Union*. Boulder: First Forum Press.

· Rehm, P. (2016). *Risk Inequality and Welfare State: social policy preferences, development, and dynamics*. Cambridge: Cambridge University Press.

· Reitan, E. A. (2003). *The Thatcher Revolution: Margaret Thatcher, John Major, Tony Blair, and the Transformation of Modern Britain, 1979-2001*. Rowman & Littlefield.

· Rieger, E. & Leibfried, S. (1998). Limits to Globalization. *Politics and Society*, 26(3): 391-422.

· Rieger, E. & Leibfried, S. (2003). *Limits to Globalization*. Cambridge: Polity Press.

· Rodrik, D. (1998). Why do More Open Economies have Bigger Governments? *Journal of Political Economy*, 106 (5): 997-1032.

· Rothgang, H., Obinger, H., & Leibfried, S. (2006). The State and its Welfare State: how do welfare state changes affect the make-up of the nation state? *Social Policy & Administration*, 40(3): 250-266.

· Ruggie, J. (1982). International Regimes, Transactions and Change: embedded liberalism in the postwar economic order. *International Organization*, 36(2): 379-415.

· Sainsbury, D. (1994). *Gendering Welfare States*. London: Sage.

· Sainsbury, D. (1996). *Gender, Equality and Welfare States*. Cambridge: Cambridge University Press.

· Sainsbury, D. (1999). *Gender and Welfare State Regimes*. Oxford: Oxford University Press.

· Sandher, J. & Kleider, H. (2020). COVID-19 could Change the Welfare State Forever. *World Economic Froum*, 30 Jun, 2020.

· Scharpf, F. (2000). The Viability of Advanced Welfare States in the International Economy: vulnerabilities and options. *Journal of European Public Policy*, 7: 2, 190-228.

· Scharpf, F. & Schmidt, V. (2000). *Welfare and Work in the Open Economy*, Vol. 1. Oxford: Oxford University Press.

· Seeleib-kaiser, M. (2002). A Dual Transformation of the German Welfare State? *West European politics*, 25(4): 25-48.

· Seeleib-Kaiser, M. (2008). *Welfare State Transformations: comparative perspectives*. London: Palgrave Macmillan.

· Skocpol, T. (1995). *Social Policy in the United States: future possibilities in historical perspective*. Princeton University Press.

· Smith, N. (2021). Covid-19 Gives America a Chance to Fix Its Welfare State. *Bloomberg*

Opinion, 2021, 2, 10.

· Starke, P. (2008). *Radical State Retrenchment: a comparative analysis*. Basingstoke: Palgrave.

· Starke, P., Wulfgramm, M., & Obinger, H. (2016). Welfare State Transformation across OECD Countries: supply side orientation, individualized outcome risks and dualization. In Wulfgramm, M., Bieber, T., & Leibried, S. (eds.), *Welfare State Transformations and Inequality in OECD Countries* (pp.19-40). London: Palgrave Macmillan.

· Stenning, A., Smith, A., Rochovská, A., & Świątek, D. (2010). *Domesticating Neo-Liberalism: spaces of economic practice and social reproduction in post-socialist cities*. Wiley Online Library.

· Stiglitz, Joseph (2002). *Globalization and Its Discontents*. W.W. Norton & Company, Inc.

· Stoesz, D. & Karger, H. J. (1992). *Reconstructing the American Welfare State*. Lanham, MD: Rowman & Littlefield.

· Swank, D. (2001). Political Institutions and Welfare State Restructuring: the impact of institutions on social policy change in developed democracies. In P. Pierson (ed.), *The New Politics of the Welfare State*. Oxford: Oxford University Press.

· Sykes, R., Palier, B., & Prior, P. M. (2001). *Globalization and Welfare States; challenges and change*. Basingstoke: Palgrave.

· Taylor-Gooby, P. (2004). *New Risks, New Welfare: the transformation of the European Welfare State*. Oxford: Oxford University Press.

· Taylor-Gooby, P. (2005). *Ideas and Welfare State Reform in Western Europe*. Basingstoke: Palgrave.

· Turner, B. S. (2020). Is COVID-19 Part of History's Eternal Dance Macabre? In Boomgaarden, G. (ed.), *12 Perspectives on the Pandemic, International Social Science Thought Leaders Reflect on Covid-19* (pp.5-12). A De Gruyter Social Sciences Pamphlet.

· Vail, M. (2004). The Myth of the Frozen Welfare State and the Dynamics of the Contemporary French and German Social-Protection Reform. *French Politics*, 2(2): 403-22.

· Wahl, A. (2011). *The Rise and Fall of Welfare State*. NY: Pluto Press.

· Walter, S. (2010). Globalization and the Welfare State: testing the microfoundations of the compensation hypothesis. *International Studies Quarterly*, 54, 403-426.

· Weiss, L. (1998). *The Myth of the Powerless State*. Cambridge: Polity Press.

· Widakuswara, P. (2021). 100 Days: Is Biden Keeping His Promise of Multilateralism?

Voice of America, April 28, 2021.

· Wildeboor Schut, J. M., Vrooman, J. C., & de Beer, P. T. (2001). *On Worlds of Welfare*. The Hague: Social and Cultural Planning Office.

· Wulfgramm, M., Bieber, T., & Leibried, S. (2016). *Welfare State Transformations and Inequality in OECD Countries*. London: Palgrave Macmillan.

· Yeates, N. (2001). *Globalization and Social Policy*. London: Sage.

· Zeitlin, J. & Trubek, D. M. (2003). *Governing Work and Welfare in a New Economy: European and American Experiments*. Oxford: Oxford University Press.

· Zincone, G. & Agnew, J. (2000). The Second Great Transformation: the Politics of Globalization in the Global North. *Space & Polity*, 4: 1, 5-21.

國家圖書館出版品預行編目資料

社會福利／林萬億著. －－二版.－－臺北
　市：五南圖書出版股份有限公司, 2022.03
　　面；　公分
　　ISBN 978-626-317-584-6（平裝）

1.CST：社會福利　2.CST：社會工作

547　　　　　　　　　111000942

1JCT

社會福利

作　　者 ― 林萬億（138）

發 行 人 ― 楊榮川

總 經 理 ― 楊士清

總 編 輯 ― 楊秀麗

副總編輯 ― 陳念祖

責任編輯 ― 黃淑真、李敏華

封面設計 ― 王麗娟

出 版 者 ― 五南圖書出版股份有限公司

地　　址：106臺北市大安區和平東路二段339號4樓

電　　話：(02)2705-5066　　傳　　真：(02)2706-6100

網　　址：https://www.wunan.com.tw

電子郵件：wunan@wunan.com.tw

劃撥帳號：01068953

戶　　名：五南圖書出版股份有限公司

法律顧問　林勝安律師事務所　林勝安律師

出版日期　2010年10月初版一刷（共九刷）
　　　　　2022年 3 月二版一刷

定　　價　新臺幣800元

經典永恆・名著常在

五十週年的獻禮——經典名著文庫

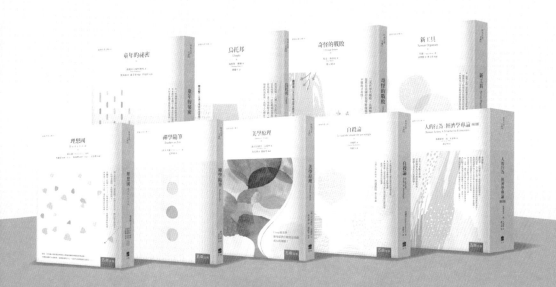

五南，五十年了，半個世紀，人生旅程的一大半，走過來了。

思索著，邁向百年的未來歷程，能為知識界、文化學術界作些什麼？

在速食文化的生態下，有什麼值得讓人雋永品味的？

歷代經典・當今名著，經過時間的洗禮，千錘百鍊，流傳至今，光芒耀人；

不僅使我們能領悟前人的智慧，同時也增深加廣我們思考的深度與視野。

我們決心投入巨資，有計畫的系統梳選，成立「經典名著文庫」，

希望收入古今中外思想性的、充滿睿智與獨見的經典、名著。

這是一項理想性的、永續性的巨大出版工程。

不在意讀者的眾寡，只考慮它的學術價值，力求完整展現先哲思想的軌跡；

為知識界開啟一片智慧之窗，營造一座百花綻放的世界文明公園，

任君遨遊、取菁吸蜜、嘉惠學子！